Découvrez l'histoire par les archives de presse

RETRONEWS

Le site de presse de la BnF

www.retronews.fr

LES CAMARADES
adresseront
tout ce qui concerne
l'anarchie
à A. Mahé & A. Libertad
22, rue du Chev.-de-la-Barre
PARIS-XVIII

l'anarchie

PARAISSANT TOUS LES JEUDIS

ABONNEMENTS

FRANCE

Trois Mois.......... 1 50
Six Mois.......... 3 »
Un An.......... 6 »

ÉTRANGER

Trois Mois.......... 2 »
Six Mois.......... 4 »
Un An.......... 8 »

QUATRIÈME ANNÉE — N° 161 | DIX CENTIMES | JEUDI 7 MAI 1908

La Fin d'un Cauchemar

I

DÉCADENCE DU VIEUX MONDE

Les travailleurs, tels des bêtes de somme, sous la cravache d'un contre-maître arrogant, suent et triment dans les bagnes industriels, pour le compte de négriers exigeants et cupides, qui leur imposent la dure obligation de produire, toujours et sans trêve, sans jamais connaître, pour qui et pourquoi, la destination de leurs efforts incessants. Leur mentalité, fruste et bornée, s'accommode sans récrimination, du sort misérable qui les rive à leur chaîne de forçats et les condamne impitoyablement aux travaux forcés perpétuels.

La religion chrétienne nous enseignait que, nous portions en naissant, la réprobation divine, bien que n'ayant pas participé, et pour cause, à la faute du père Adam. C'est le péché originel. — Sous le doux régime capitaliste, les travailleurs portent aussi, en germe, la malédiction des puissants, la tare originelle..... Eux seuls, dès la plus tendre jeunesse, doivent subir, sous peine de famine, la pénible condition qui leur est dévolue. Eux seuls, doivent supporter le douloureux fardeau du labeur, du chômage, de la misère. Ils expient cruellement la faute impardonnable d'avoir été conçus par des parias, des réprouvés comme eux.

Innocents, ils le sont certes, et donc nullement responsables de leur misérable origine.

Comment flétrir et en quels termes, l'ignoble organisation qui courbe des innocents sous la domination des fainéants et riches criminels, réglementant, au gré de leurs caprices, les moindres gestes, les plus légitimes désirs et les obligeant à passer sous les fourches caudines de leurs codes, à subir passivement leurs crapuleuses exactions ? Seuls, les prolétaires doivent entretenir les innombrables parasites qui pullulent sur notre planète : dirigeants, magistrats, prêtres, policiers, proprios, patrons, mercantis et toute la séquelle des coupe-jarrets, travestis et invertis, qui gravitent autour de cette maudite engeance. Eux seuls, doivent leur fournir le vivre, le couvert et... le reste (victuailles succulentes, châteaux luxueux et catins de haute volée).

Tous ces dévorants ont les dents longues et acérées, des appétits féroces, des ambitions insatiables. Leurs besoins déréglés s'accroissent à mesure que la civilisation s'encanaille et se pourrit dans un faste scandaleux.

Au pôle opposé de l'opulence, grouille dans les bas-fonds de la société, l'immense majorité des miséreux, pour qui la vie n'est qu'un enfer. Pour eux ni joie, ni repos. Aucun espoir ne vient les réconforter dans leurs souffrances, toujours renaissantes, jamais apaisées. Car la misère atroce qui les étreint est doublée de l'incompréhension de la vie. L'alcool vient ajouter ses funestes ravages à la dépravation physique et morale. Tel est le triste lot des masses laborieuses et foncièrement honnêtes.

Ce ramassis d'ilotes compose le peuple souverain. Ce sont eux qui contribuent à la confection des lois et leur coupable inconscience s'accommode de toutes les amertumes que l'agencement social leur réserve, à tous les instants.

La surproduction effrénée, les crises monétaires, les trusts industriels, les agiotages financiers occasionnent un chômage, qui, à tour de rôle, atteint toutes les corporations, aggravant le malaise général.

L'existence du travailleur est subordonnée aux fluctuations commerciales, aux spéculations hasardeuses des maîtres, des employeurs, à l'incohérence d'une production désordonnée et d'un échange fantaisiste et non aux besoins inassouvis de leur organisme. Ceux-ci ne sont-ils donc point tout aussi pressants, à l'époque du chômage, à celle de la maladie ou de la vieillesse ?

À ces moments critiques, les richesses sociales (aliments, vêtements, habitations), ne sont-elles donc pas en aussi grande quantité qu'aux périodes où l'ouvrage abonde, où la santé est florissante ?

Néanmoins, les ouvriers et leurs enfants, crient famine, anémiés par les privations de toute sorte ; ils ne savent où trouver un abri contre les rigueurs du froid et les intempéries, dépourvus qu'ils sont du salaire qu'un chômage obligatoire leur refuse.

Et cependant, les magasins regorgent de denrées, les étalages des boulevards, luxueusement aménagés, splendidement illuminés, insultent à leurs ventres stupidement aplatis. Partout, l'abondance et la pléthore contredisent ironiquement cette anomalie ridicule, d'êtres affamés coudoyant des repus, gonflés comme des outres. Les somptueuses demeures, dont l'accès est interdit aux refileurs de crêtes, par ces vautours rapaces, restent inhabitées, plutôt que d'abriter de *laborieux citoyens aux pacifiques intentions*.

La cause de cette détresse réside surtout dans le respect insensé de la propriété individuelle qui favorise les plus rusés et les plus violents, déshéritant les naïfs et les scrupuleux.

Le gaspillage résultant de cette situation embrouillée contribue pour beaucoup à la complication des problèmes sociaux... Nous venons de constater précédemment d'une part, la surproduction engendrant un arrêt brusque dans la tâche coutumière des travailleurs ; de l'autre la misère dégradante, consécutive à l'accumulation des richesses entre les mains de quelques forbans. D'un côté, le parasitisme avec toutes ses fonctions coercitives ; de l'autre, le surmenage et l'indigence. Mais si nous poussons l'observation au delà de ses aspects les plus apparents et si nous examinons minutieusement les détails que nous avons négligés jusqu'alors, nous verrons que l'intérêt de la question n'est pas tant dans le parasitisme social et la non-production, mais plutôt dans la nocivité des institutions autoritaires, qui font partout obstacle à la satisfaction de nos besoins vitaux. Peu nous importe que les riches se gorgent de victuailles, s'enivrent de vins capiteux, nous éclaboussent de leur luxe criard. Leurs laborieuses et pénibles digestions ne m'intéressent que fort médiocrement. Malgré leur paresse, leurs débauches et leurs soulographies, ils ne peuvent consommer au delà de la capacité de leurs ventres. À eux seuls, ils arrivent pourtant à immobiliser ce qui suffirait à entretenir le restant de l'humanité.

Ce n'est donc pas seule l'improductivité qu'il faut combattre, mais plutôt la faculté qu'ont les possédants de disposer des moyens de production, qui devraient logiquement appartenir à tous. Détenteurs, qu'ils sont, de privilèges monstrueux, d'une autorité sans bornes, ils mettent à profit cette suprématie pour réduire en servage ceux qui se dispenseraient volontiers de leur domination orgueilleuse.

Sans leur morale officielle, sans leurs sophismes captieux et sans leur éducation tant religieuse que civile, les récoltes n'en continueraient pas moins de mûrir sous l'action de l'astre bienfaisant. Pour décupler les énergies au service de l'intelligence, développée dans un but de solidarité, nous n'avons cure de leurs conseils aussi intéressés que perfides.

Nous voyons que l'autorité est l'unique entrave à notre bien-être et à notre bonheur.

Les divers systèmes politiques qui prétendent régir les sociétés et instaurer une ère de prospérité sur commande, ne tiennent aucun compte des besoins des individus. Ils pétrissent des citoyens, non des hommes. Ils entrevoient tous les individus sous un aspect uniforme ; doués de mêmes tempéraments, de mêmes aptitudes, de mêmes caractères ;

alors que, les anarchistes, sans programme défini, et sans article de foi, n'envisagent que l'autonomie individuelle se confondant harmonieusement avec l'intérêt commun. Le jeu des passions qui, dans l'organisation actuelle, dégénère si souvent en instincts pervers et jaloux, en conflits sanglants, est contraire par ce manque d'équilibre dans les rapports sociaux. Ce désordre général n'est imputable qu'à la croyance, qu'ont la plupart des humains, aux providences surnaturelles ou terrestres. C'est pourquoi nous jetons le discrédit sur toutes les institutions religieuses et politiques, et que nous voulons tuer la 69° l'ignorance et la lâcheté.

Un peu de jugeotte suffirait pourtant à dessiller les yeux des plus obstinés, des plus récalcitrants aux idées nouvelles.

Nos moyens sont, hélas ! fort restreints ; nous ne disposons pas, comme les masses dirigeantes, d'une ampleur assez étendue, pour atteindre la mentalité populaire. Pour suppléer à cette infériorité évidente, à cette lutte inégale, vivifions notre activité au souffle de la pensée, toujours plus précise, toujours plus hardie.

Si nos théories étaient largement propagées dans tous les milieux, si la presse, corruptrice et vénduë aux pouvoirs, n'entretenait pas, de nos deniers, l'ignorance la plus sordide, le vieux Monde ne tarderait pas à crouler, sous le poids des haines et d'un mépris bien justifié.

II

ÈRE NOUVELLE

(Œuvre de vengeance, de haine et d'amour, la doctrine anarchiste, s'infiltre, vigoureuse et jeune, dans tous les milieux.

Et les temps sont proches, où les humains pratiques et résolus, entasseront croix et glaives, oripeaux et galons, codes et légendes, dogmes et contrats dans un immense feu de joie, dont les flammes ardentes, empourpreront de nouveaux horizons.

Paul JULLIEN.

Chiquenaudes

ET

Croquignoles

POUR LA CAUSE

J'aime qu'on se dévoue pour elle.

Ainsi le journal l'Humanité, pour montrer son attachement à la cause révolutionnaire et prolétarienne a fait le sacrifice de donner six pages de texte au lieu de quatre pour bien fêter le jour du 1er Mai.

Il est vrai de dire que les pages supplémentaires étaient deux pages d'annonces, louées en bloc.

Au ! la Cocose !

TOUJOURS POUR ELLE

Oui, c'est donc vrai, que Jobert s'est essayé à faire la Ranse des Suffrages après celle des milliards. L'écoutant, il ne semblait entendre Allemane l'Ancien, se présentant pour la Cause, montrant toute l'inanité des réformes et l'abdication du système communaliste et parlementaire. La politique est un suicide mouvant. Qui y met le pied, voit son corps s'engloutir.

Je me suis laissé dire que Jobert avait déjà regret de s'être trop avancé. Cela se comprend plus de quinze cents voix à son coup d'essai.

Ça fait honneur à la Guerre Sociale. Ça marche la propagande révolutionnaire.

Ah ! la Cocose !

QUOI ? LA COCOSE !

Que signifie votre finale : Ah ! la Cocose ! Vous nous barbez.

La Cocose, ô mes amis, c'est le beurre végétal, nourrissant, sans nul doute, l'assiette révolutionnaire et prolétarienne que l'on ne saurait vouloir patauger dans l'assiette au beurre des capitalistes !

Pas de réclame ! Je ne vous donnerai l'adresse que moyennant galette.

C'est pour la Cocose !

CANDIDE.

Devant les Juges

C'est les 8 et 9 mai que notre camarade Armand passe devant les Assises de la Seine sous l'inculpation de fausse monnaie. Les longs mois pendant lesquels s'est prolongé la prévention n'ont pas été suffisants pour étayer une accusation précise.

C'est d'après des textes de dépêches ou des reçus de poste dont les formes anonymes peuvent s'appliquer indistinctement à tout sujet ou à toute question argent, qu'on veut baser l'accusation. Comme dans toute affaire de monnaie émise et policière, Monsieur l'Expert paraît pour déclarer de la main d'Armand un papier — tarif de fausse-monnaie — que ce dernier n'a jamais écrit et dont le grotesque apparaît à première vue.

Sous la pression du commissaire de Choisy-le-Roi, dont le rôle en cette affaire reste à définir, Laxenaire aurait fait une dénonciation contre Armand. Quelle valeur saurait-elle avoir, alors que ce commissaire trouve moyen de sortir un procès-verbal où Armand se dénoncerait lui-même, en oubliant d'ailleurs de signer.

Tout ceci n'a pas paru si solide que l'on ne soit cru obligé d'employer à l'égard de notre ami, un régime tout spécial. Alors que les prévenus sont mis à la Conciergerie, à la disposition du Président des Assises, une dizaine de jours au maximum avant leur parution, Armand y était déjà enfermé lors des vacances de Pâques. Son procès d'abord fixé au cinq mai, fut reporté à la date du treize mai, puis tout à coup, se trouve rapproché à celle du huit mai, enlevant, dans tous ces aléas, la sûreté et la facilité de la défense.

De plus — et pourquoi ne le dirions-nous pas — certaines manœuvres d'inquisitions furent mises en vigueur. On décachette une lettre adressée à la défense. Et d'une. Le service postal trouve bon *d'égarer* les adresses devant nous servir à assurer le service du deuxième numéro du supplément de *l'Ère Nouvelle*. Une enquête sur cette *perte* commencée par la Direction du réseau de l'Etat fut brusquement interrompue. Et de deux. Le dossier se serait baladé de droite et de gauche. Pourvu qu'il ne soit pas alourdi de pièces nouvelles et allégé de documents intéressants. Et de trois.

N'importe ! Notre ami ne se laissera pas influencer et saura montrer que l'on ne poursuit en lui que le propagandiste dont les idées nettes et précises mettent en infériorité toutes idées surannées et autoritaires. S'il a combattu l'idée de monnaie, s'il a mis en bonne posture ceux qui emploient — obligés par la loi d'airain des nécessités sociales — telle forme de lutte, tout le monde comprendra que cet homme de labeurs intellectuels, insoumis jusqu'à supporter la misère, ne pouvait se livrer au dur labeur de la faussemonnaie avec toutes ses complications.

Le livre que les *Causeries populaires* sont parvenues à faire paraître en même temps que l'auteur est appelé en cour d'assises, *Qu'est-ce qu'un anarchiste*, montrera notre ami occupé passionnément de toutes les questions qui se posent à un anarchiste, soucieux de n'en oublier aucune. Aucun problème social, moral, intellectuel n'est mis à l'écart. A la question de la reprise individuelle ou du faux monnayage, il n'a pas voulu se dérober mais, toutefois, il ne lui a pas donné une importance plus grande qu'à toute autre partie du problème social.

Dresser une pareille œuvre en face de la société bourgeoise au moment où cette société le veut écraser, est un acte d'énergie consciente qui devrait faire comprendre aux jurés en face de quel homme ils sont placés.

Au moment où il se réclame du droit de le juger, de le juger, Armand se dresse. Il ne juge pas la société, il l'examine froidement, il l'expose, il propose. Il impose point ». Les jurés sauront-ils comprendre sa critique si douce parfois, mais presque toujours si justement acerbe.

A. M. et A. L.

En Jouant

Ma sœurette, âgée de neuf ans, saute à la corde disant : « Mon mari sera-t-il colonel, ouvrier ou vidangeur ? (1) »

— Tiens! pensé-je, voici une singulière demande.

Sans doute, l'a-t-elle entendu dire et elle la répète comme un perroquet.

Mais Nini manque son coup. La corde s'arrête sur le mot « vidangeur ». Et la petite sauteuse indignée : « Vidangeur ! oh! » Vite, elle interroge la corde qui s'arrête encore sur le mot « vidangeur ». Alors : « Vidangeur! Toujours vidangeur ! Mon mari sera vidangeur!... »

Ce pronostic lui déplait réellement, car elle change de formule et dit : « Combien aurai-je de fiacres à mon mariage ? 1, 2, 3, 4, 5, 6, 7, 8 !... Huit fiacres ! Ah ! Mon mari sera vidangeur mais j'aurai huit fiacres. » Elle recommence à sauter et suggestionnée elle manque au huitième coup. Naturellement elle est convaincue et satisfaite. Elle reprend la première formule pensant être plus heureuse. Mais elle est arrêtée dans son interrogatoire par sa mère qui l'envoie faire une course.

Ma conscience d'éducateur s'inquiète : Est-ce la peine d'intervenir dans le jeu de Nini ? Ne serait-ce pas tourmenter inutilement son petit cerveau ? Elle n'y ajoute peut-être pas d'importance. En intervenant je l'influencerai mauvaisement ?... Pourtant les préjugés de mariage, les désirs de luxe, les recherches d'un brillant parti » que j'ai tant de peine à combattre chez les jeunes gens des deux sexes ne sont-il pas le résultat de ces milles petits riens appris pendant l'enfance ? Nini interroge la corde en jouant, sans bien penser. Plus tard elle interrogera sérieusement la marguerite, la tireuse de cartes, les tables tournantes, les lignes de la main, etc., etc. Ou bien elle priera Dieu ou la Vierge de lui faire trouver l'époux de ses rêves N'y a-t-il pas dans ce simple jeu le germe de toutes les superstitions ?... Il faut réagir ! Tâchons d'être adroit.

Nini revient et, pressée, recommence : « Mon mari sera t il colonel, ouvrier, vidangeur. »

Moi. — Que veut dire cela, Nini ?

Elle, *surprise.* — Quoi ?

Moi. — Mon mari sera-t-il colonel, ouvrier, vidangeur ?

Elle. — C'est pour savoir.

Moi. — Mon mari ? Qu'est-ce, un mari ?

Elle. — Un mari, c'est comme le papa. C'est l'homme de la maman.

Moi. — Ah ! c'est donc un méchant qui grogne toujours, qui dispute sa petite fille ?

Elle. — Oui, seulement tous les maris ne sont pas les mêmes. Le papa de Lucie, le mari de sa maman, ne comprends, caresse bien Lucie et puis sa maman. Moi, si mon mari était comme le papa je le laisserais. Je ferais mon paquet et je partirais. Tu sais comme la voisine avec son homme.

Moi. — Tu ferais bien. (*Il n'y avait donc pas de doute. C'était très intentionnellement que la petite interrogeait sa corde. Aussi continuai-je.*) C'est nigaud de dire ça en sautant.

Elle. — Les grandes le disent à l'école.

Moi. — Eh bien ! les grandes sont des nigaudes. Un colonel ! Fi ! Je ne voudrais pas aimer un colonel. (*Nini est toute étonnée que je ne partage pas ses goûts — les goûts de toutes ses amies de classe.*) Je lui explique : Un colonel c'est un chef de militaires. Il apprend aux grands frères à tuer les petites filles, leurs sœurs que leurs mamans aiment bien. Moi je ne veux pas être colonel, ni soldat. Moi je ne veux pas tuer les petites filles, ni les mamans. Tu vois qu'il ne faut pas jouer ainsi et vouloir un colonel. Dis le à tes amies.

Elle, *pensive.* — C'est vrai. Mais je peux dire : Combien aurai-je de fiacres à mon mariage ?

Moi. — C'est nigaud aussi. La corde s'arrête lorsque tu sautes mal, mais ça ne prouve rien.

Elle. — Alors je peux dire : Pou ! vinaigre, berchu, tout cru.

Moi. — Qu'est-ce que ça veut dire berchu, tout cru ?

Elle. — Je ne sais pas...

Moi. — Alors tu dis des choses que tu ne comprends pas ?

Elle. — Les grandes le disent bien !

Moi. — Il ne faut pas croire que les grandes soient toujours plus raisonnables que les petites. Le papa est bien plus âgé que nous. Il n'est pourtant pas si raisonnable puisqu'il grogne sans motif.

Elle. — C'est vrai. Les grandes elles font leurs « malines ». Dis, Noël, je peux bien sauter en disant les heures. Comme ça : 1 heure — 1 heure et quart... au quart on tourne à l'envers.

Moi. — Si tu veux. Ça t'aide à les retenir.

Elle. — Je les connais, tiens voir ta montre.

J'ai voulu signaler cette petite scène aux camarades pour leur montrer combien il importe de surveiller les jeux des enfants. On est trop porté à croire qu'ils se récréent alors qu'au contraire ils se préoccupent sérieusement et que les préjugés s'implantent en leurs petites cervelles. La plus grande partie de leur vie se passe à l'école. En plus des absurdités que les maîtres leur enseignent, mais que nous connaissons et qu'il nous est relativement facile de combattre. Ils s'apprennent entre eux — et faussement — des choses importantes qu'ils nous cachent souvent. La plupart des enfants ont des parents autoritaires, des brutes qui les puniraient s'ils leur répétaient naïvement les secrets dévoilés. Nos enfants, suggestionnés, n'osent pas toujours — malgré notre bonté — nous apprendre ces choses et leurs petites lèvres roses ne balbutient pas le « c'est vrai ? » que nous aimons tant. Veillons-y.

Noël DEMEURE.

(1) Nini dit : « vidondeur ». Il ne passe pas par la tête que c'est peut-être un mot stéphanois. Je n'ai pas de dictionnaire. En stéphanois, gandou veut dire : celui qui cure les vidoirs.

Comédie et Fripons

Le suffrage universel ressemble à un drap qu'un cavalier jette sur la tête d'un cheval fougueux pour le dompter.

Quelle que soit la matière ou la nuance de l'étoffe, le cavalier n'a qu'un but en vue : celui de monter sur le cheval pour s'en servir.

De même un candidat quelle que soit sa devise ou la couleur de son programme n'est animé que d'une préoccupation, celle d'occuper un siège au parlement.

Toutes les déclarations qui paraissent démentir ses aspirations secrètes, ne sont qu'un voile destiné à dissimuler son imposture.

CASSIUS.

LES PRÉCURSEURS

PROUDHON

(Suite)

Dans la même forme. Proudhon passe ensuite à une sorte d'histoire économique qu'il partage en dix périodes : *1° La division du travail, 2° les machines, 3° la concurrence, 4° le monopole, 5° la police et l'impôt, 6° la balance du commerce, 7° le crédit, 8° la propriété, 9° la communauté, 10° la population.*

Il découvre à chacun de ces chapitres une antinomie.

Antinomie la *division du travail* « hors de laquelle point de progrès, point de richesse, point d'égalité, mais qui subalternise l'ouvrier rend l'intelligence inutile, la richesse nuisible et l'égalité vaine.

Antinomie l'introduction *des machines* qui diminue la peine de l'ouvrier, baisse le prix des produits et amène un accroissement du bien-être général, mais qui par contre diminue le travail et jette à la rue quantité de prolétaires, fait diminuer les salaires et qui de plus « crée une population de travailleurs dégradés, graisseurs, nettoyeurs, chauffeurs, etc. »

Antinomie *la concurrence* qui a donné naissance à la liberté, qui est le grand stimulant du progrès et qui seule peut arracher l'homme à son inertie, car il ne faut pas « qu'on vienne nous parler de travail attrayant, le vrai travail qui donne la richesse a trop besoin de règle et de persévérance pour être longtemps ami de la passion, fugitive de sa nature, inconstante et désordonnée. Qu'on ne parle pas non plus de dévouement à la société, l'homme peut aimer son semblable jusqu'à mourir, il ne l'aime pas jusqu'à travailler pour lui. La concurrence est indispensable, mais privée de la direction d'un principe supérieur elle oscille entre deux extrêmes également funestes : le *monopole* et les *corporations.*

Antinomie le *monopole*, exploitation et jouissance exclusive d'une chose, expression de la liberté victorieuse, prix de la lutte, glorification du génie, c'est du monopole que dérive le produit net de l'entrepreneur. et le loyer du capital ; il est indispensable à la société, il est la couronne du producteur lorsque. soit par le produit net soit par l'intérêt des capitaux qu'il livre à la production, il apporte au monopoleur le surcroît de bien-être que mérite sa prévoyance et ses efforts, mais par contre le monopole engendre pour le travailleur un progrès incessant dans la misère et quand il a enlevé au pauvre mercenaire, pain, vêtement. foyer, liberté et sûreté, l'État, survient apporter son piètre remède à ce lamentable état de choses. ce remède c'est la taxe sur le monopoleur, *l'impôt.*

Antinomie aussi *l'impôt* dont le but pratique et avoué est d'exercer sur les riches au profit des pauvres une reprise proportionnelle au capital mais dont l'analyse révèle que ses charges sont presque exclusivement subies non par ceux qui possèdent mais par ceux qui ne possédent point. « Tout ce que la société crée pour la défense, l'émancipation et le soulagement du prolétaire se dirige contre le prolétaire en sorte que le prolétariat qui d'abord ne travaillait que pour la caste qui le dévore doit travailler encore pour la caste qui le flagelle ».

Antinomie le *commerce*, nécessaire au développement économique et à la création du bien-être dans l'humanité, car la concurrence est la garantie naturelle non seulement du bon marché des produits, mais aussi du progrès dans le bon marché, mais dont la liberté trop grande laisse le champ libre à toutes les iniquités.

Antinomie le *crédit* qui crée au dedans les débouchés que le commerce cherchait au dehors et qui a été un des principes les plus actifs de l'émancipation, de l'accroissement de la richesse collective et du bien-être individuel.

Il est pourtant écrit que tout progrès économique doit tourner au profit du privilège et à l'oppression de plus en plus écrasante du travail. « Le crédit est hypocrite comme l'impôt spoliateur, comme le monopole agent de servitude, comme les machines. Tel qu'une contagion subtile et lente, il propage, étend, distribue sur la masse des peuples les effets plus concentrés, plus localisés des fléaux antérieurs, mais de quelque masque qu'il se couvre, prêt, travail, association, philantropie, le crédit est voleur et assassin: principe, moyen, et fin de la féodalité industrielle. Le législateur des hébreux avait sondé toutes ces profondeurs lorsqu'il recommandait à son peuple de faire crédit aux autres nations, mais de ne le recevoir jamais d'elles, et qu'il leur promettait à a cette condition la domination et l'empire ».

Antinomie la *propriété* qui est comme l'hérédité du monopole, et cependant qui ne fait qu'exacerber les bienfaits et les maux de celui-ci. Elle est le droit d'occupation et en même temps la négation de la société, elle est une institution de justice et en même temps elle est « un vol ».

Alors nous nous tournons vers la *communauté*, hélas !

Antinomie aussi la *communauté*. Elle est incompatible avec l'idée de famille, image et prototype de la communauté: si elle maintient le mariage elle crée une petite communauté au sein de la grande et dès lors, elle intronise la famille, le ménage, la propriété, l'hérédité, elle se nie elle-même; si elle supprime le mariage, elle sacrifie les rapports de famille. les noms d'époux, d'épouses, de père, de fils, de frères, deviennent vides de sens, l'idée de parenté, d'alliance, de domesticité, de vie publique et privée s'efface, tout un ordre de faits s'évanouit : « Étrange théorie qui au lieu d'expliquer les idées, de déterminer les rapports, de formuler les droits, principes des obligations, les abroge. Le communisme ce n'est pas la science, c'est l'annihilation ».

Les contradictions de la communauté abondent, elle ne peut se passer d'une loi de répartition et elle périt par la répartition, forcée de s'organiser, l'organisation la tue. Par toutes ses voies, elle aboutit au suicide.

Elle invoque le sacrifice et elle supprime la matière et la forme du sacrifice. Où vous n'avez rien mis, vous ne pouvez rien prendre, et de tous les hommes, le plus capable de sacrifice, ce n'est pas le communiste, c'est le propriétaire, »

Chaque phase du mouvement économique nous a montré un nouvel et impuissant effort de l'humanité pour abolir la misère.

A la dixième et dernière période l'économie politique pose le principe de la *population* ou théorème de Malthus: Accroissement de la population selon une progression géométrique, augmentation des substances suivant une progression arithmétique,

C'est cette dernière antinomie, disent les économistes qui rend les autres insolubles mais ils prennent dit Prudhon la cause pour l'effet, c'est au contraire parce que les autres ne sont pas résolues que vient le théorème de la population.

« La nécessité de la misère n'est donc pas absolue, ce n'est pas la nature qu'il faut en accuser, c'est l'antagonisme des institutions économiques, l'imperfection de l'organisme social et nous devons conserver l'espoir d'une solution intégrale qui synthétisant les théories rende au travail son efficacité et à chacun de ses organes, sa puissance ».

(à suivre.)

MAURICIUS.

NOS « JAUNES »

à ceux qui « savent »

Dans l'idiome syndicaliste, ce vocable désigne les neutres, les passifs, refusant, par « veulerie », de se plier aux exigences des sergents recruteurs, *alias* les purs : les « rouges » des organisations ouvrières.

Par une illusion d'optique, consacrés traîtres à la « cause »; abreuvés du mépris révolutionnaire des trempe-la-soupe... communistes, honnis des sincères militants de l'action directe — de la C. G. T. — les jaunes sont-ils des gens heureux ou malheureux; participent-ils de ceux-ci, où de ceux-là ; si tant est, toutefois, qu'être d'un « côté » ou de « l'autre » puisse signifier, dans l'état de la société actuelle, posséder une plus ou moins grande part de bonheur... effectif? On ne sait ou plutôt... Je m'en fous!... Si j'emploie ce terme de « jaunes », ce n'est que pour l'adapter à certains d'entre nous, auxquels tout autre qualificatif, beaucoup moins... vague, conviendrait certes mieux... Suffit, n'est-ce pas?...

Nos « jaunes » anarchistes sont plus nombreux que l'on ne pense! J'en sais qui, sincères, logiques, en conviendront, *in petto* — c'est fâcheux — sachant, par expérience personnelle que, très souvent, gratter l'homme, c'est trouver, non pas dans son cœur, mais à toute sa surface, le « cochon qui sommeille ».

Confesseurs avant la lettre pour qui j'écris ces lignes; « camarades » théoriques, estampeurs pratiques; auréolés « méconnus »; anars à faux-nez, mais à gueule et de sens bourgeois; communistes, amour-libristes, etc, arlequins occasionnels; Gohier, de mince envergure; stylistes ou pédants, sectaires ou « macs » « vulgaires », il vous sied bien, en réalité, de « poser », pour la galerie. C'est même la seule besogne intéressante que nous devons attendre de vous; vous êtes les pommadés des « vertus » factices. Vous déguiser est pour vous chose logique. Prêchez, contre d'autres « vous-mêmes », peut-être entraînerez-vous, collecteurs intéressés, les déchets anarchistes. Mais laissez nous rire, laissez les « connaisseurs » éliminer les chancres, opérer l'ablation de la tumeur bourgeoise, séparer le déloyauté, la présomption dégoûtante, la subtilité dangereuse, la fourberie, toutes qualités régnantes en vos mentalités, de la brutale franchise, de la solide camaraderie anarchistes. Nous aimons les odeurs saines, et nous... puez-bon. Vos relents d'« honnêtes » m'écœurent!...

Peu m'importe les inimitiés probables que cette attitude va me créer. Anarchistes, je vous le demande, existe-t-il entre nous des conventions tacites? Un tel vaut l'autre et Jean ou Pierre se soucient peu du secret d'« État ». Que les plus timorés me jettent les premières pierres!...

Louis VIRIEUX.

FAINÉANTISE

Il n'y a pas d'effets sans causes. Pour détruire un effet, il suffit d'en trouver la cause et de la faire disparaître.

Les partisans de la société actuelle nous disent:

« Quand il n'y aura plus ni lois, ni gouvernements forçant l'homme à l'ouvrage personne ne voudra plus travailler, tous se laisseront aller à la fainéantise. Ce sera le débâcle, la fin de la société. »

Que répondrons-nous, à cela: Que l'homme ne naît pas fainéant ou travailleur, mais qu'il devient l'un ou l'autre, suivant le milieu et les conditions où il se trouve.

La fainéantise est un effet. recherchons en les causes.

1°. Le travail qui devrait procurer le bonheur de tous, ne procure le bonheur que d'une certaine classe privilégiée et improductive, ne laissant au travailleur que juste de quoi ne pas mourir de faim.

2°. Tout le monde ne participant pas au travail, cela occasionne pour la partie active produisant pour tous un sur-travail, qui use l'individu et le vieillit avant l'âge. Ajoutons à cela les travaux inutiles et même nuisibles servant à la classe privilégiée pour la défense de ses intérêts, mais l'œuvre néanmoins des mêmes hommes.

3°. A l'atelier, à l'usine, aux champs, l'ouvrier se trouve harcelé par le patron. Il advient de cela, qu'il ne peut s'intéresser à son travail. Le patron est toujours à ses côtés, le pressant, le surveillant afin qu'il fasse le plus de travail possible. Le résultat est qu'au lieu de faire un ouvrage convenable, l'ouvrier fait du sabotage et que son travail dégoûte.

4°. Le travailleur ne fait pas l'ouvrage selon ses goûts, ses aspirations. Ici un homme, très intelligent, qui aurait pu devenir médecin, ou ingénieur, inventeur travaillant à l'amélioration de la société fait un travail de manœuvre; plus loin au contraire, un autre afin de gagner un peu plus d'argent, entreprend un ouvrage au dessus de ses forces de ses aptitudes, sans y trouver nulle satisfaction personnelle.

Voilà ce qui rend l'homme fainéant.

Les causes de la fainéantise, sont dans l'exploitation de l'homme par l'homme, dans la mauvaise répartition du travail.

En même temps que disparaissent la propriété, le capital, l'exploitation, en même temps disparaissent les causes de la fainéantise et par cela même, la fainéantise.

Quand chacun participera au travail librement, fera l'ouvrage qui lui convient, quand le travail servira à faire le bonheur de tous, alors travail, qui veut dire : peine, souffrance, signifiera bonheur, joie, distraction, bien-être.

Non la fainéantise n'est pas innée dans l'individu, la fainéantise a des causes, elles sont dans les bases mêmes de la société actuelle.

Il est prouvé et démontré que chaque individu a en lui un instinct de conservation. L'homme libre ne se laissera pas mourir de faim, il fera du travail un instrument de production agréable.

Francis VERGAS.

La Fête du Saint-Prolétaire

Le 1er mai, date fatidique comme dit Pouget, est passé. La « grandiose manifestation du prolétariat conscient » a eu lieu et comme toujours le même « prolétariat conscient » s'est fait botter et crosser par la flicaille coalisée. La société capitaliste est sortie intacte, les gueulements et les discours n'ont point ébranlé sa base. Comme hier, comme aujourd'hui, comme demain sans doute il en sera de même, parce qu'il est impossible qu'il en soit autrement tant que les meneurs seront des profiteurs et les menés des moutons. Les basses flagorneries que prodiguent sans cesse les chefs syndicalistes à leurs auditeurs, l'abandon voulu d'une propagande intégrale, sont les causes de cette impuissance. Les vaniteux, les assoiffés de réclame, ceux qu'on interviewe, les braves qui parlent toujours d'action et qui ont élevé l'ouvrier sur un piédestal ont fait plus de mal à la cause qu'ils prétendent défendre que tous les Clemenceau présents et passés. Ils parlent sans cesse de révolution, de transformation sociale, sans se préoccuper de la mentalité de ceux qui les écoutent, que leur importe que l'ouvrier se saoule, qu'il soit plein de préjugés pourvu qu'il paie régulièrement ses cotisations et qu'il fête le 1er mai avec la même ferveur, le même esprit religieux qui anime le républicain au 14 juillet et le catholique à Pâques. En effet quelle différence y a-t-il entre ces processions ouvrières et les processions religieuses. Le fond est le même, toujours la même confiance en des chefs, en des prêtres, en des hommes providentiels, toujours l'espoir dans un lendemain problématique prometteur de joies futures. Les paradis se ressemblent.

MARCEL.

Un Anarchiste devant les Tribunaux
les deux Déclarations en Cour d'Assises
de Georges Etiévant

NOTRE CORRESPONDANCE

UNE PIERRE DANS LA MARE

à Aicard.

Je ne suis ce que je dois le plus admirer : la forme « vigoureuse » ou la profondeur d'esprit de ton article. Et cependant... Atchi!... Atcha!... Prétentieux ou modeste, démasque, n'en pouvant mais, je me mouche pour les antimilitaristes, les illégaux et les scientifiques.

La foi, qui fait des miracles — le sais-tu — a pu faire de toi, malgré ton « affiche » ou « article » genre candidat, un docteur ès-anarchie ; pourquoi ne ferait-elle pas de moi un morveux, qui se fout de... l'être, hélas, à présent.

De Machin et Chose, de Pierre et Paul, prenant à l'un une phrase, un mot à l'autre, grapillant — et legal, en cela — tu nous offres un pot-pourri réjouissant, un regal intellectuel. Tu possèdes l'art suprême de réduire à « la » plus simple expression la Critique anarchiste. Condenser quelques milliers de lignes en trois mots : Menteur, Jésuite, Ignorant, n'est pas, j'en conviens à la portée de ma fruste mentalité. Comme on se sent écrasé devant cette perfection. Oyez, ô disciples : « Antimilitaristes, ne soyez, pas soldats ; Illégaux, vous êtes des meurtres, des jésuites ; Scientifiques je vous tiens pour des ignorants. »

Sacré bâtard de Lapalisse, va ! qui trouve que « l'anarchiste ne se soucie nullement d'être exploiteur ou exploité » sans toutefois nous renseigner sur son état véritable.

Serais-tu mort, holà, docteur Aicard ? Non ! Alors ? En tout cas, sois assuré que les petits-fils de nos compagnes liront un jour dans *l'anarchie* de l'an ?... quelque chose dans le genre de ceci : « Enfin, Aicard survint... et les masques tombèrent. » Grand homme, je t'envie !

MASQUAMORT.

— o —

FAUT-IL DÉSERTER ?

à Levieux.

L'anarchiste conscient ne doit pas s'affubler de la livrée du crime : telle est, malgré des périphrases, la réponse de Levieux.

Au fond, nous sommes d'accord avec Levieux. Mieux vaut être libre que subir l'autorité abrutissante des galonnés.

Cependant, avant de répondre franchement « oui », il faut voir, si dans les circonstances actuelles, le déserteur jouirait de la plénitude de sa liberté.

Nous n'examinons pas le cas du déserteur à l'étranger. (Nous croyons que, s'il ne se trouve pas dans des conditions extra favorables ou s'il n'est pas bien doué au point de vue professionnel ou intellectuel, il y est malheureux.)

Selon la thèse de Levieux, le déserteur peut, empruntant les papiers de camarades, parcourir notre belle France. Mais l'homme est un intestin », pour vivre il devra « pilonner les camarades », moyen avilissant. Mendier ou voler ; il se met alors sous le coup de lois sévères (privation de sa liberté), il court le risque de voir sa véritable identité découverte et alors... Biribi l'hébergera.

Dans tous les cas, il lui faudra travailler, subir l'autorité du patron, et sa position de « hors la loi » ne le mettra pas bien à même de « rouscailler » sans courir les risques ci-dessus énumérés.

Nous ne recommanderons donc jamais le procédé préconisé par Levieux parce que trop aléatoire. On peut citer un, deux, trois cas de réussite, mais la police est aujourd'hui trop puissante pour que l'on puisse les ériger en loi générale.

Le déserteur repincé n'aura donc à son actif que la beauté du geste : mauvaise monnaie.

Nous disons : Désertez, vous dont les capacités financières (bourgeois) permettent une vie dorée à l'étranger. Désertez, vous ouvriers instruits et capables, qui peuvent, partout, soutenir la lutte pour la vie.

Aux autres, à la multitude des autres (si les anarchistes sont foule) restez en France, subissez la loi militaire, mais ne l'acceptez pas. Allez au régiment, parce que contraints par des forces dont la moindre est la crainte de l'État. Débrouillez-vous pour déchoir, le moins possible à la caserne. Saisissez l'occasion qui vous est donnée de voir, en commun, des jeunes gens de toutes les classes. Si votre propagande est peu appréciable, vous puiseriez des documents dans l'observation de leur vie. Résistez à l'envie qui parfois, aux noirs jours, vous viendra de démolir des figures, vous feriez un « geste inutile » parce qu'insuffisant. Vivez doucement, en devenant forts par la vision journalière d'injustices, par la constatation pénible de l'ignorance de ceux qui vous entourent.

Sortis de ce bagne, attelez vous à la propagande qui vous sera rendue plus facile par la connaissance plus exacte des hommes.

Vous ne serez ni plus lâches, ni plus courageux que les déserteurs. Vous aurez été contraints (comme il arrive souvent, hélas, même quand on est anarchiste) d'accomplir des actes répugnants.

Un Groupe de Soldats.

— o —

LA MISE A MORT

A Edgard.

Vous admettez « comme l'expression d'une indéniable vérité » la théorie des psychiâtres modernes d'après laquelle le criminel est considéré « comme une sorte d'estropié mental, naturellement prédestiné au mal de par les tares inhérentes à sa constitution originelle ». Et vous en arrivez à cette conclusion : que responsables ou non ils n'en sont pas moins dans la vie sociale des éléments de destruction et de malheur contre lesquels la société a le droit et le devoir de se préserver. Or, le moyen le meilleur serait selon vous la mise à mort.

Cette thèse, dans son principe, n'a rien qui soit de nature à m'offusquer. N'étant pas un chrétien partisan de la non-résistance au mal par la violence, je ne puis qu'être partisan de la légitime défense individuelle, dût-elle comporter l'emploi des armes, dût-elle entraîner la mort de l'agresseur. Et si j'admets ceci comme légitime pour un individu en particulier, il va de soi j'en reconnaisse la légitimité pour dix, vingt, mille autres individus c'est à dire pour une collectivité ou une société.

Les révolutionnaires n'ont pas à s'élever contre le principe de la mise à mort par mesure de défense sociale. Qu'est une révolution sinon l'attaque et au besoin la mise à mort par mesure de sécurité sociale, d'un certain nombre d'individus qui, par leurs personnes et leurs agissements, mettent obstacle à l'instauration d'un mode d'organisation humaine plus harmonique, par conséquent plus profitable au bien-être de tous ?

Il faut l'extraordinaire inconséquence, les préjugés grossiers d'un grand nombre d'entre eux pour verser des larmes d'attendrissement sur le sort réservé par les tribunaux de la République à la moins intéressante des fripouilles alors qu'ils magnifieront l'exécution d'une femme par elle-même inoffensive, sans personnalité marquante et qui n'avait eu que le tort de naître et de demeurer riche et titrée : je veux parler de l'impératrice d'Autriche, supprimée d'un coup de poignard par Lucchesi.

Il en est de ces derniers qui trouvent des trésors d'indulgence pour un assassin de fillettes mais qui seraient d'avis que tout ouvrier congédié tuât d'un coup de revolver son contremaître. Pourtant entre le dommage déterminé par un renvoi qui ne causera souvent que peu de jours de chômage et le meurtre, dans des conditions atroces, d'une enfant chérie il est une différence énorme qui est tout au désavantage du tueur de fillettes.

Quand les révolutionnaires russes prirent le parti de faire disparaître de Plehwe, son exécution ne fut pas décidée en cour d'assises mais il n'en fut pas moins jugé dans la conscience d'un certain nombre de gens qui l'ayant condamné tout comme un jury, s'intronisèrent à la fois juges et partie et exécuteurs des hautes œuvres. La bombe, en l'occurrence, remplaça la guillotine ou la pendaison. L'instrument du supplice fut différent *mais le principe fut le même* : le droit admis de se débarrasser, même par le meurtre d'un individu qui peut présenter pour les intérêts, la sûreté d'une collectivité un danger sérieux.

Je ne tomberai donc pas dans l'égarement de ces révolutionnaires que je viens de citer et qui semblables aux soi-disant irréligieux qui opposent un vendredi gras au vendredi maigre; se refusent à voir des principes de justice, de police, d'autorité et de législation partout où ils ne se représentant pas avec la forme officielle et bourgeoise actuellement consacrée par les majorités.

Cependant et c'est en cela que je me distingue de vous, ami Edgard, si je suis partisan, *lorsqu'elle est légitime*, de la défense individuelle et sociale, je suis d'avis de la dégager de toute inutile cruauté et de ne recourir à la mise à mort que lorsqu'il est démontré qu'aucun autre moyen préventif moins rigoureux ne peut être employé.

2

AMOUR,
COHABITATION,
JALOUSIE

De la liberté de l'amour
et de sa propagande

Sensuelles, sentimentales, affectives, les relations sexuelles sont actuellement empreintes d'une très grande duplicité. On n'affecte de ne connaître qu'une sorte d'amour : l'amour légal, c'est-à-dire l'union pour toute une vie à un être qu'avant le mariage on ne connaît souvent pas qui dissimule son véritable caractère et dont, malgré le divorce, on ne saurait dans bien des cas, se séparer sans graves inconvénients économiques ou sociaux. L'union libre elle-même se différencie très peu du mariage, accepté qu'elle devient de plus en plus dans les mœurs. Par respect des convenances, nombre d'individus « papillonnants » de nature doivent paraître « constants ». De là des cohabitations qui sont de véritables tortures et des repaires d'hypocrisie domestique. De la un raffinement de bassesse de la part des conjoints s'efforçant de se dissimuler l'un à l'autre leur véritable tempérament, nouant des intrigues qui, pour être menées à bien, exigent le mensonge à l'état permanent. Par suite, abaissement du niveau du caractère, amoindrissement général de la personnalité.

Les anarchistes ont rendu un très grand service à l'impartialité en rependant les notions d'amour libre, non pas qu'ils s'imaginent avoir découvert l'amour libre : de temps immémorial, le côté a été pratiqué extra-moralement et extra-légalement, des épouses ont eu des amants et des maris des maîtresses. Ce qu'ils entendent par amour libre n'est nullement la mise du caprice amoureux sur un piédestal, c'est, théoriquement, la détermination, par chacun, de sa vie sexuelle, — au point de vue sensuel, sentimental, affectif, — en dehors de tous les préjugés d'ordre religieux, légal ou moral. Tandis que, d'un côté, les anarchistes montrent l'inanité des sophismes qui font une tare de l'aspect émotionnel ou passager de l'amour, de l'autre, ils n'entendent point de l'autre, ridiculiser la fidélité sexuelle ou la constance de toute affection basée sur un choix libre et personnel, ou encore la durabilité d'une entente sentimentale consentie après réflexion. Pas plus qu'ils n'entendent codifier l'amour dans un sens ou dans un autre. Ils traitent la question comme un chapitre d'histoire naturelle. Ils démasquent l'infamie d'une morale différente selon les sexes.

Après avoir montré que l'amour était aussi analysable que n'importe laquelle des facultés humaines, ils laissent chacun se rattacher à la tendance qui peut le mieux répondre à sa nature, favoriser son développement, correspondre à ses aspirations. La propagande de l'amour libre n'a rien à voir avec la « licence sexuelle » ou le « dévergondage ». Ce sont des états de déséquilibre où l'anarchiste ne tombe pas.

La propagande de la liberté de l'amour est indispensable pour amener chacun à réfléchir sérieusement sur ce côté de l'existence qu'on voile ordinairement de mystère ou dont il ne se traite que légèrement. D'ailleurs « liberté de l'amour » et « détermination individuelle de la vie sexuelle » se vont pas sans « éducation sexuelle » préparatoire. Une fois l'individu instruit, débarrassé des conceptions conventionnelles ou des préjugés erronés qui régissent le domaine, une fois à l'abri des coercitions, à lui de décider dans quel sens il orientera sa vie amoureuse. De là un anarchiste, en exposant la thèse de l'amour libre, n'ont jamais voulu autre chose.

La cohabitation.

Ceux qui sont portés par nature ou par réflexion à l'amour constant, recherchent la cohabitation c'est-à-dire l'expérience de la vie en commun avec qui ils aiment. Durable ou passagère, la cohabitation est une conséquence de tout aspect de l'amour qui est autre que purement sensuel. Elle n'a pas de raison d'être entre individus « papillonnants » ; non seulement, dans ce cas, l'expérience échoue mais elle enlève tout ce qui peut faire le charme de l'amour volage. L'amour purement sentimental exclut une cohabitation prolongée.

Seul l'amour « vital » s'accommode de la cohabitation durable. La cohabitation, dans ce cas, est la mise en commun de deux existences dont les participants s'efforcent de donner à leurs facultés, en vue de leur bonheur individuel, le plus de rendement possible. Si elle est la mise en commun des joies mutuelles, elle l'est aussi des souffrances. La cohabitation n'est possible qu'au prix de concessions, elle suppose entre la volonté réciproque de compréhension et la pénétration intellectuelle, elle implique un effort moral. Bien que chacun des participants vive, en quelque sorte, l'un par l'autre et l'un pour l'autre, la conformité des caractères ou des conceptions n'est point de rigueur pour la durabilité de l'entente. Les faits montrent qu'en maint cas, les expériences de cohabitation réussissent d'autant mieux que les participants se complètent et se contrabalancent, plutôt que se continuer. Un individu très répandu moralement et intellectuellement au dehors, ne pourra que profiter de la vie en commun avec quelqu'un de plus concentré, de plus replié sur soi-même. Et vice versa. L'appréciation et l'exercice des qualités du sentiment jouent un rôle puissant dans la réussite des expériences de cohabitation.

Ceux qui aiment à la façon mixte, c'est à dire ceux qui sont à la fois « papillonnants » et « constants » ne s'accommodent pas de la cohabitation expérimentée avec des êtres de même tendance. Le côté de leur nature affective qui réclame impérieusement la cohabitation ne l'envisage que durable. Pour qu'elle réussisse, il est logiquement indispensable qu'elle soit entreprise entre un être de tendance mixte : un être de tendance constante, à condition bien entendu que ce dernier possède la faculté de compréhension du tempérament de son compagnon. À condition également qu'il y ait au début entente et loyauté.

Toutefois dans tous les cas, la cohabitation ne semble pouvoir exister ou durer sans latinité entière et sans confiance absolue, choses inutiles sans les espérances amoureuses passagères. La dissimulation, l'hypocrisie, la tromperie mènent sans retour la cohabitation. Logiquement, sa raison d'être disparaît dès que ceux qui la pratiquent cessent de mettre en commun leurs expériences dans tous les domaines.

La jalousie.

Les sentiments sont sujets à des maladies comme le sont toutes les facultés ou fonctions surmenées, exagérées ou lésées. L'indigestion est une maladie de la fonction nutritive portée à exagération. La fatigue est le surmenage de l'exercice. La phtisie pulmonaire est la maladie du poumon lésé. Le sacrifice est l'amplification du dévouement. La haine est souvent une maladie de l'amour. La jalousie en est une autre.

La jalousie revêt plusieurs aspects. Ils nous paraissent pouvoir être ramenés à trois formes principales.

I. *Jalousie propriétaire.* — C'est la maladie de l'amour légal, sanctionné ou non par le code. L'un des conjoints considère l'autre comme « sa propriété », « sa chose », une habitude « dont il ne peut se passer. Il ne concourt, ni qu'il se retire, ni qu'on l'en puisse déposséder. Cette forme de la jalousie peut se compliquer sous l'influence des blessures d'amour-propre ou s'agraver sous l'empire de considérations économiques. On a vu que ce soit véritablement une maladie, mais les actes auxquels se portent parfois ceux qui en sont atteints paraissent le démontrer.

(A suivre)

E. ARMAND.

Je comprends que lorsque tout un peuple gémit sous la botte d'un tyran, il se trouve un homme énergique pour l'abattre comme une bête féroce puisqu'on ne peut songer à le mettre autrement hors d'état de nuire. Et je comprends encore que si un être trop faible pour engager un corps à corps voit un homme sur le point d'accomplir une action monstrueuse, il l'étende à terre d'une balle s'il ne peut différemment l'en empêcher.

Mais lorsque la brute est liée, sans défense, incapable d'accomplir ou de recommencer un méfait il n'est plus indispensable de l'égorger.

La question se pose : Qu'en fera-t-on ? Va-t-on détourner de leurs travaux des hommes sains et utiles pour les garder à vue ? Va-t-on les nourrir comme des parasites aux dépens de la communauté ?

Eh bien ! je n'hésite pas à répondre : oui il y aura lieu de procéder ainsi, non pas dans une prison mais dans un asile confortable et bien aéré, non pas avec des geôliers et des bureaucrates, mais avec des infirmiers choisis et des médecins. L'individu nuisible y demeurera quelque temps en observation et si l'on découvre qu'il n'a mal agi que sous l'influence d'une circonstance momentanée, exceptionnelle, qui n'a guère de chance de se renouveler, on le relâchera purement et simplement. Ce qui sépare le meurtrier de l'homme sans reproche est souvent bien peu de chose : un peu trop de café noir ou un jour d'orage, se combinant avec une discussion provoquée par des gens taquins, et le fait qu'on a trouvé sous sa main un couteau très tranchant au lieu de l'assiette que l'on voulait lancer à la tête ! Si l'on découvre au contraire que l'on a affaire à un maniaque incurable, à un fou sadique produit d'une hérédité déplorable, on le reléguera pour toujours chez les aliénés, dans ce quartier des agités et on lui rendra l'existence aussi douce que possible.

Se comporter de cette manière n'est point faire preuve de faiblesse ni de sentimentalisme vains, mais agir rationnellement. Vous avez reconnu que le criminel — le vrai, le seul criminel, c'est à dire pas toujours celui qu'enfreint les codes — était un anormal, un malade dangereux. Mais il ne présente pas le seul cas de maladie dangereuse dont les effets peuvent être terribles pour la société. Que faites-vous des tuberculeux, des syphilitiques qui consciemment ou inconsciemment propagent tout autour d'eux le désastre et la mort et sont par conséquent plus dangereux que beaucoup de vulgaires meurtriers ? Vous n'auriez aucune raison de les épargner plus et avec eux beaucoup d'autres qu'il serait trop long d'énumérer.

Tous ces êtres sont attachés à la vie bien qu'elle leur soit cruelle et ils ont un père, une mère, ces êtres chers qui consentiront sans doute à ce qu'on les soigne mais qui se révolteraient justement contre une mise à mort infligée à leurs proches et dont la perspective suffirait à les plonger dans la douleur pour longtemps, pour toujours peut-être.

Et puis vous ne devez pas seulement examiner les choses de notre point de vue d'êtres sains qui, persuadés qu'ils ne seront jamais malades, répugnent à se montrer secourables envers les souffreteux. Qui sait si demain quelque horrible névrose ne viendra pas nous faire accomplir des actes auxquels nous nous refuserions à croire ? Ne serions-nous pas bienheureux alors de profiter des effets de la pitié que nous avons accordée à autrui, jadis ?

Jean MARESTAN.

A Travers les Livres

LA 628-E8 (1)
par Octave Mirbeau

Je ne sais si le camarade bibliographe a dédaigné le dernier « livre » de O. Mirbeau mais *l'anarchie* n'a pas signalé ce prospectus. Je ne veux pas croire que ce soit une faiblesse et la crainte de dire la vérité sur ce bonhomme en toc. Je n'aurais pas empiété sur le travail des autres, si je n'avais cru que des citations, des extraits bien choisis donnés par des publications révolutionnaires ne trompaient sur la qualité générale de l'œuvre. Mieux vaut tard que jamais. Faisons un peu de lavage.

***

Les filles dites de joie que les tristesses de la vie obligent à trafiquer de leur corps, souvent joli, toujours réel, ont, parfois, dans l'exercice de ce commerce, des créances impayées. Un client malhonnête et ingrat oublie de solder sa note. Cela s'appelle « un lapin ».

Les filles de lettres, plus avisées, et sans doute, pour venger leurs infortunes sœurs en prostitution ont retourné le système à leur avantage. Ce sont-elles qui posent des lapins à leurs clients.

Les filles de joie sont parfois fallacieuses. Quand elles vous chuchotent à l'oreille : « Je suis amoureuse comme tout ce soir » ou « chéri, j'ai un bien bon feu », il faut se méfier. Il arrive que leur chambre est glaciale. Elles aussi. Néanmoins, si peu que ce soit, on a toujours quelque chose. Avec les filles de lettres, c'est pis : souvent, on n'a rien.

Jadis, quand je voulais connaître l'étiage des turpitudes littéraires bourgeoises, j'achetais au hasard un volume de Jean Lorrain. J'y trouvais, chacun s'en doute, la chronique de Sodome et Lesbos avec force cancans sur les rastas, entremêlés de réclames sur les gargotes de la côte d'azur.

C'était toujours dégoûtant mais parfois amusant. Cependant, je n'en avais jamais pour « mon argent » et c'était toujours « un lapin ».

La belle âme neurasthénique de Jean Lorrain ayant quitté « ce monde », j'en suis réduit aux joies non moins neurasthéniques de Monsieur Octave Mirbeau.

C'est ainsi que, dans une heure de désœuvrement, m'étant laissé enjôler par le titre prometteur de la 628-E8, je marchais de mes trois francs rien que pour savoir jusqu'où ces créatures peuvent ravaler l'art d'écrire.

(1) Éditeur : Armand Fasquelle, 11, rue de Grenelle, Paris, 3 fr.

Ce fut un lapin colossal. Il n'est pas permis de voler ainsi le pauvre monde.

La 628-E8 n'est pas un livre, c'est un prospectus. Seulement il a quatre-cent-seize pages, il coûte trois francs.

Ce prospectus dispendieux et menteur comme tous les prospectus, a été rédigé pour prôner une marque d'auto. Il a, paraît-il, déjà rapporté trente mille francs à l'auteur sans compter la C. G. V. qui lui fût donnée d'avance comme prix dudit prospectus. C'est une bonne affaire. Le miché est sérieux. Malheureusement dans cette aventure, le miché c'est moi — du moins mes trois francs — c'est tout le monde et nous avons le droit de la trouver mauvaise.

Passe encore pour l'auto, toutes les filles en raffolent et bien peu ont cette chance de se la faire offrir. Cependant, j'en atteste feu la baronne d'Ange, si c'est aussi par la plume, maniée d'autre façon, qu'elles conquièrent leurs autos, on peut dire qu'elles le font plus gentiment, plus proprement et plus honnêtement. Car M. Mirbeau fait ses michés à la plume et s'en venge quand ils n'ont pas voulu chanter. A preuve les Brûlard-Taponnier (lisez : Richard-Brasier) qui n'ont pas voulu marcher.

Pends-toi, Émile Gautier, tu n'aurais jamais imaginé une pareille réclame. Enfoncés tes quinquinas, tes pastilles, ta pharmacie suspecte et tes non moins suspects ballons d'essai au service de la préfecture de police, à l'effet d'instituer l'anthropométrie obligatoire. Jamais, quand même tu ferais guillotiner tous les anarchistes, Lepine ne t'offrira une auto.

Et toi, Jean Lorrain ! bonne fille sans façons, sans prétentions, qui, pour quelques thunes bâclait des articles mirifiques au compte des syndicats d'hôteliers de toutes les plages ! tu fis bien de mourir avant d'avoir subi l'affront d'une telle éclipse. Tu n'auras pas connu les moelleuses souplesses des coussins d'une C. G. V. dont les contacts eussent été si doux à l'aigreur de tes fistules.

Pas même les dures secousses d'une Brûlard-Taponnier ! Ah ! le sort est injuste, car si Mirbeau et Gautier se font payer plus cher, leurs talents et leur gloire ne diffèrent pas des tiens.

Mais, puisqu'un comité s'est formé pour élever une statue à Jean Lorrain qui, selon toute logique doit être érigée au dessus d'une magnifique vespasienne, je me permettrai, faute de fonds, d'apporter à la souscription un modeste avis :

Ne pourrait-on réserver sur le même piédestal une place pour Messieurs Octave Mirbeau et Émile Gautier dont le genre de talent s'harmonise si bien avec celui du grand écrivain qu'il s'agit d'immortaliser.

Ces trois grandes figures se complètent si bien l'une par l'autre qu'on ne saurait les séparer sans les amoindrir.

Plaçons les sous la même auréole et sur la même latrine dans l'attitude charmante des trois grâces de Germain Pilon. Leurs mains délicatement entrelacées, ne pouvant tenir la plume, attribut de leur gloire par un geste à la fois familier et symbolique, ils l'auront à la bouche. Ce sera d'un effet saisissant et harmonieux.

On saura par là que leur génie de la réclame et de la prostitution fût égal ; qu'ils incarnèrent merveilleusement l'âme mercantile et basse de leur époque et de leur classe dont on retrouve toute la caractéristique vénale dans leur littérature de pissotière.

LEVIEUX.

***

La critique de Levieux sur le livre de Mirbeau et celle sur ma négligence à le signaler, arrivent bien à point. Toutes deux sont fort justes. Nous ne recevons rien de Fasquelle. Et ma foi, nous oublions un peu d'acheter. En l'occasion, nous avons eu tort. Il est bon, quand on accepte une tâche, de bien la remplir.

Dans cet esprit et, disons-le, me méfiant de la sévérité de Levieux, j'ai tenu à lire le livre du monsieur. Levieux est dur, mais juste. Comme nous parlions de cette œuvre à un éditeur bien connu pour ses idées avancées, il employait la même expression que Levieux : « C'est un prospectus qui flatte et qui diffame tour à tour. Si Mirbeau avait trouvé hôtel gratis à Anvers, il aurait dit le plus grand bien des hôteliers de cette ville. Ainsi, il paie ses notes. » Tous ceux qui savent lire, éprouvent la même impression en lisant ce livre, mais peu se décident à le dire et surtout à l'écrire franchement. Pour ma part, je ne me dérobe pas et je contresigne avec plaisir la critique de Levieux. LE BIBLIOGRAPHE.

Service de Librairie

L'intensité de la propagande antiélectorale a dépassé nos prévisions et nous sommes heureux d'enregistrer l'accroissement de l'effort accompli par les abstentionnistes.

A côté des nombreux discours et des contradictions multiples, des milliers et des milliers d'imprimés ont été répandus, et plus que jamais nous avons vu l'immense service qu'une imprimerie peut rendre.

Surchargés de travail par les tirages précipités, le pliage du livre que nous venons d'achever, pris par la besogne courante et un surcroît de propagande abstentionniste, nous nous sommes efforcés d'expédier par retour du courrier, toutes les demandes, mais quelques camarades ont souffert des retards causés par la pénurie de piqûres et de placards qu'il a fallu retirer. Nous nous excusons auprès de ceux-là non sans leur faire remarquer toutefois qu'ils auraient dû écrire plus tôt.

Dans un mois, nous avons mis dans la circulation :

12 000 absurdité de la politique ;
50.000 placards antiélectoraux ;
80 000 piqûres d'aiguille antiélectorales ;
11.500 affiches.

Ces chiffres encourageront sans doute les camarades, mais nous les prions à l'avenir de ne pas attendre au dernier moment pour se munir d'imprimés, car ils risquent de rester les mains vides.

Nous allons rééditer au plus tôt les placards, brochures, maintenant épuisés, et lancer de nouvelles piqûres pour les ballotages.

Revue des Journaux

LE LIBERTAIRE.
Sur une note plus triste que de coutume Eugène Péronnet ironise sur la fameuse *crise de l'amour* dont nous parle H. Le Roux.

G. Durupt s'essaie à peindre *élus et électeurs*. Quelles gueules, messeigneurs !

Des *notes de philosophie individualiste* de Ludovic Bertrand où de bonnes idées sont perdues dans la même terminologie ridicule.

Ch. Deneuville me paraît un pince sans-rire lorsqu'il dit que « nous regrettions depuis nombre d'années cette sympathique, etc. » Et les *Cérébraux* se discutent.

Pablo Iglesias est « un traître à la cause des exploités ». Ouf ! quel cliché. Et si inutile lorsqu'on parle d'un député !

René Dohé montre de façon très simple le mensonge de la phrase qui dit que *la science a fait faillite*.

G. Baldazzi termine son étude sur *égoïsme et altruisme* par une conclusion très nette.

L. B. continue sa critique sur *le charlatanisme*. Il y paraît peut-être un peu trop la haine du médecin possédant titres et brevets. Le « rebouteux » est un type inquiétant mais ne lui assimilons pas tous ceux qui peuvent être en dehors de la science officielle.

L'étude de Paraf-Javal sur le *mécanisme du raisonnement* soulève déjà bien des points. Son style un peu trop sec et trop affirmatif gêne parfois la bonne compréhension d'excellentes idées.

LES TEMPS NOUVEAUX.
El Chanoud nous montre le travail de *la police internationale en Egypte*. Les procédés sont les mêmes partout.

Sur *la crise et la politique américaine*, Laurent Casas continue à nous documenter. Plus la production donne, plus la misère est évidente ; les socialistes et trade-unionistes ont une attitude parallèle de lâcheté et de résignation.

Une critique de Charles Albert sur la revue *l'École Rénovée* qui prend une forme banale de louanges et propre à paraître un « communiqué ». LE LISEUR.

Vient de paraître

Qu'est-ce qu'un Anarchiste ?
Par E. ARMAND
Prix : **1.50** ; à *l'anarchie*, **1** fr.

Le « Livre » de *l'anarchie*
Un an, **7 fr. 50** ; Deux ans, **12 francs** ; Trois ans, **18 francs**

L'ABC de l'Astronomie
par Frédéric STACKELBERG
le volume **1 fr. 75** ; par poste **2 fr.**

GROUPE D'ÉTUDES SOCIALES D'ARGENTEUIL

VENDREDI 8 MAI 1908
à 9 heures précises
SALLE MUNICIPALE, Boulevard Héloïse

Meeting Abstentionniste

ORATEURS:
Jacques LUCIEN, MAURICIUS, ETC.

ENTRÉE LIBRE

PAR LA BROCHURE

Paroles d'un Révolté (P. KROPOTKINE)	1 75
L'Anarchie, son Idéal (P. KROPOTKINE)	1 »
La Conquête du Pain (P. KROPOTKINE)	2 75
Autour d'une Vie (P. KROPOTKINE)	2 75
La Douleur universelle (S. FAURE)	2 75
L'Amour libre (Charles ALBERT)	2 75
Œuvres de BAKOUNINE, tome I	2 75
tome II	2 75
L'Anarchie, son But, ses Moyens (Jean GRAVE)	2 75
La Société Future (Jean GRAVE)	2 75
L'Individu et la Société (J. GRAVE)	2 75
La Société mourante et l'Anarchie (Jean GRAVE)	2 75
Psychologie du Militaire professionnel (A. HAMON)	2 75
Psychologie de l'Anarchiste - Socialiste (HAMON)	2 75
Déterminisme et Responsabilité (HAMON)	2 25
Le Socialisme et le Congrès de Londres (A. HAMON)	2 75
Socialisme et Anarchisme (A. HAMON)	3 »
L'Homme nouveau (Charles MALATO)	1 »
De la Commune à l'Anarchie (Ch. MALATO)	2 75
La Philosophie de l'Anarchie (MALATO)	2 75
Les Joyeusetés de l'Exil (Ch. MALATO)	2 75
Les Inquisiteurs d'Espagne, Monjuich, Cuba, Philippines (Tarrida de MARMOL)	2 75
Le Socialisme en Danger (NIEUWENHUIS)	2 75
L'Inévitable Révolution (un Proscrit)	2 75
La Commune (Louise MICHEL)	2 75
Évolution, Révolution et l'Idéal anarchique (Elisée RECLUS)	2 75
Philosophie du Déterminisme (Jacques SAUTAREL)	2 25
L'Unique et sa Propriété (STIRNER)	2 75
L'Anarchisme (ELTZBACHER)	5 »
En Marche vers la Société nouvelle (CORNELISSEN)	2 75
Le Militarisme et la Société moderne (Guglielmo FERRERO)	2 75
Humanisme Intégral (Léopold LACOUR)	3 75
Sous la Casaque (DUBOIS-DESAULLE)	4 75
La grande Famille (Jean GRAVE)	2 75
Au Pays des Moines (José RIZAL)	2 75
Bas les Cœurs (Georges DARIEN)	2 75
Le Voleur (Georges DARIEN)	2 75
Biassenay-le-Vieux (Camille MAHO)	2 75
Les Mauvais Vieux (Yves LEFEBVRE)	2 »
L'Individu et l'Esprit d'Autorité (Abel FAURE)	» »
Dupécus (P. FRAYCOURT)	3 »

Où l'on discute !
Où l'on se voit !

Causeries Populaires du XVIIIe. Rue du Chevalier-de-la-Barre, 22. — Lundi, 11 mai, à 8 heures 1/2 : *Le paysan et l'ouvrier. L'ouvrier des campagnes et l'ouvrier des villes*, par Albert Libertad.

Causeries Populaires des Xe et XIe, 5, cité d'Angoulême (66, rue d'Angoulême). — Mercredi 13 mai, à 8 heures 1/2, causerie sur *Le travail antiélectoral et ses résultats à travers la campagne abstentionniste de 1908*.

Groupe d'éducation révolutionnaire du IVe. Maison du Peuple, 20, rue Charlemagne. — Lundi 11 mai à 8 h. 1/2 causerie par Mournaud.

SAINT-DENIS. — *Groupe abstentionniste*, jeudi 7 mai à 8 heures 1/2 rue de Paris, 68, salle Eugène Petit. — Conférence publique et contradictoire, par Lenfant sur *les moyens de transformation sociale*.

KREMLIN-BICÊTRE. — 36, rue du Kremlin. — Grande réunion publique et contradictoire sur *L'antisepsie antiélectorale et les microbes de la politique* par E. Petit et divers camarades.

TROIS MOTS AUX AMIS

EPERNAY. — Le copain qui a écrit à Mauricius lui écrira à nouveau. M. a perdu son adresse. Il accepte de faire la conférence.
F. REY. — Enverrons les 5 frs. à Holla.
ST-CLOUD. — Demanderons à Armand.

- Travail en Camaraderie -

Imp. des Causeries Populaires : Armandine Mahé

La gérante : Anna MAHÉ

LES CAMARADES
adresseront
tout ce qui concerne
l'anarchie
à A. Mahé & A. Libertad
22, rue du Chev.-de-la-Barre
PARIS XVIII·

l'anarchie

PARAISSANT TOUS LES JEUDIS

ABONNEMENTS

FRANCE
Trois Mois 1 50
Six Mois .... 3 »
Un An .... 6 »

ÉTRANGER
Trois Mois .... 2 »
Six Mois .... 4 »
Un An .... 8 »

QUATRIÈME ANNÉE — N° 162 | DIX CENTIMES | JEUDI 14 MAI 1908

Évolution
et
Révolution

L'évolution est le mouvement infini de tout ce qui existe, la transformation continuelle de l'univers dans toutes ses parties. L'histoire de l'univers montre la grande évolution sous ses différentes phases. Il suffit de remonter le cours des siècles pour se rendre compte des bouleversements successifs qui ont transformé notre planète. Ici des montagnes ont surgi dans les vastes plaines, des océans se sont retirés pour se reformer en un autre point du globe, là des sources ont jailli, des volcans ont englouti des villes entières. Tous ces phénomènes, résultat d'une longue évolution, sont des révolutions géologiques, imperceptibles elles-mêmes dans l'évolution universelle.

Ainsi, en science, il n'y a pas opposition entre évolution et révolution, ces deux mots se complètent, et Élisée Reclus pouvait dire : « L'évolution et la révolution sont les deux actes successifs d'un même phénomène, l'évolution précédant la révolution, et celle-ci précédant une évolution nouvelle, mère de révolutions futures. » Cependant nous voyons journellement donner à ces deux mots un sens contraire.

En sociologie, l'évolution est le développement graduel, continu dans les idées, elle fait passer par la réflexion, l'observation consciente ; lentement elle conduit à des révolutions partielles déblayant le chemin pour la révolution complète. Il n'y a pas, il ne peut pas y avoir de révolution sans évolution aussi bien dans le domaine scientifique que dans le domaine philosophique.

De même par l'évolution seule, on ne peut prétendre arriver à faire les transformations nécessaires pour instaurer de nouveaux milieux. Et tout évolutionniste devrait accepter inévitablement la révolution comme un aboutissant logique, inéluctable de l'évolution. Il n'en est pas ainsi. Nous voyons plusieurs classes d'évolutionnistes mettre leurs croyances en l'évolution seule, et abhorrer la « révolution » ne la concevant pas comme déterminée par une évolution précédente et comme déterminante d'une évolution plus vaste.

Certains pensent qu'à l'évolution des idées correspond une transformation dans les faits, ils voient la société future apparaître soudainement, comme si entre la société et celle qu'ils rêvent, la transition pouvait s'opérer sans brusquerie, sans ces nombreuses émeutes qui réunies forment la révolution. D'autres n'ayant qu'un seul progrès en vue, se spécialisent dans une forme, dans une idée. Leur unité de vue les situe dans une posture ridicule, et les fait paraître accepter toutes les autres iniquités comme justes. Les évolutionnistes ne peuvent faire autrement que d'être révolutionnaires s'ils poussent l'idée à fond. Celui qui pense prévoit qu'il arrive un moment où l'évolution se heurte à tout un arsenal de lois, d'us et de coutumes ; elle devient alors révolution, ouvrant un champ plus vaste à une évolution nouvelle.

L'évolution n'est pas toujours progressive, elle peut être régressive. Ce cas se remarque surtout chez les individus ayant tendance à se spécialiser. La réalisation d'un but particulier faisant oublier le but général, et obligeant à des reculs de pensée, à des détours qui ne cadrent pas avec la voie du progrès. De même, la pensée qui s'arrête dans l'évolution se trouve au bout d'un certain temps en regrès sur la pensée toujours en marche, il y a en ce cas : involution.

L'évolution humaine a un chemin bien défini duquel elle ne doit jamais s'écarter, celui de la vérité. En science, on dit que la révolution est le choc qui se produit lorsque l'évolution rencontre sur sa route un obstacle. Si elle a assez d'élan elle le brise, il lui faut d'autant plus de violence que la résistance est plus grande. Ainsi la semence pour germer doit crever son enveloppe, déplacer la terre qui la recouvre avant que de se montrer plante. L'enfant qui vient au monde déchire son enveloppe et sort avec violence du ventre maternel. La montagne qui s'affaisse et engloutit tout sur son passage minée par l'eau qui s'infiltre à sa base depuis des siècles sont autant de révolutions.

Dans le domaine de la pensée, la révolution est un changement brusque dans les idées, se manifestant par des faits. C'est le désir de briser les cadres qui étreignent l'individu, de réaliser des aspirations. Elle est de nécessité absolue pour débarrasser la société des privilèges des uns, des préjugés de tous. On peut affirmer que l'idéal des sociétés humaines est incontestablement la suppression des gouvernements et des lois et l'on sent que bien des émeutes et bien des bouleversements seront nécessaires avant une révolution inévitablement libératrice.

Il ne faut cependant pas attendre d'une révolution, l'émancipation des individus ; ce n'est que la propagande qui les aura touchés et convaincus qui fera leur libération. On constate pourtant, qu'en temps d'émeute, les foules sont plus aptes à comprendre les idées nouvelles, l'exaltation activant les cellules cérébrales et développant le degré de compréhension. Ce qui permet d'établir que l'idée anarchiste, suivie de mise en pratique, serait sûrement comprise alors qu'elle ne l'est pas en temps ordinaire.

Les révolutions aussi ne vont pas toujours vers le progrès. Jusqu'à aujourd'hui elles ne furent plutôt que la substitution d'une caste à une autre. Ces révolutions n'ont été que des complots, des conjurations, des coups d'État ; elles se produisent souvent avec le concours de la masse mais toujours en dehors de ses intérêts. Les anarchistes ne donnent pas la même importance au mot révolution que dans les autres milieux, disant qu'elle n'est pas un but, mais un moyen, qu'elle ne peut se décréter, ni s'improviser ; et, de plus que faite avec des inconscients son résultat est des plus aléatoires.

Aussi former des individus conscients ayant révolutionné leur moi et prêts à profiter de tout mouvement possible, la — révolution étant une éventualité toujours envisagée par des penseurs — nous semble actuellement la meilleure besogne révolutionnaire. Nous concevons que ce n'est pas avec des individus voulant seulement un changement de pouvoir qu'il faut agir, mais avec des individus débarrassés de tout autoritarisme et pouvant, dès maintenant, vivre à ce sens. On groupe d'abord les individus autour d'une idée « et la révolution n'est pas une, mais un fait, un moyen » et, lorsque bien pénétrés de cette idée, ils voient la révolution comme une nécessité, ils étudient les moyens de la faire et développent leurs vouloirs en conséquence.

La vie étant en continuelles métamorphoses, bien des faits peuvent amener une révolution. Un événement politique, une grève sanglante, une révolte partielle peuvent allant plus vite que les idées évolutives provoquer des émeutes, préludes de révolution partielle, qu'une minorité consciente peut rendre générale. L'anarchisme étant une théorie d'action, il s'en suit nécessairement que l'anarchiste est un révolutionnaire, mais il est surtout un révolutionné. Devant une révolution soudaine quelle sera son attitude ? Il n'y a pas à disserter sur ce point. Puisqu'il se prétend en révolte continuelle, il intensifiera ses actes et les rendra plus profitables, se servant des concours qu'il rencontrera et orientant dans la meilleure voie. Ayant fait son éducation et connaissant les moyens les plus sûrs de détruire les formes d'autorité, toutes traces d'acte de propriété, d'état civil, etc..il s'attachera immédiatement à travail, lequel, accompli avec logique aura les retentissements matériels et moraux les plus profonds, même si la révolution était vaincue.

Sachant que la révolution ne s'accomplira pas dans un laps de temps déterminé, qu'elle sera une longue suite d'escarmouches et d'émeutes avant d'arriver à instaurer un milieu nouveau, l'anarchiste a pour tâche l'éducation des cerveaux. Par ses actes, dans son entourage, dans tous les milieux où il se trouve, il propage ses idées. Il doit montrer déjà de nouvelles manières de vivre et ce faisant bien mieux que toute belle théorie, son exemple est générateur d'évolution et approche d'autant plus la révolution. Chez beaucoup de révolutionnaires, on met tout son espoir en un « messie-révolution » ; c'est toujours demain qu'on envisage, aujourd'hui jamais, ou si peu... Chez certains même le révolutionnarisme ayant institué une situation de tout repos, la révolution est reculée à dessein et devient tout ce qu'il y a de plus problématique.

Bien souvent, lors d'une émeute, l'acte du révolutionnaire montre le peu de valeur de sa pensée, il suit la majorité. Celui-là n'est qu'un mécontent, écœuré des injustices actuelles et sentant le besoin d'un changement, sans en comprendre la valeur et dans quel sens il faut le diriger. Cet exemplaire n'est pas rare chez les révolutionnaires « avant tout ». l'anarchiste veut être conséquent avec sa pensée et considère, dès maintenant, les actes de révolte possibles. Il montre à tout moment qu'il se débarrasse de tous préjugés. C'est pourquoi il est en révolte permanente. Il veut au fur et à mesure qu'il acquiert une idée nouvelle la mettre en pratique. Il doit, pour cela, tenir tête à la foule des lâches qui l'environne et son geste est plus intéressant que celui du « révolutionnaire avant tout » qui réserve son activité pour demain.

Est-il possible à l'anarchiste de subir la société dans ses manifestations autoritaires ? Peut-il subir le flic, le mouchard, le galonné sans avoir le désir de répondre à cette force par une nouvelle force ? Non ! Aussi veut-il vivre et par tous les moyens possibles. Il est le premier à vouloir un bouleversement social, instaurant un milieu différent de la forme sociale présente. Pour cela, il considère comme un travail passionnant de former des individualités nouvelles, conscientes pour une révolution véritable.

L'anarchiste ne sépare jamais l'Évolution de la Révolution. Tous les jours il évolue et tous les jours il se révolte. Il fait son possible pour être prêt à toutes les évolutions et il ne veut jamais être en retard lors de toute révolution.

Louis GÉRAULT.

Au Service des Maîtres

Comme le flic, comme le soldat, le gendarme, le bon gendarme est au service des maîtres. Il est sans pitié, nous dit la légende, c'est inexact. Il est sans pitié pour le pauvre, pour le vagabond, pour l'éternel souffrant, mais il est plein de mansuétude pour le riche, pour le propriétaire, pour le député.

Cela vient de se montrer à Lens, de bien douloureuses façons. Trois ou quatre camarades de la Fédération des Mineurs du Nord vendaient l'organe de ce groupement ainsi que des brochures. Ils furent pris à partie par un groupe du Vieux Syndicat, entièrement dans les mains du sieur Basly, député. Ils essayaient vainement de discuter : le nombre des assaillants augmentait. Comme ils se retiraient, ils furent lapidés. Une brique frappa l'un d'eux à la tête, lui fendant le crâne. Il s'affaissa. Se retirant dans une maison amie, ces camarades furent cernés. Pendant ce temps Sauvanet, le blessé, agonisait.

Les gendarmes intervinrent. Une vingtaine arrivèrent de Lens. Que firent-ils ? Ils fouillèrent nos amis, — pas un seul n'était armé, — leur mirent les menottes aux mains, leur ligotèrent les bras avec des cordes et les attachèrent tous les quatre ensemble. Voici les faits tels qu'ils sont donnés par l'Action Syndicale :

C'est ainsi ficelés que les quatre victimes firent le chemin du 3 de Liévin à la gendarmerie de Lens, où ils arrivèrent à 1 h. de l'après-midi. Un quart d'heure après, Sauvanet se trouvait mal. Ses trois compagnons frappèrent à la porte et demandèrent du secours pendant longtemps. Enfin un gendarme arriva, et sans ouvrir, il demanda si c'était sérieux et, malgré des réponses très affirmatives, partit sans s'occuper du mourant.

Sauvanet avait une grande fièvre, vomissait du sang et se plaignait toujours de sa tête qui brûlait. Les trois autres camarades recommencèrent à taper dans la porte. Un gendarme arriva et s'écria : « Vous n'avez pas fini de faire tant de bruit. » Il ouvrit la porte, alla voir Sauvanet et eut la méchanceté de dire : « *Il n'est pas encore crevé celui-là.* »

Le pauvre Sauvanet essaya de se lever, tomba d'abord à genoux, et ensuite sur le dos pour ne plus jamais se relever. Le gendarme eut encore la cruauté de dire : « C'est du genièvre qu'il lui faut. »

Un autre gendarme, plus humain, fit son possible pour chercher un médecin, mais ce ne fut qu'à 5 heures qu'il put ramener le docteur Lequette qui examina le blessé et déclara qu'il allait mourir.

Sauvanet expira à 6 heures.

Quelques uns tourneront leur colère surtout contre ceux qui tuèrent, les appelleront « assassins ». Pour moi, ce sont les gendarmes qui assassinèrent — à noter que pendant le voyage, Sauvanet reçut une nouvelle brique qui lui brisa une côte — ce jeune camarade. Les Baslycots se conduisirent en brutes qu'ils sont, emportés par une fièvre imbécile contre les meilleurs de leurs amis. Mais les gendarmes, à froid, se firent les complices des agents du député Basly, les complices des riches actionnaires. Ils favorisèrent le meurtre et ils aidèrent à la mort pour débarrasser les exploiteurs d'un de ceux qui les gênent.

Qu'après avoir montré leur imbécilité douloureuse aux Baslycots, nos amis de Lens sachent tourner leur force vers l'ennemi véritable, l'ennemi commun, le bon gendarme, le gendarme sans pitié... pour les malheureux.

RÉDAN.

LA MORALE [1]

Chez certains anarchistes, il est de bon goût de se prosterner devant l'Art. Le culte du beau est célébré sur tous les tons. On adore la Peinture, la Sculpture, la Musique, etc., etc., comme autant de divinités bienfaisantes et indiscutables. Bref, le chic suprême est de se piquer d'esthétique à propos de tout et de rien.

En revanche, on traite l'éthique par dessous la jambe. La morale n'intéresse plus. C'est trop rococo. On ne sait plus ce que c'est et d'aucuns la nient.

Qu'on agisse bien ou mal, là n'est pas la question, écrit sentencieusement Émile Pouget qui, pourtant, est loin d'être un artiste, sauf en sabotage. Et l'on s'en va au petit bonheur, affirmant le beau, niant le bien, sans comprendre que le beau, le bon, le bien sont trois synonymes, dont le premier, seul, s'appliquant aux formes, est et reste discutable ; tandis que, les deux autres, s'appliquant au fond, peuvent être vérifiés sans conteste et sans équivoque.

Quoi de plus discutable que le beau et le laid ?

Quoi de moins discutable que le bien et le mal ?

Manger, quand on a faim ; boire, quand on a soif ; dormir, quand on a sommeil ; se reposer lorsqu'on est fatigué ; agir, quand la force surabondante, emplissant nos veines et notre cerveau, nous pousse invinciblement à l'action. En un mot, vivre, et pour cela, accomplir toutes les fonctions que notre organisme, normalement, exige : Est-ce bien ou est-ce mal ?

La question ne devrait même pas se poser. Évidemment, c'est bien et le contraire est mal. De même, pour tous les détails accessoires, qui se rattachent, de près ou de loin, aux actes essentiels qu'on vient d'énumérer.

Donc la délimitation du bien et du mal est facile ; donc la morale peut avoir une base solide, exacte, indiscutable.

Cependant, que de fois, ai-je lu ou entendu dire que la morale, faute d'un critérium certain, restait contestable et précaire ; sa diversité, suivant les peuples et les latitudes, prouvant sa relativité conventionnelle.

Cela vient de ce qu'on a toujours confondu la morale avec les religions, les lois, les mœurs qui, trop souvent, n'en étaient que la contre-partie. Cela est si vrai, que si nous avons aboli de nos consciences, les religions, les lois et leur morale toujours

(1) Cet article n'est pas une réponse à celui d'Armand : Par delà le bien et le mal, ils sont arrivés aux mêmes époques dans nos cartons. D'ailleurs une observation précise montrera que, sous des formes différentes, ils arrivent à une même amoralité logique. — A. M. et A. L.

fausse et conventionnelle: si nous en avons formulé et motivé la négation, ce n'a pu être qu'en regard d'une morale plus réelle, plus complète, plus haute. Autrement, la négation n'avait aucune raison d'être.

Toute négation implique une morale, parce que la chose étant, par cela, jugée mauvaise, son contraire, se trouve, implicitement, affirmé comme bon.

Les arguties des ergoteurs n'y feront rien. Que pour se donner des airs de surhommes, ils se placent, ridiculement, au delà du bien et du mal, au dessus de l'humanité; leurs prétentions ne peuvent être prises au sérieux. La singularité à laquelle ils visent, atteste encore la morale. Puisque, cela est si bon à leur vanité, de se placer si loin et si haut; c'est donc, pour eux, un bien incontestable, qui prouve, que, nul acte humain ne peut évoluer, qu'entre ces deux pôles : le bien et le mal.

Nul acte humain! c'est trop peu dire. Tous les actes de la vie, tous les phénomènes de la nature, peuvent être ramenés à un principe moral; à plus forte raison les actes individuels.

Si le lichen et la mousse, accrochés au flanc aride du roc dont ils tirent leur nourriture, pouvaient parler; ils diraient, affirmant la morale: Il est bon d'être! Si la cellule protoplasmique, naissante aux fonds des mers, pouvait exprimer ce qu'elle sent, elle dirait, affirmant la morale : Il est bon d'être!

Depuis l'humble cryptogame, jusqu'à l'orgueilleux palmier; depuis le mollusque jusqu'à l'homme, presque « divin » ; toute la nature organisée et vivante, affirmant la morale, nous crie, par la voix de ses milliards d'organismes : Il est bon d'être!

Être! Être! C'est le cri, c'est le chant, c'est l'hosannah, c'est le credo de la nature entière. Cela s'élève, en une clameur formidable, attestant la morale et l'imposant, irrésistiblement, en fait par la vie.

Oui, vivre est bon. Vivre est moral. C'est la seule morale de la nature. En conséquence tout ce qui contribue à la vie, tout ce qui peut l'augmenter, la multiplier, l'embellir, l'améliorer, la défendre est bon aussi; tandis que, tout le contraire est mauvais.

Ainsi, nous avons une base : la vie; et nous possédons les deux termes qui délimitent et délimitent la morale : Bien, tout ce qui favorise la vie; Mal, tout ce qui la contrarie. Ici, la question se complique : toutes les formes de la vie, entraînées dans leur volonté, dans leur nécessité d'être, se combattent et s'absorbent mutuellement. De perfection en perfection, la vie, consommant elle-même ses premières ébauches, au profit des formes supérieures qu'elle enfantait sans cesse, semblait contredire sa morale. L'hymne vital, transformé en chant de guerre, devenait, en vertu de la morale d'une espèce, la négation de la morale d'une autre espèce.

Puisque la vie semble ne pouvoir se développer qu'au détriment d'elle-même; comment concilier ses contraires? Comment régler les conflits résultant de la concurrence vitale ?

Tout simplement en subdivisant la morale, en la sériant; en la délimitant aux confins de chaque espèce et en la subordonnant à la hiérarchie naturelle des espèces entre elles.

D'ailleurs, cela existe dans la nature, où tous les individus d'une même espèce, se groupent, dans une défense réciproque, qui les fait solidaires, les rend plus puissants et leur permet de résister, avec avantage, à leurs ennemis communs.

Il n'y a qu'à développer ce sentiment, à le perfectionner, à l'intensifier. C'est ce que s'efforcent de faire, tous les philosophes, avec plus ou moins de succès.

Cependant, défions-nous des excentricités Pas de morale en deçà ni au delà de l'homme. Celui qui martyrise son corps pour sauver son âme comme celui qui sacrifie les autres à sa gloire ou à sa puissance, font de la morale d'au delà. Or, tout ce qui est au delà de l'homme est également en deçà. Les saints, nous ne sommes que des brutes et les surhommes, des monstres.

La morale, pour nous, hommes, ne peut donc être qu'humaine. Mais, quel sera le critérium de cette morale? Pour savoir si une morale est vraiment humaine quel étalon certain, précis, absolu, aurons-nous ? Nous avons l'individu.

Mais, objectera-t-on : tous les individus ne se ressemblent pas; ce qui paraît bon aux uns, peu ne pas plaire aux autres... Qui les mettra d'accord? Pardon!... physiologiquement et essentiellement, tous les individus humains se ressemblent. Ce qui fait vivre l'un, peut faire vivre l'autre, ce dont un individu meurt pourra faire mourir tous les autres.

Je ne m'occupe pas, bien entendu, des cas exceptionnels, anormaux ou morbides. J'affirme, ici, des généralités évidentes qui ne peuvent être sérieusement contestées. Non seulement, ce qui est bon pour l'un, est bon pour les autres; mais, le bien qu'on fait aux autres, est, généralement et normalement, un bien pour soi-même.

On peut donc conclure :
Il y a une morale.
Elle est humaine.

Son critérium est l'individu envisagé dans son intégralité physiologique.

Les préceptes de cette morale sont en nous, gravés lumineusement, au plus profond de notre égoïsme qui, si nous l'interrogeons, sur ce point, ne saurait nous tromper.

Cette morale, connue depuis des siècles, et jamais pratiquée, est contenue, dans cette simple formule, à laquelle il nous faudra toujours revenir : « Ne fais pas à autrui ce que tu ne voudrais pas qu'on te fît à toi même. »

L'individu aura beau chercher, il ne trouvera jamais mieux; et, las de poursuivre la chimère du bonheur, dans la ruse et la haine, dans la compétition et la lutte, il sera contraint, par la nécessité, par son égoisme, de reprendre l'antique conception morale par l'amour; on se disant : « Ce que je veux pour moi, je dois le vouloir aussi pour tous; afin que, tous, le voulant aussi pour moi, nous arrivions, ensemble, à le réaliser plus sûrement, pour chacun. »

LEVIEUX.

VIVONS !

RIZEAU.

CHEZ LES CHATS-FOURRÉS

La série continue. La semaine dernière c'était le grand complot de Guichard qui fusait en ses mains, non toutefois sans faire quelques victimes.

Roux pour avoir reçu, bien à la légère il est vrai, un colis de personnes « inconnues » est condamné à un an de prison. Ce colis contenait de la poudre de carrier. Par un hasard extraordinaire la police savait à l'avance qu'il aurait ce colis dans les mains. La mèche est facilement éventée.

Georges Roussel et Kuhn qui avaient un simple rendez-vous avec Roux furent, comme il convient, mélangés à l'histoire. Mais le mensonge du complot fut tellement flagrant qu'il fallait les relâcher tous deux comme absolument étrangers à l'affaire.

Pourtant la police ne peut reconnaître ses torts et lâcher sa proie sans en retenir un lambeau. Ainsi Kuhn est expulsée et G. Roussel condamné à quinze jours de prison pour port d'arme prohibée.

Le dernier exploit du sieur Guichard vaut donc un an de prison à un camarade. Ce n'est pas tout d'autres victimes sont touchées par contre-coup; ce sont la compagne et les enfants de Roux. Le libertaire a commencé une souscription en leur faveur.

*****

Armand est passé devant les juges! Ce furent deux jours d'après-lutte qui se terminèrent par la condamnation de notre ami à cinq ans de réclusion.

Gens graves et bourgeois libéraux qui aviez réservé votre avis et votre appui pour ce « droit commun » et ce « collaborateur » de l'anarchie » vous pouvez rassurer votre conscience; car vous aussi, amis prudents, réjouissez-vous sous vos masques, d'un verdict qui vous dispense de toutes explications.

De longtemps on n'avez-vu pareille comédie judiciaire. Tous les efforts possibles furent faits par l'accusation pour maintenir Armand dans cette histoire. On aurait pu se croire aux beaux jours de l'affaire Dreyfus. Les faux témoins, les experts, les pièces de dossiers perdues et retrouvées, on aurait dit un Henry civil dirigeant l'instruction en sous-main.

Armand est accusé d'avoir procuré des pièces fausses à deux émetteurs, d'avoir recélé même et plusieurs fausses pièces chez lui; il a, soi-disant, fait des aveux, dénoncé même : or, devant les juges, c'est lui qui accuse et son défenseur donne les preuves en produisant les pièces matérielles de ses dires.

Il apparaît dans ce procès un commissaire qui restera le type de la crapulerie et de la crapulerie. Magistrat à Choisy-le-Roi le bonhomme voulait sortir de la banlieue. Il lui fallait une affaire. Il crut la trouver dans la découverte d'une importante bande de faux-monnayeurs.

Après la lecture du fameux article promettant liberté aux dénonciateurs. « Armand, note un des rapports officiels du dit commissaire, aurait fait des aveux, se serait recommandé à la bienveillance du la police, aurait dénoncé des complices. » Cette scène est racontée de deux façons toutes différentes, sur le procès-verbal et lors de la déposition devant la Cour. Ce qui est certain, c'est qu'à aucun moment, personne des fameuses gens dénoncés, n'est poursuivie, qu'Armand a toujours nié et que la fameuse carte illustrée donnant une adresse, était tout simplement un de ces rappels de mémoire que l'on fait sur papier pour les faits qui vous indiffèrent ou de peu d'importance.

Il est acquis qu'Armand était en province au moment où les émetteurs prétendent avoir reçu des pièces de lui et dans l'impossibilité matérielle de leur rien fournir. Que la fausse pièce trouvée chez lui n'avait aucun rapport avec celles qui étaient émises. Elle était « frappée » et d'un autre millésime. Le commissaire dit à l'audience : « Armand ne devait pas connaître la présence de cette pièce chez lui. » Les fameux aveux, la fameuse dénonciation ne se trouvent pas dans le dossier, nulle pièce signée, nul procès-verbal précis, notant les paroles dites, de tant de valeur pourtant !

Pourquoi donc poursuit on notre ami. Sur la dénonciation d'un des émetteurs, déclarant avoir passé des pièces fausses dans une région où personne n'a été touché par elles.

Il se produit ce fait bizarre : le Jury dit non pour Armand lorsqu'il s'agit d'une émission pour laquelle il dit oui pour les deux émetteurs. Il dit oui pour Armand pour l'émission de Nancy alors qu'il déclare par un non que l'émetteur n'est pas coupable d'avoir émis des fausses pièces dans cette ville.

Armand est donc coupable d'avoir fourni des pièces fausses à une personne qui n'en a pas liquidé, fourni des pièces que nul n'a vu et dont nul n'a souffert.

Tout le procès fourmille de pareilles contradictions qu'il serait bien fastidieux de relever. Il est un fait acquis : c'est que cette fois encore le militant anarchiste est poursuivi plus comme tel que comme « coupable du fait » et que les manœuvres quoique démontrées mensongères restent toujours pour faire balle dans le cours d'un procès.

D'ailleurs pourquoi revenir longuement sur la culpabilité ou la non culpabilité d'Armand. Il est resté le camarade dont le travail de propagande fait impression, au point de vue anarchiste et dont la place est marquée près de nous dès qu'il s'échappera des griffes judiciaires.

QUI CE.

Les Larmes de mon Père

Alors que j'apprenais, sur les bancs de l'école, à aimer la patrie et à respecter la propriété, je vis un spectacle qui devait pour toujours rester fixé dans mon cerveau.

Depuis des mois, mon père qui venait de passer douze ans dans une usine, cherchait du travail. Il rentrait tous les soirs, morne et découragé, mais ce jour-là plus écrasé encore, il s'était abattu sur la table... et il pleurait!

Épouvanté, ne pouvant, dans mon âme à peine éclose, mesurer son affreux malheur, je me disais avec la logique inflexible de l'enfant : « Lorsque je pleure, moi, c'est que j'ai reçu une tape à la suite de quelque méfait, mais lui ? »

Ne comprenant pas, je bégayais tout en larmes : « Papa!... Tu pleures!... Qu'est-ce que tu as donc fait ?... »

Ah ! ces larmes terribles ! je les vois encore à des années de distance, après ses yeux et couler sur ses joues vénérables; elles furent pour moi la précoce révélation de l'injustice qui m'attendait, et leur souvenir amer est resté dans mon cerveau. Il y fait jaillir encore d'autres larmes qui coulent comme des gouttes de feu, mais ce ne sont plus des larmes de désespérance, ce sont des larmes de rage et de révolte. Elles sont le coup de fouet qui m'enlève et me fait souhaiter l'heure du renouveau.

Mon père ! auguste et innocente victime ! je les ai, va, tes larmes, devant moi ainsi qu'un un laborum, elles me soutiendront pour apporter mon effort dans la lutte contre la pourriture sociale.

Ah ! riche, repu ventripotent et gras, vautré au fond de ton coupé, affalé sur les canapés des bouges somptueux où tu siroles des cocks-tails; ce qui tremble au bout de ton fétu de paille, c'est une larme de mon père ! Lorsque tes fils « font la noce » et les larmes et tes sucres sont payé le champagne dont ils emplissent les bidets de leurs maîtresses !

Je vais souvent errer sur les boulevards pour retremper ma haine devant les terrasses où tu bois notre sang, je vais porter mes yeux (que tu dis pleins de bases convoitises) sur les ors et les marbres de tes palais... et dans le scintillement de ton luxe, je vois partout briller les larmes de mon père !

Rassure-toi ! Nous ne pleurerons plus, le ventre creux devant tes coffres pleins ! Les marteaux qui ont bâti ton luxe sauront le démolir ! Nos pères ont été de ces « honnêtes ouvriers » que tu aimes, oui, mais comme le tigre aime le mouton, de ceux dont tu vantais la soumission, de ceux le sort desquels tu verses parfois des larmes de crocodile dans l'éclat de tes banquets ; de ceux trop nombreux encore auxquels tu fais répéter que nous voulons démolir la société sans savoir comment nous la reconstruirons. A cette puérile objection, nous répondrions ce qu'un jour Voltaire répondait, alors qu'on lui reprochait de détruire la religion sans la remplacer par autre chose qui soit un guide pour les masses « Comment ! je vous délivre d'une bête féroce qui vous dévorait depuis des siècles et vous me demandez par quoi je vais la remplacer ! »

Nous, nous sommes les révoltés, les hors la loi, les rêveurs. Nos cerveaux pleins d'une sublime folie — puisque c'est être fou que de rêver du pain pour tous — nous jettent vers l'avenir.

Nous laisserons les outils que tu mets dans nos mains nous refuserons d'être d'honnêtes esclaves. Comme il n'y a pas de loi pour nous, rien ne te garantira contre nous. Lorsque tu traînes nonchalamment ta paresse au long des Champs-Elysées, tu coudoies la pensée anonyme et farouche qui te couve des yeux. Elle est là, elle te suit. Sens-tu sur ton cou le souffle enflammé de nos colères ?

... Nous ne pleurerons plus, le ventre creux, devant tes coffres pleins !

BRULDIEU.

LE 1er MAI

A. M. et A. L.

*****

Le 1er mai est passé... rien n'est venu troubler la quiétude de nos bons bourgeois.

L'ouvrier « conscient » a chômé; le matin il s'en est allé écouter différents orateurs lui vantant la journée de huit heures. L'après-midi il est allé manifester!...

Bref, tout s'est bien passé, tous sont rentrés chez eux avec la certitude d'avoir bien travaillé... pour la cause prolétarienne. Pour terminer cette petite fête les 3 et 10 mai ils ont déposés un bulletin dans l'urne pour le candidat du parti le plus avancé ! Gare la révolution !

Quand on a des camarades comme Pataud, comme Roche, comme Jobert, on peut être assuré d'avoir des représentants sincères. On peut dire que le syndicalisme est en marche... rien ne l'arrêtera... Il a fait Briand, ministre, il fera Pataud et consorts, conseillers municipaux, et peut-être un jour... mais passons.

Quand on voit avec quelle naïve grande les braves prolos ajoutent foi aux boniments de tous ces politiciens radicaux ou socialistes on peut être assuré que les premiers mai qui suivront seront comme leurs aînés une démonstration imbécile d'un peuple voulant se libérer en se nommant des maîtres !

Paul LOMBARDO.

Notre bon ami Clémenceau est un de ces types qu'on peut qualifier, après démonstration, d'épatant.

Il fait tout son possible pour que les braves ouvriers se révoltent ainsi lit-il au jour de premier mai – mais les ouvriers ont l'air de ne pas s'en apercevoir.

Premier mai, fête ouvrière, chômage complet.

Clémenceau qui tient beaucoup aux ouvriers, donne ordre aux flics d'empêcher tout attroupement, en quelque lieu que ce soit, sur les rues et les places publiques ; mais il spécifie surtout d'interdire aux ouvriers de se promener sur les grands boulevards et l'avenue des Champs-Elysées. Il fit défense absolue de laisser s'asseoir sur les bancs publics des avenues et boulevards, tout individu endimanché qui aurait une gueue d'ouvrier.

Les formes les plus sévères devaient être mises en rigueur pour l'exécution de ces ordres ; il ne fut nul besoin de les employer. Clémenceau dût être fort surpris, lorsqu'il put constater qu'aucun ouvrier ne s'était révolté.

J'allais comme simple curieux et non comme manifestant, car je ne trouve rien de plus stupide pour un homme que de brailler son mécontentement à dates fixes. Il fallait voir les flics faire rebrousser chemin aux ouvriers seuls ou deux par deux, se promenant sur les avenues ou les boulevards.

Le plus curieux, le plus révoltant était de voir ces ouvriers obéir aux ordres des flics, sans exaspération, sans révolte. Tout individu, ayant l'attitude d'un ouvrier, qui s'assoyait sur un banc de l'avenue des Champs-Elysées, était immédiatement enlevé sans plus de façon. Cela me faisait penser, avec irritation, au travail qu'il y avait encore à faire chez ces individus, chez ces syndiqués pour en faire des révoltés. Quelle besogne !

Remarquez que ce sont ces ouvriers qui plantent les arbres dont les branches couvertes de feuilles donnent la fraîcheur et embaument l'air, qui arrosent, qui taillent, qui confectionnent, qui posent les bancs, qui font les avenues plaisantes et agréables, alors qu'il leur est interdit seulement de s'y reposer. Ils acceptent cela sans maudire. Ils rentrent dans leur « pâturage ».

Serai-je jamais assez méchant en signalant la bêtise des ouvriers ?

Je voudrais l'engueuler, ouvrier, mais ma voix resterait sans effet ; ton tympan est crevé, et tu ne m'entendrais pas.

Pourquoi raisonner, les sens ne perçoivent plus des choses si simples.

Vu au syndicat, écouter toujours les mêmes blagues : augmentation des salaires, diminution des heures du travail, retraites ouvrières. Contiens-toi, lors du premier mai de faire voir que tu es capable de prendre ta liberté ? Quelle liberté ? Ce jour de ta revendication ne t'empêche-t-on pas d'aller où bon te semble. Tout autre jour tu peux aller avenue des Champs-Elysées, le premier mai tu le détend, et quoique tu dises, tu n'y mets pas les pieds. Il est vrai, mon copain, que tu obéis si gentiment qu'on dirait presque que c'est toi-même qui t'imposes pareils ordres. Après tout ne sont ce pas les députés, les délégués qui décident de quelle façon il faut te parquer ? -

Pierre LUHE.

NOTRE CORRESPONDANCE

Les langues auxiliaires

I

Alors que dans le *libertaire* on annonce un cours écrit d'Esperanto, nous trouvons dans *l'anarchie* la critique négative des langues auxiliaires considérées au point de vue anarchiste. Notre ami Armand nous expose qu'après mûres réflexions, il en est à se demander si en l'état actuel de la société le temps consacré à une étude du genre de l'Esperanto n'est pas du temps dérobé à la propagande, à la vie, à l'activité anarchistes.

Armand faisant sienne une affirmation paraf-javaliste déjà ancienne croit à la formation progressive, naturelle, logique, scientifique du vocabulaire international au moyen des termes ou mots introduits dans le langage courant des pays différents par les savants, les commerçants et les sportsmen ; pris ou dérivant de l'anglais pour la plupart tels : bifteack, waterclosets, meeting, toast, football, interview, etc. De quel côté et à quel avis vont se ranger nos camarades ?

Il semble qu'il y a lieu de faire remarquer tout d'abord que ce qui importe sur tout à l'anarchiste de maintenant aux prises avec l'angoissant problème de la lutte pour l'existence qu'il lui faut tâcher de résoudre au mieux de ses intérêts propre, c'est la *nécessité* d'acquérir, de posséder un moyen qui lui permette de communiquer, de se comprendre avec ses camarades étrangers, tout particulièrement, de façon à le rendre moins sédentaire, à lui permettre de se déplacer facilement, le mettant à même de pouvoir fuir un milieu qui l'étreint et se trouver en état de surmonter un de plus d'entre les nombreux obstacles qui se dressent devant lui, menaçant sans cesse de l'anéantir, d'anéantir l'individu qui tente de se manifester, de se vivre intégralement. Ne fut-ce même qu'un moyen d'échange des idées, faire part de ses impressions, il me paraît que travailler à connaître ce moyen, vouloir le posséder est par conséquent, non dérober, mais consacrer du temps à la propagande, à la vie, à l'activité anarchistes.

L'Esperanto déjà répandu dans le monde du commerce international, modifiable comme toute œuvre humaine, se complétant, s'améliorant malgré les concurrences et les enthousiasmes rapidement créatifs continue à ramasser chaque jour des adeptes de plus en plus nombreux, et c'est par conséquent vers lui me semble-t-il que doivent se tourner les anarchistes. Car l'étude d'une langue étrangère, tel l'anglais parlé actuellement par le plus grand nombre d'êtres humains, ne procure pas à l'anarchiste le moyen de communiquer et de se comprendre tout de suite entre camarades des divers pays, tandis que cela se peut faire, tout au moins de façon relative, avec l'Esperanto, qui a l'avantage, non seulement d'exiger beaucoup moins de temps à l'étude mais aussi bien moins d'attention et d'efforts de mémoire.

Je connais en effet des camarades qui, près d'une année, se sont attachés à étudier la langue anglaise et ne sont parvenus, au bout de ce laps de temps, qu'à formuler ou transcrire des formules banales, tandis que, en sus d'autres qui, aidés de quelques conseils, ayant employés leurs aller et retour du travail et un peu de leur temps du déjeûner à s'assimiler l'Esperanto, ont pu en quelques semaines et avec une certaine facilité correspondre par écrit, de façon fort compréhensible.

Quant à ceux de nous qui, à tort, se spécialisent dans cette branche, se rencontrant de ce fait, le temps à autre, avec des bourgeois espérantistes je crois que, s'ils sont profondément épris de l'idée anarchiste, non seulement ils ne courent guère le risque de se diminuer à ce contact mais sont au contraire, susceptibles d'amener à nos conceptions quelques unes de ces individualités.

MALJUNO.

II

En réponse à l'article de notre ami Armand, au sujet des langues auxiliaires, paru dans *l'anarchie* du 23 avril, nous croyons utile de faire remarquer :

1° Que l'Esperanto, « tel qu'il est », est adopté et compris par bien près d'un million d'individus de toutes nationalités qui ont ainsi supprimé en fait la frontière des langues. Parmi eux on rencontre des savants, des touristes oisifs, des commerçants, voire même des policiers, mais malheureusement très peu d'anarchistes ;

2° Que « dans l'état actuel de la société » le propager parmi nous c'est gagner beaucoup de temps à la propagande, à la vie, à l'activité anarchistes, car l'Esperanto permet de correspondre partout et son étude fait gagner des mois et des années sur l'étude de l'anglais, de l'allemand, du japonais, etc., qui ne permettent cependant la communication qu'avec des Anglais, qu'avec des Allemands, qu'avec des Japonais.

L'Esperanto nous permet ainsi d'avoir directement, de nos amis mêmes, et non pas déformés par les sources bourgeoises, d'intéressants renseignements sur le mouvement social extérieur ;

3° Quant à oublier que « quiconque » (même espérantisant) qui veut le maintien du système actuel d'autorité ou d'exploitation est « l'ennemi », nous n'en n'avons garde et notre action individuelle de tous les jours même chez les bourgeois espérantisants où nous avons à plusieurs reprises présentées nos idées telles qu'elles sont, sans déformation c'est à dire sans atténuation, en est la meilleure preuve.

Au sein de notre groupe, la traduction en Esperanto (et ultérieurement l'édition) des déclarations d'Etievant dans le but de les faire connaître aux camarades des nombreuses langues dans lesquelles elles n'ont pas été traduites, en est une autre preuve. La lecture de l'organe révolutionnaire *Socia Revuo* ou même, pour ceux qui ne peuvent encore lire la langue internationale, la simple vue de ses dessins montre que l'Esperanto n'a pas plus atténué les idées des camarades qui le pratiquent que ne l'aurait fait l'anglais, le japonais ou toute autre langue.

Un dernier renseignement : « un cours d'esperanto en 12 articles » paraîtra dans *le libertaire* à partir du 22 mai. Avis aux camarades qui désirent se faire une opinion par eux-mêmes.

Grupo libertaria esperantista.

—o—

La Peine de Mort

à Edgard.

I

Ainsi que tu le prévoyais, tes idées personnelles, ont soulevé notre fureur, ou du moins la mienne.

Je ne conçois pas très bien l'ardeur que tu mets à prouver que la peine de mort est préférable à l'emprisonnement, aussi bien pour le coupable que pour la société ; avons-nous jamais demandé la prison ou le bagne en remplacement de la peine de mort ?

Au moment de l'affaire Soleilland, chacun rechercha si la peine de mort servait bien de frein à l'accroissement des criminels. Quelle fut l'attitude des anarchistes !

Nous répétions ce que nous avons dit de tout temps : l'individu n'est que le résultat du milieu où il se trouve ; l'apache, le satyre sont le résultat du mensonge, de l'inégalité, de l'injustice, de l'ignorance, de la misère et de tous les préjugés qui se trouvent dans la société ; donc l'individu est irresponsable. Qui est responsable ? Le milieu qui l'a formé, c'est à dire la société. Que devons-nous combattre ? La société.

Peut-on logiquement approuver un ivrogne qui tuerait ses enfants sous prétexte qu'ils sont dégénérés ou phtisiques ? Non. Nous devons combattre l'ivrognerie afin de supprimer l'ivrogne et par cela même les enfants dégénérés ; de même nous ne pouvons pas admettre qu'une société supprime, pour s'en débarrasser les individus tares qu'elle produit.

Notre action devra porter sur la destruction du milieu et des préjugés qui produisent ces individus.

La peine de mort est la résultante de la mauvaise organisation sociale, qui produit des individus devenant un danger pour elle-même. Que devons-nous faire chaque fois, qu'un crime ou délit, aura ramené la la question de la peine de mort? Notre œuvre sera de démontrer à tous, par tous les moyens dont nous disposons, les lois du déterminisme ; nous prouverons que la peine de mort, pas plus que les travaux forcés ou la cellule, n'enrayent la progression de la criminalité, mais que ce sont les moyens de défense que possède la société pour se préserver. Pour détruire cette ignominie, il faut supprimer le crime, non en s'attaquant au criminel, mais à la source qui le produit c'est à dire à la société.

Tant que les tares, l'ignorance et les préjugés existeront dans notre société, toujours découlera de cette source des individus tares, entraînant avec eux la conservation des gendarmes, des juges, des prisons et des bourreaux.

Francis VERGAS.

II

Tu te figures soulever la fureur des anarchistes par les idées que tu émets dans ton article. Crois-tu que les camarades se scandalisent pour si peu. Mais, mon vieux, nous ne lisons pas que les journaux anarchistes. Il y a belle lurette, que tes idées furent publiées dans la bonne presse.

Tu provoquas chez moi un sourire, oh pas de joie, pas de plaisir ; non. Tout de même, lorsque j'eus terminé ta prose, j'eus presque regret d'avoir ri froniquement ; je réfléchis alors.

Tout d'abord, pourquoi employer ces néologismes « psychia-physio-psychique » Je ne suis pas, beaucoup de copains non plus, un ancien élève de l'Polytechnique, j'ai une idée très vague de ce que veut dire le premier mot ; ma foi, si ce n'était le sens de la phrase, je ne le comprendrais pas du tout.

Pourquoi n'imites-tu pas Levieux. Quand tu écris à *l'anarchie*, c'est pour qu'on te lise et en te lisant qu'on te comprenne. Mais passons à tes idées.

Est-il normal qu'un individu anarchiste ait des idées semblables?

Elles me paraissent irréfutables au point de vue auquel tu te places. Mais en tant qu'anarchisant tu devrais penser plus profondément.

Il n'est pas besoin, d'être observateur distingué en regardant un criminel si normalement constitué soit-il sous le rapport physique, pour conclure que c'est un estropié mental.

La théorie de l'irresponsabilité que tu acceptes, détermine d'autres concepts que les tiens chez tous les anarchistes.

<hr>

3

AMOUR,
COHABITATION,
JALOUSIE

II. Jalousie sensuelle. — L'un des participants à l'expérience, trouvant en l'autre une satisfaction parfaite, se trouve privé par la cessation des relations amoureuses qui formaient le lien l'unissant à l'autre. Compliquée d'envie, la souffrance se trouve aggravée par la connaissance qu'un tiers éprouve la satisfaction que le malade s'était accoutumé à se réserver sans crainte de rupture. Cette forme de la jalousie s'empire d'autant plus que l'objet de rattachement est voluptueux ou doué d'attributs physiques.

III. Jalousie sentimentale. — C'est la forme la plus grave de la maladie. La souffrance qui peut aller jusqu'à une indescriptible torture, provient du sentiment bien caractérisé d'une diminution de l'intimité, d'un amoindrissement de l'amitié, d'un affaiblissement du bonheur. Qu'il s'explique ou non, l'éclipse de l'affection que lui porte qui il aime, le patient éprouve à ne point s'y tromper que l'amour dont, il était l'objet, décroit, baisse, menace de s'éteindre. D'autant plus vivement surexcité, le lien individuel, son moral et son physique s'en ressentent. Sa santé générale s'altère même.

La « jalousie sentimentale » peut encore être considérée comme une réaction de l'instinct de conservation de la vie amoureuse contre ce qui menace son existence. Une vie sentimentale profonde se nourrit de l'amour, de l'affection, de la confiance partagée. Vienne son aliment à lui manquer, à menacer de disparaître, il y a réaction logique, résistance naturelle.

Les maladies du sentiment se guérissent logiquement par le retour du malade à l'état normal. Nous ne voyons de guérison à la « jalousie propriétaire », point intéressante d'ailleurs, que la disparition des mœurs et de la conception de la vie sociale de l'idée qu'un être puisse appartenir à un autre à la façon d'un bien meuble. La « jalousie sensuelle » se guérit en général dès que le patient a rencontré un individu auprès duquel il trouve des sensations et des émotions à peu près semblables à celles qu'il éprouvait auprès de qui l'a déçoisse.

Les faits témoignent que la « jalousie sentimentale » est longue à guérir, que parfois, elle est inguérissable. On voit certains malades, recevoir un tel choc d'une déception amoureuse que toute leur vie s'en sait ressentie, comme s'y résolvent certains incurables, on rencontre des êtres qui avaient édifié sur une édification toute leur vie sentimentale et qui, en étant privés, se sentent désorientés à un point tel qu'ils se donnent la mort.

Si on peut constater que l'amour éteint, ne se rallume pas, on ne saurait nier par ailleurs, qu'il n'y ait durété, cruauté même à jeter dans l'isolement et la douleur qui aime sincèrement, profondément et à qui on a donné lieu de compter sur le partage de son sentiment. La guérison évidente de la « jalousie sentimentale » c'est le retour à l'état de choses sentimental qui existait avant l'apparition de la maladie. Presque toujours quand il s'agit d'individus conscients, faisant intervenir dans leurs expériences affectives la réflexion et la volonté, ces diminutions d'intimité ou de tendresse sont passagères. Elles sont dues à certaines circonstances accablantes à une surprise, à une inattention. Une explication loyale fait disparaître les causes de la maladie. Le patient comprend, oublie et c'est guéri.

Lorsque l'amour a réellement disparu, la guérison ne s'obtient que par le raisonnement, remède dont la proportion est en rapport avec le plus ou moins d'intensité de la « jalousie sentimentale ». Celle-ci ne se guérit ni par la pitié, ni par la coercition.

La pitié — qu'il ne faut pas confondre avec la bienveillance — est un de ces remèdes boiteux qui, sans jamais guérir, font traîner les maladies. Nous ne voyons pas ce qui demeure d'une affection qu'on prolonge sous la menace du vitriol ou du revolver, nous ne pouvons concevoir ce que gagne celui qui ne jouit, il n'aime. Sans préméditation, c'est un geste de folie ; avec préméditation, c'est du domaine de la vengeance. Or, dans le domaine des choses du sentiment, la vengeance est toujours une action basse.

Il ne faut pas, en outre, oublier que, dans son seul le plus élevé, l'amour peut se résumer à « vouloir le bonheur de qui on aime ». Jointe au raisonnement, cette peu sûre, chez ceux qui la partagent, finit par guérir la « jalousie sentimentale ».

L'avenir de l'amour.

Certains esprits se préoccupent de ce que sera l'amour de l'avenir. Il semble difficile, de tirer grandes indications de la pratique actuelle de l'amour, même dans les milieux dits avancés, tant la vie sentimentale se ressent de la fièvre et de l'énervement universels.

Dans un milieu où seraient ignorées les conditions économiques et sociales que nous voyons sous nos yeux, non seulement personne n'aurait à dissimuler son caractère, mais encore la surexcitation, aurait disparu dans tous les domaines, l'amour y compris.

Les « papillonnants » — n'ayant nul motif de se montrer constants rechercheraient en toute franchise la compagnie passagère de leurs semblables. Nous ne croyons pas cependant qu'ils formeraient la majorité. Dans une société basée sur la puissance d'exercice personnel de la volonté, sur l'entente, sur la camaraderie, les passions se trouveraient débarrassées de tout ce qu'elles peuvent présenter d'amoindrissant et de douloureux et pour l'individu et pour les camarades.

Dans une « société anarchiste » la vie amoureuse serait sans doute vécue de deux façons principales.

I. *La dualiste*. Deux êtres de sexe différent se connaissant et s'appréciant parfaitement s'unissent pour une période plus ou moins longue, pour une vie peut-être, rendant communes toutes leurs expériences, unis qu'ils se trouveraient par les liens d'une affection et d'une intimité d'autant plus affection qu'elles seraient consenties librement et voulues énergiquement.

II. *La communiste*. De même que des groupes de camarades unis par une affinité profonde de tempérament et de conception de l'activité et de la vie se réuniraient pour la mise en commun d'expériences ou de résultats économiques, scientifiques, artistiques, récréatifs, etc., on peut présumer que des groupes se formeraient pour la mise en commun de l'expérience amoureuse, — soit purement sensuelle, soit sentimentale, soit même constante. Mais ce sont de ces questions si délicates qu'on peut supposer d'avance que les participants à de tels groupes seraient en nombre restreint.

Sans attendre l'avènement de la « société anarchiste », conjectural d'ailleurs, il appartient à chacun de s'efforcer dans la société actuelle de mettre à réalisation la tendance de l'amour qui lui reconnaît comme concordant avec sa nature et avec ses aspirations. Cela sans souci de l'opposition ou des railleries du milieu où il vit, comme il convient à tout être libre (1).

E. ARMAND.

FIN

(1) On pourra trouver singulier que nous ayons passé sous silence l'amour considéré au point de vue des *conditions économiques* et de la *procréation*. Ceci exigerait une étude particulière.

Pour ce qui est des conditions économiques, il nous est personnellement impossible de découvrir le lien qui peut rattacher l'amour à l'intérêt. L'union de deux intérêts est une affaire purement commerciale. Pourtant, dans la mesure du possible, nous tâchons de contribuer tous deux à leur vie économique personnelle.

Pour ce qui est de la procréation, c'est une fonction dont l'exercice dépend de la femme, il existe des procédés scientifiques permettant, sans danger croyons-nous, à *priori* de l'éviter, à *posteriori* de l'amoindrir, quand elle n'est pas voulue ou désirée. Les individus conscients recourent à ces procédés.

La société *prend* le droit de se défendre et de se protéger dans tous les cas. On écrase la vipère qui mord lorsqu'on ne veut la mettre en cage pour la charmer. Eh oui, camarades, il y a les charmeurs de serpents. Eh bien, est-ce qu'on ne peut charmer, soigner les fous ? Qui te dit que la science médicale, incapable aujourd'hui de guérir la folie à tous les degrés ne la guérira pas demain ? Ne sois absolu en rien.

Tu dis : restant en liberté rien n'empêchera l'homme criminel de procréer des êtres naissant avec ses penchants, ses mauvais instincts. Es-tu bien sûr que la lignée de la famille fut une lignée sans tares, sans taches. Fouille les archives familiales, si tu remontes assez loin, tu verras qu'il s'y trouve des pirates, des bandits, des assassins, lors même qu'ils ne l'auraient été qu'à la façon des soldats français au Maroc — c'est tout comme pour toi et pour moi aussi — Quant à moi, je ne jure pas que mes ancêtres furent d'honnêtes gens, j'ai tout lieu de croire le contraire ; si je tiens d'eux, ils furent des révoltés, mais de sang froid. Ce qui veut dire que je ne tuerai qu'à la dernière extrémité, ne voyant pas d'autres issues. Tout individu qui tue, se suicide, au moins moralement.

Ta raison, si elle est logique, le fut de tout temps, et si elle l'avait été tu n'existerais pas, ni moi non plus pour te répondre.

Je passerai vite sur le point de vue économique. Ne sais-tu pas que le travail des détenus ne profite qu'aux spéculateurs. Je ne regarde pas à la dépense qu'occasionne l'entretien de ces gens là. Je regarde plus haut, aux dépenses plus grandes, plus néfastes que celles-là.

Je ne prêche pas non plus pour la détention perpétuelle ; je ne crois pas l'individu inguérissable, quel qu'il soit.

On doit toujours fouiller plus avant, plus profondément pour trouver la genèse du mal et l'améliorer en le soignant. Ce n'est pas ton idée. Tu le permettrais de supprimer de tes propres mains la machine si ingénieuse qu'est celle de l'animal humain, parce qu'un engrenage fonctionnerait mal. Et cela sans connaître l'homme, sans avoir pu l'apprécier à tous moments de sa vie ; sans l'avoir vu élever ; sans avoir eu les mêmes exemples sous les yeux, les mêmes joies, les mêmes tristesses ; en un mot, les mêmes choses douces ou amères.

La peine de mort est et sera toujours un vestige de barbarie. Étant trop ignorants, les hommes n'ont trouvé que ce moyen là pour faire évoluer l'individu.

Bien, mon colon, c'est radical ce moyen, c'est même radical-socialiste.

DIS-UGENE.

A Travers les Livres

QU'EST-CE QU'UN ANARCHISTE ? (1)
par E. ARMAND.

Si jamais auteur choisit un sujet scabreux ou arbora un titre orgueilleux c'est notre camarade Armand : *Qu'est-ce qu'un Anarchiste ?* Vouloir situer, fixer l'anarchiste dans le cadre étroit d'une définition, n'était ce pas s'avancer beaucoup, oser une besogne bien prématurée ?

Sans doute !

Pourtant dès l'introduction, E. Armand jette lui-même le premier seau d'eau sur le feu de son titre en nous disant qu'il va présenter aux curieux, aux chercheurs une série de thèses et d'opinions purement personnelles. Ainsi la phrase mise en exergue expose, propose, mais n'impose point.

En effet, quel tableau fouillé, quelle précision et quelle abondance de détails. La plume d'Armand semble un scalpel qui s'enfonce dans les chairs. Disons-le vite le scalpel s'enfonce parfois un peu trop hésitant, tâtonne et prolonge la douleur sans trouver assez vite le mal à guérir, n'importe.

Dans ces vingts chapitres, si Armand ne peut arriver à solutionner le problème social ne sera-t-on pas obligé de reconnaître avec quel ardeur patience, quel travail minutieux il a essayé de ne rien oublier, de noter point par point ce qui fait la caractéristique de l'anarchiste. Le défaut même de l'auteur serait dans sa trop grande peur d'imposer que le fait toujours exposer et craindre la moindre affirmation comme conclusion dangereuse.

Que l'on me permette de suivre son œuvre page à page, ou plutôt chapitre par chapitre.

Tout d'abord, E. Armand nous montre la société actuelle. Ces sept ou huit pages stigmatisent en des phrases courtes, hachées la veulerie, l'inconscience des uns, la crapulerie, l'ignominie des autres. Il faut donc arrêter cette marche vers la souffrance, il faut transformer les hommes. Beaucoup essaient

Le chapitre II nous montre alors les réformateurs de la société. Tous ont la même illusion, appliquer à la conscience du peuple leurs aspirations. Ils peuvent se diviser en trois grandes classes les réformateurs religieux, légalitaires et économiques. Tous trois négligent de s'occuper de l'individu.

C'est alors que se manifeste l'anarchiste en face de la société. Son idéal social est une société où l'individu pourrait se vivre intellectuellement, ethiquement, économiquement par le simple et libre entente.

L'anarchiste et les réformateurs de la société ne sauraient s'entendre puisque les uns veulent réformer ou les autres pensent qu'il faut entièrement détruire pour reconstruire à nouveau.

Les chrétiens et les anarchistes ne sauraient s'accorder. Après avoir conclu que le « salut » est en nous, les premiers ne préconisent-ils point une résignation douloureuse alors que les anarchistes déclarent : par tous les moyens, de toutes vos forces : résistez. À noter, en ce chapitre, une biographie très simple de Jésus.

Oui ! l'anarchiste doit réagir contre la société, il est seulement un partisan d'un système, il veut se vivre, il veut être une activité et il entre en lutte immédiate avec les autres hommes. Il ne se retire pas de la société, il cherche la lutte. Il ne recule pas, il ne piétine pas sur place, il veut aller de l'avant.

Il a la volonté de vivre et de se reproduire comme tout individu sain. Il veut se fabriquer des pareils à lui. Son esprit de propagandiste n'a pas d'arrêts. Il ne sait trouver la joie dans le repos. Il ne néglige personne : il sème dans tous les terrains.

Il aime l'effort. Il a la joie de vivre. Il est contre ceux qui rejettent l'effort, les parasites, il regrette le grand nombre de ceux qui sont impropres à l'effort, les inaptes Seul l'intéresse, celui qui arrive à vivre sa vie, après l'effort pour la tracer, pour s'évader des conventions.

Aussi dans la société présente l'anarchiste doit s'envisager comme réfractaire. Il est contre la science officielle, qui s'impose comme un bien laïque, contre les relations sexuelles legales, contre l'affection familiale, contre les modes, les préjugés, les habitudes, contre les formes surannées de l'association.

Il sera donc réfractaire sur le terrain économique. Le travail, ce tribut payé à la société bourgeoise, ne sera pas pour lui plus respectable que tout autre tribut. Il cherchera à s'évader sur le terrain économique pour employer sa force à plus d'activité d'ordre anarchiste.

L'anarchiste essaiera de faire sa vie comme expérience. Il veut expérimenter par lui-même un large champs d'études sans toutefois dédaigner les expériences d'autrui, de même qu'il veut faire profiter de ses découvertes de tous genres ceux qui viennent après lui.

Les anarchistes peuvent-ils être envisagés comme espèce et la camaraderie serait-elle une affinité physiologique ? On pourrait presque le dire En tous cas c'est une espèce qui évoluera et qui veut évoluer. L'entr'aide devient un fait normal entre individus qui se comprennent, qui vivent parallelement, elle devient non une imposition « morale » mais un bonheur naturel que chacun veut goûter. La camaraderie sera pourtant tout à fait individuelle et évidemment chacun pourra en concevoir l'expérience différemment.

Il faut parler aussi des inconséquences des anarchistes. Le mot inconséquence est peut-être un peu trop fort, il semblerait que le mot impuissance serait plus exact. Puisque elles tiennent dans l'impossibilité où ils se trouvent d'arriver à se vivre, à vivre en toute intégralité, selon leurs desirs, leurs conceptions. Il est bon de ne pas nous mentir et ce chapitre n'est pas des moins utiles.

Chacun de nous même une double vie, la vie sociale, la vie extérieure et *la vie intérieure*. Il faut que cette dernière soit conforme à notre propagande. Il le faut d'autant plus qu'il réagit plus âprement contre le milieu.

Et cela amène l'auteur à parler du *bourgeois libéral et sympathique*, c'est à dire de celui qui tout en se declarant pour la philosophie anarchiste vit de la façon la plus bourgeoise possible, obéit à toutes les conventions sociales, ne rompt pas avec les habitudes mesquines de son milieu.

Car pour être véritablement anarchiste, c'est une grande lutte avec ses péripéties. Une lutte de tous les jours. La famille vous renie, le patron vous chasse, le voisin vous mésestime. Si l'on va plus loin c'est la prison des capitalistes et souventes fois le mépris des plus libéralisants.

Il faut donc voir l'anarchiste à l'œuvre. Il critique toujours, dans tous les milieux, par tous les moyens les hommes et leurs institutions. la société et ses lois, ses conventions, ses morales. la famille et ses affections de convenances. la charité et le respect des morts, etc. Il critique pour se libérer et libérer les autres. Il est le pionnier qui trace la première route.

L'anarchiste doit considérer les propagandes spéciales non comme négligeables, mais comme ne devant pas absorber toute l'activité individuelle au profit d'un seul point de la lutte. Ainsi dit pour le féminisme, le néo-malthusianisme, le naturisme, les langues auxiliaires.

Toutes ces expositions amènent l'auteur à donner l'esquisse problématique d'une « société anarchiste ». Ne craignons pas une sorte de sa devise : Il n'impose point. Il voit où poussera sans nul doute la logique anarchiste enfin vécue par le grand nombre.

Je viens de faire là le sommaire de l'œuvre d'Armand. Ce n'est qu'un travail médiocre : et je m'en voudrais qu'un puisse croire que j'ai pu parler de l'œuvre sous toutes ses formes. C'est avec bonheur que j'ai vu ce livre sortir de l'anarchie. Il est à peu de chose près, l'expression de la forme de propagande, le résumé savoureux de nos causeries et de nos discussions tant aux *Causeries populaires* qu'à l'anarchie

Ce livre, sous son petit format, dit plus et mieux que de gros bouquins. Il ne fera pas des anarchistes, mais des individualités qui sauront le devenir.

LE BIBLIOGRAPHE.

Editions de *l'anarchie*, 22, rue du Chevalier-de-la-Barre, Paris. — 1 fr., franco 1 fr. 15.

Revue des Journaux

LE LIBERTAIRE.

Le 1er Mai est un sujet si maigre que Dunrupt est obligé de l'assaisonner avec des petites histoires c'à-côte.

Henri Morex me parait avoir raison de critiquer l'individualisme nietzschéen. Mais il parait jouer à la balle avec différents contradicteurs.

Le Jules Guesde espagnol est écorché passablement.

Sur la *sincérité* un petit filet de Fernand Paul.

Silvaire *médite* petitement. Que veut il dire ?

Avec raison, Fleur-de-Gale se montre rosse pour la cuisine parlementaire.

Je passe avec rapidité sur quelques colonnes pour arriver au *mécanisme du raisonnement* où Paraf-Javal continue à dire de fort exactes choses avec la même aridité.

LES TEMPS NOUVEAUX.

Sur l'enseignement primaire un fort bon article de Maurice Genevois, lequel s'attache à en montrer toutes les ficelles, tous les truquages. On n'instruit pas les enfants, on les discipline.

Des crocs qui mordent et des griffes qui égratignent.

Chantage, mouchardage, journalisme tout cela est synonyme, nous dit l'article de M. P.

Michel Petit montre que l'Allemagne n'est pas l'épouvantail guerrier que l'on veut nous présenter. Ce croquemitaine terrible serait un bon copain. LE LISEUR.

Où l'on discute !
Où l'on se voit !

Causeries Populaires du XVIIIe, Rue du Chevalier-de-la-Barre, 22. — Lundi, 18 mai, à 8 heures 1/2. *Le savoir inutile*. par A. Mahé et A. Libertad.

Causeries Populaires des Xe et XIe, 5, cité d'Angoulême (66, rue d'Angoulême). — Mercredi 20 mai, à 8 heures 1/2, *l'instinct propriétariste* par A. Libertad.

Groupe d'éducation révolutionnaire du IVe. 20, rue Charlemagne. — Lundi 18 mai, à 8 h. 1/2. Causerie.

Propagande. — Samedi 16 mai, à 8 h. 1/2 du soir, salle Gambrinus, 209, rue de Charenton, réunion publique et contradictoire sur l'enseignement à tirer des élections municipales, par Gaudin et Mournaud. Entrée : 0.20, pour les frais.

Groupe libre d'éducation du Bronze, salle Cassain, 123, rue Vieille-du-Temple. — Jeudi 14 mai, à 8 h. 1/2. *Notions psychologiques* par Mauricius.

ST DENIS. — *Causeries Populaires*, Bd de Chateaudun 38. — Samedi 16 mai à 8 h. 1/2. Lecture et discussion.

MARSEILLE. — *Les Précurseurs*, 12, Quai du Canal, au 2e. — Samedi 16 mai, à 9 h. *L'éducation sexuelle* I. par Jean Marestan.

LE HAVRE. — *Causeries Populaires*, 9. rue Jean-Bart. — Lundi 18 Mai à 8 h. 1/2. *Le mouvement anarchiste international* par Bénita Sanchez.

OULLINS. — *Groupe libertaire*, Café Combes. Rue de la Gare. — Samedi 16 mai, à 8 h. *Après la foire électorale* par P. Dumas.

- Travail en Camaraderie -

Imp. des Causeries Populaires : Armandine Mahé

La gérante : Anna MAHÉ

TROIS MOTS AUX AMIS

BERTHOLLAT et CHABANNES. — Truchand demande de vos nouvelles. Lui écrire, aux C. P. 22 rue du Chev-de-la-Barre.

ELIE ANQUIT. — Tu as un paquet en souffrance en gare de Wury-les-Reims.

RENOVÉ, Amiens. — La note du « Service de librairie » expliquant que nos éditions antielectorales étaient épuisées, n'aurait pu vous renseigner.

RÉMY V. — Nous envoyons le 1er livre, l'autre va suivre, pouvons disposer de ceux qui ne te parles, qui est à notre collection.

E. VINNAC — Avons envoyé échantillons, adresser recommandé. Tu commanderas toi-même, il y a tant d'articles et de [illegible]. Bien spécifier boutons faux col, devant, derrière en. Avons à fr 50 5 à disposition.

PIERRA LURE. — Passe donc nous voir.

ZISLY. — Notre impartialité n'a rien à voir en la circonstance. Si l'article de Dolie avait paru ici, sans doute nous aurions inséré ta réponse, vu la forme où nous avons prise. Nous l'insérerons aussi s'il était conforme à notre façon de voir, ou s'il te l'avait de que que auteur injustifiée. Mais, ne crois pas que nous le ferons, contre notre idée, pour le plaisir de faire la nique à quelqu'un.

Vient de paraître

Qu'est=ce qu'un Anarchiste ?

Par E. ARMAND

à *l'anarchie*, 1 fr. ; franco : 1.15

Le « Livre » de *l'anarchie*

Un an, 7 fr. 50 ; Deux ans, 12 francs ; Trois ans, 18 francs

Ce qu'on peut lire

PAR LA BROCHURE

LES CAMARADES
adresseront
tout ce qui concerne
l'anarchie
à A. MAHÉ & A. LIBERTAD
22, rue du Chev.-de-la-Barre
PARIS-XVIIIᵉ

ABONNEMENTS

FRANCE
Trois Mois.......... 1 50
Six Mois............ 3 »
Un An............... 6 »

ÉTRANGER
Trois Mois.......... 2 »
Six Mois............ 4 »
Un An............... 8 »

QUATRIÈME ANNÉE — Nº 163 — DIX CENTIMES — JEUDI 21 MAI 1908

Qui triomphera ?

Il est des heures sombres où le doute obscurcit l'horizon de ceux qui pensent librement. C'est lorsque le cadran de l'histoire marque les époques où règne la force brutale, l'Autorité. Les prisons sont remplies de révoltés ; quiconque refuse de se plier, de se courber, de se soumettre est traqué, pourchassé, expulsé, en butte aux haines et aux vengeances. Ceux qui incarnent la force ou l'autorité trônent ; tout est sous leurs mains : le pouvoir, l'argent, la police ; ils font, ou défont l'opinion publique ; ils ont la direction de l'éducation des petits et des grands. L'indifférence de la masse soutient leur puissance, l'égarement des privilégiés étaie leurs procédés arbitraires. Ils bâillonnent, ils engôlent à cœur joie. Ils portent beau ; ils claironnent. Chaque matin les encenseurs de la presse célèbrent leur poigne et vantent leur vigueur. Sauveurs de la patrie, ils montent au Capitole, salués par les acclamations des mouchards et celles de la foule qui fait chorus. Il semble, tant la perspective est sombre, que les seuls refuges encore ouverts aux penseurs et aux révoltés soient le silence, la fuite ou la livrée du courtisan. L'énergie individuelle est rare ; un seul désir plane sur la société : ployer le genou.

À de pareilles heures, le ciel paraît bien sombre. Et quoi, est-ce pour en arriver là qu'ont servi tant d'efforts, tant de gestes de révolte ? tant de paroles et tant d'écrits semés en tant de lieux ? Pour aboutir à la victoire de la force aveugle et de ceux qui l'incarnent ? N'est-ce pas à désespérer de toutes les tentatives conçues vue de la libération des individus et des collectivités ? Avant de se livrer au désespoir, il convient peut-être de se demander en quoi peut consister la victoire de la force aveugle et brutale. Elle ne raisonne pas ; elle s'impose par la violence, par les coercitions de toutes sortes ; elle emprisonne, elle bannit, elle supprime, elle ne sait rien faire d'autre, elle est incapable d'étouffer un sentiment, de modifier une mentalité, de transformer une tendance d'esprit. L'autorité n'a d'action que sur qui ne pense pas ou se refuse à penser : ce qui revient au même. À qui dit : « Raisonnons », elle clôt les lèvres, à qui dit « Discutons », elle exhibe un code. Sur qui offre de livrer bataille, elle tire les verrous d'un cachot. Est-ce bien un triomphe ?

Ceux à qui la force croit avoir fermé la bouche et qui ne se résignent pas, ceux-là pensent et à l'heure même où l'Autorité se croit à l'abri derrière les digues de sa violence irraisonnée, voici qu'on entend comme le bruit d'un flot qui les bat en brèche. C'est le flot des pensées, des pensées qui sont la semence des gestes, des pensées qui ont de tout temps défié les abris les plus sûrs de la force. Ce n'est pas aujourd'hui seulement que l'horizon semble avoir eu gain de cause ; ce n'est pas aujourd'hui seulement que s'est assombri la perspective. Dans tous les temps des digues se sont dressées qui paraissaient indestructibles, mais qu'ont continué à battre et à saper les flots, tenacement, opiniâtrement, combien sont déjà en ruines. Que reste-t-il des préjugés d'autorité religieuse : On lit sur des blocs d'aspect formidables : propriété, morale collective, lois, état, gouvernement des majorités, force armée, mais c'est de loin et d'apparence seulement qu'ils sont formidables : de près, ils ne présentent qu'effritement et crevasses. Les flots de la pensée poursuivent leur œuvre, avec des alternatives de flux et de reflux, évidemment, mais sans un moment d'arrêt. Ils en viendront à bout dans le devenir, comme ils en sont venus à bout dans le passé. La force ne peut pas toujours résister à la raison, car la force n'est véritablement puissante que par la raison. Et la raison n'use de la force que pour la mettre au service de la liberté. La force irraisonnée ne remporte que d'éphémères victoires, des victoires qui entraînent sa défaite. Elle s'imagine avoir fait besogne de suppression, elle a fait œuvre de compression : comprimée, la pensée se recueille et lorsqu'elle revient à l'assaut c'est avec une énergie décuplée.

Il est donc inutile de s'alarmer. Jadis et en maintes circonstances, la raison a triomphé, la pensée a vaincu, la liberté a foulé aux pieds l'autorité. Il en sera de même chaque fois qu'il se rencontrera un certain nombre d'individus disposés malgré les circonstances — les circonstances par où passent les individus et les collectivités — à raisonner, à penser, à œuvrer en toute indépendance d'esprit et d'allure.

E. ARMAND.

VIENT DE PARAITRE

= Qu'est=ce = = qu'un = Anarchiste ?

Par E. ARMAND

Prix : UN franc -- Franco : 1.15

Chiquenaudes

ET

Croquignoles

MORALITÉ !!!

Dans l'État de Washington, aux États-Unis, en ce pays de la liberté, les publications anarchistes ne pourront plus circuler par la poste. Elles seront considérées comme « immorales » et, à ce titre, rejeté de l'État comme un Peau-Rouge quelconque.

Cette assimilation ne saurait nous importer. On craint que les publications des revues libertines ne réveillent, de façon trop passionnée, les sens des lecteurs et de même l'on craint que les publications anarchistes ne réveillent l'intelligence des sujets obéissants.

Nos publications ont pris une si réelle importance que les gouvernants en prennent peur jusqu'à les empêcher de circuler.

Quand donc sera-t-on damné pour avoir dans les mains un journal anarchiste quelconque.

NECROPHILIE

Rédan nous parlait de Sauvanet tué par les gendarmes et les Baslycols, dans le pays de Lens. Les camarades lensois ne surent pas échapper au ridicule de certaines situations. Ainsi on peut lire.

Notre malheureux ami Alber ; Sauvanet fut photographié dans son cercueil, le lendemain, quelques heures avant l'enterrement.

Quelle belle jambe cela lui fait !

N'empêche qu'on pourra voir se vendre demain, la photographie d'un copain, à qui nul n'aurait prêté attention, s'il n'avait reçu une brique dans le crâne, produisant une blessure mortelle.

Car toutes les foules s'intéressent plus aux morts qu'aux vivants. Il est regrettable que nos amis, au lieu de réagir contre ce courant imbécile, préfèrent les guider vers l'adoration de ceux qui ne sont plus que de la charogne. Les vivants ne craignent aucune concurrence des morts. Ils le montrent en leur donnant le plus de place possible.

NÉCROLOGIE

Une dame de Stainlein Saalernstein, comtesse, est morte, nous apprend Pro Armenia, publication où G. Clemenceau s'associe avec J. Jaurès pour s'occuper des Arméniens.

Elle avait un grand cœur, etc., etc. Elle ne s'était jamais mise à table sans adresser au Tout-Puissant une prière en faveur des pauvres persécutés d'Arménie. Mais elle avait confiance aussi dans l'efficacité d'une longue et patiente action. Quand elle est morte, nous écrit son secrétaire, elle avait lu le dernier numéro du Pro Armenia.

Ne serait-ce pas de quoi elle est morte ? Que voulez-vous, à 80 ans, une lecture aussi somnifère peut bien vous endormir pour toujours.

Pour rédiger ce canard, Pierre Quillard doit d'ailleurs prendre des excitants.

CRITIQUE RAFFINÉ

Le Liseur dira ce qu'il veut, je cueille mes perles où je les trouve. J'adore la critique théâtrale parce que je ne vais jamais au théâtre et la critique littéraire parce que je ne lis jamais de livres. Je n'ai pas besoin de ça pour dormir.

Pourtant étant curieux j'aime savoir, aussi me suis-je précipité, dans Génération Consciente, organe néo-malthusien anarchisant, sur la critique de J.-A. Croizé, à propos d'un roman de Maxime Formont : le Risque. Après s'être reconnu père d'un enfant, en collaboration avec une fille « folle », le héros doute être celui de son enfant officiel. Et il le chasse.

Je laisse parler le critique :

Tout ce qu'il apprend c'est que sa femme ignorait elle-même qui, du mari ou de l'amant, était le père. Alors, c'est encore le doute, le doute atroce jusqu'au moment où il aperçoit le fils de son fils, son petit fils qui est son portrait vivant à lui, le grand-père. Preuve éloquente et suffisante s'il en fut.

C'est très beau.

Je sais que le sentiment a quelque chose d'idiot ; il occasionne la souffrance presque toujours, il est délicieux quand même ! Le sentiment c'est l'art, la poésie, la beauté, l'harmonie, l'amour Le sentiment c'est la fleur qui nous réjouit par sa couleur et son parfum ! Bien qu'il ne soit pas indispensable, je ne conçois pas la vie sans le sentiment, elle ne vaudrait pas la peine d'être vécue.

Le sentiment, même celui de la paternité n'empêchera pas la marche de la Société vers plus de bonheur ; il a toujours existé, il existera toujours. Les êtres qui en sont dépourvus l'ont remplacé par du cynisme, et c'est effrayant.

Ah ! vrai, c'est émouvant de savoir que le sentiment existera toujours, même celui de la patrie, de la propriété, etc. Il en est un qui n'existe pas souvent, c'est celui de son imbécillité personnelle.

JUMEAUX

L'Humanité donne un çà et là sur la cuisine des journaux que je ne peux que vous communiquer, sans ratures.

Il s'imprime toutes les nuits à Paris, un journal assez curieux

Ce journal a deux éditions : l'une qui s'adresse au public clérical et démocrate, s'appelle le Peuple Français ; l'autre, qui vise un public anticlérical, et également démocratique, s'intitule l'Aurore.

Naturellement, les deux éditions présentent quelques menues différences ; mais la moitié de la composition leur est commune. Qu'on ouvre l'Aurore et le Peuple Français d'avant-hier 15 mai : on y constatera l'identité des articles suivants

L'inauguration de l'Exposition franco-anglaise, Le Budget de 1909, La revanche du lock-out, Les élections de Dimanche, la Session parlementaire La guerre au Maroc, Au Quartier-Latin : désordres et bagarres, Le contrôle des liquidations, Tribunaux, L'élection de Saint-Étienne, Au Maroc dernière heures Les journaux de ce matin Faits divers, Les sports, Où même l'alcool. Cadavre de mineur, Le premier mai russe, Bourse de Paris du 14 mai.

L'association de M. Ranc et de l'abbé Garnier est tout de même bizarre.

Pauvre Aurore, pauvre Clemenceau, pauvre Ranc ! à quelles bassesses ils sont réduits pour continuer à vivre.

Il semblerait voir une association proportionnelle des socialistes avec les réactionnaires pour conserver quelques sièges aux conseils municipaux.

LES QUINZE MILLE !

Or donc le jeudi de « l'Ascension » -- de quoi, de qui — l'Humanité organise un grand banquet qui sera le déjeuner des 20.000. L'appellation ne me paraît pas bien choisie. Il vaudrait mieux dénommer ce banquet.

**Le déjeuner des Quinze-Mille
passés, futur et à venir.**

Il y viendrait une foule compacte, car tout bon socialo n'a-t-il pas l'espoir de devenir « quinz-mil »... par dévouement pour la cause, ... évidemment.

CANDIDE.

Militarisme et Anarchie

Je connais actuellement trois sortes d'anarchistes ou d'individus à tort ou à raison s'intitulant tels. Ce sont : premièrement les *individualistes stirnériens*, secondement les *individualistes idéalistes*, troisièmement enfin les *communistes révolutionnaires*. Je passe sous silence des catégories moins importantes dont il serait présomptueux de m'occuper.

Les individualistes que j'ai nommés stirnériens, pour les distinguer des autres et parce qu'ils sympathisent avec les théories de Max Stirner, subordonnent tous leurs actes au souci de leur conservation en même temps qu'à la recherche d'un bien-être immédiat et personnel, quelles qu'en puissent être les conséquences actuelles ou futures pour la grande masse de l'humanité. C'est avec des superstitions et hypocrisie en moins, l'individualisme bourgeois.

Ma définition n'a rien d'arbitraire. Voyons ce que dit Jean Herviou dans son article *Individualisme* paru dans le numéro 156 de l'anarchie daté du 9 avril :

« Chaque individu éprouve le besoin de vivre sa vie et non celle des autres ; pour cela il ne doit compter que sur lui-même ; il doit utiliser à cet effet toutes les forces mises à sa portée : il doit se créer selon ses besoins de nouvelles forces si cela lui est possible, à condition toutefois que l'effort à faire pour la création de nouvelles forces ne dépasse pas la valeur du résultat, c'est-à-dire ne soit pas fait au détriment de son individu.

« L'association nécessairement libre avec des individus ayant les mêmes besoins et les mêmes intérêts que lui est la seule force qu'il peut convenir à l'anarchiste individualiste d'utiliser ou de créer pour l'aider à vivre sa vie. (Une association n'a de raison d'être que si elle procure des avantages à l'individu). La masse étant une force aveugle et inerte, l'individualiste anarchiste doit autant que possible se servir d'elle comme il se servirait du vent, de la vapeur ou de l'électricité, mais il ne doit pas plus se sacrifier pour elle qu'il ne doit le faire pour les chiens ou les loups. »

Jean Herviou n'est pas un isolé. Il n'a fait que résumer en un article très clair, très précis, et par cela même très intéressant, une thèse que j'ai souvent entendue exprimer dans les milieux anarchistes.

J'ai qualifié d'« idéalistes » les individualistes qui, pas nature éprouvant des besoins différents de ceux de Jean Herviou, ne peuvent adopter, pour vivre complètement leur vie, ses conclusions dernières. Ils tendent à subordonner ces maintenant tous leurs actes, non à la recherche immédiate d'un per sot du maximum de satisfactions matérielles, mais à une règle de morale — fréquemment incompatible avec cette recherche — et qu'il serait vain de ne devraient pratiquer, selon eux, tous les individus dans une société idéale. Ils pensent enfin que cette propagande par l'exemple est la meilleure pour arriver à réaliser l'éducation progressive d'une humanité dont le sort ne leur est pas indifférent.

Quant aux communistes révolutionnaires, persuadés que le nombre des actes que nous pouvons faire en concordance avec ceux qui devraient être faits dans une société bourgeoise, excessivement restreint, ils se préoccupent surtout d'agir de manière à déterminer dans le plus bref délai une révolution salvatrice et, la fin justifie les moyens. D'après eux on ne peut vivre l'anarchie : il faut d'abord la créer en cadre.

Je n'entreprendrai point aujourd'hui de discuter la valeur des diverses thèses. Mais il m'est apparu que, à chacune de ces tendances, unies par certains points communs, mais nettement divisées sur nombre d'autres par formules inconciliables, une ligne de conduite spéciale se trouvait logiquement indiquée en présence de certains événements : l'appel sous les drapeaux, par exemple, et qu'il serait vain de rechercher pour toutes trois une solution unique, car il serait établi fatalement pour quelqu'une d'entrer en contradiction avec ses principes. Je vais m'efforcer de le démontrer.

J'ai dit que les individualistes stirnériens subordonnaient tous leurs actes au souci de la conservation et de la sécurité personnelles.

Étant donné ce point de départ, il est évident, qu'en présence de la conscription, ces individualistes, pour demeurer conséquents avec eux-mêmes, n'auront à s'inquiéter que d'une chose: savoir exactement, en tenant compte de leur position sociale actuelle et de leurs goûts, lequels des deux partis — ne pas se soumettre ou endosser l'uniforme — leur causera le moins de désagréments. L'avenir du monde dans mille ans, l'espoir d'une fraternité universelle, que nous ne verrons sans doute pas, ne sauraient être pris en considération.

Or je prétends que les situations et les caractères étant loin de se ressembler, le parti de déserter ne sera pas toujours le plus avantageux, bien au contraire.

Si notre homme est seul, sans famille, sans attache d'aucune sorte au sol natal, s'il est peu patient, s'il possède une langue étrangère en même temps qu'un métier rémunérateur facile à exercer partout, il est clair que de franchir la frontière sera pour lui le mieux, à condition toutefois qu'il n'ait réussi à se faire réformer en arguant de quelque infirmité vraie ou simulée.

Si, par contre, il se trouve dans l'impossibilité matérielle d'emmener avec lui des êtres chers, s'il possède une position sociale remarquable ou appelée à le devenir, ou un héritage en perspective, une pension de parents dont il a intérêt à ménager les scrupules s'il ne connait enfin que sa langue maternelle et est appelé, selon toute probabilité, à mener une existence de hasard parmi des populations hélas! souvent hostiles, il est indiqué qu'il se rende à la caserne, les inconvénients qu'elle présente n'étant pas en proportion de ceux qu'aurait entrainés l'exil.

Les avis sont partagés quant à l'existence qui est faite, en pays étranger, aux déserteurs et insoumis. Il y a les docteurs Tant-Pis et les docteurs Tant-Mieux. Chaque théoricien cherche à caser son nom, à faire valoir ses arguments, d'autant que si, à la suite de ses conseils, l'expérience ne réussit point, ce n'est pas lui qui en paye les frais. Chacun affirme sans vergogne... J'aimerais mieux des faits précis, le rapport des intéressés eux-mêmes après quelques années passées outre-Manche ou au delà des Alpes.

J'ai eu là-dessus quelques documents; ils ne sont guère encourageants, pour la plupart. Beaucoup de fuyards regrettent amèrement d'être partis. On peut juger, d'ailleurs, de ce qui attend les Français à l'étranger par le spectacle de ce qui, trop souvent, a lieu en France pour les insoumis ou déserteurs étrangers. A Marseille, où se réfugient beaucoup d'Espagnols et d'Italiens, combien n'ai-je pas vu de lamentables épaves, de pauvres diables désorientés, ne sachant pas un mot de notre langue, réduits à errer en trimardeurs d'une ville à l'autre, d'un groupe à l'autre, attendant de la solidarité des camarades un repas et les quelques sous pour aller se coucher!

Je ne voudrais pas noircir à dessein le tableau et montrer l'affreuse misère comme inévitable. Je prétends seulement que le fait est assez fréquent pour donner à réfléchir et inviter à la prudence.

Quand on est décidé à ne pas se soumettre à la loi militaire, il serait sage de faire ses préparatifs à l'avance. On commencerait, par correspondance, à s'informer des ressources, qu'étant donnés les besoins et les aptitudes personnelles, chaque pays peut offrir. On étudierait ensuite, s'il y a lieu, la langue du pays adopté et, six mois avant l'appel pour le conseil de révision, leste d'économies, on irait s'y installer, expérimenter par soi-même quelles conditions vous sont réservées, afin que si, par hasard, elles ne répondaient pas à vos espérances, il soit encore temps de revenir sans péril au point de départ.

Un de mes camarades avait agi ainsi; il était allé à Londres et... il en est revenu pour être soldat. Je n'affirme pas, loin de là, que tous ceux qui, à son exemple, tenteraient l'expérience reviendraient de même, mais le fait s'en existe pas moins: il est bon d'en tenir compte.

Maintenant que l'on ne me parle pas comme d'une ressource merveilleuse, et constamment à la portée des révolutionnaires dénués de préjugés, de livrer du cambriolage ou de la fausse-monnaie. Ceci est du romantisme et je soupçonne fort les camarades qui vantent le plus de tels expédients de n'avoir jamais forcé un coffre-fort ni même volé une boîte de sardines. En vérité, à moins que l'on ne se trouve dans un extrême dénûment ou acculé à la nécessité d'aller se faire intoxiquer, pour un salaire dérisoire, dans une usine à plomb ou à sulfure, si l'on tient compte des risques, de l'exploitation des receleurs et de la maigreur habituelle des bénéfices, on ne saurait faire choix d'un plus ployable métier. J'attends toujours qu'on me prouve le contraire, non par des exclamations ou d'aigres propos, mais par une démonstration positive.

Passons! J'ai montré quelle devait être la conduite logique de certains individualistes par rapport à leurs conceptions. J'arrive à l'examen de ce que doit être la conduite logique des « individualistes idéalistes ». Ce sera l'objet de mon prochain article.

Jean MARESTAN.

SUR L'ART

« Plus l'individu traduit, fixe sincèrement, *donc exactement*, ses sensations ou ses aspirations, plus il me parait artiste » dit Noel Demeure dans un précédent numéro de *l'anarchie*.

Et plus loin : « L'art symbolique me parait généralement *faux*, fétichiste. »

Or comment peut-on fixer, autrement que symboliquement, *ses sensations* en peinture, sculpture ou musique? Et pourquoi un art qui fixe *exactement* des sensations produit-il des œuvres généralement *fausses* !

Je crois que Noel Demeure se contredit dans les deux phrases que je viens de citer textuellement. De plus, il me parait un peu trop catégorique dans son affirmation.

La même sensation peut être traduite diversement par divers artistes. Si l'une de ces traductions me parait exacte à moi et les autres fausses, c'est que je traduis comme cet artiste. Cette même traduction pourra paraitre fausse à d'autres, alors qu'ils jugeront exactes celles que moi j'ai trouvé fausses.

Le symbolisme, peut-être plus que tout autre chose, est du domaine de la relativité pure. On peut toujours dire « que l'on ne comprend pas » mais jamais que c'est « faux ». Parmi les nombreux morceaux de musique moderne que j'ai entendus, quelques uns seulement m'ont procuré une émotion. Pour les autres, je dis tout bonnement que je ne les ai pas compris, alors qu'ils ont su se pâmer d'admiration émue d'autres auditeurs que je suis autorisé à croire sincères.

Noel Demeure avoue que l'Aurore, *symbolisée* par le célèbre Raphaël en une femme sculptée, ne lui donne en aucune façon l'illusion de l'aurore naturelle. Rien d'étonnant à cela.

L'aurore c'est le jour naissant, frais éclos, jeune, encore par parce que jeune, agréable à voir par la douceur de sa lumière résultant heurt chaquant. Qu'est-ce que la femme de Raphaël sinon le symbole de la jeunesse, pure, non encore déformée par la vie, flattant l'œil par la pureté de ses formes naissantes et l'harmonie des lignes. C'est cette sensation de jeunesse, de pureté qu'a voulu donner Raphaël et non la représentation d'une aurore naturelle. Et c'est en comparant celle-ci à l'autre que l'on arrive à dégager le symbole général. Ne parle-t-on pas de « l'aurore de la vie » pour *symboliser* la partie de notre existence que nous appelons plus prosaïquement la « jeunesse » ?

L'art réaliste, en tant que « traduction des sensations profondes, douloureuses ou joyeuses de l'artiste » ne se ramène-t-il pas à l'art symbolique, par le fait même qu'il *traduit une sensation* ?

En somme, Noel Demeure semble juger l'art inutile parce que *inférieur* à la vie. La théorie de nos doctrines est-elle à dédaigner parce qu'inférieure à la pratique? J'incline à croire qu'elles se complètent l'une l'autre et qu'elles sont également indispensables.

C'est en voyant le beau, le bon, le justice représentées par les peintres, les sculpteurs et les romanciers qu'on peut apprendre à les aimer. C'est en les voyant « en action » qu'on peut non moins apprendre à les aimer. Je n'hésite pas à préférer ce dernier moyen, mais je considère le premier en l'état actuel de la société, comme indispensable et les « réalistes idéalistes » dont je crois être, doivent bien s'en convaincre de jour en jour.

BINOFF.

Avons-nous une Morale?

I

Si, sans sortir des généralités de Lévieux, on se plait à considérer comme moral, ce qui vous est bon, ou peut s'accorder avec beaucoup de gens, mais il ne faut pas trop préciser.

Comme le camarade Kesto finissait le résumé de la morale de Guyau, j'ajoutai que les anarchistes peuvent se reconnaitre volontiers une morale semblable, et que si tant de moralistes plus ou moins officiellement rétribués nous sommes les rares qui concevons une morale pour nous, pratiquée dans notre intérêt, et non une morale préconisée aux autres, dont nous nous garderions bien de faire l'application.

Le mot avait déplu, une morale, cela veut peut-être dire qu'il y a un professeur de morale, et par habitude on se récriminait.

Cependant, c'était sérieux.

— Eh bien, dit-on, si pour chacun la morale est l'intérêt, comme dans la société chacun agit pour soi, soyez satisfaits.

— Oui, corrigea un autre, puisqu'on ne peut choisir « son intérêt réel » dans la société, on choisit au moins le plus approchant, ce qui revient au même.

On ne pouvait mieux nier la morale, du moins celle que nous devrions établir, qu'en la recherchant dans la vie de nos contemporains. Et pour la renier encore on cita cet exemple : « Deux hommes affamés se battent pour un morceau de pain, que veut la morale ? » Cela revient à dire pour ces camarades que la « morale » n'intervient que *là où est le mal*, là où les hommes sont dans une situation inférieure, là où ils ne sont pas libres, conscients.

Eh bien, à moins que j'ai perdu le sens moral, je m'étais fait une toute autre idée de la « règle de conduite » devant nous amener au maximum de bien-être et de perfection.

Sans nier les différences de tempéraments et de besoins qui varient d'individu à individu, on peut tout de même trouver dans l'ensemble des actes et des pensées d'une espèce, des points communs, caractéristiques. Parmi les hommes, si loups soient-ils dans leurs rapports réciproques il est une multitude de besoins qui sont semblables et dont la satisfaction complète exige une harmonie réelle entre eux, une « sociabilité ».

En partant du point de vue si simple qu'expose Lévieux, et en pénétrant dans les détails de cette vie sociale, des hommes « sociables », on peut tout de même en conclure qu'il y a un intérêt général, c'est à dire une morale générale englobant et dépassant les intérêts particuliers. Et nous pensons: unissons deux hommes en les instruisant sur leurs intérêts généraux; qu'une même morale les rende solidairement « responsables » du sort de leur race.

On ne saurait mieux toucher à l'ensemble des hommes qu'en parlant à chacun d'eux, nous pouvons pousser plus loin l'analyse et examiner les rapports vitaux qui unissent les individus, chercher ce qui favorise leur développement harmonieux. Et au lieu de se compliquer le problème se simplifie, la « ligne de conduite » se précise et se délimite. La morale s'inspire de cet âpre combat pour la liberté, pour la vérité, et le combat est plus rude, plus, à cause de l'étroitesse que parce qu'il est routinier.

Une seule « morale » est sincère, celle qui ne se discute plus, mais qui s'impose par la logique et les résultats qu'elle donne.

Mais dans un milieu réfractaire, empoisonné, la saine réaction est si pénible, mais dans ce fleuve stagnant et corrompu où les remous et les vagues s'entrechoquent et se mêlent en désordre, il est bien facile d'oublier le courant initial. L'effort naturel est si diminué que la « morale » vitale, l'intérêt souverain se discute, s'effrite en vaines querelles et en retards paresseux.

C'est pourquoi on est si peu d'accord lorsqu'il s'agit de convenir d'une morale.

Henri JAPONET.

Le Géomètre et le Forgeron

(Conte traduit du Yiddish)

Il était un vieux géomètre qui avait pour voisin un forgeron.

Très enthousiasmé de son art, le géomètre, à l'automne de sa vie, fut saisi par l'innocente manie de tout mettre en équations, faculté de l'entendement, mouvement des passions, retraits du sentiment. Comme il exposait sa doctrine en public, cela n'amusait beaucoup à le voir parsemer son langage d'expressions inusitées dans la conversation courante, comme théorèmes, femmes corollaires, etc., etc. Puis, il n'a pas plus grandi.

Le géomètre avait aussi publié quelques manuscrits, d'une certaine valeur. Mais des érudits s'étant aperçus qu'ils n'étaient que d'habiles pastiches d'un ancien philosophe, originaire des régions hyperboréennes, nommé Spinoza, on n'avait pas prêté grande attention à ses écrits.

Le géomètre en conçut un vif dépit qui ne changea en rien la jalousie à faire pâlir le grand Jéhovah lui-même, à l'égard de son voisin le forgeron qu'il avait allé quelque temps à tirer le soufflet, mais avec lequel il s'était brouillé. Le forgeron forgeait sans cesse; du matin au soir, sans relâche on entendait son marteau frapper sur l'enclume. Ses produits étaient recherchés de tous côtés et trouvaient chaque jour des débouchés nouveaux et lointains.

Le géomètre se contentait d'ouïr. Il ne dormait plus, il ne mangeait plus, il ne buvait plus. Ses yeux brillaient. Ses doux rêgard tarant. Un de ces derniers lui rendit visite.

Dès qu'il l'aperçut, le disciple d'Euclide se précipita vers lui, les yeux hagards, tenant à la main un rouleau de papyrus.

— Regarde, lui dit-il d'une voix rauque et l'écume aux lèvres, j'ai trouvé.

— Trouvé quoi ? répondit le visiteur ému et prie d'un soupçon soudain en jetant un regard sur le parchemin, couvert de figures géométriques de toutes les espèces, placées dans tous les sens, noirci d'x, de signes algébriques de toutes sortes et de puissances infinies.

— Que mon voisin le forgeron est un imbécile et fréquente la basse police. »

Trouvé quoi ? répondit le visiteur en jetant un regard d'effroi. L'abus de la géométrie avait rendu le malheureux complètement fou.

M. DARENA.

COMÉDIE SOCIALE

Un comédien doit avant tout s'incarner dans son rôle.

Dans la comédie qu'est notre vie sociale, chaque individu se fourre dans la peau du bonhomme qu'il représente avec un sérieux vraiment comique.

Ainsi, ces Messieurs les curés de toutes religions jouent leur petite scène, devant le bon populo, avec toute l'apparence d'un fanatisme mystique. En réalité, ils savent mieux que tout autre, que tous les mystères ou miracles dont ils font parade, ne sont que des pièges à gogos. Par la pratique de leurs simagrées, ils extorquent l'argent des poires, en leur promettant un paradis qu'ils n'auront jamais à procurer effectivement, vu l'impossibilité pour leurs créanciers de le réclamer, quand ils sont réduits à l'état de charognes. (Que ceux qui ont le culte des morts, m'excusent : mais je ne puis nommer un cadavre en décomposition que comme la langue française le dénomme.)

Et les grippeminauds de la magistrature depuis M. le garde des Sceaux jusqu'au plus petit greffier. Quel air grave ! quelle tenue pleine de dignité, si elle n'était grotesque ; avec quelque sévérité et surtout avec quel calme « religieux » ils appliquent la loi qu'ils savent absurde, avec combien de désinvolture, ils suppriment la vie ou tout au moins la liberté à des multitudes d'individus, dont le seul tort est d'avoir pris ce qu'on lui avaient droit, mais qui ont la maladresse de ne pas voler légalement, c'est à dire sous le couvert de la loi.

La loi ! quel recueil d'inepties, quel ensemble d'illogismes ! Pour faire cela, nos bons maîtres les législateurs discutent sérieusement, comme si c'était pour le bon, sur les lois devant améliorer le sort du bon populo, sauvegarder les privilèges de l'individu, etc. Mais tous leurs efforts tendent à écraser la masse au bénéfice des bourgeois dont ils cherchent à sauvegarder les propriétés contre les attaques possibles de prolétaires fatigués de trimer pour produire.

Ah ! quels bons comédiens que les politiciens et qu'ils se fourrent bien dans la peau de leur bonhomme de rôle !

D'autres comédiens de talent — et non des moindres — sont les braves et courageux officiers de notre armée. Comme ils savent exécuter les simulacres les plus grotesques avec un sérieux, un sang-froid à rendre jaloux Coquelin aîné. Et nos fameux sous-offs, ne remplissent-ils leur rôle sans sourciller ? Sont-ils fiers de commander une pauvre exemplaire au simple soldat de 2me classe qui a oublié de leur rendre les honneurs dus à un supérieur ? Et nos pauvres soldats, nos fils, nos frères ne jouent-ils pas aussi fort bien leur rôle qui consiste à hanter à venir tirer sur nous ? Ils défendent à qui mieux mieux, leur pays : la France, sans réfléchir que cette belle France appartient à quelques-uns dont ils ne sont pas.

Enfin du haut en bas de l'échelle sociale les individus jouent leur comédie avec le sérieux imperturbable des pompiers du guignol ; les uns rossant, les autres rossés à coups de bâton, et tous, satisfaits et fiers de leurs fonctions. Il est même flagrant que le bon populo qui reçoit tous les coups, l'esclave-producteur, mais jamais consommateur, se fourre dans la peau de son rôle avec le plus de feu. Puisque comédie il y a, et que tout chacun a son rôle tracé, pourquoi les anarchistes de qui le rôle est — du dire de l'opinion publique — de chambarder, de démolir, de lutter contre tous les comédiens de notre guignol social, pourquoi ne jouent-ils leur rôle avec le feu que doit procurer la justice de leur cause ? Pourquoi devant les iniquités qui se succèdent, restent ils calmes ? Pourquoi, eux, les bandits, les assassins se laissent-ils égorger par les chiens de garde des bourgeois, sans riposter ? Pourquoi eux, les fous, ne font-ils pas tout sauter ?

Ne sentent-ils plus l'asservissement de leur sort, ou se renferment-ils dans leurs conceptions philosophiques et se contentent ils de leur croyance en une société future ? Ou encore, appliquant un individualisme à outrance, fatigués de lutter, veulent-ils jouir en repos des biens produits par la masse, et jouent-ils des coudes dans la foule, pour attraper une bonne situation ?

Il faut espérer que cela n'est pas, que l'engourdissement des fous n'est que passager, qu'ils se réveilleront sous les coups de fouet que ne leur ménage pas le gouvernement de Clemenceau et Cie. Ils sauront montrer que les têtes brûlées méritent bien leur épithète ; dans la grerande comédie sociale, ils feront pour que ne soit plus une phrase en l'air, les paroles de Marseilleau :

Mais quelqu'un troubla la fête.

A. ESTEGUY.

LES PRÉCURSEURS

PROUDHON

(Suite)

Tel est ce livre des *Contradictions économiques*, il n'est pas fameux. Il y a évidemment un talent d'observation assez grand, mais malgré l'orgueil de Proudhon qui voulait toujours étonner, et qui croyait toujours faire quelque chose d'extraordinaire, il n'avait pas compris la véritable cause des souffrances humaines : « *La propriété c'est le vol* », écrit Proudhon, il ne se dit pas en mille ans deux mots comme celui-là : je n'ai d'autre bien sur la terre que cette définition de la propriété, mais je la tiens plus précieuse que les millions de Roths-child et j'ose dire qu'elle sera l'événement le plus considérable du gouvernement de Louis-Philippe.

C'était un peu fat, et le plus curieux c'est que Proudhon n'est pas contre la propriété ; il n'avait du reste rien compris au communisme.

Après ces dix antinomies qui n'en sont pas, et qui nous semblent au contraire être autant de corollaires très logiques de la société actuelle, Proudhon se borne en quelques lignes à donner une solution, et quelle solution ?

« ... Une loi d'échange, une théorie de mutualité, un système de garanties, qui fasse de la concurrence un bénéfice, et qui par la puissance de son principe au lieu de demander crédit au capital et protection à l'État soumette au travail le capital et l'État, qui sans interdire l'épargne domestique ramène constamment à la société les richesses que l'appropriation en détourne, une société en un mot qui, par la justice, le bien-être et la vertu renouvellant la conscience humaine, procure l'égalité des fonctions et l'équivalence des aptitudes et qui par un mouvement incessant de sorties et de rentrée des capitaux assure l'équilibre et l'harmonie des générations. »

C'était plutôt vague.

En somme, suivant la pensée de Hegel, Proudhon s'est attaché à démontrer que toutes ces catégories économiques sont rationnelles dans leurs origines, mais que de par leur caractère antinomique, elles s'opposent non seulement entre elles, mais avec elles-mêmes.

Il prétend qu'on ne peut les supprimer et il cherche vainement leur équilibre.

S'il y a dans ce livre une remarquable critique sociale, il y a des erreurs considérables qui rendent très faux. De plus cette méthode hégélienne le fait encore plus obscur. Du reste dans son livre *Justice où Proudhon recherche en vain la synthèse et la solution de toutes ces antinomies, il semble s'être rendu compte de leur inanité.

La Révolution de 1848 vint le surprendre au milieu de ses travaux. Proudhon avait prévu la révolution et la redoutait parce qu'il sentait bien que les esprits n'étaient pas préparés à la révolution sociale, et qu'il craignait qu'une simple révolution politique ne fut un recul des idées socialistes, mais comme il l'a dit lui-même, les faits précédèrent les idées et Proudhon prenant son parti confectionna des barricades le 24 février.

Il publia, en mars, deux brochures sous le titre : *Solution du problème social*. Dans la première, il s'élève avec violence contre les ateliers nationaux, dans la seconde il combat le socialisme étatiste et propose un système de crédit et de circulation tendant à la diminution progressive des intérêts, profits, rentes et impôts.

En avril, il entre au *Représentant du peuple* et y publie des articles sur le crédit réciproque et gratuit et sur les événements du jour qui ont été recueillis dans deux ouvrages : *La banque d'échange et Idées révolutionnaires*.

Il fut élu, en Juin 1848, à l'Assemblée Constituante. Sa profession de foi n'avait rien de transcendant, il repoussait l'abolition de la peine de mort et la loi sur le divorce, on sait du reste qu'il avait sur la famille des idées très étroites, « l'adultère, clame-t-il est un crime de lèse-société. » Il conservait le salaire des curés, il demandait le service militaire obligatoire, et que la représentation du peuple cessa d'être abstraite et générale, pour devenir spéciale, professionnelle et corporative.

A propos d'un article qu'il fit sur le terme le *Représentant du peuple* fut suspendu, c'est alors qu'il envoya à l'Assemblée son fameux mémoire sur l'*impôt sur le revenu*, qui commençait ainsi : « A partir du 15 juillet 1848, tous les propriétaires, créanciers, etc., feront remise du 1/3 de leur loyer, créance, etc. ; à savoir : 1/6 à l'État, et 1/6 aux locataires, fermiers, débiteurs, etc. »

Le rapporteur, M. Thiers, fut sévère pour ce projet de loi, et démontra qu'il n'était qu'une attaque à la propriété et aux contrats. Proudhon répliqua que la propriété était illégitime, que la Révolution de février l'avait abolie en principe puisqu'elle avait proclamé le *droit au travail* avec lequel la propriété est incompatible et que, par conséquent, les contrats étaient résiliés de plein droit.

En entendant ces principes scandaleux, l'Assemblée perdit tout son sang-froid et, à l'unanimité moins deux voix, vota l'ordre du jour suivant :

« L'assemblée générale considérant que la proposition du citoyen Proudhon est une atteinte odieuse aux principes de la morale publique, qu'elle viole la propriété, qu'elle fait appel aux plus mauvaises passions ; considérant ensuite que l'auteur a calomnié la Révolution de février 1848 en prétendant la rendre complice des théories qu'il a développées passe à l'ordre du jour. »

Pour une fois que Proudhon stigmatisait sans ambiguïté l'intérêt du capital et qu'il prétendait lui porter un coup direct, il n'avait vraiment pas de chance.

(à suivre.)

MAURICIUS.

NOTRE CORRESPONDANCE

Une Pierre dans la Mare

à Masquamort.

En premier lieu, laisse-moi te déclarer que je considère les mots d'esprit comme fâcheux dans une discussion de journal.

De deux choses l'une : ce que j'ai dit est juste, ou ne l'est pas.

Si c'est juste, tu n'as qu'à me l'approuver.

Si c'est erroné, tu n'as qu'à me démontrer que j'ai tort.

Et ton travail consistera alors en ceci :

1° Me démontrer qu'on peut faire de la propagande anarchiste à la caserne. Et que le milieu militaire est un terrain de propagande si bon qu'on peut lui sacrifier deux années de sa vie dans les conditions que tu sais.

Si tu ne me le démontres pas, je continuerai à affirmer qu'en réalité on va à la caserne parce qu'on trouve à des forces plus puissantes que nous ou pour te garantir dans l'avenir une situation plus agréable que celle de l'insoumis ou du déserteur.

2° Me démontrer que l'illégalité est la seule façon de vivre que doive choisir un anarchiste.

NOTIONS D'HYGIÈNE

L'AIR

L'homme est entouré par une atmosphère composée de plusieurs gaz qui en se mélangeant forment l'air.

L'air a une importance capitale pour la conservation de la santé. L'air est plus pur à la campagne qu'à la ville où la population est agglomérée.

C'est l'élément le plus indispensable à l'entretien de la vie.

L'air atmosphérique ou atmosphère est cette masse gazeuse, transparente, de composition très chimique qui forme autour de la terre une enveloppe dont l'épaisseur ne dépasse pas douze lieues.

Cette couche est infiniment mince comparée au diamètre du globe lui-même, elle n'en forme guère que la deux-centième partie.

AIR NORMAL

Les éléments qui entrent dans la constitution de l'air atmosphérique sont :

L'oxygène, l'azote, l'acide carbonique, l'ammoniaque, l'argon[1], l'iode, l'hydrogène proto-carboné (quelques traces), et une quantité variable de vapeur d'eau. Ils sont à l'état de simple mélange et complètement indépendants les uns des autres.

Rien n'est isolé dans la nature, rien ne vit par soi-même. Tout individu a besoin du concours des forces extérieures pour le maintien et le développement des forces propres qui lui appartiennent et le distinguent. Entre l'atmosphère et les êtres organisés, les échanges sont donc incessants,

[1] Ce nouveau gaz fut découvert en 1894. La proportion de l'argon (az.) (inactif) dans l'air est de 1/100.

à toutes les périodes de leur développement, les végétaux et les animaux empruntent à la masse gazeuse ambiante des matériaux nécessaires à l'exercice de leur fonction. L'air atmosphérique entoure le corps humain et le presse de toutes parts, il pénètre dans l'intérieur de nos organes ; il est l'aliment de la vie.

L'acide carbonique[1] est pour les végétaux ce qu'est l'oxygène pour les animaux et il joue un rôle important dans les phénomènes de la vie à la surface du globe.

Sa disparition entraînerait la cessation de toute végétation et comme les végétaux constituent l'alimentation exclusive de bien des animaux, la cessation de la végétation entraîne au bientôt la disparition de toutes les espèces animales.

Au moyen de l'oxygène, nous brûlons le carbone et l'hydrogène des aliments ou de nos propres tissus, c'est ce qui forme la chaleur animale nécessaire au maintien de la température du corps. Ces combustions ont pour résultat de former des matières dissoutes à impropres à la nutrition qui sont éliminées par les divers émonctoires de l'économie.

L'oxygène que nous absorbons, nous le rendons sous forme d'acide carbonique.

En somme l'air est composé en volume de 20 parties 8 dixièmes d'oxygène et de 79 parties 2 dixièmes, et, en poids, de 23 parties d'oxygène et 77 d'azote.

Il faut éviter de séjourner dans les lieux où l'acide carbonique peut se dégager et s'accumuler comme dans les fours à chaux, les caves, etc.

A sept-millième d'acide carbonique dans l'air peut produire des effets toxiques déjà manifestes.

L'acide carbonique ne provient pas seulement de la respiration, mais il résulte encore du mode de chauffage, de l'éclairage, des fermentations du sol, etc.

Les végétaux décomposent l'acide carbonique sous l'influence de la lumière et restitue à l'air l'oxygène en s'emparant du carbone ce qui fait que la composition de l'air reste constante dans la nature. Ce qui rend utile d'avoir des plantes à feuillage dans les locaux. Le séjour dans les bois au milieu de toute végétation favorise la nutrition, ceci est recommandable aux anémiques, aux diabétiques et scrofuleux.

L'air de la campagne est d'autant plus pur que les plantes, les arbres y sont plus nombreux et les sources d'infection plus rares.

La fraîcheur de la nuit, de même que les fortes averses, précipitent vers le sol les poussières ou suspens dans l'atmosphère, l'air n'est jamais plus pur que dans la matinée et qu'après une pluie d'orage. C'est donc le matin de bonne heure, qu'il faut, quand on le peut, respirer le grand air. Les paysans qui se lèvent tôt et vont travailler aux champs, jouissent en général d'une excellente santé. Les citadins, malheureusement se couchent presque tous beaucoup trop tard, pour qu'ils puissent respirer adopter cette bonne habitude.

La question la plus importante dans l'hygiène de l'habitation c'est la quantité d'air nécessaire pour entretenir la vie chez un individu en bonne santé, à plus forte raison chez un malade.

L'air est le plus souvent vicié par le séjour d'une ou plusieurs personnes dans un espace clos et trop étroit. Alors, non seulement l'oxygène de la masse atmosphérique ainsi limitée est bientôt épuisé par les consommateurs, mais il est encore, au fur et à mesure, constamment altéré par l'acide carbonique exhalé des poumons.

On a calculé qu'un adulte absorbe de 20 à 25 litres d'oxygène par heure et exhale approximativement 21 litres d'acide carbonique, équivalent à 11 grammes de charbon. Il pénètre donc dans les poumons environ 420 litres d'air par heure, soit 10,000 litres par jour.

En admettant comme minimum, 30 mètres cubes d'air par habitant, on reste dans les limites les plus inférieures qu'on puisse atteindre sans courir des risques de genre respiratoire. En effet pendant les huit heures de nuit un homme absorbe 300 litres d'oxygène et exhale 160 litres d'acide carbonique ce qui représente un cinq-millième d'acide carbonique par litre d'air à la fin de la nuit.

Il n'est donc pas exagéré de prétendre en bonne hygiène, qu'il faut, par personne et par heure, 10 mètres cubes d'air, en moyenne pour bien respirer.

AIR CONFINÉ

Lorsque l'on se trouve dans un endroit clos, où l'air ne se renouvelle pas, on résulte bientôt une diminution d'oxygène absorbé par la respiration et une augmentation considérable d'acide carbonique, c'est ce qu'on nomme l'*air confiné*.

Vivre dans un air confiné est très dangereux et cela peut vous mener de la céphalalgie à la dyspnée et à l'asphyxie. Il me suffit que de rappeler les terribles exemples d'asphyxie par l'air confiné dont le plus épouvantable est celui de cent-quarante-six malheureux, lors de la guerre des Indes, en 1759, enfermés dans un cachot où l'air ne pénétrait que par un étroit soupirail donnant sur une sombre galerie. Pendant huit heures ils se disputèrent, avec un horrible acharnement, la bouffée d'air tiède qui leur arrivait par cette insuffisante ouverture. Vingt-trois seulement sortirent vivants. Ce même fait se reproduisit encore aux Tuileries, en 1848, sur les insurgés enfermés dans les sous-sols du château.

Et ce sont bien aussi des commencements d'asphyxie qui se passe dans les salles de spectacle, les théâtres, qui trop souvent peuvent être considérés, à ce point de vue, comme de véritables étouffoirs d'où l'on sort la tête congestionnée.

Eugène PETIT.

(A suivre.)

1

Je ne suis pas un ennemi-né des illégaux — comme toi tu es masqué-à-mort — mais e les mets au même niveau que tout le monde. Exploiteurs, exploités, au point de vue anarchiste, tout ça se vaut, tu le reconnais d'ailleurs.

L'attitude à prendre ? La meilleure pour chacun ? Je ne vois aucun inconvénient à ce que vous viviez de la manière qu'il vous plaît, quelle que soit cette manière.

Mais démontre-moi je te prie, qu'il y a la manière anarchiste, et que cette manière, c'est l'illégalité — sens : vol, faux-monnayage, etc., etc. Si tu ne le fais pas, j'aurai encore raison.

3° Enfin, je t'invite à reconnaître qu'il y a parmi les scientifiques, des gens parfaitement ignorants qui ont constamment à la bouche cette pauvre Science, tellement que c'en est quelquefois une obsession.

Ensuite, je te demanderai de me démontrer que l'hygiène, c'est l'anarchisme et réciproquement. Ce qui est la théorie des « scientifiques », dont je parle.

Et voilà. Tu vois, pas besoin d'esprit pour tâcher de s'expliquer. Maintenant, veux-tu un conseil, puisque tu m'appelles docteur ?

Relis toujours sans parti-pris ce qui te fait ressauter à première vue. Parfois même cherche à comprendre ce qu'on a voulu dire quand ce qu'on a dit n'est pas clair. Mets-toi un peu dans la peau de l'autre, pour un instant. Et ne fais jamais dire à quelqu'un des choses qu'il n'a jamais écrites ni voulu écrire.

Alcide AICARD.

—o—

LE PLAISIR

à Fernand-Paul.

L'homme poursuit son plaisir et toujours son plaisir; ce sont les façons de le concevoir qui se transforment.

A quoi bon aller chercher des exemples ailleurs, puisque j'en peux témoigner par moi-même.

C'était pour mon plaisir ou pour le plaisir d'avoir l'air d'un homme, qu'à quinze ans, je m'exerçais à fumer, à aller au cabaret et à boire de l'alcool.

C'est encore pour le plaisir de mettre ma raison et ma volonté au-dessus de ces exercices, que j'ai cessé de fumer, d'aller au cabaret et de m'enivrer dès que j'ai compris que ces abus devaient forcément dégénérer en passion et devenir une obsession contraire à ma santé et à mon véritable plaisir.

C'est pour mon plaisir que je cherche à connaître par tous les moyens possibles et ce serait encore mon plaisir d'utiliser mes quelques connaissances pour en instruire d'autres. Comme c'est pour mon plaisir que je me suis mis au rang des révoltés.

C'est pour le plaisir de me rendre utile, de produire, que je tente d'exercer une profession manuelle de première nécessité, puis de me récréer par des travaux intellectuels, afin de sentir toutes mes facultés en harmonie.

C'est pour le plaisir de chercher, de témoigner que je m'enthousiasme, au point de braver les fatigues, les souffrances et la mort.

Quant au danger que je pourrais affronter, pour sauver un semblable d'une mort certaine, c'est un plaisir que je ne cherche pas plus que mon treizième gosse. C'est un cas qui se présente, je le subis, considérant que reculer serait une lâcheté, non conforme à mon plaisir, puisqu'elle ferait horreur à ma nature cultivée par les sentiments, les émotions, les plaisirs accumulés, transformant mon être jusqu'à faire à un individu qui préfère tout braver, que de vivre après avoir commis certaines lâchetés.

Bien souvent le bonheur que nous cherchons est dans la joie, mais le plaisir de l'heure présente. Le plaisir c'est l'enthousiasme, c'est l'intérêt qui nous anime dans la voie des désirs déterminés par nos besoins ou par l'instinct du mieux qui domine toute nature aimante.

J'ose croire, camarade, que c'est bien au plaisir d'exprimer ton opinion, que je dois le plaisir de la goûter, de la critiquer.

Jean PERRE.

II

Avant de commencer un article on on met en opposition certains mots, on devrait les définir. Pour moi ce qui me procure du plaisir me procure aussi de a satisfaction. Je la joie et du bonheur. Or, tu nous parles de certains plaisirs qui nous donnent, de la douleur et de « certaines douleurs qui nous procurent de la satisfaction quand même ». Je ne comprends pas.

Il est vrai que comme exemples tu nous montres les excès de boire et manger (ivrognerie, indigestion), excès vénériens et même toutes les passions. Mais tout individu qui suit ses passions et tombe dans des excès de brute trouve du plaisir dans ces excès, malgré les effets fatals qu'il s'ignore pas. Ces excès suffisent aussi à sa satisfaction, à son bonheur et lui donnent de la joie.

Pour moi, je n'éprouverais aucun plaisir à me livrer aux excès que tu indiques. Et où je n'éprouverai pas de joie, de satisfaction, de bonheur, je n'aurais pas non plus de plaisir, et vice versa.

Peut-être me comprends-tu par plaisir que ce qui flatte les sens. Ce n'est pas mon cas. Ce qui flatte mes sens sans me procurer un plaisir moral ne me fait pas vraiment plaisir.

ENESHA.

La Légende du Régime Politique

Pour ne pas trop heurter l'opinion publique, il existe un régime différent pour les détenus dits de « droit commun » et pour ceux dits « politiques ». Tous les journalistes, tous ceux qu'un écart quelconque peuvent appeler en prison s'en réjouissent.

Cette différence sous le règne du sieur Clemenceau ne va bientôt plus être qu'une légende. Déjà les avantages accordés sous l'empire, par le tyran Napoléon III, ont été supprimés en grande partie. Aujourd'hui les gardiens en arrivent à passer à tabac.

Jean Goldski, pour une incartade légère — si même incartade il y a — se voit pris, entraîné, l'emmènent au cachot. L'attitude de ses camarades a retenu les brutes, mais Goldski était déjà blessé.

Ceux qui sont enfermés ne peuvent faire grand chose, mais ceux qui sont dehors ne vont-ils pas essayer qu'il n'en soit plus ainsi et appeler les brutes gouvernementales à la pudeur de respecter eux-mêmes les lois qu'ils édictent.

REDAN.

Revue des Journaux

LES TEMPS NOUVEAUX.

Un rapport, plus qu'un article, de Jean Wintsch, montra l'activité anarchiste dans la Suisse romande. On y prône le fédéralisme et le « congressisme ».

De très bonnes constatations de L. Guérineau venant mieux préciser certains points de l'étude de Nettlau à propos du danger de la trop grande centralisation en général et de la C. G. T. en particulier.

Une défense de la C. G. T. par Desplanques qui ne répond d'ailleurs pas aux arguments. Toutefois, il y aurait lieu de revenir plus longuement sur la question.

L. Casas continue son étude sur la crise et la politique américaine.

LE LIBERTAIRE.

La York parle franchement sur la comédie politicienne du premier mai.

Sauvaire fait de petites méditations qui me semblent encore trop longues.

Le syndicalisme commence à poser sa candidature nous dit Louis Grandidier. Pour la forme, prétend-on, mais Grandidier craint bien le contraire qu'il le craigne comme lui.

Ah ! les vieux abonnés, ils ont des exigences.

L. B. continue sa campagne contre le charlatanisme. Il se rencontre un défenseur de la chiromancie. Fichtre, ça nous ramène à Nostradamus et de zévascosque mémoire.

Il paraîtrait qu'on veut se montrer ainsi. Ile à la caserne, nous explique Derriet. La véritable réforme est de la caserne.

En vers libres, Siben nous dit la bonne parole, passe encore... Mais l'Angelus esthétique il y a vraiment trop de beautés.

A propos du langage. Paraf-Javal donne des définitions et des règles qui me paraît sont fort justes et fort intéressantes.

Quelques réflexions judicieuses de François Gay sur les savants.

L'Espéranto on tonzouzi'eies se commence. L'étude n'en sert pas à grand chose, je ne crois pas qu'elle puisse faire grand mal.

L'ÉCOLE RÉNOVÉE, *rue de l'Orme, 75. Bruxelles.*

Quelques éducateurs, dont Francisco Ferrer, Laisant, Eislander, Haeckel, viennent de jeter une revue d'éducation moderne. Les connaissances certaines des collaborateurs nous promettent un travail intéressant. Ce n'est encore, évidemment, qu'en employant une forme surannée, après avoir fondé une ligue avec statuts, etc, que ces libertaires arrivent à nous donner quelque chose, mais félicitons-nous de ce que nous porte le premier numéro.

Tout d'abord un article de F. Ferrer sur *la Rénovation de l'École* dans lequel il montre que c'est surtout par la fondation d'écoles libres que l'on arrivera à former les éléments pouvant transformer la mentalité sociale.

Un fort bon article de Domela Nieuwenhuis sur *la Pédagogie individuelle*. Il montre la sottise de vouloir plier tous les enfants sous un même programme d'instruction.

Kropotkine voudrait que *tous* puissent posséder le bien être et le savoir.

Des notes sur l'éducation de Paul Robin. Il fait une sorte de classification des enfants selon leur état physiologique et psychologique.

D'Arsac nous représente un type d'*Escapé*, Wells. Un escapé de l'école, cet abrutissoir officiel. De fort curieuses observations.

Eislander veut pour l'enfant *l'éducation naturelle*, l'éducation dans la nature, au milieu des champs, près des animaux, près de diverses industries, une éducation où l'enseignement se ferait par la vue, par le toucher et non par la mémoire des mots.

Sur *le savoir inutile à l'école*, Roorda van Eysinga dit bien tout le fatras inutile enseigné à l'enfant. Le ridicule des règles si complexes de la grammaire et de l'orthographe etc, etc. Il touche même au traditionalisme qui veut que nous sachions traduire Horace ou Tacite, quand ce n'est pas Homère.

Cette revue paraît tous les mois. 0 fr. 50 le numéro, 6 francs l'abonnement annuel. Je n'ai pu que donner un faible aperçu des articles. Je pense qu'elle portera un bon appoint d'idées à tous ceux qui s'occupent de l'éducation de l'enfant.

GÉNÉRATION CONSCIENTE *27, rue de la Duée, Paris.*

Un article d'Albert Lecomte où l'abondance de chiffres ne donne pas une réelle précision.

Oui, l'on peut constater avec Léon Marinont que ceux qui préconisent de faire des enfants n'en fabriquent pas pour leur part.

De très intéressantes observations de Mascaux sur *l'hygiène de la fonction sexuelle*.

Pierre Guy-Desrieux termine sa nouvelle ridicule d'*Iatros*, comme il l'avait commencée. Qui veut trop prouver ne prouve rien.

Des compliments sur ma livre intécile, parce que deux ou trois mots pourraient être de tendance néo-malthusienne, par J.-A. Croize. Et de quelle façon maladroite !

LE LISEUR.

Un Anarchiste devant les Tribunaux

les deux Déclarations en Cour d'Assises

Ce qu'on peut lire

TROIS MOTS AUX AMIS

L. CH. — Reçu mandat.

REIMS. — Un camarade rémois qui m'a adressé une lettre il y a quelques semaines est avisé qu'elle s'est égarée. M'écrire à nouveau en me donnant adresse pour répondre. — A. L.

Nic. VOLT. —. Avons expédié piqûres en son temps.

M. RIG. — Comme tu le dis toi-même, le sujet est suffisamment traité par les trois réponses précédentes (Nos 161 et 169).

Une L. — Le sujet est très bon. Regrettable que tu ne saches écrire simplement.

H. Z. — Communiquons article à D. Mais n'insérons *notes bibliographiques* qu'après lecture par le Bibliographe.

Pierre R. enverra sa nouvelle adresse à Machault, Reims.

GUIMBARD et sa compagne iront voir Bouviat à la Santé.

BERNARD (Nord). — Adresse : 6 et non 15. — M. D.

HARBUNG. — Oui, nous en avons (2.75).

JEUDI 21 MAI, à 8 h. 1/2
Casino du XIIIe
190, Avenue de Choisy

Grand Meeting International

SUJET :

l'Europe révolutionnaire en 1908

Y causeront :

Charles Malato, Almereyda, Mullo, Smirnoff, Paulof, Libertad, Werner, Chartin, Sandrini, etc.

Entrée : 0.30

Demandez à l'anarchie :

BIBLIOTHÈQUE DOCUMENTAIRE.

Patriotisme-Colonisation
Guerre-Militarisme

Chaque volume : 1fr.25 ; par poste, 1,50.

Le « Livre »
de *l'anarchie*

Un an, 7 fr. 50 ; Deux ans, 12 francs ; Trois ans, 17 francs

Dimanche 24 Mai

Grande Balade
champêtre et sylvestre
à St-Cucufa
où tous les copains
des C. P.
et de l'anarchie
viendront faire circuler de l'air pur
dans leurs poumons

On bouffera sur l'herbe !!!
individuellement
en couple ou en commun
selon les goûts

On se réunira à 8 heures du matin
Salle des Pas-Perdus
Gare St-Lazare
pour prendre le train de Garches

On sèmera
des petits cailloux
pour les Petit-Poucets
retardataires ou cyclistes

En avant... arche
Tous à Garches

- Travail en Camaraderie -

Imp. des Causeries Populaires : Armandine Mahé

La gérante : Anna MAHÉ

Où l'on discute !
Où l'on se voit !

LES CAMARADES
adresseront
tout ce qui concerne
l'anarchie
à A. MAHÉ & A. LIBERTAD
22, rue du Chev.-de-la-Barre
PARIS-XVIII.

l'anarchie

PARAISSANT TOUS LES JEUDIS

ABONNEMENTS

FRANCE

Trois Mois.......... 1 50
Six Mois.......... 3 »
Un An............. 6 »

ÉTRANGER

Trois Mois.......... 2 »
Six Mois.......... 4 »
Un An............. 8 »

QUATRIÈME ANNÉE — N° 164

DIX CENTIMES

JEUDI 28 MAI 1908

Calomnies Socialistes

C'était donc, cette année, la foire municipale et les anarchistes ont répondu à la propagande pour le vote par une effrénée propagande abstentionniste. Dans tous les coins de France la lutte s'est engagée afin de prouver le mensonge du suffrage universel, l'absurdité de la politique. Par l'affiche, par la brochure, par la contradiction ou par la conférence les candidats ont été tenus en haleine et les électeurs mis en éveil.

Les abstentionnistes ont développé leurs théories non sans peines et sans risques. Leurs adversaires les plus redoutables furent sans conteste, les socialistes.

Dans la bataille électorale, tous les partis, tous les candidats usent de moyens détestables pour diminuer leurs adversaires mais aucun ne vont aussi loin que le parti et les candidats socialistes.

L'organisation socialiste a l'art de truquer les réunions publiques. A l'avance, elle choisit les membres du bureau, prépare des listes d'orateurs, maquille un ordre du jour, sème dans la salle des siffleurs, des hurleurs, des applaudisseurs, voire des coupe-jarrets.

La philosophie socialiste, trop médiocre pour former des individus capables de vouloir entendre des idées et les discuter en suite, est assez forte pour fabriquer des sectaires, qui n'écoutant rien parce qu'ils ne peuvent rien comprendre, sont prêts à assommer quiconque ne formule pas une opinion estampillée par le comité.

Les chefs socialistes font envahir les réunions adverses par des hommes qui n'ont pas la conscience de l'idée qu'ils défendent, pas plus que des actes qu'ils commettent. Ils ne vont pas chez le « concurrent » pour essayer de prendre la parole, d'influencer par leurs meilleurs raisonnements, l'opinion des auditeurs. Ils n'ont d'autre but que d'empêcher toute pensée de se formuler, de « la fermer » aux orateurs, par leurs cris et par leurs hurlements. Il faut faire clôturer la réunion dans le désordre pour que les publications du Parti puissent dire le lendemain que « la brutalité de la réaction a été huée par les électeurs ».

Est-ce qu'il est besoin de citer des exemples ? Devrai-je rappeler l'attitude des bandes de Weber-Allemane, cette année, dans le XIe, brisant les vitres, cassant les bancs afin de réduire leur adversaire à ne plus faire de réunions publiques ? Leur avait-on refusé la parole ? Non. Je l'ai dit : ils n'ont pas le souci de convaincre, d'amener à leurs idées, ils ne veulent faire que de l'obstruction. Ils ne veulent et ne peuvent faire que cela.

Comment ces mêmes individus comment ceux qui les guident agissent-ils lorsqu'ils rencontrent, dans les réunions qu'ils organisent, des contradicteurs. Les uns empêchent tout accès à la tribune, les autres forment une garde du corps, prêts à assommer quiconque menacerait leur candidat ou quelque éloquence, de quelques arguments.

Il leur arrive de tomber mal... et de rencontrer des hommes qui, après avoir écouté en silence se formuler les opinions d'autrui, veulent formuler la leur, car ils en ont une. Ce ne sont pas des obstructeurs, ce sont des propagandistes. Ce sont les anarchistes.

Il n'y a pas d' « organisation centrale anarchiste », aussi ne peut-elle préparer une obstruction systématique, déléguer une équipe de fort à bras, d'athlètes pour aller « casser la gueule » aux candidats et à ceux qui le soutiennent. Il y a, ici ou là, à manifester son opinion, y va qui veut, ou qui peut. Et le camarade anarchiste « orateur » s'y rencontre et le camarade anarchiste « écrivain » et aussi avec le camarade anarchiste qui n'a de sa vie causer à une tribune

ou écrit un article, il n'y a pas d'équipes d'assommeurs, il y a des hommes conscients et sincères.

Or c'est justement ce qui les rend plus terribles. Chacun de ces hommes a une conviction à défendre, la sienne, il a une opinion à formuler. Il n'est envoyé par personne que par lui. S'il se rencontre avec d'autres hommes de pensées semblables à la sienne, tant mieux. S'il est seul, tant pis. Mais qu'il soit cent, il n'empêchera aucun de dire sa pensée entière, et qu'il soit seul, il n'en fera pas moins tout ce qui est possible pour dresser son idée en face de celle de la majorité.

S'il est seul, tout seul, je n'aurai pas à parler de la brutalité des socialistes, de la colère des socialistes contre cet homme qui s'affirme. A l'exception de quelques individus, les « initiés », les « citoyens », les « inscrits » voudront l'écraser. Il y a dans ce geste, toute la haine du socialisme, cette « philosophie » de la foule, contre l'anarchisme, la philosophie de l'individu. S'il est dix, s'il est vingt, devrai-je parler de la débandade, de la lâcheté de cette espèce qui se réclame de suite de la police. On reconnaît bien là toute la peur du troupeau devant l'Homme.

Tous les partis combattent l'abstentionnisme, mais aucun comme le parti socialiste lequel se rend bien compte qu'il ne tient le peuple sous sa tutelle que par le mensonge du suffrage universel. Nul n'emploie contre l'anarchiste plus basses calomnies, moyens plus atroces.

Les bergers du troupeau qui a fui devant dix personnes garnissent les colonnes de leurs publications d'insinuations lâches et mensongères, de faits divers outranciers et ridicules.

Pour ma part je suis un des voyous si-pendables, un des repris de justice dont parle l'Humanité du 22 mai, narrant à sa façon quelques incidents de réunions électorales à Levallois-Perret.

Nous étions quinze, dont cinq ou six femmes. nous nous connaissions à peine, unis seulement par des convictions semblables. Nous étions quinze, ils étaient cinq ou six cents... et « nous avons fait d'assaut la tribune, frappé férocement les femmes et les enfants, semé la terreur sur notre passage, assommé lâchement plusieurs hommes ».

Que faisait donc le bétail et les bergers socialistes lors de cette lutte homérique ?

La veille du jour où je me trouvais dans ce traquenard socialiste, j'étais à Asnières, dans une réunion organisée par des anarchistes afin d'y développer le pourquoi nous sommes abstentionnistes. Après que chaque camarade avait causé nous faisions appel à la contradiction. Plusieurs socialistes vinrent. Un sortit du sujet sans que se marque une impatience quelconque. La réunion se termina tranquillement sans qu'aucun « ordre du jour » vienne porter une sanction quelconque à ce qui avait été dit. C'est vrai que les gens qui se réunissaient là n'avaient pas l'idée de décrocher un mandat pour eux ou leurs amis, mais simplement de permettre à la vérité de se manifester pour le bien de tous.

Aucun contraste ne pouvait mieux me montrer les façons différentes de procéder. Rien ne pouvait me donner une meilleure opinion de la valeur de l'anarchisme que la peur qui prenait tous les bergers socialistes, à la pensée que nous allions développer nos idées devant leur bétail, alors qu'au contraire, la veille, nous avions sollicité, encourage la contradiction.

Il arrive souvent aux socialistes de prétendre que nous ne pouvons causer dans les réunions électorales parce qu'abstentionnistes. C'est là une grave erreur ou une réelle fourberie. Lorsque ceux qui choisissent des maîtres les désignent pour eux seuls, à leur usage exclusif, nous verrons ce que nous aurons à faire. Mais tant que les

maîtres choisis nous feront la loi, nous commanderont, nous voleront, il sera de toute logique que nous nous efforcions d'apprendre aux foules à s'en passer : ne serait-ce que pour nous libérer nous-mêmes de ces parasites. C'est peut-être un acte de « prosélytisme », mais c'est surtout une leçon d'hygiène.

Un de leurs arguments coutumiers est que nous ne venons manifester notre opinion que dans les réunions socialistes, que nous taisons le jeu de la « réaction ». Il me serait loisible de prouver le contraire. Ainsi, dans le dix-huitième arrondissement, nous avons nous-mêmes trouvé chez tous les candidats radicaux et nationalistes ; alors que l'association de la police et du comité socialiste formait un tel barrage que nous n'allâmes dans aucune de celles du candidat du Parti Unifié. Dans d'autres quartiers, c'est le contraire. En sera-t-il toujours ainsi ? Nous faisons tous nos efforts pour que non ! Nous tâchons de nous trouver partout où nos arguments peuvent toucher un cerveau qui veut savoir.

Je ne me servirai pas de cette réponse, car, pour ma part, ayant à aller dans deux réunions électorales, l'une nationaliste et l'autre socialiste, c'est de préférence dans la dernière que j'irais. J'estime que beaucoup d'anarchistes pensent comme moi.

Si nous allions dans les réunions pour y faire de l'obstruction systématique, casser les têtes, etc., etc., peut-être n'hésiterions nous pas à aller chez les premiers, parce que plus étrangers, plus loins de notre façon de penser. — Je dis peut-être, car je ne suis pas entièrement convaincu du fait que je viens d'avancer. — Mais nous y allons pour répandre des idées que sincèrement nous croyons bonnes et nous ne nous préoccupons que de chercher le terrain le plus favorable à les semer.

Bien des points nous séparent des socialistes — même des points « fondamentaux » — sur beaucoup nous sommes ou paraissons être d'accord. C'est autant de travail de fait pour nous. Un des points qui nous séparent est justement celui qui est en cause pendant la période électorale. Nous pensons, en allant à gauche en allant vers le fonctionnement plus attardé sur le militarisme, le fonctionnarisme, la propriété, etc... et que nous pourrons aller droit aux points qui nous séparent, afin de briser les liens qui unissent au passé les auditeurs présents.

De plus, nous sommes sûrs que les candidats socialistes sont les derniers obstacles à la révolution dont ils parlent tant. Ils sont les réactionnaires modern-styles qui canalisent l'énergie du peuple en la faisant passer de l'égout du suffrage universel, le contrôle de Monsieur Tout-le-Monde. « Nous sommes les meilleurs maîtres », hurlent-ils. Nous répondons : « Il ne saurait y avoir de bons maîtres. »

Il nous faut donc aller dans les groupements où nous trouvons ou croyons trouver un milieu déjà débarrassé de beaucoup de préjugés sociaux. Il nous faut aller démolir les arguments des bergers rouges qui, avec leurs patelineries et leurs rodomontades, font prendre des vessies pour des lanternes à la meilleure partie du peuple.

Je l'avouerai, il entre parfois dans nos gestes — nous ne nous targuons pas d'être parfaits — un peu de rancune. Les moyens employés par les comités socialistes sont toujours si ignobles, si dégoûtants, si calomnieux lorsqu'il s'agit de la manifestation de l'idée anarchiste — même dans les simples réunions — qu'on ne peut s'empêcher de conserver une certaine colère. Ainsi, beaucoup d'entre nous se sont raisonnés cette année, pour ne pas aller aux réunions des Weber-Allemane, craignant d'y être trop personnels. Les socialistes furent battus. Ils n'auraient pas manqué de mettre cela sur notre dos. Dans une réunion où ils s'étaient montrés atroce, j'éprouvai le besoin de rencontrer un Pinot de Levallois qui la

présidait pour écraser sa figure de jésuite rouge comme on a le désir d'écraser une vipère. J'éprouve ce sentiment pour beaucoup de chefs socialistes et je le dis franchement.

Devant leurs crapuleries envers nous, leur façon de se conduire à notre égard, on éprouve le sentiment d'une « trahison » faite par ceux de « sa famille », par son ami, par son voisin. Je saurai avouer que j'ai tort. Les chefs socialistes ne sont rien autre chose que des coquins ou des imbéciles à l'éternelle conquête de l'assiette au beurre. Leur différence avec leurs concurrents, c'est qu'ils y parviennent d'une autre façon.

***

Revenons à l'incident et à sa narration par l'Humanité qui me porte à répondre si longuement :

Il ne nous fait rien d'être des « voyous », de tomber sous la loi pour port d'arme prohibée, sans crainte des délations (1). Nous sommes des « repris de justice », non pas pour des tripatouillages électoraux, coopératifs, syndicalistes ou financiers, mais pour avoir affirmé nos idées ou nos besoins. Pourtant il ne nous plaît pas de laisser dire que nous sommes des « quarante sous », des « stipendiés de la réaction » par les bergers et les comitards socialistes qui mentent d'autant plus grossièrement qu'ils savent la vérité.

... Qu'il ne rient pas trop... nous saurons ne pas jouer toujours les rôles courageux, mais trop douloureux de Girier-Lorien. (2)

Albert LIBERTAD.

Chiquenaudes
ET
Croquignoles

FIN DE CIEL

Il n'est si mauvaise chose qui ne trouve à s'employer utilement. Ainsi en est-il de la censure.

Quel fier service elle rendit à notre ami Malato en empêchant sa pièce. Fin de ciel, de connaître le feu de la rampe, en toute liberté.

Quel four ! quel tollé général ! Je ne sais si l'on eut trouvé d'épithètes assez méprisable qu'il neput servir à rendre tout le vide, tout le ridicule, pour en signaler tous les lieux communs.

Mais que voulez-vous, il n'est pas digne de parler ainsi d'une pièce censurée. L'arbitraire gouvernemental fait d'Allemane un orateur parlementaire, de Liard Courtois, un homme de lettres, et de Fin de ciel une comédie fort originale.

On serait épaté à moins !!!

A PROPOS D'ANTICLÉRICALISME

La raison a disparu, nous dit une petite correspondance du Libertaire. Et tout nous porte à le croire quand nous voyons le même filet déclarer que les Corbeaux, journal anticlérical, peut faire du bon travail et donner l'adresse de ce canard ordurier.

Fin de ciel ! Les Corbeaux ! Ce genre de littérature est si bas et si méprisable qu'il ne peut servir qu'à rendre clérical les indécis et à donner la nausée aux antireligieux.

CANDIDE.

(1) Le mercredi 22 mai, un socialiste fit arrêter par la police et fouiller un jeune homme sous le prétexte qu'il avait un revolver. On n'en trouva pas.

(2) Le Matin m'informe, non sans m'étonner, qu'à la tête d'une bande d'anarchistes, j'envahissais les locaux de l'Humanité pour les obliger à rectifier, dans un numéro, leur compte-rendu mensonger du 22 mai. L'article d'aujourd'hui accréditerait la légende. Il faut donc que je dise ce qu'il en était pas là.

1° Les anarchistes n'ont besoin de personne à leur tête pour agir ; 2° Vaincu par l'effort trop grand point de vue qui devait me m'aliter au notre propre local ; 3° Il est oblige d'aliter au notre propre local ; 3° Il est des camarades mieux doués, plus capables que moi et tout à fait l'avoue que si j'avais été en bonne santé et qu'on m'eut prévenu, c'est avec un réel plaisir que j'aurais tenu à flageller ces faces de menteurs.

Disons tout. J'aurais eu une promenade. Les rédacteurs s'étaient ils enfui par une porte de derrière, d'après le Radical, ces visiteurs ne trouvèrent personne, pas même « le personnel » dont parle le Matin.

A. L.

Le Larbinisme

Le fonctionnarisme est à l'ordre du jour. Toutes les positions sociales, émargeant au budget, sont en vogue, à cause du doux *farniente* et de la sécurité relative qu'elles comportent. Le rêve caressé par nombre de jeunes gens, aux sentiments étroits, au caractère routinier, est de se tailler une part dans ces nombreux fromages que l'État, magnanime, réserve aux gens bien sages, aux dévoués serviteurs.

Que de bassesses, de platitudes, ne commettent-ils pas pour être admis dans certains recherchés d'une administration (A) publique ou privée.

— Venez donc, mon cher, c'est une situation de tout repos, un placement sûr, des appointements réguliers — et, la retraite, au bout, s'il vous plaît !... » — Aussi, les plus minimes de ces sinécures, sont-elles assaillies par une nuée de faméliques à qui, le travail effectif et l'effort répugnent.

L'accession de tous aux emplois publics, aux grades et aux dignités, nous a dotés d'une catégorie de ces zélés budgétivores, hypnotisés par les promesses fallacieuses de retraites et autres avantages, dûs à la probité, au talent, à l'exactitude. C'est plutôt une prime au servilisme et au mouchardage.

Pour décrocher la timbale de cet immense mât de cocagne que la société décerne comme faveur, on fait appel aux instincts les plus vils : la concurrence féroce, la jalousie, la délation.

Les plus modestes de ces candidats à la gamelle gouvernementale, bornent leurs aspirations pot au feu, aux maigres emplois de gendarmes, flics, garde-champêtres ou rats de cave.

La vie du fonctionnaire, relativement privilégiée, à l'abri des vicissitudes, exempte des soucis quotidiens, est âprement convoitée par tous les rejetons d'honnêtes gens, qui, sans initiative, sans idéal, se gavent de connaissances aussi truquées que superficielles, pour doubler le cap des examens, qui les lanceront dans les carrières de larbins. D'aucuns contractent un engagement, affrontent la chiourme militaire, deviennent des pieds de banc, des remplés fats et puants, piliers de bouis-bouis et de lupanars, avariés jusqu'aux os, avant leur dernière étape dans la basse domesticité.

Pour couronner dignement leur carrière de servitude, l'État leur consacre les places enviées de gardiens de square ou de concierges d'aquarium.

Le fonctionnarisme est certes une plaie hideuse ; mais, que les ouvriers, dédaigneux des platitudes et des courbettes, ne jalousent pas les titulaires de ces emplois dégradants. Seuls, les ex-galonnés, rompus à l'obéissance passive, à l'éternelle soumission, ont les aptitudes requises pour remplir ces fonctions, où, le mendigotage et le pourboire, obséquieusement espéré, sont les plus claires ressources d'une existence parasitaire et nuisible.

S'il fallait dénombrer les milliers de ces fainéants que nous entretenons de notre bêtise, nous serions effrayés de la quantité de ces louches individus, survivant à leur sournoise méchanceté.

Tous ces déchets de la gradaille, en rupture de garnison, sont aisés à reconnaître. Non seulement leur livrée nous les désigne, mais encore, tout, dans leur attitude, leur démarche, respire en eux, la méfiance innée du chien à l'attache pour le vagabond malingre et inquiet. Se pavanant dans les allées des jardins publics, le regard scrutateur et soupçonneux, l'oreille aux écoutes ; d'une galanterie déplacée pour les pauvrettes qu'ils importunent de leurs privautés graveleuses ; d'une prévenance affectée pour le bourgeois portant beau, des retours de-caserne, suant d'une insolence étudiée pour les mal-vêtus et les irréguliers. Se reposant sur les bancs des promenades, ils en épient les moindres gestes.

Cette constatation était pour mieux faire ressortir la mentalité du fonctionnaire. Et il n'y a pas que ces grognards, butors et moustachus qui, somme toute, portent l'empreinte de leur ancienne profession de chien de garde replet et aboyeur. Je ne cite qu'en passant les employés de la préfecture de police dont la générosité est proverbiale pour la distribution des bons de tabac et des pains de munition. L'aménité de cette espèce est trop légendaire pour que nous nous y arrêtions.

Mais, si pour une cause quelconque, vous avez eu recours à un de ces ronds de cuir, préposés aux expéditions des affaires courantes, vous n'êtes pas sans avoir constaté leur morgue et leur sotte fatuité. Des flots d'encre ont coulé, signalant au bon public les turpitudes et les idioties de ces officines, où derrière le guichet, un monsieur mal appris, vous prenant d'instinct pour un gêneur ou, tout au moins, pour son obligé, vous interpelle d'un ton cassant et protecteur. Que de vaudevilles burlesques, d'articles cinglants et frondeurs ont été publiés sur les joyeusetés de l'ad-mi-nis-tra-tion,... que certains nous envient ! ! !

Ne vous semble-t-il pas que la psychologie du fonctionnarisme n'est que le reflet de l'autorité ? Toute la tyrannie sociale, depuis les infimes mesquineries jusqu'aux plus odieuses violations du droit humain, repose sur l'idée que nous nous faisons de la supériorité de certaines gens qui, groupés en castes, se donnent un prestige que nous sommes assez sots de leur reconnaître. L'aristocratie du pouvoir, de l'argent, du savoir, ne prend sa source que dans notre esclavage, notre détresse, notre aveuglement. Entre le fantoche, affublé d'un képi ou d'une casquette galonnée, le fonctionnaire grincheux et le décrotteur du coin, ma préférence va à ce dernier, qui, du moins, sans crainte de perdre son emploi, peut, entre deux coups de brosse, faire ouvertement de judicieuses réflexions.

Le larbinisme est, à mon sens, la clef de voûte de la société. Et si nous combattons le fonctionnarisme, car nous sommes tous rançonnés pour le rétribuer d'autant que ses prouesses sont plus éclatantes et plus directement tracassières, nous devons, à plus forte raison, signaler tous ceux qui, dans notre entourage, à l'atelier, dans notre demeure même, se font les chiens couchants du patron, du fournisseur, du propriétaire, pour en obtenir des faveurs.... à notre détriment.

Employés de métro, de chemins de fer, de tramways, argousins, gabelous, etc. forment une armée de bas valets, aussi immondes que répugnants. Ils tiennent le haut du pavé avec une assurance scandaleuse, narguant de leurs persiflages grossiers, et écrasant par leur verbe autoritaire, la masse assez veule pour subir leur répugnante promiscuité. Jouissant avec impunité de la bienveillance de leurs chefs pour l'arbitraire continuel dont ils font preuve, ils se parent vaniteusement des puissantes protections, qu'ils ont su acquérir, à force de courbettes et de génuflexions.

Ces visqueux et rampants personnages doivent être l'objet de notre frappant mépris et souventes fois de corrections dûment appliquées.

Mais, si l'on rencontre parfois, dans certaines professions, des fonctionnaires indépendants (et il y en a certes) nous devons démasquer, partout où il se trouve, le larbin et lui faire honte ostensiblement de sa dégoûtante abjection.

Car c'est faire œuvre saine que d'écraser le respect du convenu, que de relever le niveau moral de l'homme et de lui faire prendre conscience de sa propre dignité.

Paul JULLIEN.

Avons-nous une Morale ?

II

Tout le monde s'accorde à dire que les anarchistes ont une mentalité au-dessus de la moyenne. C'est parfois exagéré, mais ce qui est certain, puisque c'est aussi leur raison d'être, ils ont un besoin de vie plus grand, plus réel, que la généralité des hommes.

Ils ont plus de vie, donc ils ont plus de morale, et plus de discernement en ce sens que leurs contemporains.

Bien entendu, il ne faut tenir aucun compte des cris de frayeur poussés par la pudibonderie des « moralistes ». Leur horizon est si étroit et leur cage si petite que notre retour à la bonne nature élargit trop le monde pour eux. Armand dit qu'ils sont « des apeurés de la vie ».

En tenant compte de la facilité que nous avons à élaborer des projets, à formuler des systèmes en tiers avant d'en réaliser la plus intime parcelle, nous pouvons dire ici que les anarchistes ont une morale, qu'ils cherchent à établir, plus pure, mais aussi plus solide que les autres. Et qui pourrait s'en fâcher.

Toutes les discussions, ces longues réponses, ces études à plusieurs, poursuivies particulièrement dans *l'anarchie* depuis ses premiers numéros, que signifient-elles ? Ces articles qui s'entrecroisent, se modifient et se complètent d'un numéro à l'autre, et ces causeries parfois si animées, ne sont-elles pas provoquées par l'intention d'arrêter, de fixer pour des esprits inquiets « la ligne de conduite ». n'ont-elles pas en vue d'établir plus de « vérité pratique », de rechercher un mieux-être individuel et social ?

Reste à savoir si ces idées vont plus loin que les colonnes du journal, ou que les murs étroits des Causeries, mais cela n'est pas un mystère. Il y a là du travail de fait et partout des efforts se répètent, marquant des progrès dans les réalisations anarchistes : C'est la preuve de la relation intime entre la morale et la vie. L'une procède de l'autre.

Il est des inconvénients à cela : la paresse et la mauvaise foi, qui est son corollaire, se révèlent chez plus d'un, peut-être certains exagèrent aussi leur « protestantisme », mais au total il y a un grand pas de fait.

Nous avons une morale, et nous la revisons, nous l'accordons avec notre évolution progressive, avec le sentiment de force, je veux dire de responsabilité grandissant en nous.

Cette morale, non codifiée, ne peut effrayer que les faibles, car ce n'est pas un but qui entrave ou une divinité qui broie, mais au contraire un instrument qui aide et un chemin qui conduit.

Henri JAPONET.

RÉPANDONS LA VÉRITÉ

Il ne faut pas que la déférence que nous avons pour les opinions des autres nous empêche de chercher à faire la lumière chez nos semblables, à propager ce que nous croyons être la vérité, à répandre nos idées que nous croyons sincèrement conformes au vrai et au bien : le vrai et le bien, étant dans l'absolu, deux choses identiques.

Si la morale ne condamne pas l'individu qui, désireux de la vérité, la cherche partout avec ardeur, comment pourrait-elle la réprouver quand cet individu, une fois en possession de la lumière, brûle de la répandre et de semer ses convictions à pleines mains, comme des germes féconds et salutaires ?

La vérité ne doit pas être tenue cachée ; quand on la possède, il faut la porter aussi loin que possible et la faire briller comme le soleil sur le monde. Mais obstinons-nous de mépriser les opinions qui ne sont pas les nôtres, ne les accablons pas de nos railleries, ne les maltraitons pas ; ayons pour elles de l'attention, de la bienveillance, montrons ce qu'elles peuvent avoir de raisonnable et de bien fondé, puis mettons le doigt sur le point faible, convions ceux qui les soutiennent à apporter leurs arguments, signalons en les défauts ; présentons ensuite nos preuves et sachons faire voir la valeur de nos raisons : ces dernières ne feront jamais défaut si nos sommes dans le vrai et la vérité parlera elle-même par notre bouche. C'est à cette condition que la vérité pourra se faire jour : la vérité a son principe dans la liberté ; c'est du libre frottement des idées qu'elle jaillit, c'est de la lutte loyale, de la critique franche qu'elle émane.

Le vrai défenseur de la vérité, ce n'est pas le fanatique qui s'oppose à toute recherche sincère et élève des bûchers pour imposer sa foi, ce n'est pas le faux témoin qui fait condamner un innocent à mort, au bagne ou à la prison pour satisfaire sa méchanceté, sa rancune ou sa jalousie ; ce n'est pas le commerçant obtus et sans scrupules qui vend comme bonne et saine sa marchandise falsifiée, avariée, pour s'enrichir plus rapidement ; ce n'est pas non plus le directeur de journal qui publie de fausses nouvelles pour égarer l'opinion publique et engage les autorités à sévir contre les « gêneurs » ; non ! il n'est pas parmi ceux-là ! C'est le prosélyte, le savant. L'anarchiste qui après avoir cherché et trouvé, travaille à répandre sa croyance, suit convertir ses auditeurs, ses lecteurs par l'évidence de ses raisons et la chaleur pénétrante de sa conviction.

Les mauvais individus sont comme les mauvais terrains : si on ne les cultive pas, si on ne leur donne pas les moyens propres à les fertiliser, les graines qu'on y sème, les arbres qu'on y plante ne poussent pas, ne grandissent pas : ainsi périssent les individus sans avoir connu la vie.

Mais si ces mêmes individus sont instruits, éduqués suivant les exigences de leur tempérament, conformément à la vérité, ils prendront nécessairement la direction qui les conduira vers l'épanouissement complet de leur être « sachant que les meilleures choses sont celles qui lui donneront sinon satisfaction entière, mais une certaine joie de vivre, qu'ils chercheront toujours à rendre plus grande.

FERNAND-PAUL.

COMMENT
ON ABRUTIT
UN ENFANT

Le papa (administrant au jeune Popaul, lequel piaille comme toute une portée de petits chiens, une magistrale collection de gifles.) — Tiens ! Tiens ! Ça t'apprendra à mentir ! Vaurien, mal élevé, sans-cœur ! Dis que tu ne le feras plus !

Popaul (pleurnichant avec des glouglous de carafe qui se vide). — Non... on... on..., pa... n... p'pa !

Le papa (d'un ton pénétré). — Tu ne sais donc pas, petit malheureux, que le mensonge, c'est ce qu'il y a de plus laid, de plus méprisable, de plus odieux, de plus... enfin, personne ne peut souffrir les menteurs, (péremptoire) et les gens qui mentent meurent sur l'échafaud. Veux-tu mourir sur l'échafaud ?

Popaul (épouvanté). — Oh ! non, p'pa !

Le papa. — Alors, tu me jures de ne plus dire de mensonges ? Jamais ?

Popaul. — Oui, p'pa !

Le papa. — Eh bien, maintenant, je vais te faire la dictée. Après un coup d'œil au texte.) Ah ! C'est de l'histoire de France... Voyons, y es-tu ?

Popaul (étouffe les derniers reniflements qui trahissent son émotion et fait ses petits préparatifs, tout en songeant à l'affreux châtiment réservé aux menteurs). — Je y es, papa.

Le papa (dictant). « François Ier, sachant que son chancelier Duprat, cardinal et légat du pape, lequel avait commis de grandes dilapidations à son préjudice, visait le trône pontifical, lui annonça que le Saint-Père venait de mourir... »

La bonne (entrant). — Monsieur, c'est M. et Mme Quiraze.

Le papa (se mettant). — Hein ? Le ménage Quiraze ? Ils vont me faire perdre une heure. Dites que je viens de sortir et que je ne rentrerai que ce soir... très tard !

(Popaul lève la tête et regarde avec un étonnement profond son papa, puis la bonne qui ne manifeste aucune horreur pour ce travestissement complet de la vérité.)

La bonne. — Et s'ils demandent à voir Madame ?

Le papa. — Heu !... Vous direz que Madame regrette beaucoup, mais qu'elle a une migraine atroce et qu'elle ne peut recevoir. Allez !

(La bonne sort de la pièce, et les yeux de Popaul de leurs orbites.)

Le papa. — Voyons, où en étais-je ? (Frappé de l'ahurissement de son rejeton.) Qu'est-ce que tu as à me regarder comme ça ? On dirait que tu as empraint des yeux à une grenouille !

Popaul (timidement). — Mais papa, c'est que tu fais dire que tu y es pas et que maman a la migraine ; et puis, c'est pas vrai !

Le papa. — Évidemment, ça n'est pas vrai...

Popaul. — Alors c'est un mensonge ?

Le papa (haussant les épaules). — Mais non, espèce de petit âne ; c'est pour ne pas dire aux Quiraze que nous ne voulions pas les recevoir parce qu'ils sont assommants... Tu comprends ? c'est du savoir-vivre !

Popaul (frappé de la distinction). — Ah ! c'est du savoir-vivre. (Il se remet en devoir d'écrire.)

Le papa (dictant). — ... « lui annonça un jour que le Saint-Père venait de mourir. Aussitôt le cardinal supplia le roi de l'aider à se faire nommer au trône de Rome, faisant valoir qu'il était entièrement dévoué au roi de France. — Vous avez raison, dit François Ier, mais, pour assurer votre élection, il faudrait de grosses sommes d'argent. Aussitôt le cardinal fit porter chez le roi deux grandes tonnes pleines d'or. Ce n'est que quelque temps après qu'il apprit que le pape se portait admirablement. Il comprit alors qu'il avait été joué par le monarque, qui n'était pas seulement un brave soldat, mais aussi un diplomate des plus fins. »

Popaul (perplexe). — Un... quoi ?

Le papa (répétant). — Un diplomate... Tu ne sais pas ce que c'est qu'un diplomate ?... (Expliquant.) Un homme qui fait de la diplomatie !...

Popaul (rêveur). — Alors, ce qu'il faisait là, c'est de la diplomatie ?

Le papa. — Évidemment !...

Popaul (après un instant de réflexion). — Dis donc, papa, est-ce qu'il n'est pas mort sur l'échafaud, François Ier ?

Le papa (indigné). — Espèce de petit âne, tu confonds avec Louis XVI !

Popaul. — Est-ce que...

Le papa (impatienté). — Ah ! tu m'ennuies... Va apprendre ta fable, maintenant... Moi, il faut que je lise mon journal.

(Popaul, docile, mais intrigué, va apprendre sa fable. — Dix minutes s'écoulent.)

Le papa (montrant le journal à sa femme qui entre). — Dis donc ! Tu sais, l'assassin de la rue d'Enfer, il a fait des aveux !

La maman (très intéressée). — Vraiment ? Oh, raconte-moi vite.

(Popaul lève la tête et écoute.)

Le papa. — Tu sais que depuis qu'on l'avait arrêté, il y a trois mois, on n'avait pas pu en tirer un mot. Ni de sa femme non plus. Alors, hier, le juge d'instruction a voulu en finir. Il les a confrontés avec l'assassin dans son cabinet. Il lui a crié : « Eh bien, ça y est ! nous n'avons plus besoin de vos aveux : votre femme a tout dit. Vous êtes le seul coupable ! »

La maman (suspendue à ses lèvres). — Et alors ?

Le papa. — Alors, l'autre imbécile s'est écrié : « C'est pas vrai, je suis pas le seul ! Elle m'a aidé ! » Et il a tout raconté... Tiens !... (il lui passe le journal.)

La maman (emballée). — Oh ça ! c'est rudement bien joué ! (Elle dévore les détails de l'affaire.)

Le papa (s'habillant pour sortir). — C'est une belle instruction. Le juge a bien mené l'affaire... Tu verras à la fin de l'article... On va lui donner la légion d'honneur !

Popaul (qui se gratte la tête, inquiet). — A qui ?

Le papa. — Eh bien, au juge parbleu !

Popaul. — Ah... Mais la femme de l'assassin, elle lui avait rien dit du tout ?

Le papa. — Naturellement non ! Sans ça il n'aurait pas de mérite.

Popaul. — Alors on va pas l'envoyer à l'échafaud, le juge ?

Le papa. — Tu veux dire l'assassin ? Sûrement si !

Popaul (tombant de son haut, et même de plus haut que ça). — Mais le juge, il ne fera rien ?

Le papa (énervé). — Tu es agaçant... Puisque on te dit qu'on le décore ! C'est

bien le moins qu'on puisse faire, d'ailleurs
après le service qu'il a rendu à la société et
à la Justice.

(Il embrasse sa femme, Popaul, et part à
ses affaires.)

Popaul (béat et essayant de se graver
dans la tête les parole de son père). — Ah,
bon ! ça c'est un service à la société et à la
Justice... Ça c'est un service...

La maman. — Qu'est-ce que tu fais, Paul ?
Va donc apprendre ta fable.

Popaul. — Oui m'man... (Il reprend son
La Fontaine, le travaille à mi-voix) :

    Un agneau se désaltérait
    Dans le courant d'une onde pure...

(s'interrompant brusquement.) — Dis donc,
m'man, comment qu'ça se fait que les bêtes
elles parlent plus comme dans mon livre ?

La maman (s'arrachant péniblement à son
journal). — Hein ? Mais elles n'ont jamais
parlé, petit sot... Dans ton livre, ce sont des
fables.

Popaul (perplexe). — Des fables ? Alors les
fables, c'est pas vrai ?

La maman. — Bien sûr que non !

Popaul. — Et pourquoi qu'c'est pas vrai ?
C'est-il à cause du « savoir-vivre », dis ?

La maman (étonnée). — Du savoir-vivre ?
Qu'est-ce que tu me racontes ?

Popaul. — ... ou de la... (prononçant avec
difficulté)... di-plo-ma-tie ?

La maman. — Je ne sais pas ce que tu
veux dire !

Popaul. — ... parce que ça rend service à
la société, à la Justice ?

La maman (haussant les épaules). — Tu
racontes des bêtises ; les fables, ça n'est
pas vrai, parce que sont des histoires qui
ne sont jamais arrivées.

Popaul (triomphant). — Des mensonges,
quoi !

La maman (se replongeant dans la lecture
des aveux de l'assassin). — Si tu veux !

Popaul (fermant son livre). — Plus souvent alors que je vais apprendre ou mensonge et de le réciter à papa... pour qu'il me
flanque une tournée !

NANHOF.

TABLEAU !

Paris, 23 mai. — Mardi dernier à
3 heures de l'après-midi, M. Fal-
lières a inauguré le Dog cow annuel.
Il fut reçu par le comité de la Société
centrale pour l'Amélioration des
Races de Chiens en France, etc.
Les Journaux.

*L'Exposition canine intéresse à tel point preuve,
Messieurs nos dirigeants, que depuis huit jours
la presse à grand tirage en clichés pittoresques.
A côté des cabots nous a montré leur groin.*

*C'est touchant ! Et peut-être, en les mettant au point,
Y aurait-il, là même, un beau sujet de fresque
Pour le peintre hardi ; que la peur du grotesque
De l'animalité n'épouvanterait point.*

*Voyez-vous ça ? Ici : d'abord Monsieur Fallières
Au premier rang cherchant ce quelque, au derrière
De son voisin, sentir le vrai cité d'à côté...*

*Puis, au fond révolté par ce spectacle indigne,
Arranger brandissant les cent fouilles de vigne
Dont il peut qu'il présent se drape la Beauté !...*

BIZEAU.

<hr>

GASPILLAGES

Novicow en un très bon livre *les gaspil-
lages des sociétés modernes* nous a démontré la
mauvaise gestion sociale de la bourgeoisie
et les dommages qui en résultent.

Comme ce ne sont pas les bourgeois qui
en pâtissent le plus, ils n'y ont pas pris
garde et se sont contentés de placer le
livre dans toutes les bibliothèques municipales ou d'ailleurs, il est peu lu.

Les bourgeois ne sont pas les seuls à
brûler la chandelle sociale par les deux
bouts. Sa majesté Populo qui n'est pas
riche et manque du nécessaire s'octroie
néanmoins du superflu.

Durant l'année 1907, qui vient de s'écouler, le monopole des tabacs, en France, a
produit 450.658.600 francs. Le revenu des
alcools, durant la même période, s'est
élevé à 330.589.000 francs. Cela fait pour
l'ensemble la somme de 781.247.600 francs.
Presque *un milliard*.

Si l'on ajoute à cette somme, la valeur
d'achat des produits imposés ; l'impôt pré-
levé par le commerce de gros et de détail
de ces mêmes produits ; si l'on tient
compte de l'alcool et du tabac consommés
en fraude, à l'insu de la régie ; si nous
ajoutons le papier à cigarettes, ô Pougel,
les allumettes, les pipes, les étuis, les taba-
tières et tous les accessoires qui accompa-
gnent ordinairement l'usage imbécile et
nuisible de l'alcool et du tabac, nous devons bien atteindre deux milliards.

Sur ces deux milliards de dépenses, on
m'accordera bien un milliard pour la part
de la classe ouvrière ?... Un milliard par
an, gaspillé, inutilement, nuisiblement,
par ceux qui se plaignent, avec raison, de
manquer de tout, cela ne fait-il pas rêver ?

Mais les rêves sont divers. Si, au lieu
d'alimenter et d'entretenir les innombrables mastroquets du beau pays de France,
le milliard de l'intempérance populaire
s'en allait remplir les coffres de la C. G. T.
il n'en résulterait rien de mieux. Pouget
pense le contraire et voudrait se substituer
à l'État, comme il se substitue aux mercantis.

Supputer tout ce que la C. G. T. pourrait
faire ou ne pas faire avec une pareille
somme, me paraît puéril et peu intéressant. C'est déjà bien assez du gaspillage
des énergies qui se fait dans cette officine
sans y ajouter encore de l'argent, pour la
même besogne d'émasculation révolutionnaire. L'hypothèse du rentrée d'un milliard
dans cette caisse des Danaïdes, n'est de
ma part, qu'une aimable plaisanterie,
destinée à faire venir l'eau à la bouche du
père Pennard.

Je sais trop bien que ceux qui ont contribué à fournir cette somme, par le
moyen que l'on sait, sont incapables de la
réaliser autrement que pour la tabagie et
l'ivrognerie. Pouget qui connaît ses confédéralistes mieux que personne, le sait

aussi, puisque pour atteindre, en partie,
le milliard qui l'hypnotise, il n'a pas d'autre chemin que celui déjà pratiqué.

Si je me suis amusé à faire miroiter à
ses yeux éblouis, le milliard fascinateur
qu'il convoite, oh ! pas pour lui ! pour la
propagande ! c'est pour bien faire ressortir le principe qu'il entend appliquer pour
s'en emparer : Il est identique à celui que
le gouvernement et les bistrots ont toujours adopté.

Au lieu de faire comprendre à la classe
ouvrière, l'intérêt qu'elle aurait à s'abstenir de ces deux poisons : l'alcool et le tabac
dont l'usage l'appauvrit un peu plus et
l'abrutit tout à fait, Pouget qui a de l'expérience et qui méprise la classe « inférieure » préfère de beaucoup l'exploiter.

Ceci prouve que la C. G. T. n'a comme
but, ni l'éducation, ni la régénération, ni
l'émancipation de la classe laborieuse,
mais, seulement, son exploitation sous de
nouvelles formes, ou sous les anciennes si
elles suffisent ; mais surtout, au profit de
nouvelles personnes.

LEVIEUX.

Le Port du Chapeau

Parce que j'omets souvent de parer mon
crâne d'une incohérente coupole de feutre,
la réprobation règne sur le visage de mon
portier. Cet homme s'indigne. Et si quelqu'un commère se présente, qui vibre sym-
pathiquement à mal, il gesticule, il censure,
il pontifie : « Je vous le dis, Madame, en
vérité, cet être m'effare, car il ne respecte
pas l'usage. La coutume maintient les
fondement des sociétés. Et sans société il
n'y a plus rien, aucun ordre, un chaos obscur où
l'homme se meut comme un ivrogne dans
mon escalier, le soir. Ah ! Dieux, oh !
vertus... »

Cependant que mon bonhomme s'exalte
encore, je réfléchis que le préjugé du chapeau sévit dans tous les milieux.

Quiconque circule nu-tête par les voies
publiques est considéré comme un fou.
L'attention des boutiquières s'exerce sur
lui. Le file ouvre des yeux vaguement inquiets, tel un ruminant qui regarde un
calvaire. La maritaille s'esbaudit et ricane
sans artifice. Et les gens les moins sots
connaissent des pitiés passagères.

Certaines convenances déterminent les
individus à préférer des formes particulières de coiffures. Les édifices pompeux
que l'élégance se plaît à poser sur la tête
de maints bandins sinueux attestent assez,
je pense, que la femme est un être de raffinement et de délicate splendeur. Beaucoup d'esthètes, frétillants et sémillants,
affectionnent des coiffures grandilo-
quentes aux vastes ailes. Les casquettes de
nos glorieux soudards galonnés rutilent de

dorure, ainsi que des enseignes d'orfèvre.
Mille idiots enfin s'ornent d'objets naïfs
et folâtres, avec religion ; et ces mêmes
gens n'ont aucun scrupule de conserver
des pieds sales ou d'être patriotes ou de
tromper le voisin. Et cependant tous sentent obscurément que le chapeau est inutile et malsain, comme un discours de
Barrès. Mais on ne réagit pas, parce que
l'opinion veille et que la lâcheté constipe
les hommes les mieux doués, ou les décons-
tipe, suivant les tempéraments.

Il est utile, vraiment, que le bon sens
anarchiste se manifeste jusque dans notre
façon de nous vêtir. Il importe que les
anarchistes se différencient, au point de
vue esthétique, comme à tant d'autres
points de vue, de leurs funestes contemporains. Nous devons nous efforcer d'avoir
une allure savoureuse et originale. La
beauté de notre vie intérieure doit res-
plendir sur nos gueules de loup, aux
lèvres rouges comme la viande à l'étal, au
poil rude, à l'éclatante énergie.

Que de fades éphèbes châtrent leur che-
velure, soient obèses, parlent avec componction du malheur des temps, il nous
indiffère. Mais les anarchistes doivent s'é-
riger, au milieu de la laideur commune,
comme les seuls êtres sains encore, et indépendants, et résolus, et riches d'intime
grandeur. Notre seul aspect doit être une
insulte perpétuelle à l'abjection des ilotes...

*
* *

Le chapeau, cette boîte à migraine
comme disait excellemment un camarade,
empêche plus ou moins la circulation du
sang et détermine aussi une fâcheuse
meurtrissure pourpre autour du front. En
été, la sueur qui provoque par son évapo-
ration libre et constante un agréable re-
froidissement séjourne sur la tête, si l'on
porte une coiffure où les cheveux poussés à
une longueur convenable constituent par
l'air qu'ils emprisonnent — l'air étant
mauvais conducteur de la chaleur — le
plus parfait appareil isolant le crâne de
l'atmosphère, et suffisent absolument à
nous préserver des réactions du chaud et
du froid. Ainsi, en hiver comme en été, le
port du chapeau est grotesque en tous
points.

Et puis, de vivre tête nue, la respiration
est plus profonde, plus aisée, la tête plus
libre, les combinaisons d'idées moins len-
tes — je l'ai expérimenté en personne.

Enfin il y aurait, si les hommes mécon-
naissaient la coiffure, une appréciable économie de travail.

Relativement à l'esthétique le chapeau
est plus atroce encore que considéré, hy-
giéniquement. Il masque le front, la partie
la plus belle de l'individu, par où se révèle
l'eurythmie solennelle de sa pensée et la
virilité de son énergie morale, le corps de
l'homme se suffit à lui-même, comme
forme, et tout ce qu'on y ajoute ne fait
qu'en altérer le caractère et l'harmonie.

<hr>

NOTIONS D'HYGIÈNE

L'AIR

AIR CONFINÉ

(suite)

L'air est d'autant plus rapidement vicié
dans un établissement public qu'à la respiration du grand nombre de personnes qu'il
s'y réunissent, s'ajoute ordinairement, la
combustion des nombreux mètres cubes de
gaz destiné à l'éclairage de la salle.

Dans certains établissements privés ou
publics, les manufactures, les écoles, les
théâtres, les hôpitaux, on dispose souvent
de ventilateurs pour obtenir une aération
plus parfaite. Ailleurs, on se contente de
placer dans le carreau d'une fenêtre une
petite roue à palette qui tourne constamment en entraînant l'air de la pièce, ou,
plus simplement, on remplace une vitre
par un carré de toile métallique ; mais ces
moyens ne sont pas suffisants et rien ne
vaut, pour établir une rapide ventilation,
des fenêtres recevant un grand jour et largement ouvertes. Les personnes sensées
doivent donc fuir les lieux où l'air est confiné, surtout les personnes délicates, atteintes d'affections du cœur.

Il se dégage chez un adulte, tant par la
peau que par la respiration 700 à 1.200
grammes de vapeur d'eau avec lesquels
sont entraînées des particules épidermi-
ques et graisseuses, et une substance spéciale provenant des poumons et de la
bouche.

L'air est encore vicié par des gaz, les uns
irrespirables, les autres vénéneux.

Les plus nuisibles de ces substances vo-

latiles ou gazeuses, sont l'hydrogène sul-
furé, qui se dégage des fosses d'aisance,
des égouts, des marais, des cimetières et
de tout les amas de matières animales ou
végétales en fermentation ; l'hydrogène
carboné, le grisou détonant des houillères,
l'ammoniaque, le chlore et l'acide carbonique, qui irritent les yeux et les bronches.

Les vapeurs du phosphore peuvent causer des douleurs des poumons et la nécrose
des os maxillaires chez les ouvriers dans
les fabriques d'allumettes.

Les vapeurs du mercure déterminent
aussi des troubles nerveux chez les ouvriers qui le manipulent et l'absorbent ; en
même temps.

L'oxyde de carbone (3 parties de carbone
et 4 parties d'oxygène en poids) c'est un des
poisons les plus violents. Les effets mortels
de ce gaz sont d'autant plus redoutables
qu'il n'a pas d'odeur et que rien ne révèle
sa présence. Tous les poêles à combustion
lente dégagent de l'oxyde de carbone. Dans
les cheminées et les poêles qui ont un
tirage suffisant, les gaz se répandent pas
dans la pièce, mais se dégagent au dehors
par les tuyaux. La fonte chauffée au rouge
laisse passer l'oxyde de carbone.

L'empoisonnement par l'oxyde de carbone
est presque toujours précédé de violents
maux de tête, de vertiges, de vomissements.
Quand ces symptômes se manifestent, si
l'on n'ouvre pas portes et fenêtres, si l'on
n'aspire pas de l'air pur, on ne tarde
pas à être asphyxié.

En cas d'asphyxie, porter rapidement le
malade au grand air, desserrer ses vêtements ; beaucoup d'eau fraîche sur la figure ; frictionner énergiquement les pieds
et les mains ; créer une respiration artificielle en exerçant de légères pressions sur
le ventre, sur les côtes ; élever et abaisser
lentement les deux bras à l'asphyxié au
moins quinze fois par minute.

POUSSIÈRES MINÉRALES

Ce sont aussi des poussières impalpables,
tenus en suspens par l'atmosphère, qui
troublent la pureté de l'air.

Dans les usines flottent d'intimes parcelles des métaux sur l'ouvrier de plus com-
munément travaillés, le cuivre, le plomb,
le zinc. La respiration de ces matières se
traduit bientôt par des coliques, des vomissements et tous les autres symptômes d'une
intoxication lente et progressive.

Dans les fours à chaux et à chaux, dans
les ateliers où l'on scie la pierre et où l'on
aiguise des outils, la bronchite et la phtisie
est très fréquente chez les ouvriers, et
donnent assez la preuve de la fâcheuse influence qu'exerce sur eux l'air chargé de
poussière.

POUSSIÈRES ORGANIQUES

Il en est de même des ouvriers dans les
bavanderies, les mégisseries, les fonderies
de suif, etc., ce sont les mêmes dangers. Les
poussières animales ou végétales se joi-
gnent pour causer par l'absorption d'éléments putrides ou l'inhalation des odeurs
les plus infectes, des désordres fréquents
des voies digestives. Ces poussières à l'examen microscopique sont tantôt informes,
tantôt montrent à l'œil des fragments d'épiderme, de mycélium, des poils, des pollens,
des spores, des cryptogames, des infusoires,
etc., etc.

L'air est enfin vicié par des germes de
miasmes, vibrions, bactéries, etc., qui déterminent les affections contagieuses. C'est
ainsi que nous respirons parfois à notre
grand détriment, la fièvre intermittente, la
variole, le typhus, la peste, la fièvre jaune
ou le choléra.

Un grand nombre de ces germes invisi-
bles sont le principe fatal d'endémies,
d'épidémies meurtrières, toutes remarquables par leur grande analogie d'origine, de
développement et de transmissibilité. Le
nombre de ces cellules organisées, de ces
microbes de l'air varie suivant les lieux,
ainsi que l'indiquent les chiffres suivants
comptés à Paris par mètre cube. Leur nombre peut varier de 500 à 120.000 par mètre
cube d'air, faible en hiver, il augmente au

printemps, reste stationnaire en été et diminue en automne :

Montsouris	250 microbes
Hôtel de Ville	7.000 —
Hôpital Saint-Antoine	55.000 —
Égouts	7.000 —
Sommet du Panthéon	28 —

Ce qui démontre que la proportion augmente avec l'agglomération humaine, on
n'en trouve plus que 20 dans 10 mètres cube
aux environs d'un hôtel près d'un lac de
Suisse.

Les accroissements provoqués par la
pluie sont souvent surprenants. En été, par
exemple, quand aux fortes chaleurs suc-
cède un orage ou une pluie soutenue, les
instruments qui la veille accusent de 5 à
10.000 germes en accusent plus de 100.000 le
lendemain. Le même fait se reproduit en
toute saison.

La pureté de l'air a donc une grande importance au point de vue de l'hygiène par
son influence sur la santé. Il faut donc
veiller à ce que l'air soit aussi pur que
possible en aérant constamment et en empêchant les poussières de s'accumuler dans
les coins, d'où elles s'élèvent ensuite dans
l'atmosphère.

Pour combattre l'odeur infecte d'origine
animale, le meilleur procédé consiste en
des aspersions et pulvérisations de crésyl
à 10 0/0 ou de chlorure de zinc à 3 0/0 ; pour
les fosses d'aisances on peut employer
aussi le sulfate de fer, afin d'éviter la contagion des affections transmissibles par les
matières fécales.

Eugène PETIT.

(A suivre.)

Pour la femme, quelques fleurs disposées avec art, un simple ruban d'étoffe voyante, donnent plus de beauté véritable que tous les vains échafaudages dont elle s'agrémente actuellement.

Ainsi puisque rien ne justifie le port des coiffures qu'est-ce donc qui détermine les hommes, sinon l'opinion publique, hélas ! représentée pour mon propre cas, en dehors du troupeau anonyme, par trois commerçants, un quatuor de concierges, quelques gourdes paisibles et un chien.

OLOGUE le CYNIQUE

NOTRE CORRESPONDANCE

SUR LA PEINE DE MORT

à Edgard.

J'admets que *sur le fait* un individu conscient s'érige en « justicier », de même qu'également je trouve raisonnable la façon d'agir envers un « criminel », c'est à dire en l'empêchant de nuire, soit en le soignant s'il y a lieu, soit en l'enfermant s'il est incurable (une prison *relative*, on me comprend). Mais ces réflexions suggérées par l'article d'Edgard, aucune encore, ce me semble, n'a soulevé cette objection : « Puisque vous êtes contre la peine de mort en temps de paix, pourquoi en êtes-vous partisan en temps de guerre sociale ? (J'entends par guerre sociale : manifestation, émeute, révolution ?) »

N'y a-t-il pas là contradiction ?

Henri ZISLY

Le Bien et le Plaisir

à Fernand-Paul.

Ta dernière étude était fort suggestive ; pour fixer nos idées à ce sujet, il est utile de citer la fameuse définition du bonheur suivant le professeur Paul Janet (1823-1899) : « C'est le déploiement harmonieux et durable de toutes nos facultés dans leur ordre d'excellence. » Voici comment ce philosophe développe sa thèse dans son souple et beau style :

« Il ne suffit pas de jouir pour avoir le droit de se dire heureux. — Il faut, ce me semble, partir d'un principe sans lequel tout s'écroule : c'est que le bonheur que nous cherchons doit être le bonheur propre à l'homme et non le bonheur de l'enfant, de l'esclave ou de l'animal. Sans doute l'animal qui jouit est heureux puisqu'il éprouve le plaisir qui est conforme à sa nature. Mais l'homme qui ne jouit qu'à la manière de l'animal n'est pas heureux lors même qu'il se contenterait de cette existence, parce qu'il ne connaît pas le bonheur humain, c'est à dire celui qui résulte du déploiement libre et complet de la nature humaine. S'il dit qu'il est heureux comme cela, on doit lui répondre qu'il se trompe, puisqu'il s'attache à des biens inférieurs lorsqu'il pourrait en posséder de plus excellents. L'esclave qui jouit de la faveur de son maître et qui le domine par la corruption, peut se croire très heureux et il n'est que méprisable, car à la bassesse de la servilité, il ajoute la bassesse de la complaisance : il est deux fois au dessous de l'homme ; il est plus malheureux que l'esclave opprimé et persécuté, dont le cœur offensé se révolte contre l'outrage... Mais dira-t-on, quels sont ces biens excellents dont vous parlez, et à quel titre sont-ils excellents, si ce n'est parce qu'ils vous paraissent tels et qu'ils procurent à ceux qui les aiment, plus de plaisirs que ceux que nous préférons ?

» Je réponds que ce n'est pas le plaisir qui rend ces biens plus ou moins désirables et dignes d'être recherchés : c'est leur valeur intrinsèque, c'est leur dignité propre. Est-il possible de méconnaître que la pensée est meilleure que la digestion, que l'action et le travail valent mieux que le sommeil et la torpeur, que la grandeur d'âme est préférable à la petite servilité, que l'amour et la gloire ont plus de prix que l'or et l'argent ? Ceux-là même qui ignorent les biens les plus délicats savent cependant qu'il y a des biens plus ou moins estimables, et ils méprisent ceux qu'ils recherchent des biens inférieurs à ceux qu'ils ont eux mêmes choisis. Tel chacun de nous comprend rien aux grandeurs de la contemplation scientifique ou poétique a le sentiment profond de la dignité du travail et de l'excellence d'une activité constamment employée dans un but utile... Et parmi ceux qui n'aiment que les plaisirs des sens, celui qui saura goûter au parfum et aimer la lumière méprisera l'humble esclave des sens grossiers et brutaux. »

» Il y a donc un vrai et un faux bonheur, ou pour parler plus exactement il y a une échelle graduée qui commence au plus humble des bonheurs et conduit au plus noble et au plus parfait. Le bonheur idéal pour l'homme tel qu'il est, serait celui qui se composerait de tous ces bonheurs subordonnés les uns aux autres dans leur ordre de perfection et d'excellence.

» J'ajoute qu'il n'a aucun de ces degrés, le bonheur ne se confond avec le plaisir, le plus sûre source est dans l'exercice de nos facultés et le déploiement de nos forces de notre être.

» Il ne suffit pas cependant que l'homme déploie ses facultés pour être heureux, il faut qu'il les déploie *librement et sans obstacle*, ou tout au moins qu'il ne sente d'obstacle que juste ce qu'il en faut pour avoir le sentiment vif de son activité. »

Bravo ! monsieur le philosophe bourgeois Paul Janet, vous justifiez l'anarchisme qui combat justement les obstacles qui empêchent l'épanouissement de toutes les forces de notre être.

J. PASCAL.

Un Anarchiste devant les Tribunaux

les deux Déclarations en Cour d'Assises

de Georges Etiévant

o fr.10, par poste 0,15 — le 100 6 fr., franco 6,80

D'après les appréciations de Léon Sanva, il paraîtrait que l'espèce anarchiste serait facilement reconnaissable à certains traits physiologiques et psychologiques bien déterminés. Cette espèce, pour imposer ses idées, ses compréhensions de beauté, etc., etc., serait en lutte constante avec les autres espèces d'humains entravant sa vie.

Eh bien, j'ai fait parti de toutes sortes, de toutes espèces d'organisations anarchistes avec et sans bureau ; j'ai été de tous genres de groupements et de causeries populaires ; mais je n'ai pas encore vu faire un seul fait, un seul geste qui sorte de l'ordinaire. J'ai fait parti de groupement où le but consiste à véhiculer par la brochure, le manifeste et nos haines et nos désirs, mais je me suis aperçu que je n'avais pas crû à répandre ma façon de penser. Ce mode de groupement permettait aux malins et madrés qui pullulent là comme ailleurs, à faire, à dire, à écrire ce qui leur plaît et rien que ce qui leur plaît ; les autres, le nombre fait le turbin, prépare la colle, affiche ou distribue.

J'ai fait parti de groupe, dont le but était de faire paraître un organe, mais j'ai vu que là, comme ailleurs, l'organisation anarchiste consiste à permettre à quelques prétentieux de compter sur le nombre, sur la masse veule et hébétée pour satisfaire leurs caprices, alors que les autres n'ont qu'à se taire, à être les becqueurs, les abonnés, les spectateurs, les badauds, les suiveurs. Voilà tout ce que peuvent produire les organisations anarchistes actuelles.

Quand donc se formera « l'organisation anarchiste » qui permettra à l'individu de se soustraire du joug, de la tutelle de ceux qui paraissent ? Quand donc l'organisation (anarchiste ou autre) permettra à l'individu d'exercer ses forces, son activité, ses talents sans que, pour un motif ou un autre, il soit obligé de se taire, de se négliger, de rester indifférent, pour faire le jeu de ceux qui pensent qu'il n'y a que ce qu'ils disent qui est bien dit, que ce qu'ils font qui est bien fait.

Au point de vue matériel, malgré les entraves, les obstacles de toute sorte, les idées de transformation on finit par vaincre les prétentieux et les routiniers.

Au point de vue théorique, malgré la classe administrative anarchiste qui ne veut à aucun prix changer les mœurs, — nourrissant leur homme aussi bien dans le pour que dans le contre — l'idée de se débarrasser de tout un tas de cancres finit par percer, et l'on jettera au rancart tous ceux qui font métier de leur talent, de leur savoir soit en faisant mousser le nombre par l'union, pour ensuite traiter l'individualisme d'imbécile.

CHAPOTON.

A Travers les Livres

L'HOMME SELON LA SCIENCE (1)

par *Louis BÜCHNER*

Après avoir fait œuvre si utile que de mettre à la portée de tous *Force et Matière* de Büchner, les frères Schleicher se trouvaient portés à nous donner la suite logique de cette œuvre : *L'homme selon la science*, c'est ce qu'ils viennent de faire.

Le livre de Louis Büchner a été traduit par Ch. Letourneau, c'est un garant, non seulement que l'œuvre est traduite exactement mais de plus avec toute la clarté désirée.

Les sous titres du livre disent complètement ce que l'auteur veut s'attacher à expliquer. *Le Passé, le Présent, l'Avenir de l'homme. — D'où venons-nous ? Qui sommes-nous ? Où allons-nous ?*

Büchner a réussi dans une bonne partie de son œuvre. Il a détruit l'erreur anthropocentrique comme personne ne l'avait encore fait si simplement.

D'où venons-nous ? Les cavernes de la Dordogne, de la Somme, de l'Auvergne ont conservé, comme les pages d'un livre, l'histoire de nos ancêtres et les terrains nous disent le secret des humanités passées à qui sait les interroger. Tout le travail de Boucher des Perthes est commenté et suivi avec soin.

Que sommes-nous ? Des individus évolués dans l'échelle animale, ni de non une espèce d'ordre « divin ». La moindre observation permet de noter des changements successifs chez tous les animaux. L'homme n'est devenu tel qu'après avoir passé par là une série de transformations. La loi de l'évolution du progrès ont fait son corps, son cerveau, son langage, son industrie.

Où allons-nous ? Sur ce point, évidemment, nous nous séparons de L. Büchner. Les camarades devrons chercher dans les idées de l'auteur toute la partie critique et comprendre qu'il ne faut s'attacher nullement à la partie qui se targue d'édifier une société meilleure en conservant tous les rouages de la société présente.

Mais les observations faites sur l'État, sur l'association, sur la famille ne subsistent pas moins et nous devons savoir en tenir compta sans nous laisser rebuter par le dogmatisme bourgeois. L'auteur n'a pas pu sortir d'un certain domaine philosophique, mais il a compris que la place de l'individu devait être de plus en plus grande dans l'avenir. De plus, s'il prend des chemins fort différents des nôtres, il n'en conclut pas moins comme nous pourrions le faire en demandant « la liberté, l'instruction et le bien-être pour tous ».

LE BIBLIOGRAPHE.

(1) Schleicher frères, 61, rue des Saint-Pères, Paris. Prix : 2 francs. En vente à *l'anarchie*.

Revue des Journaux

LES TEMPS NOUVEAUX.

Laurent Casas termine son étude sur la *Crise et la Politique européenne* de fort bonne façon. L'enseignement qu'il sait retirer de toutes ces constatations est bien celui que peuvent suggérer de pareils faits. Il faut réagir. Le socialisme, le tolstoïsme sont des fourberies.

Michel Petit commence une étude pour apprendre *comment se servir du médecin.* Je crois qu'il le fera difficilement tant que les médecins seront des hommes de métier. Les anarchistes ont le bonheur d'en connaître quelques-uns chez lesquels la camaraderie est telle qu'on peut leur accorder toute confiance, mais ils sont rares.

LE LIBERTAIRE.

Madeleine Vernet relève vertement Madeleine Pelletier. Elle montre toute l'inutilité du vote, toute l'imbécillité qui fait penser aux femmes que le droit au suffrage améliorerait leur sort.

Ce n'est pas signé, mais c'est bien des mêmes méditations. Je passe.

Sur le *Néo-Malthusianisme*, à propos de la répression de Tourcoing, un bon article de G Durupt.

De bonnes réflexions d'Émile Czapek à propos de l'affaire de Jeanne Weber.

Ludovic Bertrand tourne et retourne avec ardeur contre tous ses contradicteurs. Il a de bons arguments parfois. Il faudrait jouer serré.

Georges Yvetot qui peut s'y connaître, parle de la vie faite à Clairvaux, aux détenus politiques, sous le règne de Clemenceau.

Lorsque le Père Barbassou parlant des *Music-halls*, dit qu'ils hâtent la décomposition de la bourgeoisie du XXe siècle ce qui permettra de la pousser à l'égout, il n'oublie qu'une chose c'est que le peuple remplit les mêmes concerts.

A propos d'*Intolérance*, Fernand-Paul et G. D. discutent. Il serait oiseux de prendre opinion en trois lignes. LE LISEUR.

Où l'on discute !

Où l'on se voit !

Causeries Populaires du XVIIIe, Rue du Chevalier-de-la-Barre, 22. — Lundi, 1er juin, à 8 heures 1/2. *Sur la Vertu* causerie remise par A. Libertad.

Causeries Populaires des Xe et XIe, 5, cité d'Angoulême (XIe), rue d'Aupunomis. — Mercredi 3 juin, à 8 heures 1/2, *Lecture et commentaires de passages du livre d'Armand*, par Léon Mussy.

Groupe libre d'éducation du Bronze, salle Gassuin, 123, rue Vieille-du-Temple. — Jeudi 28 mai, à 8 h. 1/2. *La Grève Générale* par un camarade.

Groupe anarchiste du XVe. — Samedi 30 mai, salle Scherer, rue Croix-Nivert, conférence publique et contradictoire sur l'anarchie, son but, ses moyens, par R. de Marmande, Liard-Courtois, Ch. Malato, Mareseau Rimbault. Partie concert par Guibert-Laret.

ASNIÈRES. — *L'Aube nouvelle*, 128, rue de Châteaudun, près la place des Bourguignons. — Vendredi 29 mai, 8 h 3/4. *Socialisme et anarchie*, par Laussitotte.

LEVALLOIS-CLICHY. — *Groupe anarchiste*, salle Jeune-maître, rue des Frères-Herbert, Levallois, lundi 1er juin, *Pourquoi nous combattons les socialistes*, par Mévrier.

ARGENTEUIL. — *Groupe d'études sociales*, salle Ruffin, 30, boulevard Héloïse, le samedi 30 mai, à 8 h. 1/2, conférence publique et contradictoire sur le *Socialisme et l'Anarchie*, par A. Libertad. Partie artistique par divers chansonniers.

JUVISY. — Salle Lefèvre, place de la gare, le samedi 30 mai, à 8 h. 1/2, conférence publique et contradictoire : *Vive la Guerre* par Mauricius. Partie concert par Jean Lutz

St-ÉTIENNE. — *Causeries libres.* 42, rue Mulatière, mardi 2 juin, à 8 h. 1/2, causerie. Les camarades qui ont des livres de la bibliothèque les rapporteront pour nouveau classement. Urgent.

St-NAZAIRE. — Tous les samedis soirs à 9 heures, réunion des camarades anarchistes, 28, rue du Bois-Savary. Causerie.

LENS. — Réunion, dimanche 31 mai, à 9 h., Maison du Peuple, dans le but d'intensifier la propagande et de former un groupement anarchiste.

MARSEILLE. — *Les Précurseurs*, 12, Quai du Canal, au 3e — Samedi 30 mai, à 9 h du soir, IIIe *Génération sexuelle, moyens pratiques d'éviter la grossesse non désirée*, par Jean Marestan.

LE HAVRE. — *Causeries Populaires*, 9, rue Jean-Bart. — Lundi 2 juin, 8 h. 1/2. *Le problème social et le syndicalisme*, par un camarade.

LYON. — *Régénération*, salle Fontana, 147, cour Lafayette prolongée, mardi 2 juin, à 8 h. 1/2. *La limitation des naissances.*

TROIS MOTS AUX AMIS

Emm. de la SM. — Renvoie-nous ton adresse. L'avons égaré.

J. PRINCET. — Le livre que l'on t'a adressé est revenu.

L.L.L. — Reçu. Pas d'enfants. Nous n'employons pas la liste de souscription parce que nous tenons à développer l'individualité des camarades qui doivent savoir ce qu'ils ont à faire sans être forcés. C'est un peu trop la main forcée. De plus, c'est un vrai la porte, pour un véritable acte de solidarité, à nombre de tapages. Il y a aussi le déplacement de cette rubrique on se développe tout le bas esprit d'un anarchisme médiocre : *On qui voudrait crever Fal livres ?* 1,20 ; *Contre les vaches* 1,15. Des amis qui veulent véritablement aider savent lire entre les lignes. N'en est-ce pas une preuve ? — A propos de ton deuxième envoi, un penses-tu pas qu'il serait bon d'avoir le début complète avant d'en parler ? je suis presque toujours d'accord avec toi, c'est pour cela que je tiens à beaucoup de scrupules dans notre cas. Si tu peux, passe chez moi, le mieux à loisir.

GEN CONS. — Nous avons pris comme ligne de conduite de laisser aux communications d'aucuns groupements à cotisations fixes, si minimes soient-elles. Nous exceptons les réunions de l'or, fait appui au public.

J.LAMBERT donnera son adresse à Désiré, 22, rue du Chev.-de-la-Barre.

LES CAMARADES
adresseront
tout ce qui concerne
l'anarchie
à A. MAHÉ & A. LIBERTAD
22, rue du Chev.-de-la-Barre
PARIS-XVIII·

PARAISSANT TOUS LES JEUDIS

ABONNEMENTS

FRANCE
Trois Mois.......... 1 50
Six Mois........... 3 »
Un An............. 6 »

ÉTRANGER
Trois Mois.......... 2 »
Six Mois........... 4 »
Un An............. 8 »

QUATRIÈME ANNÉE — N° 165 — DIX CENTIMES — JEUDI 4 JUIN 1908

La MORALE & la LIBERTÉ

Ce qui causa l'échec de tant d'entreprises et qui amènera la faillite de toutes celles que l'avenir verra se former, c'est le manque de liberté des membres qui les composaient.

C'est une règle absolue. Comment pourrait-on échouer dans un projet si on avait la liberté de le réaliser ?

Ainsi raisonne-t-on, sans chercher davantage en quoi consista l'entrave à la liberté de tous ces pauvres vaincus, de tous ces impuissants qui jamais ne purent « faire honneur à leurs affaires », mais au contraire ruinèrent toute la confiance qu'ils avaient pu éveiller dans l'esprit des camarades toujours et du public quelquefois.

Il s'agirait d'abord de dire franchement quelle liberté leur manqua.

Est-ce celle que réclament l'ivrogne, la suffragette, les ouvriers en mal de repos hebdomadaire...? Est-ce la « liberté » de faire des actes sous la domination d'une passion ou sous l'autorité d'une loi, sous le couvert d'une garantie patronale....

Ou bien est-ce la détermination consciente d'un individu qui déclare : « je réaliserai cette transformation au sein du milieu où je vis » et qui par sa marche en avant, vers le but qu'il se tente, prouve qu'il est libre de se diriger ?

Si un article comme celui qui parut dans l'anarchie, sur La Liberté (n° 142) tombait sous les yeux de ceux qui sèment comme à plaisir la confusion, ne pourraient-ils conclure dans quel sens la liberté manqua aux entrepreneurs de milieux libres, de travaux anarchistes, de propagande, d'organisations plus ou moins révolutionnaires, de tant de canarés, d'associations, de groupes...

Au fond, jamais on ne voulut le savoir, parce que toujours les individus évitant de dire qu'ils ont tort, refusent de reconnaître leur erreur, parce que leur personne s'est trop grandie dans le « propagandisme » et que déchoir serait trop pénible, trop « préjudiciable à la Cause » qu'ils ont incarnée.

La vie actuelle comporte trop d'artificiel, de chiqué, il faut savoir en faire même pour donner confiance aux amis, la mentalité des camarades en exige souvent une forte dose, aussi, il est bien dur de se débarrasser du poison. Et le chiendent que j'ai pris pour frotter le vernis fragile de nos adversaires ne manque pas de m'écorcher un peu l'épiderme.

C'est exagéré de dire, même après cette digression brutale, que l'insuccès des camarades fut causé par la mauvaise loi. En théorie on pourrait le dire, mais en fait, il faut souvent reconnaître qu'il y eut des luttes douloureuses et que la vie des « pionniers » fut souvent lamentable. Cela tient à ce que la règle de conduite, le point initial la morale (?) furent défectueux, ou bien qu'ils furent délaissés dans la suite comme trop encombrants.

Si leur morale fut mauvaise, c'est à nous qui voulons les suivre, les dépasser, plutôt, d'en édifier une, par nos discussions et nos expériences, qui n'ait pas les mêmes inconvénients.

Si au contraire ils furent au dessous de leur tâche, il faut l'indiquer et montrer sur quels points ils succombèrent, afin d'éclairer notre route et de marquer les jalons pour notre propre usage.

Cela même, qui paraît pour certains un « purisme » bien mesquin et pour d'autres une codification dangereuse, ce travail est le but que s'est proposé l'anarchie. Certainement elle doit le réaliser puisque même une personne autorisée du monde révolutionnaire, — je veux dire qui a assez de chic, assez de creux pour représenter l'opinion générale, disait : « L'anarchie, c'est un journal de perfectionnement moral. » Peuh ! Un « matérialiste » l'aurait dit du même ton en parlant d'une gazette évangélique.

Je l'avais oublié, mais la peur renouvelée par quelques camarades d'avoir une « morale » me fit comprendre pourquoi ils pensaient ainsi.

Nous préférons dire, tant notre philosophie détone avec les « morales » courantes que nous sommes amoralistes. mais il n'en reste pas moins une règle de conduite qui ne nous effraie point et que cet article voudrait mieux établir encore. Que peut bien perdre notre liberté en choisissant une voie que nous suivrons ? On ne fait jamais rien de bon, sans la connaissance préalable de ses forces et celle des obstacles à franchir.

Ch. Wagner qui a la manie de replâtrer les préjugés religieux avec une morale vigoureuse, dit dans un de ses bons moments :

> Aucun changement, aucun progrès ne peut dispenser l'homme de se conformer aux lois essentielles qui commandent la vie. On ne saurait ni lever le doigt, ni accomplir un acte quelconque sans rencontrer la loi d'équilibre, avec laquelle, dans sa marche, comme dans sa tenue morale, un homme est tenu de compter. S'il méconnaît sa nature physique, elle se venge. S'il violente sa nature morale, il tombe dans le désordre et l'esclavage. En respectant les lois régissant ces deux domaines, et en s'y conformant, l'homme s'en fait des alliés qui augmentent sa puissance et l'affranchissent. La liberté se conquiert par l'obéissance à ces lois.

Il s'agit donc de reconnaître qu'une direction générale de notre activité est favorable entre toutes pour augmenter notre bonheur et pour faire fructifier nos entreprises. Il faut ensuite se déterminer à la suivre, il faut « obéir ». Qui donc peut s'avouer libre de faire cela ? Parmi nous combien peu ont su pratiquer cette morale, et pour combien de temps? Comptez les œuvres qui vivent sincèrement avec cette méthode.

C'est qu'aussi, nous ne connaissons qu'en chansons la vie belle et féconde, l'activité de chaque instant qui amplifie l'individu, la lutte qui l'affirme, l'effort qui toujours élève vers plus de liberté. Chacun se tait, chacun s'arrête et se repose sur son voisin. La vie du groupe repose sur les épaules d'un seul par suite de la faiblesse de tous, la direction du journal sombre à tous les pas parce qu'on se rejette la tâche des uns aux autres, l'élan magnifique des premiers jours s'arrête par suite de l'indifférence, et c'est à celui qui, le mieux se dérobe aux responsabilités et s'efface dans l'anonymat de la foule.

Le public de dilettantis, à défaut de travail profond réclame déjà du bluff et ne voulant pas de direction dans sa marche s'imposera des directeurs et des bergers. Les inaptes découragent les capables quand ils ne les corrompent pas. Et à part un « oubli » qui ne lui est pas particulier. Flax finit par avoir raison dans son scepticisme.

Pas de vie, pas de morale, pas d'effort, pas de sincérité : il n'y a pas d'individus sérieux à la recherche de la meilleure méthode, la méthode qui donne plus de puissance parce que plus de liberté.

Et cependant, tout est là. Si nous voulons reconnaître ce principe si nous *pouvons* en faire notre guide, nous réaliserons tout de suite les travaux devant lesquels tant de camarades échouèrent. « Le gouvernement de soi-même » est la seule garantie de cette liberté nécessaire à la marche en avant.

Nous sommes des milliers qui pourrions nous entendre par groupes aussi restreints que possible, qui pourrions, suivant nos affinités, organiser le communisme anarchiste, pratiquer l'entr'aide, cesser de produire pour des exploiteurs, vivre largement d'un travail utile et faire au milieu de la société, une large trouée que nul ne pourrait endiguer.

Il serait d'un intérêt tout puissant pour chacun, de nous entendre pour *prendre notre place* dans la vie par le concours réciproque de nos bras et de nos cerveaux.... mais nous avons beau nous en défendre, lorsque le poison de l'exploitation et de la paresse ne nous arrête pas, c'est encore, par l'absence de cette morale, par ce manque de liberté que nous retombons dans le chaos ordurier où se languissent les débris de la race humaine.

Henri JAPONET.

Chiquenaudes
et
Croquignoles

LE COURAGE CIVIQUE

« Armand avait donné aux C. P. une liste de notables auxquels nous devions envoyer un exemplaire de Qu'est-ce qu'un Anarchiste ? Quoique trouvant ce geste ridicule, pensant qu'il serait mieux de l'envoyer à des copains qui n'ont pas vingt ronds à dépenser, qu'à S. Faure ou à Descaves, nous l'avons fait pour contenter notre ami. Dans la liste, il y avait un sieur Leclerc de Pulligny.

Le livre nous est retourné, accompagné d'une carte-lettre que je ne peux mieux faire que de communiquer :

30 mai 08.

Monsieur L. [eclerc] de P. remercie les Causeries populaires de l'envoi qu'on lui a fait du livre d'Armand, mais il le retourne ne désirant pas le conserver. Salutations dist. *(Illisible)*

Le mot eclerc a été ajouté ensuite, le secrétaire (peut-être lui-même) devant avoir conscience que des initiales ne nous auraient rien rappelé.

La bibliothèque du monsieur est-elle si garnie ? Le bonhomme aurait-il peur d'une perquisition ? Est-ce pour que sa femme ne lise pas les passages sur l'amour libre ? Est-ce pour que ses enfants ne voient pas l'opinion sur le bourgeois libéral et sympathique ou né note le peu de vie intérieure de leur paternel ?

Oui nous voudrions savoir pourquoi le retour de ce livre qui ne contient de dynamite que pour les cerveaux ?

Dépenser 0.20 pour faire un geste aussi ridicule. C'est cher.

Par sa lettre, le bonhomme désire-t-il bien qu'on sache son attitude courageuse et précise. Voilà qui est fait. Espérons que Monsieur Clemenceau n'oubliera pas un valet assez consciencieux pour ne lire que les publications officielles.

ET « L'I. A. »

Ces quelques signes hiéroglyphiques servent de titre à un filet larmoyant paru dans le libertaire:

Il est essaimir que les copains anarchistes sont en mal de fédérations. Il y en a partout. Qui qu'en veut. En Hollande, en Allemagne, en Bohême, en Angleterre et même dans les pays où on ne trouverait pas l'ombre d'un anarchiste. La Fédération d'abord, les anarchistes ensuite.

Je connais une Bourse du travail qui contient une dizaine de syndicats. Ils réunissent, à eux tous, trente sept ou trente huit membres cotisants. Ils ont fait une fédération syndicale. Ça fait plaisir.

Pour moi un simple groupement aurait suffi. Mais je ne suis qu'un « individualiste ». De la bonne façon, tous les copains sont secrétaire ou trésorier ou archiviste (!) ou bibliothécaire dans un syndicat. La fédération vient boucher les trous pour ceux qui n'avaient trouvé où se caser.

Avouons vite que c'est purement honorifique et pour la cause du prolétariat.

L'article nous annonce un état de chose désastreux... « il n'y aurait pas de branche française de l'Internationale anarchiste. »

Foutre de Foutre ! Qu'allons-nous faire ?

Pourtant si, il paraît qu'il y a un embryon... Mais qu'on le dise vite est-il né viable, est-ce un mort-né ? Il est bon qu'on le sache : d'autres surgiront qui ne demanderont pas mieux que de s'occuper de constituer cette fédération, cette fédération qui nous manque, ici, en France...

Si rigolo puisse paraître la dernière phrase, je n'ai aucun droit d'auteur sur elle. Je l'ai tirée du filet en question... non signé. On aurait pu croire que le signataire était des « autres ». C'est un modeste... il signale le péril, il tire la sonnette d'alarme...

Hélas... il ne viendra peut-être qu'un concierge ou une pipelète.

CANDIDE.

Les Surhommes

Je signale avec plaisir la lettre « d'un vieil abonné » que le libertaire publie dans son numéro du 17 mai.

C'est le cri du cœur et du cerveau franchement lancé contre des théories idiotes qui nous viennent des bourgeois et que certains anarchistes, plus épris de singularité que de logique, gobent comme mouche.

Il est notoire que ces intellectuels sont d'une mentalité si débile et si passive, qu'il suffit qu'une idée leur soit affirmée sous une forme baroque et saugrenue pour qu'ils la trouvent neuve et appréciable.

Le surhomme de Nietzsche n'est pourtant pas nouveau. Il est facile à reconnaître. C'est l'homme-Dieu, c'est le Saint, c'est le héros de toutes les religions, débarrassé de ses voiles mystiques et présenté, à la moderne, accommodé d'une sauce philosophico-scientifique de haute fantaisie.

Le principe de Nietzsche est connu et pratiqué depuis des siècles par les horticulteurs japonais qui font fleurir sur un pied de chrysanthème une seule fleur au lieu de cent. Elle est plus grosse, voilà tout.

Pour obtenir cette sur-fleur il faut la main de l'homme. La fleur toute seule ne deviendrait jamais surfleur. La tige qui l'a portée, laissée aux seuls soins de la nature, reproduit, l'année suivante, des fleurs ordinaires. La fleur contre la fleur se défend, et la fleur-monstre cesse d'exister, dès que la volonté monstrueuse de l'homme qui l'a conçue cesse de s'exercer.

Si l'on veut considérer comme surhommes ceux dont l'existence exige le sacrifice de l'existence des autres, il n'en manque pas dans l'humanité. Tous les puissants et les privilégiés, à un titre quelconque, sont ce cas. Ils sont, pour la plupart ignorants, gâteux, monomanes, dégénérés et dans la marche du progrès humain, ils n'apportèrent jamais que des entraves. Ils ne furent supérieurs qu'en bestialité, en férocité.

Produits anormaux et mauvais d'une société par trop artificielle, ils tendent heureusement à disparaître dans l'assainissement progressif de la race humaine. Ce sont là les modèles qu'on offre à notre admiration comme types d'énergie et qu'on voudrait anoblir par une doctrine extravagante qui n'est que la glorification régressive des brutalités ancestrales, dont nous connaissons trop bien les pitoyables résultats.

La théorie de Nietzsche est l'expression de la barbarie atavique des hommes inférieurs, des conquérants, des dévastateurs, tellement ces êtres grossiers se voient dans la vie que des antagonismes, son parasitisme insidieux ou violent. Ils ne peuvent parvenir, dans leur ignorance, à se lever jusqu'à la compréhension de la symbiose victorieuse qui règne désormais sur le monde.

C'est aussi la théorie délirante des vainqueurs d'un jour, ivres de leur succès et qui croient leur triomphe éternel, sans se douter, qu'une Allemagne et une France, ne sont que deux vagues étiquettes du domaine éphémère et conventionnel de la politique bourgeoise et que leurs populations respectives ne sont que deux gouttes d'eau, dans le torrent d'humanité que la vie universelle déverse toujours sur notre globe.

Le rêve d'une caste dominatrice planant sur une humanité asservie et rampante est peut-être favorisé par l'avilissement momentané de la classe ouvrière et la lâcheté de ses meneurs.

A voir la bassesse de pensée des dirigeants de la C. G. T., de la social-démocratie allemande, des trades-union anglaises, des Knight of Labor américains, on pourrait craindre la réalisation du rêve monstrueux de Nietzsche : L'humanité terrorisée et exploitée par une poignée de brutes (surhommes), l'humanité n'osant plus la révolte et tombant au niveau du bétail qui se laisse tondre et tuer à merci.

Heureusement cela est impossible. Les hallucinations d'un fou, prônées par d'autres fous, ne sont pas, pour cela, des choses réalisables. Laissons-les divaguer et passons.

Un tel idéal n'est pas fait pour tenter l'homme raisonnable. Je comprends la colère du « vieil abonné » qui n'y va pas de main-morte et demande simplement aux camarades préposés à la rédaction de nos feuilles, de ne plus accueillir les apologies de la démence.

Moi, je n'y vois rien à dire, car je pense que les feuilles anarchistes ne sont pas faites exclusivement pour propager les excentricités et les anomalies mentales de tous les estropiés de cervelle.

Avec notre éclectisme trop complaisant, nous en arriverions à discuter sérieusement les névroses érotiques d'un Soleilland ou d'une Jeanne Weber et à mettre en balance leur sadisme. heureusement rare. avec la normalité sexuelle généralement admise.

Une fois lancés dans la voie des anomalies, nous pourrions, aussi bien, ouvrir de grandes discussions sur l'opportunité des pratiques spéciales du Vénusberg allemand dont le prince d'Eulembourg était l'aimable déesse et Sa Majesté Guillaume II le Tannhauser assidu, mais repentant, comme dans l'opéra.

Encore que le sujet, par ses à-côtés généraux, ne laisse pas d'être intéressant, puisqu'on peut y voir, par l'égoïsme le plus noble du Tibère de Corfou, combien les grands de la terre sont ingrats pour ceux ou celles qui leur donneront du plaisir.

Il est vrai que cela est conforme aux theories de Nietzsche dont on retrouve ici l'influence sur un sujet de choix.

O Zarathoustra ! quel plus puissant élève illustra jamais ta doctrine ? Mais aussi, à quoi bon être le surhomme des surhommes, s'il faut agir comme le commun des mortels et lâcher vulgairement ses amis, les renier, les accabler pour sauver une réputation déjà bien entamée.

C'en est fait. Nietzsche l'emporte sur Goethe et le poème national doit être remanié ;

Si la pauvre Marguerite est jetée au fond d'une prison, comme une vile criminelle : c'est avec l'assentiment et sur l'ordre du Faust bien-aimé qui n'entend pas être compromis, se dégage et s'éloigne, en frisant d'autre façon, sa moustache historique, pour voler à des amours plus orthodoxes et tout a fait légitimes.

Le « chéri » ne reviendra plus. Mais « le bourreau bien aimé » c'est du Siebel sans doute qu'il s'agit, pauvre garçon ! — garde fidèlement le secret du duo d'amour des jardins de Liebenberg.

Mais me voici bien loin du « vieil abbé » du *Libertaire* qui pourrait, à juste titre, s'indigner qu'on ose encore traiter de pareils sujets.

Il a raison.

C'est aux spécialistes qu'appartient l'étude des cas anormaux et morbides du cerveau humain. Laissons Nietzsche, Soleilland, Jeanne Weber, d'Eulembourg, Guillaume de Hohenzolern à la pathologie mentale de laquelle ils relèvent ; et ne nous interessons qu'aux manifestations vitales, saines, normales et sensées.

LEVIEUX.

La Fête de l'Amour

Il est, dans le square Saint-Pierre, au pied du Sacré-Cœur un groupe de marbre qui depuis des mois soulève d'indignation, la moitié des honêtes gens de Montmartre, et provoque les réflexions égrillardes de l'autre moitié.

En notre temps d'où la beauté et la santé sont banies, il est bien peu d'individus qui puissent, sans rougir pudiquement, ou sans rire bestialement, venir s'accouder au parapet du pont rustique d'où l'on peut admirer un jeste magnifique de vie.

Car la morale et l'imoralité se confondent à tel point que leurs manifestacions sont parellement stupides, et malheureuzes ; le ricanement de l'un, l'indignacion de l'autre dénotent la même déviacion, le même trouble malsain né de l'idée relijieuze que l'amour est sale, que tout ce qui y fait sonjer est honteus. Partant de ce principe, une partie de l'humanité aboutit à la pudibonderie, l'autre au dévergondaje.

C'est dans ce milieu éfrayant que Derré a jeté le groupe de l'Amour, et ce baizer puissant lait claquer le bec aus oies bourjoises et ouvrières. Combien compreñent la beauté de l'amour, combien sentent la force qui émane de ce jeste de vie ? Qui donc regarde avec joie cet himne à l'amour puissant, à l'amour qui est la baze de toute vie, de toute joie, de toute beauté ?

Celui qui peut venir simplement se repozer là, de la banalité des statues peuplant nos squares n'est pas à l'abri de la bêtize de ceus qui passent. Il doit entendre la blague ignoble de l'ouvrier parizien à qui on ne la fait pas, les remarques polissones des petits vieus bien propres, les vertueuzes récriminacions des grosses comères qui baladent leurs gosses, les explozions de fureur des membres de la ligue contre la pornografie. Il sera peut être oblijé de calmer de trop bouillants jeunes jens qui, révoltés par la nudité des amants et leur baizer passionné, se venjent à coups de canne sur la pauvre fille mère laissée à leur portée.

Certes, Derré a fait une œuvre forte. Je ne veus pas me placer au point de vue de la statuaire, car je ne suis qu'une profane, mais il me plait de voir cète œuvre soufleter à toute heure l'hipocrizie des homes.

Et come Derré a dû le rêver avec entouziasme en maniant le marteau, je rêve au rézultat qu'il faudrait ateindre en ne donant au peuple que des œuvres fortes et saines avec le seul souci de la vérité et de la beauté.

Mais le sculpteur est un poète et un mauvais poète encore.

Il voit le mal de notre siècle, la bienveillance pour la laideur, pour la hideur même ; il soufre en voyant la foule se ruer aux fêtes imbéciles, nés des portes du bistrot, du beuglant, du bordel : il se révolte devant le goût abominable du clin quant de l'horeur ; mais il croit au bezoin qu'a le peuple de fêtes, de distracsions extérieures ; avec lui il recule devant la froldeur de la silence et de la raizon. Les distracsions idiotes et écœurantes du peuple, qu'on peut jusqu'ici opozer seulement aus fêtes relijieuses, Derré croit à la nécessité de les remplacer par d'autres fêtes et c'est là ce qui fait l'objet d'un article écrit par lui dans les *Temps Nouveaux* du 30 mai.

Si la pensée du sculpteur est magnifique, la pensée du poète est tout simplement enfantine, et à l'encontre de son œuvre, pourais je ajouter :

Actuellement, la mentalité des homes est tèlement passée qu'ils n'arrivent pas à concevoir l'idée de la vie saine et réèle, que le jeste d'amour les laisse choqués, qu'ils s'indignent ou blaguent. Mais la violence faite à leurs sentiments par le sculpteur est un commencement d'éducacion ; cète paje splendide de vie est une leçon forte qui blesse les yeus clignotants des daltonistes de l'art, mais qui les éduque, mais les habitue à voir, qu'ils le veuillent ou non.

La fête imajinée par le poète, cète procession devant l'amour, que signifie-t-elle ? N'est-ce point une folie mistique, une relijiozité extravagante aussi peu justifiée que le dénité des fidèles venant baizer une relique, s'ajenouillant dans un élan de ferveur devant l'autel paré d'une divinité ?

Certes l'amour est une réalité, une puissante réalité, la manifestacion la plus intense et la plus bête de la vie. Mais c'est justement pour cela qu'il est mauvais d'en faire une relijion, de l'abaisser par des fêtes enfantines et supersticieuses.

Camarade Derré, je ne souhaite pas voir ton vœu se réalizer, car le rézultat de ton œuvre serait puéril et ridicule, dizons le mot. Je m'étone de la banalité de ton dézir : je le voudrais plus simple et plus grand. néanmoins, plus réel. Je voudrais qu'avec moi tu espères mieus de ton œuvre. Elle est digne de produire de plus grands éfets, car il inporte peu de faire frissoner les foules par des moyens artificiels, à une heure déterminée, à une époque précize de l'année. Ceci n'est rien, ceci est à la portée de toutes les relijions, de n'inporte quel individu qui sait coment toucher les homes.

Quand bien même on pourait ariver à provoquer une fête du Printemps et de l'amour aussi spontanée que cète fête de la Fédéracion, ce qui serait mieus, ce qui serait magnifique, ce serait de voir les homes cherchant la joie en eus-mêmes, parce que débarassés de la boue actuèle, et sachant enfin où se trouve le bonheur.

Ce que nous pouvons rêver, c'est de les voir ne participant pas à une fête décrétée mais s'arétant parfois, émus d'une joie profonde, devant les amants de Derré, devant le baizer de Rodin, devant des pajes vécues d'histoire amoureuze et sentant que l'amour est la joie de la vie, la source de tout, la raizon d'être. Mais il faut délivrer l'amour, d'abord ; il faut le débarasser de toutes les scories ; il faut le rendre a toute sa beauté, non plus tel qu'on le conçoit aujourd'hui, sale, oblijé de se cacher. ou, au contraire, étalé en des abérations foles, mais devenu normal, sain et vrai ; l'amour qui courbe la fame sous le baizer puissant de l'home, l'amour débarassé de la morale et de l'immoralité. Et quand l'home sera arivé à cète saine vizion des chozes, quand il sera capable de jouir vraiment de la vie sans rechercher des exitacions nerveuzes autour de lui, cète fête de l'amour imajinée aujourd'hui par Derré come une réacsion contre la laideur actuèle ne signifierait plus rien, serait pour tous ce qu'éle semble actuèlement à quelques uns, une pâle copie des processions et des manifestacions. sans but, sans rézultat et sans beauté.

Ortografe simplifiée.

Anna MAHÉ.

Un Anarchiste devant les Tribunaux
de Georges Etiévant

Première Communion

Alors que la lumière du soleil resplendit, alors que tout-être animé s'épanouit de ses chauds rayons, on enferme des enfants dans un bâtiment où l'air est empuanti et irrespirable ; il est vrai que ce bâtiment est la maison de « dieu » qui ne s'occupe guère de l'hygiène. pourvu qu'il ait de nombreux adorateurs.

Dans cette église, des petites filles toutes habillées de blanc, des petits garçons cérémonieusement costumés, s'en vont, un cierge à la main. s'agenouiller devant la « sainte table » pour avaler l'hostie. C'est la première communion.

Aucune religion n'avait eu la pensée de manger son dieu, la religion catholique a comblé cette lacune par l'imbécile conception de l'Eucharistie.

A l'âge où l'on devrait faire connaître aux enfants les principes, et les conditions essentielles de la vie, on leur inculque des idées aussi fausses et aussi absurdes. On les détourne de toutes connaissances.

Il ne s'agit pas, dans cette circonstance d'entraver la liberté de conscience de chacun, il s'agit d'empêcher l'autorité paternelle, l'autorité religieuse. de fausser et d'abrutir le cerveau des enfants. N'est-ce pas, dans cette comédie de la « première communion » violer leur esprit, fausser leur cerveau, les mettre sous la domination et l'esclavage en profitant de leur toute jeunesse ? !

Octave GUIDE.

CHAGRIN D'OISEAU

Les oiseaux m'ont conté
Le souci qui les presse :
C'est qu'ils ont froid la nuit, en plein hiver.
Pour abri, pour manteau.
La seule plume qu'est ce,
quand le sol est gelé
Ainsi que l'air et l'eau
Et que les arbres nus semblent en fer ?

Si tu plains l'oiselet, chantre de la nature,
Quand les rigueurs du froid lui meurtriront les chairs
Plains bien plus ton pareil ou la lyre est impure
Et je n'écoute point le plus beau de tes airs.
Plains-le. quand harcelé par ces mêmes frimas,
Il doit encor en plus être exact à l'ouvrage.
Sans que l'on sache bien s'il a pris son repas.
S'il est valide enfin et s'il a du courage
Plains-je ce sera là le plus beau de tes airs.

Mais quoi ! la plainte est vaine et la pitié aussi
Qui rabaisse l'objet de la sollicitude
Qu'elle aille à nos oiseaux pour calmer leur souci.
Mais il faut donner plus a ton inquiétude.
Camarade humble et fort
Il te faut et travail et plaisir en rapport
Avec les forces et ton âge
Et. durant cette courte vie,
Très scientifique voyage,
Il faut t'instruire davantage
Et sortir de ton inertie !

R. de THÉOLLIER.

LES PRÉCURSEURS

PROUDHON

(Suite et fin)

Quelques jours après cette séance du 31 juillet, le *Représentant du peuple* reparut et Proudhon y écrivit son fameux article : *Sur les Malthusiens* (10 août 1848) :

« La grande industrie ne laisse rien à faire à la petite : c'est la loi du capital, c'est Malthus. La grande propriété envahit, s'agglomère les plus pauvres parcelles : c'est Malthus. Le commerce en gros s'empare peu à peu du commerce en détail : c'est Malthus. Bientôt la moitié du peuple dira à l'autre : « La terre et ses produits sont ma propriété, l'industrie et ses produits sont ma propriété. le commerce et ses transports sont ma propriété. l'État est ma propriété. Vous qui ne possédez ni réserve, ni propriété et dont le travail nous est inutile, allez vous-en et crevez... Vous êtes réellement de trop sur la terre, au soleil de la République, il n'y a pas de place pour tout le monde. Qui viendra me dire que le droit de travailler et de vivre n'est pas toute la révolution ? Qui viendra me dire que le principe de Malthus n'est pas toute la contre-révolution ? »

Dix jours plus tard le *Représentant du peuple* de nouveau suspendu cessa définitivement de paraître. Il fut remplacé par le *Peuple*.

Nous ne pouvons passer sous silence la déclaration que Proudhon y fit dans le premier numéro car elle est comme une synthèse de ses conceptions sociales :

« Nous avons comme principe la *liberté*, comme moyen l'*égalité*, comme but la *fraternité*. Nous voulons la famille et le mariage monogame, inviolable et sans tache, contracté en toute liberté d'amour... Nous voulons le travail comme droit et comme devoir pour tout le monde et sous la garantie de la constitution... Nous voulons la propriété sans l'usure parce que l'usure est l'obstacle au développement de la production, à l'accroissement et à l'universalisation de la propriété... Nous voulons le maintien du principe d'hérédité,

c'est-à-dire la transmission naturelle du père au fils des instruments et des produits du travail. mais non la transmission du monopole et du droit du seigneur. Famille, travail, propriété. sans usure et sans abus, en d'autres termes, gratuite du crédit, identité du travailleur et du capitaliste, hérédité des droits, non des privilèges, tels sont les éléments de notre science sociale.

La déclaration se terminait par ces mots : « Nous voulons comme forme de gouvernement la République... La République suppose avec la division des fonctions, l'indivisibilité du pouvoir. Nous prouverons que le suppôt le plus ferme du despotisme, la pierre angulaire des monarchies se trouve justement dans cette distinction des pouvoirs en : législatif, exécutif, judiciaire, distinctions où la liberté, l'égalité, la responsabilité, le suffrage universel, la souveraineté populaire périssent tous. » Il voulait, à cette époque, l'unité et l'indivisibilité du pouvoir, mais sous l'empire, il devint fédéraliste.

En février 1849, Proudhon pressentant le coup d'État de Bonaparte, attaqua avec fougue celui qui avait obtenu cinq millions de suffrages : « Je veux, dit-il, briser l'idole. » Ce fut lui qui fut brisé. Poursuivi, il fut condamné en mars à trois ans de prison et 10.000 francs d'amende. Il se sauva en Belgique, abandonnant une de ses maîtresses sur le point de se réaliser : la *Banque du peuple* pour la gratuité du crédit et de l'échange.

Il revint à Paris déguisé, et y séjourna quelque temps, mais le 6 juin, il fut reconnu, arrêté, et conduit à Sainte-Pélagie. Il y écrivit les *Confessions d'un révolutionnaire*.

Il se maria en décembre 1849 à une jeune et pauvre ouvrière, il avait 40 ans : « J'étais seul, écrit-il plus tard, j'avais la fantaisie du ménage et de la paternité. »

Après la journée du 13 juin, le *Peuple* fut supprimé, il fut remplacé en octobre par *la Voix du Peuple*. Proudhon le dirigea du fond de sa prison. C'est là qu'on trouve ses intéressantes polémiques avec Louis Blanc, Pierre Leroux, Bastiat et son approbation à Émile de Girardin sur « l'impôt du capital » qu'il considère comme un moyen d'arriver à l'annihilation du revenu. Dans sa polémique avec Louis Blanc, il revendique le triomphe de l'anarchisme, et démontre l'inutilité de l'État et son rôle nuisible : « La constitution de l'État, dit-il, suppose la guerre. c'est par la condition essentielle et indélébile de l'humanité. Il a sa source dans l'inégalité des conditions et doit disparaître avec elle. »

Il accable le philosophie et la religion de Pierre Leroux de ses sarcasmes ; il a, avec Bastiat, une controverse extrêmement intéressante sur l'illégitimité de l'intérêt du capital qui a été réunie en une brochure : *Intérêt et principal*.

Poursuivi à nouveau en Cour d'assises, il fut acquitté. mais *La Voix du Peuple* est supprimée. Il termina ses trois années de prison le 6 juin 1852. Le coup d'État était chose accompli. Il publia aussitôt en liberté un livre intitulé *La Révolution sociale démontrée par le coup d'État*, mais forcé de vivre, il ne paraître, sans le signer le... *Manuel du spéculateur à la bourse*. Passons, n'apprécions point.

En 1858. il fit paraître un important ouvrage : *De la justice dans la révolution et dans l'Église. Nouveaux principes de philosophie pratique*, adressés à Son Eminence Monseigneur Mathieu, cardinal, archevêque de Besançon.

Le livre fut saisi, le 28 avril ; Proudhon répondit, le 11 mai, par une pétition demandant la révision du Concordat. Elle fut saisie le 23 mai. Le 1 juin, Proudhon en envoya au Sénat une seconde. Le 2 juin, Proudhon fut saisi en personne et traduit en correctionnelle où il attrapa trois ans de prison. 4000 francs d'amende et la suppression de l'ouvrage.

La guerre d'Italie dirigea l'esprit de Proudhon sur les questions de nationalité, de patrie, de conquêtes. Ce fut la dernière phase de son évolution. Dans son livre *La guerre et la paix*, il conclut contre la diplomatie, contre la politique des nationalités, contre l'agglomération des populations et pour le fédéralisme qu'il applique d'abord à l'Italie, se prononçant contre l'unité de la presqu'île.

Sur le droit de la guerre, il le justifie en des termes étranges : 1° La force prise au sens le plus général est une capacité qui a des prétentions légitimes à gouvernement de la société, droit réel de la force ; 2° la guerre est une manifestation de la force, un jugement qui décide sur la question de savoir où est la force, où par conséquent le droit de gouverner : droit réel de la guerre. Par conséquent la guerre ne devia pas dans sa légitime qui est de rendre par la victoire un jugement véritique sur la question de force.

Drôle d'anarchiste que Proudhon. Il mourut à Paris le 19 janvier 1865 après avoir fait le nombreux ouvrages, entre autres : *Les Démocrates assermentés et les réfractaires* où il préconise l'abstention par le bulletin blanc.

En somme, dans le grand chaos des œuvres de Proudhon, à qui il manquait la méthode, ce savoir, la ligne directrice, la clarté, dans cet amas touffu de contradictions, de sophismes et d'erreurs. jaillissent quand même des éclairs de vérité, lueurs fugitives mais étincelantes. éphémères

mais profondes, qui ont montré la route
aux hommes des temps présents.

Malgré son orgueil, Proudhon eut peu
d'idées originales et neuves, mais sa verve,
sa fougue, son style nerveux et tranchant,
mirent en relief de vieilles pensées en-
fouies au fond des tiroirs ; ses qualités de
polémiste, son tempérament combattif, son
amour de la lutte en firent, surtout dans
les dernières années de sa vie, un des
hommes qui remuèrent avec le plus d'é-
nergie l'eau trouble des problèmes sociaux, nous laissant le soin et le devoir d'y
pêcher la vérité.

MAURICIUS.

Le Savoir Inutile

Libertad — un de ces si intéressants
lundis des *Causeries Populaires* — causait
avec esprit de l'encombrement funeste,
du gavage inutile que subit le cerveau de
l'enfant livré tout neuf et sans défense
aux abrutisseurs officiels.

Après les chinoiseries de notre grammaire encore une fois dévoilées, l'histoire
passa un bien vilain quart d'heure —
l'histoire telle qu'on l'enseigne à l'école,
bourrée de dates et de faits, sans qu'aucun commentaire impartial permette à
l'enfant d'en dégager la philosophie adéquate au degré de développement de son
cerveau. Puis ce fut le tour des sciences,
notamment de l'arithmétique de laquelle
nos pédagogues font un véritable casse-
tête chinois à cause du manque de l'emploi d'une méthode en rapport avec l'intelligence d'un enfant, apte à saisir seulement ce qui tombe sous ses sens, ce
qu'il « touche du doigt ».

Hâtons-nous d'ajouter — pour ne pas
subir le sort d'un copain qui l'avait oublié — qu'ici Libertad critiquait seulement
la méthode d'enseignement et non
l'arithmétique elle-même.

Voilà pour les primaires. Les secon-
daires ne furent pas moins maltraités.
Horace et Homère en entendirent de
dures et leur poussière dut se soulever, si
tant est qu'on puisse lui attribuer de représenter encore ces deux écrivains.

Ici, d'accord encore avec Libertad sur
le mode d'enseignement, je ne le suis
plus sur la chose enseignée. Certainement
la majeure partie de ceux qui font ce
qu'on est convenu d'appeler « leur chemin » ignorent qu'il ait jamais existé une
littérature grecque ou latine. La plupart
se figurent même que le français tel qu'il
est aujourd'hui a de tout temps été le
même. Bon nombre de ceux-là encore,
ignorent les sciences naturelles et physiques au point de confondre un thermo-
mètre avec un baromètre et de croire
que le cœur est le siège des sentiments.

Et pourtant ils vivent heureux, les uns
bêtement il est vrai, les autres crapuleu-
sement, d'autres rationnellement autant
que le leur permet l'ambiance.

Ce qui n'empêche pas que la plus
grande partie des anarchistes considère
ce savoir comme utile puisqu'on s'attache
dans nos milieux à le propager en le vul-
garisant, en le rendant assimilable, au
moins dans ses éléments, aux intelligences moins développées. Je n'en veux
pour preuve que les quelques exemples
cités par Libertad au cours de la causerie
qui motive cet article, et qui montrent
que lui-même ne dédaigne pas tout ce savoir.

Eh bien, il me semble que le latin et le
grec ancien peuvent, sans plus d'inconvénient que le bagage scientifique, être
classés au rang des choses qu'il n'est pas
inutile de savoir — sans pour cela qu'elles
soient indispensables. Je tiens à faire
remarquer que je ne dis pas : « Il faut
savoir le latin et le grec » pas plus que je
ne dis : « Il faut savoir les sciences. » Mais
ce que je dis et ce que je répète, c'est
que les langues mortes sont utiles à ceux
qui les possèdent et le méritent par l'ostra-
cisme que leur a infligé Libertad.

Beaucoup d'anarchistes ont le goût de
l'étude. Ce sont des êtres d'une curiosité
insatiable. Ils ne souffrent pas qu'ils puissent ignorer quelque chose ; rien de ce
qui est humain ne doit leur être étranger. Parmi ceux-là il en est de tout préparés aux études nouvelles pour eux, qu'ils
vont faire. Mais il en est d'autres qui,
malgré la vivacité de leur intelligence et
leur bon vouloir se heurtent à un obstacle que leur ardeur seule ne suffit pas à
vaincre aisément. Le langage philosophique, le langage scientifique, sont semés de termes d'aspect insolite et dont
les dictionnaires ne font pas toujours
mention.

Ils trouvent sur leur route des mots
tels que : anthropomorphisme, géocen-
trisme, monère, entité, monère, critérium,
etc., etc., d'autres mots tout nouveaux
parce que la science qu'ils servent est
elle-même nouvelle et dont on voit tous
les jours quelque spécimen. De même
pour une foule de mots déjà vieux mais
jamais « parlés » et assez rarement écrits.
De tous ces mots celui qui a fait du latin et du grec connaît à première vue la
signification *brute*, si je puis dire. Leur
place dans la phrase, ce qui vient d'être
dit ou ce qui va être dit : le contexte,
donne au mot la signification qu'il doit
avoir — peu différente de la signification
brute. Je m'abstiendrai de citer des exemples pour ne pas paraître faire un cours
de dérivation — et poser à l'érudit.

Je dirai encore pour terminer que la
gymnastique salutaire qu'on impose au
cerveau pendant l'opération de la traduction, pour n'importe quelle langue, assou-
plit l'intelligence, habitue à la *précision*
dans les termes. On apprend à mieux
connaître sa propre langue et à la manier
plus aisément. Voilà quels avantages on
peut retirer de l'étude des langues
mortes.

Je sais bien, parbleu, et je ne me las-
serai pas de le répéter, que tout cela n'est
pas indispensable pour planter la vigne
ou fabriquer une charrue, pas plus que
pour se conduire normalement dans la
vie. Mais cela peut être utile au même
titre que la physique, la chimie ou les
sciences naturelles que l'on cultive davantage dans nos milieux parce que peut
être moins rébarbatives.

De même que certains se plaisent aux
mathématiques, de même certains peuvent se plaire à l'étude des langues
mortes. Chacun en retire une utilité, chacun y trouve son plaisir. Et n'y trouve-
rait-on que du plaisir qu'elles vaudraient
encore d'être étudiées.

Mais surtout qu'on ne dise pas qu'elles
sont *absolument* inutiles, ou encombrantes,
ou abrutissantes.

BINOÊL.

L'anarchie agonise !

Après l'enterrement du Socialisme an-
noncé par les radicaux à la suite du résultat des dernières élections, Méric dit
« Flax » vient de constater dans les
Hommes du jour de la semaine dernière
l'agonie de l'anarchie.

Elle n'a plus guère d'années à vivre.
Ses principaux représentants S. Faure,
Grave, Kropotkine, se faisant vieux et
un peu désabusés de leurs rêves se trouvent sans successeurs. Il fut un temps
où l'on aurait pu voir en Méric un de
leurs descendants, mais aujourd'hui il a
rejeté ces billevisées d'un autre âge, cet
idéal chimérique, produit maladif de
songe creux.

Il n'est plus l'enfant terrible dont le
papa sénateur ne veut plus entendre parler. Devant je ne sais quelles menaces ou
quel appât il est redevenu le petit garçon
bien sage. Aujourd'hui que le moutard a
jeté sa gourme, il redevient probablement
l'espoir du foyer. Je crois qu'il tient de
race.

Il écrit bien encore à la *Guerre Sociale*
mais on ne peut pas changer son fusil
d'épaule d'un seul coup. Il faut évoluer
progressivement, c'est le *talent du diplomate*. Du reste il y a des précédents :
Briand faisait bien sa partie avec l'anarchiste Matha, autrefois ; il fut aussi l'avocat d'Hervé, le propagateur de la grève
générale, le souscripteur du Congrès antimilitariste ; cela ne l'a pas empêché
d'être Ministre de la Justice, et tout
comme Méric aujourd'hui, d'être fier de
son passé ! D'autres comme les Lericolais
— qui aux dernières élections ramassa
avec protection gouvernementale soixante trois (63) voix — ont bien du mal
à se créer une position.

C'est tout ce ramassis d'arrivés ou
d'arrivistes, de ratés, déterminés par
leurs passions, ou plus souvent leur lâcheté, que Flax nous montre comme des
gens sérieux, des hommes raisonnables.

Les autres ce sont les fous, les rêveurs,
les sauvagistes et se trouvent perdus
dans quelques chapelles qui ne tarde-
ront pas à disparaître avec leurs pro-
phètes, espérons-le.

Alors, viendra la douce époque où l'on
ne verra plus comme anarchistes que des
bébés faisant leurs premières dents.

Car, jetons l'anathème sur celui qui n'a
jamais été, ne serait ce qu'un jour anarchiste ! Qui n'a pas crû que les hommes
étaient des anges et n'a jamais rêvé d'un
paradis terrestre ! S'il s'en trouve, c'est
qu'ils n'ont jamais connu Méric. Il y a
quelques années, Clemenceau et S. Faure
pendant l'affaire Dreyfus ou bien encore
Paul Brousse le condamné à mort d'Espagne. Seulement tous ces ex-anarchistes,
n'ont pas l'esprit de sacrifice développé
et le cœur aussi généreux que S. Faure ;
tous ne veulent pas jouer au nouveau
Christ ; il faut avoir du talent pour, lorsqu'on est dégoûté d'éduquer les hommes,
se donner tout entier à l'éducation des enfants et conserver ainsi, malgré tant de
difficultés, la petite fleur bleue des jeunes
années. Du reste ces petites déceptions de
propagandistes sont très logiques.

Il ne faudrait pas se souvenir de l'affaire
Dreyfus pour oublier le beau rôle d'action
judéo-maçonnique de notre ami S. Faure.
Vraiment les copains qui, aujourd'hui,
raisonnent et ne veulent plus se laisser
berner par ces arrivistes sont des ingrats.

Et je comprends les ambitieux qui s'é-
vincent de l'anarchie et vont vers le Socialisme.

Car où trouver un meilleur terrain
pour arriver que dans le Socialisme... les
exemples sont nombreux ! demandez plutôt à Coutant, à Augagneur, à Viviani, à
Briand et combien d'autres.

Si par hasard vous demandez à un de
ces pantins de démontrer aux camarades
l'absurdité des idées anarchistes, ils n'ont
rien à vous répondre de nouveau : « Les
idées sont belles, disent-ils, mais leur réalisation bien éloignée. » Et comme il
faut vivre d'abord, ils font leur trouée
individuellement.

*La vérité est que, pour eux, vivre n'est
pas être dans la mesure du possible, mais
bien plutôt paraître.*

Ces hommes forts, ces surhommes sont
tout simplement des guignols à la mode.

Victor Méric attend une nouvelle
affaire pour sortir du parterre de *La
Guerre Sociale* !

SÉGNA.

NOTIONS D'HYGIÈNE

L'AIR

POUSSIÈRES ORGANIQUES
(suite)

La ventilation par les cheminées, les cou-
loirs, les cages d'escalier, dans les maisons,
n'est pas suffisante, il faut produire une
ventilation énergique en établissant des
courants d'air qui chassent en peu de temps
l'air vicié de l'intérieur. Le système est
très simple, il consiste à ouvrir plusieurs
fois par jour, les portes et les fenêtres, c'est
un moyen de ventilation qu'il ne faut pas
négliger. Mais la ventilation énergique elle-
même est insuffisante pour débarrasser l'air
des germes qui sont déposés sur les meubles, etc. Il est donc nécessaire, en même
temps qu'on produit le courant d'air, de
mettre en mouvement tous les germes immobiles, de façon qu'ils soient entraînés.
C'est au moyen du balayage et de l'essuyage
humide qu'on arrivera à ce résultat.

Le balayage à sec soulève la poussière
qui retombe à terre une demi-heure environ après. Donc il faut que le balayage soit
fait avec le plus grand soin. On se servira
à cet effet d'un torchon humide, de feuilles
de légumes, ou de sciure de bois, imbibée
d'une solution phéniquée.

INFLUENCES VARIABLES DE L'AIR

L'air est le grand réservoir où nous pui-
sons la vie : selon qu'il est plus ou moins
chaud ou froid, humide ou sec, doux ou
agité, il agit différemment sur nos organes
et convient, eu égard à la diversité des
tempéraments, plutôt à tel individu qu'à
tel autre ; mais c'est toujours à lui, quelles
que soient ses qualités physiques, que nous
devons l'entretien de deux fonctions essentielles, la respiration et la circulation. Il
est dès lors facile de comprendre combien,
dans les diverses modifications qu'il subit,
peut-être utile ou nuisible à certains sujets,
selon leur état constitutionnel, un agent de
cette importance : combien il peut être funeste à tous indistinctement, quand se faisant le véhicule de poisons impalpables, il
les introduit au centre de notre corps, au
foyer même où s'accomplit la transformation en sang vivifiant et nouveau, du sang
devenu impropre à la vie.

Trop froid, l'air provoque les dangereuses
inflammations des voies aériennes ; trop
chaud, il diminue l'énergie fonctionnelle
des organes ; trop sec, il dessèche la mu-
queuse respiratoire ; trop humide, il favorise le rhumatisme, l'angine, le croup, le
catarrhe intestinal. Un air calme, frais,
d'une température de 15 à 20° est le plus
agréable à respirer et le plus hygiénique.

L'air dilaté des hautes montagnes, où la
pression atmosphérique est moindre qu'au
fond des vallées, ne fournissant point, à
chaque inspiration, une suffisante quantité
d'oxygène aux poumons, accélère le travail
de ces organes, multiplie les battements du
cœur et facilite, conséquemment, les fonctions digestives.

Contraire aux personnes atteintes d'une
maladie du cœur ou des gros vaisseaux,
d'une angine de poitrine ou d'un asthme
symptomatique d'une affection cardiaque,
le séjour des montagnes sera donc profitable à celles qui souffrent de maladies rebelles de l'estomac et de l'intestin, de gas-
tralgie, de dysenterie, de diarrhée chronique. Le jeu plus actif des poumons, à
mesure que l'altitude augmente constitue
une véritable gymnastique respiratoire
extrêmement utile aux convalescents, aux
anémiques, aux diabétiques, à tous les va-
létudinaires épuisés par de longues maladies. Le climat de montagne, enfin, nuisible
à la troisième période de la phtisie suffit
au contraire à préserver de la consomption
les jeunes gens menacés de cette maladie
cruelle.

Plus dense, plus oxygéné que l'air des
montagnes, l'air des vallées et des basses
plaines favorise le jeu modéré des poumons
et leur permet de fonctionner avec le plus
grand calme. Il convient donc aux malades,
affectés de lésions organiques du cœur, à
certains asthmatiques, aux phtisiques malheureusement parvenus à la période ultime
de la maladie.

Il paraît être utile à la santé publique
qu'une certaine quantité d'ozone circule
constamment dans l'atmosphère. Ce gaz, en
effet, non seulement empêche les miasmes,
et les ferments morbides de se multiplier
dans l'air, mais encore de s'y développer et
d'y vivre.

L'ozone est surtout abondant à la campagne après le lever du soleil. On peut s'en
assurer au moyen du papier ozonométrique
imprégné d'amidon et d'iodure de potas-
sium.

LE GRAND AIR

Quelque affairé que l'on soit à la ville, on
n'y ressent pas les tièdes effluves du printemps sans éprouver le vif désir d'aller, au
moins un jour, voir la campagne.

Un instinct secret nous pousse alors vers
les champs et la seule contemplation, durant une belle journée, des feuillages et
des gazons frais, semble introduire en
nous des éléments nouveaux de vigueur et
de jeunesse.

Une des plus salutaires influences que
nous puissions éprouver à la campagne est
celle de l'atmosphère plus pur que nous y
respirons. Les fonctions pulmonaires, sont
facilitées par un air vif, riche en oxygène
et chargé de saines émanations des végétaux ; qualités nombreuses que puise alors
le sang dans le foyer où il vient constamment se régénérer.

À la bienfaisante action de l'air s'ajoute
celle de la lumière, qui brunit peut-être un
peu le teint, mais qui rend aussi plus
fermes et plus roses les chairs molles et
décolorées des enfants et des femmes, trop
souvent étiolés à la ville, par l'ombre froide
des appartements.

À la campagne, ont vit plus librement et
plus naturellement et on fait bon marché
des conventions de la mode ; et comme rien
n'est plus hygiénique que de prendre ses
coudées au large, on ne tarde point à en ressentir les
excellents effets.

Il est pourtant bon nombre de Parisiens
qui font de ce genre de récréation, leurs
plus chères délices.

La campagne, pour qu'elle soit bonne à
l'esprit et au corps, doit être, avant tout,
silencieuse et tranquille, riche, s'il est possible, en beautés naturelles, en sites pittoresques, en grandes prairies ensoleillées,
en bois ombreux sans humidité, en eaux
limpides et courantes.

Je suis persuadé qu'à la campagne, re-
viendrait promptement à la santé, s'ils pouvaient seulement y vivre à l'aise et sans
souci du lendemain pendant quelques mois
les trois quarts des misérables qui s'étei-
gnent dans les bouges des faubourgs ou les
salles des hôpitaux ; les jeunes hommes
consumés par la phtisie, les jeunes filles
minées par la chlorose, les enfants atrophiés
par la scrofule et le rachitisme.

C'est là que se fortifieraient, en peu de
jours, les travailleurs épuisés, les convalescents de maladies graves, enfin toutes
les victimes des rouages d'une société autoritaire et pourrie.

Eugène PETIT.

FIN

LE MOUVEMENT ANARCHISTE [1]
DE LA SUISSE ROMANDE

Il n'est peut-être pas inutile de parler ici de ce mouvement, si toutefois on peut qualifier ainsi l'agitation vaine de quelques ambitieux en mal de Syndicalisme. Dans plusieurs articles parus dans les journaux anarchistes et plus récemment dans le dernier numéro des *Temps Nouveaux*, il est fait des affirmations qu'il est bon de démentir tant pour éclairer les camarades que pour combattre le bluff qui se fait sciemment autour d'une agitation dont la valeur est fort contestable.

Il est dit, que le mouvement anarchiste est assez développé en Suisse romande, quand, au contraire, la réalité nous montre une apathie générale. Il est vrai que l'auteur de l'article des *T. N.* prétend identifier le mouvement syndicaliste au mouvement anarchiste, cela sans vouloir tenir compte de la distance énorme qui les sépare. Cependant il est facile de constater que la mentalité des syndiqués même révolutionnaires ne dépasse pas de beaucoup la mentalité de la plupart des ouvriers. Mais pour les besoins de la «Cause» on oublie volontiers la réalité et certains esprits préfèrent l'illusion à la vérité toute crue.

La *Fédération anarchiste de la Suisse romande* prétend réunir en son sein des groupes anarchistes. Erreur, profonde erreur, d'anarchiste elle n'a que le nom et l'on peut s'en convaincre en lisant *Le Réveil*, socialiste anarchiste, son organe officiel. Ce journal manque totalement de vie ; la monotonie et l'uniformité de ses articles sont navrantes ; aucune idée intéressante ou nouvelle n'y est traitée, toujours la même rengaine : du syndicalisme, encore du syndicalisme et toujours du syndicalisme. Il n'est accepté aucune copie qui ne soit frappée au bon coin syndical. Est considéré comme hérétique et passible du bûcher tout article n'exaltant pas la vertu ouvrière et l'honnêteté prolétarienne. Il en est de même des camarades qui n'ont pas la foi en la sainteté du dogme ouvrier.

Et puisque nous en sommes aux petites vérités désagréables à entendre mais nécessaires à dire, ajoutons que beaucoup de ceux qui se prétendent antisyndicalistes ne sont guère différents des syndicalistes pour ceux qui savent les observer. Mêmes préjugés, mêmes attitudes et en somme même mentalité, ces braves gens n'attendent que le moment — ils trouvent déjà les occasions — pour se réunir contre l'ennemi commun, c'est à dire l'anarchiste digne de ce nom.

Pour ne citer qu'un fait typique et qui viendra à propos corroborer mes dires, je signalerai aux camarades la façon d'agir d'un certain pédant, président de la fédération ouvrière et principal rédacteur de la *Voix du Peuple de Lausanne*, organe syndicaliste révolutionnaire s. v. p. Ce monsieur a écrit une lettre à propos d'une querelle entre socialistes et syndicalistes, dans laquelle il menace d'attaquer devant les tribunaux quiconque accolera à son nom le titre d'anarchiste. Cet individu est l'ami de Bertoni lequel a dû être heureux d'une telle profession de foi, lui qui le présente comme son successeur à Genève (sic). On peut voir par là si le mouvement anarchiste suisse est développé ; il faut vraiment être grincheux pour protester. A quand la scission nette et franche entre anarchistes et syndicalistes anarchisants, scission cent fois préférable à la situation louche et sans précision dont nous souffrons actuellement. Pas de faux camarades, des amis ou des ennemis.

MARCEL.

Le Péril Féministe

Pendant un temps, féminisme voulut dire affirmation d'indépendance de la femme, proclamation de ses droits, intégraux et égaux à ceux de l'homme ; il voulut dire aussi — du moins put-on le croire et l'espérer — : volonté d'émancipation totale.

L'aurore d'un mot est semblable à l'aurore d'un espoir : on croit toujours à des réalisations merveilleuses par la seule vertu d'un terme, et peut-être que l'on sait moins encore se guérir des mots que des individus.

Voici que le mouvement féministe vient de gagner ses galons de caporal au feu de la rampe. Il entre dans l'Histoire par la porte du Socialisme : moins que cela même : par la porte basse de l'électoralisme. Il entre dans l'Histoire à reculons.

Mardi dernier, aux Sociétés Savantes, un public de cinq cents personnes, composé de femmes pour les quatre cinquièmes, jouit du spectacle trop connu du fanatisme le plus éclairé. Cette armée du salut qui puélise de bas-bleus à la Mie d'Alphonse s'offrit le luxe de gestes « révolutionnaires ». On fit le serment d'avoir « l'honneur » d'aller un jour en prison pour la Cause. Cela peut conduire parfois à un siège, Chateauste n'est pas gratuit, ce n'est pas à l'œil que l'on s'honore.

Madame la citoyenne-docteur Madeleine Pelletier recueillit avec la majesté d'une souveraine de la blanchisserie les hommages respectueux de dames tenant pour indécent le fait de repriser des chaussettes. La function ne sera plus basse, avilissante le jour où la femme aura voté ou sera élue, condition qui, on le sent, supprime pour toujours l'aiguille à repriser.

Une femme, anarchiste, se vit traitée de femelle parce qu'elle émettait quelques objections et prétendait attribuer plus de vertu à la propagande néo-malthusienne qu'au bulletin de vote féminin.

Ayant désiré dire quelques mots je fus moi-même accommodé à la sauce poissarde qualifié de fou, de voyou. Je fus aussi assuré du « profond mépris » de Madeleine Pelletier, et cela me contristà beaucoup.

Pourtant ceci n'est rien ou si peu si peu... Ce qui est mieux c'est que la socialiste révolutionnaire voulut ma faire appréhender à la sortie par ses agents. J'ai failli coucher au poste révolutionnaire

rement, apprécier pour mon propre compte la théorie de la moindre dépense d'énergie.

La révolution et le mouvement « féministe » s'appuie sur la police. Et puisque le docteur Madeleine Pelletier estime que « le poste de bourreau accordé à une femme serait un des ces jours les femmes flics dresser des contraventions aux femmes cochers.

Georges DURUPT.

NOTRE CORRESPONDANCE
LA MORALE
à Levieux.

Ainsi, tu veux une morale ; tu veux que l'on dise, ceci est bien, cela est mal ; tu prends cette conception pour une base solide, exacte, indiscutable, et maltraites les surhommes qui l'ignorent. Pour moi, j'ai commencé à m'asseoir sur la morale de nos respectables ancêtres, leur simplicité et sans l'arriver à froisser la tienne.

La morale est le dictionnaire de ceux qui ne peuvent déterminer eux-mêmes l'utilité de leurs actes : et l'individu conscient n'y recourra pas, alors qu'il aura ressenti l'intensité de son énergie vitale développée par l'instinct, l'observation et l'expérience ?

La morale est apprise dès le plus jeune âge aux enfants, corrigés pour certaines choses, ils savent que c'est mal ; loués pour d'autres, ils savent que c'est bien. Est-ce cette méthode que tu as dessein d'employer pour entasser dans la tête de nos enfants la haine du régime actuel et l'espoir féroce des temps nouveaux ? N'est-ce pas plutôt par la réflexion progressive des faits excitant leur curiosité, leur sensibilité, qu'ils augmenteront leur conscience de la vie.

Je suis comme toi que manger quand on a faim, boire quand on a soif, dormir quand on a sommeil, se reposer lorsqu'on est fatigué, agir quand la force surabondante remplissant nos veines et notre cerveau nous pousse invinciblement à l'action, c'est bien. J'ai agi ainsi — et autrement j'ai bu, j'ai mangé, j'ai dormi, je me suis reposé. Avec toi, j'ai ressenti. J'ai jugé, j'ai observé les conséquences de ces actes, j'ai été heureux de voir que chaque besoin, imposé naturellement, fut surtout une satisfaction, une jouissance, j'ai cherché instinctivement toutes les formes de satisfactions possibles : j'ai voulu vivre complètement, c'est-à-dire, découvrir des moyens d'action, et les employer. Ce faisant, je ne me suis pas dit que je faisais le bien, mais j'ai recherché la liberté d'agir selon mon instinct, j'ai recherché l'expression des mentalités semblables à la mienne, j'ai profité, par pur égoïsme, de ce que les siècles m'offraient de nourritures saines, je me suis assimilé la vie des camarades et je les ai aimés.

Avec eux, je constate les erreurs sociales, est-ce la morale qui m'engage ainsi dans la lutte ? Non ! je ne conçois pas cette abstraction qui m'approuve ou me blâme, je ne fais que la morale de mon individu et ne prends point le critérium de ma vie dans celle d'un autre. Ah ! oui, je mange, je bois, etc. comme mes semblables ; je leur ressemble physiologiquement et essentiellement, mais est-ce la morale, ou les besoins qui nous mettent là d'accord ? Est-ce par la morale que tu convaincras à toutes les victimes du régime actuel, qui crèvent de faim ou vivent lamentablement, que leur ignorance en est la cause ? Mais elles savent bien qu'il faut manger pour vivre, que cela est bien, elles s'efforcent d'y arriver, les malheureuses ! Elles en sont incapables, trop faibles.

Ne vois tu pas dans une seule espèce, celle des hommes, les déchirements profonds de son évolution, de sa conscience, les tâtonnements de sa marche vers la vie ! Ignores-tu les tressaillements instinctifs de notre être, à nous anarchistes, qui marchons sur les ruines du passé et nous satisfaisons ? N'avons-nous pas nos ennemis chez les hommes, et est-ce la morale qui nous dit de les combattre ?

Il est inévitable que l'amour sera une conséquence de la conscience des hommes, mais peux-tu demander aujourd'hui l'application des principes humanitaires ? Peux-tu accepter une humanité mystiquement bonne, et inconsciente ? Non, la lutte cessera avec les derniers ténèbres du cerveau humain laissant apparaître seulement alors l'harmonie, la bonté, l'anarchie, dans l'intelligence de la vie, la liberté de l'individu !

Ton camarade amoral et bon,
Marcel RIGAULT.

— Baladons-nous —

La balade dernière, malgré les menaces du temps, a parfaitement réussi. Quel entrain, bougre. Pour une fois mettons en pratique les conseils donnés. Allons bourrer nos poumons d'air pur, ainsi que nous le recommande Eugène Petit.

Aussi, dimanche 7 juin, nouvelle balade aux bois et à l'étang de Garches. Comme d'habitude on portera sa boustifaille individuellement ou communistement ou familialement, à son gré.

On pourra sauter, courir, se démener plus que jamais puisque l'organisation capitaliste nous permet de faire le lundi en l'honneur du saint esprit.

Comme la dernière fois, au retour, ceux qui voudront, casseront la croûte aux Causeries tout tranquillement.

Le départ a lieu à la gare Saint-Lazare par le train de 8 h. 45. On s'arrête à Garches. Le rendez-vous final est à dix minutes de la station.

On est avisé que les corsets empêchent de jouer, que les habits et les robes trop chics risquent d'être tâchés par l'herbe ou de se déchirer en courant.

Revue des Journaux

LE LIBERTAIRE.

Pas grand chose, cette semaine...

De G. D. sur les *Remords, mea culpa et Promesses socialistes* un article un peu trop bourré de citations, sans esprit de suite. G. D emploie dans le même article, d'une phrase à l'autre, le ton « badin », le ton sérieux, le ton emphatique, cela nuit à la bonne liaison des arguments.

Silvaire médite... jusques à quand ? !

Contre le *Charlatanisme* et pour la *Médecine*, L. B. continue sa lutte. Il dénonce cette fois-ci les fameux médicastres pour maladies vénériennes et les sages-femmes pour manœuvres abortives.

Une conversation du Père Barbassou avec un muet sur *les élections municipales*. Les signes ne se rendant pas sur papier, ça paraît un peu monotone.

Des pleurs anonymes quoique officiels sur l' « I. A. » (pour les profanes, l'Internationale anarchiste). *A quand la branche française ?*

LES TEMPS NOUVEAUX.

Emile Derré, un sculpteur de grand talent, s'avise de faire un long article pour préparer une petite cérémonie laudative devant une de ses statues. La statue représentant l'étreinte de l'amour est belle, le projet de fête est ridicule et médiocre.

Jean Grave fait semblant de croire que Jaurès est sérieux.

Une critique de M. Pierrot, à propos du compte-rendu du *Congrès* anarchiste d'Amsterdam, fort intéressante et dans laquelle la manie de généraliser «son » cas, de faire de « son cas » celui de tout le monde est nettement signalé. Les anarchistes ne peuvent être que par réaction, par boutade des anti-syndicalistes, mais ils ne sont pas des syndicalistes. Ils sont plus et mieux.

Si diable je comprends pourquoi Michel Petit nous donne des détails sur le budget du médecin futur ! Enfin...

LE LISEUR.

Où l'on discute !
Où l'on se voit !

Causeries Populaires du XVIII, Rue du Chevalier-de-la-Barre, 22. — Lundi, 8 juin, à 8 heures 1/2. *De la force et de la vertu*, par A. Libertad.

Causeries Populaires des X et XI*, 5, cité d'Angoulême (66, rue d'Angoulême). — Mercredi 10 juin, à 8 heures 1/2. *Les signes et le langage*, par A. Libertad. (Il sera donné suite à certains arguments pour et contre à propos de la causerie sur *le Savoir inutile*.)

Groupe d'éducation révolutionnaire du IV. — Samedi 6 juin, à 8 h. 1/2, salle Saurel, 245, rue du Faubourg St Antoine, réunion publique et contradictoire sur *Les syndicats, ce qu'ils sont, ce qu'ils deviendront*, par Gaudin. Entrée 0.20.

Groupe libre d'éducation du Bronze, salle Cassain, 123, rue Vieille-du-Temple. — Jeudi 4 juin, à 8 h. 1/2. *L'agitation universelle et l'internationale anarchiste* par Laussinotte.

Controverse entre l'abbé Vial et Léonard sur *l'organisation du bonheur*, salle du Casino, 100, avenue de Choisy, le jeudi à 8 h. 1/2. Entrée, 0.25.

ASNIÈRES. — *L'Aube nouvelle*, 128, rue de Châteaudun, près la place des Bourguignons. — Vendredi 5 juin, à 8 h. 3/4. *Pourquoi nous combattons les socialistes*, par Métivier.

ARGENTEUIL. — *Groupe d'études sociales*, chez Gorion, 11, rue de l'Hôtel-Dieu. Samedi 6 juin, à 9 h., réunion de tous les camarades.

MARSEILLE. — *Les Précurseurs*, 12, Quai du Canal, au 2*. — Samedi 6 juin, à 9 h, *Origine de la génération*, d'après le *Monisme*, par G. Donneaud.

TOURS. — *Les Iconoclastes*, Restaurant Lestrade, 76, rue Bernard-Palissy. — Vendredi 5 juin, à 8 h. 1/2 du soir, *L'éducation sexuelle*, par un camarade.

LE HAVRE. — *Causeries Populaires*, 9, rue Jean-Bart. — Jeudi 11 juin à 8 h. 1/2. Causerie par un camarade. Les réunions auront lieu dorénavant tous les jeudis.

LYON. — *Groupe d'action et de propagande anarchiste.* Réunion au Bar de la Coupe d'oraison, 81, rue Boileau, le mardi 9 juin, à 8 h. 1/2.

TROIS MOTS AUX AMIS

MASQ — Tu me parais dans ta réponse conserver un ton agressif que ne mérite pas l'article. Ce n'est pas un ton de discussion mais de querelle. C'est mal mesquin.

ABLON. — Les camarades de cette ville pourront se faire connaître à Octave Guidu, coiffeur, chez Mme Poulain, rue du Bac.

SOUT. Rennes. — Bien suffisant. Merci.

L. L. L. — Insérerons, sitôt série terminée, sauf avis.

Vient de paraître

Qu'est-ce qu'un
Anarchiste ?
PAR E. ARMAND

à *l'anarchie*, 1 fr. ; franco : 1.15

Le « Livre »
de *l'anarchie*

Un an, 7 fr. 50 ; Deux ans, 12 francs ; Trois ans, 18 francs

« Travail en Camaraderie »
Imp. des Causeries Populaires, Armandine Mahé

La gérante : Anna MAHÉ

Ce qu'on peut lire

LES CAMARADES
*adresseront
tout ce qui concerne
l'anarchie*
à A. MAHÉ & A. LIBERTAD
22, rue du Chev.-de-la-Barre
PARIS-XVIII°

l'anarchie

PARAISSANT TOUS LES JEUDIS

ABONNEMENTS

FRANCE
Trois Mois.......... 1 50
Six Mois............ 3 »
Un An.............. 6 »

ÉTRANGER
Trois Mois.......... 2 »
Six Mois............ 4 »
Un An.............. 8 »

QUATRIÈME ANNÉE — N° 166 | DIX CENTIMES | JEUDI 11 JUIN 1908

Le sang coule

Voilà plus d'un siècle que la bourgeoisie, non contente de frustrer le peuple, son allié et sa dupe, des avantages d'une victoire gagnée en commun, a mis l'embargo sur toute la richesse sociale, et s'est entièrement substituée à la classe aristocratique qu'elle fit, jadis, passer sous le niveau de ses guillotines.

L'escamotage de la révolution, grâce aux jongleries des politiciens est, aujourd'hui, aussi complet qu'il peut l'être. Tous les efforts du peuple pour ressaisir sa part sont demeurés vain. 1830, 1848, 1852, 1871 marquent les défaites de l'armée révolutionnaire, toujours vaincue par la bourgeoisie.

Etrange conflit où la victoire, trop facile, reste toujours du côté des faibles. La classe bourgeoise, astucieuse et perfide, sait compenser sa faiblesse en organisant la force du peuple, contre lui-même. Subtile et rusée, elle a divisé le peuple en deux parties bien opposées: l'une active, armée, police, fonctionnaires, imposant tout à l'autre partie, toujours passive. Cela seul, explique l'éternisation de la lutte et la négativité de ses résultats.

Si les travailleurs, moins débonnaires, moins passifs, se défendaient mieux et infligeaient à leurs agresseurs des coups sensibles et profonds, on pourrait voir intervenir une trêve « honnête ». Mais avec quelques charges de cavalerie et de bonnes fusillades, auxquelles il n'est jamais répondu, on a raison de tous les mouvements. Les mécontents sont décimés, dispersés et le troupeau des résignés reprend sa marche éternelle en bêlant, vers les ateliers où on le tond, vers les abattoirs où on le tue.

La bourgeoisie triomphante consolide chaque fois son pouvoir dans le sang des ouvriers et proclame, du haut d'un piédestal de cadavres, sa souveraineté homicide, sur un peuple avili et stupide.

Oui, avili et stupide, il faut l'être, pour ne pas voir, pour ne pas comprendre, que la facilité des victoires bourgeoises vient de ce que le peuple n'est jamais armé quand ses agresseurs le sont toujours.

Que peut-on espérer d'une lutte où l'on se présente poitrine découverte et mains vides, n'ayant d'autres armes que les mottes de terre ou les cailloux des routes, et comme bouclier que les exhortations au calme, dont les meneurs, remarquables de modération, sont si prodigues?

C'est pitoyable.

Quand des ouvriers en grève se réunissent ou quand des citoyens s'assemblent pour manifester, il suffit d'une poignée d'agents pour les disperser sans efforts.

Les agents sont de braves gens, dit la chanson. C'est possible. Ce qui est certain, c'est que leur mentalité n'est pas sensiblement différente de la mentalité moyenne des ouvriers syndiqués. Ils subissent d'autres circonstances et évoluent dans un autre milieu. Voilà tout.

Mettez les syndiqués à la préfecture sous les ordres de Lépine et les agents rue Grange-aux-Belles sous l'énergique influence des Pouget, Griffuelhes et Cie et vous aurez les mêmes résultats avec des hommes différents. Les syndiqués devenus agents donneront des coups; les agents devenus syndiqués en recevront. Pourquoi? Parce que la force quelle qu'elle soit, va toujours dans le sens de la moindre résistance.

Si les agents rencontraient plus de difficultés à exercer leurs poings, ils seraient moins enclins à s'en servir. Si leur profession devenait plus pénible ou même un peu dangereuse, leur recrutement deviendrait plus difficile, sinon impossible.

Entre les ordres de Monsieur Clemenceau et la certitude de se faire trouer la peau, les agents et les gendarmes n'hésiteraient pas: ils lâcheraient Clemenceau et garderaient leur peau. Seulement voilà, jamais ils ne risquent leur peau; et ils le savent. C'est pourquoi au lieu d'obéir à l'instinct de conservation ils obéissent à M. Clemenceau et tapent à tour de bras, quand ce n'est pas à coup de revolver, sur les manifestants trop pacifiques.

Mais aussi, quand on est pacifique pourquoi manifester? Toute manifestation implique une intention, une volonté qui ne peut être qu'active et non passive; et quand, presque toujours, la manifestation par trop pacifique se trouve très irrespectueusement bousculée, c'est que les manifestants n'ont pas montré qu'ils étaient respectables.

Pas d'illusions! Si vous voulez que la force compose avec vous, il faut aussi que vous soyez forts et qu'on le sache. Mais si vous n'entendez réduire la force que par la modération, la raison, le droit, la justice, les sentiments, il vaut mieux rester chez vous et éviter son contact brutal. Sans quoi, Clemenceau vous fera démontrer, par ses shires, que la politique du poing sur la gueule est la seule, à son avis, qui prévale. Il entend bien ne cesser de la pratiquer sur les autres que le jour où on aura la force de la pratiquer sur lui-même.

Tel est l'enseignement qu'il faut tirer de la tragédie de Vigneux où la sauvagerie des assaillants n'a eu d'égale que la moutonnerie des assaillis.

D'après la *Voix du Peuple* qui raconte les faits, aucun gréviste n'était armé. Soyez sûrs, qu'à la prochaine occasion, aucun ne le sera davantage, et que, selon leur habitude, Messieurs les agents et les gendarmes entreront dans la peau des syndiqués comme dans du beurre.

Il y a, à cela, une raison dominante: c'est la pusillanimité des meneurs de la C. G. T. Ils n'osent pas, par peur des responsabilités, conseiller à leur misérable troupeau, la bonne tactique à adopter. Encore moins, osent-ils l'adopter eux-même. Lisez la *Voix du Peuple*, vous y verrez l'effroi et la terreur suinter à toutes les lignes. Pas un des chefs n'ose prendre directement la parole, être vraiment la *Voix du Peuple* qu'on assassine et qui proteste.

Ils se taisent, tous, les uns sur les autres, comme des moutons affolés durant que les chiens enragés du capital égorgent leurs malheureux frères sans défense.

Personne ne se met en face du vieux coquin avec lequel jadis on sablait le champagne dont le peuple aujourd'hui paye la carte... la carte rouge.

*
* *

Pour venger, le crime de Vigneux, la C.G.T. a eu l'audace d'envoyer à Monsieur Clemenceau, *l'expression de son plus profond mépris*. Nous pensons que cela n'a pas dû beaucoup affecter ce vieil arsouille de la politique qui en a bien vu d'autres.

Compagnon de rapine et de débauche du baron de Reinach avec lequel il traîna son cynisme canaille dans tous les lupanars mondains, il n'a toujours vécu que de mépris. Le mépris est son élément et il vit là dedans comme le poisson dans l'eau.

Cornélius Hertz, lui-même, aventurier cosmopolite, le méprisait comme une fripouille prête à tout, qu'on emploie et qu'on paye pour toutes les sales besognes, mais dont il faut toujours se méfier.

Le juif interlope ne manquait pas de dignité et de prudence. Il donnait, à la fois, aux claque-dents dont il était forcé de se servir, son argent avec avarice, et son mépris, avec largesse. Le sieur Clemenceau d'un front imperturbable, empocha longtemps l'un et l'autre.

Pour ceux qui connaissent son passé, son présent est logique et ce n'est pas le mépris de l'univers entier qui pourrait l'émouvoir ni l'arrêter dans sa course au massacre.

Il sait très bien que les cadavres de Vigneux vont recaler son pouvoir pour plusieurs mois. A ce prix, il est prêt à massacrer les travailleurs, aussi souvent et aussi longtemps qu'il le faudra.

Voilà l'homme.

Nous ne sommes pas sanguinaires; nous avons horreur du meurtre et des meurtriers. A ce titre, Clemenceau nous paraît un méprisable bandit, une bête dangereuse et féroce. Cependant, nous ne voudrions pas toucher un cheveu de sa tête. Nous savons que, dans les grands crimes sociaux, la fatalité joue un grand rôle qui atténue beaucoup celui des individus, quels qu'ils soient. Nous savons aussi que, si Clemenceau n'avait commis le crime de Vigneux, ce serait un autre chenapan de son espèce qui l'eût commis à sa place.

Néanmoins, cela fait beaucoup de cadavres depuis qu'il est au pouvoir. La violence paraît être son seul principe et la fusillade son moyen préféré de gouvernement. Combien de temps cela va-t-il encore durer? Jusqu'où cela va-t-il aller?

Voilà maintenant qu'on se met à fusiller le peuple, hommes, femmes et enfants mêlés; et cela, chez eux, dans des locaux privés. Où s'arrêtera-t-on? Ne pourrait-on pas « respectueusement, humblement », mais fermement, aller le demander à Clemenceau lui-même, en son domicile privé: rue Franklin.

Si la C. G. T. au lieu d'envoyer à ce sénile assassin l'expression de son plus profond mépris, lui envoyait simplement en délégation tous les parents et amis de ses victimes, pour lui demander compte du sang versé. Ce serait bien plus efficace.

On aurait soin de prévenir le bonhomme quinze jours d'avance, afin qu'il ait le temps de préparer sa réponse et son service d'ordre (cent mille soldats au moins). Durant ces quinze jours, tous les travailleurs de France, tous les hommes généreux et hardis qui s'intéressent à la civilisation et n'admettent plus le massacre comme principe directeur des sociétés, seraient invités à venir à Paris, pour appuyer de leur présence, les « doléances de la délégation ».

Ce serait au bas mot *un million d'hommes* — si l'on s'y prenait bien — qui pourraient venir « adjurer » le Clemenceau d'être un peu plus humain.

Les soldats eux-mêmes — cela s'est déjà vu — pourraient mêler leur volonté à celle de la population.

Cela ferait réfléchir Monsieur Clemenceau, non qu'il aurait des remords, mais parce qu'il comprendrait qu'en tout il est une limite qu'on ne peut dépasser et que, si nul ne peut, sans folie ni sans crime, prétendre gouverner ses semblables, il importe cependant, que cette folie soit raisonnée, et ce crime mesuré.

*
* *

Tout plutôt que la stagnation, la passivité actuelle...

LEVIEUX.

Chiquenaudes

et

Croquignoles

LA BONNE PAROLE

J'aime Jaurès. Il jette, de la meilleure façon, l'huile onctueuse sur les colères prolétariennes.

Ainsi, il faut lire son article en l'Humanité du 6 juin à propos des meurtres de Draveil.

Qui saurait trouver comme lui les phrases flagellantes contre les meurtriers, les gendarmes, les gouvernants?

Qui saurait trouver les phrases glorifiant le prolétariat, le montrant dans toute sa beauté?

Qui saurait trouver les phrases apaisantes, lénifiantes et pompières?

« O ouvriers, organisez-vous, éduquez-vous, par l'idée nouvelle et par un sublime effort de générosité et de courage, haussez vos cœurs, haussez vos bras au-dessus des barbaries de la société présente. Soyez, dès maintenant, par la puissance vigoureuse et ordonnée, les hommes de l'avenir. Combattez l'odieux capitalisme jusque dans votre cœur, je veux dire jusque dans les brutalités de haine qu'il suscite en vous.

Comment pourrait-on dire mieux de tendre ses fesses béatement quand on est fatigué de recevoir des gifles.

Il est vrai de dire que le métier devient de plus en plus difficile. La concurrence se déchaîne partout. C'est à qui, parmi les orateurs et les écrivains, endormira le mieux les auditeurs, et les lecteurs.

⚓

CHACUN SON TOUR

Ceux qui ont canardé les grévistes de Draveil sont gendarmes. Les ouvriers entrent en colère furieuse lorsqu'ils voient l'uniforme des pandores. En outre, ils acclament les dragons qui ne les tueront que demain.

Ah! les bons flics, les bons juges, les bons dragons... quel obstacle terrible aux révoltes populaires.

⚓

ON ENLÈVE LA FILLE-MÈRE

Tout à côté de la belle œuvre de Derré glorifiant l'amour, on avait placé une œuvre pleurnickarde du même sculpteur, la fille mère, aux gros nus faisant appel sous le prétexte que ça porterait bonheur.

Peut-être quelque admirateur a-t-il débarrassé le premier groupe de ce voisinage mesquin. Peut être aussi quelque moraliste aura-t-il trouvé que cet appel si médiocre soit-il pour la liberté de l'amour était encore une atteinte à la dignité de la famille.

Cela sent le cambriolage officiel.

CANDIDE.

OPINIONS

Militarisme et Anarchie

II

Dans un premier article, je me suis efforcé de démontrer que les individualistes, que j'ai nommé stirnériens, subordonnant tous leurs actes au souci de leur conservation, en même temps qu'à la recherche d'un bien-être immédiat et personnel, quelles qu'en puissent être les conséquences immédiates ou futures pour la grande masse de l'humanité, n'ont logiquement à se soucier, en présence de l'obligation légale du service militaire, que d'une chose, savoir: étant donné leur situation particulière, qui peut être très différente de celle de leur voisin, quelle sera la conduite la plus avantageuse, entre déserter d'une part, ou endosser l'uniforme, d'autre part. Seul devra les guider le point de vue très spécial de leur intérêt égoïste, dans le sens vulgaire du mot, et l'examen le plus superficiel nous montre que les situations individuelles n'étant pas les mêmes, étant loin d'être comparables souvent les unes aux autres, le choix de la conduite à tenir ne devra pas être identique pour tous, que ce sera tantôt l'entrée à la caserne, tantôt l'insoumission qui se trouveront indiqués.

Nous avons à nous occuper à présent des individualistes que j'ai nommé « idéalistes », parce qu'ils représentent un tempérament type distinct du premier, en ce que leurs satisfactions les plus vives, celles qu'ils recherchent le plus, auxquelles par conséquent ils tendent à subordonner tous leurs actes sont, non pas l'intérêt personnel de la sécurité, du bien-être immédiat à tout prix et pour eux seuls, mais l'adaptation, par nécessité intellectuelle ou sentimentale, de leurs gestes journaliers à une règle de morale jugée supérieure, et qui serait celle devant être adoptée par tous dans une société idéalement harmonisée.

Est-il besoin de dire que, pour être conséquents avec eux-mêmes, ceux-ci devront toujours augmenter le nombre des insoumis, et que le fait, pour eux, de revêtir la livrée militaire leur semblera comme une faute grave, une trahison envers les doctrines qu'ils recommandent aux autres?

On me fera cette objection: Il est exact que, par dignité, par goût, par volonté de propagande, par l'exemple aussi, nous nous efforçons de ne faire à la société actuelle aucune concession et que c'est là notre désir constant, mais nous est-il possible matériellement de n'en faire aucune? Il n'est pas anarchiste d'aller au régiment, mais est-il plus anarchiste de payer directement ou indirectement des impôts, d'être soit exploiteur, soit exploité — il n'est pas de milieu même dans les métiers illégaux — de subventionner un propriétaire, de se servir d'argent, de se livrer à des travaux inutiles ou antisociaux, etc., etc ? Si nous ne devions point, parce qu'anarchistes, subir une seule de ces contraintes, il ne nous resterait qu'un seul parti à prendre : celui d'aller vivre intégralement notre vie dans quelque île déserte, sans rapports avec l'organisation bourgeoise. Et là encore nous serions obligés de faire une concession et non des moindres : celle de nous isoler, de nous taire, de réprimer la soif impérieuse de propager notre idéal dans le vieux monde. Or, puisqu'il nous est impossible de ne faire aucune concession, notre unique prétention sera d'en faire le moins possible, mais nous ne pourrons cependant cataloguer celles qui sont légitimes et celles qui ne le sont pas. car une concession en vaut une autre et, en raison de l'infinie variété des circonstances, telle qui serait admissible dans certains cas ne serait pas excusable dans d'autres et réciproquement.

J'entends bien ce raisonnement et il n'est point dépourvu d'intérêt. Il ne m'empêcher point de remarquer, que, en dépit de la variété des circonstances, s'il est des concessions que l'on ne peut éviter de faire, celles par exemple sans lesquelles nous serait refusé le minimum de ce qu'il faut pour s'alimenter, il en est d'autres que, dans l'état actuel des choses, nous pouvons *toujours* éviter. Dans ce sens se comporter ainsi entraîne des désagréments, cela ne me saurait entraîner pourtant ni la mort, ni une absolue privation de liberté d'agir. Dans ce nombre figure en première ligne la soumission à la loi de recrutement. Au delà des frontières du pays natal on peut vivre dans la misère, mais vivre; on peut être dans l'impossibilité d'exprimer ouvertement ses idées dans les meetings ou sur les places publiques, mais la propagande clandestine demeure. Enfin si l'action révolutionnaire au grand jour se trouve interdite, il reste encore, à l'occasion, la forme d'action révolutionnaire la plus terrible peut-être : celle qui est anonyme, qui surgit brusquement de l'ombre, de l'inconnu; celle sur laquelle on ne comptait pas.

Quand on prétend vivre suivant l'idéal individuellement et dès à présent; quand on a pour premier principe que la propagande par l'exemple doit sans cesse accompagner la propagande théorique, on ne doit *jamais* accepter d'être soldat.

À présent, la forme d'action idéaliste ainsi comprise est-elle la seule forme d'action en mode d'altruisme qui soit digne d'examen ? Dans un troisième article j'étudierai quelle doit être la conduite logique des communistes-révolutionnaires.

Jean MARESTAN.

CONSTATATIONS

Il est entendu depuis longtemps que chaque individu peut agir comme bon lui semble pour se débrouiller dans notre société. Les uns, constamment en révolte, font leur possible pour réagir contre le milieu, les autres moins énergiques, moins forts, se laissent absorber et s'adaptent.

Je n'entends pas — pour aujourd'hui du moins — me poser en critique des premiers ou des seconds, mais j'ai le droit de m'étonner lorsqu'un de ceux-ci reproche le manque d'énergie de ceux-là.

Dans son dernier numéro des *Hommes du Jour* consacré à S. Faure, le biographe Flax, alias Victor Méric, se révèle profond sociologue.

Si encore, au milieu de tant de réticences et d'obscurités, le Flax nous avait apporté quelques arguments à l'appui de sa thèse, une discussion eut pu s'ouvrir sur la valeur de ses affirmations au point de vue anarchiste ; mais à l'instar de ces messieurs du P. S. U., il croit devoir négliger un si mince détail.

Après avoir été «passionnément» anarchiste au bar Frédéric de Marseille, après avoir « rêvé » du bonheur universel entre la pipe et les soucoupes, le pauvre diablo nous conte dans quelques phrases amphigouriques et adroitement disporsées, ses désillusions et ses indigestions romantiques.

À l'époque où les anarchistes *ne raisonnaient pas*, nous dit-il, mais où ils agissaient, ils étaient un véritable danger pour la Société (!). Tandis qu'aujourd'hui ces pauvres fous, ces naïfs, ces rêveurs d'anarchistes raisonnent. Ils sont scientifiques ! hygiénistes..., ils s'essaient à vivre librement et ils s'apprennent à faire des gestes naturels !...

L'on — toujours les anarchistes actuels — ne parle plus de la Société future, et l'on ne croit plus à la Révolution de demain... Plus de bombes ! plus de discours charmeurs dans la fumée des réunions publiques, plus d'archange de la révolte et de la liberté; alors, vous comprenez, plus de Méric.

Qui s'en plaindra ?...

Cette pauvre *Guerre Sociale* l'a ramassé. Hebdomadairement sa prose s'y étale en un article critique autant qu'inepte, les anarchistes n'avaient pas encore — que je sache — fait les frais des élucubrations du jeune bourgeois que n'a cessé d'être Méric ; ils n'ont rien perdu pour attendre.

Non pas que je considère ses affirmations comme ayant une valeur quelconque, mais parce qu'elles représentent exactement l'idée fausse qu'ont un grand nombre d'individus, ignorant tout de la philosophie anarchiste et essayant de la diminuer par dépit, ignorance ou faiblesse.

Ils ne savent pas — ou feignent d'ignorer — que l'anarchie est une vie. C'est à dire qu'à une réaction intellectuelle par la plume ou par la parole contre le milieu, il est nécessaire d'ajouter un ensemble d'actes quotidiens qui tendent à modifier les individus en leur présentant plus de vigueur, plus de saines jouissances, plus de bonheur, chez ceux qui raisonnent et qui s'éduquent. Est-ce à cela que tend ton unification au Parti, hein, Méric ?

Ils s'imaginent, ces révolutionnaires avant tout, transformer la Société avec leur prose de guerre sociale et les discours enflammés qu'ils prononcent dans les groupements «organisés» ! Jamais ils ne s'adressent à la logique des gens, jamais ils ne leur dévoilent la vérité par la science — qui seule peut révolter consciemment — comment veulent-ils engendrer des actes raisonnables ?

* *

Ce que je crois deviner sous le masque du journaliste hargneux et du politicien repentant, c'est l'élève de l'Université saturé de philosophie abstraite et imprégné de tous les défauts du milieu bourgeois où le scepticisme en toute chose est de bon ton ; c'est le fruit gâté par des théories mal exprimées ou incomprises. Mais ce que je suis certain de trouver dans Méric, c'est l'ignorant de toutes sciences exactes, de toute notion physique.

Méric — et il représente bien en cela tous les démagogues bourgeois et beaucoup de soi-disant anarchistes — ignore sa physiologie comme il ignore les phénomènes naturels et leur influence sur son individu. Méric ignore même ses besoins normaux. Je comprends fort bien qu'il soit révolutionnaire (?) seulement, il est incapable de constater et d'aider l'évolution.

Demain désillusionné à nouveau, et à juste titre cette fois, il retournera définitivement au « scepticisme malsain, mais nécessaire », ainsi qu'il le dit fort élégamment.

Avec quel dédain et quelle imprécision voulus, il parle de ces scientifiques qui raisonnent.... comme l'on sent bien l'adversaire se refusant à toute discussion et l'ignorant honteux. Mon pauvre Méric, il n'y a pourtant pas de quoi.

Nous sommes de ceux qui sont prêts à apprendre ce qu'ils ignorent, et à enseigner ce qu'ils connaissent. cela sans prétention, crois-le bien. Quant à nos actes, ils ne sont déterminés que par nos connaissances, c'est diroquenous sommes prêts à nous transformer si l'on nous démontre que celles-ci sont fausses et si l'on nous en présente de meilleures.

Pour toi, je sens fort bien que ce rôle de biographe des « valeurs du jour » soit assez ingrat et quelque peu aride ; mais que diable vas-tu fourrer là-dedans les scientifiques et « l'anarchie aux doigts roses » ? Ils raisonnent. dis-tu, il n'y a rien faire !

Comment veux-tu, en effet, que Méric, socialiste unifié, collaborateur à la *Guerre Sociale*, rédacteur des *Hommes du Jour* et quelque chose à l'A. I. A., après avoir collaboré au *Libertaire*, en attendant *l'Humanité* et *le Matin*, puissent discuter avec des gens raisonnables ?

Prends garde toutefois qu'un copain hygiéniste sortant de sa chapelle et ne pouvant te décrasser le cerveau, ne se rattrape en te lavant le cul.

ESPINOZA.

P. S. — Je relève dans la bibliographie du dernier *Libertaire* une courte, beaucoup trop courte appréciation sur le susdit Méric et de plus fait dans un style si vague. si flou. que réellement elle nous laisse croire de la part de ces camarades, en même temps qu'à un ménagement pour le faux bonhomme et ex-collaborateur qu'est Flax, à quelques critiques....

« *Il y a, contre l'anarchisme et les anarchistes autre chose à dire que ce qu'en dit, etc.., »*

Qu'y a-t-il à dire, messieurs les libertaires ?

ESP.

Le Baromètre au beau !

Ils sortent. comme des larves de terre. Il nous est donné, en ce moment, sans doute grâce à l'éclosion d'un printemps fougueux, d'admirer la belle prestance de nos rois, empereurs, ou présidents de république. C'est le Loupillon qui a ouvert la série de mascarade qui se prepare. Ce ne sera pas tout. Les journaux nous annoncent charitablement, la mise en mouvement imminente de tout un chassé-croisé de despotes.

En auriez-vous douté un seul instant ? Tous ces déplacements n'ont de raison d'être que pour nous donner la parfaite assurance du maintien de l'équilibre européen. Cela veut-il dire qu'auparavant ce même équilibre était plus que fragile ? non point, mais cela sert à montrer aux sujets, que les maîtres n'ont d'autre souci, que la conservation de la vie de leurs peuples qui leur est chère à plus d'un titre, évidemment.

On serait mal venu de soutenir au peuple que tout cela est comédie, dont il paiera finalement et fatalement les pots-cassés. La mise en scène, qui est de premier ordre est bien faite pour lui donner l'illusion complète qu'il n'est pas bafoué honteusement. Bref, il marche !

L'infime lot de braillards qui voudrait insister pour jeter une note discordante dans ce concert d'allégresse, serait vite écrasé, noyé sous la colère de la masse soulevée en une légitime indignation.

Au fait, la concordance des événements donne superficiellement raison à la foule leurrée. Voyons, l'horizon européen qui semblait menaçant, il y a peu de temps est, à l'heure présente, tout à fait limpide. Le baromètre est au beau fixe. Tout les faits, même les plus insignifiants. donnent prise à l'idée que le peuple peut, sans aucune arrière-pensée, prendre part aux réjouissances si généreusement octroyées. C'est plus que parfait.

Sans doute. que des faits, vieux seulement d'hier, auraient révolté la foule par leur cruauté froide, mais ce jourd'hui est bien fait pour cicatriser et guérir les ranicœurs mal éteintes. La joie du présent est maîtresse de l'heure. Confiée au grand banquet de l'amitié fraternelle ! la foule s'y adonne librement, sans plus. Cela durera ce que ça pourra durer... jusqu'à ce qu'enfin las d'être tondu et crossé, le peuple se reveille de l'affaissement où il est plongé si profondément à l'heure présente.

... Singulier mirage que de croire que cela puisse se produire tôt ! Populo tient à se forger de nouvelles chaînes, en consolidant les anciennes farouchement; il donnera encore de belles et bonnes années de quiétudes à ses maîtres, qui ne peuvent certainement que lui en savoir un gré infini.

Lucien LOMBARDO.

Qu'est-ce qu'un « abruti » ?

Je crois que beaucoup de camarades en sont arrivés à employer cette épithète à tout propos et hors de propos. Pour nous autres anarchistes, les mots n'ont pas de valeur propre et s'ils servent à désigner certains objets ou certaines qualités, ils n'ont pas une valeur bonne ou nocive en eux mêmes. On peut dire que je suis un abruti, un imbécile ou n'importe quoi, je m'en moque, du moment que je fais tout ce qui m'est possible pour ne pas être tel.

Je réfuterais point par point les arguments de l'individu qui me tiendrait de pareils propos — s'il m'en donnait — et lui prouverais qu'il s'est trompé ou il me le prouverait à moi-même

Pour la propagande, ce qualificatif me paraît très mal employé. Que l'on s'imagine une personne n'ayant pas les conceptions anarchistes, ne les ayant même jamais entendues. mais qui croira fermement et sincèrement aux siennes. Le meilleur moyen pour le convaincre qu'il est dans l'erreur lorsqu'il dira avoir foi à certaines choses et idées, ne sera certainement pas de lui dire qu'il est un abruti, mais bien plutôt de le mettre au pied du mur. de l'obliger à raisonner. Cette épithète le choquant tout d'abord, il la prendrait pour une « insulte ».

Pour lui, l'abruti peut être l'ivrogne ou le paresseux. Il ne comprend pas que son contradicteur mette —d'ailleurs, avec raison — dans le même sac l'électeur, le patriote, l'«honnête» ouvrier et en général tout individu accomplissant un geste sans réfléchir.

Deux opinions différentes. Tous les deux s'imaginent être conscients mais l'un croira que l'autre ne l'est pas et *vice versa*. Cela veut-il dire que le non anarchiste soit un abruti ? ?

S'il est sincère et s'il n'a aucun parti-pris dans la discussion, il comprendra forcément la logique et la clarté de notre pensée, mais cela prouvera-t-il qu'avant d'avoir causé avec nous, il était un abruti ?

Je ne le crois pas, car l'homme n'est pas une momie. aujourd'hui il a des idées qu'il n'avait pas hier, il évolue. Il est bien entendu que je considère comme tel l'individu qui ne voudra pas essayer de comprendre soit par ignorance ou bien parce qu'il y apporte un parti-pris.

Ce que je veux surtout critiquer c'est la manie que ont certains copains de voir des avachis partout. Un qui se dit « scientifique » m'a dit qu'il considérait comme un abruti n'importe qui n'était pas de son avis. Il arrive qu'en discutant avec lui je le contredise quoique considéré par lui comme un être «assez» raisonnable, je me vois donc affublé de ce beau titre ! !

Il est des personnes qui après avoir bien diné, éprouvent un plaisir à boire une tasse de café, à fumer une cigarette. Ils savent que le tabac pris continuellement et en grande quantité est nuisible à leur santé, mais ils pensent que pris en très petite proportion. par hasard, et surtout, après manger, il leur procure une satisfaction. Sans doute ne s'occupent-ils pas assez des conséquences indirectes qu'ils en peuvent ressentir. mais doit-on, pour cette raison. proclamer qu'ils sont des abrutis ? Je ne le crois pas.

Je considère que le copain qui se sert de ce vocable inutilement à toute occasion est. quoiqu'il en dise, un abruti lui-même.

Roger PRINTEMPS.

Aux heureux du jour

Vous qui n'avez jamais. pour un maigre salaire,
Sans aucun résultat. vingt fois par jour frappé
Au seuil rébarbatif des modernes galères
Pour offrir aux patrons vos bras inoccupés,

Vous ne pourrez savoir tout ce que la misère
Suggère en certains soirs aux éternels dupes
Que lorsque sous tes coups, ainsi qu'eux sur la terre
Irrémédiablement, vous tombrez frappés.

Mais lors vous comprendrez que si le pauvre monde
Au ventre retournaux creux où la faim toujours gronde
Se révolte parfois et tient tête aux tyrans

C'est qu'à moins d'être idiot, pour prendre sa re-
Celui qui meurt se moque tout autant [tranche
Du sabre de ces lois. que du bras qui l'emmanche.

Le port du chapeau

à Ologue le cynique

Les nombreux arguments qu'on découvre en l'article
Que l'affreux gélurin l'inspira ces jours-ci
Sont si bons qu'à la fin. de cela raccourci
L'homme d'un meilleur temps innovera le cycle.

Mais il existe, en plus des raisons multiples
Un motif qui peut bien qu'on l'examine aussi,
Car, du moins à mon sens, par son appoint grossi,
vie ton chaud plaidoyer la valeur devient triple.

As-tu donc oublié ? Comme nous le voulons,
Le jour où, librement, nos cheveux bruns ou blonds
S'écouleront à flots sur nos larges épaules,

Avec le « citoyen » d'inesthétique aspect,
À jamais s'en ira, d'un pôle à l'autre pôle,
Le plus utilisé des gestes de respect !

BIZEAU.

Bertillon s'en va-t-en guerre

Depuis quelques années un homme, un docteur, un patriote, se lamente. Hebdomadairement, d'une main fiévreuse, sa plume court sur le papier. Il voit la Société en danger et du magistral autant que sévère article, il prédit des maux dont notre Humanité, en général et notre chère France tout spécialement endureront dans un avenir prochain les douloureuses conséquences.

Il n'y a plus d'enfants, clame ce farouche repopulateur, plus d'enfants parce que plus de mères. — Ah bah!

Mais oui, des femmes refusent de laisser venir au pouvoir ce Dame Nature. c'est l'abomination de la désolation et ce grand.... Jacques de Bertillon trouve cela immoral, criminel.

D'une plume qui veut être violente, cni n'est que pleuricharde il décembre des colonnes du *Journal* des Letellier après avoir empoisonné de sa copie celles du *Matin* qui dit tout.... même des bêtises.

La France a été blessée et outragée, clame t-il dans son désespoir, un crime a été commis contre la Patrie... cela demande justice.

Par un factum que ne désavouerait pas son bertilloneur de frère, il signale à la vindicte publique, il à la bonne opinion publique le danger que fait courir à la race la propagande anti-conceptionnelle. Il nous fait un tableau touchant, pittoresque et imagé des sentiments qui animent les partisans de l'amour infécond et réclame pour eux les rigueurs des lois existantes ou à confectionner, ou à besoin est, pour frapper cet outrage aux bonnes mœurs. Encore, le Monsieur s'y connaît et on comprend son zèle, son ardeur à demander aux femmes de France de fournir de nombreux citoyens. C'est toujours de la clientèle ou des pa-

tients, sujets à expériences, d'assurés : on
est morticole ou on ne l'est pas ! Tous ces
citoyens ne sont en ne deviendront pas
millionnaires loin de là. Ceux ci deviendront de bons sujets, de bons chiens de
garde, des gens bien sages ; ceux la d's
oseroces de fatuité, protégés de quelque ministre, des marlous de marque dans la manche d'un sénateur ; d'autres enfin seront
chair de bagne, fleur du trottoir, futurs sujets pour l'objectif du grand frère de la Tour
Pointue. L'accroissement de la population,
augmente le paupérisme, la mendicité et
leur corollaire immédiat la criminalité.

De cela le philanthrope Bertillon tire a
cure, tout au contraire cela permettra d'établir des statistiques qu'on truquera pour
les besoins de la Cause. Par le mensonge
des chiffres, on montrera à Populo constant
la nécessité d'une police organisée, d'une
puissante magistrature. Il paraît puéril de
supposer cet individu sincère Notre courtoisie envers l'adversaire ne doit pas nous
aveugler, il est bon d'appeler un chat un
chat et de qualifier fourbe un individu hypocrite. C'est le cas de l'auteur de l'article
du Journal (29 Mai) qui semble retenir ses
larmes, et dont les palinodies ne sont que
cliqué, bluff et sursenchère.

On ne peut admettre en effet, qu'un
homme, situé mieux que quiconque pour
se rendre un compte exact de la misère sociale, se laisse prendre à une si grossière
erreur ; mettre sur le compte du mercanti-
lisme et de la pornographie, une doctrine
économique, une nécessité répondant à un
besoin. Sa mauvaise foi est évidente lorsqu'il présente les ligues néo multhusiennes
pour des entreprises d'avortements, alors
que cette propagande tend à prévenir l'a-
vortement par les moyens préventifs et
supprimer ainsi ces douloureuses opérations pratiquées trop souvent par des
mains inexpertes et occasionnant la mort.

Dans ce tissu de mensonges, de calomnies cet homme, ce favorise est dans son
rôle ; il soutient les intérêts de sa classe en
en combattant les ennemis. A côté de cet
ennemi déclaré il en est un, pour nous anarchistes, plus terrible encore, qui, par son
manque de tact, et du moindre sens commun paralyse nos efforts, reste un poids
mort sans cesse à notre remorque. C'est le
petit boutiquier, le petit employé, l'honnête ouvrier pour qui le gosse bon désire
sera cause de misères, de souffrances et de
privations.

Lecteurs du Petit Idiot, du Matin ou autre
pourriture c'est par le crédit qu'ils accordent aux écrits mensongers des jésuites de
la plume, qu'ils augmentent les difficultés
de l'existence, qu'ils rendent plus âpre le
struggle for life. C'est en suivant les conseils
donnés par un Bertillon quelconque, qu'ils
agissent contre eux-mêmes, contre leurs intérêts. C'est le résigné, l'être veule qui est son
propre ennemi, est de plus le meurtrier
de ses amis, de ceux qui essayent de lui
dessiller les yeux, de le forcer à voir, de le
contraindre à écouter, de l'amener à comprendre.

Deux ou trois « courageux et honnêtes citoyens » n'ont pas hésité, dernièrement, à in-
tenter un procès contre les auteurs d'une cir-
culaire néo-malthusienne pour outrages
aux bonnes mœurs, immoralités, etc, etc.
Pour faire respecter (?) la morale (??), les

chats fourrés ont condamné.... naturellement. La Bourgeoisie sent que les préjugés
croulent peu à peu, que sa base et sapée.
Elle fait feu de tout bois pour se tirer de
ce mauvais pas. Il semble qu'elle n'a pas
choisi le bon moyen, et que la publicité
faite autour de semblables faits ne fera
qu'augmenter le nombre des femmes qui
refusant de se laisser opprimer, de fabriquer des esclaves entendent être maîtresse de leur corps. Elles veulent pouvoir se livrer aux joies de l'amour, avec
le minimun de désagréments et dans la
sécurité la plus absolue au grand dam
des satisfaits vraiment oublieux de prêcher
d'exemple.

Aux femmes qui ne veulent rien écouter
rien comprendre, subissant la souffrance
sans oser la combattre, complices de nos
maîtres en nous dénonçant, nous souhai-
tons bonne chance, qu'à chaque coup elles
tombent sur le bon numéro, qu'elles attra-
pent le gros lot tous les trois cent soixante
cinq jours.

Elles iront demander à Bertillon de leur
prêter appui pour elever leur encombrante
progéniture : il leur donnera une médaille
afin de décorer leur ventre fécond.

René DOLIE.

Du Pain et des Jeux
Leur Immoralité

Si le *Panem et Circenses* des Romains a
été une des causes de leur décadence, il est
encore de nos jours le cri du cœur d'un
grand nombre de gens, surtout des jeunes,
qui préfèrent la jouissance brutale, tempo-
raire, des jeux et des sports ce toutes sortes
malgré les risques qu'ils courent, aux
diversesattractions, auxamusements rationnels et moins dangereux, aux plaisirs plus
sains et plus durables. Ils font inconscie-
ment, naïvement ou bêtement la réclame
pour les grands constructeurs et leurs
actionnaires, les administrateurs intéressés
des sociétés sportives, les propriétaires de
grandes écuries ou de maqudes, dont la
fortune est basée exclusivement sur l'existence de ces jeux qui reflètent si bien
l'ignorance et la bêtise des coureurs, la
curiosité et la vénerie d'un public imbécile
qui paie pour les voir. Cette passion, cette
folie, est une monomanie outrée : on pourrait croire que coureurs et public sont
atteints de cette espèce d'aliénation mentale
dans laquelle une seule idée, celle du
Panem et Circenses semble absorber toutes
les facultés de leur intelligence.

Et chaque semaine, et chaque jour, et
constamment, en France et partout, il se
produit une même affirmation de la quantité de labeur, de persévérance, d'héroïsme
même, dont les hommes de toutes catégories sont capables, quand l'entreprise à
laquelle ils s'emploient est de nature à leur
plaire.

Aussi, n'est-ce pas la société, avec sa
négligence et sa routine, qu'il faudrait
rendre responsable de l'inaction dans
laquelle on voit rester tant de ressources
de l'homme ? Non !.. L'homme n'est ni
lâche à la besogne, ni paresseux, ni indo-

lent ; il est seulement ennuyé par ce que la
société lui donne à faire. Et les diverses
particularités des tempéraments se rebutent
parmi le nombre restreint des tâches que
l'ordre établi propose à leur choix d'accomplir.

Il nous semble que l'imagination des
organisateurs sociaux, comme celle des
inventeurs, devrait découvrir les utilisa-
tions possibles de tant de bonnes volontés,
d'ardeurs prodigieuses, de courages physiques ; car, faute d'un but ingénieux et meilleur, ces éléments, qui étaient restés
méconnus, à l'état latent, avant l'adaption
de la bicyclette et de l'automobile, se dépensent aujourd'hui stérilement sur les routes,
les vélodromes et autres champs de courses,
en allant au devant de catastrophes toujours possibles.

Or, voyez le riche à quoi il occupe ses
loisirs : dès qu'il a revêtu son costume de
chauffeur, sa veste de cuir et sa peau de
bête, qu'il s'est affublé de sa casquette et de
ses lunettes, et que la main sur la direction,
il a lancé son « auto » à toute vitesse, il lui
semble que plus rien ne peut lui résister,
qu'il est devenu supérieur à toute l'humanité ambiante, qu'il a le droit de renverser
les voitures, d'écraser les piétons, de nar-
guer tout le monde : c'est le marquis ou
le baron d'autrefois qui renait par son
argent !.. C'est de la pire inconscience ou
du plus sot orgueil !

Mais dans leurs courses vertigineuses, si
les riches se jettent dans un précipice, s'ils
s'écrabouillent contre un obstacle, s'ils se
blessent mortellement en s'entrechoquant,
c'est tant pis pour eux ! Pour nous, c'est
autant d'êtres oisifs et parasites de disparus :
l'humanité n'a ni à les plaindre ni à les
regretter, ils n'ont jamais rien fait pour
elle !...

Tout en me promenant je termine cet
article. J'entends les sons bruyants des
cuivres et des tambours : c'est une fanfare
qui joue « Sambre-et-Meuse », après elle
jouera la « Marseillaise », patriotisme et
cannibalisme s'accouplant ici très bien.
Elle est suivie d'une cohue d'individus des
deux sexes dont le rictus et la sueur qui
ruissèle sur le visage trahissent les
désirs sanguinaires. Les tramways sont
bondés de voyageurs qui descendent à
l'endroit indiqué par une banderolle sur
laquelle on lit : Course de taureaux.

L'expression farouche de cette foule qui
pue d'avance le sang qui coulera tout à
l'heure, n'a rion d'humain, m'écœure :
j'active mes pas allant vers la plage où je
respirerai l'air appétissant de la mer, pendant que l'écho m'apportera les applaudissements, les cris de joie, de colère ou de
mort de ces gens toujours avides de spec-
cles ou d'exhibitions hideux, barbares et
sanglants.

Un peuple qui retourne de plusieurs
siècles en arrière, qui aime la vue et l'odeur
du sang et qui applaudit à la mort, n'est
pas mûr pour la liberté. Il se contente
d'avoir la corde au cou et le boulet au pied
pourvu qu'il ait aussi du pain et des jeux.

Les anarchistes ont là une rude propagande à faire, une tâche ardue à accomplir
pour arriver à dépouiller certains individus
de la peau de brute dont ils sont recouverts.

FERNAND-PAUL.

Sur la Peine de Mort

A Zisly.

Vous posez dans *l'anarchie* du 28 mai la
question suivante :

« Puisque vous êtes contre la peine de
mort *en temps de paix* pourquoi en êtes-
vous partisan *en temps de guerre sociale ?* »

Cette question s'adresse à Edgard. Or, si
j'ai bon souvenir de son article et si je l'ai
bien compris, Edgard n'est nullement contre
la peine de mort appliquée en tant que
moyen de préservation sociale ; il la vante,
même au contraire, comme le moyen le
meilleur et le plus humain. Ne trouve-t-il
pas, en effet, que laisser en liberté de continuer leurs exploits des meurtriers dangereux, tel Jeanne Weber, est d'un humani-
tarisme mal compris ? Ne trouve-t-il pas
aussi qu'il serait abusif que des êtres sains
et utiles sacrifiassent leur existence pour
se consacrer à la garde perpétuelle de ces
dégénérés ? Et ne prétend-il point que de
les isoler pour l'existence entière dans une
prison, même clémente, c'est leur faire un
sort pire que l'exécution pure et simple ?

J'ai répondu à Edgard par un article qui
se peut résumer ainsi :

1° S'il y a lieu de procéder à la destruction des individus qui, par suite de dégénérescence, ou pour toute autre cause, sont
susceptibles d'attenter gravement à la sécurité et à la vie de leurs semblables, il n'y a
aucune raison de limiter cette mesure aux
sadiques, aux fous criminels, etc., mais il
est, au contraire, logiquement indiqué de
l'appliquer aussi aux tuberculeux, aux syphilitiques, aux cancéreux, etc., enfin à
tous ceux qui sont susceptibles de déterminer autour d'eux, tout comme les criminels, la souffrance et la mort et de faire
souche de rejetons maladifs qui empoison-
neront l'espèce et compromettront l'harmonie des rapports sociaux ;

2° Etant donné que tous ces individus se
rattachent un jour ou l'autre à une même peu enviable
par l'instinct de conservation ; que prendre
le parti de les supprimer pourrait encoura-
ger de nombreux abus ; que leur mise à
mort seraient l'occasion de vives douleurs
et de révoltes légitimes chez ceux qui
malgré tout les aiment en tant que parents
ou amis ; que, nous-mêmes, enfin, pouvons
être un jour atteints de quelques maladies
semblables, il est préférable de les soigner
et de leur faire l'existence aussi douce que
possible, tout en les plaçant autant que
possible dans des conditions telles qu'ils ne
puissent nuire à autrui ;

4° La mise à mort par les moyens les plus
rapides et les moins cruels ne demeure
indiquée que dans les cas où il est démontré qu'aucun autre moyen ne peut être employé pour réduire à l'impuissance un individu manifestement dangereux, par
exemple, un de ces individus est découvert sur le point de commettre un acte
gravement répréhensible et que ceux qui
voudraient s'y opposer ne sont pas en situation de le faire sans user de leurs armes,
soit par suite de leur faiblesse, soit pour
un empêchement quelconque.

FERNAND-PAUL.

Les Ouvriers,
les Syndicats
et les Anarchistes

A *maintes reprises*, on a reproché aux
anarchistes non seulement de méconnaître
l'importance de la question économique,
d'ignorer volontairement comment elle se
pose, mais encore de faire montre à l'égard
des ouvriers et du travail lui-même d'un
dédain méprisant. Il s'en trouve un grand
nombre ayant intérêt à ce que ceux qui
soient calomniés et méconnus et cette
sorte d'adversaires ne mérite aucune
reponse, — en revanche, il y a une quantité
de personnes, lesquelles, de bonne foi, se
sont contentées des on dits qui courent sur
le compte des anarchistes, sans en vérifier
par eux-mêmes la véracité. Sans nous attar-
der à reprocher à ces personnes une négligence regrettable, nous allons nous efforcer
de dissiper l'équivoque qui règne à ce sujet
chez nombre d'esprits peu ou mal informés.

Les anarchistes savent fort bien qu'il n'est
pas de vie sans mouvement ou plutôt que
le mouvement est le signe indubitable de la
présence d'un organisme vivant. Plus le
mouvement s'affirme de moins en moins
impulsif, et plus l'organisme est développé.

A un certain stade de développement, le
mouvement devient de l'activité. Plus l'activité devient réfléchie et raisonnée, et plus
l'organisme vivant se rend compte de
l'étendue et de l'usage des fonctions de son
être. La où il n'y a mouvement ni activité, la vie cesse ; en effet, le bon sens
indique que, sous peine de périr, tout organisme vivant est contraint de dépenser une

certaine somme d'activité. Exigent une
dépense d'activité, par exemple, le fonctionnement des organes nécessaires à la nutrition, à la respiration, au déplacement, à
l'émission de la voix, etc. Les êtres humains,
organismes vivants, supérieurs par suite de
l'extension de leurs facultés cérébrales, ont
été amenés, conséquence de leur développement particulier, à dépenser une activité
spéciale en vue de s'assurer non seulement
la subsistance, condition de toute vie, mais
encore certaines « utilités » nécessaires à
leur habillement, à leur habitation, à leur
croissance intellectuelle. C'est cette activité
spéciale à l'espèce humaine qu'on appelle
le travail.

Normal, le travail n'est autre chose que le
mouvement ou l'activité considérés, ou
appliqués au point de vue de l'intelligence
humaine ; il est fonction de la vie individuelle. Les anarchistes savent fort bien que
l'individu qui ne travaille pas, c'est-à-dire
qui n'emploie pas ses muscles ou son
cerveau à la satisfaction de ses besoins
matériels et intellectuels ne vit pas en
réalité. C'est un inutile ou un parasite.

Le travail de l'homme considéré comme
effort accompli dans le but de répondre à
ses besoins s'appelle *production* et se divise
en *production manuelle*, laquelle comprend,
en dépit de son nom, tout le travail musculaire ; et en *production intellectuelle* qui
s'entend de l'effort cérébral. Les êtres
humains ne sont créés des besoins multiples et complexes. Omnivores, certaines
substances qu'ils consomment subissent
des transformations ; ils cultivent des céréa-
les, obtiennent par des procédés spéciaux,
des fruits particuliers, et élèvent des animaux domestiques dont ils croisent les
espèces et qui leur fournissent différents
genres d'alimentation. Portant des vêtements, ils tissent, filent, apprêtent de plusieurs façons, certaines substances les unes
d'origine végétale, les autres d'origine animale. Demeurant dans des habitations
spéciales, ils extraient du sol, transforment
et façonnent certaines substances minérales
lorsque les matériaux d'origine végétale ne
suffisent pas, se déplaçant, ils fabriquent,

installent, actionnent différents moyens de
transport. Les êtres humains s'instruisant
et tendant à un accroissement intellectuel
incessant, ils composent, impriment, répandent toutes sortes d'ouvrages traitant des
branches diverses du savoir humain.

La satisfaction de ces besoins primitifs et
de bien d'autres encore se désigne sous le
nom de *consommation*. Le développement
de la consommation ayant atteint un degré
très élevé d'intensité et de variété, il est
matériellement impossible à tout travailleur,
au *producteur*, de produire lui-même ce qui
est nécessaire à sa propre consommation.
Un producteur, actuellement, ne produit
qu'une « utilité » parmi celles qu'exigent la
consommation générale, parfois même une
subdivision de cette « utilité », (telle partie
d'un vêtement, d'une chaussure, d'un objet
d'alimentation, d'une machine). Il n'est
guère que l'agriculteur qui puisse encore
produire pour assurer sa propre subsistance ; par contre, il produit de moins en
moins les utilités nécessaires à ses
vêtements, à son habitation, et même
certains articles de sa subsistance,
(farine, sucre, sel, huile, épices, boissons)
lui viennent ou lui reviennent, transformés
par d'autres producteurs. Le producteur
qui travaille « en atelier », « en usine », « en
chantier », qu'on appelle plus particulièrement l'*ouvrier*, ne produit, lui, presque
jamais pour sa consommation directe.

Pour me faire mieux comprendre je choi-
sirai un exemple logique. Je lis un livre
dont la confection a exigé une multitude
d'ouvriers. Le papier est en pâte de bois, le
sapin qui a fourni le bois a été abattu en
Norvège ; c'est dans les environs d'Angoulême qu'il a été transformé en papier
propre à l'impression. Le régule qui forme
les caractères d'imprimerie est un alliage
de métaux extraits en Sicile, en Espagne,
aux îles de la Sonde ; les caractères ont été
fondus dans une fabrique du nord de la
France, dont le matériel vient des États-
Unis. Cet ouvrage a été imprimé dans une
ville du centre, sur une presse fabriquée en
Westphalie, actionnée par une machine à
vapeur sortant d'une usine de Winterthur

(Suisse). Il a été mis en vente à Paris, où je
l'ai acheté. Je ne note qu'en passant une
foule de détails nullement accessoires, par
exemple : lieux d'extraction des matériaux
ayant servi à construire les usines où se
sont opérées ces différentes besognes, lieux
d'extraction du combustible essentiel au
fonctionnement des machines, lieux de
fabrication des engins de transport, etc. etc.

Or, à en juger du caractère du volume
que je parcours, il y a tout lieu de croire
que pas un de ceux qui ont contribué à sa
confection en prendra ou en ait pris connaissance. Il en est, parmi les producteurs
de ce livre, qui ignorent la langue, où il est
imprimé, qui peut-être ne savent pas lire.
Qu'on prenne n'importe laquelle des utilités
consommées quotidiennement et on abou-
tira à peu près au même résultat. Le producteur du coton de votre pantalon, ami
lecteur, ne se vêt peut-être que de toile ou
de laine. La productrice de vos bas de laine,
amie lectrice, ne porte que des bas de coton.
Le producteur de votre bibliothèque en
palissandre, ami professeur, se sert de
pauvres tablettes en sapin. L'extracteur des
pierres de taille de votre demeure, ami
sympathique des quartiers bourgeois,
s'abrite dans une masure en briques. Et
ainsi de suite. On peut en conclure que la
plupart du temps, non seulement le producteur produit des objets qu'il ne consommera
jamais, mais encore ignore la destination
de ce qu'il produit.

E. ARMAND.

(*A suivre.*)

Cette mise au point étant faite, il en résulte que c'est plutôt à moi qu'à Edgard que votre question, Zisly, s'adresse. Voici ma réponse :

1° *En temps de paix comme en temps de guerre sociale j'admets qu'il soit légitime pour tout individu en particulier, de même que pour toute collectivité d'individus ou société, de défendre raisonnablement sa sécurité et sa vie contre ceux qui voudraient y attenter, s'il n'est découvert, je le répète, aucun moyen autre de se préserver de ses attaques.* Tout individu qui n'admet pas ce principe ne peut-être considéré que comme un chrétien partisan de la non-résistance au mal par la violence et pour être conséquent avec lui-même, il ne doit jamais commettre de violence, ni blesser ni tuer personne, *en quelque circonstance que ce soit et sous aucun prétexte* ;

2° Admettre ce principe c'est être partisan en principe de la peine de mort. Les révolutionnaires, les terroristes, sont là-dessus, sans qu'ils paraissent s'en douter, en accord avec la société bourgeoise. La seule différence est en ce qu'ils considèrent comme innocents et non dangereux des individus que la société bourgeoise condamne et exécute comme criminels, et en ce que, par réciproque ils condamnent et exécutent comme criminels des individus que la société bourgeoise honore et couvre de faveurs. Je partage leur avis ; je ne suis *et contre la société bourgeoise et contre les terroristes* que lorsqu'ils commettent des actes de répressions injustifiés, c'est à dire dictés par des sentiments d'arbitraire, de haine, ou de vengeance absurde qui n'ont rien à voir avec la défense d'intérêts humains raisonnables ;

3° Non par dissimulation mais par un besoin de clarté et pour éviter tout malentendu, je ne dirai cependant pas : « Je suis partisan de la peine de mort », mais je dirai : « Je suis partisan de la légitime défense individuelle et sociale dût-elle entraîner nécessairement la mise à mort. »

En effet, l'expression « peine de mort » indique une idée de châtiment appliquée actuellement à des individus qui ont été déjà mis hors d'état de nuire par leur arrestation — on ne dira pas d'un homme qui a été attaqué la nuit et qui a tué son adversaire d'un coup de revolver pour se défendre qu'il lui a infligé « la peine de mort » — or je ne saurais approuver ces mesures de cruauté inutile.

Pour ces diverses raisons je me servirai du second terme et bannirai le premier tout en reconnaissant qu'ils n'impliquent qu'une différence dans l'application plutôt que dans le principe fondamental qui est : la nécessité de la défense individuelle et sociale avec ses conséquences logiques.

Jean MARESTAN.

—o—

Prosélytisme anarchiste

à René Dolié.

Amusons et divertissons la foule, dis-tu.

Prends un individu parmi la masse composant l'auditoire d'un café-concert. Il s'esquinte à applaudir une chanson qui n'a aucun sens ; il siffle un toréador qui n'a pas bien saigné une vache saoulée ; il s'extasie devant une course de bicyclettes ou d'automobiles lancées à une allure folle: il acclame un Fallières ou un flic qui assomme un apache un ivrogne ; du matin au soir, il visite tous les bistros du coin, et dis-moi si lorsque tu lui parleras d'anarchie et que tu voudras lui démontrer que tous les gestes qu'il accomplit sont absurdes et illogiques, dis-moi s'il ne t'enverra pas promener ?? Bien mieux s'il est en bande, il t'écharpera même.

Ce qu'il faut à la foule, ce sont des pièces de théâtre n'ayant ni queue ni tête mais dans lesquelles on verra des femmes en maillot, des mascarades, des processions patriotiques ou religieuses, des fumisteries et des maîtres. Si on lui enlève ses bergers il ne sait plus où s'orienter.

Ne va pas lui parler de question sociale, il faut qu'il s'amuse, qu'il rigole, et peu lui importe si le lendemain il doit reprendre le collier, il a une journée à lui, il faut qu'il en profite et il va chercher l'oubli de ses peines dans l'abrutissement.

Il sait, avant même que tu le lui dises, qu'en se révoltant, il pourra avoir du bien-être et vivre heureux, mais la révolte engendre toujours des risques, tandis que la résignation le laisse heureux. Par peur de coups et pour ne pas être embêté, il préfère la servitude à la liberté, c'est donc la veulerie et la lâcheté qui le font taire et se courber.

Anarchiste, j'ai eu la force et le courage de me débarrasser des préjugés et des habitudes de la foule, je me suis mis en dehors d'elle. Je ne veux pas retomber dans le gouffre dont j'ai eu une peine formidable à sortir, sous prétexte de ramener la masse vers moi, car je crains beaucoup qu'elle m'entraîne de nouveau avec elle.

Tant pis pour le peuple, s'il veut être libre, qu'il ose donc et il le sera !! Mais non ! il aime mieux que les autres se fassent casser la gueule, arrêter et emprisonner pour lui ; il n'a même pas le courage d'esquisser un simple geste pour les sauver. Il voudrait qu'on travaille à son affranchissement et qu'on supporte tous les inconvénients que cela comporte.

Puisqu'il en est ainsi, je ne veux pas servir de tête de turc, tant pis pour le peuple s'il est exploité, pillé, rançonné et assassiné, c'est sa faute, puisque après lui avoir montré le bonheur et les moyens de l'atteindre, il me comprend et me donne raison, mais par ignorance et des responsabilités, il ne veut pas y atteindre.

Je me méfie donc et fais autant que possible la foule. Aujourd'hui elle se fait tuer pour un Louis XVI que demain elle guillotinera. Rien n'est plus dangereux, plus incompréhensible et plus incohérent que la mentalité de la foule.

Sans la foule nous ne pouvons rien, dis-tu. D'accord.

Je cherche à lui faire comprendre la logique avec *le moins* de risques possibles et lorsque je me heurte à ses préjugés, à sa bêtise, à son ignorance et surtout à sa lâcheté, je la délaisse et cherche alors à vivre ma vie, car je ne veux pas rêver l'anarchie, je veux la vivre, quitte, le cas échéant, et lorsque je le puis, bien entendu, à me servir de la foule.

Raymond HEGOR.

A Travers les Livres

MÉMOIRES ET CORRESPONDANCE DE LOUIS ROSSEL (1)

Rien ne me semble plus ridicule que l'importance attachée par les révolutionnaires à certaines œuvres... on ne sait trop pourquoi. L'éditeur y est pour beaucoup, des fois. C'est ainsi que la Librairie du Progrès pourra éditer n'importe quelles imbécillités, les anarchistes en parleront et la répandront. Les frères Stock profitent aussi de leur réputation d'éditeurs anarchistes. Il est de fait qu'ils nous donnèrent de fort belles œuvres. Pourtant il faut savoir réserver son opinion. C'est pour cela que je n'avais pas parlé des *Mémoires de Rossel*. Je sors de mon silence parce que d'aucuns, après les panégyriques faits par certaines publications, croient que c'est un oubli.

Les mémoires de Rossel sont tout bonnement celles d'un patriote sincère à la Blanqui, ne manquant pas de beaucoup de prétention. Etait-il militairement parlant, aussi compétent qu'il le croyait? je n'en sais rien. Toujours est-il que la *narration* de sa stratégie me laisse froid.

Des réflexions sur la Commune et les communards sont parfois fort justes. Ce sont les critiques d'un « honnête » homme. Il y a une certaine beauté en des pensées faites à l'heure de la mort.

Ce que je trouve puéril, ce sont les lettres du collégien Rossel, la narration des petites histoires du lycéen. La mère et la sœur auraient dû comprendre que le lecteur ne peut les lire avec ses mêmes yeux qu'elles.

L'admiration d'une sœur pour son frère a fait sortir une œuvre que nous ne pouvons admirer quelle que soit notre complaisance.

—o—

LE DÉMON DE LA VIE (2)
par *Edmond JALOUX.*

Est-ce un simple roman, est-ce un roman à thèse que l'auteur a voulu nous présenter en nous introduisant dans ce monde de gens riches, hypocritement moraux et débauchés ?

Est-il pour ou contre le type de Robert de Clausel, ce pessimiste douleureux qui, avec des idées de libertaire, d'anarchiste, souffre douloureusement de la « faute » de sa sœur ?

Que vient faire le type de Déonat, crapule outrancière, ayant plus d'esprit que tous les autres héros du drame ?

Cette Simone de Clausel sort-elle beaucoup de la banalité commune, malgré toute l'éducation de son frère, le pessimiste ?

Enfin la trame n'est-elle point banale se terminant par le classique suicide d'amour ?

Néanmoins, il se trouve quelque charme à lire les réflexions des héros. Et pour ou contre la vie mondaine, pour ou contre le démon de la vie il se dit d'inquiétantes choses qui montrent une fois de plus toute la fiction et le mensonge de la société présente.
LE BIBLIOGRAPHE.

(1) P. V. Stock, édit., 155, rue Saint-Honoré, Paris. 3 francs.
(2) *Idem.*

Lettre d'Amérique

Chers copains,

Je mets à profit mes loisirs pour visiter la ville lorsque le beau temps me le permet. Mais depuis hier, il pleut sans discontinuer, aussi ai-je profité de ce que je devais garder la chambre pour écrire un peu. Je joins donc avec cette lettre ma dernière production.

New-York, ville industrielle et commerçante avant tout, n'est pas jolie, tant s'en faut. Tous les embellissements qui font que les villes semblent moins laides, ont été sacrifiés ici aux exigences du commerce et de l'industrie. L'on y rencontre quelques squares, où des arbres chétifs et un gazon malade donnent une bien faible copie de la nature. Il y a cependant le Central Park, où l'on peut encore respirer un peu d'air pur et se rouler sur l'herbe. Mais quels sont donc ceux qui viennent y chercher le repos, la tranquillité? Ce ne sont certes pas ceux qui peinent tout le jour, mais les désœuvrés, les oisifs; comme ouvriers, on ne rencontre que ceux qui comme moi sont sans travail et qui préfèrent à l'air empesté des bureaux et des cafés, le calme et la beauté des champs. Il y a aussi en dehors de la ville, le Brown Park, qui me suggère les mêmes réflexions que le précédent.

J'y ai vu un lundi après-midi, les enfants des écoles de New-York que l'on amenait ici pour les distraire et les instruire. Mais hélas, de quelle façon s'y prend-on? On ne fait ni l'un ni l'autre. Les garçons de six à dix ans défilent dans les allées du parc, deux par deux, bien sagement, pendant que de l'autre côté de l'avenue, bien docilement aussi, les filles du même âge les imitent sous l'œil de leurs maîtres respectifs. Ils visitèrent un musée par groupe de 30 à 40, un professeur quelconque leur faisant une leçon de choses, pendant dix minutes. Je puis dire qu'aucun de ceux qui étaient présents, ne l'écoutait, bien qu'à chaque fois, il demanda à ceux qui avaient compris de lever la main ; inévitablement, ils le faisaient tous. A chaque groupe, il répétait comme un perroquet, de la même façon, dans le même temps la même leçon. On appelle cela instruire la jeunesse; l'abrutir serait le mot qui conviendrait mieux.

J'ai assisté, dans New-York, au défilé annuel des flics. 5000 flics ont paradé dans les rues et les avenues de la ville les plus aristocratiques. Il y en avait à pied, à cheval, en bicyclette, en motocyclette, chaque brigade suivie de son panier à salade. Les cinq chiens policiers que possède la ville étaient de la fête aussi. Pour rompre la monotonie de ce cortège imposant une dizaine de sociétés musicales prêtaient leur concours. Les Américains, perchés aux fenêtres des balcons, jusque sur le toit des maisons, applaudissaient, sifflaient, pour manifester leur joie en voyant passer cette force insolente. J'ai quitté cette parade plein de dégoût et pour cette flicaille et pous ce peuple imbécile saluant ses knouteurs.

C. CHAVIN.

Revue des Journaux

LES TEMPS NOUVEAUX.

En réponse à un article de Brenn sur *les Idoles de la Caverne*, Charles Albert commence une étude où il s'efforce de démontrer le mensonge des abstractions prises dans l'absolu. Individualisme, communisme cela s'accorde bien plus qu'on ne pense dans la vie.

Sous le titre *la puissance des préjugés*, Ch. Desplanques répond à un article de Dunois paru dans *les Pages libres* où ce dernier aurait parlé de « la parole donnée, de la probité syndicale » Je l'avoue, mais il me gêne beaucoup de considérer à l'avance la promesse que je fais comme mensongère. L'exercice de la tromperie ne rend-il pas trompeur ? Où s'arrêtera cet exercice ?

Une note intéressante signalant l'amorçage franc maçonnique dans les syndicats. Un arrivisme triangulaire.

LE LIBERTAIRE.

Pauvre Bertillon, il soulève la colère de tous. Mais l'ironie de Deneuville lui dit fort agréablement son fait.

Encore plus de silence et d'immobilité, ô Silvaire.

Ça continue un peu trop, heureusement que c'est *pour terminer*.

Tout le monde sera d'accord avec L. B. dans sa campagne contre *le charlatanisme* par annonce.

Tu as raison, E. Benoist, mais cela nécessite une si grande honnêteté dans la discussion !

Fernand-Paul montre fort bien son idée sur *l'Intolérance et la Force*.

L'embêtant du *mécanisme du raisonnement*, c'est que lorsque c'est fini ça recommence. Les idées entrent plus sûrement dans la tête. La suite paraîtra, etc...

LE LISEUR.

A Travers les Réunions

Il devient de mode en France que les réunions publiques se terminent par les exploits des agents, des gendarmes ou des soldats.

Ce ne sont plus des réunions où l'ont contredit, ce sont des réunions où l'on assomme, comme cela, en douceur, au nom de l'ordre et de la bonne régularité des choses.

A Draveil, c'est à coups de carabine : ça prend tout simplement l'attitude d'un jour de massacre. Ces messieurs envoient leurs salutations par les fenêtres. A Paris, les ouvertures mal placées ne permettent pas l'exercice de ce sport, aussi est-ce à la sortie de la réunion, par des charges bien ordonnées que le Bouvier pique le troupeau prolétarien.

Et le travail est si bien fait que sur les dos la baïonnette laisse des traces sanglantes. Cela rappelle un enlèvement de village, à l'arme blanche, sans même avoir le risque d'une balle ou d'un sabre qui marqueraient les agresseurs.

Je sais qu'on nous parle d'agents frappés, on nous dit leurs noms, alors que l'on ne parle pas des ouvriers blessés. Pourquoi ? Parce que les premiers ont la journée payée pour la moindre égratignure, promesse de récompense et de médaille pour le moindre éclat de verre reçu ; alors que les seconds s'en vont au labeur, le bras ou les reins pansés, de crainte de perdre leur travail pour avoir osé être blessé dans une manifestation.

La goutte de sang du flic devient ruisseau et l'assommade de l'ouvrier devient caresse.

Le sang appelle le sang et l'arrogance des flics ne connaît plus de bornes. Jusqu'aux employés du Métro qui montrent un zèle intempestif. Samedi soir après les charges multiples des gardes républicains (!) et des flics aux alentours de la rue Saint Paul, une femme et deux hommes étaient arrêtés sur les réquisitions d'une noce, puante d'alcool. Sans savoir, prenant parti pour le militaire et les gens à chapeau haut de forme, un flic tenait les mains d'un jeune homme, pendant qu'un caporal au nom de l'armée, le cognait au visage. Je passe sous silence les baves des uns et des autres. Jamais je n'ai vu telle arrogance, tel parti pris, telle grossièreté. Mais aussi, jamais je n'ai vu telle passivité. On prend vite l'habitude de recevoir des coups de pied au cul.

Dimanche, à Villeneuve, grande réunion et grande manifestation protestataire avec l'aide des ouvriers parisiens.

Ce fut, nous raconte *l'Humanité*, tout à fait champêtre, et la journée se serait tout à fait bien passée, s'il n'y avait eu un ou deux gêneurs, qui s'avisèrent de prendre cette balade pour un lieu de propagande en essayant d'amener la troupe à un meilleur sentiment de sa responsabilité sociale. C'étaient Durupt et Marie Tribier. Le premier a été amené à Corbeil. Il a à répondre *de propagande antimilitariste et d'appel à la désobéissance à des soldats en service.*

Lui seul commet ce délit parmi le troupeau manifestant. Des autres, nous dit toujours *l'Humanité*, « devisaient avec le capitaine Rochet, fraternisaient avec les officiers et LEURS cavaliers, distribuaient aux chevaux une vaste provision d'herbe sèche, alors qu'officiers et soldats fumaient qui la pipe qui des cigarettes. Un officier partagea même son tabac avec un gréviste. »

Pauvre Durupt qui prend au sérieux ce qui n'est que comédie.

* *

Disons que les copains des *Causeries* n'ayant pas cru, à tort ou à raison, remettre la balade projetée pour le dimanche du saint Esprit, tenaient leur parole et s'amusaient comme de grands enfants, aspirant l'air à pleins poumons.

Détails curieux : au baromètre de la propagande l'aiguille a monté tout aussi haut à Garches qu'à Villeneuve car les anarchistes sont et restent toujours des propagandistes = ce qui ne veut point dire qu'il n'eût peut-être pas été préférable d'aller essayer de pousser l'aiguille près des copains carriers.

LE BALADEUR.

LES CAMARADES
adresseront
tout ce qui concerne
l'anarchie
à A. Mahé & A. Libertad
22, rue du Chev.-de-la-Barre
PARIS-XVIII·

l'anarchie

PARAISSANT TOUS LES JEUDIS

ABONNEMENTS

FRANCE

Trois Mois......... 1 50
Six Mois.......... 3 »
Un An............. 6 »

ÉTRANGER

Trois Mois......... 2 »
Six Mois.......... 4 »
Un An............. 8 »

QUATRIÈME ANNÉE — N° 167 — DIX CENTIMES — JEUDI 18 JUIN 1908

L'Internationale Anarchiste
ET LES
Forces anarchistes

Voilà, certes, un titre qui promet beaucoup, aussi comme le sujet est très ample, et mes forces bien minimes, je m'empresse d'avertir le lecteur, qu'il ne s'étonne point s'il ne trouve pas, ou s'il trouve, dans les lignes qui suivront autre chose que ce qu'il attendait. J'expose mon opinion sur un point déterminé, moins avec le désir d'avoir raison, qu'avec celui d'attirer l'attention des anarchistes sur un sujet que je serais très heureux de voir discuter dans les milieux anarchistes. Tant pour les conséquences qu'il entraîne que pour essayer de déterminer la logique que les anarchistes se doivent d'observer.

Dresser la liste des groupes de tel pays, énumérer toutes les publications avancées de tel ou autre, quand on veut parler des forces anarchistes, peut présenter un certain intérêt, mais ce n'est pas le but que je me propose ici.

Je veux parler des forces anarchistes du monde, sans avoir à nommer aucun journal, aucune revue, aucun pays, aucun individu.

Je veux parler de l'Internationale anarchiste — de celle que l'on a formée à Amsterdam — et de l'autre.

De quel autre, me dira-t-on ?

De celle qui a de tous temps existé, de celle qui ne pourra jamais être qu'internationale; parce que l'espèce humaine est répandue internationalement à la surface du globe et qu'en conséquence l'anarchisme comme vie et comme activité ne pourra jamais être qu'international.

Les anarchistes qui luttent à Paris et ceux qui luttent à New-York, à Tokio ou à Sydney, parlent des langues différentes, ils ne se connaissent peut-être pas et peut-être ne se rencontreront-ils jamais, qu'importe. L'argument qui vaut, dit en français, a la même valeur dit en suisse, en chinois ou en anglais. Se trouvant partout en face des mêmes problèmes à résoudre, obligés de réagir contre un milieu ambiant dont la force de résistance ne varie que bien peu en jouissance et pas du tout en nature, les anarchistes ne peuvent donc qu'arriver aux mêmes conclusions dans les grandes lignes du moins. Il est certes bien des points de détail où ils sont loin de s'entendre. Ils se retrouvent néanmoins tous dans la bataille qu'ils livrent à l'individu, ennemi de lui-même, et aux gouvernements, concrétion de l'Autorité.

C'est donc dans cette communauté d'idées et d'aspirations, dans ce total que repose la véritable internationale anarchiste. Elle existe en fait dans les écrits, dans les paroles, dans les actes des anarchistes. On ne saurait la trouver ailleurs.

Que des anarchistes aient pensé qu'il faille « créer » un Bureau international anarchiste, pour qu'après identification un individu soit reconnu membre, ne prouve pas que l'on ait bien réfléchi à la signification d'une telle association. On a eu soin de dire que tous les groupes et individus fédérés conserveraient leur autonomie, mais on a oublié de penser que ce n'est pas parce que X ou Y aura été présenté et enregistré dans l'association, qu'il sera une valeur individuelle dans les rangs anarchistes.

Que l'on sache bien que, membre ou non de l'A. I. anarchiste, un homme n'en aura ni plus, ni moins de valeur. Ce n'est pas en comptant les membres de cette association que l'on pourra en calculer la puissance, elle se trouve non dans le nombre mais dans la valeur individuelle de ceux qui la composeront. Il est beaucoup de gens de

ma connaissance qui ne manquent jamais de s'inscrire, lorsque passe une souscription, qui sont abonnés aux journaux anarchistes, et qui, j'en suis certain, feront partis de l'A. I. anarchiste, si l'occasion se présente, mais dont la valeur individuelle est absolument nulle. Je crains donc que, consultant les listes des membres, on se croit très fort, mais que ce ne soit hélas qu'une force numérique, qu'une force fictive, rien de plus.

Que des anarchistes s'entendent pour faire un travail, tel par exemple celui d'assurer un échange de correspondances entre groupes d'affinités de pays différents, ou que l'on s'occupe de collectionner les archives du mouvement anarchiste, voilà, à mon point de vue, un travail intéressant. Si ceux qui prennent cet engagement sont sérieux, qu'est-il donc besoin de les cataloguer membres de l'A. I. anarchiste, après identification. Ceux que ce travail intéresse sera l'aideront dans la mesure de leurs moyens ; on n'a pas à s'occuper des autres. Chaque anarchiste dépense son énergie de la façon qui lui semble la plus en rapport avec ses aptitudes et ses goûts personnels.

Lorsque des anarchistes veulent faire un travail en commun il n'est point besoin qu'ils prennent d'engagements écrits, leur libre consentement doit suffire ; et il n'est pas plus nécessaire qu'ils disent, à l'avance, quelle quantité d'énergie ils pourront régulièrement apporter à ce travail, surtout lorsqu'il s'agit de l'énergie argent. Le fait même d'être anarchiste implique, dans la société actuelle, une incertitude de ressources pécuniaires qui ne permet pas de tabler à l'avance sur une somme fixe.

On va m'objecter sans doute que pour la parution du *Bulletin international* il est nécessaire d'avoir la certitude de l'appui régulier des groupes et des membres affiliés, appui financier et appui moral sous forme de rapports, détaillant les phases du mouvement anarchiste. A ceci je répondrai que tout anarchiste intéressé à voir se faire le travail en élaboration l'aidera, parce qu'il jugera son appui nécessaire, il le fera parce que l'anarchiste et non pas comme membre de l'A. I. anarchiste... et je crois que l'un n'implique pas l'autre.

L'idée de vouloir relier entre eux les anarchistes qui bataillent à travers le monde n'est pas mauvaise, à mon avis du moins, mais pourquoi avoir choisi d'aussi ridicules moyens que de recourir à une association d'individus et de groupes autonomes fédérés localement, nationalement et internationalement. Pourquoi avoir demandé à connaître, sous prétexte que le succès du fonctionnement du Bureau en dépendait, le nombre exact des membres, des groupes et des fédérations désirant faire partie de l'A. I. anarchiste. Quelle classification, quelle embrigadement ! ! !

Quant avec résolutions votées, j'en suis encore à me demander pourquoi on les vota. Il est bien entendu que ceux qui les tirent n'ont pas eu la prétention d'avoir dit le dernier mot sur les questions qu'ils traitèrent, pas plus qu'ils n'ont eu celle de vouloir les imposer à qui que ce soit. Si donc chaque anarchiste est libre de les discuter, de les soumettre à sa critique, il pourra arriver soit aux mêmes conclusions et les faire siennes, soit à des conclusions différentes. A quoi sert alors d'avoir fait sérieusement le geste d'établir des principes que chacun acceptera ou rejettera après réflexion.

Nous nous trouvons donc en face de cette Internationale établie sur des bases que nous jugeons mauvaises et dont le succès ne nous paraît pas le moins du monde assuré. Quelle sera son influence dans le mouvement anarchiste mondial et où nous mènera-t-elle ? Nous n'en savons rien.

Nous avons déjà vu l'Internationale des Travailleurs sombrer dans le marais de la politique — et les anarchistes durent s'en retirer au plus vite —. Nous avons vu aussi l'échec de l'Internationale antimilitariste, il nous reste à expérimenter l'Internationale anarchiste. Est-ce bien utile ? Que l'on nous permette d'être sceptique.

Dans les forces anarchistes entrent mille et un facteurs qu'il sera toujours impossible de grouper, d'encadrer, de canaliser dans les bornes plus ou moins étroites d'une association quelconque. Ces facteurs entrent en jeu de toutes façons. Ce sont les successions ininterrompues de révoltes partielles dans tous les domaines de l'activité humaine. Ce sont les ouvriers qui remuent un pays par une grève active, les soldats refusant de tirer sur eux. Ce sont ces illégaux qui pour vivre se voient obligés d'user de ruse et de fourberie, moyens qui leur répugnent. Ce sont ces jeunes gens qui, ayant compris le rôle de l'armée dans la vie des sociétés, refusent de se soumettre ou ne le font qu'en criant bien haut tout leur mépris du militarisme. C'est le candidat abstentionniste faisant voir aux foules électorales toute l'imbécillité du bulletin de vote. C'est l'orateur, c'est le journal mettant à la portée de tous l'idée anarchiste. C'est la bombe explosant sur le cortège d'un tyran, emplissant le monde du fracas de sa détonation et soulevant des clameurs de terreur et d'indignation. C'est aussi le travail silencieux que le penseur élabore en son laboratoire, soit-il Newton, Reclus ou Hæckel. Ce sont enfin tous les obscurs qui luttent pour un mieux-être, sans autre ambition que la satisfaction d'œuvrer à un travail qui porte en lui-même sa récompense. C'est la semence que l'on jette aux quatre vents sous mille formes diverses et qui germera tôt ou tard, mais qui ne saurait jamais être perdue.

Des forces anarchistes, cet exposé n'est qu'une esquisse bien imparfaite, car tous ces efforts se complètent en se contrariant, se précisent, s'épurent continuellement en s'augmentant chaque jour de forces nouvelles.

Et qu'a donc à faire avec tout cela, l'A. I. anarchiste décretée à Amsterdam ? Rien, absolument rien. Elle ne saurait, elle ne pourrait être le point de contact qui permettra de se rencontrer à toutes ces énergies, en marche vers la réalisation d'un but qui semble s'éloigner à mesure qu'on croit s'en approcher : l'anarchie.

Dispersés à travers le monde, comme les étoiles au firmament, il est à souhaiter que les anarchistes ne se trouvent tous réunis dans la grande famille humaine, que lorsque seront renversées les barrières qui séparent les hommes.

Camil CHAVIN.

Chiquenaudes
ET
Croquignoles

N'Y TOUCHEZ PAS

Feuilletant l'album de cartes postales de l'anarchie, j'y trouve un compliment à son adresse que Libertad s'était empressé de classer pour le cacher aux yeux de tous... mais j'ai lu. Dégustez :

Libertad, l'anarchie. 22, rue de la Barre, Paris.

J'ai lu ton filet et ne m'en félicite pas. Ce dont tu te fous sans doute ? Allons tant mieux !

Te sera-t-il agréable d'apprendre que Clemenceau s'est mis au diapason de la pudeur effarouchée d'un

sincère comme Durupt et de ton collaborateur ? Il poursuit Flax et A. Delannoy.

Voilà qui les venge des injures que tu offres à l'un d'eux, tout simplement parce qu'il ne pense pas comme toi

Cordialement,   H. FABRE.

Ton filet ?... Qui pourrait critiquer si ce n'est Libertad et hypocritement, en dissimulant sa personnalité sous un nom absolument inconnu.

Heureusement que Clemenceau est là.. Il poursuit, et il lave, et il venge des insultes.

Mais, ami Fabre. Clemenceau fait cela pour beaucoup de gens. Ainsi pour un sincère comme Durupt... afin de le venger de ton insinuation, il l'a foutu au bloc,... à Vigneux.

Je connais Libertad, il n'est pas partisan de la vengeance, il est capable de préférer rester en liberté toute sa vie que d'être jamais vengé de tes bêtises.

Pour moi, je vois qu'on peut toucher partout sauf à la caisse. Ne débinons pas la marchandise.

— ❦ —

MAIS CE N'EST PAS TOUT

Touché par Ségna, Flax fait semblant lui aussi de se croire attaqué par Libertad. Ce dernier a la dent plus dure. Il resterait peu à ronger à l'os s'il l'avait trouvé assez copieux rogaton pour son appétit.

Si l'éditeur a senti qu'il y avait danger économique, Flax n'a pas été sans comprendre qu'il fallait ménager la clientèle anarchiste... celle qui marche... Le premier fait mousser le savon du martyre et le second se rétracte bien gentiment. Il tourne autour de la phrase.

Il écrit, dans les Hommes du Jour :

A la vérité, il n'y a plus d'anarchisme. Il y a de ci, de là de petites chapelles où des jeunes gens vaniteux et ignorants rivalisent d'outrecuidance et d'illogisme

Et comme Ségna se moque de cette prétendue agonie de l'anarchisme, de ce fait qui croit que le monde est malade lorsqu'il s'est purgé, Flax tourne la phrase et dit en un P. S. dans la Guerre Sociale :

P. S. — Pour avoir parlé avec irrespect de certaines écoles anarchistes nouveau style, je me vois copieusement injurié.

Il aurait fallu dire pour avoir parlé imbécilement de l'anarchisme. Mais l'aveu aurait peut-être porté tort à la bonne marche des affaires. Alors... alors, se tournant vers la blague, le monsieur ajoute :

Cela n'a rien d'étonnant quand on songe que celui qui m'insulte ainsi se promène sans chapeau dans les rues, par le temps qu'il fait.

Encore une victime de la chaleur.

Il se peut aussi que Ségna comme Libertad désigné, aille nu-tête par les rues. Après tout comme ils ne font pas commerce de leur esprit et qu'ils s'en croient suffisamment, ils n'ont pas peur d'en perdre quelques bribes au soleil.

Pauvre Flax, qui aura toujours l'éternel regret de ne pas pouvoir mettre Victor Méric dans l'illustre collection des Hommes du Jour.

— ✦ —

UN ÉVÉNEMENT

Il vient d'être accouché à la Belle-Polonaise, près la gare Montparnasse, un phénomène au ventre énorme. Tout le monde attendait le gars avec impatience. C'est à peine s'il est né viable et si petit, ...un souffle, un rien. Le bébé a été dénommé :

Fédération des groupes anarchistes de la Seine et Seine-et-Oise partisans de la Fédération anarchiste des groupes anarchistes de la Seine et Seine-et-Oise.

Parions qu'après cela, il y aura encore des méticuleux pour grogner.

ACROBATIE

Détaché d'un manuscrit qui vient de paraître : Prenons la terre, par E. Girault :

Fuyons, s'il le faut les cités empestées, les bagnes capitalistes, les chourmes ignobles et couvons à la nature, courbons nous vers la terre, offrons nos faces aux rayons du soleil et à la fraicheur de vents; nous vivrons, nous aurons la santé, la joie, la liberté.

Voilà une double opération qui me paraît bien difficile.

Tout nous porte à croire qu'il doit y avoir là une coquille, à moins que les anarchistes ne se doivent se distinguer aussi, comme en tout, par une acrobatie raisonnée.

CANDIDE.

LISEZ :

Qu'est-ce qu'un Anarchiste ?
E. ARMAND

POTINS

Les Temps Nouveaux ont publié, il y a quelque temps, une lettre de J. Bonzon, avocat, qui malmenait fort Griffuelhes, confédéraliste de profession.

Cette lettre était dure, insidieuse, pleine d'allusions désobligeantes et de réticences menaçantes. Elle se terminait par une insinuation qui laissait entendre les pires choses. Somme toute la terrible lettre ne disait rien, parce que le secret professionnel s'y oppose.

Grave crut devoir insérer cette lettre, dont la forme ne convenait guère à un journal anarchiste; c'est son affaire. Cependant, nous pensons qu'il n'aurait pas dû prendre à son compte les venimeuses et vagues accusations de M. Bonzon.

Quand on prend les gens à parti, il faut au moins dire pourquoi et établir ce qu'on leur reproche. Quels que soient les griefs de Grave contre Griffuelhes il eût été plus digne et plus honnête de sa part de les préciser.

Il se peut que Me Bonzon connaisse sur Griffuelhes quelque particularité désavantageuse. Mais il se peut aussi qu'il s'en exagère l'importance; et cela ne l'autorise pas à laisser planer sur un homme, et sur son caractère, les plus odieux soupçons, en employant une forme jésuitique qui permet de tout supposer.

Les hommes de la C. G. T. ne sont déjà pas si purs pour que Me Bonzon se mêle de nous les faire pires qu'ils ne le sont.

Comme c'est un avocat, je ne m'en étonne pas. Je m'étonne seulement que Grave ait pu le suivre dans une voie aussi tortueuse, en se donnant le tort d'insérer une lettre grosse de sous-entendus qu'il ne pourrait ou n'oserait préciser lui-même.

Voilà pour Grave.

Quant à Griffuelhes, j'ai lu, dans l'*Action Directe*, une réponse — la seule que je connaisse — à la lettre de l'avocat Bonzon. Elle n'est pas satisfaisante. Il commence d'abord par se poser en adversaire absolu des polémiques; il ne veut pas discuter. Puis, sans le nommer, il traite Grave de confesseur, ce qui est jésuitique et il oublie, surtout, que le propre des confesseurs est de ne pas discuter, ce qui est contradictoire.

Faisant allusion aux tentatives des *T. N.* pour s'emparer de la direction morale du mouvement confédéraliste, il affirme, assez sottement, que la C. G. T. mène la lutte, en dehors de toute influence du dehors. Il veut dire que la C. G. T. ne subit aucune influence extérieure. Cela est faux, aussi bien pour le cas particulier dont il s'agit, que comme conception générale puisque la loi des *influences réciproques* s'impose universellement.

Ah! ils ne sont pas forts, nos confédéralistes. Mais soyons indulgents, surtout quand ils ne disent que des âneries. Nous savons bien qu'ils ne sont pas à une près.

Griffuelhes accuse ensuite Grave de lui être hostile, parce que lui, Griffuelhes, a fait de continuels efforts pour échapper à la C. G. T. son caractère d'indépendance.

Cela veut dire que les syndicats étant composés, en majeure partie, d'adhérents plus ou moins fervents des superstitions politiques les plus grossières, Griffuelhes et ses copains Pouget, Merrheim, Delesalle ne pouvaient songer à les choquer, par la moindre logique, sans risquer de compromettre et leur situation personnelle et l'afflux des cotisations. En conséquence les idées économiques rationnelles les plus simples sont proscrites de ce milieu qui, on fait d'influences, les subit toutes et d'autant plus qu'elles sont inférieures.

Il paraît donc n'y avoir comme principes directeurs, à la C. G. T. que les préjugés ineptes de ses adhérents, les intrigues plus ou moins claires de ses meneurs, qui paraissent encore plus grisés de leur pauvre pouvoir, sur le troupeau des cotisants, que du champagne ministériel, dont ils ne peuvent oublier le goût.

« Ni avec les partis, ni avec les sectes », s'écrie cet insecte de Griffuelhes.

Eh bien, oui ! nous comprenons parfaitement.

La vieille sottise populaire, agglomérée dans la C. G. T. est devenu un filon précieux, allant toujours s'élargissant et qu'on peut de mieux en mieux exploiter.

Il y a là un avenir pour les arrivistes et les parasites du quatrième état. La bande dont Griffuelhes fait partie, n'entend pas compromettre cet avenir par des coups de tête révolutionnaires.

Griffuelhes laisse d'ailleurs percer assez naïvement dans sa réponse la terreur qu'il a de reprendre son ancienne profession de cordonnier, en évoquant cette perspective avec mélancolie.

Qu'il se rassure. Le fromage syndicaliste encore un peu maigre, engraisse tous les jours; il mûrit et se fait de jour en jour plus déliquescent. C'est le meilleur condition d'habitabilité pour ses hôtes parasites. Une seule chose pourrait déranger ces asticots du travail : le souffle de l'esprit révolutionnaire. Mais ils ont bien soin de garer leur fromage.

C'est ce que Griffuelhes appelle si drôlement « mener la lutte en dehors de toute influence du dehors ». Ça doit sentir le moisi dans cette boîte-là.

Le reste de la réponse se perd en cancans et sous-entendus — c'est une bataille entre jésuites — auxquels il faut renoncer à comprendre quelque chose, si ce n'est que Griffuelhes se garde bien de mettre en demeure J. Bonzon et Grave d'avoir à préciser leurs perfides accusations.

Et voilà les hommes qui sont à la tête du mouvement ouvrier dont ils attendent le salut.

Je sais bien qu'ils ont pour excuse la bêtise et la lâcheté populaire qui se présentent si bien, d'elles-mêmes à l'exploitation qu'il faut être un sot ou un sage pour ne pas succomber à la tentation d'en profiter. Or Griffuelhes, Pouget, Merrheim, Delesalle, etc., que je ne connais pas personnellement, mais dont j'ai bien suivi l'évolution et les actes, ne me paraissent être ni l'un ni l'autre. Ni sots, ni sages, mais malins. Voilà mon impression sur eux. Et il faut bien qu'il en soit ainsi, pour qu'ils puissent rester à la hauteur mentale de ceux qu'ils dirigent. Comment rester les maîtres d'un mouvement, dont la majorité des éléments est inférieure, si l'on n'a pas en soi, la faculté de ne pas dépasser son niveau. Cela fait honneur à leur souplesse beaucoup plus qu'à leur caractère. Ils succomberont donc à la tentation, si ce n'est déjà fait.

Qu'y a-t-il là d'imprévu ? N'est-ce pas la justification de toute la théorie anarchiste, qui dit que tout individu investi d'une *autorité* quelconque, morale ou matérielle, sera fatalement porté à l'exercer à son profit. Il ne pourra jamais résister à la pente de ses intérêts personnels sur laquelle, s'il le peut, il engagera toujours le mouvement collectif à lui confié, en croyant, de la meilleure foi du monde, n'obéir qu'à des mobiles d'intérêt général. C'est une règle absolue. L'individu est ainsi fait qu'il ne peut s'abstraire de lui-même. C'est pourquoi l'intérêt de tous ne peut que péricliter quand il est confié à quelques-uns, parce que l'intérêt de tous ne peut être réellement sauvegardé que par tous.

Tous les meneurs effectifs, malgré leur sincérité apparente et leurs bonnes intentions ne peuvent: jamais chercher autre chose qu'à exploiter le mouvement qu'ils conduisent, en attendant qu'ils le trahissent.

S'il en était autrement; si l'on pouvait nous montrer un seul exemple du contraire, ce serait la négation éclatante et l'effondrement de toute la théorie anarchiste. Car, s'il était avéré qu'on peut trouver un seul bon chef, il n'y aurait plus qu'à revenir à la monarchie absolue.

Ce n'est pas parce que nos théories sont applicables, en la circonstance, à ce ci-devant anarchistes, qu'elles peuvent fléchir. Si elles sont vraies, elles le sont pour tous.

Ce que ces gens-là reprochent à Clemenceau, à Briand, à Viviani, on peut le leur reprocher à eux-mêmes. Mais à quel bon! Nous sommes sans illusions. Leur modérantisme actuel, avant-coureur de mouvements rétrogrades plus accentués, nous indique assez la direction inévitable où ils s'engagent, que dis-je?... où ils sont déjà engagés.

Les malheureux, ils ne sont pas plutôt juchés sur les épaules de leurs frères de misère qu'ils ne songent qu'à les égarer pour mieux les... conduire.

Avec tout ça, nous ne savons pas l'horrible secret que J. Bonzon possède contre Griffuelhes. Si nous faisions des hypothèses... voyons... Ah ! j'y suis, j'ai trouvé ! M. J. Bonzon doit posséder la preuve d'un complot ténébreux fomenté par Griffuelhes pour faire assassiner Viviani, ministre du Travail.

Mais pourquoi? direz vous. Pourquoi? pour lui succéder !

Et ce brave Bonzon qui croit nous apprendre quelque chose.

En voilà un naïf.

LEVIEUX.

Candide à Toulouse

De quelle façon Pangloss
expliquait à Candide la nécessité de certain
scandale auquel ils assistèrent.

Cependant Candide, ayant épousé Mademoiselle Cunégonde, songea que le plus sûr moyen de faire durer son grand amour était de l'entretenir par l'absence.

Il s'en fut donc, avec le docteur Pangloss, visiter la meilleure des Républiques, laquelle est située, disent les savants, à dix lieues marines de la terre papouasienne, dont les habitants font à leurs sœurs la politesse de se marier avec elles et à leurs parents celle de les manger lorsqu'ils sont vieux.

On jugeait précisément, avec grand appareil, une affaire de fraude électorale dans l'une des principales villes de la République. L'administration municipale, compromise toute entière, était assise au banc des accusés.

Le premier appelé fut un garçon de bureau. Il se leva et fit sans hésiter l'aveu de ses méfaits.

— Vous avez falsifié des listes ? Vous en convenez ?

— Oui, mon président, disait-il. Mais j'avais l'ordre du commis expéditionnaire, je ne suis pas responsable.

— Cet homme a raison, dit Candide à Pangloss. Il n'est pas de cause suffisante où se condamnation; obéir n'est pas agir.

Le second appelé fut le commis qui avait donné l'ordre au garçon de bureau. Celui-ci se couvrit de l'autorité d'un rédacteur, qui déclara n'avoir gratté, faussé, falsifié et menti que par respect pour un sous-chef de bureau, qui l'en avait prié.

— Ils sont dans le vrai, disait toujours Candide, il n'est pas de culpabilité sans responsabilité. Mais comment la justice va-t-elle y trouver son compte?

— Attendez, dit Pangloss, tout ceci est nécessaire.

Le sous-chef de bureau parla à son tour : il reconnut avoir fait voter des morts, des femmes et des enfants, mais ajouta, avec l'accent de la sincérité, que certain chef de bureau l'avait exigé. Celui-ci ne dit pas non, mais se déclara l'instrument du maire.

— Enfin, dit Candide, voici le responsable!

À peine il achevait que le maire avait déjà expliqué sa docilité aux instructions du préfet. Le préfet, ainsi mis en cause, ne dédaigna pas de répondre. Il murmura quelques mots bas à l'oreille du juge.

— Le préfet aussi ne faisait qu'obéir ! s'exclama Candide.

— Certes, lui dit Pangloss, et voilà bien ce qui prouve que nous sommes dans la meilleure des Républiques. Les hautes personnalités que ce préfet met en cause pour effacer sa responsabilité sont elles-mêmes irresponsables, de par la constitution.

— Oh ! s'écria Candide, cela est admirable !

Paul GAVAULT.

Lettre ouverte
à M. Pouget-Peinard

(à défaut de Griffuelhes, Desplaques ...et autres)

Camarade,

Enfin, voici la classe ouvrière parvenue au dernier stade de son émancipation !

Le prolétariat...organisé ne vient-il pas de prouver, une bonne fois celle-ci, qu'il est enfin « une force consciente, avec laquelle les gouvernants doivent compter » ?

L'amusette — ô pardon, l'acte ignoble — des cognes de Draveil-Vigneux n'a-t-il pas ou pour effet immédiat de déclancher la gâchette, quelque peu rouillée, des fusils révolutionnaires ? Les « enfants » de fusillés n'ont-ils pas vomi cette fois la mitraille chère, jadis, à Gérault et Peinard ? Quelles explosantes excommunications ! — Eh ! les bourgeois !... Le Veau d'Or fout le camp ! Du moins ce me semble..., n'est-ce pas, Pouget Peinard ? Vous en doutez ? Pesez ! pesez le papier — ô pas le « Syndiqué » le bon, le révolutionnaire papier des innombrables ordres du jour « vouant au mépris des travailleurs, etc. » Pesez-le, vous dis-je, et... concluez !

Vous êtes modeste, mais je sais, je devine du moins quelle intense satisfaction vous devez éprouver, ô valeureux pionnier, ô colonne sublime, ô fougueux leader de l'Action directe, en songeant à cette incalculable somme de résultats effectifs, bien dus certes à votre inlassable zèle de propagandiste, à cette abnégation, à cet esprit de sacrifice ! O Peinard-Pouget que j'envie, voici venir l'Apothéose ! Elle arrive...elle arrive !

Au diable les marmites humanitaires — de soupe —, finies les parcimonieuses distributions de rata syndicalistes aux aux alouettes bourgeoises ! Ouf ! enfin, seuls nos maîtres... Clemenceau, sa clique » Morts ! Ensevelis, charognes incinérées sous les décombres fumants du Capital vaincu ! Vieilles rengaines, les arbitrages, conciliations, puérilités, foutaises, augmentations de je ne sais plus quels salaires ! O l'ultime — et combien salutaire enfin — sabotage. Pesez, pesez le papier, n'ai-je pas raison ... foutre !

Et qu'allez vous faire, à présent que... c'est fini ? A mon humble avis, vous avez assez donné et reçu de coups pour enfin songer à prendre un repos durable. Vos cicatrices encore saignantes, souvenirs des luttes d'antan, où vous dépensâtes sans mesure l'indomptable énergie qui est votre, nous incitent à vous formuler nos vœux de...jeunes ! Nous aussi nous voulons être...un peu, à la peine. Vous soyez... à l'honneur ! Nous vous en prions.

Inutile, vous le pensez bien, de vous affirmer, que nous veillerons à ce que rien ne vienne troubler votre douce Thébaïde.

Prenez, dès à présent, votre retraite, noble guerrier.

Vieillissez dans le harnais — ô pardon une fois de plus — dans la joie d'avoir contribué pour une si noble part, au triomphe définitif de la « Cause » ouvrière !

A l'heure des douloureuses et naturelles séparations, nous graverons sur votre dernière (?) demeure, cette épitaphe :

Ci-gît Peinard Pouget, grand, rien que par la plume,
Dans un « Ordre du jour » immortel, il découvrit l'objet
Qui jette bas les fers, où veules s'accoutument.

Dans l'attente, recevez l'accolade due aux preux de votre vaillance.

Louis VIHUEUX.

VENEZ DISCUTER AUX

CAUSERIES POPULAIRES

Une Sélection Nécessaire

A titre de curiosité ou avec le désir d'apprendre quelque chose les camarades anarchistes ont dû lire les *Caractères* de La Bruyère. Aussi, présentement, pour plusieurs motifs d'ordres différents, ce n'est pas sans appréhension que je me faufile discrètement parmi les badauds derrière les talons d'un maître vénéré et respecté en tant qu'observateur et styliste par ce qu'on appelle religieusement les classiques.

Anarchiste encore imparfait, comme littérateur surtout, je ne voudrais pas faire naître ingénument une querelle sainte à propos de vocables mais je tiens essentiellement à voir par moi-même ce qu'il y a sous les oripeaux dont certains pitres se couvrent avec une fierté de spadassin naïf.

En même temps j'en profiterai pour soulever quelques voiles, briser autels et tabernacles délaissés, effriter si possible les rocs sur lesquels se hissent les hommes-dieux.

La tâche est ardue et difficile, mais afin de ne pas désillusionner les camarades qui auront la patience de me lire en dépit de ma monotonie je les avertis carrément que mon intention réelle est moins de mettre à nu les fantoches humains que d'ouvrir un nouveau champ d'investigations où leur esprit avide de connaître pourra choisir librement et selon ses besoins la nourriture intellectuelle indispensable.

*⁂

Je sais que les anarchistes sont des passionnés dans le beau et vrai sens du mot; c'est précisément pour cela que voulant m'affranchir de tout préjugé quel qu'il soit je m'efforce de remuer en eux les ferments naturels d'où germeront les désirs que les bourgeois vertueux veulent réfréner quand même parce qu'ils sentent confusément que si nous poursuivions notre chemin jusqu'au bout, surtout un chemin n'ayant aucune solution de continuité, c'est *l'abolition complète de tous les privilèges au triple point de vue économique, sentimental et intellectuel.*

Je tiens la corde, peut-être maladroitement, mais soyez-sûrs que je ne vais pas la lâcher. D'abord avant d'entrer dans le sujet, je veux rappeler brièvement que la philosophie nous explique ainsi l'origine des passions. Celles-ci naissent de deux manières dissemblables, soit par coup de foudre, soit par cristallisation. Les premières issues des émotions sont conséquemment moins tenaces que les secondes qui sont produites par la constitution intellectuelle et par *additions successives*. Pour compléter cette courte digression, je n'ai pas besoin de dire dans quelle catégorie nous devons classer notre passion, je veux parler de celle qui nous a poussés insensiblement dans la voie où nous sommes et où nous resterons sans contrainte tant que notre volonté conservera sa force en puissance.

*⁂

Avant de vouloir éduquer les autres, une chose s'impose, c'est de nous libérer totalement. Or, c'est ce que la plupart des individus soi-disant affranchis oublient de faire. Tous prétendent, nient, affirment tour à tour, mais bien souvent leur attitude ne correspond aucunement à l'étiquette qu'ils se donnent. Si l'on songe que c'est uniquement la quête la véritable pierre d'achoppement, on comprendra de suite l'importance capitale qu'il y a de montrer à la masse indocile que nos idées et nos actes sont en rapport constant.

J'estime donc qu'il est de toute nécessité d'enrayer immédiatement tout mouvement individuel ou collectif gênant, paralysant, entravant d'une façon ou d'une autre notre libre essor. De même qu'un individu, soit pour vivre, soit pour se reproduire, est amené logiquement à combattre ce qui l'empêche de se développer normalement, les groupes anarchistes en particulier, afin de prolonger et d'intensifier leur propre existence, doivent nécessairement employer les seuls moyens leur permettant de s'épanouir complètement et sans à-coups.

Actuellement, trois éléments que nous connaissons parfaitement peuvent directement ou indirectement sinon annihiler du moins amoindrir l'effet de notre propagande. Sa vis être d'une grande perspicacité, il est aisé de découvrir la retraite ou se tapissent les marmottes sur lesquelles cependant nous ne ferons pas de vaines expériences de vivisection.

Évidemment, nous ne parlerons point de ceux qui nous combattent ouvertement. Nous savons qu'ils *se croient* nos ennemis, nous connaissons leur degré d'abrutissement, nous nous rendons compte que leur « morale », leur « religion » leur conseillent de nous exterminer malgré qu'en réalité nous désirons sincèrement l'affranchissement intégral de tous les êtres; de ce côté la situation est donc bien nette, bien déterminée.

Mais où le tableau change c'est lorsqu'au lieu de nous manifester sans détour leur inimitié, leur antipathie, des hommes rampant comme des serpents venimeux, se glissant dans les anfractuosités ou les dépressions, contaminant nos milieux tout en faisant semblant de chercher à augmenter leur activité.

Je réitère, trois types d'un tempérament différent, atteints personnellement d'une affection spéciale sont à éliminer pour beaucoup de raisons. Voyons chacun de ces hommes, ensuite nous dirons pourquoi il est urgent de s'en préserver tant qu'ils se comporteront à notre égard comme des individus déraisonnables.

** **

Le premier personnage, le moins important pour nous quant à sa malfaisance, c'est le demi-conscient.

Les deux autres sont :

L'intellectuel ou révolté platonique ;

Le pontife ou conscient inconséquent dans la plupart de ses actes intéressant les anarchistes.

Le demi-conscient, quoique animé de bonnes intentions, exerçant sur nous une action tour à tour utile et nuisible, il y a lieu ou de poursuivre son éducation ou de le rejeter s'il persiste à vivre au sein de notre société dans des conditions défavorables.

Partisans de l'harmonie réelle, ne voulant négliger aucun détail pour qu'elle règne, il est naturel que nous cherchions à supprimer ce qui pourrait engendrer le désordre. Or, une cause même d'apparence insignifiante suivant la manière dont elle se manifeste, le moment à laquelle elle se déclare, le lieu où elle se produit peut déterminer l'anéantissement d'un individu, d'un monde. Sachant cela, il serait fou de noirs part si à chaque instant de notre vie nous n'examinions pas le terrain que nous avons à parcourir ainsi que ceux avec lesquels nous faisons la route. Le plus élémentaire bon sens nous incite à contrôler non seulement nos actes personnels mais aussi les agissements des individualités dont le moindre geste diminue, conserve, augmente disproportionnellement l'apport de forces nouvelles, ou dirige celles-ci dans telle ou telle direction donnée sans garanties sérieuses.

C'est pourquoi, malgré le rôle modeste du demi-conscient, il est profitable à tous de prévenir les tiraillements, les malaises passagers ou continus qu'entretient et développe, parfois à son insu, ce-ui dont nous nous occupons.

Comme de coutume, les libertaires qui y vont de leur petite concession, s'indigneront que nous condescendions à « juger » des camarades.

Certes, nous sommes obligés de les juger, et nous les jugerons (sans les condamner cependant) parce qu'il est nécessaire, indispensable de savoir surtout lorsque notre vitalité en dépend.

Le demi-conscient est donc à surveiller, non comme un coupable, c'est entendu, mais comme un homme affligé d'une maladie dont nous devons analyser les symptômes. C'est une tâche délicate, ingrate, pénible, je le conçois, mais utile pour les anarchistes et surtout pour l'intéressé.

Robert DELON.

(à suivre.)

Lettre ouverte
à mon ex-Patron

Ainsi donc, mon vieux, c'est fini, je ne travaille plus avec vous ; je vous quitte pour prendre un autre chemin. Non pas que j'ai trouvé le moyen de me soustraire au patronat... à l'exploitation de l'homme par l'homme ; non plus parce que votre travail ne me plaît pas, tout au contraire, j'ignore absolument ce que je vais faire à présent ; je me trouvais plaisant ce travail de peinture, en compagnie d'un bon type, presque d'un copain, malgré qu'il soit « mon patron ».

Vous souvient-il de ce samedi où nous partagions entre nous le produit du travail d'une semaine, ayant décidé de partager à peu près selon nos besoins et non selon l'estimation de notre labeur. A cette époque, vous rappelez-vous, nous n'avions point de marchandise refusée à la livraison, parce que nous travaillions alors.... comment dirois-je,... presque en amateur et pas en commerçants qui doivent fournir.. fournir.

Mais voilà le hic ! les commandes affluent en masse, le travail augmente : il faut supplier à nos forces en faisant appel à des producteurs nouveaux. Comme le travail n'est pas très difficile, et non plus, pas très rémunérateur, qui embauche-t-on ?... Des petites mains féminines que l'on ne paiera pas trop cher !

Voici entrées des jeunes femmes aux professions multiples et mal définies qui doivent faire, à présent, de la peinture aérographique à l'aide d'outils qu'elles ne savent pas faire fonctionner. Il faut leur apprendre. Je deviens donc le monsieur qui sait et montre aux autres et vous le monsieur qui reçoit le client. Chacun prend son poste ; c'est l'organisation commerciale qui commence avec patron, contremaître et ouvriers.

Disparue la petite boîte où l'on travaillait en copains, commençant tard, finissant tôt, mais faisant du bon travail, sans se hâter, en amateurs arrivant tout de même à bâcler leur modeste journée.

A présent, il faut surveiller les ouvrières, pointer leurs entrées, leurs sorties, vérifier leurs travaux, surveiller leurs appareils, alors qu'on s'occupe du travail à droite, d'autres à gauche travaillent de mauvaise façon ; d'autres encore qui s'en foutent — ne sont-elles pas ouvrières et en quoi les intérêts patronaux les passionneraient-ils — et afin d'abréger la journée d'un côté, il y a du travail fait, qui n'est pas livrable, de l'autre, du travail après lequel attend le client mais qui n'est pas fait. Les commandes affluent... affluent toujours, c'est l'exploitation commerciale avec tous ses déboires et ses turpitudes ...

Et vous qui étiez si bon type et si copain, vous devenez accariâtre, ne comprenant pas que cela ne puisse mieux fonctionner. Vous ressautez après tout le monde. Surtout après moi, vous accusez de manquer d'énergie, ne comprenant pas que je n'ai pas la main de fer du tyran deco-contremaître qui fait courber l'échine aux esclaves, les obligeant à travailler mieux et plus.

Vous m'accusez de faiblesse. Oui, je l'avoue, je ne suis fort et courageux que lorsqu'il s'agit de travailler d'une façon raisonnable, c'est-à-dire sans courir, sans pousser la roue pour activer le débit et aussi sans avoir à subir l'autorité d'un chaouch qui me presse. Mettez-vous à ma place, je ne veux pas subir l'autorité des autres et je ferai subir la mienne, ce serait fort illogique, me semble-t-il ?

Alors je me suis souvenu qu'un patron me disait un jour, à propos d'un travail que je ne voulais point exécuter le trouvant trop mauvais : « Il faut se soumettre ou se démettre. — Eh bien, je me démets, lui répondis-je à cette époque. » De même aujourd'hui, je me démets, car malgré mon individualisme, je préfère être un asservi comme il me plaît qu'un asservisseur comme il plaît aux autres.

Rappelez-vous, mon vieux, ce bout de discussion que j'eus un jour avec un des grands manitous de l'usine où un votre qui lié de patron concessionnaire vous n'êtes aussi qu'un exploité, rappelez-vous l'exposé que je fis de ma conception sociale, démontrant le moyen de vivre en harmonie par l'entente et par l'entr'aide, par le travail en commun des forts et des virils pour la consommation des individus sans distinctions d'âge ni de sexes. Il n'y avait dans cette société — idéale encore puisque les hommes n'ont pas la conscience de la réaliser — ni contremaître, ni patrons, ni flics, ni lois. Avec le grand manitou de l'usine, vous trouviez cela logique... mais irréalisable.

Il est réalisable, ce beau rêve, à une condition, c'est que vous et le grand manitou, ainsi que tous les autres manitous, patrons, contremaîtres, flics, légalistes et autres, en un mot, tous ceux qui font ou représentent l'autorité, la loi, cessent de matérialiser ces entités.

C'est par suite d'une aberration monstrueuse, prenant naissance dans l'idée de Dieu que l'on a fabriqué la propriété, la patrie, la loi, l'armée, la police, l'argent. Que les hommes raisonnent des faits, des choses en connaissance de cause, ils verront l'illogisme de la société présente et de celles qui la précédèrent, le néant des paradis extra-terrestre : l'absurdité des idées de dieu, propriété, patrie, et ils conclueront comme moi, par la nécessité immédiate de réaliser ce que vous appelez un beau rêve, mais qui deviendrait ce jour, une belle réalité.

Le jour où vous serez déterminé à faire ce travail, prévenez-moi, je serai avec vous. Je suis certain que nous nous entendrons mieux que lorsqu'il s'agit d'employer mon énergie comme chaouch.

. . . .

Je me rappelle le temps où je faisais de la peinture avec un brave type, presque un copain. Il est mort, gagné par sa maladie d'être « un patron ».

Amicalement tout de même.

H. SILO.

Un Anarchiste devant les Tribunaux
de Georges Etiévant

o fr.10, par poste 0,15 — le 100 6 fr., franco 5,80

Triangle et Syndicalisme

Qui l'aurait cru, me disait un fervent syndicaliste, il paraît qu'un grand nombre de secrétaires d'organisations syndicales font partie de la Franc-maçonnerie ? Quelle formidable dose de naïveté et d'inconscience, il faut avoir pour s'esclaffer et paraître infiniment surpris devant la banalité de ce fait. Peut-il se trouver encore des « conscients » qui s'indignent à la seule pensée que certains fonctionnaires syndicaux cherchent à élargir le cercle de leur visée et de leur ambition ?

Comment qualifier ces secrétaires de syndicats qui se ruent, telle une meute d'affamés, vers les officines de mouchardage que sont les loges maçonniques ; quelles sont donc les raisons qui les déterminent à solliciter humblement d'être admis à faire partie de la confrérie des frères trois points ? N'est-il pas plaisant de voir ces farouches révolutionnaires pousser l'idolâtrie et la dévotion au point de s'agenouiller pieusement devant son excellence le grand architecte de l'univers.

On relève parmi les syndicalistes chevaliers du compas, des notabilités très importantes du Comité Confédéral. Ces messieurs peuvent-ils objecter qu'ils y pénètrent pour y faire de « l'action directe » et du sabotage. Ou bien veulent-ils tout simplement, par une savante opération commerciale, étendre la vente du papier à cigarette confédéral à la franc-maçonnerie !

N'est-il pas plaisant de voir ces apôtres côtoyer et fraterniser avec les pires ennemis des travailleurs. La majeure partie de la clique maçonnique est composée d'avocats, d'officiers, de magistrats, de parlementaires de fonctionnaires, d'entrepreneurs et de rentiers, bref tous les plus beaux spécimens de jouissance crapuleuse et de parasitisme.

Il serait utile de connaître les causes qui ont poussé ces fonctionnaires syndicaux à pénétrer dans cette répugnante citadelle de la bourgeoisie. Je suis bien sûr que nous aurions rapidement l'explication de certains faits scandaleux qui persistent à rester pour nous des énigmes indéchiffrables. Faut-il que ces pauvres travailleurs « conscients » possèdent une rude couche de veulerie et d'aveuglement pour ne pas voir clair dans le jeu de ces jouisseurs et de ces arrivistes, et comprendre enfin que se donner des maîtres, fussent des camarades, est tout simplement s'exposer à être dupés, roulés et tondus.

Candidat syndicaliste, — Syndicaliste franc-maçon, voilà les plus belles et les plus répugnantes incarnations du cabotinage et de l'arrivisme moderne.

Marceau RIMBAULT.

2

Les Ouvriers,
les Syndicats
et les Anarchistes

Les anarchistes savent fort bien qu'en échange de son labeur aveugle, le producteur est censé recevoir un salaire qui lui fournit théoriquement la faculté de se procurer les utilités nécessaires à sa propre consommation. La réalité, c'est que le producteur ne reçoit pas le salaire de son travail. L'état de choses économique actuel fait qu'une partie du salaire normal — la majeure partie — reste aux mains : tantôt de ceux qui louent son effort musculaire ou intellectuel (car les outils de grande et moyenne production sont possédés par un certain nombre de « capitalistes » ainsi nommés parce qu'ils ont par devers eux les capitaux-espèces nécessaires à l'acquisition ou à la construction des usines, fabriques, ateliers, magasins, machines, engins de toute sorte) — tantôt d'intermédiaires, transporteurs, revendeurs, commissionnaires — qui, les uns et les autres retirent un certain bénéfice de leur intervention, bénéfice qui vient naturellement en déduction du salaire de l'ouvrier.

De plus, un certain nombre d'êtres humains sont des « oisifs », ne contribuent en aucune façon à la production générale et se contentent de consommer des utilités de luxe. Détenteurs d'un capital représenté par des prêts à intérêt à l'État ou à de grandes entreprises financières, commerciales, industrielles ou autres ; ou par des biens fonciers ; ou encore, et très rarement, par du numéraire-espèces ; ils vivent en « parasites ». Comme l'État paye ses créanciers en prélevant des impôts et les grandes entreprises remboursent les leurs en diminuant en conséquence le gain de leurs salaires directs ou indirects, c'est une nouvelle déduction à opérer sur le salaire de l'ouvrier.

Enfin, les gouvernements ont à leur service une foule de fonctionnaires d'ordre purement administratif, judiciaire ou militaire, destinés à veiller à la conservation de l'état de choses actuel. Ces fonctionnaires étant payés par les impôts, autre prélèvement sur le salaire de l'ouvrier.

Les anarchistes savent aussi que les capitalistes et intermédiaires ne se préoccupent aucunement des besoins réels de la consommation. Ils ont pour guide unique la spéculation, c'est-à-dire le désir de faire rendre le plus possible d'intérêt au capital qu'ils engagent dans les entreprises qu'ils gèrent ou dont ils se préoccupent. Ils activent ou restreignent la production non pas selon le plus ou moins de mouvement de la consommation, mais bien selon qu'ils entrevoient une occasion d'acquérir de profits plus ou moins considérables (1). Quant à la qualité de la production, elle dépend tout entière de la puissance d'achat des consommateurs et non de leurs besoins : à consommateur riche, produits de qualité supérieure, à consommateur pauvre, produit de qualité inférieure.

Le producteur concourt à la fabrication ou à la manufacture de produits destinés à le maintenir dans sa condition de salarié ou en contradiction ouverte avec ses opinions. On le voit s'employer à la construction des églises, casernes, prisons, engins de guerre, etc., à la confection de bijoux, étoffes et meubles somptueux, bois sous luxueux et autres objets rares absolument superflus quand ils sont produits par tout autre que le consommateur. On voit le typographe libre-penseur composer un ouvrage religieux, un tailleur antimili-

(1) Sans parler des « accaparements » de jadis, on a les « trusts » d'outre-Atlantique, les « cartells » d'outre-Rhin, les syndicats à français, vastes associations de capitalistes, monopolisant toute une branche de la production, fixer le prix des produits et en régler la consommation.

tariste confectionner des uniformes d'officiers, un cultivateur communiste labourer un champ pour le compte d'autrui. Il n'est pas nécessaire d'insister.

Les anarchistes savent donc parfaitement : que le producteur, l'ouvrier ignore le plus souvent la destination de son produit ; que le salaire qu'il est contraint d'accepter ne correspond nullement à son effort de production et sert au maintien et à l'entretien d'un grand nombre de parasites, oisifs, capitalistes et fonctionnaires de toute espèce ; que très fréquemment, alors qu'il lui est donné de présumer la destination de sa production, qu'il sait tout au moins qu'elle est destinée à ses camarades de misère quelque part dans le monde, ceux qui l'emploient le forcent à produire des objets de qualité inférieure ; qu'il apporte son concours à la manufacture de produits de toute sorte dont le but est visiblement de perpétuer sa condition de salarié. Les anarchistes savent aussi que le plus grand nombre des ouvriers, des producteurs, travailleurs des usines, des ateliers, des champs, employés de commerce, de bureau, d'administration, acceptent leur état et ne font aucun effort réel pour s'en libérer. Satisfaits des préjugés en cours sur la considération due à la fortune, sur le respect que mérite tout arriviste, imbus des conceptions rétrogrades sur la propriété, le patronat, etc., esclaves des préjugés moraux et intellectuels qui visent au maintien des choses établies et qui forment la base de l'enseignement primaire, apeurés aussi par la menace du chômage, les malheureux produisent, produisent, produisent, n'ayant d'autre but dans la vie que de s'en tirer le mieux possible, bien heureux quand le surménage ou le dégoût ne les conduit pas à l'alcoolisme ou à toute autre forme de dégradation.

II

Les anarchistes n'ignorent donc pas que le travail actuel s'accomplit sans méthode, chaotiquement. Les producteurs produisent à l'aveuglette et les consommateurs consomment, pauvres : en deçà de leurs besoins réels ; riches : au delà de leurs nécessités véritables. Cet état de choses économique a attiré depuis longtemps l'attention d'un assez grand nombre d'esprits éclairés ou généreux qui se sont demandés s'il n'était pas possible que le travail fut ramené à sa raison d'être : une production générale destinée à assurer la consommation normale de tous les êtres humains. Ils ont rencontré des plans de réorganisation ou de renouvellement des conditions du travail et se sont adressés aux premiers intéressés : les ouvriers.

Ils ont rencontré l'hostilité des gouvernements, des individus qui en dépendent et des classes privilégiées, lesquels n'ont jamais eu et n'auront jamais le moindre intérêt à la mise en application d'une conception normale du travail, dont la pratique supprimerait leurs emplois, tarirait leurs sources de revenus ou les placerait au rang de simples producteurs. C'est si vrai que quand on examine le texte et l'application des lois dites ouvrières, on reconnaît qu'elles visent, moyennant des concessions très superficielles et sujettes à de nombreuses réserves, à maintenir purement et simplement en leur situation les possédants de tous genres. Mal renseignés, indifférents, esclaves des préjugés et de l'enseignement fourni dans les écoles du gouvernement, les ouvriers en majorité se contentent de ou vont pas au delà de l'octroi de quelques améliorations consenties à leur sort : diminution de la durée de la journée de travail, augmentation des salaires, retraites ouvrières, rentes médiocres entraînées par les accidents du travail. Toutes améliorations qui laissent intact, gouvernements, propriété, capital, parasitisme.

E. ARMAND.

(À suivre.)

DÉLATION

Quel acte méprisable que la délation! Et pourtant elle règne en souveraine dans notre «belle République» et bientôt le ruban rouge de la légion d'honneur (sic) ne sera donné qu'à ceux qui auront prouvé leur talent de mouchard.

N'avons-nous pas tous les jours de nouvelles organisations policières, la brigade mobile, les chiens policiers, les femmes détectives (celles-ci sans doute en vue de l'émancipation de la femme) etc, etc, sans parler des grands journaux quotidiens, le *Matin* en tête. Ah! ceux-là méritent bien de la Patrie policière et Flic 1er a de fameux auxiliaires.

Ainsi un journaliste qui signe Jean d'Orsay (Vidocq serait un nom de guerre mieux approprié) joint à son métier celui d'indicateur de la police. Il se trouva rien de mieux, ces jours derniers, que de dénoncer un refuge de miséreux; ça incommode ce Monsieur que les mal-abri passent la nuit dans la Laiterie de Trianon...

Cher monsieur, c'est peut-être la première fois que ce bâtiment sert vraiment à quelque chose d'utile. Et puisqu'il y a des gardiens au Palais de Versailles, est-il nécessaire que vous, vous fassiez la police à leur place?

Du haut en bas de l'échelle sociale on moucharde; Monsieur Clemenceau a attiré l'attention du public sur la prime de 25 francs, offerte à tout dénonciateur d'un insoumis ou d'un déserteur.

Malgré la tendance nationale moucharde, beaucoup de gens encore méprisent et l'acte et ceux qui le commettent. Tout individu qui réfléchit quelque peu se refuse à sympathiser avec les policiers... amateurs ou de métier, témoin l'attitude d'une pierreuse, qui s'est battue avec une collègue laquelle avait dénoncé son amant. La première est au dépôt mais l'autre est mourante.

Sans approfondir sous quelle impulsion elle a agi, j'applaudis à l'acte supprimant la délatrice et j'estime qu'à ceux qui toucheront la prime promise par Monsieur Clemenceau, il serait intéressant d'appliquer pareil régime ne serait que pour prouver : *Comment on meurt pour 25 francs.*

A. ESTÉGUY.

NOTRE CORRESPONDANCE

La Peine de Mort

Pourquoi les anarchistes, qui sont contre la peine de mort, se réservent-ils le droit de tuer en cas d'insurrection? Tel est la question posée.

Nous savons que le criminel est irresponsable, qu'il n'est que le résultat du milieu qui l'a formé, que la peine de mort, n'enraye nullement la criminalité, puisqu'elle n'en attaque pas les causes. Elle n'est donc qu'un deuxième crime n'ayant l'excuse d'aucun intérêt.

La classe privilégiée, la classe capitaliste, la classe gouvernante, exerce sur la classe miséreuse un droit de vie et de mort. Elle ne regarde pas à sacrifier la vie d'innombrables individus pour la défense de ses intérêts, pour la conservation de ses privilèges. Combien d'ouvriers succombent à la suite d'accidents dus à la lésinerie patronale; combien d'autres meurent, dès le jeune âge, succombant sous un labeur écrasant; combien d'enfants meurent de faim; combien de jeunes gens, logés dans des taudis insalubres, succombent tués par l'anémie, la phtisie, la tuberculose; je pourrais longtemps énumérer les victimes de la classe dirigeante.

Si fatiguée de cette misère, las de souffrir et d'être tyrannisé, la classe exploitée veut que tout cela cesse et fait entendre un murmure de révolte; si, se libérant du joug qui l'oppresse, elle fait entendre sa voix, aussitôt de toute part, mille fusils se dirigent vers elle montrant leur gueule menaçante.

A ce moment la question se pose, avons-nous le droit de tuer ceux qui tout à l'heure, pour nous faire rentrer dans l'obéissance et la misère, tireront sur nous? Il n'y a pas d'hésitation, le premier geste est de saisir un fusil, une arme quelconque et de s'en servir contre ceux qui nous menacent.

Si, à l'encoignure d'une route un individu se dresse devant moi et braque sur moi une arme quelconque, il est naturel, s'en ai le temps, que je tue cette personne avant qu'elle n'ait eu le temps de me frapper. Cela est aussi naturel, le jour d'une révolte, quand nous voyons se dresser devant nous les canons des fusils.

Nous voulons sortir de la misère, conquérir la liberté, avoir droit au bonheur et à la joie, ne sommes-nous pas dans notre droit? Lorsque pour nous arrêter on nous oppose la mitraille des fusils, s'armer, se défendre, attaquer même, c'est encore notre droit; notre droit puisque nous ne pourrions faire autrement.

La classe privilégiée et ses partisans sont la cause de tous nos maux, les frapper est donc œuvre utile puisque nous attaquons ainsi la cause de la misère, la cause de la mort violente.

Francis VERGAS.

A Travers les Brochures

LA DANSE DES MILLIARDS (1) *par Jobert.*

L'auteur fait défiler devant nous toute la cavalcade mirobolante des impôts déguisés en Budgets. Sou par sou, la machine gouvernementale, afin de faire marcher la société aux rouages grincheux, arrache quatre milliards aux pauvres bougres.

Tous les ans, la même comédie se recommence. Les loups se disputent les lambeaux de la proie, tâchant d'attirer vers eux les plus grosses parts.

(1) Editions de *La Guerre Sociale*. 121, rue Montmartre, Paris. o fr 10. En vente à *l'anarchie*.

A. Jobert tient à nous donner en détail ce qui va ici, ce qui va là. Tant d'honneur militaire, tant à l'assassinat légal, tant au parasitisme de la rente, tant aux ronds de cuir. C'est un peu fastidieux. Mais tout de même les chiffres ne manquent pas d'une certaine magie.

D'autant qu'il termine en montrant que ce n'est ni le budget radical ni le budget socialiste qui feront les affaires du peuple, mais une bonne secousse mettant fin à tous les budgets et conséquemment à tous les budgétivores.

—o—

LA GRÈVE DES VENTRES (1) *par Kolney.*

Voilà un fort bel article mais aussi une fort médiocre brochure. Le style est clair, prenant, l'idée bonne. C'est une affirmation osée, mais rien de plus.

Je ne suis pas contre *la grève des ventres*, pourtant je trouve les raisons préconisant cette tactique trop faible, trop de surface. Les arguments font effet mais manquent de profondeur.

Il est curieux d'appeler le peuple à regarder «le Capital désarmé et impuissant devant ses richesses accumulées, devant ses tas d'or»; qu'est-ce de plus qu'une image brillante mais fausse?

Comme article jetant son cri, sa pensée, disant son opinion, l'affirmant contre celle des autres ces feuillets sont bons, je le répète, mais de nulle propagande près des gens simples voulant trouver, dans une brochure, autre chose que de belles phrases.

Quelques arguments serrés n'auraient pas fait mal. Disons-le vite, cela aurait fait peut-être moins d'effets, ajoutons pour consoler, que cela aurait fait certainement plus de travail. Et n'est-ce pas notre but, notre seul but?

—o—

VERS LA RUSSIE LIBRE (2) *par Bullard.*

L'auteur a voulu permettre à tous de se former une opinion sur l'œuvre de la Révolution russe, ses pourquois, ses comments, ses aspirations. Pour cela, il n'a rien de mieux à narrer tels qu'il les a vus, tels qu'il les a compris et sentis, les évènements tragiques de ces dernières années.

Gapone et la tuerie du Palais d'Hiver, les élections à la Douma, la révolte du *Potemkine*, la tyrannie de Stolypine, la série des actes individuels nous sont enfin contés par un témoin qui ne trompe pas et sans que la censure bourgeoise puisse faire ses coupures habituelles.

Pourtant A. Bullard ne me paraît pas avoir réussi à passionner, à intéresser le lecteur. Peut-être la traduction a-t-elle enlevé toute la saveur de la narration, toute son originalité. mais cela est trop froid, pas assez vécu.

Une partie intéressante de ce travail est, sans conteste, les réflexions de l'auteur sur l'importance du mouvement paysan dans la révolution. Cet élément décidera du résultat, imposera la nouvelle forme sociale. Quelle sera-t-elle? Ce point d'interrogation ne saurait empêcher d'agir.

Le traducteur. A. Pratelle, a tenu à faire précéder la brochure d'une invocation, d'une prière à la Révolution russe qui est du dernier ridicule. Ce sont des réflexions aussi grotesques qui faussent le cerveau des jeunes gens, les éloignent d'une révolution utile en les grisant par l'adoration d'une Panacée-Révolution.

(1) Editions de *Génération consciente* 27, rue la Duée, Paris. o fr. 10. En vente à *l'anarchie*.
(2) Editions des *Temps Nouveaux*, 4, rue Broca, o fr. 40 En vente à *l'anarchie*.

—o—

PRENONS LA TERRE (1), *par E. Girault.*

Après une entrée en matière plutôt simple, différenciant l'idée communiste-anarchiste, de l'idée collectiviste-socialiste, l'une individualiste, l'autre étatiste; après une critique des moyens jusqu'ici employés, tant politiques que syndicalistes, voilà Girault qui se balade «scientifiquement» dans l'utopie.

S'il nous donnait quelques aperçus de l'avenir à travers les déductions du maintenant, on pourrait tout simplement sourire de cette n° edition des terres idylliques, mais ce qui oblige à s'en moquer beaucoup, c'est la prétention curieuse de l'auteur de faire un travail précis, scientifique, ce sont les classifications, les moyens, les méthodes qu'il fait et donne très sérieusement.

Ainsi, il fait un exemple de dix familles à deux enfants, dépensant chacune, annuellement: 420 francs de loyer, soit 4.200 francs en dix ans, soit 42.000 francs à elles dix... «*Que ne pourrait-on réaliser avec 42.000 fr. de matières premières, tout en ayant une sécurité constante?*» conclut-il victorieusement. Oui, mais les a-t-on? C'est ce dont ne se préoccupe pas l'auteur. Il aurait pu prendre un exemple de 100 familles pendant 100 ans. C'eut été plus mirobolant sans plus de difficultés.

Le reste est à l'avenant. Les conseils techniques sont plus stupéfiants encore que les conseils économiques. Tous les lieux communs sur l'agriculture sont ramassés avec prétention à l'agronomie, à la zootechnie. Ce serait amusant de fatuité si ce n'était en même temps, triste de penser que cela peut être pris au sérieux.

Et la brochure qui prétend «poursuivre avec méthode et volonté un but démonstratif» nous parle «des franches semailles» des «Lyres de nos compagnes culonnant des hymnes d'amour», «des pubertés révélatrices à la lumière des vers luisants» et «des bons vieux étudiant l'incommensurable cosmos».

Hélas pour prendre la terre, il faut tout d'abord jouer d'autres choses que du luth et de la lyre. Avant d'être «les lieux de refuge des déserteurs» et de «fournir des collectes aux autres œuvres» que les expériences communistes fassent tous leurs efforts pour assurer leur propre existence. Avant d'être «parées comme les belles italiotes antiques» que nos compagnes apprennent à être de bons copains, sujets d'harmonie et non de discorde.

N'ayant même pas l'excuse d'être une belle rêverie, écrite d'un beau style, ne portant aucun argument sérieux, remplie d'erreurs et d'illusions mensongères je pense qu'il est imbécile et dangereux de faire circuler une pareille brochure. C'est aller à l'encontre de la propagande désirée.

LE BIBLIOGRAPHE.

(1) Editions du *Bureau de Propagande*, 19, rue du Chalet, Asnières. o fr. 05

Revue des Journaux

LES TEMPS NOUVEAUX.

Toujours répondant à Brenn, Charles Albert montre peu à peu le fossé entre les forts et les faibles se comblant, c'est-à-dire les uns n'ayant plus l'idée de commander ni les autres l'intention d'obéir. Je ne pense pas comme lui sur le moyen d'émancipation que serait l'instruction primaire. C'est trop un minimum consenti et *organisé* par la bourgeoisie.

Aristide Pratelle cite plusieurs exemples de groupes d'hommes vivant *en autonomie*. Ce sont, il est vrai, de très petits groupements, mais c'est toujours une expérience.

Sur la mauvaise organisation des chemins de fer pour le service des messageries, une note de Michel Petit.

Un document montrant l'anarchiste écrasé, par des notes tendancieuses, pendant toute la durée de son séjour au régiment.

Michel Petit continue à vouloir nous indiquer meilleure façon de *se servir du médecin*.

LE LIBERTAIRE.

Dans sa forme agréable, Eugène Péronnet ironise la *Fête du Printemps et de l'amour*. On ne fait pas revivre les formes du passé et si les fêtes civiques ont eu leur «gloire», elles sont mortes. Nous ne pouvons plus prendre «de l'émotion à heure fixe».

A propos d'un camarade intéressant qui vient de mourir, l'éternelle critique de ceux qui restent. Le passé est auréolé, du fait qu'il n'est plus. Chaque époque a sa vie.

Ça s'allonge, *les petites méditations*. Bien dommage.

G. Yvetot s'accorde avec Levieux sur l'action. Quand il y aura danger à être flic, le métier sera moins recherché. Lorsqu'on parlera net aux soldats et qu'on agira aussi selon leur réponse, bien des choses pourraient changer.

Marceau Rimbault et Lasinus nous montrent les beautés du *Fédéralisme*. Grand bien fasse à tous. Fédérons-nous, ça ne nous empêchera pas de continuer à faire comme si nous ne l'étions pas. Heureusement.

François Guy piétine sur les plates-bandes des *préjugés*. Il parle contre la statuomanie et l'amour-propre. Hum! on pourrait presque dire qu'il se trouve sur nos plates-bandes.

Un peu ennuyé de voir *le libertaire* employer «exactement» les mêmes mots que *l'humanité* pour parler de la sortie du meeting St-Paul. Lopez avait tort de deviser si gentiment. Il faut dire que tout le monde ne devisa pas.

René Dolié fait *un souhait*, un seul, mais il est bon. LE LISEUR.

A Travers les Réunions

Tout au fond d'un couloir, dans une salle classique, la Belle Polonaise, à Montparnasse, les anarchistes s'essayaient encore à former un parti. Les copains avaient, sans le vouloir et sans le croire, des attitudes de délégués.

Quelle salade et quel mélange. Le fougueux antisyndicaliste Rimbault causait tout doucement à Desplanques de la C.G.T., alors que le révolutionnaire Roussel était assis non loin du modérantiste Libertad. Le naturien Beylie était non loin du moderniste René de Marmande alors que le nomadiste Balsamo s'expliquait avec le scientifique Parival.

Quelques femmes jetaient une note gaie, adoucissant les figures conspiratrices et préoccupées des hommes. Elles n'avaient pas trop l'air de prendre ça au sérieux.

Les éternels discutailleurs trouvaient qu'on perdait du temps à discuter et s'attardaient à le prouver.

Rien ne sortit véritablement de cette rencontre, pourtant elle ne me paraît pas sans intérêt. Elle a permis — que nous importe pourquoi — à des hommes que séparent des kilomètres de préventions de se rencontrer presque amicalement.

LE BALADEUR.

Où l'on discute !
Où l'on se voit !

Causeries Populaires du XVIIIe, Rue du Chevalier-de-la-Barre, 22. — Lundi, 22 juin, à 8 h. 1/2, *Balade à travers les événements*, par tous.

Causeries Populaires des Xe et XIe 5, cité d'Angoulême (66, rue d'Angoulême). — Mercredi 24 juin, à 8 heures 1/2, *Sur la Fédération*, par A. Libertad.

Groupe libre d'éducation du Bronze, salle Cassain, 123, rue Vieille-du-Temple. — Jeudi 18 juin, à 8 h. 1/2. *Enseignement à tirer des élections municipales*, par Gaudin.

ASNIÈRES. — *L'Aube nouvelle*, 128, rue de Châteaudun, près la place des Bourguignons. — Vendredi 19 juin, 8 h. 3/4, *L'organisation*, par un camarade.

CLICHY. — *Propagande abstentionniste*, salle des fêtes, rue Reflut, jeudi 18 juin, à 9 h. du soir. *Le Mensonge électoral*, par Rousselet, Lucien et Cachet.

ARGENTEUIL. — *Groupe d'études sociales*, chez Gorion, 11, rue de l'Hôtel-Dieu. Samedi 20 juin, à 9 h., *Propagande à faire à l'occasion du 14 juillet*.

TOURS. — *Les Iconoclastes*, Restaurant Lestrade, 76, rue Bernard-Palissy. — Vendredi 19 juin, à 8 h. 1/2 du soir, *Le Machinisme*, par Hobinot.

St-ÉTIENNE. — *Causeries libres*, 42, rue Mulatière, mardi 23 juin, à 8 h. 1/2, *L'anarchie, son but, ses moyens* (II), par L. Copin.

TROIS MOTS AUX AMIS

H. B. — Trop de littérature et pas assez. mon vieux.
MEUNIER. — Sans être en absolu désaccord sur des points de détails, nous trouvons ta conclusion tout à fait fausse. Aussi, nous n'insérons pas.
A. M. — Abonnement va jusqu'à 173.
CR. — Oui, nous avons reçu.
Copain vitrier à Fontainebleau. — Envoie adresse aux Causeries.

LES CAMARADES
adresseront
tout ce qui concerne
l'anarchie
à A. Mahé & A. Libertad
22, rue du Chev.-de-la-Barre
PARIS-XVIIIᵉ

l'anarchie

PARAISSANT TOUS LES JEUDIS

ABONNEMENTS

FRANCE
Trois Mois......... 1 50
Six Mois.......... 3 »
Un An............ 6 »

ÉTRANGER
Trois Mois......... 2 1
Six Mois.......... 4 1
Un An............ 8 »

QUATRIÈME ANNÉE — Nº 168 — DIX CENTIMES — JEUDI 25 JUIN 1908

LA CITÉ D'ALLÉGRESSE

Les gens honnêtes ont coutume de croire que la réalisation de l'idéal anarchiste est impossible. L'autorité constitue le fondement indispensable de toute forme sociale, disent-ils, parce que les hommes sont mauvais, parce que la seule violence peut les déterminer à agir dans un sens logique, parce que la paresse, l'envie, la concupiscence, mille tares, sévissent sur les âmes.

***

Opinion béate ! C'est ainsi qu'ils perpétuent sous le ciel leur laideur primitive et l'iniquité des institutions. Ils restent enfouis dans l'ignominie puisqu'ils pensent que l'ignominie est fatale. Ils connaissent que la perfection des collectivités humaines résulte de la somme des perfections individuelles — et malgré cela ils se complaisent dans la mesquinerie, dans les jouissances sordides, dans les bas-fonds de la vie, dans la cécité. Tous désirent que l'édifice s'élève, mais aucun n'apporte sa pierre. Ils sont pareils à ces ivrognes qui s'immobilisent dans les trous où ils tombent, à cause que ces trous leur paraissent des abîmes.

La ferveur d'aimer, la volupté de penser, ne sont point pathétiques pour eux. Leur existence est sacrifiée à *des idoles banales*, et ces idoles sont insensibles aux yeux des croyants qui les ont édifiées. La Patrie, à la croupe sanglante, la Propriété, avaricieuse et hautaine, et tant d'autres divinités qui se meuvent dans le ciel moral de nos contemporains ont menti : nous attendons encore les délices promises. O gueules honnêtes, ô funestes ilotes ! Votre vie intérieure est morne et froide comme un paysage du Pôle. Vous vivez, mais vous ne vivez pas. L'allégresse ne chante pas en vous. Votre présence sur la terre est une insulte à la beauté du monde. La Loi, qui s'est substituée pour les actes les plus importants de l'existence à l'initiative des individus, a détruit toute vigueur de pensée, toute indépendance. A voir passer dans les voies des grandes cités, entre les rangées d'inesthétiques maisons, parmi le tumulte et la puanteur, tant d'êtres déchus, tant d'eunuques, tant de fruits blets, l'homme fort se sent d'immenses rancœurs; les figures insipides que crispe un rictus uniforme, où se manifeste le souci des jouissances bêtes, n'ont plus rien de la rude grandeur des visages d'hommes primitifs. Ces fronts étroits, ces faces imbéciles, révèlent l'anéantissement des volontés et des intelligences. Jamais dans le chaos des siècles, une telle génération de brutes n'a vu la lumière du soleil.

Tout ce qui rend l'existence aimable ou grandiose est méconnu. L'éclat diaphane des aurores, les spectacles de la nature, n'ont plus de séductions. La saveur du pain, le rire des enfants, la douceur des amitiés profondes, n'éveillent plus d'enchantement dans les cœurs, de rayons dans les yeux. Tout est mort dans l'homme, tout — sauf la faculté d'obéir. La civilisation n'a rien fait pour enrichir les qualités individuelles, pour rendre plus homogène, moins destructive la vie des collectivités.

Il n'existe, comme éléments sains, dans l'humanité, que les anarchistes qui travaillent dans l'ombre à des besognes salutaires, et qui surgiront superbement, dans la bataille, au jour des grands chocs sociaux, des flux populaires et des titanesques collisions.

***

Ainsi les hommes désirent vivre, mais ils ne le veulent pas. Le salut est en eux et ils ne sont pas sauvés.

Le salut est dans l'homme parce que celui-ci aspire invinciblement à la passion vitale, au plaisir. Diverses expériences apprendront aux individus que les formes sociales sont inaptes à satisfaire le besoin qu'ils ont de jouir. Ils penseront à les remplacer, et la conception de nouveaux modes de groupements, de travail, d'habitudes et d'hygiène, naîtra dans les cerveaux. Si ce qu'ils construiront est incomplet, ils le démoliront encore, et ils parviendront ainsi jusqu'à l'idée d'anarchisme.

Par une action parallèle, le domaine des conceptions, des sciences augmente chaque jour, cependant que le domaine des idées fausses se restreint. Les préjugés disparaissent plutôt qu'ils ne se développent.

L'état d'anarchie apparaîtra comme fatalement nécessaire. Déjà, presque tous les gens reconnaissent que le communisme pourrait assurer aux individus la plus grande somme de puissance et de liberté. Il est vrai qu'ils considèrent, en même temps, que le communisme est impossible. Mais même les plus acharnés partisans de l'autorité font souvent des gestes communistes : les catholiques qui se réunissaient librement lors des inventaires, pour faire de la rébellion, et les bonnes sœurs qui comptaient sur la force publique, effectuaient du communisme. Il en est de même pour les idiots des comités électoraux, les gourdes épanouies qui forment les orphéons, et beaucoup de gens encore.

Puisqu'il est de l'intérêt de chaque individu de vivre en communisme, le communisme est possible. Car l'intérêt étant l'unique moteur des actes de l'homme, si on place l'ensemble des individus pénétrés de l'intérêt qu'ils ont à être communistes, et qu'aucune force oppressive n'entrave leurs gestes, l'égoïsme déterminera chacun d'eux à agir suivant son intérêt; la forme sociale que réaliseront les hommes ainsi placés sera la « cristallisation » de leurs activités individuelles, de leurs intérêts.

Et le communisme vivra. Et sa vitalité sera d'autant plus puissante que les sociétaires y seront plus intéressés. Le milieu social répondant entièrement aux besoins des hommes, tous les actes que feront ceux-ci tendront à la conservation du milieu favorable. Et l'harmonie et la splendeur de la cité s'épanouiront sous le dôme du ciel. Et l'allégresse, au cœur de chaque homme, vibrera comme une harpe.

Tous les bâtisseurs de sociétés futures ont erré lorsqu'ils comptaient sur les sentiments d'altruisme, de grandeur, d'abnégation, que peuvent avoir les hommes. Une seule chose est stable dans le cœur humain : l'égoisme.

OLOGUE le CYNIQUE.

Chiquenaudes
ET
Croquignoles

GRÈVE DE CANDIDATS

Par la huitième fois on convoquait les électeurs de Riols, près de Saint-Pons, afin qu'ils aient à nommer un conseil municipal.

Mais pour nommer un conseil municipal faut-il avoir de la graine de conseillers municipaux. Bah ! allez-vous penser, c'est comme la mauvaise herbe, ça vient tout seul.

Pas dans cet heureux patelin ! pas un candidat ne s'est présenté. Voilà dix-huit mois que la commune n'a pas de conseil municipal.

Se déranger pour se choisir un maître, autant que les autres s'en chargent. Les choux pousseront quand même.

❧

LA CRAPULERIE DE LA PRESSE

Voilà dans le Journal du 19 juin, un aperçu de l'esprit d'un reporter judiciaire :

L'acquittement d'un faux monnayeur.

Les acquittements en matière d'émission de fausse monnaie sont assez rares pour être signalés quand par hasard il s'en produit un.

Il est vrai que l'acquitté d'hier, le nommé Anzani Decio, joignant les trois qualités d'être à la fois Italien, anarchiste, et d'avoir déjà été l'objet d'un arrêté d'expulsion.

Arrêté chez un boucher de la rue du Temple, alors que pour la deuxième fois il y écoulait une pièce de cinq francs fausse, Anzani prétend à l'audience ignorer totalement ce que c'est que la fausse monnaie.

Après plaidoirie de Mr Alcide Delmont, le jury s'est montré miséricordieux, puisqu'il a donné l'absolution à l'accusé — MARREAUX DELAVIGNE.

En quoi, sieur Marréaux Delavigne, le fait d'être Italien, anarchiste et d'avoir été expulsé a-t-il un rapport quelconque avec le fait d'avoir ou non passé de la fausse monnaie ? Et que signifie ce mot prétend et cet autre mot miséricordieux ? « Avec les anarchistes vous pourrez être à l'abri des poursuites judiciaires, mais certainement pas à l'abri des coups de pieds au cul, sachez-le, apprenti mouchard.

❧

LE SAVON RÉVOLUTIONNAIRE

Celui que je vous signale est de la meilleure marque, breveté sans garantie du gouvernement, paraît-il.

Pour ma part, j'en aurais bien besoin, mais j'en trouve le prix bien trop élevé pour mes moyens. Pourtant je ne peux que reconnaître ses effets merveilleux. Jugez-en vous-même.

En réponse à de tout petits mots que je jetais à propos d'une simple carte postale, je reçois la lettre suivante :

Paris, le 19/6-08.

Candide, à *l'anarchie*, rue de la Barre,

Quand j'ai envoyé à Libertad la carte postale dont vous insérez le contenu dans votre dernier numéro, je ne pouvais supposer que Durupt serait arrêté quelques jours après.

Durupt en prison, je n'aurais pas employé un mot prêtant à l'équivoque pour le qualifier ou, ce qui est plus probable, je ne l'aurais pas cité du tout.

Vous profitez de l'arrestation de ce camarade pour compliquer les choses et faire d'un mot jeté au courant de la plume, une véritable agression contre un prisonnier.

Je laisse à vos lecteurs eux-mêmes le soin de qualifier ce procédé.

Je n'ajouterai que peu de chose, tenant surtout à préciser ma pensée : « un sincère comme Durupt » avait sous ma plume la valeur de « un dilettante comme Durupt », et rien de plus.

Quant aux autres commentaires, dont vous agrémentez l'écho me concernant parfait, très bien... toujours à mieux.

H. FABRE.

Pour un camouflet, c'est un camouflet, j'aurais dû m'y attendre. Dans sa carte à Libertad, H. Fabre avait déjà parlé du savon révolutionnaire et de ses effets miraculeux. « La preuve que Flax n'a pas dit des idioties sur l'anarchisme en prétendant faire la biographie de Sébastien Faure, c'est qu'il est poursuivi pour avoir fait celle du général d'Amade. »

Heureux Durupt... que la prison vient laver de toutes insinuations, il pourrait être un coquin, un hypocrite, un jésuite, il devient tout juste un dilettante et encore n'en parlons pas... chut, il est en prison.

Qu'il le veuille ou non, le pauvre bougre est un martyr et le martyre de tout temps n'a-t-il pas donné l'absolution complète à tous les péchés.

Ah ! que Clemenceau se dépêche. Qu'il nous fourre en prison pour nous laver, H. Fabre, d'avoir laissé courir sa plume trop légèrement, et moi d'avoir tourné cela « en véritable agression contre un prisonnier ».

Hélas, lorsque Segnaparlait de ce monsieur, il ne pouvait connaître les poursuites du gouvernement contre Flax et c'est la carte envoyée à Libertad par un bonhomme que je ne nommerai pas qui « vont compliquer les choses et les tourner en véritable agression contre un poursuivi ».

Heureusement que les lecteurs qualifieront ce procédé !!!

Ce dont aussi pourront s'occuper les lecteurs c'est de cette manie de dramatiser les moindres incidents, de vouloir trouver son honneur blessé et de frapper hypocritement sur sa poitrine en jetant sur le dos des autres les « péchés » qu'on vient de commettre. C'est peut-être la meilleure façon de détourner la critique mais pas avec moi, car je suis trop

CANDIDE.

L'accueil fait aux éditions de *l'anarchie*, nous permet de jeter dans la circulation une étude d'Aura Mahé.

HÉRÉDITÉ ET ÉDUCATION

Ce travail, donné en trois conférences aux *Causeries Populaires*, vous en feuilleton, avait provoqué l'intérêt des camarades et beaucoup nous avait demandé de lui donner plus d'extension.

C'est ce que nous faisons. La brochure, d'une soixantaine de pages, sera vendue 0.15, mais laissée, pour en faciliter la vente et aider en même temps les groupements, à 7 fr. 50 le 100.

Le mieux est de faire les commandes le plus tôt possible, ne serait-ce que pour décider du tirage.

Contre le Coopératisme

Le coopératisme est une organisation économique tendant à l'amélioration de l'existence actuelle des ouvriers. Ses adeptes l'érigent en système se suffisant et pouvant se vivre par lui-même. L'école coopératiste qui se dit aussi solidariste, prétend rendre la solidarité consciente entre individus d'idées divergentes ; elle abandonne l'individu pour ne s'occuper que de l'intérêt de la collectivité.

La coopération est l'action d'opérer conjointement avec d'autres dans un but bien déterminé. C'est, dans toute sa simplicité, la seule forme que puisse préconiser les anarchistes, l'individu reste « lui » et reprend sa liberté quant il le juge nécessaire. Mais les partisans du coopératisme se sont servis du mot coopération — prétendant que leur système en est la démonstration — en lui donnant un tout autre sens. Ils tentèrent de nombreux essais ; les énumérer serait un peu fastidieux. Arrivons donc à ceux qui se disent modernisés, qui prétendent s'approcher de nos idées.

Il y a trois sortes bien distinctes de coopératives : les coopératives de crédit, de production, de consommation. Les premières sont les moins intéressantes ; elles soutiennent le petit commerce et l'industrie. Les gros propriétaires ne dédaignent pas d'y entrer, leur apport d'argent développant une classe de petits propriétaires, dont ils consolident la situation précaire par le crédit, formant ainsi une catégorie de satisfaits barrant la route aux idées nouvelles. Basées exclusivement sur l'argent, elles ne peuvent en rien nous intéresser. Les secondes qui s'occupent de la production sont des associations d'ouvriers. Elles ne peuvent généralement fonctionner que par l'emprunt de gros capitaux. Lorsqu'elles réussissent, elles finissent à l'encontre de leur but — la suppression du patronat — faisant éclore de petits patrons plus exploiteurs que tous autres. L'histoire des associations ouvrières serait très intéressante à connaître, ne serait-ce qu'à ce point de vue. Passons aux dernières, les coopératives de consommation : les plus concluantes pour les coopérateurs qui en font la base de leur système. Cette forme est la plus répandue. Elle prétend supprimer les intermédiaires (commerçants) et accaparer tous les produits de consommation qu'elle répartit entre ses membres au plus bas prix possible tout en réservant un bénéfice qu'elle leur distribue annuellement. Elle prône ainsi à des gens qu'elle prétend faire évoluer l'épargne, le mutualisme les mettant dans la situation du petit commerçant qui, sitôt qu'il a quelques cent francs devant lui, devient pour conserver sa rente le plus ferme soutien de l'état de choses actuel. C'est là un piètre progrès.

On ne trouve pas d'unité de vue dans le coopératisme. Par le même système, divers coopérateurs nous conduisent à des buts complètement différents, par des militaires. Il y a des coopérations formées par des coopérateurs d'état, par des religieux. Sont-ce ces catégories qui nous conduiront à un mieux-être social. Il y a aussi des syndicats de commerçants, de propriétaires terriens, d'agriculteurs qui sous la forme coopérative écoulent leurs produits. Est-ce que les coopératives ouvrières peuvent ne pas les connaître ? N'ont-elles pas de rapport par plus d'un côté ? Le coopératisme n'envisage l'individu que comme producteur ou consommateur ; toutes les idées se côtoient aussi gênée ; il est impossible de rien changer aux formes commerciales que prennent ces associations.

Remplacer le patronat par un conseil d'administration et toutes sortes de commissions d'achat, de contrôle, de vérification, etc., par une nuée de fonctionnaires, ne peut que nous donner un avant goût de la société collectiviste, mais ne me semble pas faire avancer d'un seul pas, la question sociale.

Le coopératisme renferme les principes de prévoyance, de mutualisme, il ne peut être envisagé que comme affaire commerciale à intérêts bien spéciaux ; il est essentiellement conservateur. Ses buts nettement le font aller de la démocratisation du capital jusqu'au collectivisme, voire même jusqu'au communisme-libertaire. Certains prétendent aussi que le système s'emparer du capital et préparer par ce moyen les cadres d'organisation de la société future. La réalité est, qu'actuellement, les coopératives sont des associations commerciales montées par actions à la portée des petites bourses, rien de plus. Inutile d'y chercher aucune trace d'éducation individuelle, de transformation de la société actuelle en une forme meilleure.

Aller à la coopérative ce n'est pas faire de la coopération au sens exact du mot, c'est aller au meilleur marché. On y va comme chez un commerçant, et cela est si vrai que des coopératives ouvrières qui se vendaient des produits qu'à leurs sociétaires — et il *fallait que ce soit des travailleurs manuels* — sont arrivées aujourd'hui à vendre aux passants à qui elles ne servent pas de bénéfices bien entendu. Il va aux sociétaires, c'est peut-être en cela que réside leur émancipation.

On peut affirmer que, comme au syndicat, les 9/10e des coopératives ne connaissent ni le but, ni les moyens de l'association, et qu'ils n'y viennent que par l'appât d'un bénéfice immédiat. Il est à penser que les coopératives ne sont guère meilleures que les patrons pour leurs employés puisque ceux-ci sont obligés de se syndiquer. Ce ne peut-être que pour défendre leurs intérêts de salariés contre leurs patrons — les coopérateurs.

Des néo-coopérateurs qui reconnaissent qu'une coopérative de production n'a pas d'intérêt, qu'une coopérative de consommation n'est pas d'une utilité supérieure voudraient nous faire voir qu'en unissant ces deux formes, nous obtenons une chose excellente et qu'en y joignant une coopérative de crédit on obtient une chose admirable.

Voilà leur coopératisme évolué.

Mais cela n'est réalisable qu'avec de gros capitaux, donc société capitaliste.

Dans ces conditions la coopérative de production et de consommation a, comme les grandes maisons de commerce avec lesquelles elle se trouve forcément en concurrence, ses fabriques, ses manufactures et autres genres d'exploitation. Son intérêt est celui de ces maisons, vendre bon marché et à petit bénéfice, mais beaucoup.

La grande maison prétend que l'ouvrier vit à meilleur compte et diminue le taux du salaire. Le coopératiste, lui, allie le bas salaire avec son intérêt de boutiquier. Bien souvent aussi la société fait appel à la main-d'œuvre auxiliaire qui ne participe pas dans les bénéfices de l'association et est exploitée par les « ouvriers-patrons » qui sont d'autant plus âpres, au rendement du travail que le bénéfice pris sur ces aides leur revient.

Voilà tout le système trouvant des partisans, même parmi les gouvernants qui le préconisent comme une grande réforme sociale.

Les anarchistes prétendent que, sous quelques formes nouvelles on veuille nous le présenter, le coopératisme est et reste d'essence capitaliste.

Le coopératisme n'est jamais de la coopération libre, c'est tout au plus une coopération imposée.

Le coopératisme pour devenir intéressant devrait cesser d'être du coopératisme ; il serait un essai de communisme et n'aurait rien à voir avec toutes formes commerciales. Le commerce, le coopératisme ne peuvent avoir aucun rapport avec un mouvement d'émancipation nous acheminant vers une organisation d'où l'argent et la propriété seraient bannis. Le coopératisme est une forme bourgeoise qu'il faut détruire.

Louis GÉRAULT.

Les Sociétés particulières

Les sociétés particulières sont quelquefois utiles aux adhérents qui en font partie ; mais elles nuisent toujours à l'intérêt général.

Il est impossible qu'il en soit différemment, chacun dans son groupe cherche des profits personnels immédiats, puis la prééminence de sa corporation.

Par cela même, les associations particulières prennent plus à la masse à tous les points de vue qu'elles ne lui rendent. L'amélioration économique qu'elles procurent à quelques uns, est au détriment du plus grand nombre.

Je ne veux pas dire que, dans le désordre général qui constitue notre belle société, chacun soit coupable de tenter quelques efforts pour ajouter plus de bien être à sa situation, ou même seulement, pour ne pas crever de faim.

Quel est l'être conscient qui pourrait blâmer un homme, sur le point de se noyer, tentant de se raccrocher à tous les objets à portée de ses mains, et même aux jambes de son sauveteur dont il paralyse les mouvements et occasionne la perte ! Dans ce cas l'esprit de conservation domine tout raisonnement.

Mais c'est là, précisément, qu'apparaît l'utilité du mouvement anarchiste dont le travail consiste à détruire cet état de choses, cette lutte inhumaine, cet antagonisme qui étouffe les pensées généreuses, châtre les énergies.

Les gouvernements qui savent à quoi s'en tenir sur la mentalité et la valeur des gouvernés, ne se font pas illusion sur les services que peuvent leur rendre les sociétés particulières.

Ils les encouragent et les soutiennent de tout leur pouvoir, afin de favoriser l'essor des convoitises ; ils leur permettent de se multiplier à la condition de rester maîtres de les dissoudre aussitôt que leur extension ou leurs visées menaceraient de leur porter ombrage.

Cette multitude d'associations, fondées sous mille prétextes divers et dont le but véritable est de fournir à l'activité des esprits un aliment en dehors des préoccupations économiques, de les détourner de l'examen des sujets sociaux dont les résignés, nécessaires à la vie sociale au milieu de laquelle nous nous débattons, dont le noyau grossit toujours et où chaque individu cherche à s'exempter des charges « légales » qu'il a contribué à créer et qui retombent si lourdement sur la masse des exploités.

Pour peu que cela continue, le nombre des privilégiés, de ceux qui savent profiter en courbant l'échine, ira en croissant, en même temps que l'existence des travailleurs deviendra plus difficile. car les prétentions des petits privilégiés ne laisse rien à désirer à celle des grands, et quand ils réussissent à diminuer, à leur avantage, les embarras économiques, ils n'en contribuent qu'à rendre plus intolérable le sort de tous ceux qui ne sont pas à même de profiter de ces privilèges : la majorité des déshérités.

Nous étudierons de plus près un de ces groupements particuliers qui fait la joie, et l'espoir des arrivistes et des politiciens, et dont l'action funeste, pressentie par la logique et la propagande révolutionnaire, n'est même pas comprise du peuple, qu'elle écrase.

CASSIUS.

LES PRÉCURSEURS

Qu'est-ce que la Propriété ?

C'EST LE VOL

Le mot vif, incisif, tranchant s'éleva comme un cri de guerre contre le monde économique. Plus que toutes les déclamations des écoles communistes, il fit naître les étonnements, éclater les colères, fomenter les révoltes. Comédie ou génie (les deux peut-être), Proudhon avait trouvé le mot-réclame qui lui ouvrait les portes de la célébrité.

Le vol ! clamèrent les propriétaires, les capitalistes, les détenteurs de la richesse publique.

Le vol ! songèrent les miséreux, les couche-tout-nus, les fout-la-faim.

Le vol ! tressautèrent les ventres rebondis.

Le vol ! ricanèrent les ventres creux.

Eh oui, le vol, sourit Proudhon, quoi d'étonnant à cela :

« Si j'avais à répondre à la question suivante : *Qu'est-ce que l'esclavage ?* et que d'un mot je répondisse : *c'est l'assassinat* ; ma pensée serait d'abord comprise. Je n'aurais pas besoin d'un long discours pour montrer que le pouvoir d'ôter à l'homme la pensée, la volonté, la personnalité est un pouvoir de vie et de mort et que faire un homme esclave c'est l'assassiner.

» Pourquoi donc à cette autre demande : *Qu'est-ce que la propriété ?* ne puis-je de même répondre : *c'est le vol !* J'entreprends de discuter le principe même de nos institutions et de notre gouvernement : la propriété, je suis dans mon droit.

» .....Tel auteur enseigne que la propriété est un droit civil, né de l'occupation et sanctionné par la loi, tel autre soutient qu'elle est un droit naturel ayant sa source dans le travail ; or, je prétends que ni le travail, ni l'occupation, ni la loi ne peuvent créer la propriété et qu'elle est un effet sans cause, suis-je répréhensible ? »

Proud'hon trouve quinze catégories de vols, c'est à dire, suivant l'étymologie, quinze manières de frustrer l'humanité, de violer l'égalité, d'accaparer au mépris de tout droit et de toute justice.

« On vole : 1° en assommant sur la voie publique, 2° seul ou en bande, 3° par effraction ou escalade, 4° par soustraction, 5° par banqueroute frauduleuse, 6° par faux en écriture, 7° par fabrication de fausse-monnaie, 8° par filouterie, 9° par escroquerie, 10° par abus de confiance ;

» On vole : 11° par jeux et loteries. Or, la tricherie au jeu a été encouragée par les lois de Lycurgue afin d'aiguiser la finesse d'esprit. Sous Louis XIII et Louis XIV on n'était pas déshonoré parce qu'on avait triché et rétabli par d'adroits escamotages les coups de la fortune, aujourd'hui encore, c'est un mérite très apprécié des paysans que de savoir *faire son marché,* c'est à dire duper son homme ;

» On vole : 12° par usure. Cette espèce forme la transition entre les vols défendus et les vols autorisés, aussi donne-t-elle lieu à une foule de contradictions dans les lois et dans la morale, contradictions fort exploitées par les gens des palais de finance et de commerce. Ainsi l'usurier qui prête sur hypothèque à 10, 12 ou 15 %, est passible d'une amende considérable, mais le banquier qui perçoit le même taux à titre de change ou d'escompte, est protégé par un arrêté royal. Quant aux capitalistes qui placent leurs fonds soit sur l'État, soit dans le commerce à 4, 5, 6 ou 8°... c'est à dire qui perçoivent une usure moins forte que celle des banquiers ou usuriers, ils sont la fleur de la société, la crème des honnêtes gens. La modération dans le vol est toute la vertu ;

» On vole : 13° par constitution de rente, fermage, loyer, etc. ;

» On vole : 14° par le commerce, que Fourier définit : l'art d'acheter 3 francs ce qui en vaut 6 et de vendre 6 francs ce qui en vaut 3. Entre ce commerce et le vol à l'américaine, toute la différence est dans les matières échangées et la grandeur des bénéfices ;

» On vole : 15° en bénéficiant sur son produit, en acceptant une sinécure, en se faisant allouer de gros appointements. Le fermier qui vend au consommateur son blé tant, et qui, au moment du mesurage, plonge sa main dans le boisseau et détourne une poignée de grain, vole ; le professeur dont l'État paye les leçons et qui, par l'entremise d'un libraire, les vend au public une seconde fois, vole ; le sinécuriste qui reçoit, en échange de sa vanité, un très gros produit, vole ; le fonctionnaire, le travailleur, quel qu'il soit, qui, ne produisant que comme un, se fait payer comme mille, comme cent, comme quatre, vole ; l'éditeur de ce livre et moi qui en suis l'auteur, nous volons en le faisant payer le double de ce qu'il vaut.

» Donc, toute propriété est vol. »

On voit par ce qui précède que Proudhon n'était pas contre la propriété en soi, mais contre la propriété, productrice de revenu.

C'est, du reste, ce qui le différencie des communistes, mais ce n'est pas une route divergente qu'il prend, il s'arrête simplement au milieu du chemin. Dans la partie négative de son œuvre, il reprend du reste nombre d'arguments donnés par ses prédécesseurs, entre autres cette proposition que l'inégalité des aptitudes ne saurait amener une inégalité de fortune et que toutes les capacités sont équivalentes.

Dans dix propositions extrêmement complexes, il tente de démontrer que le capital ne peut être productif d'intérêt ; il n'y parvient que médiocrement n'ayant pas rejeté l'idée même de capital et l'imbécile idée de *valeur.*

Proud'hon conclut en demandant que la possession individuelle remplace la propriété ; en d'autres termes que chacun eut la possession de ce qu'il pourrait travailler avec défense formelle de vendre sa parcelle ou d'en acquérir qu'il ne pourrait faire produire de son propre travail. Suppression de l'économie, de toute rente et de tout intérêt du capital.

« La possession individuelle est la condition de la vie sociale ; cinq mille ans de propriété le démontre ; la propriété est le suicide de la société. La possession est dans le droit, la propriété est contre le droit. Supprimez la propriété en conservant la possession et par cette seule modification dans le principe, vous changez tout dans les lois, le gouvernement, l'économie, les institutions ; vous chassez le mal de la terre. »

Cette idée se retrouve dans l'école anarchiste de Benjamin Tücker.

MAURICIUS.

RÊVERIE...

A ma Renée.

Si j'adore un amour, si l'amour m'idolâtre
Si nous brûlons d'un feu dont nos cœurs seront l'âtre
Si nous nous nous complétons l'un par l'autre, je crois
Que nous ne voudrons pas nous aimer sur la croix.
Si nous sommes imbus de la saine logique
Nous ne nierons point les lois physiologiques
Nous ne resterons pas l'un et l'autre sevrés
Du plaisir nécessaire à nos corps enfiévrés.
Nous ne sombrerons pas dans la neurasthénie
Dans le vice d'Onan, dans la pédérastie
Alors que nos désirs se pourront apaiser
Dans le charme troublant d'un amoureux baiser.
Si nous avons tous deux la haine des morales
Des dogmes surannés, des règles générales
Nous saurons nous aimer sans nous préoccuper
De l'opinion des gens au cerveau constipé.
Mais ne voulant devoir qu'à l'affection commune
Ce que chacun de nous attend de sa chacune
Nous nous garderons bien de vouloir imposer
Ce qu'un sincère amour nous fera proposer.
Afin que notre union garde son caractère
Nous nous efforcerons de rester réfractaires
Et ces combinaisons où la malignité
Se joint presque toujours avec l'indignité.
La vie alors, pour nous, sera d'autant plus belle
Que nos lèvres d'amants auront été rebelles
Aux mensongers serments unissant d'autant moins
Que la plupart de ceux qui les font n'y croient point.
Sans papiers barbouillés et sans cérémonie
Nous pourrons ainsi vivre en parfaite harmonie
Sans autre trait d'union que l'amour infini
Qui nous retiendra seul dans notre petit nid.

BIZEAU.

Les Victoires Ouvrières

M. Villemin — un nom prédestiné pour avilir la main d'œuvre — avait dit : « Nous arrêtons le travail », tout comme ce roi de la légende disait à l'océan : « Tu n'iras pas plus loin ». L'océan n'en fit cas et le roi recula. M. Villemin a fait de même. C'est encore une victoire éclatante à enregistrer à l'actif des braves généraux de la C. G. T. qui n'y sont pour rien.

Tout comme l'océan, le travail ne peut être arrêté par l'injonction de personne. Pris dans son ensemble, il est une force qui n'obéit pas plus aux violences des capitalistes qu'aux roueries des endormeurs de la *Voix du Peuple.*

Le travail est une nécessité, vitale et sociale ; arrêter le travail serait arrêter la vie et supprimer la société. C'est positivement impossible.

La grève générale, elle-même, ne peut pas être conçue comme l'arrêt du travail, puisque l'arrêt du travail serait la mort des travailleurs et des capitalistes. Elle ne peut être qu'un soulèvement du travail contre le *Capital* et le *Salaire* ; une révolte générale des travailleurs se refusant aux prétentions capitalistes et... confédéralistes qui tendent, de même, à les régenter en s'interposant, les unes par la force ; les autres par la ruse entre le travail et les travailleurs qui en sont la représentation concrète et vivante.

Il est bien certain qu'à la C. G. T. on ne conçoit pas la grève générale de cette façon. A dire vrai, on ne la conçoit même pas du tout. C'est une formule vague et vide de sens, destinée à effrayer les bourgeois, qui n'en ont pas peur et à satisfaire les imbéciles qui ne s'en font aucune idée.

En somme, de quoi s'agit-il à la C. G. T. ? Quel est l'unique préoccupation et occupation des Pouget, Griffuelhes, Merrheim, Delesalle et autres arrivistes fameliques du quatrième Etat ? C'est d'endormir les poires, de faire rentrer les cotisations et de consolider de plus en plus leur mesquine situation particulière au détriment, toujours, de la situation générale, pour laquelle ils sont impuissants. Il n'y a rien à attendre de ces ronds de cuir du mouvement ouvrier qui s'acharnent à mercantiliser la révolte et vendraient indifféremment leur « label » à un bordel, une église, une caserne, une prison ou une école.

Plus couards que les socialistes qui prétendent conquérir la liberté avec l'arme terrible du bulletin de vote, nos confédérés entendent vaincre le Capital avec les oscillations de la balance des salaires qui n'est qu'une autre balançoire. Ce jouet peut durer deux siècles. C'est pourquoi il en faut à nos bourgeois actuels et aux aspirants bourgeois de la C. G. T., leurs compères, pour avoir vécu. Ils n'en demandent pas tant et savent bien que la mystification des victoires ouvrières durera plus longtemps qu'eux.

Les victoires ouvrières, on connaît ça : elles ont lieu à coup de canon, sur le zinc des bistros. Dès qu'il s'agit d'étouffer cinq ou six Pernod, plus ou moins labellisés, nos confédérés sont braves ; le tord-boyau est englouti, les mominettes succombent et l'alcool victorieusement absorbé sous toutes ses formes est vaincu, mais se venge, en terrassant ses vainqueurs qu'il envoie rouler dans les déjections des postes de police, sous la botte des sergots méprisants.

Pour peu que le développement normal de l'industrie, raréfiant la main-d'œuvre, oblige les patrons à relever les salaires de 0 fr. 50 par jour, pour obtenir le personnel dont ils ne peuvent se passer ; immédiatement, « On » s'en attribue le mérite, sans tenir compte que la répercussion de cette hausse se trouve doublée, pour la consommation. et se traduit par 0 fr. 50 de perte pour le travailleur. Et ce sont de nouveaux triomphes à inscrire, aux sempiternelles litanies à victoires ouvrières, et de nouvelles libations à faire pour les arroser.

A ce compte là, et la victoire en victoire, l'abjection ouvrière n'a pas encore rendu tout ce qu'en attendent ceux qui la dirigent et qui l'exploitent.

LEVIEUX.

Une Sélection nécessaire

(Suite et fin)

Le deuxième élément nuisible est *l'intellectuel* proprement dit ou *révolté platonique*, celui qui explique les rapports de causes à effets, décrit les phases du transformisme universel, chante l'amour libre, revêt le peplum du plébéien, chausse le cothurne, transperce des mannequins et met le feu aux décors de théâtre.

Généralement connu dans la ville où il opère comme orateur d'arrière-boutique, toute sa joie est de pouvoir tenir correctement le crachoir. Infatué de lui-même, se bornant à composer un personnage plutôt qu'à vivre réellement sa vie propre, particulière, il dogmatise sans le vouloir, tranche toutes les questions qu'on lui soumet avec une facilité d'autant plus déconcertante que sa compétence est douteuse.

A mon avis, ce type est à flageller.

De même que nous combattons les assoiffés perpétuels, les poids morts, tous les serfs satisfaits de leur sort qui nous maintiennent dans la pourriture où nous sommes, nous ne devons pas hésiter une seconde à jeter par-dessus bord les comédiens.

Que m'importe l'éloquence, le talent, la valeur scientifique d'un bonhomme si lorsque j'embrasse sa sœur ou caresse sa compagne son visage se décompose. Que m'importe la profondeur de son esprit, la largesse de ses vues, la flamme de son verbe s'il m'épie et me suspecte avec la ruse du premier policier venu, s'il m'aide en un mot à regret.

On ou comprend la vie anarchiste ou on ne la comprend pas. Jaser, griffonner, affirmer, démontrer c'est là une amusette, un jeu d'enfant pour le conscient qui a été contraint antérieurement de se replier sur lui-même, dont l'extrême jeunesse, peut-être l'adolescence se sont écoulées vulgairement, bourgeoisement, ou même aristocratiquement dans le charnier social.

Ainsi, je résume, l'intellectuel émet les théories les plus audacieuses, les plus subversives, mais son audace s'arrête là. Pareillement aux brutes, il vote, se syndique, se marie, séjourne dans les salons, les estaminets, les maisons de rendez-vous, les églises, respecte l'autorité, la propriété, l'état. Il a peur de froisser ses amis qui n'ont pas son opinion, il vit chez ses parents qui sont royalistes, républicains ou socialistes alors que des camarades sont isolés.

N'osant pas faire circuler raisonnablement la matière quand il en a les moyens, il est toujours hésitant, inquiet ; en un mot on ne constate chez lui aucune différenciation qui le distingue des ouailles placides au milieu desquelles il caquette et pérore.

Je pourrais énumérer beaucoup d'actes qu'il devrait librement accomplir et qu'il ne fait pas mais j'en ai assez noté à dessein car ceux qui liront ces lignes comprendront qu'il est préférable d'en dresser la liste mentalement.

Le troisième élément mauvais, le plus néfaste, est sans contredit le *pontife*, le conscient qui évolue dans la généralité des cas.

Évidemment, de même que s'il n'y avait pas de corruptibles il n'y aurait pas de corrupteurs, s'il n'y avait pas d'individus se laissant diriger il n'y aurait pas de conducteurs.

Seulement, œuvrant dans la pénombre, il peut se trouver des hommes pouvant se maintenir entre deux eaux. Si leur tactique, quoique grossière, échappe aux personnes intelligentes et avisées, c'est que tout simplement l'attention de celles-ci est sollicitée de divers côtés également intéressants. Notre œil ne pouvant embrasser l'horizon entier, notre esprit se tendant se détendant à tout propos, notre être étant limité en puissance et en durée, le pontife profite des nombreux instants où nous sommes préoccupés pour s'implanter. Les moyens qu'emploie cet exploiteur libéral sont faciles à déjouer. Quelques copains opiniâtres peuvent le mettre au pied du mur. Je n'ai pas besoin de dire de quelle façon.

Dans la vie journalière, une équivoque voulue, une attitude contrefaite, un embarras, une contradiction, une attitude affectée sont des indices certains d'après lesquels on reconnaît le pontife et l'apprenti pontife, le maître se croyant indispensable pour gérer les affaires de ceux qu'il prend pour des subalternes.

Un tel personnage, malgré qu'il soit conscient, doit donc aux individus conséquents avec eux-mêmes.

Quelques-uns prétendent qu'il ne faut pas faire de personnalité, mais quitte à détruire ce préjugé, je suis fermement convaincu qu'il faut en faire, pour une raison très valable, c'est que, les actions accomplies par quiconque nous intéressent directement par suite de l'influence bonne ou mauvaise qu'elles ont sur le « moi ».

Le pontife n'étant en dernier ressort qu'un exploiteur déguisé, en cela malgré qu'il s'en défende quelquefois, notre première besogne est non seulement de démasquer purement et simplement son jeu mais de mettre un terme à ses exactions coutumières.

Au cas où sous une pression commune, il consentirait à se « corriger », cas peu certain d'après expérience, mais qu'on doit toujours supposer probable, certainement nous cesserions immédiatement de voir en lui le pître de la veille. Seulement, plus difficiles que les humanitaires, et pour cause, nous ne lui accorderions une confiance pleine et entière que le jour où lui-même, comprenant enfin notre idée, serait assez égoïste pour ne plus employer dans aucun domaine les procédés chers aux autoritaires subalternes.

Somme toute, le pontife est un déséquilibré que l'on peut rendre à la raison ; c'est en cela seulement qu'il se distingue du parfait abruti, de l'idiot fieffé, du crétin incurable.

* * *

Ces trois types, sous des formes diverses variant suivant leur état de conscience, sont donc des accapareurs d'énergie.

« *Si*, comme disait Brissot de Warville, *le besoin est le seul titre de propriété de l'homme, si la satisfaction en est l'unique terme, ne doit-on pas rejeter les systèmes de* ces certains *qui l'ont* fait reposer *dans la* force *ou dans* l'antériorité de possession *? »*.

Certes, nous devons nous débarrasser de tout système bourgeois ainsi que du Monsieur qui l'emploie, serait-il anarchiste.

Robert DELON.

CIRCULATION

Une dame de Provigny crevait, ces jours derniers, à l'âge, ô combien respectable, de 84 ans. Elle laissait une fortune de 100 millions.

Elle habitait un immeuble du boulevard Poissonnière qu'elle occupait complètement, ne recevant ni visiteurs, ni locataires. Les étages étaient occupés par des « collections d'une grande richesse et d'une haute valeur artistique ».

Ainsi ce vieux débris pouvait, par sa seule volonté, enlever de la circulation des richesses inappréciables. Nul ne pouvait voir ces œuvres qui avaient peut-être demandé la vie d'hommes de génie, d'artistes.

Cette femelle qui n'avait jamais fait travail utile de son corps, de son cerveau, pouvait, alors que des milliers et des milliers d'êtres couchent dehors ou dans des locaux insalubres, empêcher un immeuble entier d'être usagé.

Alors que tant de personnes, après avoir donné tant d'efforts à l'humanité entière par un labeur quotidien, s'en vont abandonnés de tous, cette dingue affreuse et maboule avait une domesticité nombreuse à son service pour lui passer son pot de chambre et entretenir le culte de son « cher disparu ».

Cette honorable dame a légué « aux indigents » dix millions. Quelle ironie. Aurait-elle légué cent millions qu'elle n'aurait pas réparé le fait d'avoir détenu, hors de la circulation, pendant plus d'un quart de siècle, une part de la richesse sociale, sans même avoir l'excuse d'en jouir elle-même.

Elle a légué aux « indigents », c'est-à-dire que, croyant dans l'impénitence bourgeoise, elle a tenu à graisser des rouages sociaux en les munissant de l'huile de la charité. Do son legs une part, la plus grosse, ira à l'administration, c'est-à-dire à ceux qui, sous prétexte de distribution aux pauvres, vivent sur le dos de ceux qui travaillent ; l'autre ira aux malheureux qui se contenteront de cet os à ronger et ne chercheront pas à prendre leur part.

Quand donc les hommes sauront-ils comme on facilite la bonne marche des eaux, empêcher les engorgements, les saletés de s'accumuler. Où cette vieille aurait dû être balayé depuis longtemps à l'égout ou bien auraient dû mettre dans la circulation générale les objets qu'elle détenait.

RÉDAN.

(1) *Histoire du Communisme*, p. 269, par A. Sudre.

L'anarchie vient de terminer sa troisième année, et sa collection forme déjà un gros gros livre. J'en négligerai volontairement les deux tiers dont j'ai parlé les années précédentes et j'entreprendrai de parler de cette troisième année.

Vous le dirais-je ? je la feuilletais avec moins d'enthousiasme que les premières. Je ne sais quels bruits courant de ci, de là m'avaient suffisamment influencé pour me faire craindre comme une diminution dans la tenue, dans la valeur des articles, comme un arrêt dans la poussée toujours plus haut.

Hé bien ! je m'étais trompé et j'en suis heureux. J'ai compris que les bruits mauvais venaient de ceux qui, voyant la persistance du succès, prennent l'arme de la calomnie, et, aussi, malheureusement, de ceux qui n'ayant pas la force de suivre la route montante, s'essayent à dire qu'on se trompe de chemin. Dédaignons les uns, prenons attention aux observations des autres mais sans nous laisser gagner par aucune idée de camaraderie si grande soit-elle, ni par aucun désir de vouloir contenter tout le monde. Les uns s'arrêtent, tant pis, d'autres prennent au tournant de la route, tant mieux.

Oui, la bonne série d'articles se continuent, de nouvelles discussions sont ouvertes, *l'anarchie* reste bien la feuille où l'on discute, le point de contact entre tous les anarchistes.

Dès le n° 105 (le premier de la 3e année), Anna Mahé et A. Libertad montrent le travail fait dans les deux ans passés et au milieu de quelles difficultés. Ils disent que le monde anarchiste en continuelle gestation ne saurait s'arrêter devant les cris des oies béates.

Et la série recommence. Avec L. A. Illorieux recommence la critique du travail inutile et du fonctionnarisme néfaste ; avec Libertad les cris de vie et de révolte ; avec Anna Mahé cette façonde si diverse de forme qui faisait passer d'un problème à l'autre sans fatigue ; avec Léon Israël les attaques directes et moqueuses contre notre régime de persécutions : *Faut-il les tuer* ? voilà la seule question logique ; avec Candide les *chiquenaudes* aux nez les plus arrogants, et les *croquignoles* aux têtes les plus dures. Enfin, c'est Louis Virieux, toujours moqueur, Rédan qui met son nez partout même dans la *tassive*, Qui cé et Matar qui s'endorment un tantinet. Et tant de nos amis qui jettent leurs notes selon leurs forces.

Mais voici un apport, des collaborations plus suivis qui viennent augmenter l'originalité de notre feuille par le nombre et la force des questions posées. Ce sont celles de E. Armand, de Levieux, de Jolm, qui fouillent hardiment les problèmes complexes de l'anarchisme sans crainte de froisser personne. Les *Causeries Populaires*, *l'anarchie*, sont une école aussi, et voilà que s'essayant peu à peu à formuler leurs idées deviennent.

Collections reliées, 3e année 7 fr. 50, 1re, 2e et 3e années réunies : 18 francs.

Les Ouvriers, les Syndicats et les Anarchistes

Pour ébranler l'indifférence des ouvriers (dont, par la suite, un nombre relativement élevé s'est rallié à leur conception) la plupart de ceux qui préconisent de ramener le travail à sa raison d'être normale ont essayé de créer chez eux le sentiment qu'ils appartenaient à une classe spéciale — la classe des producteurs — et que l'équilibre entre la production et la consommation ne s'établirait que le jour où, prenant conscience d'elle-même, cette classe s'emparerait par la voie d'expropriation des capitaux et des moyens de production. Les uns, les socialistes réformistes ou parlementaires, dirigés par des bourgeois appartenant à des professions libérales — avocats, ingénieurs, médecins, professeurs, etc, — préconisent la voie légale. Les autres, les socialistes-révolutionnaires et surtout les syndicalistes, ayant à leur tête d'anciens travailleurs manuels préconisent des moyens plus rapides, jusqu'à l'insurrection inclusivement.

Légalitaires ou antiparlementaires, les uns et les autres prennent les ouvriers tels qu'ils sont, les enrôlent dans des comités électoraux, des groupes politiques ou des associations professionnelles. Au cas où la majorité des travailleurs se rallierait à leurs vues, où une transformation économique graduelle ou soudaine se produirait, ils prévoient qu'il suffira d'une administration très forte, aidée de nombreux fonctionnaires, pour réorganiser le travail.

Les anarchistes savent tout cela. Ils font observer le grand défaut de cette tactique : la transformation économique opérée, le lendemain de la révolution se levant, les ouvriers ne se préoccuperaient pas plus que la veille de la destination de leur production. Pas plus que la veille, ils ne s'intéresseraient à l'utilité ou à l'inutilité des produits sortis de leurs mains ou de leurs cerveaux. Pas plus que la veille ils n'auraient réellement voix au chapitre. En échange d'un entretien assuré ils abdiqueraient, de gré ou de force, aux mains d'administrateurs nommés par la majorité d'entre eux, auxquels il serait enjoint de veiller à ce que s'équilibrent production et consommation. Comme les ouvriers, au lendemain de la transformation d'administration, se retrouveraient, moralement et intellectuellement, dans le même état que la veille, il se créerait de suite une masse de sous-administrateurs, surveillants-gendarmes et statisticiens-policiers de toute espèce qui, nouveaux privilégiés, vivraient du produit du travail des autres.

En dépit des efforts et de la propagande des socialistes légalitaires ou révolutionnaires, l'avènement d'une société socialiste demeure dans le devenir. D'ailleurs sa réalisation intégrale est subordonnée à une foule de circonstances résultant des multiples facteurs de la production et du développement intense de la consommation, qui font que les différents pays ne peuvent guère se passer les uns des autres et qui rendent internationale la question économique. Actuellement le socialisme parlementaire joue le rôle du parti d'opposition avancé et quant au socialisme révolutionnaire, il se cantonne dans l'agitation.

N'éprouvant aucune sympathie pour le socialisme réformiste ou parlementaire les anarchistes ont plus particulièrement examiné l'œuvre des syndicats dont l'on pratique la tactique à laquelle nous faisons allusion quelques lignes plus haut. Ils ont été forcés d'y constater : 1° qu'aucune part n'y était faite à une conception supérieure ou morale du travail ; 2° que ceux qui y adhèrent ne sont nullement préparés, pour la plupart, à vivre une conception économique dont la matérialisation exige des agents très conscients et très éclairés ; 3° que le fonctionnarisme et l'administration y jouent un grand rôle, qui dégénèrent dans certains pays en une véritable tyrannie.

Qu'on en juge ! Le syndicalisme se pose pour but la suppression du patronat et l'avènement d'une société, plus ou moins collectiviste ou communiste, laquelle ne peut s'établir sans le renversement de l'État ou des institutions gouvernementales, sans une éducation préalable des futurs producteurs collectivistes ou communistes ! Comment s'y préparent les syndicats ? En appelant à eux, pêle-mêle, toutes sortes d'ouvriers même ceux qui, dans les arsenaux, fabriquent les engins dont le gouvernement se servirait pour mettre à la raison les syndicalistes qui oseraient provoquer une insurrection ; — même ceux qui concourent à la fabrication ou à la confection, dans des conditions déplorables des utilités destinées aux prolétaires eux-mêmes, souliers à semelle de carton, vêtements qu'un jour de pluie gâte, sans retour, meubles sans solidité, draps mêmes articles d'alimentation avariés, etc, etc, ; — même ceux qui, d'une façon ou d'une autre, concourent à la construction des bâtiments où l'on enferme quiconque se dresse contre l'état de choses économiques actuel (les prisons), ou l'on prépare la répression des protestataires (les casernes) ; — même ceux qui produisent des objets de luxe absolument superflus et dont la production suffit à attester l'existence de privilégiés et de parasites, — que disons-nous, on rencontre parmi les syndiqués, des travailleurs qui composent, impriment et parfois répandent des journaux ou des ouvrages manifestement antiouvriers.

Ce n'est pas tout. Pour communistes ou collectivistes qu'ils s'affirment, les syndicats ne s'occupent même pas de répartir équitablement ou de mettre en commun, en raison des charges de chacun, les gains de leurs adhérents. Les syndicats acceptent que des ouvriers d'art gagnant 10 à 15 fr. par jour, siègent à côté de manœuvres ou d'hommes de peine dont le salaire quotidien moyen, varie de 3 fr. à 3 fr. 50 ; que certains de leurs membres vivent dans une aisance relative, tandis que d'autres végètent pitoyablement.

On ne voit pour ainsi dire pas les syndicats se préoccuper de la création d'ateliers, de chantiers, d'usines, d'entreprises communistes ou collectivistes quelconques où le travail serait accompli le plus rationnellement possible, où, en attendant mieux, on ignorerait le prélèvement patronal, où on s'essaierait enfin à vivre d'une vie normale !

Pas plus qu'ils ne se préoccupent d'une conception morale du travail, les syndicats ne s'inquiètent de la préparation individuelle des syndiqués à un nouvel état de choses économiques. En définitive, à l'analyse, ils se révèlent comme un aiguillon poussant en avant le socialisme parlementaire, comme un facteur d'agitation hâtant l'obtention directe de réformes déterminées par leur promulgation législative. Les syndicats se comprennent donc en tant que *peu aller*, en tant qu'organes de résistance et d'améliorations ouvrières luttant pour obtenir un accroissement de bien être dans les conditions de vie de certaines catégories de travailleurs, — parfois au détriment d'autres. Les syndicats peuvent assurer le fonctionnement de bureaux de placement bien organisés, de caisses de chômage et de secours mutuels puissantes, tout cela exclusivement à l'usage des ouvriers. Il peut leur devenir possible de discuter et de traiter de puissance à puissance avec le patronat. Mais de là à y voir l'embryon ou le noyau d'une quelconque organisation collectiviste ou communiste du travail, il y a tout un abîme.

(A suivre.)

E. ARMAND.

Vient de paraître

Qu'est-ce qu'un Anarchiste ?
PAR E. ARMAND

à *l'anarchie*, 1 fr. ; franco : **1.15**

nent des meilleurs, des camarades comme Camil Chavin, Louis Gérault, Fernand-Paul, Paul Jullien, Lucienne Gervais, René Dolié, Adameutos, Jules Meline, Roger Printemps, Noël Demeure, Zylette, combien d'autres qu'il serait fastidieux de citer.

Mauricius donne une longue étude sur les précurseurs qu'il est un peu paresseux pour terminer. Il Japonet appelle toujours à plus d'activité et de courage et soulève de nouvelles raisons pour plus d'activité. Lord Hulot, à peine musqué, nous donne plusieurs séries. Bizeau jette ses sonnets irrévérencieux à toutes occasions, et Robert Delon et E. Armand agrementent leurs proses de quelques poésies. Hugues Javelle et Anna Mahé nous donnent quelques nouvelles et quelques articles à formes badines.

Cette troisième année voit éditer la brochure l'Amour Libre de Madeleine Vernet, aussi quelles discussions passionnantes sur ce sujet. Il est fouillé en tous sens, mais par tant d'amis et de si différentes façons que cela ne provoque nulle fatigue. Lucienne Gervais le traite audacieusement et montre comment il peut s'envisager au mieux sans métaphysique pleurard de tout en conservant un sentiment délicat.

Les incidents de Narbonne permettent au journal de donner son opinion sur ces tragi-comédies où les hommes ont besoin d'un cadavre et d'un verre d'alcool pour se révolter.

Les malheureuses aventures de faux-monnayage qui nous ravirent des meilleurs, font débattre à fond la question ardue des illégaux devant laquelle tout se dérobent.

Levieux soulève sur l'identité, sur le Sabotage des idées qui préoccupent tous les milieux anarchistes.

Les feuilletons nous donnent, profitant de leur vogue, des études plus sérieuses. Sur la Guerre et les anarchistes, Fernand-Paul a des idées assez simplistes; Raphaël Dubois s'essaie à résoudre le problème de la création artificielle; Félix Regnault nous donna un choix des exercices physiques; Armand et Mauricius communiquent leurs « rapports au Congrès d'Amsterdam » sur l'anarchisme comme vie et comme activité individuelles parus depuis en brochure; d'une façon simple, compréhensive, Marcellin Boule nous décrit La terre avant l'homme; Vulgus jette quelques critiques sur la philosophie de Schopenhauer; Abel Faure nous montre la lutte entre l'Individu et l'Esprit d'Autorité et l'année se termine par une étude de Le Dantec sur Aliment, Condiment, Médicament et Poison traitée avec force et simplicité.

Allons, la note est restée la même, le « livre » de l'anarchie est encore cette année le livre à lire pour être au courant, non des faits divers banals, mais des idées, des problèmes qui passionnèrent l'anarchisme de l'avril 1907 à l'avril 1908, idées et problèmes qui sont et restent toujours d'actualité et sont donc toujours à lire.

Comme d'habitude, je suis en retard pour annoncer les nouveautés, pourtant je crois, je peux affirmer qu'il y a encore à mettre en circulation des « livres » de l'anarchie de la troisième année et même pour les retardataires, des livres, des gros livres contenant la collection des trois années... mais qu'on se dépêche.

LE BIBLIOGRAPHE.

LES CRIMINELS...

A l'Académie de Médecine on demande la déclaration obligatoire de la tuberculose.
Le Matin, 17 juin.

.....Sont « les savants éminents, les notoires hygiénistes, le doyen de la Faculté; l'inspecteur général des services sanitaires. MM. Chante-Messe, Vidal, Lancereaux, etc. Assassinat légal, froidement perpétré comme tant d'autres, la tuberculose, avait jusqu'à ces temps derniers, paraît-il, échappé au pointage des assassins.

Les arguments « les plus convaincants » ont été apportés pour faire prévaloir la nécessité absolue de se rendre un compte exact du nombre de mesures infectes, de familles en voie de contamination, d'enfants prédisposés au mal « nécessaire »; des sommités scientifiques se sont disputés la palme de l'éloquence sur le thème bourgeois soumis à leur « indiscutable compétence », à savoir:

De la nécessité de paraître vouloir hâter la disparition d'un fléau en établissant une série de règlements au sujet des formalités à remplir pour constater son existence!

MM. Chante-Messe et consorts, pénétrés de l'importance de leurs fonctions sociales ont émis à ce sujet des réflexions sublimes, dans ce genre:

« Le métier fait le tuberculeux », « le tuberculeux rend la maison tuberculeuse... » « la maison tuberculeuse rend le quartier tuberculeux ».

Mais, quels métiers? Quels quartiers? Le métier de médecin, ou de ministre? La maison de l'Ailières ou... la mienne? Le quartier de l'Elysée, ou de la Villette?

Je ne conseillerais pas à quelque quart d'envoyer ce questionnaire succinct au journal qui fait tout pour « détruire » la tuberculose.

Immanquablement, ou presque, un silence dédaigneux serait la réponse de l'organe démocratique: le fait de poser à des savants « renommés » comme hygiénistes de telles âneries sous forme de questions ressortant fort, n'est-ce pas, de cette démence spéciale dont souffrent les utopistes, les misérables, les contempteurs, que nous sommes.

« On ne discute pas, après nous! Nous sommes l'Académie, et l'Académie est vous le savez tous, Institution d'État.

» Crevez, pâles esclaves: hommes, femmes, enfants: entassés, pêle-mêle dans les bouges insalubres: n'êtes-vous pas tenus, avant tout de respecter la Propriété, qui est, vous le savez tous, institution d'État!

» Ne buvez pas, d'alcool, en deçà de votre consommation « moyenne »; évitez surtout la fabrication clandestine de votre poison favori, ô doux « casqueurs » d'impôts ou... gare! Car l'impôt, sur l'alcool, le tabac, etc., etc.. c'est l'une des principales ressources de tout État qui se « respecte ».

» Continuez, braves buses, à trainer vos fers, à pourrir vivants, nous en décidons ainsi, nous, les « hygiénistes français ».

» Mais, de grâce, qu'on « se le dise » chaque fois qu'un de vous contracte le terrible mal. Viens, père prolifique, fille-mère « encombrante », célibataire « en dureté ». Venez, les veules, accourez en foule nous faire part des excellents bienfaits que nous faisons pleuvoir, sur vos gueules d'avachis.

Il faut bien que Chante-Messe tienne ses livres en règle. Comment voulez-vous que les Plot, Bertillon et Cie établissent le bilan de fin d'année?

Ne compliquez pas trop le travail des « hygiénistes », ô crétins de tous poils. Crevez, mais faites-en part à « vos amis et connaissances »! Louis VIRIEUX.

Une méprise peu banale

Ce n'est pas une histoire de fée, que je vais vous raconter, mais, croyez le bien, une histoire vécue.

Il était une fois un bougre prétentieux et pédant, répondant au nom d'Auguste Boyer. Ce bougre avait la monomanie à la mode de qualifier d'abruti, à tout bout de champ, quiconque avait des tares, des faiblesses, de mauvaises habitudes, etc., etc. Il s'étiquetait pompeusement anarchiste et faisait preuve d'une intransigeance digne d'un fanatique furieux. Pour lui, l'anarchie était toute renfermée dans l'hygiène et les mathématiques et, sur ces points, il était très calé. A la vue d'une gueule sale, il savait discerner toutes les tares, les faiblesses, les défauts, etc., etc.

Un jour qu'il avait omis de se débouiller, il se trouva, sans qu'il s'en aperçut, en face d'une grande glace. Voyant là une physionomie qui ne lui était pas inconnue, il se prit pour un copain, et commença son traditionnel discours:

« Tu es un abruti? Tu ne te laves pas! etc., etc. » Il parla ainsi pendant un bon moment, trouvant chez son fictif interlocuteur des défauts de toutes sortes. Son teint pâle et amaigri était l'indice d'une anémie cérébrale le rendant apte aux plus grandes aberrations. La crasse qu'il avait à la surface du tégument de sa figure (j'emploie son langage) déterminait chez lui un état morbide qui le rendait apte à tout un tas de choses plus terrible les unes que les autres. »

Enfin au bout de dix minutes de discours, ayant terminé par sa chère et cinglante épithète d'« abruti », il s'aperçut que son docile interlocuteur n'était autre que lui-même.

Il partit, honteux et confus.
Se jurant bien, un peu tard,
Qu'il ne recommencerait plus.

Pour copie conforme: Auguste BOYER.

Fécondation des plantes

Toutes les observations ont démontré aujourd'hui que la reproduction des végétaux, est le résultat d'une véritable fécondation, semblable à celle des animaux.

Les étamines sont appelées à secréter et à fournir le pollen, jamais une fleur qui n'a que des étamines ne donne de graines.

Il est reconnu également que les fleurs qui n'ont que des pistils ne deviennent fertiles qu'autant qu'elles ont pu être en relation, avec la poussière féconde des étamines.

Quand on dit, par exemple, en parlant du blé et de la vigne, que les fleurs ont coulé par l'effet des pluies arrivant à l'époque de leur floraison, on conçoit que le pollen a été altéré par l'eau et que la fécondation n'a pu s'opérer.

Ce que des expériences positives mettent hors de doute, c'est que l'entremise de l'air est nécessitée pour la fécondation, laquelle ne se produit jamais sous l'eau. Ainsi, les plantes qui vivent dans cet élément, font sortir par des dispositions très variées, les tiges qui doivent porter les fleurs, et les rentrent lorsque les graines sont à maturité.

Exemple: Valisnerie. Cette plante est dioïque; elle porte des fleurs femelles solitaires à l'extrémité de longues hampes contournées en spirales, qui restent toujours sous l'eau avant l'époque de la fécondation; alors seulement la spirale se détord et s'allonge jusqu'à ce que la fleur soit arrivée à la surface. Les fleurs mâles portées par une autre plante, sont réunies en un épi qui n'a qu'une hampe très courte, ce qui les oblige à rester au fond de l'eau. A l'époque de la fécondation, les petites fleurs se détachent de la tige. elles montent à la surface de l'eau où elles trouvent les femelles épanouies; arrivées auprès de ces dernières, elles s'ouvrent avec élasticité, et opèrent ainsi le grand œuvre de génération. Alors. les hampes de femelles se tordent à nouveau, se raccourcissent et ramènent au fond de l'eau les ovaires fécondés qui deviennent des capsules dans l'intérieur desquelles s'achève la maturité des graines.

** * **

L'auteur du *Poème des plantes*, Castel, a décrit ce phénomène d'une manière fort exacte dans le passage suivant.

Le Rhône impétueux, sous son onde écumante
Durant dix mois entiers, nous dérobe une plante
Dont la tige s'allonge en la saison d'amour,
Monte au dessus des flots, et brille aux yeux du jour.
Les mâles jusqu'alors dans le fond, immobiles,
De leurs liens trop courts brisent leurs nœuds débiles
Voguant vers leur amante, et, libres dans leurs fers
Lui forment sur le fleuve un cortège nombreux
On dirait une fête où le dieu d'Hyménée
Promène sur les flots sa pompe fortunée.
Mais les temps de Vénus, une fois accomplis
La tige se retire en rapprochant ses plis
Et va mûrir sous l'eau sa semence féconde.

CUGNY.

Revue des Journaux

LE LIBERTAIRE.

Emile Czapek nous montre la leçon des faits. Son article est trop dans la note banale prise à ces occasions (Narbonne, Limoges).

Cette fois-ci, Silvaire médite sur l'amour. O amour, c'est le coup de pied de l'âne. Ergo veut prendre *l'hydre capitaliste* par le détail.

De bons *coups de gueule* aux mollets des maîtres et des valets.

Henri Morex reçoit une *lettre* à laquelle il répond qu'il ne répondra pas. Ce n'est pas fort passionnant.

Dans l'express, E. Péronnet trouve rapidement le moyen de se moquer de ses contemporains.

Du cœur, de l'énergie, dit la chanson et Meunier.

Ce paysan de Barbasson parle comme son ami Lucien sur le protestantisme. C'est barbant.

Stéphen Mac Say attrape avec juste raison la *Congrégation du triangle*. Il montre le ridicule de leur phraséologie et de leurs cérémonies.

LES TEMPS NOUVEAUX.

R. de Marmande s'essaie à montrer toute la comédie du réformisme en face de faits comme ceux de *Raon l'Etape*, de *Draveil*. Même devant des événements aussi brutaux, des Jaurès des Rappoport font appel au calme et à la « dignité ».

Maurice Genevois fait la critique d'articles traitant des *questions d'enseignement*.

Aristide Pratelle parle des manifestations des *sans travail* en Amérique et tend à prouver comme ces manifestations faites de l'un à l'autre monde prendraient rapidement une extension utile si l'on se décidait à y employer des moyens rapides et persuasifs.

De Desplanques, un compte-rendu succinct mais inexact. Les fédéralistes traiteront sans nul doute du syndicalisme, ils ne sauraient s'en séparer.

LE LISEUR.

TROIS MOTS AUX AMIS

BLÉRÉ. — M. Truchard, chez Thibault Gaillard, demande à entrer en rapport avec les camarades de ce patelin et des environs.

DOLE. — L. Labrande ouvr.-forgeron à Andelot demande à entrer en rapport avec les camarades de Dôle et de Lons-le-Saulnier.

Le « Livre »
de l'anarchie

Un an, 7 fr. 50; Deux ans, 12 francs;
Trois ans, 18 francs

PAR LA BROCHURE

Communisme et Anarchie (KROPOTKINE) » 10
Anarchie et Communisme (CAFIERO) » 10
L'Anarchisme, *comme Vie et comme activité individuelles* (E. ARMAND et MAURICIUS) » 10
L'Anarchie (André GIRARD) » 05
L'Anarchie (E. MALATESTA) » 15
Aux Anarchistes qui s'ignorent (Charles ALBERT) » 05
Arguments anarchistes (A. BEAURE) » 20
L'A. B. C. du Libertaire (J. LERMINA) » 10
A mon Frère le Paysan (E. RECLUS) » 10
Entre Paysans (E. MALATESTA) » 05
Un Anarchiste devant les Tribunaux (Georges ÉTIÉVANT) » 10
Organisation, Initiative et Cohésion (Jean GRAVE) » 10
La Panacée Révolution (Jean GRAVE) » 10
La Question sociale (Sébastien FAURE) » 10
Les Temps nouveaux (P. KROPOTKINE) » 10
Aux Jeunes Gens (P. KROPOTKINE) » 10
La Morale anarchiste (P. KROPOTKINE) » 05
Le libre Examen (PARAF-JAVAL) » 05
L'Absurdité des soi disant Libres-Penseurs (PARAF-JAVAL) » 25
Pages d'histoire socialiste (TCHERKESOFF) » 25
La Grève des Électeurs (O. MIRBEAU) » 10
L'Élection du Maire, plaquette (LÉONARD) » 10
Si j'avais à parler aux Électeurs (GRAVE) » 10
L'Absurdité de la Politique (PARAF-JAVAL) » 05
L'État, son rôle historique (KROPOTKINE) » 25

Ce qu'on peut lire

Paroles d'un Révolté (P. KROPOTKINE) . 1 25
L'Anarchie, son Idéal (P. KROPOTKINE) . 1 »
La Conquête du Pain (P. KROPOTKINE) . 2 75
Autour d'une Vie (P. KROPOTKINE) . . 2 75
La Douleur universelle (S. FAURE) . . 2 75
L'Amour libre (Charles ALBERT) . . . 2 75
Œuvres de BAKOUNINE, tome I . . . 2 75
       tome II . . 2 75
L'Anarchie, son But, ses Moyens (Jean GRAVE) . 2 75
La Société Future (Jean GRAVE) . . . 2 75
L'Individu et la Société (J. GRAVE) . . 2 75
La Société mourante et l'Anarchie (Jean GRAVE) . 2 75
Psychologie du Militaire professionnel (A. HAMON) . 2 75
Psychologie de l'Anarchiste-Socialiste (HAMON) . 2 75
Déterminisme et Responsabilité (HAMON) . 2 75
Le Socialisme et le Congrès de Londres (A. HAMON) . 2 75
Socialisme et Anarchisme (A. HAMON) . 2 75
L'Homme nouveau (Charles MALATO) . 1 »
De la Commune à l'Anarchie (Ch. MALATO) . 2 75
La Philosophie de l'Anarchie (MALATO) . 2 75
Les Joyeusetés de l'Exil (Ch. MALATO). 2 75
Les Inquisiteurs d'Espagne, Montjuich, Cuba, Philippines (Tarrida de MARMOL) . 2 75
Le Socialisme en Danger (NIEUWENHUIS) . 2 75
L'inévitable Révolution (un Proscrit) . 2 75
La Commune (Louise MICHEL) . . . 2 75
Evolution, Révolution et l'Idéal anarchique (Élisée RECLUS) . 2 75
Philosophie du Déterminisme (Jacques SAUTARELLI) . 2 75
L'Unique et sa Propriété (STIRNER) . 2 75
L'Anarchisme (ELTZBACHER) . . . 2 75
En Marche vers la Société nouvelle (CORNELISSEN) . 2 75
Le Militarisme et la Société moderne (Guglielmo FERRERO) . 2 75
Humanisme intégral (Leopold LACOUR) . 2 75
Sous la Casaque (Dumas-DASAILLY) . 2 75
La grande Famille (Jean GRAVE) . . . 2 75
Biribi (Georges DARIEN) 2 75
Au Pays des Moines (José RIZAL) . . 2 75
Bas les Cœurs (Georges DARIEN) . . 2 75
Le Voleur (Georges DARIEN) . . . 2 75
Blasphemy-de-Vieux (Camille MARRO) . 2 75
Les Barbares (Yves LEFEBVRE) . . 3 »
L'Individu et l'Esprit d'Autorité (Abel FAURE) . 3 »
Dupérou (P. FRAYCOURT) . . . . 3 »

Où l'on discute !
Où l'on se voit !

Causeries Populaires du XVIIIe, Rue du Chevalier-de-la-Barre, 22. — Lundi, 29 juin, à 8 h. 1/2, *Le coopératisme et la coopération*, par L. Gérault, P. Resto et A. Libertad.

Causeries Populaires des Xe et XIe, 5, cité d'Angoulême (66, rue d'Angoulême). — Mercredi 1er juillet, à 8 heures 1/2, *Les premiers pas de l'éducation*, par A. Libertad.

ARGENTEUIL. — Groupe d'études sociales, chez Gorion, 11, rue de l'Hôtel-Dieu. Samedi 27 juin, à 9 h., distribution de *Terre et Liberté*. Question du nouveau local.

ASNIÈRES. — L'Aube nouvelle, 128, rue de Châteaudun, près la place des Bourguignons. — Vendredi 26 juin, 8 h. 3/4, *Milieux communistes*, par Couchot.

LENS. — Groupe révolutionnaire anarchiste. — Tous les samedis à 8 h. 5, rue Emile Zola.

MONTARGIS. — Petite bibliothèque communiste. — Chez Chevalier, à la Comté-Villemandeur. Sous une forme très large et de libre examen, vient de se former une bibliothèque où l'on peut se voir le dimanche.

CLERMONT-FERRAND. — Les camarades désireux de propagande, se mettront en rapport avec Léon Bouchet, 26, rue de la Boucherie.

VILLEURBANNE. — L'Aube nouvelle. — Samedi 27 juin, Salle Fontana 147, cours Lafayette à 8 h. 1/2. Conférence publique et contradictoire par Frimat, sur *La nécessité de l'éducation populaire*.

- Travail en Camaraderie -
Imp. des Causeries Populaires: Armandine Mahé

La gérante: Anna MAHÉ

LES CAMARADES
adresseront
tout ce qui concerne
l'anarchie
à A. MAUÉ & A. LIBERTAD
22, rue du Chev.-de-la-Barre
PARIS-XVIII·

l'anarchie

PARAISSANT TOUS LES JEUDIS

ABONNEMENTS

FRANCE
Trois Mois......... 1 50
Six Mois........... 3 »
Un An.............. 6 »

ÉTRANGER
Trois Mois......... 2 »
Six Mois........... 4 »
Un An.............. 8 »

QUATRIÈME ANNÉE — N° 169 · DIX CENTIMES · JEUDI 2 JUILLET 1908

Les Martyrs

La palme du martyre devient trop souvent l'auréole du pontificat pour que nous soyons obligés de signaler quiconque s'en décore ou s'en fait décorer. Rien ne me paraît plus modern-style que le chemin pris par nombre de socialistes pour gravir plus rapidement la rude montée de l'arrivisme politique. Il semble celui de la vertu que les éducateurs nous montrent, lors de notre enfance, comme rocailleux et semé de difficultés, mais n'en conduisant pas moins à la glorification éternelle.

La prison des républicains, sous l'Empire, fit ces derniers ministres et les Gérault-Richard, sous la 3ᵉ République, sont des types assez communs pour que nous demandions autre chose que des grimaces et des rodomontades à ceux qui représentent une idée sous le couvert de quelques persécutions.

Pour sortir de l'indifférence générale, pour intéresser le public, il peut être bon de l'émotionner en faisant flèche de tout bois, de crier à chaque occasion qu'on est victime de ceci ou de cela. Il est toujours temps de revenir sur les paroles dites, voire même sur les actes commis. Il est aussi possible de les prononcer ou de les faire avec une telle ambiguïté qu'ils puissent contenter et les uns et les autres, les modérés et les révolutionnaires.

La concurrence rend ce travail de plus en plus difficile. Tout le monde, maintenant veut tâter de la politique et goûter du parlement. Tout électeur se voit député et tout député sait avoir dans son portefeuille sa nomination plus ou moins tardive à un quelconque ministère. Il n'est nul besoin de compétence spéciale : peu d'esprit et peu de scrupule sont bien souvent les deux meilleurs échelons.

C'est surtout dans le clan socialiste que se dessine cette course folle. Aussi c'est à qui fera les pires contorsions, le plus de surenchère pour réussir à étonner le public. Pourtant attention, telle grimace qui plaît à telle partie du public déplaît à telle autre. Il faut nager entre deux eaux, contenter la chèvre et le chou. Que de fois, il faut se servir des incidents les plus malencontreux, savoir même les susciter ! N'est-il pas nécessaire de reculer pour mieux sauter. En un mot : il faut être un clown politique.

C'est l'impression d'être que m'a donné Roux-Costadau, « instituteur révoqué de la Drôme ».

Rien ne m'a paru plus comique que l'appel à l'opinion qu'il jeta dans l'*Humanité* du 16 juin. Quel ton pleurard, quelles atténuations aux paroles dites, quelle façon jésuite de les tourner et quelle finale larmoyante pour la « démocratie » sollicitée de lui faire rendre justice.

Roux-Costadau a eu le chic de faire appel aux hommes libres ; j'ose croire qu'il saura ne pas trouver mauvais qu'on réponde selon les observations faites. D'autres, les sages, les honnêtes qui croient au savon révolutionnaire partiront d'un autre point de vue. Je ne suis pas de ceux-là et je parlerai de Roux-Costadau, instituteur révoqué de la Drôme comme je le ferais d'un vulgaire président de la République. Pas plus que le Grand Cordon de la Légion d'Honneur, la palme du martyre ne saurait préserver d'une libre appréciation, d'une libre critique, si dures soient-elles.

Cela se comporte, évidemment, aucun passif acquiescement, aucune morne acceptation, aucun désintéressement, pourrais-je dire, à la bassesse d'une Chambre servile qui, par 472 voix contre 70 se fait encore une fois complice du gouvernement dans l'acte banalement odieux de révoquer un instituteur coupable d'avoir formulé une opinion différente de celle de l'autorité, hors de son service.

Cet acte, si maladroit soit-il, allant, sans doute, à l'encontre de son but, n'en reste pas moins un acte de lâche arbitraire. Tomber dans le piège, reprocher qui le désirait, n'enlève rien à la responsabilité incombant aux ministres et à la valetaille de la Chambre. La maladresse n'excuse pas la canaillerie.

A Valence, le 28 décembre dernier, Roux-Costadau, fait une conférence ayant pour sujet. *Le socialisme devant la Patrie*. Il y prononça, déclare-t-il lui même, les paroles suivantes :

Je suppose, chose invraisemblable mais possible cependant, qu'une Allemagne pacifique, une Allemagne hypothétique encore, offre à la France de résoudre un conflit par l'arbitrage, et j'imagine que ce soient nos gouvernants à nous qui repoussent cette main loyalement tendue. Eh bien ! je déclare que, dans ce cas, le devoir du prolétariat serait de s'emparer des membres de ce gouvernement de forfaiture et de crime et de les fusiller !

La phrase était déjà passablement nuageuse. Pourtant Roux-Costadau se plaît, en son article de l'*Humanité*, à en adoucir les termes. Il s'indigne vertueusement qu'un gouvernement ait su y trouver quelques appels à la violence.

Or, constatez vous-mêmes. Constatez que je n'ai fait qu'exprimer une thèse, une simple supposition, une hypothèse ! Constatez que dans ma pensée, dans la pensée des auditeurs intelligents qui m'ont compris, il s'agissait à nous qui repoussent de ministres inexistants et suppose, de fusils imaginaires. Constatez que j'ai parlé d'un prolétariat « maître du pouvoir », c'est-à-dire muni de la puissance légale de juger, de condamner et de punir ! Constatez que, dans le cas très hypothétique où je ne suis placé la gouvernement qui déclarerait la guerre contre le gré des deux nations adverses ne pourrait être qu'un gouvernement de compression et d'absolue dictature; constatez enfin combien il est absurde et injuste d'accuser de violence un militant qui, au cours de six années de propagande, s'est acquis une réputation qui lui est chère de courtoisie de tolérance et de large modération.

Roux-Costadau nous explique donc lui-même qu'il jouait, qu'il badinait, qu'il détruisait des châteaux en Espagne, bâtis d'ailleurs sur de simples suppositions. Il ne saurait-être question : que « de ministres inexistants et de fusils imaginaires » lorsque les socialistes parlent si véhémentement de révolutions. C'est toujours l'éternel leurre, l'éternelle griserie, les paroles dites pour leur belle sonorité ou pour le frisson qu'elles font glisser sur la peau des auditeurs.

Roux-Costadau en causant, veillait à plaire à tous, pourtant il lui arrivait de s'oublier en des paroles pas assez ambiguës, aussi faut-il qu'il travaille à rattraper ces mots trop audacieux ! Pour réussir plus tard, les théories les plus subversives sont acceptées mais surtout pas d'actes, pas de promiscuité. Il ne faut jamais qu'un acte puisse paraître en concordance avec la théorie exprimée, lorsque celle-ci est d'ordre révolutionnaire. On peut toujours triturer les paroles dites, mais les faits sont des marques plus précises sur la vie des hommes.

Ce qui se peut admirer, c'est la façon dont Roux-Costadau — qui n'est d'ailleurs pour nous que le type de ce genre d'individus — sait trouver les mots. Il n'a voulu parler que d'un prolétariat « maître du pouvoir » et, de ce fait, muni de « la puissance légale de juger, de condamner, de punir ! » Quelle hypocrisie et quelle platitude à la fois. On retrouve l'expression même de la duperie socialiste. Révolutionnaires et légalitaires tout à la fois, les socialistes essaient d'associer ces deux termes pour plaire à la gauche et à la droite de leur clientèle populaire.

C'est cela d'ailleurs qui fait toute l'impuissance de leurs moyens. Il ne saurait être parlé de révolution que dans un domaine purement hypothétique et *avec des fusils imaginaires !* Le prolétariat ne pourra se défendre que lorsqu'il aura *la puissance légale de juger !* Mais quand et comment l'aura-t-il ? Quand et comment sera-t-il légalement le *maître du pouvoir ?* Autant de points qui restent dans l'ombre et dont on ne saurait parler.

Actuellement *les maîtres du pouvoir* sont les bourgeois avec monsieur Clemenceau. Ils ont légalement le droit de juger, de condamner, de punir, et ils en usent en jugeant, en condamnant et en punissant. De quoi donc paraît se plaindre Roux-Costadau ?!

Comment donc en arriver à cette « légalement » que les Clemenceau et ceux de son espèce ne soient plus au pouvoir ? Quand serons-nous « légalement » les chefs du gouvernement afin d'avoir, et seulement alors, le droit de les fusiller, eux et bien d'autres ?

Serait-ce par le bulletin de vote et en choisissant des Roux-Costadau, avec la bonne intention de les remercier de leur dévouement à la démocratie ?

Fusiller afin d'être les maîtres du pouvoir, — donc avant d'en être les maîtres — ; fusiller pour détruire la tyrannie, pour se défendre ou pour attaquer c'est être un « protagoniste du chambardement » comme explique si bien notre doux héros.

Et comment fera-t-on admettre à ceux qui m'ont approché et maintes fois entendu, que je ne suis transformé tout à coup en perturbateur, en protagoniste du désordre et du chambardement ?

Non, nul ne croira jamais parmi ceux qui me connaissent que l'on ose représenter comme un violent celui qui disait, il y a peu de temps encore aux travailleurs d'une cité ouvrière : « Ayez horreur de la violence? La violence est un signe de faiblesse, une forme de la laideur. Arrachez au Socialisme le masque de brutalité et d'épouvante, et laissez-le venir, au peuple avec son visage de bonté et de beauté ! »

Il ne faut pas user de la violence. C'est montrer sa faiblesse et sa laideur. Essayer de s'emparer d'un pouvoir puissant par la révolte, par la révolution, par la bataille dans la rue; risquer pour un mieux être économique ou pour une plus grande beauté intellectuelle sa propre vie sans craindre, il est vrai, d'attaquer celle de ses ennemis, voilà un signe certain de faiblesse, puisqu'il y a désordre. Mais être les plus forts, *les maîtres du pouvoir* et s'emparer alors de ses adversaires pour les fusiller : cela devient une généreuse violence. La Loi, la Légalité lave de tous les crimes. de toutes les forfaitures. Comment a-t-on la Loi, la Légalité avec soi? En étant les plus forts, en étant les maîtres du pouvoir. C'est un cercle vicieux.

Après avoir lu sa lettre d'excuses à tout le monde, comme l'on comprend bien que Roux-Costadau ne soit pas avec Hervé, dont toute la valeur tut dans cette fière et simple attitude d'un homme qui sait ce qu'il dit et qui le maintient, d'un homme que les forces extérieures peuvent écraser, mais ne sauraient faire changer d'idées.

Voyez la piètre excuse d'un Roux-Costadau disant n'avoir voulu parler que d'un « gouvernement de compression et d'absolue dictature ». Avait-il besoin d'en imaginer un sous le « règne du sieur Clemenceau.

Maintenant, dégustez vous-même la finale, la complainte du héros. Je m'en voudrais de ne pas vous la servir :

Écoutez ce que je viens vous dire : « J'ai gardé ma conscience pure, j'ai eu le respect de tous, j'ai servi mon idée avec dignité et simplicité, j'ai beaucoup aimé la démocratie, c'est pour elle que j'ai perdu mon pain. »

Un jour viendra où je me tournerai vers la démocratie, et je lui dirai :

« Rends-moi justice ! »

Et j'en suis sûr, justice me sera rendue.

L'homme appelle sur lui l'attention bienveillante de tous. On dirait le bonhomme d'un hercule forain vantant ses exploits et ses muscles. Il va consentir à faire travailler ses biceps sans rétribution préalable, se confiant au public intelligent. Monsieur Roux-Costadau aussi. Tout à l'heure, il va passer dans les rangs de la démocratie afin de faire la quête et vous lui rendrez justice.

C'est grotesque et c'est douloureux en même temps, parce qu'il est vrai que le public et la démocratie marche toujours. Nous retrouverons monsieur Roux-Costadau dans l'arène politique à moins que, d'un bon mouvement, il ne se débarrasse lui-même du fonctionnarisme socialiste comme Clemenceau l'a débarrassé du fonctionnarisme gouvernemental.

***

Gardons-nous de mériter jamais la palme du martyr ! Le poids en est plus lourd pour nos épaules que nous nous plaisons à le penser et que nous ne voulons le croire. La médiocrité vaniteuse des martyrs arrivés au pontificat révolutionnaire est encore plus mauvaise, plus regrettable pour toute idée que l'orgueil méchant de ceux qui parviennent par leur propre valeur, leur propre compétence.

Iconoclastes nous sommes et nous brisons les images, avec raison ; mais sachons ne pas oublier que les gueules les plus menaçantes ne sont pas enfermées et des cadres de bois.

Iconoclastes nous sommes et nous renversons les idoles, logiquement ; mais sachons aussi ne pas en laisser élever de nouvelles ; sachons veiller à ne laisser monter personne et surtout nous, sur le piédestal de la sainteté et du martyrologe. Les palais bourbon sont vraiment trop près des roches tarpéiennes.

Albert LIBERTAD.

Militarisme et Anarchie

III·

Il nous reste à examiner, en raison de leurs tendances spéciales, quelle doit être la conduite logique des *communistes-révolutionnaires*.

Ceux-ci, je l'ai dit déjà, ne se désintéressent pas, comme les individualistes stirnériens, du sort de l'humanité en général et, en particulier, du sort des travailleurs. Par contre ils ne croient pas à la possibilité, comme la plupart des individualistes idéalistes, de transformer le monde par une éducation anarchiste progressive, occupée à des individus de plus en plus nombreux. Ils pensent que les conditions présentes, la majeure partie des prolétaires, soit par inaptitude intellectuelle, soit parce qu'ils sont trop surmenés par le travail et les privations, se trouve dans l'incapacité complète d'en bénéficier et que seule une élite d'intelligents et de favorisés est capable de la recevoir. Convaincus, de plus, que dans la société bourgeoise il serait vain de vouloir vivre anarchiquement, ou ce n'est d'une façon très relative, ils s'inquiètent assez peu de savoir si leurs gestes présents sont en conformité ou non avec ceux que l'on devrait faire dans un milieu supérieur, et tous leurs efforts tendent à maintenir dans le monde une perpétuelle effervescence, à rallier les mécontents, semer l'émeute comme mouvement d'essai de l'insurrection. Pour eux il s'agit tout d'abord, ne serait-ce qu'à une poignée de gens résolus, profitant d'un jour de surexcitation populaire, d'amener le prolétariat à briser le pouvoir, abolir les titres de propriété. Alors, seulement, on pourra songer à instruire les foules délivrées enfin de toute contrainte.

Quand on considère les choses de cette manière, ce serait un mauvais calcul que de prêcher la désertion.

En effet, si l'on n'admet point que la population tout entière puisse être, même en une assez longue période de temps, convertie aux idées anarchistes par une propagande théorique, même acharnée, on ne saurait accepter cette hypothèse que l'armée, « ce composé de soldat », entraînée par l'exemple de quelques milliers d'insoumis, est susceptible de disparaître dans un temps prochain, pacifiquement et faute de conscrits. On doit penser, au contraire, que tant que durera l'enseignement patriotique donné par l'État dans les écoles, ce dernier pourra toujours compter sur un nombre respectable de serviteurs passifs, formés dès le jeune âge et de mentalité trop débile pour se relaire une conscience, de caractère trop faible pour prendre de soi, sans meneurs, une résolution héroïque.

Or c'est une masse avec la formidable puissance physique de laquelle il faut compter.

Les révolutionnaires sont beaucoup trop portés à s'imaginer qu'il suffit d'être nombreux et de bonne volonté pour gagner les batailles de la rue. Ils paraissent ne voir qu'un obstacle : l'indifférence des déshérités. C'est envisager les événements d'une façon un peu trop simpliste. En réalité, quand bien même les miséreux secoueraient leur apathie, quand bien même ils se présenteraient, décidés à faire bon marché de leur vie, en nombre quatre ou cinq fois plus élevé que les troupes envoyées à leur rencontre, si ces troupes étaient résolues à obéir à leurs chefs, l'issue du combat ne serait guère douteuse ; ce serait à bref délai l'écrasement des masses en révolte.

Les travailleurs croient encore à la vertu des poitrines nues offertes aux baïonnettes, à la vieux mot des haranguers syndicalistes, à l'éparpillement des femmes et des enfants dans ces troupes de manifestants, aux cris « Assassins ! » hurlés en chœur dès qu'éclate la fusillade. C'est absurde. Une connaissance croitement acquise devrait leur montrer l'inefficacité de ces procédés purement sentimentaux. Ils devraient savoir que si l'on a ainsi soulevé l'indignation de quelque braves gens, le lendemain, à la lecture des faits divers, on a jamais empêché, en revanche, les répressions sanglantes lorsqu'en haut lieu elles étaient jugées nécessaires.

« Qu'ils s'arment ! ». C'est bientôt dit. Ce serait, en effet, déjà beaucoup mieux s'il s'agissait de riposter du tac au tac, d'infliger une profitable leçon à une poignée de gendarmes dans une simple échauffourée comme celle de Draveil. Mais si le mouvement se développait, si l'affaire devenait sérieuse, songe-t-on A ce que pourraient faire ces bandes à demi kiramées, sans discipline, sans tactique militaire, opérant au hasard avec des bâtons, des faulx, de mauvais révolvers, des sabres de réforme ou de piteux fusils de chasse contre des compagnies bien entraînées, habilement conduites, dont les Lebels traversent plusieurs hommes à la file ?

Pense-t-on à l'action possible de ces lamentables guerriers contre les batteries dont les canons vomissent d'instant en instant des obus qui portent la mort à plusieurs kilomètres ?

Il ne faut pas se faire d'illusions, la guerre civile c'est toujours la guerre, avec ses nécessités identiques et aujourd'hui plus qu'à aucune autre époque l'avantage appartient à l'adversaire le plus instruit, le mieux préparé, a celui qui possède les engins de destruction les plus terribles.

Il est difficile de faire preuve de plus de courage, de plus de mépris de la mort que ces tribus marocaines qui luttent pas à pas contre l'envahissement français. Et pourtant, bien qu'elles ne soient pas dénuées de munitions, bien qu'elles n'aient point d'avantage à s'attaquer à des forces immenses, elles subissent chaque jour de grandes pertes, hors de proportion avec celles qu'elles font subir et ce que l'on peut espérer de mieux, c'est qu'elles ne disparaissent qu'après avoir vendu chèrement leur existence.

On s'est moqué parfois, ici-même, de mon ami Guerdat. J'estime que l'on a eu tort. Il avait été longtemps soldat, il avait des campagnes à son actif. C'était, si l'on veut, une vieille culotte de peau venue à l'anarchisme sur le tard. Et cet excellent homme en conservait des restes. Avec les autres il avait subi la défaite en 70, une balle prussienne lui avait traversé le cou, il savait comment on prépare une bataille, comment on la perd, comment on aurait eu chance de la gagner. Il ne jugeait pas la révolution au coin du feu, ni en journaliste tartinant de la copie sur la table encombrée des bureaux de rédaction, pas plus qu'en orateur à effet dans les Bourses du Travail. Il avait de l'expérience et il se souvenait !

Son article sur « La Guerre des Rues » paru dans Le Quotidien de Lyon et qui lui valut une condamnation à deux ans de prison, passa presque inaperçu. Il n'avait fait que résumer, m'a-t-il dit, et mettre à la portée de tous, les enseignements militaires sur la défense des villages en cas d'invasion. Les données de Guerdat, bien appliquées et avec ensemble seraient seules susceptibles de commencer à rendre dangereuses les foules qui au matin ou, si l'on veut, « au grand soir » d'une insurrection le seraient dérisoirement peu.

Mais les voies dépavées en damier, les chemins couverts de débris de bouteilles, les lances faites d'un poinçon et d'un gourdin, l'eau bouillante et les pierres que l'on jette des toits, les lignes du chemin de fer détruites et le télégraphe coupé, les trous à loups, les fils de fer barbelés, les mines placées sous les ponts pour le passage des régiments, etc.. c'est encore très insuffisant quand il s'agit non seulement de frapper dur l'ennemi mais encore de le battre sans possibilité de retour offensif. Cela exige tout au moins une entente préalable, un signal, quelques heures devant soi pour la préparation d'un certain nombre de ces ouvrages et, s'il est difficile de s'y mettre quand l'action est commencée au cœur d'une cité, il est plus difficile encore de s'organiser en secret.

Les bombes elles-mêmes, si appréciées des terroristes, ne sont utilisables que dans certaines circonstances. Elles sont loin de suffire à tout et sont un moyen de défense mais un piètre moyen d'attaque. Je comprends qu'une ville puisse, avec des mines bien placées, retarder l'entrée des troupes et produire dans leur rang un grand affolement, mais je ne vois pas trop des révolutionnaires chassant des troupes avec des explosifs qu'ils porteraient dans leur ceinture, seraient obligés de lancer à la main. De plus ils sont d'une fabrication et d'un transport extrêmement périlleux. Les matelots des sous-marins sont encore plus en sûreté que les constructeurs de machines infernales. Nos pauvres camarades de Russie nous l'ont prouvé plus d'une fois à leurs dépens !

Pour les différentes raisons que je viens d'exposer, ce serait une grave erreur pour un révolutionnaire de croire qu'à notre époque un mouvement ouvrier pourrait heureusement aboutir sans le concours de l'armée, tout au moins de ceux qui en sont le bras.

Ce qui était déjà une condition primordiale de succès dans les temps passés, quand on n'avait de la part d'autrui que des armes inférieures, est devenu pour notre temps d'armements perfectionnés une condition indispensable.

Pour un révolutionnaire c'est donc faire la partie belle aux pouvoirs établis que de s'exiler pour fuir le régiment. Peu importe à ces derniers que les contingents soient plus faibles de quelques milliers d'indisciplinés, « brebis galeuses » dont la présence au corps aurait été inquiétante. Ce qui leur importe surtout c'est d'avoir « en main » tous ceux qui sont sous leurs ordres, c'est qu'il n'y ait pas d'espion, pas d'ennemis cachés dans les rangs, pas de fortes têtes capables dans un moment suprême

d'enthousiasmer les timides, d'entraîner les hésitants.

Logiquement, le devoir d'un révolutionnaire n'est pas de déserter, non pour faire à la caserne une propagande qui ne saurait être bien étendue, mais pour apprendre utilement le maniement des armes, pour être dans la place et, dédaignant les inutiles « roupétances » se ménager pour les occasions décisives, celles où un sabotage intelligent peut contre toute attente et venant de l'inconnu faire tourner les chances.

Pour un prochain et dernier article, résumé et conclusion.

Jean MARESTAN.

VERS LE NÉANT !...

A Mme la comtesse de Noailles,
« poétesse du nouveau Parnasse !? »

Les rayes ; vous dans l'ombre, ainsi que les fantômes,
Gravissant lentement le chemin rocailleux :
Ils sont dix, ils sont cent, peut-être mille atômes
Sur ce grand mont sacré, tombeau de leurs aïeux.

Pleins d'une foi précoce, ils vont-Dieu du Parnasse
Le front toujours morose et les yeux grands ouverts,
De la plus triste fin la gloire les menace
Mais non avec ferveur l'honorent de beaux vers.

Grises par le zéphyr qui parfois les caresse,
Ils semblent oublier qu'ils sont d'humbles mortels,
Et buvant tour à tour, la Muse enchanteresse,
Chacun, pour la fêter, lui bâtit des autels.

Mais jamais cependant le doux rythme des ondes
Ou le regard naïf d'une tendre Ninon
N'a fait vibrer leurs cœurs, leurs âmes pudibondes
Que réveille un seul bruit : le bruit sourd du canon.

Jamais le son lointain des harpes gémissantes,
L'indécise rumeur des ruisseaux argentés,
Les tintements joyeux qu'on entend dans les sentes
N'exhausseront leurs luths vers d'affables beautés ?

Dédaignant les chansons coquettes et jolies
Et le sourire gai du poète amoureux
Ils raillent sans pudeur nos plus belles folies
Dans leurs pamphlets mesquins, vagues et ténébreux :

Ne voulant point déplaire à quelques Sybarites
Qu'importuna le chant des contempteurs de lois,
Ces Trissotins au cœur, orgueilleux hypocrites,
Content, pour nous leurrer, d'impossibles exploits.

Mais l'obstacle fatal, c'est cela qu'on redoute,
n'ayons donc plutôt pitié d'eux, sincèrement, tout bas,
Car à peine arrivés au détour de la route,
Hélas ! ils pourraient bien revenir sur leurs pas.

Allez, petits géants, rhéteurs et faux poètes,
Vers l'antique Cité qui déjà vous séduit.
O rêves fugitifs ! ô visions discrètes !
Comme les astres d'or guidez-les dans la nuit.

Et toi, Muse anarchiste aux accords de la lyre,
Dans tes sveltes bras nus étreins-les... fortement ;
Donne à leurs pauvres cœurs brisés par le délire
La quiétude et la paix du suprême moment...

Robert DELON.

Les Matamores !

Pendant huit jours durant, la redoutable autant que tapageuse Fédération Nationale du Bâtiment, inonda de communiqués foudroyants les colonnes des grands quotidiens bourgeois et semi-bourgeois socialistes. Ah bigre, ça allait chauffer, cette fois l'on verrait bien si la « classe ouvrière organisée économiquement » allait persister à se faire endommager ses abatis par une gendarmerie sans vergogne, qui se permettait de prendre pour point de mire des faces de syndicalistes.

On organisa à la hâte des réunions secrètes. Les camarades délégués, qui y assistèrent étaient vraisemblablement décidés, à en faire voir à ce pleutre de Clemenceau, ils pénètrent furtivement rasant les murs, avec des mines de conspirateurs endurcis, en quête de coups d'état syndicalistes. On discuta ferme, avec véhémence, ce pauvre cerveau déliquescent, qui s'appelle Clemenceau fut couvert d'opprobre ; le prolétariat conscient de ses droits et de ses devoirs, etc., etc., fit entendre sa protestation indignée, en fin de séance, on décida d'adresser à la presse quotidienne, une note flamboyante annonçant aux travailleurs organisés, que la grève générale était décidée — en principe.

Cette fois, ça ronflait, puisque l'état-major bâtimentesque entrait en lice, suivit par la multitude imposante des syndiqués, fédérés et confédérés, la bourgeoisie n'avait qu'à bien se tenir. Intrigués, nous les sceptiques, nous attendions ; voilà bougrement longtemps que notre attente se prolonge, et comme sœur Anne, nous ne voyons rien venir. Le prolétariat conscient sommeille et ne marche pas. Pourtant une pétarade assourdissante de phrases ronflantes et belliqueuses s'est abattu avec un bruit de tonnerre sur le gouvernement que, pour cette circonstance exceptionnelle, on avait qualifié avec force de « gouvernement d'assassins ».

Une fois de plus les potentats du syndicalisme se sont joué de la masse. Les distributeurs incompétents de brevet de syndiqué conscient esquissent une pirouette savante, sur le dos du prolétariat organisé. Ce burlesque projet de grève générale fantôme, né dans le mystère, se termine dans la plus bouffonne des mystifications. Il paraît que pourtant, au manège St-Paul, une foule enfiévrée et délirante, crachait sa colère avec violence contre le crime gouvernemental. A la sortie, un échange de bons procédés eut lieu entre l'inévitable flicaille et les protestataires indignés. Quelques vigoureux poings labellisés ou non, allèrent se promener gaillardement sur les faces débonnaires des agents de l'ordre. Vice-versa, de nombreux tabacs léoniens furent dévolus sans compter, à cette foule turbulente qui s'esquivait sans tactique dans toutes directions, en protégeant son derrière contre les atteintes peu respectueuses de la botte légaliste des policiers en uniforme. Bataille et retraite mémorables, où plus d'un conscient laissa choir dans sa fuite rapide et désordonnée le précieux et avantageux papier à cigarette confédéral constituant, sans nul doute, la seule arme défensive qu'ils avaient en leur possession.

A Draveil-Vigneux, les pauvres bougres en grève, chassés de la carrière, d'où ils extirpaient de volumineux blocs de pierre, pour un salaire insignifiant, se promènent pacifiquement dans les larges avenues de Villeneuve-St-Georges, n'ayant en lui d'attitude de révolte, qu'au bout de leurs doigts rugueux, une petite fleur de coquelicot qui se meurt douloureusement sous l'étreinte brutale qui enserre sa tige. Leur colère est concentrée sur la tête de ces pandores maudits, qu'ils exècrent et redoutent avec terreur ; cela ne les empêche point d'acclamer bêtement la troupe, et nous voyons le sublime Ricordeau échanger amicalement du tabac avec un officier, qui dans un instant peut-être deviendra son meurtrier.

Cette grève aura incontestablement servi à nous démontrer une fois de plus, le peu d'action révolutionnaire qu'il y a dans les tactiques revendicatrices des « chefs » de la C. G. T. Tactique puérile, action négative : tels sont les tristes résultantes de la méthode d'action des Pouget, Griffuelhes et consort. Le mot d'ordre confédéral est : « Pas de violence, du calme, encore et toujours du calme », et le troupeau des massacrés répète, ainsi que l'écho, cette formule de lâcheté.

Malgré que ce gouvernement les fusille impitoyablement, parions que dans l'avenir, il en sera comme dans le passé, et que nous verrons encore ces délégations ouvrières aller faire antichambre dans les cabinets ministériels : parions que le verbeux Bousquet conduira comme à l'avenant des délégations de mitrons en goguette, dans une pétaudière ministérielle : parions que l'indécrotable Luquet pérorera encore avec emphase dans le cabinet de son copain Viviani.

Il paraît que maître Benoist Amédée pour les dames) chevalier errant de l'anarchie, excellent stratégiste en chambre, affirme que le syndicalisme se suffit à lui-même grand bien lui fasse, nous fûmes inévitablement par croire qu'effectivement il suffit amplement à encroûter davantage cette masse hétéroclite qui peuple les syndicats de son ignorance crasse.

Est-ce trop outrancier d'affirmer catégoriquement que le syndicalisme ainsi conçu est une doctrine qui anéantit les énergies et fomente la lâcheté.

Plus rien ne distingue et ne différencie le syndicalisme du socialisme, qui tous deux se précipitent à la conquête de revendications et de réformes nulles et illusoires, par les voies non dangereuses de la légalité.

Quand donc comprendra-t-on qu'il faut détruire l'esprit de lâcheté et de résignation, pour lui substituer l'esprit de combativité et de révolte, seul capable de conduire les hommes vers leur affranchissement intégral.

Mais voilà, avec de telles conceptions, il n'y aurait plus de puissantes organisations, par le nombre de leurs adhérents, et que deviendraient les fonctionnaires syndicaux !?!

Marceau RIMBAULT.

La Fête des Poivrots

Les bistrots préparent déjà leurs façades pour le triomphe de la République et de l'alcool. Nous aussi préparons-nous, afin de pouvoir, dans la mesure de nos forces, jeter le pavé dans la mare aux grenouilles patriotiques.

A cet effet, munissons-nous dès maintenant du placard LA BASTILLE DE L'AUTORITÉ à 0 fr. 50 le cent, franco : 0 fr. 65 ; le mille : 4 fr., franco : 4 fr. 50.

La Franc-Maçonnerie

I

Les sociétés particulières utiles quelquefois à ceux qui en font partie sont, en général, funestes à la masse qui s'en écarte ou qui les ignore.

Tous les comités politiques, tous les syndicats en sont la preuve, et la Franc-Maçonnerie, qui est une institution essentiellement bourgeoise et capitaliste, ne fait pas exception à la règle.

Sous les auspices d'une bienveillante philanthropie et d'une vague philosophie elle étend son influence occulte sur la politique et l'exerce partout ou son infériorité à besoin de vaincre un danger.

C'est le groupement des ambitions, des intrigues, des tripotages ; c'est la voie oblique, indirecte, dissimulée par laquelle on attaque, on s'empare, on domine : c'est le nouveau Basile ! Elle nous régit.

Presque tous les postes officiels sont occupés par les membres influents de cette association. Par ses adeptes grands et petits, elle augmente son empire dans la direction et la réglementation de beaucoup de sociétés civiles. Elle veut se débarrasser de tout ce qui peut entraver la réalisation de sa puissance intégrale.

C'est après la chute du fameux président de la République, Mac-Mahon, que nous pouvons la suivre tout entière à son œuvre : sa force gouvernementale s'affirme. Du reste pour s'en convaincre, on n'a qu'à parcourir au hasard les collections du *Monde maçonnique* et de la *Chaîne d'union*, pour y découvrir les questions que les FF∴ élus avaient à soumettre à la Chambre des députés.

La Franc-Maçonnerie cherche à empêcher la marche émancipatrice prolétarienne, et pour comprimer son élan révolutionnaire, elle accepte avec empressement des FF∴ « anarchistes », aux conceptions desquels elle a l'air d'accorder les plus larges concessions, mais dont le SECRET MAÇONNIQUE, après avoir réduit leur énergie, est le plus sûr garant de leur discipline et de leur soumission à la Constitution.

Au Convent de 1858, il fut question de l'admission des ouvriers de la ville et des champs en abaissant, pour eux, le prix du droit d'initiation, comme du reste cela se pratique pour les instituteurs et les fils de maçons, mais on conclut par une opposition à ce projet d'envahissement populaire qui aurait fait perdre à cette société son prestige de force et sa réputation d'Elite.

Le péril ainsi conjuré, la propagande à la résistance aux lois devient nulle dans cette assemblée de casuistes, où aucune originalité n'existe, car l'initiative sortant des règlements et de la liturgie serait une menace à son influence et une atteinte grave à son autorité.

La CONSTITUTION maçonnique, c'est la haine de la liberté ; les statuts et règlements généraux sont le voile qui *couvre* le « temple » où toutes les indiscrétions délicates à *mettre sous le mantelet*.

La Maçonnerie ne tient nullement à être connue, on ne peut « violer » sa loi et ses métaphores ridicules sans encourir les foudres des *ateliers* et de l'*ordre* : mise en accusation, excommunication, anathème, etc., etc.

Divulguez les mystères de cette « congrégation » et l'édifice croulera entraînant dans sa chute triangle, glaive, poignard symboliques et tous ses oripeaux de mascarême.

Comme toute chose, le symbolisme maçonnique a été soumis aux lois de l'évolution successive ; différentes pratiques surannées ont disparues avec leur époque, mais le rituel des cérémonies secrètes reste « un puissant moyen d'unité morale », malgré un semblant d'hostilité apporté au convent de 1890, par la majorité des membres du Conseil de l'Ordre, appuyé par la critique du F∴ Doumer, à laquelle le F∴ Blatin, répondit : « Que le jour ou une atteinte serait portée au symbolisme maçonnique, le Grand-Orient, serait tué d'une manière définitive. » Le symbolisme duquel nous écarterons la science hermétique, les légendes sataniques et tous les fantômes évanouis des époques antérieures, reste pour cette société un élément des plus important.

Tout ce qui n'émane pas de ses règles, tout ce qui est nié par elle est intolérable. C'est *A priori* qu'une apparence de tolérance a le droit de s'étaler.

A côté du péril clérical, il y a, aujourd'hui, un péril maçonnique malgré ses « principes de tolérance mutuelle, le respect des autres et de soi-même... ». — Voyez délation — Tous ces rites rayonnent orgueilleusement au-dessus du monde « profane », c'est à dire que, maîtres, ils écartent de leur route tous ceux qui cherchent à ébranler l'édifice de l'arbitraire social radico-capitaliste.

Il y a en France, quatre obédiences maçonniques, dont le nombre des adhérents actifs s'élève d'après elles, à environ 25.000. Toutes ces puissances sont en communauté de pensée. Ce sont : le Grand-Orient, le Suprême Conseil du rite Écossais ancien et accepté, la Grande Loge symbolique Écossaise et le rite de Mizraïm.

Toutes communiquent leur force au gouvernement républicain dont elles sont la base et font pénétrer leur souffle puissant dans les masses pour les plier sous leur autorité. Elles ne représentent pas une idée généreuse, mais bien un instrument de pouvoir où les degrés hiérarchiquement superposés obéissent à une suprématie anonyme qui les dirige.

La VEUVE a des conceptions très élastiques, tantôt « elle estime que les Maç∴ ont le devoir absolu de respecter la liberté de conscience » plus tard, ce devoir absolu, cette grande tolérance se trouvent limités par une ligne de démarcation séparant les idées « respectables » de celles qu'ELLE marque d'une suspicion. Pour être hypocrite ELLE n'en est pas moins ambitieuse, elle veut avoir la souveraineté dans l'ordre; elle détruira les vieux dogmes sociaux, « comme nuisibles au perfectionnement: intellectuel et moral de l'humanité... (2) » mais elle établira la foi maçonnique, imposera les « vérités maçonniques » qui garantiront son orthodoxie par le respect rituélique et l'obéissance aux règlements généraux.

Aussi n'hésiterons-nous pas à montrer la réalité du danger que nous courrons en laissant développer cette œuvre et montrons à profit la tactique émise à l'Assemblée générale, le 13 septembre 1905, où il est dit : « Rappelez-vous que partout, et dans ce pays de France plus peut-être qu'ailleurs, la victoire est à ceux qui attaquent : Quand on se défend on est à moitié vaincu (3) »

Son sanctuaire est corrupteur : sa foi, son culte, ses symboles atrophient l'homme et comme la Congrégation de Jésus, sa rivale, sa tolérance n'est faite que de rancunes contre les « profanes » qui osent soulever le voile dont elle couvre toute la vie spirituelle maçonnique.

C'est le « temple » qu'il s'agit d'abattre, et pour l'attaquer avec chance de succès, pénétrons son édification, connaissons ses « rescrits » politiques en restant, surtout, hors de son enceinte afin de laisser à notre lutte, le plus d'espace et de liberté possible.

* *

La Franc-maçonnerie a, comme toute organisation qui se réclame de la liberté (1) une Constitution.

Cette dernière comprend 42 articles, elle a des Statuts et règlements généraux, comme une vulgaire internationale; aussi tous ses membres bourgeois, officiers, magistrats, policiers et même anarchistes doivent une entière soumission ! O liberté ! Elle a aussi sa jurisprudence et sa juridiction d'appel réglant les infractions à la discipline intérieure et tous les délits maçonniques.

La Constitution dit, dans son article premier :

« La Franc-Maçonnerie, institution essentiellement philanthropique, philosophique et progressive, a pour objet la recherche de la vérité, l'étude de la morale universelle,

(1) *Bulletin du Grand-Orient*, 51e année, p 308
(2) — — — — — —
(3) — — — — p. 281.

des sciences et des arts et l'exercice de la bienfaisance.

» Elle a pour principe la liberté absolue de conscience et la solidarité humaine.

» Elle n'exclut personne pour ses croyances.

» Elle a pour devise : LIBERTÉ, ÉGALITÉ, FRATERNITÉ »

Nous allons nous rendre compte de la valeur de ses enseignements et de ses épanchements de Fraternité.

L'influence du Grand Orient qui va nous occuper est la plus importante ; comme la maçonnerie anglaise dont elle provient, elle pratique les trois grades symboliques : *apprenti, compagnon, maître*, qui sont conférés aux postulants par les Loges.

La LOGE est l'atelier fondamental, c'est la cellule créatrice de la vie maçonnique. Comment la forme-t-on ?

Il n'y a que des maçons initiés au grade de *Maître* reconnu ou régularisé par le Grand Orient, qui peuvent participer à sa création ; la présence de sept maîtres est le minimum nécessaire pour son établissement provisoire ; il faut désigner les cinq premières LUMIÈRES chargées de la demande en Constitution au Pouvoir Central.

Ces cinq hauts fonctionnaires sont : le Vénérable, le 1er et le 2e Surveillant, l'Orateur, le Secrétaire. Lorsque le nombre des FF∴ fondateurs le permet, on nomme à la suite les autres officiers indispensables au bon fonctionnement de l'Atelier et dont l'intention d'éclairer autant de ténèbres. Ces offices sont occupés par : le Grand Expert, le Trésorier, l'Hospitalier, le porte-Étendard, Deux Maîtres de Cérémonie, l'Architecte Garde des Sceaux et le Maître ; l'Archiviste ; deux Experts ; le Maître des Banquets ; le Frère Couvreur. En tout dix-sept officiers y compris les cinq premiers « cierges ». La Loge doit prendre un titre qui, généralement, étale toujours la largeur de conceptions de ses membres. Pour exemple la « Amis triomphants », les « Cœurs réunis », « la Justice du Parfait », « le Progrès », la « Rose du Parfait Silence » ..., etc.

Après la demande d'autorisation au G∴ O∴, à laquelle on a joint les pièces exigées et le prix de toutes les Contributions et Cotisations, l'Atelier est soumis à une enquête, après quoi, le Conseil de l'Ordre, d'accord avec la nouvelle loge pour le jour de la cérémonie, fait procéder à son installation par un ou plusieurs commissaires.

Neuf membres si le nombre le permet, armés de glaives et munis d'étoiles, vont recevoir les commissaires et les conduisent au TEMPLE où les attendait le Vénérable et les deux Surveillants. Ces derniers remettent aux Commissaires installateurs trois maillets, et les conduisent sous la voûte d'acier jusqu'à l'Orient (1) où l'on deux prend la Présidence, ayant à sa droite le Vénérable et désignant le 1er et 2me Surveillants chargés de s'assurer de la régularité des FF∴ présents.

Il ouvre ensuite les travaux au premier Grade qui est celui d'*apprenti*, et après les formalités de lecture des Pouvoirs et des Constitutions, etc. « le Vénérable en son nom et celui des deux Surveillants, ensuite

(1) L'Orient désigne une région ; dans ce cas, c'est le bureau du Vénérable, qui est aussi désigné sous le nom d'autel.

le F∴ Orateur, entouré des officiers et membres de la Loge, en son nom et au leur, prêtent entre les mains du Président, l'obligation suivante : « Je jure d'obéir à la Constitution maçonnique, aux Statuts et Règlements de l'Ordre. »

Après ces préliminaires, les Surveillants annoncent sur les Colonnes, que le Président va procéder à l'installation de la Loge. Tous les FF∴ se lèvent et se mettent à l'Ordre, glaive en main ; dans le silence absolu, le Président prononce la formule suivante :

« Au nom du Grand Orient de France, en vertu des Pouvoirs à nous délégués pour l'installation à l'Orient de... d'une Loge au rite... sous le titre distinctif de... nous déclarons la Loge... installée. »

Il fait ensuite former la *Chaîne d'union* aux membres de la Loge, pour leur communiquer le mot de Semestre et ferme les travaux du Grand Orient.

Les Commissaires remettent alors, aux trois premières Lumières, les maillets qui sont le signe d'autorité, et le Vénérable ainsi que le premier et le deuxième Surveillant, vont prendre et place à l'Orient ; le Président se place alors à la droite du V∴. Celui-ci ouvre les *travaux* de la Loge et les morceaux d'*Architecture* (discours) prononcés à cette occasion, sont remis aux Commissaires qui doivent les déposer au G∴ O∴ avec toutes les pièces d'installation.

La Loge doit procéder tous les ans aux élections générales des officiers : en décembre, époque du Solstice d'hiver.

Elle peut *travailler* à un grade quelconque dans ce cas les FF∴ de Grades inférieurs doivent *couvrir le temple* (1, au nom de la liberté, de l'égalité et de la Fraternité et surtout du SECRET MAÇONNIQUE.

Nous parlerons dans notre prochain article de l'établissement d'un *Chapitre*, d'un *Conseil* du *Grand Collège des Rites*, du *Conseil de l'Ordre*, etc., nous verrons que nos camarades anarchistes FF∴ de cette confrérie, peuvent y découvrir le meilleur système de discipline (!) nécessaire à une forte organisation et au développement des collectivités, syndicales, socialistes, libertaires où les troupeaux embrigadés marcheront sous la houlette des « bons bergers » vers cette société idéale où les prérogatives et l'assiette au beurre resteront l'apanage des professeurs de « révolution pacifique »

CASSIUS.

La Raison des Forts

En vertu de ce logique adage : « Les forts ont toujours raison », les anarchistes convaincus, sincères, c'est-à-dire ennemis des autoritaires, des conservateurs et des soi-disants anarchistes de la phraséologie et de la non-activité, pensent librement, réfléchissent mûrement et agissent en connaissance de cause. Ils cherchent à vivre toute la vie conformément aux exigences de leur individualité, et à faire partager leurs manières d'opérer tant par la propagande écrite que par l'action.

Ils veillent constamment à ce qu'aucun

(1) Sortir, s'en aller.

individu ou aucune association d'individus : financiers, patrons, juges, policiers et autres gens soudoyés ne viennent les interdire, les contraindre, les soumettre à une discipline ou à une peine quelconque. Si, malgré leur résistance aux lois, aux règlements et aux tracasseries de toutes sortes, ils sont obligés de céder, ce n'est que contraints par la force brutale, irraisonnée des pouvoirs établis et par l'abjecte veulerie des foules dont l'avachissement n'a d'égal que leur bêtise, leur ignorance, leur mollesse.

En outre, les anarchistes se mettent en garde vis à vis des mouchards et des délateurs que les gouvernants et les employeurs savent entretenir dans tous les milieux avec l'argent qu'ils soutirent aux petits contribuables et qu'ils volent aux travailleurs.

Le cas échéant — et comme mesure de salubrité — ils infligent à ces mauvais bergers et aux trop dociles moutons qui les suivent, la correction qu'ils méritent. Il faudrait que ces actes se multiplient pour que nous vissions en faveur de l'anarchie enfin un changement de la mentalité de certains fonctionnaires trop zélés, employés trop soumis et travailleurs trop confiants en des promesses jamais tenues, qui ouvriraient enfin leur cerveau pour y laisser pénétrer nos idées et nos conceptions.

Oui, les forts ont toujours raison ! C'est pourquoi les anarchistes sont tant craints, mais aussi tant persécutés par les détenteurs de l'autorité et de la finance ; c'est pourquoi ils voudraient voir des groupements autres que ceux qui existent dont la plupart ne sont forts qu'à préparer et voter des ordres du jour, à organiser des manifestations et des grèves pacifiques, des promenades syndicales, des cortèges joyeux ou funèbres ; à faire de la réclame électorale, à propager le papier à cigarettes, à grossir le nombre des fumeurs et des buveurs : bulletin de vote, tabac et alcool sont des armes tellement fragiles que les gouvernants se plaisent à les voir entre les mains des travailleurs : électeurs, fumeurs et buveurs sont autant d'individus privés de sentiments et de force de caractère.

Que de patience, de volonté et de ténacité il faut aux anarchistes pour amener à leurs idées des individus ainsi composés, pour leur faire comprendre que les groupements ne sont forts qu'à condition que les unités qui les composent soient fortes, c'est-à-dire, soient affranchies des ordres et des règlements, de la tutelle des uns et des autres.

La vie étant toute d'activité, les anarchistes disent et montrent par leurs écrits, par leur parole et par leurs actes de tous les instants, ce qu'elle a de varié, de plus attrayant, de beau et de meilleur. Les réunions de camaraderie, les excursions en campagne, la désertion des débits où

4

Les Ouvriers, les Syndicats et les Anarchistes

III

Ceci exposé, avant d'apprécier la prétendue attitude des anarchistes à l'égard des ouvriers, il conviendrait de savoir au juste quelle œuvre ils poursuivent et quelle propagande ils ont à cœur. Les anarchistes placent à la base de leurs conceptions le *fait individuel* : leur œuvre consiste à développer en tous ceux avec lesquels ils viennent en contact le sentiment de la liberté et de la responsabilité personnelle, leur propagande est une propagande toute d'éducation individuelle. Les anarchistes ne peuvent présenter aucun plan déterminé de société organisée économiquement puisque, pour eux, le fonctionnement économique d'un milieu dépend de la mentalité de ceux qui le constituent. Leur critique des préjugés de tous ordres, préjugés religieux ou laïques, moraux ou intellectuels tend à susciter, à éveiller, à produire chez chacun le besoin, le désir, l'effort d'être « soi-même », c'est-à-dire un être déterminé consciemment dans ses actes pour son propre entendement, son raisonnement particulier, et non par les idées courantes ou les opinions des majorités. Les anarchistes sont des anti-autoritaires : leur but est de vivre immédiatement sans aucune autorité extérieure d'aucune sorte, que cette autorité s'appelle Dieu, la Loi ou l'Administration ; en même temps ils ne conçoivent pas qu'on puisse se passer d'autorité à moins de savoir se régir soi-même, penser et œuvrer pour et par soi-même. L'œuvre des anarchistes, enfin, dans tous les milieux, consiste en une œuvre de libération intellectuelle — destruction des opinions préconçues — et une œuvre d'éducation morale — création et développement du sentiment volontaire de l'individualité consciente.

Or, ils se trouvent en présence de deux sortes d'ouvriers : les uns se montrant partisans du maintien des conditions économiques actuelles et manifestement opposées à l'autonomie de l'individu, — ou bien indifférents. Les anarchistes ne peuvent voir en ceux-ci que des adversaires. Les autres producteurs, se montrent désireux d'une transformation de l'état de choses économiques mais se soucient peu du développement individuel, à un point tel qu'ils se placeraient, le cas échéant, sous la domination d'une administration tendant visiblement à restreindre ou à supprimer l'action des initiatives personnelles. Vis à vis de ces derniers, l'œuvre des anarchistes consiste à rappeler : 1o que l'éducation individuelle est logiquement préalable à toute révolution collective; 2o qu'à individus intelligemment et consciemment déterminés correspondent des conditions de travail intelligemment et consciemment appliquées; 3o que le sentiment de classes est inévitablement destructeur du sentiment de l'individualité propre.

Il convient d'ajouter que la tâche de pionniers à laquelle se sont attelés les anarchistes n'est jamais achevée. Les socialistes, les syndicalistes ont pour but de leurs efforts une certaine organisation imposée de la vie sociale, qu'elle soit comprise ou non de ceux qui y participeront. Les anarchistes ne conçoivent la vie que comme consciente, autrement dit comme un ensemble de vies individuelles s'unissant en toute connaissance de cause pour tenter une expérience en commun, que cette expérience s'accomplisse dans le domaine économique comme dans les autres. L'avènement d'une société collectiviste, syndicaliste, communiste ne suspendrait pas l'œuvre de critique anarchiste. Partout où les anarchistes percevraient le danger d'une subordination des individus soit à une collectivité tyrannisante, soit à des règlements administratifs ils interviendraient. *En un mot, tant que pour assurer le fonctionnement de la vie sociale, on recourra à une coercition d'un genre ou d'un autre, l'œuvre des anarchistes aura sa raison d'être.*

Les anarchistes, nous l'avons vu, connaissent fort bien les conditions chaotiques dans lesquelles s'accomplit le travail actuel. Ils ne se font pas faute de le dénoncer, car le comprendre constitue déjà un signe d'éveil individuel. Parallèlement, ils engagent les ouvriers à s'instruire scientifiquement des modes de la production, — à distinguer entre le travail utile et le travail inutile ou nuisible ; — à se rendre compte que, dans des conditions normales, les différentes branches du travail humain seraient occupées par ceux que leurs goûts ou leurs aptitudes y portent. Par dessus tout, les anarchistes mettent en garde les ouvriers contre toute théorie amoindrissant l'initiative et l'action individuelles. En résumé, ils voudraient voir chaque ouvrier assez développé moralement et intellectuellement pour ne ressentir aucun besoin d'être guidé, mené ou dirigé, que ce soit par un patron capitaliste, un fonctionnaire syndicaliste ou un administrateur collectiviste, pour être à même de discerner ce qui doit être évité ou accompli, afin qu'avec le minimum de dépendance individuelle la production équilibre normalement et librement la consommation.

Les anarchistes ne déconseillent à quiconque ce soit d'adhérer à un syndicat. Pas plus qu'ils ne découragent personne de faire partie d'une association tendant à augmenter son bien être. Comme nous l'avons déjà dit, ils rappellent que ce ne sont que pis-aller ou palliatifs transitoires à la gestion desquels ils ne prennent aucune part. L'avènement du régime syndicaliste ne les intéresse pas plus que le triomphe de l'ouvriérisme ou la victoire du prolétariat organisé. Ce qui intéresse les anarchistes, ce sont les tentatives individuelles accomplies pour se soustraire à l'emprise du patronat, les essais en commun tentés pour vivre d'une existence indépendante. Chaque fois qu'il se rencontrera des individus sérieux pour mener à bien des entreprises économiques où l'absence d'autorité, celle de l'idée de valeur, le goût du travail, l'ignorance du numéraire s'uniront avec une vie saine, libre, abondante, heureuse, les anarchistes les soutiendront.

A concentrer leur énergie au perfectionnement des syndicats (dont, à notre point de vue, la constitution et les tendances nient la perfectibilité) les anarchistes signeraient leur propre arrêt d'inutilité. Quoiqu'en aient dit ceux qui ne peuvent concevoir à la vie sociale d'autres assises que le fait économique ; il est bien des questions intéressantes parmi celles que soulèvent, par exemple, les rapports moraux et intellectuels des individus entre eux et qui sont aussi actuelles que la question économique. Au point de vue anarchiste, une œuvre de critique purement économique est incomplète.

Tandis que les bourgeois de toutes sortes s'efforcent de conserver leurs privilèges, tandis que les socialistes de toutes écoles s'occupent de semer l'idée d'une transformation des conditions du travail, tandis que les prolétaires tâchent d'arracher aux privilégiés quelque adoucissement à leur sort, les anarchistes, sans s'inféoder à aucun parti critiquent et sapent les méthodes et les actes d'autorité, minent les préjugés de tous ordres, éveillent le désir et la volonté de la vie libre, conçue et vécue individuellement, se développant en commun. Certains d'entre eux tombent en route, ceux-ci vaincus par la société, ceux-là à bout de forces, d'autres les remplacent ; il n'y a pas d'arrêt. Tandis que les démocrates changent d'étiquettes et les chefs de cocardes, irréductibles les anarchistes s'avancent sur la grand' route du développement individuel et de l'évolution collective, se situant bien au delà des buts déjà atteints, sachant que tout ce qui piétine sur place recule et que tout ce qui menace de faire halte est déjà en train de périr.

E. ARMAND.

FIN.

l'on empoisonne « légalement », la formation de petites colonies, les tentatives d'associations de travail anarchistes, la combativité, etc, voilà la vie !...

En somme, nous, anarchistes, en révolte permanente contre toutes les compressions, nous devons apprendre aux individus qui en ignorent le sens que « combattre c'est vivre libre et rester inactifs c'est mourir sans avoir vécu ».

En raison inverse du vieil et hypocrite adage : « Il en a été toujours ainsi et il en sera toujours de même », nous ne voulons pas qu'il en soit toujours selon le vouloir des maîtres : or, si nous ne pouvons changer la face du monde, du moins pouvons-nous changer la mentalité des individus et la direction de leur marche. Pour cela, nous œuvrons, nous œuvrons toujours, nous œuvrons sans cesse.

Rappelons-nous les paroles si judicieuses de La Fontaine :

La raison du plus fort est toujours la meilleure.

Fernand PAUL.

NOTRE CORRESPONDANCE

La Peine de Mort

Je viens, à l'instant seulement, de lire les critiques des camarades à mon article sur la peine de mort. En effet, mon silence inexplicable avait pour cause une pneumonie qui m'obligea à passer sept semaines à l'hôpital et ne me permit pas de lire le journal.

Je n'ai donc pu, à mon grand regret, répondre à temps et préciser ma pensée. Heureusement, l'ami Marestan, quoiqu'un désaccord avec moi sur certains points est venu dire à peu près ce que j'aurais ajouté. Je vais donc être bref n'étant pas encore complètement rétabli.

Ce que je voulais surtout montrer, c'est l'erreur d'un grand nombre d'anarchistes, réclamant à cor et à cris l'abolition de la peine capitale, sans s'apercevoir qu'étant donné la canaillerie de nos dirigeants, la sauvagerie toujours croissante des apaches, et vu la mentalité inférieure de nos contemporains, elle entraînerait fatalement le retour aux peines corporelles, fouet, castration et autres pratiques avilissantes (que l'on ne manquerait pas de nous appliquer) et qu'ainsi cette suppression serait bien plutôt un retour en arrière qu'un pas en avant.

Je voulais également m'élever contre la sentimentalité grotesque et puérile de certains camarades s'intéressant au sort d'un Soleillant ou d'une Jeanne Weber, et comme le dit très justement Marestan, se refusant à voir des principes de législation, de police, de justice, partout où ils ne se représentent pas avec la forme officielle et bourgeoise actuellement existante.

Je crois que je n'ai pas été très bien compris par Vergas et Dis Ugène qui se sont plus attachés à la lettre qu'à l'esprit de mon article. Ce dernier a des scrupules que je n'ai plus. Je me permettrais en effet de supprimer une machine humaine sans l'avoir vu naître, sans la connaître aucunement si je croyais que cela fut utile. Je trouve stupide cet étalage de geignarde sensiblerie dont il fait preuve à l'égard de toute monstruosité vicieuse et criminelle alors que je ne fais pas faute de les expliquer quarante sous à un malheureux occasionnel, sain de corps et d'esprit même s'ils savaient que cela dut lui sauver la vie.

Les Ravachol, Emile Henry, etc, étaient sûrement de mon avis. Dis Ugène pas : tant pis pour ce timoré, je le laisse à ses doutes.

Quant à Vergas, il n'apporte, lui non plus, aucune solution positive, pratique. Je connais comme lui les lois du déterminisme et je ne me fais pas faute de les expliquer chaque fois que j'en ai l'occasion, je sais aussi que la peine de mort n'est qu'un piètre épouvantail aux yeux de beaucoup d'assassins, mais je prétends que c'est le meilleur moyen de défense que possède la société actuelle pour nous préserver contre des êtres dénués de tous scrupules, de toute raison et de tout sens moral.

Toute la question est là. La brute sanguinaire est prise, quel va être son sort ? On ne peut pas, sous les raisons spécieuses que l'individu n'est que le produit du milieu, qu'il est irresponsable, que la société est la première coupable, etc, le laisser en liberté. On en arriverait alors à cette ridicule et monstrueuse aberration : l'apothéose de l'estropié mental.

Marestan répond donc : on l'enfermera dans un asile confortable et bien aéré et on lui rendra la vie aussi douce que possible. Voici une solution généreuse, tirée bien plus du cœur que de la raison, véritablement humaine. J'en conviens, possible peut-être dans la société anarchiste que nous rêvons, mais inadmissible, inapplicable dans la société capitaliste actuelle au milieu de laquelle nous vivons, ne l'oublions pas. Il est facile de voir qu'un tel régime appliqué aux meurtriers serait une navrante insulte au sort des trois quarts des hommes sains et laborieux, qu'il les déterminerait à se faire justice eux-mêmes de la façon bestiale et irréfléchie que l'on sait et qu'il pousserait au mal quantité de natures indolentes et paresseuses. Cette solution n'en est donc pas une pour l'état présent et personne parmi les abolitionnistes (sauf les anarchistes toujours à tort . . eues de la réalité) ne l'a jamais envisagée. Il ne reste donc que l'emprisonnement perpétuel ou la mise à mort et j'ai donné les raisons qui me faisaient préférer celle-ci. J'ajouterai qu'avant de songer à créer de tels asiles pour les criminels, mon séjour à l'hôpital m'a permis de constater qu'il serait plus urgent d'en construire pour hospitaliser les personnes atteintes de maladies épidémiques ou incurables, pour les tuberculeux par exemple. Quant à comparer ceux-ci aux meurtriers genre Vacher, Pranzini, etc, comme le fait Marestan, c'est pousser à l'extrême l'amour du paradoxe. Je ne réclame pas leur mise à mort pour les raisons suivantes. s'ils ne sont pas sains de corps, ils le sont d'esprit et il est simple de leur faire comprendre la nécessité de leur appliquer certaines mesures hygiéniques pour la préservation de leurs proches. Rien n'empêchera un tuberculeux d'accomplir les fonctions sexuelles, du moment qu'il sera assez sage pour vouloir un amour stérile. Le lépreux, le cancéreux, tous ces tares physiques n'en sont pas moins des êtres intelligents, raisonnables qui, s'ils font du mal indirectement et sans le savoir, sont aptes également à faire un travail utile alors que ces féroces criminels sont des brutes incapables de comprendre et d'accomplir quelque chose de beau, de bon et d'utile.

EDGAR.

La Diogénomanie

Un homme, une lanterne à la main, semblant [...] par les rues de Paris. Après avoir marché un jour [...], il attrapa un élève qui, comme lui, allait sur deux pieds : « Je cherche un homme », lui dit-il, « de telle façon que l'autre en resta tout ébloui.

« Vous cherchez un homme, mais pris d'un besoin d'aller plus haut, n'en suis-je point un ? — Non, répondit le personnage, tu ne me le fais point. Vous êtes, comme les têtes de votre espèce, l'esclave d'une morale, l'esclave de mœurs absurdes, l'esclave de l'éventaire de l'ambiance, vous n'êtes pas un homme puisque vous êtes le produit de vos manières descendant du philosophistes. — Pourtant je vous assure, insista l'autre d'insister, un homme, c'est une bête supérieure, consciente, raisonnable, conséquente, par exemple, n'ayant pas de tares. — Permettez, permettez, je crois que vous faites confusion, c'est le surhomme que vous cherchez. Mais, au fait, qui êtes-vous ? je pense que vous êtes Diogène. — Non ? je suis...

Auguste ROYER.

Comment nous voulons

Beaucoup de gens à l'esprit timoré, mais se targuant quelque peu d'être acquis aux idées nouvelles, se déclarent les adversaires résolus des théories anarchistes. Les anarchistes, disent-ils, sont des paresseux, qui ne demandent qu'à vivre aux dépens d'autrui, et avec lesquels toute société serait impossible. Il faut aux individus une autorité qui prévoit leurs moindres gestes, qui seraient incapables de se conduire eux-mêmes. Ces sociologues à courte vue raisonnent avec la mentalité que leur a faite la société actuelle, ils ne font rien pour s'échapper de l'ambiance, se décrasser des préjugés qui les enserrent.

Mais qu'ils sachent bien que nous, libérés de certains préjugés, nous estimons assez forts pour nous conduire nous-mêmes, nous employons tous les moyens pour combattre cette autorité, qu'ils rendent possible par leur lâcheté et leur acceptation. Quand nous les trouvons sur notre route, qu'ils soient libéraux, républicains ou socialistes nous leur opposons l'énergie de ceux qui veulent vivre et raisonner.

Peu nous importe que notre maître s'appelle monsieur Napoléon ou monsieur Clemenceau, ce que nous cherchons, c'est la manière de ne plus en avoir. Nous savons par expérience que les sociétés ont la valeur que leur donnent les individus qui les composent, aussi notre propagande s'attache-t-elle à l'éducation de l'individu.

Non, les anarchistes ne sont pas des fainéants, mais ils ne veulent pas laisser cambrioler leur travail par un exploiteur quelconque s'offrant toutes les satisfactions alors que ses esclaves crèvent de faim.

Nous ne serions pas anarchistes si nous voulions supprimer l'effort, car l'anarchiste ne se dérobe pas à l'action, il la recherche,... seulement nous voulons que nos muscles et notre cerveau puissent se développer harmoniquement.

Est-ce travailler, que peiner dix heures durant, comme une brute, dans un bagne insalubre sous les yeux des contre-coups, avec l'éternelle menace d'être mis à la porte ? Est-ce travailler, que faire un ouvrage qui nous répugne, mais que vous êtes obligés d'accomplir, car il y en a des milliers derrière vous qui sont prêts à toutes les besognes. Le travail en ses formes actuelles est abject et dégradant, il laisse l'homme incapable de penser. Combien il serait plus attrayant dans une société raisonnable où les individus œuvreraient selon leurs goûts et leurs aptitudes pour le bien être commun, sans contrainte aucune, tous comprenant que le travail est nécessaire à la conservation de l'espèce humaine.

Nous ne nions pas qu'il y ait une longue éducation à faire ; on ne se dégage pas facilement du poids de l'atavisme. Mais lorsque nous aurons formé une bonne minorité d'individus aptes à vivre leur vie, la société se transformera plus rapidement gagnée par l'exemple. Alors l'humanité pourra évoluer librement vers plus de bien être et de bonheur.

Gabriel RAGUIDEAU.

TROIS MOTS AUX AMIS

E. F. G. — Demande à Dominique de passer un soir aux Causeries, ou d'y envoyer son adresse.

GÉN. CONS. — Comme toujours nous nous refusons à insérer les communications de tout groupement à cotisations fixes et périodiques, sitôt qu'il nous est permis de nous en rendre compte.

BELLEVILLE — Quelques copains ont décidé de fonder des Causeries Populaires dans ce quartier, en un local privé. Sachant toute l'utilité de la propagande en ce centre populeux, ils font appel aux gros sous pour les frais de terme et d'agencement. Écrire à Lejeune, 97, rue de Belleville, XIXe.

- Travail en Camaraderie -

Imp. des Causeries Populaires : Armandine Mahé

La gérante : Anna MAHÉ

Revue des Journaux

LES TEMPS NOUVEAUX.

Jean Grave prouve que les conflits économiques seront de toujours, sous un régime capitaliste ; que toujours les ouvriers seront portés à se servir de *la force contre le droit*, puisque la légalité est au service du patronat. Pas plus que Jaurès ou Méline, Clemenceau ne peut empêcher que cela soit. La machine sociale est trop vieille.

Pauvre Rappoport dont l'imbécilité crapule est démontrée à tous propos. Ce qui ne l'empêche d'ailleurs pas de réussir.

Continuant son article sur ce qui sera *après Draveil*, R. de Marmande montre le venin politique envahir lentement les syndicats, sous la poussée socialiste des néo-marxistes. Il cite des faits, des extraits de publications révolutionnaires et syndicalistes et rappelle toutes les candidatures d'autres purement corporatifs. Peut-être oublie-t-il que le mal date de plus loin, de la complicité tacite d'autres gens. Car se taire, ne pas attaquer bien souvent, n'est-ce pas être complice ?

LE LIBERTAIRE.

Georges Naej ne voit pas tout le ridicule de répéter : « De l'action, de l'action » en restant couché. La voix ne porte pas et personne ne bouge et *s'ils y viennent*, ils sont les vainqueurs.

Sachons voir les événements d'*Italie* et en tirer le meilleur enseignement possible, conseille Yvetot.

Montrant *l'hydre capitaliste* enserrant les employés comme les ouvrier, Ergo les invite à « venir grossir le nombre des soldats de l'armée de la Révolution sociale ». Va-t'en voir s'il viennent.

Silvaire vitupère contre cette marâtre de société qui l'a privé du pain de l'esprit, Il faudrait ne pas l'avoir lu pour ne pas comprendre sa colère *méditative !*

Le Père Barbassou nous signale *la trouille pudibonde* des bourgeois de Bayonne, semblable à celle des bourgeois d'ailleurs.

Pour avoir écrit la brochure sur *l'amour infécond*, le docteur Klozu est condamné à deux mois de prison.

Pauvre Crédit Lyonnais, un deuxième article contre lui. Bien trop d'honneur. On dirait presque une campagne.

Edmond Ladoucette sur *la folie érotique* donne une étude divisant en deux catégories, mathématiquement, tous les cerveaux. Un peu arbitraire, la classification.

Stephen Mac Say termine son étude sur *la Congrégation du Triangle* en montrant qu'on ne conquiert pas de tel milieu : on les détruit.

Alfred Loriot nous fait causer avec un *Patriote* fort embêté d'avoir à faire « ses » treize jours.

Un X., d'Asnières, pose de redoutables x à ce pauvre Henri Morex qui s'échappe par la tangente. *Entendons-nous*, dit le copin. — Entendez-vous tout seul, répond Morex. — Qu'on ne vous entende plus, ajouterai-je avec tant d'autres.

LE LISEUR.

Où l'on discute !
Où l'on se voit !

Causeries Populaires du XVIIIe, Rue du Chevalier-de-la-Barre, 22. — Lundi, 6 juillet, à 8 h. 1/2, *Le Crime*, par Léon Dacosta-Noble.

Causeries Populaires des Xe et XIe, 5, cité d'Angoulême (66, rue d'Angoulême). — Mercredi 8 juillet, à 8 heures 1/2, *A propos du mouvement*, par A. Libertad.

ASNIÈRES. — *L'Aube nouvelle*, 128, rue de Châteaudun, près la place des Bourguignons. — Vendredi 3 juillet, à 8 h. 3/4, *Attitude en cas de guerre*, par tous.

ARGENTEUIL. — Groupe d'études sociales, salle Pagnou, 40, boulevard Héloïse, Samedi 4 juillet, à 9 h., *Qu'est-ce que l'anarchie*, par A. Libertad.

MARSEILLE. — Les Précurseurs, 12, Quai du Canal, au 2e. — Samedi 4 juillet, à 9 h., *La Criminalité* (II), par Jean Marestan.

Ce qu'on peut lire

Qu'est-ce qu'un Anarchiste (E. Armand) ... 1 »
L'Absurdité de la Propriété (Parr-Javal) ... 1 »
Patriotisme-Colonisation ... 1 25
Guerre-Militarisme ... 1 25
Les faux Droits de l'Homme et les Vrais (Parr-Javal) ... 1 30
A B C de l'Astronomie (Fr. Stackelberg) ... 1 75
Initiation mathématique (A. Laisant) ... 2 »
La fin de l'Avenir ... 2 70
La Généalogie de la Morale (Nietzsche) ... 3 »
L'Entraide (Pierre Kropotkine) ... 3 »
La Morale sociale (Georges Clemenceau) ... 3 »
Le grand Pan (Georges Clemenceau) ... 3 »
Les plus forts (Georges Clemenceau) ... 3 »
Le Bréviaire de la Femme enceinte (A. J. de Liptay) ... 3 50
Lettres historiques (Pierre Lavroff) ... 3 60
Prophylaxie sexuelle (De Liptay) ... 5 »

Éditions Schleicher Frères.

Origines de l'Homme (E. Haeckel) ... 4 »
Le Monisme (E. Haeckel) ... 1 »
Religion et Évolution (E. Haeckel) ... 1 50
Descendance de l'Homme (G. Bölsche) ... 1 50
L'Évolution des Mondes (Nergal) ... 1 50
Histoire de la Terre (Ch. Sauerwein) ... 1 50
Force et Matière (Louis Büchner) ... 2 »
L'Homme selon la Science (L. Büchner) ... 2 »
Les Énigmes de l'Univers (E. Haeckel) ... 2 50
Les Merveilles de la Vie (E. Haeckel) ... 2 50
Origine des Espèces (Ch. Darwin) ... 2 50
Cours de Philosophie positive (Auguste Comte) en six volumes. Chaque volume ... 2 »
Les Primitifs (Élie Reclus) ... »
La Religion (André Lefèvre) ... 4 50
La Sociologie (Dr Ch. Letourneau) ... 4 50

Le « Livre »
de *l'anarchie*

Un an, 7 fr. 50 ; Deux ans, 12 francs ;
Trois ans, 18 francs

PAR LA BROCHURE

Le Machinisme (Jean Grave) ... » 10
Travail et Surmenage (P. Pierrot) ... » 15
La Responsabilité et la Solidarité dans la lutte ouvrière (M. Nettlau) ... » 10
Documents d'Histoire (E. Henry) ... » 10
L'Organisation de la Vindicte appelée Justice (P. Kropotkine) ... » 10
Les Lois scélérates de 1893-1894 (Fr. de Pressensé, un Juriste et Émile Pouget) ... » 25
... (Paul Javal) ... » 05
Le Rôle de la Femme (Dr Fischer) ... » 15
Justice (Dr Fischer) ... » 15
L'Éducation de Demain (A. Laisant) ... » 10
L'Éducation libertaire (D. Nieuwenhuis) ... » 10
Enseignement bourgeois et Enseignement libertaire (J. Grave) ... » 10
Le Syndicalisme dans l'Évolution sociale (Jean Grave) ... » 10
Pierre Lavroff (E. S. R. I.) ... » 15
Patrie, Guerre, Caserne (Ch. Albert) ... » 10
Le Patriotisme, par un Bourgeois et les Déclarations d'Émile Henry ... » 15
Le Militarisme (Domela Nieuwenhuis) ... » 10
L'Antipatriotisme (Gustave Hervé) ... » 10
Colonisation (Jean Grave) ... » 10
Le Mensonge patriotique (E. Merle) ... » 10
Lettres de Plouplou (Fortuné Henry) ... » 10
Le Militarisme (Dr H. Fischer) ... » 05
Le nouveau Manuel du Soldat ... » 10
Contre le Brigandage marocain (Hervé) ... » 10
L'Idole Patrie (André Lorulot) ... » 10
Les Crimes de Dieu (Sébastien Faure) ... » 15
Non ! Dieu n'est pas (Lucien Mesliers) ... » 10
L'Anarchie et l'Église (E. Reclus) ... » 10
La Peste religieuse (J. Most) ... » 10
Entretiens d'un Philosophe avec Mme la Maréchale (Diderot) ... » 10
Dieu n'existe pas (Dikran Elmassian) ... » 10
Réponse aux Paroles d'une Croyante (Sébastien Faure) ... » 15
L'Incombustibilité de l'Âme (De Liptay) ... » 20
Population et Prudence procréatrice (Paul Robin) ... » 10
La Préservation sexuelle (A. J. de Liptay) ... » 75
Génération consciente (Frank Sutor) ... » 10
Le Problème de la Population (S. Faure) ... » 15
Pain, Loisir, Amour (Paul Robin) ... » 10
L'Amour libre (Madeleine Vernet) ... » 10
L'Immoralité du Mariage (R. Chaughi) ... » 10
Les Propos d'une Fille (P. Robin) ... » 10
Liberté sexuelle (E. Armand) ... » 05

LES CAMARADES
adresseront
tout ce qui concerne
l'anarchie
à A. MABÉ & A. LIBERTAD
22, rue du Chev.-de-la-Barre
PARIS-XVIII·

l'anarchie

PARAISSANT TOUS LES JEUDIS

ABONNEMENTS

FRANCE
Trois Mois......... 1 50
Six Mois........... 3 »
Un An............. 6 »

ÉTRANGER
Trois Mois......... 2 »
Six Mois........... 4 »
Un An............. 8 »

QUATRIÈME ANNÉE — N° 170 — DIX CENTIMES — JEUDI 9 JUILLET 1908

Calomnies Syndicalistes

Ce mercredi, comme tous les mercredis, depuis six ans, je suis la rue d'Angoulême, en ce quartier populeux de la Folie-Méricourt, situé entre deux grandes artères, le faubourg du Temple et la rue d'Oberkampf.

Je suis seul ou presque. Ceux qui vivent près de moi ont décidé de porter leur effort vers une propagande plus active, plus au courant des événements actuels. Dans la cité, au fond de la cour, je retrouve ces visages anonymement amis qui viennent aux Causeries attirés par un désir de savoir et de discuter et aussi ceux sur lesquels les yeux s'attardent avec douceur, ces déjà-vus faisant partie intégrante de votre moi.

Pourtant je devine des vides nombreux, il manque des têtes,... d'autres aussi ont compris qu'il faut savoir abandonner le lieu où l'on se retrouve, où l'on se passionne pour aller vers la lutte, où l'activité est nécessaire. J'éprouve, à cela, une joie intime. Je comprends que mes idées dépassent nos personnalités. En dehors de tout mot d'ordre, contre tout esprit de chapelle, c'est vers le plus de propagande que savent se diriger nos camarades.

Moi-même, je veux être là-bas. Je m'excuse, près de ceux qui sont là, du désir que j'ai d'être côte à côte avec ces ouvriers prêts à discuter, en ce coin de Belleville, d'une action qui aura sa répercussion sur tout le monde. Je dis combien c'est notre place et que nous devons donc remettre la causerie à un autre soir, afin de nous solidariser davantage avec ceux des syndicats, quels que soient nos désaccords sur la tactique et même sur la finalité.

Soit que les uns sentent l'utilité d'être là-bas et que les autres comprennent qu'il est bon que les actifs s'y rendent, la salle est vide rapidement. Et la cour, un instant vivante et éclairée, redevient triste et noire.

En route vers Belleville. Sur le boulevard, c'est un peu la fête, aussi rien ne peut dire quelle animation, quelle vie fait grouiller cette foule qui vous côtoie. On sent pourtant quelque chose d'anormal dans l'air. On rencontre plus de maquereaux et de policiers que d'habitude et leur arrogance prend plus d'importance que jamais.

Au 13 de la rue de Belleville, au Palais du Travail, la Confédération et l'Union des Syndicats ont décidé un grand meeting sur *la Grève générale* et Messieurs Clemenceau et Lépine ont sorti toutes leurs équipes, costumée, secrète et des mœurs. Les indicateurs à rouflaquettes côtoient les fonctionnaires à la moustache cirée.

Dès l'entrée, les ouvriers révolutionnaires un peu endimanchés se distinguent du Tout-Belleville qui s'engouffre dans ce long couloir afin de « se rincer l'œil » à un spectacle gratuit. Les anarchistes, les sincères, ceux qui marchent toujours, s'entre-regardent un peu déçus en voyant la foule hétérogène qui a répondu à l'appel de la C. G. T.

Pour moi, fiévreux d'action, je cherche, dès l'abord à trouver ce souffle de communion qui passe sur les hommes et les unit lorsqu'ils sont fermement décidés à agir dans un sens déterminé, dans une commune révolte. Mais ce soir, on sent bien qu'il n'y aura que des bavardages ou pis.

Ce sont les mêmes puérilités, les mêmes mots redondants, les mêmes querelles mesquines qui divisent les auditeurs. Aucune idée généreuse ne peut les gagner. Alors qu'il est question de révolutionner Paris, d'y arrêter la vie par une grève générale, les uns s'inquiètent de savoir si vous êtes en carte et d'autres si vous êtes à jour de vos cotisations. Le Tout-Belleville commence à craindre que ça ne vaille pas Mayol ou la Loïe, mais ils applaudiront consciencieusement, comme cela se fait, à moins qu'on ne siffle ou qu'on ne hue. Or pourquoi siffler, pourquoi huer, alors qu'on n'a pas d'opinion, mieux vaut faire comme ceux qui vous entourent, d'autant qu'ils ont l'air d'être « à la coule ».

Comme jamais, quelles que soient les circonstances, un groupement autoritaire ne saurait être neuf et original, les mêmes gestes se répètent, comme toujours. Un bureau décrété à l'avance semble être choisi par la salle. Jacquemont, Delalé et Tabard s'assoient devant la carafe d'eau et le carafon d'alcool, traditionnels aussi.

Dans l'esprit des auditeurs, par suite de la convention tacite faite à travers le temps, ce président, ce bureau, choisis dans le sein de l'assemblée sont comme une garantie contre l'oppression que pourraient vouloir faire les organisateurs. Dans la réalité, jamais choisi, toujours imposé, le bureau est le frein qui empêche de se formuler à toutes autres idées que celles des directeurs du débat. Son autorité sera d'autant plus dangereuse que la salle croira qu'elle n'est que l'émanation de la sienne, comme le peuple croit que la Loi est l'expression de sa volonté par l'organe des parlementaires qu'il croit avoir « librement choisis ».

Oui, dans l'un et l'autre cas, la salle comme le peuple, ne peut voir le truquage, ne peut connaître les dessous, ignore ce qui se passe dans la coulisse Et souventes fois, une majorité paraît écraser une minorité, alors que l'expression des désirs du populaire se trouve en réalité chez ces quelques hommes qu'il conspue au profit de ceux qui le dirigent contre ses intérêts véritables, voire contre le courant intime de leurs idées présentes.

Même en tenant compte du public tout spécial qui était assemblé, mercredi dernier, au Palais du Travail, je peux affirmer que c'est ce qui est arrivé ce jour-là et que la salle entière était bien plus d'accord avec ceux qu'elle a hués qu'avec ceux qu'elle a applaudis. Mais voilà, elle ne pouvait connaître la pensée de ces hommes et troupeau, elle a obéi machinalement à ses bergers, comme doit obéir un troupeau.

Il me déplaît de paraître donner à quiconque des explications sur mes faits et gestes, mais je comprends pourtant que mon orgueil me fait garder le mauvais rôle, et que ce que je considère comme une qualité me met en état d'infériorité, sert d'arme à des adversaires déloyaux prêts à commenter mon silence et à truquer la vérité. S'il peut me plaire de me taire dans des affaires purement personnelles, de me rire des insultes qui ne s'adressent qu'à moi, je ne saurais le faire lorsqu'il s'agit d'un travail, d'un labeur, d'une propagande, d'une idée auxquels tant de bras et tant de cerveaux prêtent leur concours pour la meilleure et la plus intense réussite. Ainsi donc, expliquons-nous.

Sitôt le bureau formé, le président n'étant même pas assis, un camarade, Bernard, me fait inscrire comme demandant la parole. Quoique en principe les orateurs d'un meeting ne doivent pas être inscrits à l'avance, l'usage fait que le président tient d'abord compte de ceux qui sont nommés par l'affiche et leur « donne la parole ». Sept orateurs sont annoncés, sauf incidents très naturels dans un meeting, je dois donc prendre la parole le huitième.

Je le répète, car il faut souvent se répéter pour se faire comprendre, je ne suis pas un libertaire, et j'accepte fort aisément une discipline lorsqu'elle est convenue. Dans une réunion publique, cette discipline est tacite. Vous écoutez les orateurs ou tout au moins vous ne faites aucun bruit empêchant de les écouter ; vous n'usez de l'interruption qu'avec le plus grand soin, le plus brièvement et le plus clairement possibles ; vous évitez, si vous êtes maladroit, cette façon de manifester votre opinion et vous n'en abusez jamais, parce qu'elle gêne l'orateur et fatigue la salle qui ne la comprend pas toujours ; en tous les cas, vous prêtez attention aux interruptions faites, les favorisant, à moins qu'elles ne soient manifestement systématiques ou qu'elles n'émanent d'un poivrot, auxquels cas vous agissez selon vos opinions.

Pour ma part, je ne suis pas partisan de l'interruption ordinaire et l'interruption systématique ne me paraît utilisable que dans les réunions où la liberté de parole est refusée. Quoique habitué à voir les socialistes, les syndicalistes et les libertaires ne me la donner que sous l'empire d'une pression quelconque, en tout cas, qu'après l'ordre du jour voté, je n'ai jamais voulu user de ce moyen à leur égard. Non pour eux, non que je trouve intéressante leur propagande, mais par orgueil et parce que je ne voudrais pas amoindrir leurs arguments par un moyen détourné, alors que j'ai la conviction de les détruire par le simple raisonnement. Et aussi, que je le dise, par ce respect qui est en moi, pour la manifestation de toute idée, respect qui me fit, une fois, battre avec de mes amis pour qu'un patron — jaune par dessus le marché — puisse dire sa pensée librement.

Au Palais du Travail, comme ailleurs, je prends la même tactique. Ainsi j'essaye d'arrêter deux camarades, Laussinotte et Dolié, qui jettent des interruptions et des épithètes malsonnantes à l'orateur — quoi que je sois convaincu qu'ils ont raison et que les épithètes sont méritées. C'est alors que le truquage et les dessous commencent à se dessiner pour qui peut voir. Par dessus les têtes, c'est contre moi que se dresse la colère des pontifes syndicalistes et de leur domesticité. C'est vers moi que l'on dirige la colère maladroite de la foule. Alors la calomnie la plus infame circule. « Quarante sous, policiers, agents de la réaction ». Devant la salle, les pontifes viennent manifestement me faire des reproches du désordre produit, alors qu'ils savent mentir, et que Dolié en prend toute la responsabilité. Ce n'est pas à Libertad qu'ils en veulent, c'est à ceux qui peuvent formuler simplement l'opinion qui jettera par dessus bord celle des endormeurs révolutionnaires. Ils craignent qu'on démasque leurs agissements louches et qu'on ironise leurs moyens grotesques. A l'avance, par leurs insinuations, par les bruits qu'ils font courir ou laissent courir, ils indisposent la salle contre ceux qui pourraient se faire comprendre. Aujourd'hui, c'est contre nous, mais hier c'étaient contre d'autres et demain ce sera contre d'autres encore. Je suis, pour le moment, celui qui ne doit pas causer. Griffuelhes après avoir, un grand quart d'heure, essayé vainement de se faire écouter, déclare préférer que la réunion se termine plutôt que j'intervienne pour dire qu'il est plus intéressant de savoir écouter que de se quereller. Cela ne comporte-t-il pas, en substance, l'engagement de nous laisser manifester notre idée à son tour. C'est ce qu'ils ne veulent pas.

Pourtant la salle écoute et nous prenons le plus grand soin à ne pas rompre le calme revenu. Par un manège un peu subtil, Pataud fait donner la parole à Laussinotte, mais dit ces paroles ambiguës : « Écoutez-le bien, car c'est peut-être le seul contradicteur qui prendra la parole. » Yvetot termine de bonne façon la liste des orateurs annoncés, mais sans sortir entièrement du thème banal.

Les orateurs inscrits ont causé, c'est le tour de Libertad. Il se produit alors cet accident que, marqué le premier, il se trouve par la grâce présidentielle de Monsieur Jacquemont et la complicité de messieurs Delalé et Tabard être placé le vingtième. Ceci est d'un autoritarisme par trop canaille. Jacquemont, à qui Bernard en fait l'observation, déclare se moquer des conventions et ricane de ce tour de force, alors que Delalé fait l'hypocrisie de ne rien voir et que Tabard, disons-le, est plutôt gêné.

A ce moment le contrat est rompu. Il n'y a plus qu'à agir. C'est ce que nous faisons et que nous ferons toujours en pareille circonstance. Nous ne sommes pas de ceux qui se contentent de recommander l'action directe en théorie, nous la mettons en pratique. C'est à l'atavisme de sentimentalité ridicule qui est en nous que le sieur Jacquemont doit d'avoir, aujourd'hui, le visage sans couture.

Les moyens ignobles de la calomnie, de l'insinuation ne leur suffisent plus, les pontifes syndicalistes tiennent à disputer la palme aux pontifes socialistes dans la crapulerie, et ils s'efforcent de jeter sur nous toute une salle surchauffée, tout le troupeau, tout le bétail syndical. Pourtant, je suis convaincu qu'il existe chez les syndiqués encore trop de sincères pour que, sans des circonstances particulières, le traquenard de mercredi ait seulement pu s'ébaucher. Il a fallu la composition bizarre de la salle, le grand nombre des policiers et des maquereaux, la présence du Tout-Belleville des Concerts et du *Petit Journal*, pour arriver à déchaîner contre nous pareilles turpitudes, pour finir par une pareille débandade, une pareille lâcheté.

Plus que tous, plus certainement que les pontifes de la C. G. T., qui sauront tourner de pareilles ignominies à leur avantage, nous regrettons d'avoir à recourir à de tels moyens de brutes lorsqu'il s'agit d'affirmer notre opinion, de faire respecter notre individualité par une foule que surexcite l'hypocrisie des maîtres et que harcèle la couardise des chiens des valets. Mais, de même que nous sommes décidés à faire, quand tout autre, la révolution en nous, de même nous considérons qu'il nous faut d'abord la faire dans notre milieu, qu'il nous faut assainir notre atmosphère.

Tant que nous ne saurons pas respecter la liberté d'opinion d'autrui et lui donner toute facilité pour se manifester, tant que nous supporterons que notre pensée, notre parole soient écrasées ; tant que nous ne voudrons pas établir l'esprit de tolérance et de justice dans nos rapports ; tant que nous laisserons se développer dans nos milieux, l'autoritarisme et le fonctionnarisme doctrinaux... que voulons-nous réformer chez les autres. Nous ne savons pas faire une autorité, anarchiquement une réunion publique et nous parlons de supprimer l'autorité dans le monde...!

Il faut porter la révolution chez nous, contre tous les truquages, toutes les ficelles, toutes les façades !

Albert LIBERTAD.

Chiquenaudes
ET
Croquignoles

LE CANCER POLICIER

Il n'est plus possible de faire une découverte quelconque sans avoir le regret de voir la police la tourner contre les hommes, s'en emparer pour le travail de défense d'une organisation désuète et dangereuse quand même.

Un sieur Devaux-Charbonnel a découvert un appareil permettant de photographier la parole. Ainsi un ami vient sous votre voix, vous êtes absent, il parle devant le microphone et en recueillant vous «écoutez» ses paroles, mais les lisez. On ne voit pas immédiatement l'utilité d'une découverte et je conçois fort bien qu'il y aurait autre chose à faire de plus utile — mais il vient un moment où par enchaînement, une découverte en amène une autre.

Pas plus tôt la dite découverte faite, voilà qu'on émet l'avis, à l'Académie des Sciences, répétant l'opinion du physicien anglais Duddell, qu'on pourrait l'utiliser à sténographier photographiquement les voix des criminels, comme on prend l'empreinte de leur pouce.

Remarquez bien que, comme les criminels ne préviennent pas de leur intention de tuer, on ne peut prendre leur pouce qu'après les avoir pris. Pour obvier à cet inconvénient, on obligera tout le monde à parler pour photographier sa voix, comme déjà on prend votre pouce, à l'anthropométrie, quand vous êtes arrêté pour avoir écrasé un chien.

Disons de suite que ça ne sert pas à grand chose, mais ça fait vivre des centaines de gens sur le dos des gueux qui sont bien heureux de se sentir ainsi protégés contre les voleurs et les assassins.

GÉOGRAPHIE FÉDÉRALE

Quelques camarades nous ont demandé comment il se fait que les Causeries populaires du XVIIIe n'aient pas été convoquées à la réunion générale des groupements qui a décidé la « création » d'une Fédération anarchiste de Seine et Seine-et-Oise.

Hélas! c'est que Montmartre est si haut perché qu'on veut l'oublier et qu'aussi, peut-être, à cette hauteur, ce n'est plus la Seine et ce n'est pas encore la Seine-et-Oise.

Enfin je suis plus embarrassé pour expliquer l'oubli fait à la même occasion des Causeries Populaires du XIme.

Il doit y avoir d'autres raisons! Mais lesquelles? Mystère profond et malheureux d'autant qu'il s'est répété à la première réunion de la Fédération !

Enfin, espérons que la formation prochaine de la Fédération française de l'Internationale Anarchiste permettra de situer Montmartre en France, et que le secrétaire arrivera à nous dénicher.

Ce que j'en dis, c'est par amour de la géographie et puis parce que c'est trop dur pour des internationalistes de ne pas savoir de quelle nation on est....

Réflexion faite, il me semble que je m'en fous.

CANDIDE.

OPINIONS

Militarisme et Anarchie

IV

Résumé et conclusion

Il est de toute évidence, à notre époque, pour un observateur consciencieux et impartial, que le mot *anarchisme* ne peut plus être considéré comme désignant un corps de doctrine parfaitement net et délimité, il n'existe pas un anarchisme mais des tendances philosophiques et sociales dites anarchistes qui, émanées d'un même courant d'idées et rappelant leur origine par certains caractères communs, se séparent progressivement les unes des autres par des manifestations inconciliables. Pour la bonne foi et la clarté d'un examen quelconque il est donc légitime de les considérer isolément et de leur donner — ne fut-ce que d'une façon provisoire — une étiquette particulière permettant de les distinguer.

Or on en peut reconnaître trois principales que j'ai nommées: *l'individualisme stirnérien*, *l'individualisme idéaliste*; enfin, *le communisme révolutionnaire*.

Chacune de ces tendances se distingue de ses voisines par une différence notoire soit dans ce qui concerne le but poursuivi, soit dans ce qui se rapporte au choix des moyens d'action.

Si l'on ne veut pas aboutir à la confusion dans laquelle sont tombés nombre de théoriciens discutant contradictoirement sur un objet que chacun considère selon un point de vue personnel, mais dont on néglige de fournir préalablement une *définition suffisante mais complète* sur laquelle tous seraient d'accord, il est utile de tenir compte de ces différences et lorsqu'on disserte, par exemple, sur ce que doit être rationnellement la conduite des anarchistes, d'indiquer de quelle sorte d'anarchistes il s'agit, ou bien de ce que l'on entend soi-même exactement par l'anarchisme et dans quelles limites on prétend établir ce qui est anarchiste et ce qui ne l'est plus.

Personne n'a qualité pour tracer arbitrairement à l'anarchisme, ou plutôt aux diverses formes anarchistes, un programme mais il n'en est pas moins vrai que, pour tout homme raisonnable, il suffit que l'on adopte un principe pour que le programme qui en est le développement et la conséquence *s'impose par nécessité logique*.

Je vais prendre pour exemple une comparaison triviale peut-être mais suggestive: Je ne suis nullement forcé de devenir architecte mais si mon intention est de me donner à cette carrière, la logique m'impose, à partir de cet instant, *une règle pratique*, celle de faire méthodiquement un certain nombre d'études spéciales, faute de quoi mon but ne sera jamais atteint.

Que diriez-vous, si voulant devenir architecte de talent, sous prétexte de ne pas être l'esclave de règles fixes, je passais la majeure partie de mon temps comme élève charcutier, puis comme chauffeur d'automobiles, puis enfin comme étudiant de la langue arabe?

Vous diriez, sans doute, que je suis un déséquilibré, un impulsif, que je n'ai pas d'esprit de suite?

Pourtant c'est à peu près ce que font journellement ceux qui s'intitulent anarchistes. Tour à tour leurs discours témoignent du plus profond dédain pour la foule ouvrière et ce qui peut advenir d'elle, puis de la compassion la plus soudaine, des sentiments fraternels les plus inattendus pour cette même foule; tantôt ils font montre de calculs d'un égoïsme profond, dans le sens vulgaire du mot, et tantôt ils s'allongent en reproches amers sur l'indifférence à l'égard de « la cause » — indifférence qui, étant donné le temps présent, n'est déterminée souventes fois que par l'horreur du sacrifice et le besoin du maximum de sécurité pour soi —; aujourd'hui on invoque, pour justifier ses actes, le droit individuel au bonheur, demain on flétrira la lâcheté d'autrui en présence de certaines responsabilités. Bref, c'est sous prétexte de liberté mal comprise, sous prétexte de laisser le champ libre aux initiatives, l'incohérence même.

Que l'on s'étonne après cela si les anarchistes, excellents critiques, sont par contre la plupart du temps dans l'impossibilité de mener à bien une œuvre de réalisation demandant un peu d'ordre et de persévérance!

Ils ont beaucoup de qualités et, comme on dit, tous les défauts de leurs qualités; ils pourraient avoir les qualités sans les défauts.

Ce qui distingue l'impulsif du volontaire, j'entends de l'individu conscient et qui sait vouloir, c'est que le premier agit au hasard, sans but défini, sous l'influence de la colère ou de la pitié, sous l'amour ou de la haine déterminés par les circonstances du moment, alors que le second, dominant le tumulte de ses passions, observe, médite, prend connaissance de ses forces, note les obstacles, trace son plan avec calme et, quand il est sûr de lui, l'exécute avec sang-froid.

Quel est le but de notre vie; à quoi nous destinons nous? Voici la question primordiale.

Est-ce d'« arriver », c'est-à-dire d'acquérir une situation élevée, de nous tirer par un moyen ou un autre du marécage où croupissent les faibles, de cesser de faire partie des écrasés pour obtenir toute la joie et les libertés que, de nos jours, il serait vain de penser goûter sans la possession de l'or?

Est-ce faire des gestes en beauté, par un amour aristocratique de la noblesse des attitudes, dût le seul résultat être la satisfaction intime donnée par le geste lui-même?

Est-ce de donner le meilleur de nous-mêmes pour un bonheur futur que nous ne goûterons probablement pas, dût notre existence être empoisonnée par la misère et le séjour dans les prisons?

Est-ce?... Les buts sont multiples mais, à part de très rares exceptions, ce serait folie que de vouloir de tous n'en faire qu'un seul.

D'autre part, rien ne nous contraint à suivre une voie plutôt que l'autre, mais il est utile de choisir; et si nous ne voulons pas tous la même chose, il faut qu'individuellement chacun sache ce qu'il veut et fasse les gestes en conséquence.

C'est pourquoi, sur le thème de la conduite anarchiste, en particulier sur la grave question de la conduite à tenir en présence de la conscription au lieu d'ajouter une manière de voir particulière à d'autres manières de voir, j'ai cru indispensable de traiter la chose d'une façon *impersonnelle* et de montrer, étant donné les principes admis par chacune des principales écoles de l'anarchisme, quel doit être raisonnablement pour chacune le parti à prendre.

Le résultat de mon examen a été le suivant:

Ceux que j'ai nommés *les individualistes stirnériens* subordonnent tous leurs actes au souci de l'utilité personnelle et immédiate. Pour eux point de solidarité compromettante dont on ne saurait tirer aucun bénéfice. Il n'est pas d'actions honteuses et d'autres nobles, il n'est que des actions profitables ou désavantageuses pour soi, dans l'intérêt de la conservation et de la sécurité, d'abord; dans l'intérêt de la satisfaction des appétits ensuite. Exemple: le type de Bel-Ami dans le roman de Maupassant.

Ceux-là observeront donc uniquement le meilleur parti à prendre en ce sens et cela pourra être tantôt la désertion, tantôt l'entrée à la caserne, selon la variété des goûts, des tempéraments et aussi de la situation sociale. Entre deux maux ils choisiront le moindre, non pour « la cause », mais pour « leur cause ».

Ceux que j'ai nommés *les individualistes idéalistes* tendent surtout à régler leurs actes sur un concept de morale qui devrait être universellement adopté pour pouvoir réaliser une société harmonique. Exemple: le personnage principal du *Sphynx Rouge* de Han Ryner. Ceux-là ne doivent pas être soldats. S'ils entrent à la caserne, ils ne sauraient le faire sous des prétextes en rapport avec leur doctrine. Ils devront considérer loyalement le fait comme une faiblesse et rien de plus.

Enfin, ceux que j'ai nommés *les communistes révolutionnaires* sont persuadés que l'on ne peut transformer la société par l'éducation dans les conditions présentes et ils cherchent à être assez nombreux, assez forts pour tenter au plus tôt, dans chaque nation, le hardi coup de main qu'est le renversement total de l'ordre établi.

Le devoir de ces derniers n'est pas d'aller traîner à l'extérieur une vie le plus souvent impuissante et misérable, c'est de rester dans le pays natal, que l'on connaît le mieux, sur lequel par conséquent on aura le plus d'influence et, abandonnant le projet insensé d'attaquer de front le colosse de l'État dans toute sa vitalité, d'envahir tous ses organes pour les frapper de paralysie.

À ces derniers, je ne pourrai citer de meilleur exemple que celui des héros de la révolution russe, de ces étudiants qui n'hésitent pas à se faire mécaniciens pour être plus en contact avec la masse des ouvriers, qui recrutent des affiliés dans tous les milieux sociaux, en constituent une légion mystérieuse et redoutable dont la besogne de termites permettra seule un jour que, sous la poussée populaire, s'écroule l'empire des tsars.

Jean MARESTAN.

Quatorze Juillet

Qui donc demeure sourd aux appels de la joie
Dont on entend partout la bruyante rumeur ?
Qui donc, lorsque chacun dans l'ivresse la noie,
Conserve l'âpreté de sa mauvaise humeur ?

Qui donc, lorsqu'en la nuit tant de pétards tournoient,
Resplendissant ainsi que des gerbes de fleurs,
Porte, même où les feux de Bengale rougeoient,
Dans son cœur de la haine et dans ses yeux des pleurs ?

Sans doute un pauvre fou... c'est ainsi qu'on le nomme
Mais, puissants, sachez-le, cet être à part c'est
Qu'on ne cherchera plus, un falot à la main, (l'Homme)

Le jour où, rallumant la torche dans vos antres,
Son geste assainira l'atmosphère où demain
Montera le « parfum » du trop plein de vos ventres !.

BIZEAU

SUS A LA VEUVE

En présence de la criminalité sans cesse croissante, la commission spéciale de la Chambre a changé ses conclusions, et a opté en faveur du maintien de la peine de mort.

(Les journaux).

Ça marche, ça marche, les affaires reprennent, Deibler qui appréhendait une fin obscure, sans gloire, exulte. Plusieurs gros morceaux vont lui échoir, paraît-il. Un coup d'affûtage au triangulaire couteau et l'assassin autorisé entrera en fonction.

En scène, messieurs! en scène. Ainsi populo aura de la réjouissance. Il y avait si longtemps que cela manquait aux distractions populaires et mondaines, ne l'oublions pas.

Ceux que le récit ou la lecture de l'assassinat d'un vieil inutile font frémir d'horreur, iront chercher, avec volupté, le petit frisson de joie sadique devant la chute du couperet républicain. Une fois de plus la société sera vengée, le crime puni, les honnêtes gens satisfaits.

Ainsi en ont décidé quelques honorables dont les conclusions sur le maintien de la peine de mort ne laissent aucun doute quant à leurs intentions humano-vengeresses.

On conçoit que la vertu de ces messieurs soit scandalisée par la criminalité, flot montant qu'on ne peut endiguer. Ils ne se sont jamais commis au larcin d'une poule, ou d'un pain de deux livres, mais nous, les réfractaires, les en-dehors, nous que menace sans cesse l'appareil de vindicte, qu'allons nous faire? Laisserons-nous mener à la mort, des individus qu'au mépris de toute humanité, de tout esprit de libre examen on condamne à avoir la tête tranchée? Sous le prétexte spécieux qu'ils n'ont pu commander à leurs passions, ou pour avoir exprimé des opinions dites subversives, pour s'être révolté devant des conditions de vie mauvaises, enverra-t-on des hommes à la mort?

Quoique la masse aveugle, trompée, bernée par la presse immonde demande des têtes, il importe à nous, anarchistes, d'empêcher le retour de ces exhibitions d'un autre âge.

Il ne faut plus que de tels défis soient jetés à la face des révoltes. Défendons nous, œuvrons nous-mêmes. Il faut du sang à la foule, sachons-lui en donner. Mais sera-ce toujours celui des victimes ordinaires? Son sang ne saurait-il couler? Faisons entendre notre protestation, que nos sentiments ne soient pas platoniques, appliquons-la ici le talion.

Rira bien, qui rira le dernier.

René DOLIE.

La Franc-Maçonnerie

II

Ne pouvons-nous pas affirmer que le SECRET est le roc sur lequel est bâti le *Temple*; c'est lui qui triomphe; on le vénère, on l'érige en science; on le transforme en tactique et il devient le secret professionnel; pour le besoin d'une cause: l'école maçonnique le pratique partout, jusque dans les prétoires.

La grâce du triangle illumine les FF.·. progressivement et le SECRET s'impose à tous les degrés: *l'apprenti* et le *compagnon* ne peuvent assister aux travaux de la loge au troisième degré, ils doivent ignorer les *planches d'architecture* qui conviennent au troisième appartement.

Un CHAPITRE est un *atelier* où l'on travaille aux grades supérieurs à celui de *Maître*. Il ne peut s'établir sans le consentement de la loge au sein de laquelle il se forme et dont il doit prendre le titre. Sept CHEVALIERS ROSE-CROIX, sont nécessaires pour sa création provisoire et la demande de *Lettres Capitulaires* au Grand Orient, l'autorisation de la Loge revêtue de la signature des *cinq premières Lumières* et timbrée par le Garde des Sceaux, ainsi que les diverses Contributions exigées, doivent joindre la demande.

Avant son installation le *Chapitre* nomme ses officiers qui sont au nombre de quinze; ici, le Vénérable porte le titre de *Très-sage*, le premier et deuxième *Surveillant*, l'*Orateur*, le *Secrétaire*, le *Grand Expert*, le *Trésorier*, l'*Hospitalier*, deux *Maîtres de Cérémonies*, le *Garde des sceaux* et *timbre*, l'*Architecte contrôleur*, deux *Experts*, un *Maître de Réfections*.

L'obtention de son titre constitutif n'est donné par le *Conseil de l'Ordre* qu'après avis favorable du *Grand Collège des Rites* et signé par cinq Mac.·. possédant les Hauts Grades.

Les formalités d'installation sont les mêmes que pour la *Loge*, sauf que les Commissaires installateurs sont pris au *Grand Collège des Rites* ou parmi les Mac.·. possédant les grades auxquels cet Atelier doit travailler.

Le *Chapitre* régulièrement constitué a seul le droit de conférer les grades supérieurs à celui de *Maître*, jusqu'à celui de *Chev.·. Rose-Croix*.

Il doit tenir au moins quatre *termes* d'obligation par an et est obligé de procéder aux élections générales de ses Officiers, dans le onzième mois de l'année maçonnique qui est janvier; les *planches* de convocations sont toujours envoyées à domicile.

De même que le Chapitre, le CONSEIL est un Atelier qui ne peut s'ériger qu'au sein de la *Loge* dont il prend le nom et de laquelle il doit obtenir l'autorisation ainsi que du *Chapitre* déjà souché sur la Loge. Sept CHEVALIERS KADOSCH, 30e, possédant leurs *Patentes* régulières, sont admis à délibérer sur la demande de la *Patente constitutionnelle* à solliciter du Grand Orient.

Après avoir formé le Chapitre provisoire, ils nomment leurs officiers au nombre de treize: le *Président*, deux *Surveillants*, l'*Orateur*, le *Secrétaire*, le *Trésorier*, l'*Hospitalier*, deux *Experts*, le *Garde des Sceaux*, deux *Maîtres de cérémonies*, l'*Ordonnateur des Agapes*.

L'acceptation de la *Loge* et du *Chapitre*, toutes les pièces et les *métaux* (argent) exigés sont envoyés avec la formule de demande, au *Pouvoir Central* qui, après avis favorable, fait procéder à l'installation du CONSEIL de la même manière que pour la *Loge* et le *Chapitre*, les commissaires installateurs étant pris au *Grand Collège des Rites*, où parmi les mac.·. possédant les grades supérieurs au *Chev.·. Rose-Croix*, jusqu'à celui de *Chev.·. Kad.·. 30e* inclus, que le *Conseil* a le droit de conférer.

Trois *termes* d'obligation au moins, dans l'année, sont exigées, et le renouvellement de ses officiers doit avoir lieu le douzième mois maçonnique qui correspond au mois de février.

Nous arrivons enfin à la Loge Centrale qui porte le nom de GRAND ORIENT DE FRANCE. C'est l'*Autorité* dans toute son étendue; c'est la centralisation de tous les mouvements des *Ateliers* de France, d'Algérie et des colonies; c'est lui qui sanctionne tous les vœux, toutes les questions maçonniques que lui soumettent les *Ateliers* et les maçons de la *Correspondance*.

C'est une *Assemblée générale* qui crée le *Grand Orient*. Elle comprend tous les Présidents des Loges, le Conseil de l'Ordre est formé de trente trois membres pris parmi les FF.·. composant l'assemblée; il nomme son Président.

Le *Conseil de l'Ordre* qui est élu pour trois ans est renouvelable par tiers à chaque convent. Il est chargé de l'administration de l'Obédience et de sa situation financière dont il rend compte à l'Assemblée annuelle. Il décerne les récompenses, publie tous les ans un « calendrier maçonnique. »

Le *Président*, pendant l'année que dure sa fonction, est le PAPE de la maçonnerie. Son pouvoir est le plus absolu: il promulgue les décrets et les décisions de la *Loge Centrale*, il nomme les représentants près les *Grands Orients étrangers*; à chaque fête solsticiale, il envoie sous plis cachetés des *Mots* de semestre aux *Loges*; dans le courant d'avril, il donne de la même manière un *Mot* annuel aux *Chapitres*, et en novembre le *Mot* annuel aux *Conseils*.

Il signe les certificats maçonniques sur parchemin, qui sont délivrés aux *Maîtres* sous le titre de *Diplômes*; — aux *Chev.·. Rose-Croix* sous le titre de *Prefs.·.*; aux *Chev.·. Kad.·.* et aux 31e, 32e, 33e degrés sous le titre de *Patentes*.

En fonction le Président porte au sautoir son cordon qui est un ruban moiré, couleur orange avec liseré, orné d'une chaîne d'union et de trois branches d'acacia brodés en or. Au centre est un triangle radieux avec le signe mystique consacré.

Il est introduit dans le *Temple* par quinze membres que précède le *Maître des Cérémonies*, le cortège passe sous la *Voûte d'acier*, maillets battants jusqu'à l'Orient même. Le Conseil lui adjoint deux Vice-Présidents et deux Secrétaires; cinq Mac.·. possédant les hauts grades pour signer avec lui les titres constitutifs des Chapitres, des Conseils philosophiques et tous les parchemins que la *Veuve* octroie à ses adeptes. Le *Président* désigne lui-même qui remplira l'office de *Garde des sceaux* et du *timbre* de Grand Orient.

L'*Assemblée générale* autrement dit *Convention*, se réunit tous les ans, le deuxième lundi de septembre. Toutes les Loges symboliques doivent y être représentées par leur Président ou par un délégué, ainsi que le Conseil de l'Ordre au complet. Elle nomme son PRÉSIDENT qui pendant la durée de ses séances a seul le droit d'ouvrir ou de fermer les travaux; de mettre les propositions sous le maillet; de résumer les discussions; de proclamer le résultat des délibérations. » Accordant la parole et la retire aux FF.·. qui s'écartera des règlements, il peut au besoin leur faire couvrir le temple.

Le Conseil de l'Ordre nomme les membres qui doivent remplir les fonctions d'Officiers pendant la durée du Convent, ils sont au nombre de dix-neuf; le premier *Surveillant*, le deuxième *Surveillant*, l'*Orateur*, le *Secrétaire*; le premier *Expert*, le deuxième *Expert*, l'*Hospitalier*, deux *maîtres des Cérémonies*. Aucun d'eux ne peut prendre la parole sans l'avoir obtenue du Président. Le Conseil vérifie les pouvoirs des membres de l'Assemblée générale.

Le Grand Orient a deux *Fêtes de l'Ordre*, correspondant aux solstices d'hiver et d'été, suivies d'un banquet. C'est une Commission du Conseil de l'Ordre qui en règle l'organisation. Au banquet les assistants « sont placés par ordre hiérarchique », aucun discours, aucun chant maçonnique ne peuvent être dits, sans avoir été soumis à l'approbation du Président.

****

Comme toutes les religions, la Franc-Maçonnerie a son organisation réglée pour les divers mouvements de sa vie spirituelle, elle s'appelle le GRAND COLLÈGE DES RITES.

Il offre à ses FF∴ moyennant finance, bien entendu, les sacrements les plus sûrs, qui répandront sur eux la Grâce maçonnique, leur fera atteindre les hauteurs de la sainteté républicaine ou la béatitude patriotique. Cette purification conduira les clairvoyants dans les voies les plus directes de l'assiette au beurre. Sa liturgie est arrivée à concurrencer la « maison d'en face », elle a trente-trois baptêmes! Voilà pourquoi on l'envie, on lui tresse des couronnes, on veut la connaître, on veut obtenir de la Veuve le baiser de la fraternité.

Après le *cri de détresse*, ce sont les batteries. À l'ordre, mes FF∴, courbez-vous devant le *Secret*! après le tablier viendront les cordons les plus brodés et les p.us médaillés; vous aurez votre jubilé comme un gros notable en échange de votre fidélité et de votre respect à tous vos devoirs francs-maçonniques.

Grossissez le nombre des disciples de Hiram, « profanes » syndicalistes, anarchistes pondérés, « il y a place pour toutes les grandes idées » comme nous l'écrivait le secrétaire de la *Loge Osiris*. Il y a de « grands anarchistes » auxquels vous ne pouvez vous comparer, qui font partie de notre grande famille, nous disait-il en substance. Aussi, camarades, allez jurer « obéissance », allez parler sur « l'honneur », vous deviendrez un jour les gardiens de la Constitution, et comme vous êtes de vrais et ardents révolutionnaires vous ne serez jamais des parjures à la loi maçonnique qui vous aura initiés sous le sceau du SECRET à l'œuvre de progrès et de Justice pour la réalisation de l'émancipation ouvrière!!! Vous pourrez arriver à la plus haute dignité du Rite Ecossais, vous deviendrez Grand Inspecteur 33e, qui vous fera prendre rang parmi les Princes de cette association d'« égalité » et vous permettra de devenir un des 33 membres actifs du GRAND COLLÈGE DES RITES où, tout en examinant les demandes en agrégation de Rites, en obtention de Lettres Capitulaires et de Patentes Constitutionnelles, en initiant vos FF∴ aux beautés et à la puissance des 31e, 32e, 33e degrés vous aurez travaillé pour la « Fraternité », car les Grades de la maçonnerie et les offices de tous les Ateliers, jusqu'aux dix très-modestes, du Grand-Collège « consistorial »: — Le T∴ P∴ Souv∴ Grand Commandeur(1); le 1er Lieutenant Commandeur: le

(1) Très puissant souverain.

2e Lieutenant Commandeur; le Ministre d'État; le Grand Chancelier secrétaire du Saint-Empire; le Grand Eleemosinaire; le Grand Garde des Sceaux et du Timbre; le Grand Maître des Cérémonies Introducteur; le Grand Capitaine des Gardes; le Grand Porte-Étendard, qui sont nommés tous les ans. le 30 novembre, à la Saint-André, — sont une preuve indéniable de cet esprit d'égalité et de fraternité dont est imprégné l'institution. Et lorsque vous serez le nombre, lorsque vous en aurez chassé les bourgeois, comme les bourgeois en ont chassé l'aristocratie, vous établirez au nom de la Constitution et du Secret franc-maçonniques révolutionnaires le « bonheur du peuple » et la Liberté.

CASSIUS.

ERRATUM. — Dans le numéro précédent, 3e page, 2e colonne, 25e ligne, au lieu de « il faut désigner », il faut lire : « et pour désigner »

Feux de Saint-Jean

Pour fêter la St-Jean, comme on dit. jour de bon
Par chez nous, en vertu d'une ancienne coutume.
Dès la veille, à la nuit, chaque villageois allume
Des feux autour desquels on danse tout en rond

C'est un tel bacchanal que, gai comme un pinson,
Après avoir vidé sa coupe d'amertume,
Celui dont l'existence en sanglots se résume
Comme les plus joyeux, y va de sa chanson.

Parfait! Ainsi qu'au seuil d'un grenier d'abondance,
Sans trève amuse toi, saute, chante et danse
Autour de tes bûchers jusqu'au soleil levant.

Car le jour qui va poindre est celui de la fête
Et le sera d'ailleurs tant qu'inclinant la tête
Peuple, tu resteras Gros « Jean » comme devant.

BIZEAU.

Art et Patriotisme

Nombreuses personnes, quand ils assistent à une revue, à une manœuvre, ou regardent défiler un régiment, musique en tête, se sentent le corps parcouru de frissons et, dans un geste d'enthousiasme, ils se découvrent et acclament le drapeau à son passage. Tout émus, ils se demandent comment l'on peut être antipatriote, ne se rendent pas compte que ce qu'ils ressentent n'est pas un sentiment patriotique, mais une « impression artistique ».

Le militarisme, de même que les religions, ont besoin de quelque chose qui attire l'individu à lui, et cette chose, c'est l'art.

L'art qui, dans la société normale, devrait servir à adoucir et à embellir la vie, mais qui, dans la main des gouvernants, devient un terrible poison.

Dans l'armée, la musique, les officiers chamarrés d'or, les chevaux qui caracolent, les couleurs vives des habillements des troupes, les sabres et les baïonnettes qui scintillent au soleil, les alignements réguliers, les mouvements d'ensemble et le drapeau aux couleurs éclatantes bordées d'or, toute cette mise en scène, impressionne la foule, la passionne et l'enivre si bien qu'elle se croit emportée par un élan patriotique, alors qu'elle ressent seulement, ce que tout le monde ressent, en entendant de la belle musique, en voyant quelque chose qui charme les yeux.

Cette erreur est commise surtout par les femmes et les jeunes gens, en un mot par tous ceux qui n'ont pas été soldat. Celui qui a passé à la caserne, sait que les galons d'or recouvrent plus d'un crime; il connaît la lâcheté, la veulerie, l'inconscience, qui se cachent sous chaque habit militaire. Combien de jeunes gens l'apprennent à leurs dépens. Combien, sous cette impulsion, sous cet emportement, qu'ils croient être du patriotisme, s'engagent.

À peine arrivés, ils aperçoivent l'envers de la médaille, ils regrettent le geste qu'ils viennent de faire, payant ainsi chèrement un acte irréfléchi.

Pour se rendre bien compte que l'impression ressentie, n'est autre qu'une impression artistique, il suffit de retirer à l'armée, tout ce qui charme l'oreille et la vue. c'est à dire la musique, les brillants costumes, la symétrie, etc.

Alors représentez-vous une foule compacte, armée de fusils, de révolvers, de couteaux, une bande de gueux, une bande d'apaches. Cette fois encore vous vous sentirez le corps parcouru de frissons, mais ce sera d'horreur, de dégoût et de peur tout à la fois; vous verrez dans ces hommes, des assassins, des individus ayant pour mission de tuer.

Malgré l'art, dont se pare l'armée pour nous fasciner, et nous conquérir, sachons voir, sous chaque habit militaire, dans chaque soldat, un assassin, qui vit et s'entretient à nos dépens et dont les armes sont toujours dirigées contre nous.

Francis VERGAS.

Lettre d'Amérique

Ce qui m'ennuie ici ce sont les brusques changements de température. Un jour, il fait une chaleur intolérable, puis tout d'un coup en une heure, le temps change complètement et il fait presque froid, le lendemain il pleut tout le jour, puis un grand vent se lève, balaie la pluie et il fait beau de nouveau. Ça m'embête d'autant plus que lorsqu'il pleut je dois rester à la chambre, alors que, lorsqu'il fait beau, je me promène et observe les Américains dans les détails de leur vie affairée.

Je ne puis penser dès maintenant à vous donner une idée du peuple américain bien précise, mais néanmoins, comme je suis plus ou moins régulièrement les journaux, je puis esquisser quelques aperçus. Dans tous les pays la grande presse représente à peu près le niveau moyen de la mentalité du peuple; les États-Unis n'y font pas exception. Partant de ce point, je dis : « Quels imbéciles sont ces gens. »

Je n'ouvre pas un journal sans y lire des louanges sur la probité de tel juge, sur le dévouement de tel sénateur, sur l'intelligence de tel millionnaire, qui débuta comme commis de bureau à 10 francs la semaine, sur la beauté de l'architecture américaine (immenses tours de 20 30 et 40 étages), sur la grandeur, sur la richesse, sur la puissance, sur la libéralité de la nation américaine, sur la force et l'intégrité de sa police, de son armée, de ses magistrats.

Si je m'amuse à parcourir les annonces qui remplissent quotidiennement quinze et vingt pages des grands journaux j'y lis des choses comme ceci : « Voulez-vous augmenter vos gages de 200/0, devenir riche vous aussi, écrivez à Machin. On vous donnera tous les détails » ou bien : « Pourquoi occuper un poste qui n'est pas payé, alors que vous pouvez gagner davantage en commandant les autres. Devenez un contremaître au lieu de rester un ouvrier. Écrivez-nous dans quelle branche industrielle vous désirez vous spécialiser et nous vous enverrons les moyens d'acquérir le savoir qui vous permettra de sortir et de monter au dessus de la foule. »

Pendant que je vous écris on me tend par la fenêtre ouverte un journal qu'on distribue gratuitement. C'est l'*Ambition*, son but est d'éveiller dans l'esprit des gens l'ambition d'arriver, il se fait le champion de cet individualisme bourgeois, individualisme étroit, mesquin, qui est la base de la morale de ce grand peuple. Oui, arriver à quelque chose, n'importe comment, en écrasant les autres, en se lançant dans les affaires, n'ayant en vue qu'un but, devenir riche. Le dollar est aux États-Unis le dieu qui prime tous les autres, devant lequel s'inclinent toutes les consciences; c'est le point vers lequel convergent toutes les ambitions, tous les désirs.

L'Américain est infatué de lui-même, fier de sa personnalité, orgueilleux d'être citoyens d'une si grande nation, où tant d'étrangers viennent se faire exploiter, où s'échafaudent les fortunes des Morgan et des Rockfeller.

Les Américaines sont des objets de luxe, du moins je les considère comme telles, ce sont des bijoux qui commandent partout le respect. La plupart sont jolies, très jolies même pourrais-je dire, mais la mode fait là aussi ses ravages. Des chapeaux de diamètre inconnu en Europe leur décorent ou plutôt leur déparent la tête, pendant que des corsets leur déforment la taille, au point de leur couper le corps en deux, alors que les talons hauts de leurs chaussures les font ressembler à des sauterelles. Je fis un jour cette réflexion que je ne serais pas trop rassuré en étreignant un peu fortement une de ces femmes, car j'aurais peur de la casser. Fort heureusement pour moi il y a ici des Françaises et des Italiennes avec qui je me retrouve beaucoup mieux.

L'énorme différence qui existe entre le tempérament anglais et le tempérament latin fait que les Français ne se plaisent pas dans les milieux américains et qu'ils recherchent de préférence la compagnie des Latins,

— LE —

Savoir Inutile

Tout en attachant une très grande importance à l'observation de notre camarade Binoff, j'avais pu paraître la dédaigner, alors que je me réservais d'y donner réponse. Entre camarades, la critique devient facilement impersonnelle, il n'est plus question d'avoir raison, mais de trouver la raison de quelque côté soit-elle ou bien ailleurs encore.

Aussi je n'ai pas eu l'idée de répondre mais de chercher des arguments pour la thèse que je croyais bonne. J'en ai trouvé dès le jour même. J'ai tenu à les donner dans toute leur force sans y ajouter aucun commentaires fastidieux ou les résumer maladroitement. Cela a donc obligé à en retarder la parution jusqu'à la fin du feuilleton en cours.

Ces arguments sont donnés par Naquet, comme préface à un livre de C.-A. Laisant. L'Éducation fondée sur la science (1). Je n'aurais pas à parler ici de la valeur de l'étude même, je ne saurais pourtant oublier d'en dire toute la largeur de vues, toute l'originalité, toute la clarté précise. Ainsi devrais-je dire de la préface entière de A. Naquet, si vous ne pouviez l'apprécier vous-même en suivant le feuilleton.

A. L.

Si l'idée de la réforme poursuivie est de nature à apparaître avec toute son évidence quelque part, c'est surtout dans l'enseignement des langues.

Celle du pays où nous sommes nés, nous en avons acquis l'usage sans nous en douter, en entendant parler nos parents, en apprenant d'abord sans fatigue la signification des mots usuels, et en passant ensuite de ceux qui expriment des idées concrètes à ceux qui expriment des abstractions.

(1) Félix Alcan, éditeur, 108, boulevard St-Germain, 2 fr. 50. En vente à *l'anarchie.*

Et cette langue-là est la seule que nous arrivions à bien parler et à bien écrire, à moins d'avoir été élevés dans un milieu où l'on parlait plusieurs idiomes différents.

Lorsque donc que nous voulons enseigner à quelqu'un ou apprendre nous-mêmes une langue étrangère, la raison nous dit qu'il faut opérer de la même manière en adoptant une méthode rationnelle comme la méthode Berlitz.

Mais voilà! il faut compter avec votre cerveau.

Les illettrés transplantés en pays étranger arrivent, comme l'enfant, à apprendre la langue.

Les lettrés n'y arrivent plus. Il leur faut procéder par la méthode déductive, commencer par l'étude de la grammaire, des conjugaisons, des déclinaisons si la langue en comporte, puis se bourrer la mémoire de mots et s'évertuer ensuite à construire des phrases.

C'est ce qui m'arrive. Depuis ma sortie du lycée, j'ai étudié l'italien, l'espagnol, l'anglais et un peu l'allemand. Je parle l'italien et l'espagnol; je lis l'anglais, je déchiffre l'allemand, et c'est par le système appliqué aux langues mortes dans nos établissements scolaires que je me suis assimilé le peu que j'en sais.

Aussi le sais-je très mal. Même pour les deux que je possède le mieux, l'italien et l'espagnol, quand je veux les parler et les écrire, je fais du français avec des mots étrangers. Je traduis et n'arrive pas à m'assimiler l'esprit qui forme l'individualité de ces belles langues.

Mais par le système rationnel, je n'en aurais pas appris un seul mot et j'ai dû me résoudre au mal pour éviter le pire.

Comment serait-il autrement lorsqu'on a passé sur les bancs de l'école à décliner *Rosa* la rose ou *o elios*, le soleil ? et comment, dès lors, un cerveau aussi ossifié dans une vieille méthode pourrait-il par cela seul qu'il en comprend le vice, redevenir assez souple pour en pratiquer une autre vis à vis des enfants dont la culture intellectuelle lui est confiée ?

C'est là l'obstacle primordial. Il ne suffit pas de déterminer la bonne voie; il faut trouver des maîtres pour y conduire les élèves, et ces maîtres, qui nous les fera ? Évidemment ils se créeront à la longue par une évolution naturelle, et il est à cet égard de la plus haute importance de montrer le but; mais comme toutes les évolutions celle-ci exigera un temps considérable.

Laisant fait ressortir avec une grande force cette vérité, qu'il n'y a pas de méthode absolument générale convenant également à toutes les intelligences, qu'il est nécessaire d'observer avec soin les facultés de chaque enfant et de baser sur elles la nature de l'enseignement qu'on lui donne.

C'est absolument exact ; mais cela semble condamner l'enseignement collectif Il le reconnaît dans une certaine limite en se prononçant sans ambages contre nos écoles-casernes ; mais il n'ose pas limiter suffisamment le nombre des enfants dirigés par le même maître (1).

Il semble qu'il faudrait abandonner à la mère l'enseignement tout à fait primaire, c'est à dire cet enseignement des faits extérieurs sur lesquels s'établira plus tard comme sur un terrain solide, l'édifice des théories abstraites qui constitueront le point d'arrivée. Elle est placée en présence d'un petit nombre d'enfants, deux ou moins semblables entre eux ; et l'amour multipliant ses aperceptions, elle est plus capable que quiconque de démêler les aptitudes et de découvrir les meilleurs moyens d'éveiller la curiosité. Tout ce que nous avons appris dans les genoux de notre mère reste à jamais fixé dans notre esprit. Rien ne peut l'en effacer.

Le père pourrait exercer une influence semblable, mais il est trop absorbé par les devoirs extérieurs. D'ordinaire il n'a pas le temps.

(1) Voir *Hérédité et Éducation* par A. Mahé, noir, 10, En vente à *l'anarchie.*

Malheureusement la mère n'en a guère plus le temps que le père ; et si dans tous deux manquent d'une culture intellectuelle suffisante pour remplir le rôle d'éducateurs que la nature leur a dévolu.

Riche, la mère est absorbée par cette vie mondaine inutile, qui lui prend tous ses instants sans aucun profit pour personne, mais à laquelle, à moins qu'elle ne soit supérieurement douée, il lui est impossible de se soustraire.

Pauvre, il lui faut travailler pour aider le mari à gagner la vie du ménage. Employée, ouvrière, domestique, femme à la journée, elle ne peut exercer qu'une surveillance bien éphémère sur la famille, et l'école est le seul moyen pour elle de soustraire ses enfants aux exemples et aux entraînements pernicieux de la rue.

Quoi lui enseignerait-elle, d'ailleurs ? Connaît-elle rien elle-même du monde dans lequel elle se meut ? Si elle faisait l'éducation de ses fils et de ses filles, elle ne leur ferait rien voir de ce qu'ils ont intérêt à connaître. Par contre, elle éveillerait dans leur jeune esprit, si malléable à toutes les impressions, les idées de Dieu, de libre arbitre, d'enfer, de paradis, de peines et de récompenses, en un mot toutes les conceptions fausses qui corrompent les cerveaux humains et dont nous devons avant tout les affranchir. Si mauvaise que soit l'école, avec son maître unique pour des masses d'élèves, elle est moins mauvaise encore que cet enseignement-là. Tant que la société ne sera pas organisée de manière à ne demander à la femme que ce qui constitue sa fonction naturelle : la maternité avec toutes ses conséquences, tant que nous vivrons dans un état économique qui éloigne des enfants l'enseignement rationnel des premières années sera impossible, et ne pourra revêtir d'autre caractère que celui d'un idéal vers lequel les écoles publiques devront s'efforcer d'aiguiller.

A. LAISANT,

(A suivre.)

où l'on sait encore rire et s'amuser. Ce qui explique pourquoi il leur est si difficile de s'assimiler la langue. Il n'est pas jusqu'à table où l'Américain ne puisse rencontrer le Latin.

A midi je vais manger dans les restaurants ouvriers et je suis déjà allé un peu dans tous les coins. L'Américain mange en dix minutes, il n'a pas davantage de temps à consacrer à ce qu'il considère comme une ennuyeuse corvée et quelles saloperies il mange. Mais le soir, je me rattrape et mange dans un restaurant italien, où tout en savourant d'excellents macaronis, j'ai l'occasion de voir les gens rire, chanter, discuter avec animation. Quels gestes, quels cris, quelle chaleur, auprès de la rigidité froide et de la hâte qui caractérisent l'Américain.

Il y a quelque temps je lisais dans *Mother Earth*, un article où l'auteur disait s'étonner que dans une contrée essentiellement individualiste comme les Etats-Unis, l'anarchisme, doctrine individualiste, n'ait pas fait plus de progrès marquant depuis vingt ans. Pour moi qui comprend de quelle nature est l'individualisme américain, loin de m'étonner, ce fait me semble très naturel. Voilà chers camarades, quelques aperçus du « Nouveau Monde ». Ce sont des impressions personnelles. et au lieu de les chercher dans les livres, j'ai préféré les rechercher moi même dans le mouvement qui chaque jour se déroule sous mes yeux, pendant qu'à la recherche du boulot, je balade mon désœuvrement dans New-York.

Camil CHAVIN.

SUR LE JEU

C'est le «Grand Prix»! Des gens se pressent vers les gares et autres moyens de communications, s'écrasent, se tassent dans les wagons, s'empilent dans les chars à bancs, à destination du champ de course.

C'est un spectacle navrant de voir ces individus se ruer à la curée, n'ayant qu'un souci, qu'un but, la satisfaction de cette passion malsaine et déprimante qu'est le jeu, absorbés par cette pensée unique du gain qui leur permettrait de vivre en oisif, pensée toujours déçue, mais s'enracinant à la longue dans leurs cerveaux débiles, et atrophiés par la lecture édifiante des journaux se rapportant à ce sport.

Il faut voir cette foule se presser aux portes de l'hippodrome, grouiller sur la pelouse (c'est par cent mille que se chiffrent les entrées) faisant queue, et se bousculer aux baraques « du pari mutuel » — institution louangé canalisant dans les caisses de l'Etat environ quarante-cinq millions par an, afin d'y porter une partie du maigre salaire gagné si péniblement en une semaine de durs labeurs.

Ils ne se rendent pas compte, ces malheureux, que le gain momentané qu'ils peuvent quelquefois réaliser, n'est fait que de la perte des autres et qu'à part quelques initiés qui en vivent — eux seuls en fin de compte sont dupés et volés. Allez donc faire voir à ces monomanes toute l'inconséquence, toute la folie de leurs gestes : essayez donc de leur faire comprendre l'absurdité de leurs enthousiasmes lors de la victoire de l'un ou l'autre des concurrents, la sottise de leur admiration pour l'homme qui y a contribué et le respect, sinon la sympathie pour le richissime propriétaire qui rafle les trois cent soixante mille francs du prix. Ils vous riront au nez, vous traiteront de fous!

A ces brutes, il faut des jeux... et ils rognent volontiers sur leur maigre pitance pour assouvir leur passion; alimentant ainsi les caisses de la pieuvre Etat.

Allez parler d'éducation à cette masse inconsciente et veule! essayez de lui faire entrevoir la possibilité d'une vie meilleure, normale, et saine, l'attrait d'un travail fait en camaraderie, où l'argent, corollaire de la propriété, n'aurait plus raison d'être! Que comprendront-ils?

C'est là pour les anarchistes une tâche rude et pénible et qui ne va pas sans d'amères déceptions. Je me demande parfois s'il ne vaudrait pas mieux s'éloigner de cette foule, que de chercher, dans un but de « prosélytisme », à la sortir de l'ornière où elle croupit ?

POL-KY.

La Bastille de l'Autorité

14 juillet! Les fenêtres se barbouillent de bleu, de blanc, de rouge, de jaune. La *Marseillaise* se beugle par les rues. **14 juillet!** Les marchands de vins sont en joie : pas de pain à la maison, les derniers sous se jettent sur le zinc. **14 juillet!** Les chauvins et les badauds « gais et contents » vont acclamer les petits soldats ; le tableau truqué de la grrrande armée nationale.

14 juillet! L'épicier du coin, le notaire véreux, l'exploiteur adroit, l'assassin légal, vont recevoir la juste récompense de leur dévoûment à la république. **14 juillet!** De longs et filandreux discours promettront beaucoup; promesses fallacieuses qui s'en iront loin au vent avec la dernière pétarade du dernier feu d'artifice.

14 juillet! « Le peuple, il en a d'la réjouissance ».

Quel anniversaire fêtes-tu donc ? Quel souvenir glorieux te fait il recouvrir de ce décor mensonger, ta vie habituelle de labeur et de misère ?

— **14 juillet!** la Bastille est rasée ; une ère de Liberté est ouverte.

— Ah ! tu veux rire, bon Populo, la Bastille est rasée ; que sont donc autour de nous, ces bâtisses mornes, aux murs élevés, aux fenêtres grillées ? Sont-ce des séjours paradisiaques ?

La vieille Bastille est rasée.... soit.

La Santé et Saint-Lazare, les Centrales et les Bagnes, Nouméa et la Guyane, Biribi et Aniane... la Bastille est ressuscitée. Les Casernes et les Usines, l'Atelier et le Gros Numéro, le Couvent et le Collège.... la Bastille est ressuscitée.

Ah! tu veux rire, bon Populo, une ère de liberté est ouverte. Dis moi donc quel jour, quelle heure tu es libre,... libre, entends-tu ?

Du berceau à la bière, tu passes par l'école, l'atelier, la caserne et encore l'atelier ; tu te maries, tu te syndiques, tu meurs selon des formules, éternel jouet de l'Autorité sous toutes ses formes : Père, prêtre, patron, gouvernant, galonnard. Est-ce cela, ta liberté ?

La Bastille n'est pas rasée. La Liberté est encore à venir.

TA FÊTE EST UN LEURRE, TON QUATORZE JUILLET EST UNE MASCARADE.

Crois-moi, bon Populo, la Bastille à renverser ne tombe pas sous les coups tangibles de ta force brutale. Tu pourras détruire successivement des centaines de bastilles, accrocher à la lanterne des milliers d'aristocrates, raccourcir des douzaines de Capets, la Bastille sera debout, l'ère de liberté sera à venir.

L'ennemi le plus âpre à combattre est en toi, il est ancré en ton cerveau. Il est Un, mais il a divers masques: il est le préjugé Dieu, le préjugé Patrie, le préjugé Famille, le préjugé Propriété. Il s'appelle l'Autorité, la sainte bastille Autorité, devant laquelle se plient trois fois par jour tous les corps et les cerveaux.

Peuple, tant que le monstre existe, il ne saurait y avoir de trêve, il ne saurait y avoir ni repos ni fête.

Chaque jour de perdu est un jour de recul.

En lutte, peuple, pour plus de bonheur, pour plus de beauté.

Mais, sache-le bien, la lutte n'est pas contre telle ou telle bastille, contre tel ou tel maître, elle est contre la BASTILLE, sous toutes ses formes, contre le MAITRE, sous toutes ses faces.

Pour tuer la Pieuvre, il faut frapper à la tête, car les membres renaissent. Pour détruire la Bastille, il faut démolir l'Autorité, base fondamentale, car les murs se rebâtissent.

Et le jour où le monstre sera abattu, si tu en as le désir encore, tu pourras fêter le 14 juillet, la Bastille sera rasée, la Terre enfin libérée verra des Hommes libres.

OR DONC, SUS A L'AUTORITÉ

Revue des Journaux

LE LIBERTAIRE.

Un camarade s'essaie à nous montrer que l'*Ancre de fond* de la servitude est certainement l'ignorance. Un trop long préluce pour rappeler l'opinion de Victor Margueritte.

Il médite sur les spiritualistes, mais non avec esprit et sur la sagesse, mais non en homme sage.

L'*Hydra capitaliste*, nous effraie Ergo, nous mange à toutes les sauces. même à la russe.

E.Philippe paraît, de bonne foi, commencer une *chronique syndicale*. Qu'espère t-il?

O Robert Depalme, on dirait presque une querelle, l'article que tu écris. Ris mais ne t'emporte pas contre des tels *malfaiteurs*.

Le père Barbassou nous parle cette fois pour les *métayers*. Que les métayers cessent donc de l'être et cultivent la terre pour leur propre compte, à moitié seulement avec ceux qu'ils aiment.

LES TEMPS NOUVEAUX.

Une étude sur *la crise russe* pour laquelle je n'ai aucun élément d'appréciation.

Restons entre nous, recommande André Girard aux ouvriers, à propos de l'immixtion de la franc-maçonnerie dans le mouvement syndical.

Charles Albert termine sa réponse à Brenn sur les *Idoles de la Caverne*, en indiquant que l'égoïsme futur pourrait fort bien s'aiguiller vers *le souci d'autrui*.

De Marmande fait de bien grands, mais de bien vains efforts pour unir ce qui n'est pas unissable. La fusion et la discorde sont deux termes extrêmes, il y a mieux entre les deux.

Avec les plus minutieux détails, Michel Petit continue à nous exposer la meilleure façon de *se servir de médecins* ; ça paraît un peu étrange dans une publication semblable.

LE LISEUR.

- Travail en Camaraderie -

Imp. des Causeries Populaires : Armandine Mahé

La gérante : Anna MAHÉ

Ce qu'on peut lire

Paroles d'un Révolté (P. KROPOTKINE)	1 25
L'Anarchie, son Idéal (P. KROPOTKINE)	1 »
La Conquête du Pain (P. KROPOTKINE)	2 75
Autour d'une Vie (P. KROPOTKINE)	2 75
La Douleur universelle (S. FAURE)	2 75
L'Amour libre (Charles ALBERT)	2 75
Œuvres de BAKOUNINE, tome I	2 75
— — tome II	2 75
L'Anarchie, son But, ses Moyens (Jean GRAVE)	2 75
La Société Future (Jean GRAVE)	2 75
L'Individu et la Société (J. GRAVE)	2 75
La Société mourante et l'Anarchie (Jean GRAVE)	2 75
Psychologie du Militaire professionnel (A. HAMON)	2 75
Psychologie de l'Anarchiste - Socialiste (HAMON)	2 75
Déterminisme et Responsabilité (HAMON)	2 25
Le Socialisme et le Congrès de Londres (A. HAMON)	2 75
Socialisme et Anarchisme (A. HAMON)	3 »
L'Homme nouveau (Charles MALATO)	1 »
De la Commune à l'Anarchie (Ch. MALATO)	2 75
La Philosophie de l'Anarchie (MALATO)	2 75
Les Joyeusetés de l'Exil (Ch. MALATO)	2 75
Les Inquisiteurs d'Espagne, Monjuich, Cuba, Philippines (Tarrida de MARMOL)	2 75
Le Socialisme en Danger (NIEUWENHUIS)	2 75
L'Inévitable Révolution (un Proscrit)	2 75
La Commune (Louise MICHEL)	2 75
Evolution, Révolution et l'Idéal anarchique (Élisée RECLUS)	2 75
Philosophie du Déterminisme (Jacques SAUTAREL)	2 75
L'Unique et sa Propriété (STIRNER)	2 75
L'Anarchisme (ELTZBACHER)	3 »
En Marche vers la Société nouvelle (CORNELISSEN)	2 75
Le Militarisme et la Société moderne (Guglielmo FERRERO)	2 75
Humanisme intégral (Léopold LACOUR)	2 75
Sous la Casaque (DUBOIS-DESAULLE)	2 75
La grande Famille (Jean GRAVE)	2 75
Biribi (Georges DARIEN)	2 75
Au Pays des Moines (José RIZAL)	2 75
Bas les Cœurs (Georges DARIEN)	2 75
Le Voleur (Georges DARIEN)	2 75
Blassenay-le-Vieux (Camille MARBO)	2 75
Les Barbares (Yves LEFEBVRE)	3 »
L'Individu et l'Esprit d'Autorité (Abel FAURE)	3 »
Dupecus (P. FRANÇOURT)	3 »

La Fête des Poivrots

Les bistrots préparent déjà leurs façades pour le triomphe de la République et de l'alcool. Nous aussi préparons-nous, afin de pouvoir, dans la marée de nos forces, jeter le pavé dans la mare aux grenouilles patriotiques.

A cet effet, munissons-nous dès maintenant du placard LA BASTILLE DE L'AUTORITÉ à 0 fr. 50 le cent, franco : 0 fr. 65; le mille : 4 fr., franco : 4 fr. 50.

TROIS MOTS AUX AMIS

ERNESTLAC. — Fallot Adrien, et Lorival Benoit veulent entrer en relation avec toi.

P. C. — Selon habitude n'insérons qu'après avoir vu.

M. HÉR. — Travaille encore pour arriver à mieux.

GAUDICHE. — Tu as dé recevoir.

BELLEVILLE. — Quelques copains ont décidé de fonder des Causeries Populaires dans ce quartier, en un local privé. Sachant toute l'influence de la propagande en ce centre populeux, ils font appel aux gros sous pour les frais de sa mise et d'agencement. Ecrire à Lejeune, 97, rue de Belleville, XIXe.

Le « Livre »
de l'anarchie

Un an, 7 fr. 50 ; Deux ans, 12 francs ;

Trois ans, 18 francs

LISEZ :
Qu'est-ce qu'un Anarchiste ?

E. ARMAND

Où l'on discute !
Où l'on se voit !

LES CAMARADES
adresseront
tout ce qui concerne
l'anarchie
à A. Mahé & A. Libertad
22, rue du Chev.-de-la-Barre
PARIS-XVIII

l'anarchie

PARAISSANT TOUS LES JEUDIS

ABONNEMENTS

FRANCE
Trois Mois.......... 1 50
Six Mois........... 3 »
Un An............. 6 »

ÉTRANGER
Trois Mois.......... 2 »
Six Mois............ 4 »
Un An............. 8 »

QUATRIÈME ANNÉE — N° 171 | DIX CENTIMES | JEUDI 16 JUILLET 1908

LES MOUVEMENTS UTILES

Quelques camarades bibliographes des journaux anarchisants ont donné leurs appréciations sur l'œuvre d'Armand : *Qu'est-ce qu'un anarchiste ?*

Si la critique de Harmel dans la *Guerre Sociale* a pu nous montrer que ce dernier se souciait peu de lire consciensieusement et sans parti-pris les livres dont il parle, par contre celle de André Bataille, dans *le Libertaire*, nous met en face d'un camarade désireux de donner le plus exactement possible son impression.

Aussi, comme bien on pense, je n'avais rien eu à relever dans l'article prétentieux et de mauvaise foi du premier, alors que je trouve beaucoup à dire et à redire sur le jugement sincère et discret du second.

Oui, vous me voyez venir, avec mes petits sabots, je vais encore trouver moyen de développer ma marotte. Vous avez raison. Vous n'êtes d'ailleurs pas bien malin de le deviner.

Si Harmel ne voit dans Armand qu'un idéaliste, par contre Bataille lui reproche la matérialité de ses conceptions économiques.

Que telle profession présente une utilité sociale, nous n'avons pas à — actuellement — à nous en soucier. Pour ma part, je n'ai ressenti aucun mépris pour les camarades constructeurs de cuirassés, ou les carrés poinçonneurs de tickets du Métropolitain !

Oui, superflues, ces discussions, et bien que mes conclusions diffèrent peu de celles d'Armand, je regrette que notre camarade n'en ait fait plus brève mention.

Combien je préfère les chapitres suivants qui contiennent toute une psychologie de l'anarchiste, toute une morale enseignée — et je prie qu'on ne lise pas : catéchisme, et qu'on donne au terme : morale, sa plus large acception. Certes, nous ferons grief à Armand de trop considérer le point de vue *individuel* et de trop s'*isoler* l'anarchiste, de trop parler au *présent* de choses auxquelles le *futur* conviendrait mieux. Mais si la valeur de propagande d'une « vie anarchiste » à l'époque présente, est contestable, il ne s'ensuit pas que nous puissions nous nourrir seulement de négations.

On pourrait croire en lisant ces lignes, qu'Armand s'est étendu, tel un L. A. Borieux, sur le travail inutile, et qu'il a stigmatisé, tel un Libertad, les employés de la « pince à sucre », alors qu'il n'a consacré que deux ou trois pages d'un livre de deux cents pour dire tout le poids mort dont les producteurs inutiles surchargent le bien-être social.

Le maçon qui construit une église ou une prison, le mécanicien qui fignole un fusil Lebel, l'ouvrier de l'alimentation qui frelate le pain ou qui fabrique l'absinthe peuvent être des adhérents des syndicats rouges, ils n'en restent pas moins des producteurs inutiles, donc des parasites, au même titre que ceux qui se croisent les bras. Les véritables producteurs sont obligés de nourrir les consommateurs qui ne produisent que de l'artificiel.

Comme Bataille semble illogique de reprocher à Armand de ne trop considérer que le point de vue individuel, de trop isoler l'anarchiste puisqu'il trouve ensuite superflu les passages où l'auteur montre la cohésion de tous les efforts et la conscience que doit porter l'anarchiste jusque dans sa production.

Bataille ne veut pas se soucier de l'utilité sociale de telle profession et ne ressent aucun « mépris » pour le constructeur de cuirassés, mais il nous dit qu'Armand s'occupe trop du point de vue individuel ! Comment ne voit-il pas que, tout au contraire, Armand ne veut point que l'anarchiste tire son épingle du jeu, produise à tort et à travers ; ni que l'individu enfant que producteur se désintéresse de l'utilité, de la valeur plus ou moins grande de sa production ? Le fait de vouloir produire utilement n'est-il point se solidariser avec le consommateur probable et s'associer avec le bon producteur ?

Dans la société présente être député est plus profitable à l'intérêt individuel qu'être cordonnier, et la place d'ouvrier de manufacture d'armes de guerre est plus stable que celle d'ouvrier de machines agricoles... N'est-ce donc point se mettre du point de vue social que de déclarer que l'anarchiste ne saurait se plaire et se solidariser qu'avec ceux dont la fonction économique assimile ou transporte utilement la matière ? Ne pas se soucier de l'utilité sociale d'une profession, n'est-ce point, se préoccuper seulement de l'intérêt immédiat de l'individu, sans vouloir connaître du dommage que porte ses actes présents au devenir social ?

Je ferai grief à Bataille de ne pas voir l'importance de l'action individuelle dans l'œuvre de réaction sociale que nous entreprenons. Limitons, s'il le faut, nos projets, coupons les ailes à notre idéal, mais parlons et agissons au *présent* et ne nous grisons plus d'un *futur* qui ne saurait contenter que les impuissants et les fous.

Il faut maintenant s'essayer à agir utilement, à faire les mouvements utiles vers le bonheur. Se préoccuper de ne pas gaspiller l'effort humain, de ne pas gâcher la matière et les forces de la nature c'est faire les premiers pas, les plus importants vers la libération économique de l'homme. C'est donc préparer l'époque où il saura mieux envisager d'autres façons d'être, résoudre ce que nous nous permettrons d'appeler le problème moral.

Ce mercredi dernier, j'écoutais Libertad, aux *Causeries du XIe*. Il parlait du *mouvement* et comme toujours, il commençait sur un titre hâtivement choisi et peu explicite, une série de déductions qui soulevait tout le problème social.

Comme toujours aussi, il ne se faisait que l'interprète des plus autorisés, des plus compétents, liant simplement l'opinion de divers physiologistes.

Le bonheur individuel et le bonheur collectif sont faits de l'accumulation de la force, laquelle amène l'abondance des choses utiles et diminue donc l'effort nécessaire pour les acquérir.

La liberté n'est autre chose qu'une puissance. Plus on est fort, plus on est libre, il faut donc devenir fort. Mais il n'est pas possible que l'homme devienne fort sans le concours des hommes. Il faut donc s'associer avec eux. Il faut se persuader que le travail ou la destruction de chacun est profitable ou préjudiciable à tous et pour toujours. Il faut donc apprendre à produire et à détruire que pour purifier.

L'objectif principal de l'homme doit être dans la production et la conservation des choses indispensables à la vie. Et si cet objectif avait fait, dans le temps, la préoccupation de l'humanité, la richesse des générations présentes serait si grande que le communisme s'imposerait à tous par le peu de valeur des objets nécessaires à la consommation humaine.

Que faut-il donc faire ?

L'homme qui vit, consomme, c'est-à-dire détruit une certaine quantité de matières assimilables. Il devient un danger pour les autres hommes, s'il ne fait récupérer par la société, d'une façon quelconque, en produisant, en repartissant, soit intellectuellement, soit manuellement, la consommation qu'il vient de faire.

L'homme oisif ou producteur d'inutilités est comparable à un foyer d'incendie. Non seulement il brûle, il gaspille la matière prise sur le « domaine » de ses contemporains, sur celui des hommes de demain, mais il arrive à périr faute d'aliments, car il ne songe jamais à reformer un champ nouveau pour sa consommation.

Il est un individu dangereux. Toute la perturbation sociale vient de ce que les hommes n'ont pas su se préoccuper d'une façon intéressante de la production et de la conservation des foyers alimentaires pouvant satisfaire à la consommation.

Même lorsque l'homme s'occupe *seulement* de s'adapter intellectuellement, il devient un danger pour les autres et pour lui ; il devient un « dégénéré » pourrait-on dire, parce qu'il néglige les adaptations « physiques » au moment même où il multiplie ses besoins.

Au moment où ses goûts nouveaux l'obligent à consommer davantage, où il a besoin de littérature, de musique, d'art, d'appartements plus vastes, il cesse de produire même des objets de première nécessité, et il demande aux autres hommes de produire, pour sa satisfaction, des objets de luxe.

Les hommes qui consentent à produire ces objets de luxe demandent alors à d'autres hommes encore de produire leur consommation de première nécessité. Il arrive donc un moment où une poignée d'hommes satisfont aux besoins véritables de l'humanité.

Il s'ensuit un double courant de dégénérescence. Le premier qui frappe ceux qui ne savent pas assimiler la matière à leurs besoins et qui ne sauraient se passer du concours des autres hommes, oisifs pires que les infirmes privés de l'usage des membres essentiels du corps ; le second qui s'attaque à ceux que l'excès de travail physique rend inaptes à tout travail intellectuel, en même temps qu'il use prématurément leur organisme.

Ceux donc qui ne produisent pas, ceux qui produisent mal ou inutilement, ceux qui produisent trop sont au même titre des obstacles au développement normal des hommes. Ils sont nuisibles, il faut se prémunir contre eux.

Déjà, bien des savants se sont préoccupés de la question des nuisibles, des dégénérés ; mais ils s'arrêtaient volontairement la question en chemin, ne voulant appliquer la logique qu'à une certaine partie de l'humanité. Le riche oisif n'était pas un dégénéré au même titre que le fainéant pauvre ; et celui qui s'alcoolisait avec du vitriol devenait un nuisible bien autrement dangereux que le noctambule distingué qui fréquente les cabarets de nuit.

Nous autres nous pouvons aller jusqu'au bout de notre pensée : Le but à atteindre est d'approprier la richesse totale du globe terrestre en vue de l'intérêt des hommes, en utilisant le mieux possible tant la matière terrestre que l'effort humain. Tout homme qui veut toujours recevoir sans jamais donner est un obstacle pour ses prochains. Quelle qu'en soit la raison, qu'on l'appelle « criminel », « décadent », « dégénéré », « capitaliste » c'est une entrave au bonheur des hommes, parce qu'il est improductif soit qu'il n'emploie pas sa force, soit qu'il l'emploie mal.

Lorsque André Bataille trouve qu'Armand s'est trop occupé de la véritable assimilation de l'effort au bonheur de chacun et de tous, il n'a pas su voir que le problème social ne peut se résoudre qu'en évitant le gaspillage des forces humaines.

Le bourgeois qui consomme sans produire rien, jamais, n'est pas un danger plus grand que l'ouvrier consommant sans produire jamais rien d'utile. Le capitaliste qui amoncèle des actions les unes sur les autres est à détruire au même titre que l'employé de carton faisant des trous dans du carton toute une journée.

En fin de compte, ne faut-il pas que l'ouvrier producteur véritable les nourrisse, les habille, les loge et satisfasse à leurs besoins ?

Tout homme improductif est à détruire, sans haine et sans colère, comme on détruit les punaises, les parasites.

Disons que le travail de destruction est, actuellement, un travail de première nécessité, comme l'incendie brûlant les ronces du champ incute afin de permettre d'y jeter le blé fecond.

L. A. BORIEUX.

ENCORE L'ART

L'artistomanie sevit toujours chez les anarchistes. Ses manifestations reviennent, périodiquement, sous formes d'articles éplorés ou lyriques. On s'y lamente sur le sort du peuple, privé d'art, de grand Art, « Une bourgeoisie cruelle, accapare, jalouse, ne laissant au pauvre peuple, affamé de beauté, que des restes, des rogatons d'art. » gerit : André Girard dans les *Temps Nouveaux.*

Nous ne demanderions pas mieux que de nous associer à sa douleur ; mais, avant de nous apitoyer sur l'humanité affamée d'art, nous voulons d'abord, savoir si toute l'humanité est rassasiée de pain ; et puis, nous voulons savoir aussi si toute l'humanité sait lire et peut lire. Qu'en pense André Girard ?

Quand il nous aura rassuré sur ces deux questions, selon nous, primordiales, nous consentirons, avec lui, tout en y ajoutant pas la même importance, à ce que le brave peuple soit initié aux beautés des œuvres de Bach, de Beethoven et de César Franck ; si, toutefois, cela peut l'intéresser autant que se l'imagine André Girard.

On pourrait s'étonner que des anarchistes fassent tant de cas de l'esthétique, alors que l'éthique est encore si négligée. Le beau sans le bien à quoi bon. Pour tout esprit bien équilibré et un tant soit peu synthétique, que ce qui n'est pas bien ne saurait être beau. Le beau en soi n'existe pas. Or, dans une société si mauvaise, si mal faite, que peut-il y avoir de beau qui ne soit pas au détriment du bien et, par conséquent, laid par rapport à nous ?

Mais là n'est pas la question posée par les *Temps Nouveaux.*

Sans admettre pour l'art, la place considérable que lui accorde ce journal, nous voulons le suivre dans son étude : L'Art et le peuple, et examiner si, vraiment, comme il l'affirme, le peuple est privé des jouissances de l'art, si tant est qu'il y aspire aussi ardemment qu'on le dit.

De prime abord, le peuple paraît surtout manquer du nécessaire. Les choses les plus indispensables à la vie lui font défaut. L'air, la lumière, l'espace, la nourriture, la liberté, la sécurité, l'hygiène, l'instruction, le loisir lui sont mesurés avec parcimonie. Le confort lui est inconnu. Ses besoins les plus prosaïques ne sont pas garantis. L'existence matérielle pose impérieusement devant lui son problème quotidien dont la solution est souvent difficile sinon impossible, dans des conditions si défavorables à l'irritation artistique. L'art apparaît, pour le peuple, comme inutile, intempestif et derisoire. Il ne saurait être apprécié.

Il n'est pas admissible que des anarchistes puissent tant se préoccuper de l'art, alors qu'ils devraient comprendre que, le nécessaire acquis, l'art viendra de lui-même, en son temps, dans son ordre logique.

L'art pour tous est une conception de bourgeois qui n'a cure du nécessaire parce qu'il en est nanti. L'art nécessaire pour tous est une conception d'anarchiste qui n'a souci du superflu qu'est l'art parce qu'il le juge négligeable et inopportun.

Socialement, parlant, la recherche de l'art ou du superflu, est un mal tant que le nécessaire n'est pas assuré à tous. Voilà pourquoi, par rapport à l'éthique, l'art est une chose laide parce que nuisible. Il est absurde de réclamer de l'art pour le peuple avant qu'il puisse jouir des conditions indispensables pour le comprendre, l'admettre, le goûter et le créer. C'est vouloir commencer à construire le nouvel édifice social en posant d'abord les girouettes.

Cependant, dans notre société si dénuée de toutes choses utiles, l'art et tous ses dérivés tiennent une très large place. C'est en cela, surtout, que le peuple qui, n'est ce que l'art nous sert.

Si André Girard veut bien ouvrir les yeux et s'abstraire des snobismes ambiants qui régnent en maîtres aux *Temps Nouveaux*, il verra que nous n'exagérons pas.

Les aspirations artistiques du peuple, réelles ou non, ont de quoi se satisfaire amplement. On peut sans crainte d'être démenti, affirmer, qu'il est plus facile de se procurer, gratuitement, une rarissime émotion d'art qu'un simple morceau de pain. C'est à n'y pas croire, mais c'est aussi.

Si l'on faisait, pour répondre aux besoins des estomacs en détresse, tout ce qu'on fait pour satisfaire à l'appétit des esprits artistes, ce serait superbe.

Tous les jours, des milliers d'êtres humains meurent de la misère matérielle de nos sociétés, dont l'indigence artistique n'a jamais fait mourir personne. Et c'est au milieu de cette pauvreté, de cette pénurie de toutes choses que des anarchistes jettent le cri d'alarme pour réclamer quoi ? de l'art !...

De l'Art ! pour qui ? pour quoi ? Pour les ventres creux ! pour les cerveaux vides ! Remplissez d'abord ces ventres. Enrichissez ces cerveaux. Vous ferez de l'art après.

De l'art ! Ce n'est pas cela qui manque. Il y en a partout : Dans la rue, sur les places et dans les jardins publics, dans les musées, dans les palais, dans les églises, dans les châteaux, dans les appartements des particuliers et jusque dans les logements du peuple. Que m'en voulons pour preuve que la nomenclature de la loterie des *Temps Nouveaux*, presqu'entièrement composée de colifichets artistiques. Ce sont bien des prolétaires, j'imagine, qui vont gagner ces trésors et les suspendre pieusement dans leurs taudis. Que leur faut-il de plus ?

Un mien camarade collectionnait avec délices les dessins artistiques publiés chaque semaine par les *Temps Nouveaux*. Il en avait tapissé les murs de sa mansarde où trônaient majestueusement un buste de Louise Michel et... le portrait de Sébastien Faure. Quand je manifestais ma froideur pour ce genre de décoration, il se fâchait, m'accusant de méconnaître l'art. « Mais quel art vois-tu dans ces fétiches, demandais-je ? — J'y vois l'art futur, me répondait-il, sur un ton inspiré dont se fût pâmé André Girard. » En souriant, je déclinais toute compétence sur cet art encore éloigné. Cela le calmait et, haussant les épaules avec indulgence, il me traitait amicalement de barbare.

Mon ami avait raison. Je suis, nous sommes, nous devons être des barbares, des vandales, des iconoclastes. Nous ne brisons pas les images ; nous les méprisons, ce qui est mieux.

Nous voulons réagir contre les tendances efféminées de nos camarades qui s'attardent aux contemplations stériles des images de la vie, au lieu d'en jouir effectivement, virilement, en la fécondant, elle-même, par l'action. Tant pis si nous scandalisons les artistes. Il n'est pas question de proscrire les arts d'agrément mais de les remettre à leur véritable place, celle des amusettes frivoles dont on s'occupe lorsqu'on n'a rien de mieux à faire.

Encore moins voulons-nous ravaler le sentiment esthétique qui pousse les hommes à la recherche du beau qui n'est que la forme du bien. Au contraire, loin de mépriser ce sentiment, nous voulons l'exalter et le hausser jusqu'au niveau de la vie, réservoir exclusif de toute beauté. Ce que nous méprisons ce sont les objets ridicules et mesquins — peinture, sculpture, musique, littérature — que les artistes présentent à l'admiration de nos yeux qui s'en détournent avec dégoût.

Il se peut, qu'en art, nous ayons des goûts inavouables que, d'ailleurs, nous avouons parfaitement, cyniquement ; et, dussent les cheveux d'André Girard se dresser d'horreur sur sa tête, nous affirmons notre tiédeur pour les dessins artistiques des *T. N.* Si, pour orner notre demeure, nous étions condamné à choisir entre ces œuvres d'art, nous oserions leur préférer même un tableau de Bouguereau. Ne serait-ce que le *triomphe de Bacchus* qui se trouve au musée du Luxembourg.

Néanmoins, nous préférons à tous les tableaux, la vue d'un beau site, étalant sous nos yeux ses perspectives variées, infinies et vivantes.

(à suivre.) LEVIEUX.

Correspondance

à Mlle V'...

... Vous jugez utile de chercher des excuses pour expliquer notre rupture ! A quoi bon !!

Pourquoi nous sommes-nous aimés ? Parce qu'il y avait entre nous une communion d'idées, une amitié partagée, parce que nous avions un amour réciproque. Maintenant si tout est rompu, c'est tout simplement parce que cette communion d'idées n'existe plus, parce que vous avez trouvé bon de reprendre votre amitié. N'est-il pas naturel que lorsque les éléments de l'amour sont morts, celui-ci cesse de vivre ? Et je vous le demande encore, pourquoi ces explications mensongères et de basses excuses ???

... Le souteneur *impose* son amour à l'aide de ses poings ; l'honnête ouvrier, à l'aide de ses avantages économiques ; le bourgeois, à l'aide de son argent ; le financier, à l'aide de ses tripotages ; l'aristocrate, à l'aide de son nom ; l'anarchiste seul *propose* son amour, mais ne *l'impose* jamais.

Je vous ai proposé le mien, vous l'avez refusé. Trop amoureux de ma liberté pour entraver la vôtre d'une manière quelconque, je m'incline, peiné, oui, sans doute, mais ne nourrissant en moi la moindre colère contre vous.

Marcel HÉRIQUE.

Quelques Réflexions

Parmi tant d'axiomes sophistiques dont se repait l'indignité d'âme des concierges, un des plus éclatants est celui-ci : « Les forts toujours mangeront les faibles. »

Or, qu'est-ce que la force pour un homme ? La volonté, l'intelligence, la bonté, la ruse. Voit-en qu'un Fra Angélico, qu'un Beethoven aient considéré leurs contemporains comme des comestibles ? Non. Il apparaît pourtant que Napoléon a causé la mort de beaucoup d'individus ; mais, en réalité, ceux-ci se sont détruits eux-mêmes, parce qu'ils croyaient à la force de Napoléon, parce que les troupeaux croient aux paroles des bergers.

On ne voit pas non plus que le lion, fort, se développe au détriment de l'oiseau, ou que le chêne grandisse aux dépens de l'herbe. « Les forts détruisent les faibles quand les intérêts sont contradictoires. »

* * *

Les hommes normaux, constitués de même sorte, ont mêmes fonctions, mêmes besoins, mêmes intérêts. Les tyrans, les anormaux, les électeurs ont seuls des intérêts anormaux et contradictoires. Et dès lors, nous les forts, pour le salut de l'espèce et notre propre salut, nous éliminerons les faibles par la violence, l'exemple — ou l'ironie. A partir de cette élimination la paix règnera entre les sages.

* * *

Étant donné la nature des hommes, l'oppression est fatale entre eux, ou elle ne l'est pas.

Dans le premier cas, les hommes s'oppressent, nous oppressent, donc notre révolte est légitime. Dans le second cas, une société sans oppression est possible, une société anarchiste est possible, donc notre révolte est légitime.

* * *

Les bourgeois nous disent : « Le communisme est impossible parce que les hommes ont l'horreur du travail. »

Les anarchistes disent : « La société bourgeoise est impossible, elle disparaîtra nécessairement, car elle est nocive jusqu'à inspirer aux hommes l'horreur du travail. »

* *

La pudeur est la forme extrême de la dépravation sexuelle. L'homme ou la femme pudique considère comme honteux un acte qui ne l'est pas. Ainsi qu'écrit Spinoza, tout ce qui existe existe nécessairement en soi ou en une autre chose. La bassesse de l'acte d'amour n'existant pas en soi existe dans le cerveau de l'individu pudique ; par exemple, une femme qui voit un homme nu, et qui en conçoit de la pudeur, cette [illegible] la ba[illegible] [illegible] s'étend avec complaisente [illegible] nes du coït, se représente [illegible] nes sexuels sont empre[illegible] baigne dans la cochon[illegible] une eau sale.

L'honnête homme est semblable à l'individu qui se bouche les oreilles pour ne pas entendre les cris d'un voisin qu'on égorge. L'iniquité sévit, les poètes et les justes marchent sur le pavé des villes, parmi les immondices et le sang, mais l'honnête homme digère, resplendit, bouffi de graisse et de béatitude. Et l'intelligence est en lui falote et vacillante comme la flamme d'un quinquet dans un bouge.

Un voyou, un outlaw, c'est un phare dans la nuit, un appel de clairons par la bataille, un éblouissement.

OLOGUE LE CYNIQUE.

Des Vertus individuelles

Le Courage, l'Esprit d'Initiative
La Volonté, la Constance

Le courage est la force qui fait supporter la souffrance ou braver le danger ; c'est l'énergie persévérante, la bravoure raisonnée ; c'est la vertu propre de la volonté.

Si grand que soit le courage que l'on mette au jour, au désespoir du succès d'une entreprise, d'un état social mieux approprié aux besoins de la vie des individus, — il est un autre courage plus rare encore et aussi plus supérieur : le courage moral, celui qui consiste à braver l'opinion des autres, à s'élever au-dessus des préjugés de ceux qui nous entourent, à ne se laisser arrêter ni par le sarcasme, ni par la moquerie, ni par l'insulte même, en suivant les prescriptions de la conscience, les indications de la raison, les exigences de la solidarité et la force du raisonnement.

Il en est qui auraient le courage de se jeter dans les flammes, qui ne reculeraient pas devant la mort, et qui, pourtant, n'ont pas la force d'agir, parce qu'une fausse considération les retient et qu'ils ont la crainte du ridicule. Arrière de nous cette faiblesse, cette poltronnerie ! Sachons quelquefois être indifférents aux jugements que l'on peut porter sur nous : ne soyons sensibles qu'au bien que nous faisons nous-mêmes et mettons ce bien au-dessus des approbations, des sympathies ou du mépris des désœuvrés ou des sots.

C'est par là que nous faisons preuve de caractère : avoir du caractère, c'est être doué d'une volonté énergique, posséder des convictions fermes et raisonnables, les suivre fidèlement sans se laisser démonter par des considérations de famille, d'amitié ou de camaraderie : c'est rester « soi-même » dans toute sa conduite, c'est éviter de se mettre à la remorque des opinions d'autrui et de se laisser ballotter en tous sens par les variations d'idées et de résolutions des uns et des autres

Le courage ne consiste pas seulement à savoir souffrir pour atteindre le but proposé, mais encore à agir. Une volonté forte possède l'esprit d'initiative. Pour faire une œuvre bonne et utile, elle n'attend pas que quelque événement en soit venu montrer la nécessité, ni que quelque individu en ait émis la proposition. Elle ne reste point passive en face d'obstacles, d'un danger ou du malheur, sous prétexte qu'intervenir serait se compromettre et engager sa responsabilité ; généreusement impatiente, prévoyante et prudente, elle propose, entreprend et agit. Mais l'œuvre une fois commencée, elle sait la poursuivre sans se laisser rebuter par les obstacles ni par les lenteurs, elle sait trouver dans l'utilité de son travail la force nécessaire pour la soutenir et la défendre. Une volonté qui ne se dément jamais, qui reste toujours d'accord avec elle-même, est une volonté raisonnable, incapable de faillir aux règles de conduite de l'anarchiste : seul l'anarchiste possède cette volonté qui le fait homme dans toute la vraie signification du mot.

La constance est la forme la plus élevée du caractère : avoir du caractère, c'est, nous le répétons, posséder une volonté à la fois puissante et stable ; c'est être inébranlable dans ses principes et agir suivant ses convictions. Mais il ne faut pas confondre cette vertu avec l'entêtement qui consiste à persévérer dans une voie irrationnelle : l'entêtement est une volonté déraisonnable, tandis que la constance est la raison descendue au cœur même de la volonté.

L'idéal auquel nous devons tendre doit être une volonté toujours plus forte, plus raisonnable et plus libre. Rappelons-nous les liens qui enchaînent notre liberté, comme aussi toutes les conditions qu'elle exige pour se faire de plus en plus puissante et large. D'abord, ne nous faisons point les esclaves des passions malsaines, des habitudes mauvaises, des plaisirs déréglés ; évitons la servitude qui fait que la volonté s'abaisse devant un puissant dont elle attend les faveurs, un fonctionnaire quelconque dont elle recherche la protection, un patron dont elle sollicite les bonnes grâces ou une petite sinécure, un policier dont elle craint les coups, et s'incline devant l'affront et l'insolence.

C'est là une servilité funeste : sachons rester indépendants, tout en restant bons et solidaires ; ayons conscience de notre valeur ; la première condition pour être un homme moral, c'est de cultiver son intelligence et de ne pas ramper devant qui que ce soit « comme des vers ».

Instruisons-nous, éduquons-nous nous-même ; travaillons à devenir de plus en plus libres ; efforçons-nous de rendre notre intelligence toujours plus ouverte et plus lucide, notre jugement plus solide et plus sain, notre imagination plus vive et plus ingénieuse, nos vues plus larges ; alors seulement nous serons forts et nous pourrons conquérir sûrement la liberté.

Fernand PAUL.

Un Anarchiste devant les Tribunaux

de **Georges Etiévant**

les deux Déclarations en Cour d'Assises

o fr.10, par poste 0.15 — le 100 6 fr., franco 6.80

La Franc-Maçonnerie

III

N'ayant puisé nos notes à aucune source fantaisiste, mais bien dans des documents maçonniques, nous continuerons à montrer tout le grotesque de cette institution qui, à chaque instant, se réclame du Progrès et de la Science. Elle s'éloigne complètement des attributions et des principes qu'elle s'est tracé dans l'article premier de sa Constitution, pour se lancer dans la politique, dans toutes les compétitions et le sectarisme le plus outré.

Nous venons de voir son GRAND COLLEGE DES RITES, avec ses trente-trois « cardinaux » donnant leur avis ou se prononçant sur les questions dogmatiques, rituelliques et décernant les hauts Grades dont les appellations fastueuses font pâlir d'étonnement tous les *monsignors* de la catholicité et la hiérarchie nobiliaire de toutes les aristocrates *Excellents et parfaits* désignent les 31e; *Vénérables et Sublimes* s'adressent aux 32e; *Très Illustres Frères* est réservé aux 33e qui portent en sautoir, étant membres du Grand Collège, un cordon de onze centimètres formé par un ruban moiré blanc bordé des deux côtés par un lacet d'or, avec un triangle radieux orné du chiffre 33 et de trois étoiles disposées en triangle à droite et à gauche.

La *Veuve* est une bonne Mère, elle entoure ses fils de la plus grande sollicitude, elle les comble des attentions les plus délicates et sait récompenser avec largesse tous ceux qui s'agenouillent devant le SECRET.

Aussi attaquons-nous le *Secret* qui est le grand facteur de cette organisation, servant à exercer une influence occulte, anormale, injustifiable, menaçant toutes les libertés ; qui par son caractère ridicule et métaphysique asservit et ne régénère pas ; qui donne au symbolisme traditionnel un parfum de sacristie en l'entourant des mêmes momeries qui sont la parodie des homélies cléricales. « Dans toutes les religions, les prêtres forment une caste qui sait fixer autour d'elle la foule. » (1)

Voilà pourquoi cette coalition hiérarchique veut soulever un coin du voile qui couvre le *Secret*, pour montrer aux « profanes » étonnés et gobeurs, la mascarade de cette « confrérie » remplaçant la CROIX par le TRIANGLE.

Nous allons la voir à l'œuvre dans les *tenues blanches* où le symbolisme du rituel que nous examinerons, et dont le F∴ Blatin est l'auteur, dépasse en extravagance tout ce que l'imagination religieuse peut rêver de plus décevant pour frapper l'esprit populaire et lui laisser l'empreinte d'un souvenir inoubliable.

Tous les « profanes » ont accès dans ces réunions dites de *maçonnerie blanche*, l'observance la plus rigoureuse des règles prescrites doit présider à la décoration du temple où vont être célébrées les *cérémonies funèbres*, *d'adoption* et de *reconnaissance conjugale*.

Cérémonie funèbre

» La loge, l'autel et les sièges sont tapissés en noir avec franges d'argent. Au milieu du temple est dressé un catafalque ou une colonne au sommet de laquelle est un vase de forme antique. » Un feu symbolique brûle au sommet du catafalque, de l'encens se consume dans des cassolettes, des corbeilles remplies de pétales de fleurs sont disposées de chaque côté ; deux autres corbeilles contiennent des branches d'acacia : le monument funèbre est décoré d'insignes maçonniques.

Le vénérable préside à l'Orient et ouvre les travaux de la loge en posant au premier surveillant cette question réglementaire : « Comment doivent s'ouvrir les travaux funèbres ? » « Par trois coups de maillet dont le premier doit être faible car il symbolise la naissance de l'homme et la débilité de ses premiers pas ; le second doit être fort, car il symbolise le midi de l'âge, c'est-à-dire le moment où l'homme possède la plénitude de ses facultés physiques et morales ; le troisième à peine perceptible afin de symboliser le dernier soupir. »

Le vénérable s'adressant ensuite aux premier et deuxième surveillant, leur enjoint de s'assurer de l'identité des FF∴ présents sur les *colonnes* (2) et « si le temple est bien couvert, s'il est minuit, heure à laquelle les ténèbres les plus épaisses étendent leur voile de deuil sur toute la nature ».

Après cette formalité remplie, le *Maître des cérémonies*, demande au vénérable la permission d'introduire dans le temple les « profanes sympathiques à notre Ordre et qui viennent pleurer avec nous ». A ce moment, le vénérable rappelle aux survivants la recommandation qu'ils doivent faire aux FF∴ « qui décorent l'une et l'autre des colonnes que, durant la présence des « profanes » dans ce temple, aucun de nos signes et emblèmes mystérieux ne devra être dévoilé. La *tenue blanche* commence alors. » Le F∴ couvreur frappe bruyamment

(1) Bulletin du Grand-Orient, p. 698.

(2) *Les colonnes* sont formées par les sièges sur lesquels prennent place les FF∴, et qui sont placés à droite et à gauche du temple.

les verrous et ouvre la porte à deux battants. « Le cortège « profane » pénètre dans le temple au son de l'harmonium, qui est dissimulé derrière des draperies noires, ayant à sa tête les FF∴ Grand Expert et Maître des Cérémonies marchant lentement pour ne s'arrêter entre les deux colonnes que lorsque tous les invités seront rentrés. Le F∴ couvreur referme les portes et la musique cesse au coup de maillet du vénérable.

Les FF∴ forment la chaîne d'union par l'attouchement qui circule de droite à gauche ; à un endroit d'une colonne, la chaîne est rompue, le F∴ surveillant constate que l'arrêt est dû à un aux anneaux qui manquent et qui ne sont autre que les FF∴ décédés.

Les cinq premières Lumières entrent en scène et la comédie continue dépassant en surprises les bêtises les plus grossières.

Le Secrétaire. — Ce sont nos FF∴ X., X., X., hélas nous ne les reverrons plus ; c'est le catafalque qui est au milieu de ce temple.

Le Vénérable. — FF∴ premier et deuxième surveillant : nos FF∴ ne sont plus, (il donne un coup de maillet) gémissons!

Le premier surveillant. — FF∴ de la colonne du midi, nos FF∴ ne sont plus, (il donne lui aussi un coup de maillet) gémissons.

Le deuxième surveillant. — FF∴ de la colonne du nord, nos FF∴ ne sont plus, (un coup de maillet) gémissons!

Sur les deux colonnes, les FF∴ restent silencieux ; mais des « voyages symboliques » sont organisés autour du catafalque par les maçons qui déposent des fleurs effeuillées et des branches d'acacia.

L'Orateur prononce l'oraison funèbre des décédés où l'éloge varie d'après « l'Égalité » sociale et la situation économique qu'avaient les défunts ; puis il termine par cette phrase rituelle : « Allez, chers frères, dormez maintenant votre bienfaisant (!) sommeil du néant (!?). »

Quelle science, mes FF∴..

Le vénérable ajoute quelques pensées au « morceau d'architecture de l'orateur et remercie les « profanes » qui ont assisté à la cérémonie en leur souhaitant d'apprécier « l'atmosphère rationnelle et scientifique (!!) où se plaisent les maçons et de désirer prochain le jour où l'humanité encore attardée aux travers des croyances d'un autre âge, aura définitivement pénétrée dans nos temples », et s'adressant aux femmes : « C'est vous qui devez être « le succès de l'œuvre.»

Avant de faire aux « profanes » les honneurs de la voûte d'acier pour leur faire couvrir le temple, on fait circuler le « tronc de bienfaisance » — on ne paie qu'en sortant si on est content et satisfait — et le premier surveillant proclame à haute voix qu'il est « l'heure où le soleil se montre à l'horizon » puis lorsque les assistants sont partis, le vénérable adresse aux FF∴ la formule de clôture : « Les travaux sont fermés et faisons le serment du SILENCE. Retirons-nous en paix. »

Voilà les gens qui crient à tout instant : « A bas la calotte! hou! hou! » Eh oui! à bas la calotte! mais comme la calotte franc-maçonnique est aussi dangereuse que les autres, nous cherchons à nous débarrasser de toutes. Nos cerveaux ne veulent plus se nourrir d'artifices ; les jongleries ont toujours retardé le développement intellectuel des hommes et nous dégoûtent: aussi serions-nous un des camarades révolutionnaires qui, de bonne foi, se sont égarés dans cette sentine : « Retirez-vous! »

Nous allons, maintenant, nous initier aux pitreries du baptême, autrement dit :

Cérémonie d'Adoption

Les règlements protocolaires doivent être rigoureusement suivis pour donner le plus d'ampleur possible aux gestes aux paroles, et le plus grand sérieux doit présider afin de laisser sur l'auditoire maçonnique et profane une impression troublante. Une décoration gracieuse doit ajouter plus de force à l'ensemble de la cérémonie.

Les invités sont dans le temple. Le cortège maçonnique arrive, le Porte-Étendard en tête ; les FF∴ suivent en rang, deux par deux, les bras croisés, le glaive dans la main droite, la pointe en bas ; puis le vénérable suivi des deux surveillants, tous les trois tenant leur maillet de la main droite qui reste appliquée sur la poitrine. Ils vont prendre place à l'Orient, pendant que l'harmonium exécute les meilleurs morceaux du répertoire maçonnique.

Le vénérable invite ensuite les auditeurs à « prêter une attention sympathique et un silence mystérieux aux cérémonies symboliques qui vont se dérouler ».

La parodie cléricale va commencer, les enfants sont prêts à être introduits ; « Conduisez ces enfants au milieu du temple afin qu'ils y entendent quelques-uns de nos enseignements. » Tenus par la main de leur parrain et précédés du Maître de Cérémonies, « ils sont conduits lentement au milieu du temple devant la « table d'adoption ». Des chants se font entendre, les parrains doivent veiller à ce que les enfants restent silencieux et surtout attentifs aux différentes formes carnavalesques des symboles et aux tirades oratoires qui seront débitées et qu'on fera défiler pendant la cérémonie.

Le vénérable commence par une prédication assez longue, en exaltant les « hautes vertus » de la franc-maçonnerie dont les membres sont imprégnés pour la lutte contre le mensonge (!). Savourez ces quelques phrases et vous serez édifiés. « Notre idéal moral diffère profondément de celui auquel s'attirent encore les superstitions religieuses... C'est contre de pareilles doctrines que la morale que l'on enseigne dans nos temples s'élève avec indignation... etc., etc. » Le discours continue sur ce thème ; les enfants immobiles, écoutent ou n'écoutent pas ; toujours est-il que le procédé d'une pareille fumisterie conduit les êtres qui y sont engagés vers le même état d'abrutissement social, religieux ou laïque, car la loge aura pour mission de veiller à l'éducation de ces jeunes néophytes, et les parrains prendront l'engagement au nom des enfants, qui eux n'ont rien engagé, « de sacrifier leurs intérêts particuliers aux intérêts généraux de l'humanité, de la Patrie (!), de la République et de la franc-maçonnerie ».

Avant de proclamer solennellement l'adoption, le F∴ Grand Expert, choisit un des enfants, lorsqu'il y en a plusieurs, qui recevra au nom de tous les autres les attouchements symboliques, aux commandements du vénérable : « Passez votre main sur les yeux ; touchez les oreilles ; touchez la bouche ; trempez la main dans l'eau ; mettez le tablier ; donnez le vin ; distribuez le pain ; distribuez aux parrains les cordons d'adoption afin qu'ils les passent au cou des enfants ; allumez notre cassolette symbolique ; donnez à l'enfant que vous avez pris sous vos glaives le triple baiser symbolique. » C'est la fin ; les FF∴ croisent leurs glaives sur la tête des enfants ; ou distribue des bouquets aux dames et le F∴ Orateur y va de son morceau d'architecture qui est suivi d'une péroraison du vénérable qui ferme les travaux de la fête « après le fonctionnement traditionnel du tronc hospitalier. »

CASSIUS.

ERRATA. — Dans le précédent article La Franc-Maçonnerie, 2ᵉ page, 2ᵉ colonne : 3ᵉ ligne, au lieu de confier, lire conférer; 8ᵉ ligne, au lieu de termes, lire tenues; 24ᵉ ligne, au lieu de chapitre, lire Conseil; 106ᵉ ligne, au lieu de Convention, lire Couvent; 124ᵉ ligne, au lieu de dix-neuf, lire neuf.

Liberté d'Opinion

Liberté d'opinion ? La chose est dérisoire !
Seul l'homme résigné pourrait encor y croire.
Travailleur, as-tu cru que la Révolution
T'a jamais concédé Liberté d'opinion ?
Regardes donc un peu... vois-tu c'est de la phrase !
Chaque jour, tu le vois, l'i (!) le Moloch t'écrase.
Quand tu te crois sorti de son infect bourbier
Tu t'aperçois que tu es pris par les deux pieds.
Liberté d'opinion ?... Mais tu n'as aucune...
C'est de ces expressions qu'on dit à la tribune
Et que tu gobes toi la matière «libucria».
Oui... dire ce qu'on sait lors d'une réunion
D'hommes ; parler tout haut, dire ce que l'on pense,
Dire qu'on a vécu bien trop dans ta souffrance,
Sans craindre que l'on soit mordu par un espion ;
Cela peut s'appeler Liberté d'opinion !
Dire que la vérité fout un rôle macabre
Et que tu ne voudras jamais porter un sabre ;
Dire tout haut que le drapeau, c'est du chiffon ;
Cela peut s'appeler Liberté d'opinion
Quand le fainéant vit sur toi dans sa paresse
Dire que le travail est ta seule richesse
Et que le capital est fait pour t'opprimer
Que lors, te révoltant, tu cherche à le supprimer ;
Dire que le joug est à celui qui le coupe,
Que la société est un astre à l'envers ;
Dire que la patrie à toi, c'est l'Univers ;
Cela peut s'appeler Liberté d'opinion !
Et si tu crois te tenir ? Non, c'est une illusion.
Tu ne l'auras jamais tant que tu la réclames
Tant qu'il existera des hommes qu'on acclame,
Tant qu'on cuirera, sous tes yeux abrutis
L'eussé-je tout trompée et d'un tube si suave,
Tu resteras toujours tondu comme un mouton.
Sans avoir eu jamais Liberté d'opinion.

RESNAGUE.

VENEZ DISCUTER AUX
CAUSERIES POPULAIRES

De quelques Clichés de Réunions publiques

— Avez-vous lu, dit, avec nervosité le Syndicaliste, le discours de Viviani sur l'éloge de la bourgeoisie? Cela le met bien à son véritable jour, et il fallait s'attendre à pareilles fagorneries de sa part envers ces vaches de bourgeois!

— Tiens, répondit le Copain au chapeau mou, je suis heureux de vous entendre parler ainsi, car cela me donne l'occasion de formuler une opinion qui ne vous fera sans doute pas plaisir...

— Qu'allez-vous dire, interrompit le Socialiste, allez-vous soutenir encore quelque paradoxe et oserez-vous donner raison à Viviani?

— Pas tout à fait, reprit le Copain au chapeau mou, mais voici ce que je veux avancer :

Il n'est pas de réunion, syndicaliste ou socialiste, à laquelle j'ai assisté, qui ne donne à quelque orateur le moyen de poster contre la bourgeoisie dans des termes variant assez peu et dont voici les plus fréquents : « Ces fainéants, ces repus qui crèvent d'indigestion, ces sans-cœur de bourgeois. »

Eh bien, je proteste contre cela. Non pas que je veuille justifier l'existence du système de société actuel, mais parce que cela est contraire à la réalité des faits. Il y a, à mon avis assez d'arguments sérieux à opposer au capitalisme, sans employer de telles expressions qui font sans nul doute assez bon effet en réunion publique, mais qui ne peuvent qu'avilir la propagande de ceux qui les utilisent. En effet, on n'a pas une observation bien difficile à faire pour s'apercevoir que les patrons, capitalistes industriels ou commerçants, sont, fréquemment, des acharnés à la besogne, qu'ils sont très souvent à leur bureau avant les ouvriers, qu'ils en partent après, et que, pendant ce temps, ils travaillent avec passion.

Travail inutile, c'est vrai, voire même je vous l'accorde, bien des fois nuisible — n'est-ce pas du travail cependant au même titre que celui du contrôleur des chemins de fer, d'ouvrier dans les arsenaux, ou dans les distilleries d'alcool?

D'autre part, ces fainéants qui travaillent plus que la plupart d'entre nous, croyez-vous qu'ils mangent beaucoup plus et beaucoup mieux que nous?

Je vous assure que leur ordinaire diffère assez peu du nôtre et qu'en tout cas, ils ne se bourrent pas jusqu'à crever d'indigestion pendant que d'autres crèvent de faim. Il sont, en cela, plus raisonnable que beaucoup de ceux qui les traitent pareillement et profitent des cotisations syndicalistes ou socialistes afin d'imiter

<hr>

— LE —
Savoir Inutile

Laisant ne s'est pas, du reste, exclusivement occupé de méthodes pédagogiques. Il a abordé la question des programmes, et ici encore, je me rencontre tout à fait d'accord avec lui.

Il condamne nos stupides baccalauréats qui sont uniquement destinés à maintenir la démarcation entre la bourgeoisie et le peuple. Il est vrai que — contrairement au but qu'on se propose en les maintenant — ils ne réussissent qu'à former des déclassés à hâter la décomposition sociale, et concourent par cela même indirectement à l'avènement de la société nouvelle. C'est là leur seul bon côté, mais leur côté, non cherché. Il ne faut pas qu'on les maintienne ; il est mauvais de farcir — permettez-moi cette expression — l'esprit des jeunes générations d'un fatras de connaissances indigestes ; et, sur l'abus criant du latin et du grec, imposés à tous au détriment de tant de choses utiles qu'on pourrait enseigner et dont les langues mortes tiennent la place, Laisant porte le seul jugement que puisse porter un esprit libre et sain.

Il a fort bien vu que, s'il a été une époque où le grec et le latin apparaissaient comme le fondement nécessaire de toute culture, il n'en soit plus de même aujourd'hui les connaissances ne représentent plus qu'une de ces héritages qu'il faut conserver, mais dont la conservation doit être exclusivement confiée à des savants spéciaux possédant des vocations spéciales, comme c'est aujourd'hui le cas pour l'arabe, l'hébreu ou le sanscrit.

Au moyen-âge et dans les premiers siècles qui ont suivi cette lamentable époque, aucune de nos langues modernes n'existait. Les arts plastiques eux-mêmes, que la Renaissance n'avait point encore ressuscités, paraissaient à jamais disparus. Pour concevoir le beau, l'Idéal, pour exprimer des hautes pensées philosophiques, il fallait remonter aux maîtres de l'antiquité. Eux seuls étaient capables de former le goût. En dehors des langues mortes on ne pouvait façonner les esprit. J'ai même tort, de dire : en dehors des langues mortes. Ces langues, en effet, n'étaient pas mortes. Elles vivaient, le latin surtout. Elles constituaient la seule forme sous laquelle pouvait s'exprimer la pensée des artistes, des penseurs, des sages.

Nous n'en sommes plus là.

Depuis le moyen âge les langues modernes ont pris naissance. L'italien, l'espagnol, le français, l'allemand, se sont même ne sont constitués. Des chefs-d'œuvre ont été publiés dans les idiomes, qui ne le cèdent en rien aux écrits des plus grands poètes, des plus grands prosateurs, des plus grands historiens de l'antiquité. Il n'est plus indispensable de remonter à Homère et à Virgile pour trouver des spécimens de la pureté littéraire. On se forme tout aussi bien le goût en lisant Gœthe et Schiller, Shakespeare et Byron, Corneille, Racine, Lamartine, Victor Hugo et Baudelaire — ou les grands prosateurs tels que Bossuet, Voltaire, Rousseau, Diderot et à notre époque Michelet ou Renan. Les auteurs modernes développent même avec une autre puissance que ceux de l'antiquité l'intelligence humaine. Ils la mettent en face des idées et des problèmes contemporains. Le sentiment de la beauté évolue comme tous les autres, et si nous pouvons comprendre, apprécier, admirer la beauté antique en nous replaçant par la pensée dans le milieu qui l'a engendrée, nous devons surtout modeler nos esprits sur le sentiment esthétique des temps dans lequel nous vivons.

Certes, l'homme demeure toujours l'homme, et considérés du point de vue de l'individu, les grandes explosions passionnelles et les fortes pensées demeurent belles partout. Mais il y a le côté collectif de l'humanité qui change, et les écrivains modernes ont l'avantage de faire mouvoir les éléments de la beauté qui demeurent invariables dans un cadre approprié de la société d'aujourd'hui, et même, par anticipation, à la société de demain.

Qu'on prenne le drame poignant d'Œdipe-Roi. Rien n'est émouvant sans doute à l'égal de ce monarque, parricide et incestueux à son insu, qui se frappe lui-même, qui s'arrache les yeux pour ne plus voir la lumière du jour après des actes involontaires qui pour lui, représentent des crimes ; rien n'est humain ensuite comme la tendresse de l'aveugle pour ses enfants. Mais, je l'avoue, j'aime mieux Ruy Blas cinglant les ministres concussionnaires d'Espagne et se donnant la mort après avoir frappé le scélérat don Salluste.

Ici tout est conforme à la pensée moderne : la sainteté de l'amour vrai, la grandeur d'une âme honnête, la flétrissure des trahisons des machinations louches. Tout nous séduit, nous émeut, parce que dans Ruy Blas nous sentons vivre nous-mêmes ; il nous semble que mis à la place de Ruy Blas nous aurions placé et agi comme lui. Cette hauteur morale nous apparaît comme la synthèse de la beauté telle que nous la concevons.

Il en va tout autrement avec Œdipe. Il nous est impossible de voir un criminel dans cet homme, qui a fui sa famille d'adoption — qu'il croyait sa famille réelle — afin d'éviter les crimes prédits par l'oracle, et qui, victime du destin, ne frappe, tue son père et devient le mari de sa mère justement parce qu'il a voulu devenir le meurtrier de l'un, ni l'époux de l'autre. Nous n'y voyons qu'un malheureux sacrifié par le fatum, et quelque grandeur qu'il y ait dans cette tragédie, elle est en opposition avec notre sentiment actuel de la beauté morale.

D'ailleurs de ce que je considère la lecture des modernes comme plus apte que celle des anciens à nous faire comprendre le beau, je ne conclus pas qu'il n'y a aucune utilité à lire les anciens. Mais il est inutile à mon sens de les lire dans le texte et on saisira bien mieux la grandeur de leur pensée en les étudiant dans de bonnes traductions.

Oh ! je suis que la meilleure traduction ne donne pas aussi bien que l'original l'idée complète d'une œuvre. Mais combien sont capables, après avoir conquis le baccalauréat, d'admirer Horace ou Sénèque, Eschyle ou Hésiode, dans le texte grec ou latin ? Le plaisir est réservé à rares portions que leur vocation a portées à se spécialiser dans le commerce des langues mortes. Pour la plupart d'entre nous il ne reste guère que le dégoût des écrits, cependant admirables, sur lesquels pendant des années nous avons peiné sans pouvoir parvenir à les apprécier.

La lecture d'une traduction ne nous placerait pas au niveau des rares initiés qui vivent familièrement avec Platon ou Tacite et qui en font leurs compagnons de chevet ; mais elle nous permettrait de saisir infiniment mieux l'antiquité que nous ne le faisons en pâlissant, avec une fatigue mêlée d'ennui, sur les livres que nous n'arrivons même pas à lire couramment et sans les savoir d'abord épelés.

Et d'ailleurs, les auteurs grecs et latins ne monopolisent pas toute la beauté des premiers âges. La littérature hindoue nous en a fait des chefs-d'œuvre que nous remplissent d'admiration depuis que Burnouf les a mis à notre portée. Faudra-t-il donc, par des raisons analogues à celles qui répètent à satiété nos humanistes, joindre l'étude obligatoire du sanscrit à celle du latin et du grec ? Il le faudrait si les raisons qu'ils invoquent avaient une valeur réelle.

Alfred NAQUET. (1)

(A suivre.)

(1) C'est par une erreur, que les lecteurs auront remarquée eux-mêmes, que le précédent feuilleton a été signé A. Laisant.

les bourgeois en ce qu'ils peuvent avoir de plus mauvais.

Et quand vous les traitez, ces malheureux bourgeois, de sans cœur, réfléchissez-vous un peu ? Non, car vous verriez que le plus « mauvais patron » c'est presque toujours celui d'essence ouvrière, le parvenu. Ceux qui ont eu la mauvaise fortune de passer à la caserne ont pu se convaincre que les plus « mauvais officiers » sont généralement ceux qui sortent du rang.

Et quand il y a une misère quelque part, je regrette de dire que les plus aptoyés sont les bourgeois et les plus durs, les ouvriers.

— Vous voilà bien, j'en étais sûr ! s'exclama le Socialiste. Eh bien, maintenant, avant que j'essaie de réfuter tout cela, il ne vous reste plus, n'est-ce-pas, qu'à porter aux nues le patriotisme et à dire en manière de péroraison, que la bourgeoisie marche toujours sur la noble voie qu'elle s'est tracée en 1789 ?

— Vous dites cela ironiquement, intervint l'Homme aux lunettes bleues, et justement, vous me permettez ainsi de compléter la protestation du Copain au chapeau mou avait parfaitement raison des allégations fausses portées vis-à-vis de la bourgeoisie.

Je ne justifierai pas bien entendu le patriotisme, si ce n'est au point de vue particulièrement spécial de la période révolutionaire. Mais cela n'est pas du patriotisme au sens qu'on le comprend aujourd'hui.

Je veux seulement dire que les bourgeois révolutionnaires de 1789 sont traités par vos orateurs comme des fourbes qui se sont servis du peuple pour faire une révolution à leur profit.

— Mais cela n'est-il pas vrai ? fit le Syndicaliste.

— Non, continua l'Homme aux lunettes bleues, cela n'est pas vrai, car la Révolution de 89 a été un événement nécessairement bourgeois ; il ne pouvait en être autrement d'ailleurs.

Vous n'ignorez pas d'ailleurs que cette révolution est due surtout aux idées émises par les philosophes et les encyclopédistes du temps. Et qui donc, s'il vous plaît, étaient ces hommes et leurs lecteurs ? Pas la noblesse, occupée à des choses plus aimables, pas le peuple, laissé dans l'ignorance. Donc la bourgeoisie. Et quand cette bourgeoisie a protesté contre le régime monarchiste autocratique, elle est partie d'un sentiment parfaitement élevé : celui de s'émanciper et d'émanciper le peuple avec elle. Les révolutionnaires bourgeois de cette époque étaient d'un esprit qui ne pouvait pas être le nôtre et leur Déclaration des Droits de l'Homme qu'ils ont cherché sincèrement à rendre pratique, était l'idéal le plus haut que l'état de leurs connaissances pouvait leur permettre de concevoir comme réalisable.

Il est vrai que les guerres de l'empire et le développement imprévu du machinisme ont changé l'ordre des choses et ont fait d'une intention louable une monstruosité. Mais vous, qui répétez avec tant de conviction que le milieu fait l'individu et atténuez ainsi énormément la responsabilité humaine, comment pouvez-vous faire grief à des hommes de faits que vous devriez reconnaître comme leur étant étrangers en grande partie ?

Malgré tout, et maintenant encore, même, je suis persuadé que les bourgeois ne sont pas des buveurs de sang et que, s'ils n'hésitent pas à sacrifier des vies humaines pour le plaisir stupide de « faire des affaires » et de pouvoir se dire le roi d'une quelconque industrie, ils ne font pas cela avec les intentions criminelles que vous leur prêtez.

Que nous cherchions à les empêcher de le faire, d'accord, mais le Copain au chapeau mou avait parfaitement raison en disant qu'il n'était nul besoin d'employer la flatterie ou le mensonge envers les ouvriers pour leur faire comprendre où se trouverait le bonheur s'ils voulaient se donner la peine de le chercher.

Alcide AICARD

ILLOGISME

Le père Simplice était venu à la ville, afin d'assister à la fête nationale.

Comme le village qu'il habitait était fort éloigné, et qu'il y gagnait à peine de quoi subvenir aux besoins de sa nombreuse famille, c'est après de grandes privations, qu'il parvint à amasser la somme nécessaire à son voyage.

Il s'était rendu, de très bonne heure, afin d'être bien placé, à l'endroit où devait avoir lieu la revue des troupes ; il avait réussi à se mettre presqu'en face des tribunes et regardait de tous ses yeux les officiers, chamarrés d'or, faisant caracoler leurs chevaux.

Comme c'était le moment de la remise des décorations, un pompier se présenta :

— Qu'est celui-là, demanda le père Simplice à son voisin, et qu'a-t-il fait ?

— Cet homme est un pompier ; il sauva deux personnes d'un incendie ; en se jetant au milieu des flammes, au risque de périr, il arracha ces malheureux à une mort certaine ; aussi va-t-on le décorer comme récompense.

— Ah ! fit le père Simplice, l'année dernière, j'ai sauvé deux enfants qui se noyaient dans la rivière et j'ai bien manqué d'y rester. Mais on ne m'a rien donné pour cela.

— C'est probablement que vous n'avez pas fait de déclaration.

Il est vrai que je n'en ai causé à personne. Je n'ai pas d'ailleurs besoin de médaille ; ce n'est certes point ça qui donnera du pain à mes gosses, c'est bon pour ces messieurs du château ou pour monsieur le maire.

Après le pompier, un jeune officier se présenta :

— Et celui là, qu'a-t-il donc fait ? demanda à nouveau le père Simplice.

— C'est un officier qui vient du Maroc.

— Du Maroc ? questionna notre brave paysan.

— Comment, vous n'avez jamais entendu parler du Maroc ? Vous ne lisez donc pas les journaux.

— Ma foi non, mon brave monsieur, je ne sais pas lire.

— Ah ! c'est ça. Nous avons eu une sale histoire avec les Marocains.

— Ah ! oui dà ! et cet officier a dû probablement en sauver aussi ?

Quelques personnes écoutaient leur conversation, depuis un instant, et la question du père Simplice souleva un gros rire.

— Mais non, tout au contraire, répondit son voisin, il a tué.

— Je comprends, riposta le paysan, celui qui tue est puni, pour chercher une récompense. Il va tout au contraire être puni pour sa mauvaise action.

Ce fut du délire dans la foule. Le père Simplice regardait bouche bée, tout ces gens riant, et ne comprenait plus rien.

Ses yeux se reportèrent vers l'officier qui appelait un homme chamarré d'or, le quel prononça quelques paroles, puis attacha une médaille sur sa poitrine, comme il l'avait fait quelques instants avant pour le pompier.

Après la cérémonie, le père Simplice s'en retourna tout pensif.

— J'ai bien fait de ne pas demander de médaille, pensait-il, puisque les hommes qui tuent les gens portent les pareilles que ceux qui les sauvent, je craindrais trop que l'on me prenne pour un assassin.

Francis VERGAS.

LA FAMILLE

De tous les préjugés celui de la famille est le plus difficile à surmonter. C'est aussi le plus tyrannique. C'est la famille qui, la première, s'applique à tuer toute initiative personnelle et à courber sous le joug les individus qui la composent. La famille c'est la grande tueuse d'énergie. La famille est abrutissante parce qu'elle sape toute originalité. C'est la borne qui marque la fin de l'évolution d'un cerveau. La famille est anti-naturelle, car elle fait de ses membres les adversaires du reste de l'humanité.

La famille est immorale. C'est le sacrifice complet de l'individu. Elle absorbe et étouffe complètement dans ses bornes étroites ses désirs d'indépendance et de liberté. Elle ne tient aucunement compte de ses aspirations personnelles, de ses goûts, de ses besoins. Elle prévoit, pense et agit pour lui. C'est un engrenage fatal qui le frappe dès l'enfance et s'ingénie par tous les moyens à en faire son esclave : esclave docile et volontaire.

Dès que l'enfant va à l'école, ce sont des taloches de la part du maître et des parents s'il ne peut s'assimiler l'histoire de France ou l'arithmétique à l'époque fixée, etc… puis il fera invariablement le « désespoir de sa famille » s'il ne parvient pas à digérer convenablement les leçons multiples dont on le gavera. S'il est turbulent et rieur, ses parents seront indignés de sa « mauvaise conduite », et les sorts les plus horribles lui seront prodigués en perspective. Le tout accompagné de corrections salutaires. Celles-ci deviendront un sujet de terreur pour l'enfant qui s'ingéniera à éviter le plus possible ces « corrections ». Il mentira, fera l'hypocrite ; c'est le cas de tous les enfants.

S'il surprend une bribe de conversation sur les sexes, il deviendra vicieux et le concours de ses camarades achèvera de lui donner des idées fausses qui lui inspireront des excitations malsaines et anti naturelles.

Naturellement ses parents n'auront pas l'idée de l'avertir sur la question sexuelle, par moralité ! Ils ne font que dégénérer. Plus tard, il apprend à fumer, c'est bon ton. Il flirtera galamment avec ses cousines et autres demoiselles « à marier » invitées avec leur famille pour voir si le « parti plaisait ». Cette bonne vie continue jusqu'à son départ au régiment. — L'école de la virilité — qui l'achève.

Puis il se marie avec une demoiselle « bien honnête » affirme la famille, c. qui n'a jamais levé les yeux sur aucun autre jeune homme que vous ! Bien entendu on a tout consulté « pour voir quelle serait la situation du ménage futur », et, « s'il convenait à la famille » ! Après ces constatations, les deux intéressés peuvent se marier et fonder à leur tour une famille qui ne sera que l'exacte répétition de la précédente.

Ainsi donc, pour tout anarchiste vivant dans sa famille, il est de premier travail de saper et d'attaquer ces préjugés par une lutte de tous les instants. Il faut absolument que l'anarchiste se débarrasse de fait et d'idée de l'entrave familiale pour entrer utilement en lutte avec la société actuelle.

RAYMOND.

Le « Livre »
de *l'anarchie*

Un an, 7 fr. 50 ; Deux ans, 12 francs ; Trois ans, 18 francs

Revue des Journaux

LES TEMPS NOUVEAUX.

A propos d'une lettre que M. Corn reçoit d'une prisonnière russe, il fait quelques réflexions sur la tactique à suivre en cas de désaccord. Faut-il ou non se ranger à l'avis de la majorité, ou faut-il s'abstenir ? Nous pensons qu'il est impossible de prendre une règle de conduite et que, seules, les circonstances peuvent décider de notre façon d'agir.

Une institutrice se réclame du *droit d'être femme*.

LE LIBERTAIRE.

Comme une pierre dans la mare, l'*anarchie*, avec Cassius, crie : à bas *la franc-maçonnerie*. Après un long silence, toute la presse révolutionnaire acquiesce et va de l'avant, de façon si soudaine, que Denis-Janvion trouve un Damoclès qui le louange et prend sa place sans craindre le triangle redoutable suspendue par le fil blanc de la malice.

Silvaire veut tant être un anarchiste selon sa définition qu'il médite toujours différemment des autres hommes. Tant mieux pour eux.

Oh ! la Fête nationale, montre Eugène Péronnet, qu'elle est lugubre !

Yvetot qui croit ou fait semblant de croire que la C. G. T. pourrait agir.

E. Philippe classe les questions posées au futur Congrès de Marseille. C'est un amusement comme un autre.

Fallières ou Doumer, c'est bleu et blanc bonnet, explique le père Barbassou.

Si l'on n'a pas compris les explications sur *la Fédération anarchiste*, c'est qu'on y met de la mauvaise volonté. C'est clair comme de l'eau de Seine… et Seine-et-Oise.

LA CHAINE, 17, rue Rochechouart, Paris, (2 fr. le 100).

A l'occasion du 14 juillet, quelques camarades ont lancé une feuille de propagande qui peut fort bien être distribuée à d'autres occasions.

De J. Serf, sur l'*émancipation sociale* de forts bonnes réflexions montrant seuls les anarchistes s'occupant véritablement de détruire l'ignorance.

Sur la *Servitude volontaire* un copain ironise.

Alter Ego chante le *triomphe de la république* qui nous mène à l'état social présent !

Un A. Pache arrache quelques pierres aux ruines sociales pour en hâter l'écroulement.

Espinoza montre que le *droit* est resté le même. Toujours on répète *Dura lex, sed lex*. Il faut donc démolir la loi et nous moquer du « droit ».

LE LISEUR.

TROIS MOTS AUX AMIS

GEMIN. Amérique — Merci à tous.

L. L. L. — Avise-moi si la lecture de la série d'articles de M. ne modifie pas la teneur et les conclusions de tien. Pour ma part, je pense que si.

MICH. — *Une Base* ne passera pas. Envoie mieux.

Jean LANNEZVAL. — Piqûres et placards revenus comme inconnu à l'adresse donnée.

KNOCKAERT. Joseph demande à son correspondant anonyme de se faire connaître, assuré de toute discrétion. — 2. Placards épuisés.

Le GALL. — Rien compris à ta lettre agressive.

SORREL. — Placards épuisés.

Vient de paraître

Qu'est-ce qu'un Anarchiste ?

Par E. ARMAND

à *l'anarchie*, 1 fr. ; franco : 1.15

- Travail ou Camaraderie -

Imp. des Causeries Populaires : Armandine Mahé

La gérante : Anna MAHÉ

Où l'on discute !
Où l'on se voit !

Causeries Populaires du XVIIIe, Rue du Chevalier-de-la-Barre, 22. — Lundi, 20 juillet, à 8 h. 1/2, *Le secret de la richesse*, par Albert Libertad.

Causeries Populaires des Xe et XIe, 5, cité d'Angoulême (66, rue d'Angoulême). — Mercredi 22 juillet, à 8 heures 1/2, *La grève des rentiers considérée au point de vue des sensations*, par Albert Libertad.

L'Éducation libre du IIIe — Quelques copains désirant fonder un groupe de vulgarisation anarchiste dans ce quartier populeux, invitent les camarades à se réunir le samedi 18 juillet, à 9 h., Brasserie Martz, 14 et 16, rue Baudricourt. Organisation et Solidarité.

Travailleurs libertaires du XIVe, Maison commune, 111, rue du Château. — Jeudi 16 juillet, à 8 1/2, *Les mouvements utiles*, par A. Libertad.

St-ETIENNE. — *Causeries libres*, 42, rue Mulatière. — Samedi 18 juillet, à 8 h. 1/2, causerie et discussion.

LE HAVRE. — *Causeries Populaires*, 9, rue Jean-Bart. — Jeudi 16 juillet à 8 h. 1/2, causerie, projet de balade.

TOULOUSE. — *Groupe anarchiste*, 3, rue d'Austerlitz, 1er étage. — Samedi 18 juillet, à 9 h. *Les moyens d'éviter les grandes familles*.

TOURS. — *Les Iconoclastes*, Restaurant Lestrade, 76, rue Bernard-Palissy. — Vendredi 17 juillet, à 9 h. *A propos de l'I. A. Fédéralistes et antifédéralistes*.

TOURCOING. — *Réunion anarchiste.* — Ceux qui pensent que la propagande doit se faire ailleurs que dans un salon ou au coin d'un comptoir, se réuniront le samedi 18 juillet, à 8 h. à l'*Union Fraternelle*, 38, rue du Bus. *Formation d'un groupe anarchiste*. *La région n'a-t-elle pas raison d'être ?*

GRENOBLE. — *Groupe libre d'études sociales*, au local habituel, jeudi 23 juillet à 9 h. *Le mouvement international*, par Philo.

Baladons-nous

C'est le 26 Juillet que nous partons en balade vers une destination que les plus curieux atteindront huit jours, huit grands jours de vingt quatre heures, pour connaître. Mais qu'on prenne note et que l'on se refuse à toute promesse qui pourrait entraver sa liberté pour ce jour de joie et d'esbaudissement rabelaisien. Tous les copains sont invités à prendre rendez-vous sur leurs terres.

PAR LA BROCHURE

Communisme et Anarchie (KROPOTKINE) » 10
Anarchie et Communisme (CAFIERO) . . » 10
L'Anarchisme, *comme Vie et comme activité individuelles* (E. ARMAND et MAURICIUS) » 10
L'Anarchie (André GIRARD). . . . . . . » 05
L'Anarchie (E. MALATESTA) . . . . . . » 15
Aux Anarchistes qui s'ignorent (Charles ALBERT). . . . . » 05
Arguments anarchistes (A. BEAURE) . . » 20
L'A. B. C. du Libertaire (J. LERMINA) . . » 10
A mon Frère le Paysan (E. RECLUS) . . . » 10
Entre Paysans (E. MALATESTA) . . . . . » 05
Un Anarchiste devant les Tribunaux (Georges ÉTIÉVANT) . . . . » 10
Organisation, Initiative et Cohésion (Jean GRAVE) . . . . » 10
La Panacée Révolution (Jean GRAVE) . . » 10
La Question sociale (Sébastien FAURE) . . » 10
Les Temps nouveaux (P. KROPOTKINE) . . » 25
Aux Jeunes Gens (P. KROPOTKINE) . . . » 10
La Morale anarchiste (P. KROPOTKINE) . . » 10
Le libre Examen (PARAF-JAVAL) . . . . . » 05

LES CAMARADES
adresseront
tout ce qui concerne
l'anarchie
à A. Mahé & A. Libertad
22, rue du Chev.-de-la-Barre
PARIS-XVIII*

ABONNEMENTS

FRANCE
Trois Mois.......... 2 »
Six Mois.......... 3 »
Un An............ 6 »

ÉTRANGER
Trois Mois.......... 2 »
Six Mois.......... 4 »
Un An............ 8 »

Quatrième Année — N° 172

DIX CENTIMES

Jeudi 23 Juillet 1908

PARAISSANT TOUS LES JEUDIS

Demain!!!

Demain, c'est l'inconnu.

Demain, c'est l'énigme qui balance à la fois la crainte et l'espoir de l'humanité : la crainte de ceux qui sont, l'espoir de ceux qui veulent être.

C'est le point d'interrogation vers lequel tous les yeux se tournent, avides de savoir si le retour de l'aube apportera la réalisation ou l'écroulement du rêve si longtemps chéri.

Demain n'existe pas, ne peut exister que dans l'imagination des hommes, puisque en lui-même il n'est qu'une abstraction ; demain concrétise dans la pensée humaine toutes sortes de rêves, toutes sortes d'aspirations. Ce simple mot n'est tout cela que parce que les hommes ne savent pas vivre ; ils espèrent tous et toutes leur existence que demain remplira le vide qu'ils sentent dans leur vie d'aujourd'hui. Obsédés par le but vers lequel ils tendent, ils voient à regret l'intervalle qui les en sépare. L'un voudrait être à deux jours de là, cel autre à deux mois, celui-ci à deux ans. Nul n'est content de l'heure présente, tous la trouve trop longue à passer, parce que *nul ne veut vivre aujourd'hui*.

La plus grande partie de l'humanité travaille, peine, endure des privations, pour que la matière brute se transforme, pour que les forces de la nature soient domptées, et deviennent productrices de richesses. Mais à la somme des richesses produites, une petite minorité emprunte la plus large part, parce que les producteurs, la majorité, sont des imbéciles, assez bêtes pour nourrir les frelons.

Ce n'est pas pendant qu'ils sont en état de goûter aux fruits de leur travail, ce n'est pas pendant qu'ils sont jeunes et forts, pendant qu'ils ont la puissance que les producteurs veulent vivre. Non. Quand, possédant le maximum de leur puissance productrice, ils sont en état d'exercer et de satisfaire leur puissance de consommation, ils ne le veulent pas. Ce sont des eunuques se châtrant eux-mêmes.

Tout gosse on leur a appris les principes de l'épargne, on leur a fait mettre de côté les quatre sous qu'il est d'usage de donner aux petits à l'occasion des grands événements de la vie enfantine. On leur a dit qu'il faut économiser pendant qu'on est jeune afin la vieillesse venue, ne pas se trouver dans le dénûment. On leur a appris le chemin des sociétés de prévoyance, de secours mutuels, d'épargne ; hommes, ils se laissent bercer dans la douce couchette des retraites ouvrières, que leur paresse leur fait espérer comme l'idéal rêvé.

Et tous : honnêtes ouvriers, pères de famille ou ménagères, putains ou maquereaux, commerçants ou cambrioleurs, fonctionnaires ou paysans, tous ceux en un mot qui luttent chaque jour pour vivre, travaillent pour demain. Ils rêvent de la maison de la maison de campagne, et de la vie tranquille qu'ils attend plus tard, s'ils ont su se priver suffisamment pour amasser des rentes. Qu'importe qu'ils ne satisfassent pas leurs désirs, au moment où ils les éprouvent, qu'importe qu'ils se mangent, qu'ils ne dorment, qu'ils n'aiment qu'à la ration parcimonieusement mesurée ils se rattraperont plus tard,… demain.

Ils se rattraperont quand ils auront perdu l'usage de leurs membres, ils songeront à s'aller promener, quand, perclues de rhumatismes, leurs jambes refuseront de les porter. Ils essaieront de regarder les beautés de la nature, quand leurs yeux n'y verront plus clair. Ils viendront écouter chanter les oiseaux, sentir les fleurs, alors que leurs sens seront émoussés ils viendront goûter des fruits, déchirer la viande succulente alors que leur bouche sera dépourvue de dents, et que leur estomac délabré, refusera toute nourriture. Oui, ils voudront cela, ils voudront vivre, ils voudront aimer, ils voudront jouir,

quand tous les ressorts de leur organisme seront brisés. Ils voudront vivre, alors qu'ils seront prêts à m'ourir.

Tel est l'état d'esprit de la majorité des hommes. Seule la petite minorité des oisifs s'efforce de vivre chaque minute de son existence, dans la crainte qu'un cataclysme ne vienne interrompre cette idylle, car elle sait fort bien que sa raison d'être ne dépend que du degré d'avachissement de la foule qu'elle gouverne.

Aussi les anarchistes disent :

Hommes, il n'est pas de demain, c'est aujourd'hui qu'il faut vivre, car vous le savez, la vie ne tient qu'à un fil et peut-être demain serons-nous crevés.

Les endormeurs prétendent que le livre de la vie est écrit à l'avance et que chacun suit sa destinée.

C'est faux. Il n'y a rien d'écrit à l'avance. Chaque jour, nous avons à remplir la page du livre, et nous écrivons une page de joie ou une page de douleur, suivant ce que nous avons su faire. Il n'est pas en notre pouvoir d'accélerer ou de ralentir à notre gré la marche du temps, mais ce que nous voulons faire, c'est qu'aucune des minutes qui nous séparent de l'instant où notre être sera rendu à la circulation universelle, ne soit perdue ; nous voulons les vivre toutes, pleinement, intensément, parce que nous sommes des amants de la vie.

Notre façon de comprendre la vie, nous permet d'attendre demain avec sérénité. Nous savons que chaque minute vécue diminue le nombre de celles qui nous restent à vivre, mais ceci ne nous inquiète pas. Le temps ne s'écoule pas trop vite pour nous, car nous savons faire qu'aucun instant ne nous pèse, nous n'avons aucun désir de le voir s'écouler plus vite, nous le suivons dans sa marche, et notre philosophie nous permet de regarder chaque jour écoulé sans regret, parce que nous sommes toujours capables de vivre un lendemain aussi intense que celui que nous venons de vivre. Nous ne négligeons cependant pas d'envisager des questions avec l'espoir de les éclaircir plus tard, ni de faire nous aussi des plans, des projets pour demain. Mais jamais cette pensée ne vient empêcher, retarder, gâter le travail que nous sommes en état de faire à l'instant, ni nous priver de jouissances alors que nous pouvons les goûter.

C'est pourquoi tranquillement, en réponse à l'interrogation muette que demain pose à l'humanité et devant laquelle un si grand nombre tremble, nous disons : Demain si nous vivons, nous savons ce que nous ferons …nous jouirons de la vie. Et si nous ne sommes plus, nous aurons du moins vécu, la mort ne nous aura pas surpris.

Pour l'honneur du nom, de la famille, de la patrie, pour la vie des temps passés ; pour la Fortune à acquérir, pour le Paradis à mériter, pour les Retraites à toucher, pour la vie aux temps futurs, les hommes concentrent à mourir… Faisant fi de hier et de demain, les anarchistes ne veulent risquer sa mort que pour vivre aujourd'hui.

C. CHAVIN.

Chiquenaudes

ET

Croquignoles

LE CANCER MILITAIRE

Quand les découvertes ne peuvent servir au développement des forces policières, elles servent à celui des forces militaires. Ainsi, voilà l'électricité utilisée comme arme de guerre, d'une toute nouvelle façon.

Un sieur Alfred Pouteaux vient de trouver une nouvelle mitrailleuse qui pourra envoyer 1.200 projectiles à la minute. Tout s'y fera à l'électricité. On ne se servira plus de poudre, donc plus de risque d'explosion, plus d'échauffement de la pièce.

Rien n'est plus effrayant que de penser avec

quelle tranquillité la masse ouvrière, privée de tout agrément, de tout plaisir, de toute satisfaction même, apprend un pareil gaspillage des forces de la nature et du génie humain.

SANS EXCEPTION

Chamfort, dans ses Caractères et Anecdotes, nous cite ces paroles de M. de Marville :

« Il ne peut y avoir d'honnête homme à la police que le lieutenant de police, tout au plus. »

Hélas, tout tombe en décadence, la police aussi, le sieur de Marville, en 1908 ne pourrait plus faire d'exceptions Lépine et Clemenceau se targuent de donner l'exemple en tout, même et surtout en « vacheries ».

DIS MOI QUI TU HANTES…

Il nous vient par les gazettes à faits-divers qu'une poignée d'individus feraient circuler la matière le mieux possible, dans la ville du Havre et ses environs. Ces gazettes signalent les rapports de ces hommes avec les anarchistes.

Jusqu'à preuve du contraire, nous pensons que dame Police s'est plu justement à les étiqueter cambrioleurs à cause de leurs fréquentations, et qu'il y a tout simplement dans ces accusations un des trucs fameux du Guichard havrais. Ce que j'en dis n'est point que l'insinuation nous déplaise.

Meilleure fréquentation est, pour les anarchistes, ceux qui font bien circuler la matière utile si extra-légalement cela soit-il, que celle de ceux qui ne savent faire circuler que l'absinthe Manillon, le bulletin de vote et les mises en carte.

Dis-moi qui tu hantes… je te dirai qui tu es. Et si, par les temps qui courent, il ne me gêne point d'être un cambrioleur, il me déplait toujours d'être ou un alcoolique ou un socialiste.

CANDIDE.

LE " LIVRE "
— DE —
L'ANARCHIE

* **UN AN : 7 FR. 50.** *
* **DEUX ANS : 12 FR.** *
* **TROIS ANS : 18 FR.** *

Des Formules et de l'Initiative individuelle

Le activités, les applications, les études, les produits constituent, pour emprunter des termes à la langue scientifique, autant de conducteurs bons ou mauvais de l'initiative. Ils la stimulent ou la restreignent. De même les faits.

J'imagine qu'il serait instructif et profitable de dresser la liste des événements d'une vie donnée et de déterminer ceux qui ont excité, provoqué l'initiative, puis ceux qui l'ont entravée ou annihilée. Voilà qui vaudrait mieux que toutes les biographies dont on nous abreuve et dont l'objet se résume à nous raconter les hauts faits et les perfections de leurs héros au lieu de nous décrire des hommes, sans plus dissimuler leurs chutes ou leurs faiblesses que leurs triomphes ou leurs qualités. Les biographes en sont restés à Homère et aux surhommes de *l'Iliade*, alors qu'une vie d'individu n'intéresse qu'en tant que leçon de choses. Certes, ce côté de la critique anarchiste est utile qui fait descendre les demi-dieux de l'Olympe sur la terre.

* *

En général, toute étude, toute activité basée sur des formules est antistimulante de l'initiative individuelle. Les orthodoxies n'ont jamais engendré que des commentateurs, parfois fort habiles, j'en conviens. Elles ont aussi enfanté les casuistes, c'est à dire les orthodoxes qui veulent demeurer dans le giron de l'orthodoxie tout en la niant dans l'existence pratique. Les nova-

teurs, les créateurs, les trouveurs, les inventeurs se trouvent toujours parmi les hérétiques, dans le clan des philistins.

Et c'est fort compréhensible. Les formules ne sont pas faites pour être discutées : leur raison d'être, c'est qu'on les applique. Une fois établies, elles ne demandent que des démonstrateurs ou des adaptateurs, nullement des initiateurs. Les initiateurs sont toujours juchés *par delà* les formules. Si les formules établies n'ont que faire des initiateurs, c'est qu'elles n'exigent que l'effort de la mémoire, la constante de la retenue. Apprenez une bonne fois à extraire une racine cubique, retenez le mécanisme de la mesure des surfaces et vous pourrez en appliquer les formules à une infinité de combinaisons arithmétiques ou géométriques. Ce seront *toujours les mêmes formules*, des rails sur lesquels vous n'aurez qu'à vous laisser glisser pour atteindre un résultat fatal.

Il ne s'agit point, bien entendu, de contester l'utilité des formules. Il est uniquement question de signaler le danger auquel expose toute activité où l'individu est *subordonné* à la formule. En poursuivant l'idée jusqu'à ses conséquences extrêmes, on s'apercevra facilement que si la formule est mauvaise conductrice de l'initiative individuelle, c'est parce qu'elle supprime la lutte. Point de lutte, point ou fort peu d'initiative.

La formule sous-entend un horizon rétréci, une sécheresse d'atmosphère intellectuelle. Elle conduit à la plus absurde des prétentions : la superstition de la possession de la vérité infuse. On connaît l'arbre aux fruits qu'il porte. De là vient qu'en majorité les découvertes les plus importantes n'ont point été l'œuvre des savants experts, des applicateurs consommés. Les découvreurs sont très souvent des demi-savants, des « sachants », parfois des « devinateurs de génie », presque toujours des hors-formules dont le rôle est de jouer la partie. Les savants orthodoxe marquent les points, se bornent à réduire en formule les découvertes de ces francs-tireurs, à en faire l'application, à les perfectionner.

* *

On objectera qu'il n'est produit obtenu ou œuvre accomplie sans l'aide de formules. Indubitablement. Mais les activités bornes conductrices de l'initiative individuelle sont celles où l'applicateur subordonne la formule à son œuvre, où il s'en sert comme d'un bon outil, comme d'un instrument nécessaire qu'on remplace ou qu'on échange dès que le besoin s'en fait sentir. Pourquoi l'initiative individuelle ne se développe-t-elle le plus complètement que dans les œuvres d'imagination, c'est à dire dans les œuvres où la formule est la plus nettement assortie à la pensée ou à la volonté ? Parce qu'entre les diverses activités ce sont celles où l'individu est le moins circonscrit, le moins limités, où les efforts n'impliquent pas la fatalité des résultats. Parce que de tous les champs d'activité ce sont ceux où l'horizon est le plus vaste, où le vent se respire à pleins poumons.

Le statuaire renouvelle ses ébauches, les perfectionne jusqu'à ce qu'il se soit rapproché de la conception de telle ou telle attitude corporelle qu'il veut atteindre. L'expérimentateur-communiste recommence ses essais de communisme pratique jusqu'à ce qu'il ait rencontré les individus aptes, au moins pour un temps, à vivre, à produire, à œuvrer en commun. N'importe qui d'affranchi met à la voile sur l'océan des expériences, en route pour les découvertes, pour les naufrages aussi. Pour tous il y a lutte, pour tous il y a cette ignorance salutaire de la réussite finale, *attendue* pourtant, *voulue* cependant, qui galvanise l'énergie et réclame la plénitude de l'effort. Il n'y a pas de formule définitive qui engoûle l'initiative. Le résultat n'est point celui qu'on poursuivra demain. C'est parce que je l'aurai voulu, que je lutterai pour y parvenir que j'attendrai le but, non parce qu'une formule m'y aura mené, non parce qu'une bonne mémoire m'aura permis de retenir la route.

* *

On peut baser sur des formules un décalogue, un catéchisme, un code, une religion. Une formule ne suffit pas à contenir toute la complexité, toute la variété d'aspects de la vie individuelle. C'est dans ce lit qu'elle se creuse elle-même que coule la véritable vie individuelle.

E. ARMAND.

ENCORE L'ART

(Suite et fin)

Là n'est pas encore la question. Il s'agit de calmer les craintes de nos camarades des *Temps Nouveaux* en leur démontrant que l'art qu'ils réclament à cor et à cri n'est pas si rare ni si urgent qu'ils le disent.

A Paris, les musées du Louvre et du Luxembourg contiennent ce qu'il y a de mieux en peinture de toutes les écoles depuis les primitifs jusqu'aux œuvres de Luce, qui n'y sont pas encore, mais qui en sont dignes, d'après Grave.

Pour la sculpture, la galerie des antiques est la plus riche du monde. C'est une assemblée de dieux et de déesses comme il n'en fût jamais depuis l'Olympe. Toutes les divinités de l'Hellade, et beaucoup d'autres, y figurent: pétrifiées, froides et un peu démembrées, mais, encore belles et suffisantes pour donner au spectateur une idée favorable de l'esthétique grecque.

Toutes ces Vénus, ces Jupiter, ces Minerves, ces Mars, ces Eros, ces Bacchus, ces Hermès, ces nymphes et ces faunes sont visibles tous les jours et reçoivent, indifféremment, le pauvre comme le riche, l'ouvrier comme le patron. Les capitalistes n'ont pas mieux pour se rincer l'œil et si, parmi les gens du peuple qui veut regarder ces chefs d'œuvre, beaucoup ne savent pas les voir, la plupart des bourgeois sont dans le même cas.

C'est qu'il faut pour apprécier les œuvres d'art, d'abord un tempérament contemplatif et rêveur, puis une éducation et une érudition que tout le monde n'a pas eu le temps d'acquérir.

Au même musée du Louvre, on peut voir les antiquités assyriennes, égyptiennes, grecques, romaines, etc., etc., ainsi que quantité d'objets d'art précieux, de toutes les époques. Nul capitaliste, aussi riche soit-il, n'en pourrait posséder autant.

La tiare de Saïtapharnès fut longtemps une des merveilles de ce musée. Un anarchiste dont nous tairons le nom, mêlé à son aventure, semble indiquer combien l'art exerça toujours, sur nos camarades, ses redoutables attraits. On n'a jamais bien connu l'histoire de cette mystification artistique. Elle serait l'œuvre du camarade en question que nous n'en serions pas autrement étonné. Un anarchiste seul, pouvait pousser l'art à ce point, et c'est à ce point seul, qu'on peut le lui pardonner.

Paris a d'autres musées, moins célèbres par leurs tiares et tout de même intéressants : Cluny, Carnavalet, etc... sans compter les musées provenant de dons particuliers tels que celui de M. Guimet, capitaliste et commerçant, mais avant tout archéologue et savant.

M. Guimet, très altruistement, offre à l'admiration de tous, une collection d'un prix inestimable, prouvant ainsi, qu'il n'est pas besoin d'être anarchiste pour vouloir et réaliser l'art pour tous.

M. Guimet, étant bourgeois, reste dans la logique de sa classe. Il échappe de ce fait à notre critique. Que n'en est-il de même pour André Girard.

On peut encore citer les musées des églises, ceux des châteaux de Versailles, de Fontainebleau, etc., ouverts gratuitement au public, sans compter les expositions annuelles de peinture, sculpture, architecture, ameublement, etc., etc.

Pour la littérature, les bibliothèques manquent beaucoup moins au peuple que les loisirs de les fréquenter. Néanmoins, à notre époque, celui qui sait lire et veut lire, peut lire.

Reste la musique où le théâtre : les fanfares militaires seules sont gratuites. Les théâtres et les concerts sérieux sont chers, il est vrai et peu accessibles à la classe pauvre. En revanche, les beuglants foisonnent, surtout à Montmartre, patrie des artistes, et la classe pauvre qui aime le genre d'art qu'on y donne sait y trouver accès.

Si la musique sérieuse était goûtée de même par le bon peuple affamé d'art, on peut croire que les impresarios ne bouderaient pas devant les bénéfices possibles, dussent-ils élaborer un programme entièrement choisi dans les œuvres de Bach, Beethoven et César Franck. Mais quels fours cela ferait. Les directeurs le savent, voilà pourquoi ils s'abstiennent.

Les théâtres, les concerts, les livres, les journaux donnent des œuvres toujours médiocres, souvent mauvaises, non pas, comme le dit A.Girard, parce que la bourgeoisie corrompt systématiquement le goût artistique populaire, mais simplement, parce que le goût artistique populaire qu'il s'agit de flatter est des plus rudimentaires. Toutes les œuvres publiques ayant seulement pour but de plaire à sa Majesté Populo ne peuvent être taillées que sur la mesure de son intellect et de son goût.

La bourgeoisie n'a pas le sens artistique beaucoup plus élevé et se repaît, intellectuellement, des mêmes insanités.

Qu'en faut-il conclure ? Que l'éducation artistique de la bourgeoisie laisse à désirer et celle du peuple encore plus.

L'éducation du peuple, *en toutes choses*, est à faire. Elle se fait tous les jours, un peu, lentement, très lentement.

Contribuons-y, pour notre part, le plus que nous pourrons, sans avoir la naïveté de compter, pour cette besogne, sur les entrepreneurs de spectacles dont le seul but est de gagner de l'argent.

Si le goût du peuple est un peu frustre cela tient à son état intellectuel, lequel dépend de son état matériel.

C'est donc par l'amélioration des conditions matérielles de la vie qu'il faut commencer, si l'on veut faire ouïr de suaves musiques à des gens qui n'ont pas toujours le temps de se nettoyer les oreilles.

D'ailleurs, si la musique soi-disant sérieuse est d'apparence plus convenable que la musique de bastringue, au fond, elle ne vaut pas mieux : s'enivrer avec la musique de Beethoven et de Wagner, ou avec celle de Planquette et d'Hervé, c'est tout un pour la raison. De même que se saouler avec de la fine champagne ou avec du trois-six c'est équivalent pour la sobriété.

L'art en général, est un soporifique, un stupéfiant aussi nocif que l'alcool, le tabac et l'opium; quelle qu'en soit la qualité, toute sa valeur consiste, à nous faire négliger et oublier la vie.

* * *

L'étude d'André Girard sur *l'art et le peuple* porte donc complètement à faux sur tous les points.

Ce qui manque au peuple, ce n'est pas l'art, c'est l'instruction pour le comprendre, l'éducation pour l'apprécier, le loisir pour le goûter.

L'art existe, sans compter tous ses dérivés inférieurs et, par rapport à des choses plus utiles, il abonde relativement et ce n'est pas ce qui manque le plus. Le pain manque davantage et l'instruction, la petite intellectuel manque encore plus.

Quand le peuple aura un peu plus de pain, d'instruction et de loisir, il goûtera l'art dans lequel il croira voir la vie, suivant l'idéal bourgeois de Girard.

Mais, quand il aura beaucoup plus d'instruction, de connaissances et d'expérience ; il dédaignera l'art et goûtera la vie dans laquelle réside tout art, suivant l'idéal supérieur des hommes positifs.

Car l'art représentatif tel qu'il est conçu de nos jours, n'est que le balbutiement d'une humanité dans l'enfance qui cherche sa formule et s'objective elle-même en ses œuvres naïves qui ne sont que des poupées dont s'amuse sa puérilité. Cet art mesquin est incompatible avec la conception naturelle et grandiose que les anarchistes doivent se faire de la vie.

C'est pour cela qu'il est pénible de constater que cet enfantillage spécial, qui devrait tendre à disparaître, au moins chez les anarchistes, porteurs d'un idéal plus positif et plus viril de la vie, persiste à magnifier ses joujoux et à les imposer si possible.

On ne saurait trop rappeler au sens des réalités utiles et sérieuses, les camarades de bonne foi, s'égarent et veulent nous égarer dans le domaine enchanté de l'art dont les mirages fantasmagoriques prennent pour nous tromper la forme et l'image de la vie.

Les anarchistes doivent être surtout des réalistes et des actifs. Ils doivent tendre vers des buts concrets et positifs avec lesquels la puérilité des artistes ne saurait concorder.

Par eux, l'humanité veut enfin sortir de sa trop longue enfance et abandonner ses hochets.

Assez de mensonges, assez de rêves, assez de symboles, de reflets et de jouets.

Pour une humanité enfin vivante, savante et agissante, les images d'Epinal, bien que signées Cimabüe, Fra-Angelico, Memling, Dürer, Raphaël, Vinci ou Millet et ..Grandjouan n'ont pas d'importance. Les marionnettes de marbre et de bronze, bien que burinées par Phidias, Praxitèle, Jean Goujon Michel-Ange ou Rodin, sont sans valeur. Toute la littérature du passé : mythologies prodigieuses, bibles miraculeuses, contes de fées merveilleux, histoires des mille et une nuit; Lieu qu'écrits par Homère, Virgile Esdras, Dante, Shakespeare, Milton, Gœthe, ou Victor Hugo n'est plus bonne qu'à endormir les enfants. Et les crécelles, les grelots, les mirlitons sont passés pouvoir bien que perfectionnés par Bach, Mozart, Cimarosa, Beethoven, Berlioz, Wagner, ou Verdi et Massenet, leurs airs sont vides et ne contiennent que du vent.

C'est fini. Les hommes en ont assez de vos arts, de vos artifices, de vos illusions dont la vacuité décevante ne saurait satisfaire leur besoin de réalité. Leurs yeux veulent contempler autre chose que des ombres plus ou moins colorées. Leurs mains venient palper des formes qui ne soient pas de pierre ou de métal. Leur esprit pour se nourrir que s'animer ne peut pas plus se contenter du bruit des phrases, des sons d'un orchestre que leur ventre de l'odeur des mets.

Ils en ont assez de la beauté artistique et factice. C'est de la beauté en substance qu'il leur faut, de la beauté réelle, visible, tangible, vibrante et vivante. De la beauté en chair et en os, au sang riche et pur, aux muscles puissants, au cerveau altier et indépendant.

Où est cet l'art ! où sont les artistes qui nous créerons de cette beauté là!?

Pourriez-vous nous le dire, André Girard ? Quand on voit une humanité aussi inférieure, des sociétés aussi inharmonieuses, si méchants, si laids et par conséquent si malheureux, un anarchiste est mal venu à parler d'art, *parce qu'il n'y a pas d'art qui tienne devant l'urgente nécessité d'améliorer la vie.*

Si les amateurs d'esthétique veulent faire de la beauté, ce n'est pas la besogne qui leur manque, ni les éléments. Pas besoin de pinceaux ni de ciseaux. Pas besoin de couleurs ni d'argile.

L'humanité attend. N'est-elle pas la matière la plus abondante, la plus plastique, la plus belle dans laquelle les artistes puissent tailler leurs chefs-d'œuvre.

Allons les artistes ! les vrais ! Au travail ! Transformez, transfigurez l'humanité et préparez l'apothéose de la Vie pour laquelle ne l'oubliez pas, il n'est nulle Esthétique en dehors de l'Ethique.

LEVIEUX.

— Sur la Plage —

L'orage étant sérieux, le marin attaché à la station reçoit de la mairie l'ordre de faire sa promenade sur la plage et dans les rues de la ville. Il prend dans son tiroir et ajuste sa barbe de calfat, revêt ses vêtements de toile goudronnée, ainsi que l'immense capuchon assorti qui donne à sa figure d'Auvergnat un aspect très tableau de genre. Puis, ainsi costumé et grimé, il passe et repasse devant les hôtels et les villas. La clientèle parisienne est très satisfaite de cette petite mise en scène.

Lorsque le nombre des étrangers présents en vaut la peine, le maire prescrit au marin de faire le sauvetage à onze heures du soir.

A dix heures et demie, le bruit se répand qu'une barque est en détresse. Pour comble de malheur, le phare s'éteint à onze heures moins un quart. Obscurité profonde et terrible. On s'emmitoufle, on se cache la figure dans un foulard, et toute la colonie se précipite sur la grève. Le vent apporte jusqu'aux mugissements l'écho des cris d'appel de ceux qui se noient dans l'horreur des flots noirs. Les petites femmes frissonnent d'angoisse : c'est exquis.

Alors le marin arrive. Sans mot dire, avec ce dévouement simple et instinctif des gens de mer, il va chercher sa barque, amarrée près de la falaise, une crique à l'abri de la tempête. On le suit. Toujours silencieux, il attache un câble à l'arrière, le dénoue, en tend une extrémité aux assistants :

— Pour tirer quand il faudra.

Puis, il se penche sur les rames et disparaît dans la nuit. Or, la barque s'avance avec une rapidité inouïe jusque vers la jetée, qui dessine une sorte de Z, dans le premier angle, la barque accoste.

Un autre câble la tirait ? Il prend à son bord deux figurants postés à l'endroit propice et tous trois halent ensemble.

— Tirez ! Tirez !

Cinq minutes plus tard, les trois marins abordent sur la plage où le public leur fait une ovation. Le marin attaché à la station s'y dérobe avec modestie et va toucher son cachet à la mairie.

Les baigneurs rentrent dans leurs demeures avec une grosse émotion et un commencement de rhume de cerveau. Les journaux de Paris sont arrivés pendant le spectacle. Ils ne disent rien de nouveau, bien que la mer soit calme aux îles Sanguinaires, comme de coutume.

Le lendemain, dans la matinée, tous les hôtes de la plage exercent leur littérature à narrer par lettre l'histoire des marins arrachés à la grande maîtresse : le courrier de midi emporte des paquets de missive.

Paul GAVAULT.

Sensations populaires

A Nîmes, à Arles à Reims, à Marseille ont eu lieu des courses de taureaux avec mise à mort. Les journaux nous rapportent que partout on fut obligé de refuser du monde, faute de place. Le public ouvrier était surtout nombreux.

Le populo veut des sensations. Celles qu'on lui fait sentir, sur le dos, à l'atelier à coups de trique et d'engueulades ou bien en le fusillant sur un champ de grève ne lui suffisent pas. Il lui faut du changement. Ce n'est pas assez de voir mourir de froid ou de faim en pleine rue des êtres semblables à lui, des hommes, il faut qu'il voit mourir aussi des bêtes. Vite des corridas : la foule se plaît à cette sorte de jeu.

Le taureau est amené dans l'arène. Croyant avoir recouvré la liberté, il va frémissant de bonheur. C'est alors qu'on vient le harceler, le sang coule à grands flots. L'animal exténué, ne sait plus où donner la tête, il se voit entouré, excité de tous côtés et de ses yeux suppliants, semble demander le coup de grâce ; les toréadors ont alors beau jeu. Mais ses bourreaux — et le public surtout — ne l'entendent pas ainsi ; des coups de sifflet partent à son adresse. Peuple imbécile et idiot ! Après quelques coups d'épée entre les deux épaules, l'animal, rouge de sang, s'abat ; des applaudissements partent de tous les bancs : l'arène est envahie; les toréadors sont portés en triomphe.

La foule est contente, elle a eu des sensations en regardant ce spectacle barbare et imbécile.

Tous ces spectateurs, avides d'impressions, s'émotionneront demain à l'atelier, aux champs ou au bureau. On les fera marcher rudement et brutalement sans qu'ils osent lever la tête. Ce sera la mort à petit feu, plus longue et plus ignominieuse que celle subie par la bête. Juste retour des choses.

A Arles, c'est à un combat entre tigre et taureau auquel le public est convié. La bêtise et la lâcheté populaire atteignent le plus haut degré de la cruauté et de la barbarie. La foule veut s'amuser, se divertir et oublier la réalité. Elle veut des jeux cruels et stupides, elle veut paraître féroce et se croire quelque chose. Elle ne voit pas sa poltronnerie, sa bassesse et son ignorance.

Dernièrement, à Paris, c'était une lutte, jusqu'à ce que la mort s'en suive, entre deux lutteurs, deux champions réputés. Quel goût, quel plaisir sadiques ont pu éprouver les spectateurs.

Voir sur le tapis un individu tout pantelant, et tout couvert de sang, les mâchoires et les côtes enfoncées, à moitié mort, puis acclamer la personne qui l'a mis en cet état, je crois qu'il n'est pas spectacle plus barbare, plus criminel et plus odieux.

J'admets le meurtre pour sauvegarder la liberté individuelle de chacun, mais en faire un amusement, un jeu, une distraction, jamais je ne pourrais le comprendre. Le public qui contemple et admire ces cruautés n'est pas intéressant. Il faut le fuir et le délaisser autant que possible.

Le plus fort c'est que ces hommes-là se disent civilisés et veulent apporter leur prétendue civilisation chez les peuples qu'ils qualifient de sauvages et de brigands. Les Marocains ont compris qu'elle n'était qu'un bluff, aussi nos braves et courageux Français la leur envoient!... à coups de canon. Mesure de politesse et de savoir-vivre, peuvent-ils dire. Nous répondons : fumisterie ! Avant de vouloir éduquer les autres, ils feraient mieux de commencer par eux-mêmes.

La foule est féroce, ignorante, veule et lâche. Les jeux barbares et imbéciles la maintiennent dans cet état d'être et développent en elle un instinct bestial et incompréhensible. Sa bassesse n'a plus de bornes : elle va d'elle-même, baissant la tête, offrant son cou et le reste, au carcan patronal, sitôt que le spectacle est terminé.

Son genre de distraction l'abrutit entièrement, les dirigeants le savent et c'est pourquoi, ils le tolèrent et le favorisent. Nous devons combattre, en même temps que ces divertissements odieux, les gouvernants qui les donnent et le public qui les admire. La tâche est rude.

Roger PRINTEMPS.

La Franc-Maçonnerie

IV

Si Rabelais eut connu une telle institution, il n'aurait pas manqué, lui, le penseur libertaire, de la stigmatiser de son rire moqueur et de ses critiques cinglantes.

Mais à notre époque syndicaliste, le ridicule se combat en pratiquant le même ridicule! Les anarchistes affirment leurs moyens de lutte en pénétrant chez la Veuve pour y subir un symbolisme déguisé en « liberté » qui, réduit plus tard au « strict indispensable », opérera le phénomène du communisme social.

Quelle atmosphère vivifiante pour des militants révolutionnaires! Quel fruit de vertus n'existe-t-il pas dans son sein! Quel trésor inestimable de science ne répandra-t-elle pas sur l'humanité.

Allons profanes ! ne troublez pas les FF.'. qui, dans le calme du SECRET, discutant en leurs *ateliers* les questions les plus importantes, y « développent la propagande syndicaliste » en remplissant « leurs devoirs » de parfaits maçons pour doter le peuple des bienfaits économiques les plus « triangulaires ».

Remarquons aussi que c'est dans l'intérêt commun que nos camarades s'imposent la promiscuité capitaliste la plus répugnante et les pratiques du cabotinage les plus erronées. Et c'est en poursuivant notre excursion dans ce dédale de « lumières » que nous pourrons démontrer, à ceux qui en doutent, la supériorité directrice d'un syndicalisme maçonnique!

La *maçonnerie blanche* qui vient de nous offrir une de ses cérémonies les plus entourées de mysticisme et de formes symboliques, le *Protectorat* ou l'*Adoption* nous réserve une autre surprise : la

Reconnaissance conjugale

va nous montrer que le *Grand Œuvre* est un jeu d'enfant auprès des réformes que les FF.'. MM.'. syndiqués confédérés ont entrepris de réaliser à l'abri des indiscrétions et des mouchards (!) pour la pleine satisfaction des jouissances humaines.

« Nous devons agir avec le plus de discrétion possible puisque nous avons à traiter des questions qui nous sont même interdites par la Constitution. » (1)

Simplifiez les formes de votre ordre; favorisez la « dignité » et la « tolérance » maçonniques (!!!) TT.'. CC.'. FF.'. révolu-

(1) Bulletin du Grand-Orient, 1893, p. 272.

tionnaires, peut nous importe ; nous avons attaqué. Ici, la Franc maçonnerie parce que vous y êtes et nous continuerons, en faisant connaître les grotesques bouffonneries auxquelles vous êtes obligés de vous soumettre.

Pour la reconnaissance conjugale, le temple doit être décoré d'après les dispositions prescrites par le rituel ; un air de fête est nécessaire pour jeter une note gaie sur l'ensemble de la cérémonie. L'entrée solennelle des FF∴ du vénérable et des surveillants est la même que pour l'adoption. le défilé s'opère aux sons harmonieux d'une marche nuptiale.

Les époux sont placés face à l'autel au bureau du V∴ enlacés par un cordon mis en écharpe de l'épaule droite du mari à l'aisselle gauche de l'épouse. Le vénérable siégeant à l'Orient développe son thème sur la belle morale du mariage et de son institution civile ; il anathématise la bénédiction religieuse (?) car il n'y a que les « vérités maçonniques » qui peuvent écraser le « mensonge clérical », et en un langage mercantile il vante la supériorité de sa maison. « Les cérémonies symboliques qui, suivant nos rites, vont entourer vos pas dans l'existence nouvelle où vous entrez n'ont rien de commun avec celles que déploient diverses sectes religieuses dont la maçonnerie a pour but de combattre les superstitions, etc., etc... Maintenant F∴, que votre jeune épouse a entendu notre conception maçonnique du mariage, qu'elle a compris comme vous, je l'espère, que cette conception a pour unique fondement le principe de solidarité, etc.... je vous invite l'un et l'autre à vous lever. »

Il leur fait promettre de « rester fidèles aux règles et aux traditions de l'Ordre » et d'élever leurs enfants dans les principes de de la Franc-maçonnerie qui ne sont pas différentes de ceux des sectes concurrentes.

Le F∴ époux passe alors l'anneau conjugal au doigt de sa femme, après quoi le vénérable brise une baguette de verre, comme symbole de la fragilité de l'amour, et leur présente l'eau et le vin dont le mélange symbolise que leurs « qualités diverses doivent se tempérer en une commune harmonie ».

Le rituel se continue par la formation de la chaîne d'union où le surveillant constate qu'un anneau manque à la chaîne : c'est la place du F∴ marié qui se trouvant inoccupée produit cet arrêt. La jeune épouse est invitée par le V∴ à conduire son époux sur la colonne, où l'interruption a eu lieu, pour que la chaîne soit « parfaite ».

Le vénérable s'adresse ensuite au F∴ Grand Expert, dans la formule couvenue : « Prenez, lui dit-il, notre F∴ par la main, et, en notre nom à tous, donnez lui le triple baiser symbolique », et s'adressant toujours au même officier : « Reconduisez-le maintenant près de son épouse, et qu'il lui transmette à son tour, également au nom de nous tous, ce triple baiser qu'elle recevra comme témoignage de l'affection fraternelle que nous éprouvons désormais pour elle. »

La chaîne d'acier est formée par les FF∴, car sans elle pas de cérémonies complètes, qui promettent aux mariés la protection maçonnique. On offre alors à la jeune femme une corbeille de fleurs et de fruits.

les unes symbole de « la jeunesse fraîchement éclose » les autres symbolisant « les maturités fécondes ».

La parole est à l'Orateur pour développer son morceau « d'architecture ». Le vénérable fait quelques nouvelles citations sur le symbolisme, et après la quête, la fête se termine par des chants maçonniques.

Eh ! bien ! qu'en dites-vous, camarades révolutionnaires, membres de cette institution, qui cherchez à instaurer une société nouvelle ; les talismans et les signes cabalistiques ont-ils autant de prestige dans la maçonnerie que dans l'organisation laïque, ou l'organisation catholique ? Voilà des formes toutes trouvées, même en réduisant le « rituel » à « l'indispensable » il en restera encore assez pour abrutir les générations futures.

Mais le *nec plus ultra* de la sottise humaine est, sans contredit, le

Banquet maçonnique

Il ne se rattache pas au rituel de la *maçonnerie blanche*, car il n'y a que les maçons, sans distinction de grades *qui doivent* assister aux deux banquets d'obligation des LOGES, qui ont lieu rigoureusement aux jours de tenues les plus près du 27 décembre, qui est le solstice d'hiver et du 21 juin, qui est le solstice d'été.

Les *Chapitres* dont qu'un banquet annuel à l'équinoxe du printemps ; les ateliers supérieurs (? voyez *Égalité*), n'en ont qu'un, à l'équinoxe d'automne ; il prend le nom d'*Agapes*, chaque Atelier détermine le grade auquel il doit travailler. Tous les banquets doivent avoir lieu dans un local maçonnique, à l'abri des yeux et des oreilles profanes, sous peine de suspension.

Avant d'entrer dans les détails de cette cérémonie, nous croyons utile d'énumérer ces noms, dans l'argot maçonnique, des objets employés pendant la durée du repas : la table se nomme *l'Atelier* ; la nappe, le *voile* ; la serviette, le *drapeau* ; le plat, le *plateau* ; l'assiette, la *tuile* ; la cuillère, la *truelle* ; la fourchette, la *pioche* ; le couteau, le *glaive* ; la bouteille, *la barrique* ; le verre, le *canon* ; les lumières, les *étoiles* ; les chaises, les *stalles* ; les mets, les *matériaux* ; le pain, la *pierre brute* ; le vin, la *poudre forte* ; l'eau, la *poudre faible* ; les liqueurs, la *poudre fulminante* ; le sel, le *sable* ; le poivre, le *ciment* ; manger, c'est *mastiquer* ; boire, *tirer une cannonade* ; découper, c'est *dégossir*. Ouf!!!

Je suis certain qu'aucun de vous, profanes, ne vous doutiez que le SECRET au une langue sacrée aussi riche en expressions. Nous allons en entendre quelques-unes au cours de la ripaille que va nous offrir cette « association du ventre » comme la désigna Janvion, au procès Malato.

La loge est décorée pour la circonstance ; la table y est, au milieu, disposée en fer à cheval. Le sommet de cette table désigne l'Orient, qui sera la place du VÉNÉRABLE qui doit présider ; les extrémités désignent l'occident qui seront les places qu'occuperont les deux Surveillants ; l'Orateur, le Secrétaire et les autres officiers se placeront aux côtés du Président dans l'ordre de présidence dans l'ordre qu'ils occupent au bureau des tenues ordinaires ; le Maître des Cérémonies et le Grand Expert, auront leur place dans le cercle intérieur ; les

autres FF∴ se placeront à leur guise. Le vénérable fera toujours placer à sa droite et à sa gauche les FF∴ étrangers à la loge.

Tout le service est disposé sur la table, en lignes parallèles par rangs d'objets. Ainsi la première ligne en partant de l'intérieur est pour les *étoiles* ; la deuxième pour les *plateaux* ; la troisième pour les *barriques* ; la quatrième pour les *canons* et enfin la cinquième pour les *tuiles*.

Lorsque tous les FF∴ sont en place, la cérémonie commence sur l'ordre du V∴, qui après s'être levé invite tous les FF∴ au banquet symbolique, et frappant un coup de son maillet, dit : « Debout et à l'ordre mes frères. » Tous se lèvent et se mettent à l'ordre du grade d'*apprenti*. Le V∴ les engage alors, dans une courte allocution, à la tempérance et à la fraternité. Il prend une coupe qu'il remplit de vin, en boit quelques gouttes et la fait circuler parmi les FF∴ qui en font autant, ensuite le V∴ prie les convives de s'asseoir et de se récréer. A ce moment seulement le repas commence.

Après le premier service, le *Vénérable* donne un coup de maillet qui est répété par les Surveillants et il porte la première *santé d'obligation* au Grand Orient de France, aux Ateliers de la Correspondance et des Grands Orients étrangers.

L'exercice qui en résulte peut concurrencer les mouvements d'assouplissement que l'on pratique à l'école d'escrime de Joinville-le-Pont.

Les *santés se tirent* de la manière suivante : le vénérable donne l'ordre de charger et d'aligner les *canons* et de les tenir prêts : il fait lever les FF∴ par un nouveau coup de maillet ; ces derniers jettent leur *drapeau* sur le bras gauche et se mettent à l'ordre. Le président annonce toujours la *santé* que l'on va *tirer* et il commande le petit jeu que nous allons citer : « *la main droite au glaive! Haut le glaive! Salut du glaive! Passons le glaive à la main gauche! La main droite aux armes! Haut les armes! En joue! Feu!* (on boit en trois *temps*). *L'arme au repos! En avant les armes! Signalons les armes!* (tous les FF∴ décrivent avec le verre, par trois fois, rapidement, mais distinctement, un triangle dont la base est sur la poitrine). *Posons nos armes, un, deux, trois!* (on pose les armes sur la table avec ensemble et d'un seul coup.) *Le glaive dans la main droite! Haut le glaive! Salut du glaive! Le glaive au repos!*

Cet exercice est suivi d'une triple batterie du premier degré, le *tir* et la *houzé* sont répétés trois fois (1).

« Reprenons nos places, mes frères », dit le vénérable, et on « mastique » de nouveau. On porte encore trois santés d'obligation. La deuxième, celle du Président de l'atelier, est portée par le premier Surveillant ; celle des Surveillants, des Offi-

____

(1) Une *batterie* est le rythme des coups qui sont frappés, soit avec le maillet, soit avec les mains, comme signe d'adhésion, d'approbation, de bienvenue, etc... pendant les tenues. Chaque grade a sa *batterie*. Elles s'indiquent sur le rituel par des points d'exclamation (!) et les intervalles sont marqués par des tirets (—). Ainsi : (!!! — !!!), signifient qu'il faut frapper sept coups, avec un intervalle du 3e au 4e. *Houzé!* est une exclamation qui est répétée trois fois en signe d'applaudissement, à la suite d'une batterie

ciers, des Ateliers affiliés et des FF∴ visiteurs est portée par le Vénérable ainsi que la quatrième qui est à l'adresse de tous les maç∴ existants sur l'un et l'autre hémisphère.

Pour cette dernière, l'Atelier forme la chaîne d'union ou se réunit en cercle au milieu du temple en se tenant par la main ; les FF∴ se donnent alors le baiser de paix et se communiquent à voix basse les mots de Semestre. Le F∴ servant (domestique) fait toujours partie de cette chaîne. Ainsi se termine la cérémonie, le Président ferme les travaux.

Quelle humilité, mes FF∴, le domestique avec les maîtres! Vous douteriez après cela de l'esprit de fraternité qui règne dans cette société? Vous douteriez de sa valeur, de sa force, des grands actes émancipateurs qu'elle peut accomplir! C'est que vous ignorez à peu près tout de ses nombreuses pirouettes ; et puis nos camarades ne se sont-ils pas sacrifiés pour joindre les « vérités révolutionnaires! » aux « vérités maçonniques! » et comme l'union fait la force, quel heureux état n'en résultera-t-il pas pour accomplir le grand travail de démolition dont le prolétariat attend l'ordre!

CASSIUS.

ORGANISATIONS ANARCHISTES

Les groupements, les syndicats et toutes associations s'occupant de transformations sociales auront leur raison d'être lorsque la base de leur organisation permettra à leurs adhérents, à leurs associés, d'exercer et de développer leur activité la plus simple, la plus modeste, à l'abri de la tutelle de la bande des administrateurs, lesquels ont pris pour mission, par suite de la faiblesse collective et générale, de s'occuper de la bonne gestion morale et matérielle.

Les organisations anarchistes, pour avoir leur raison d'être, doivent être composées de types qui, au lieu de s'occuper de la cause... et du bonheur... et du bien être général, etc.. etc., cherchent entre eux, à s'entendre pour satisfaire immédiatement et leurs besoins et leurs goûts, leurs caprices et leurs fantaisies personnels et particuliers, veillant à n'être ni gêné ni gêneurs, ni administré ni administrateur.

Ces organisations pourront s'intituler anarchistes, quand elles permettront de grouper et de satisfaire toutes sortes d'idées et de compréhensions même diamétralement opposées mais alliant toute au même but : la recherche d'une plus grande somme de bien être.

Le devoir et le droit de ces nouvelles organisations consisteront à ne permettre à aucun de ses membres de *prendre la charge d'accomplir le travail d'autrui*. Quand à ceux qui ne sont pas prêts, pas mûrs, qui n'ont pas la volonté, la persévérance, l'initiative de compter sur eux mêmes, tant pis pour eux. Ces organisations ne pourront ni ne chercheront à leur être utile, en aucune circonstance.

CHAPOTON.

— LE —
Savoir Inutile

On prétend chaque jour que nous ne pouvons arriver à bien savoir notre langue qu'à la condition de connaître aussi celles dont elles dérivent. On voit dans la connaissance des étymologies une condition première en dehors de laquelle on ne saurait devenir écrivain français.

Laisant a réfuté cet argument absurde en mettant en opposition de forts élégants stylistes qui ne savent pas un mot de latin, et de savants latinistes qui écrivent en charabia.

Il aurait pu, je crois, fortifier sa thèse d'un argument topique. S'il était vrai que l'étude des étymologies s'imposât à quiconque veut savoir écrire une langue ce serait vrai pour tous les peuples et pour toutes les époques.

Or le grec n'était pas éclos spontanément dans l'Hellade, comme Vénus sortit de l'écume des flots ; tel idiome si poétique était le résultat d'une évolution antérieure. Les mots grecs avaient comme les nôtres leur étymologie — aujourd'hui découverte — dans la langue des Aryas. Ces étymologies, cependant, les Hellènes les ignoraient. Selon les principes de nos pédants modernes ils auraient dû conséquemment ignorer leur propre langue, à tout le moins être incapables de l'écrire avec correction. Et pourtant les Grecs ont été des artistes géniaux aussi bien dans le style que dans les arts plastiques.

C'est que l'étude des étymologies, nécessaire aux savants, aux philosophes, aux historiens même qui veulent se rendre compte de l'évolution de l'humanité, est dénuée d'utilité pour qui veut simplement connaître sa langue à fond et la pratiquer avec élégance.

Au risque d'étonner, je dirai presque qu'elle est inutile.

Une langue n'est point un cadavre. C'est, aussi longtemps qu'elle est parlée, un organisme vivant. Comme tous les organismes elle se transforme, elle évolue. Elle se débarrasse chaque jour d'expressions anciennes qui sont abandonnées. Elle s'enrichit de vocables nouveaux. Elle modifie enfin le sens de ceux qu'elle conserve au point de les éloigner continuellement de leur acception primitive.

Je considère, par suite, comme absolument contraire aux lois de la vie les efforts tentés soit en vue de ressusciter des mots dits morts, soit en vue de maintenir à chaque expression son sens primitif étymologique. Ces efforts, il est vrai, n'aboutissent jamais, mais s'ils aboutissaient, ils n'auraient d'autre résultat que de figer le langage et de faire la mort là où nous sommes en droit de chercher la vie.

Même inaboutissants, ils entraînent une dépense de force inutile, ils ralentissent le mouvement vital que notre activité doit au contraire tendre autant qu'il est en nous à précipiter.

Je pourrais citer des exemples. Ils sont nombreux. Je me bornerai à un seul qui suffira pour éclairer ma pensée.

Le mot *émérite* en latin signifiait honoraire. Il a conservé au début cette signification en français et il la conserve encore en italien. Lorsqu'on disait autrefois de quelqu'un qu'il était président émérite tout le monde comprenait qu'il s'agissait de la de l'honoraire.

Employez la même locution aujourd'hui vos auditeurs et vos lecteurs ne comprendront plus votre pensée. Quand vous parlerez d'un professeur émérite, ils croiront que vous voulez dire par là de ce professeur qu'il est tout à fait supérieur, tout à fait distingué, et non que, sorti de l'activité, il n'exerce plus ses fonctions qu'à titre honoraire.

Faut-il se cantonner dans le respect des origines au risque de n'être pas compris ?

Ou vaut-il mieux être de son temps, attribuer aux vocables le sens que l'usage leur

a donné, et écrire sa langue en la prenant au point où son développement naturel l'a amenée ?

Je crois que la réponse à cette question ne saurait faire doute ; et il me semble que c'est là un grand argument contre ceux qui prétendent trouver dans les étymologies la justification des études classiques.

La généralisation des langues mortes n'est donc point une nécessité ; et dès qu'elle cesse d'être nécessaire elle devient un péril.

Laissant supérieurement démontré que l'enseignement secondaire n'a au fond d'autre but que de séparer la bourgeoisie du prolétariat : l'humanité se divise en deux castes : les mandarins qui sont censés savoir le latin et le grec (en réalité presqu'aucun d'eux ne le sait) et ceux qui avouent ne pas les connaître.

Cela seul suffirait à nous faire conclure contre un tel système. Mais sans pousser aussi loin et sans sortir du domaine essentiellement pratique, qui ne voit le mal que nous fait l'étude des langues mortes par la perte du temps qu'elle nous occasione ?

Il y a deux ou trois siècles le bagage des connaissances humaines était assez limité pour qu'il fût relativement facile à un homme de les embrasser toutes ; et un Pic de la Mirandole pouvait disserter *de omni re scibili et quibusdam aliis*.

Depuis, les choses, sous ce rapport, ont terriblement changé. Le domaine du connu s'est à ce point élargi, qu'aucun homme ne peut plus l'embrasser dans son ensemble. Il n'est même plus possible à celui qui se cantonne dans une branche de la science d'en embrasser tous les rameaux. Un chimiste limitera ses travaux à une circonscription restreinte du domaine de la chimie, et il en adviendra de même d'un physicien dans celui de la physique.

La durée de notre existence est trop courte pour nous permettre de tout apprendre, et surtout pour nous permettre de retenir tout ce que nous avons appris.

Le cerveau, cet admirable appareil enregistreur, n'a point une puissance infinie. Dans l'enfance, lorsque ses cases sont encore

vides, il enregistre tout et retient à peu près tout. Mais plus tard, lorsque ses cases sont remplies, il devient difficile d'y faire de surcharges.

Ce n'est pas qu'il ne soit encore possible d'acquérir des connaissances nouvelles et de les emmagasiner dans l'encéphale. Mais il arrive alors ce qui arrive avec une armoire bondée, on ne peut y placer un objet nouveau qu'à la condition d'y faire un vide en retirant un des objets qui y avaient été antérieurement placés.

Ainsi en va-t-il de notre mémoire. Arrivés à une certaine période de l'existence, nous sommes encore capables de modifier notre bagage intellectuel ; nous ne pouvons plus guère l'accroître. Nous nous fixons une idée nouvelle qu'en oubliant une idée ancienne. Toute acquisition est liée à une perte équivalente ; et c'est ce que nous exprimons tous en répétant sans cesse que nous sentons notre mémoire décliner à mesure que nous prenons des années.

La conséquence à tirer de cette loi, c'est qu'il faut avoir grand soin de ménager le temps et la capacité cérébrale de chacun de nous, ne devons coutier à chaque homme utiles soit au point de vue de la vie courante soit au point de vue des généralisations scientifiques et philosophiques qui seront l'apanage de l'âge mûr.

Alfred NAQUET.

(A suivre.)

Fixez-nous, en demandant dès maintenant la brochure d'Anna Mahé :

L'HÉRÉDITÉ
ET
L'ÉDUCACION

sur l'importance du tirage.

0 fr. 15 l'exemplaire, 7 fr. 50 le cent.

A Travers les Livres

Le problème biologique et psychologique, par le Dr Roméo Manzoni, traduit de l'italien, par Maurice Charcot (1).

L'auteur a tenu à réunir l'opinion des hommes les plus savants de l'Univers pour arriver à fixer une philosophie positive. Dès d'abord il montre l'évolution de la vie. Les partisans les plus autorisés de la biogenèse n'ont pas osé aller jusqu'à nier la possibilité de la génération spontanée. La limite entre la matière inorganique et la matière organique est si subtile que nul n'arrive à lui donner des bornes bien exactes. Les métaux, les minéraux manifestent une fatigue, une résistance, ils vivent.

Ceci acquis, nous voilà amené à nous occuper des *Origines de l'esprit.* Ne se manifeste-t-il pas dans les phénomènes d'irritabilité, dans les réactions les plus simples ? Chaque atome a-t-il sa conscience ? Dès que la vie paraît n'y a-t-il point manifestation de l'esprit ? Autant de questions qui paraissent se résoudre par l'affirmative dès que l'on observe le domaine de la vie. Mais si chaque atome, chaque neurone a sa conscience particulière, il ne s'ensuit pas que leur association ne forme un individu différent qui a été aussi son esprit particulier. L'homme a son cerveau merveilleux enregistreur des phénomènes de la matière en mouvement.

De là, à nous exposer la *théorie des vibrations conscientes,* il n'y a qu'un pas. Les savants qui y sont réfractaires ne le sont déjà d'une façon absolue. Ils accordent une conscience à certaines vibrations, alors qu'ils la refusent à d'autres. Le jugement, l'émotion se transmettraient ainsi par des mouvements de molécules cérébrales et ne seraient eux mêmes que le produit de mouvements complexes.

Manzoni nous montre alors l'*évolution individuelle de la psyché,* de la conscience, de la vie, de la réaction contre le milieu. Il s'essaie à montrer le rapport physique du corps, du cerveau avec l'intelligence, avec le génie. Le cerveau de l'homme fort, dit-il avec Schopenhauer, est une énorme éponge qui absorbe la meilleure partie du sang pour la faire circuler çà et là en abondance extraordinaire.

Ayant parlé de la conscience, de l'intelligence, se dresse devant nous le problème de *la volonté.* Il ne suffit point d'être un homme ayant des idées, il faut être un homme ayant la force de les vivre, il faut devenir «opérant». La volonté ne se trouve que chez les individus forts, sains. Le savant n'est pas souvent un homme agissant, le théoricien ne se rencontre pas toujours dans l'individu qui met en pratique. La volonté de l'homme est différente de celle de la foule ; plus consciente, elle est moins forte. Veillons donc à éduquer la volonté des foules, mais non à la dédaigner.

Le problème de la liberté, se pose maintenant. Manzoni pense fort bien que la liberté ne peut être que selon la puissance. Il n'y a liberté que où il y a possibilité d'agir dans un sens ou dans l'autre. Le déterminisme ne va pas à l'encontre de l'idée de liberté. Un homme est obligé par ses contemporains à rester dans un cachot, mais s'y enfermerait-il s'il avait la puissance de faire autrement. Il serait déterminé, il choisirait une autre forme de vie. Le travail à faire tout d'abord et d'éduquer l'énergie, pour cela de faire des corps sains et robustes.

Le problème biologique et psychologique n'est pas résolu mais je crois que Roméo Manzoni a réussi par cette œuvre à le mettre au point, il n'est pas d'angle sous lequel l'auteur ne nous l'ait fait étudier. Son livre est un résumé « passionnant » de centaines de bouquins.

LE BIBLIOGRAPHE.

(1) Schleicher frères, 61, rue des Saints-Pères. En vente à *l'anarchie.*

AURORE

Il y a bien au fond de l'horizon une clarté, mais tous ces jours sont si imprécis, si indéfinis et si tristes, qu'on ne sait si cette lumière est une agonie ou une aurore. V. D-N.

Quelle est cette lueur qui brille au fond du ciel ?
Quels sont ces chants au loin, et quelles sont ces ombres.
Quel est cet incendie et quels sont ces décombres ?
Nul ne le sait : on rêve cet presque artificiel.

Il semble qu'un grand jour va bientôt apparaître,
Que les bonheurs défunts vont cette fois renaître,
Que ces hommes qui vont dans cette immensité,
Poursuivent leur chemin vers l'immortalité !
Il semble que l'aurore, à nos yeux inconnue,
Pareille à la lumière antique revenue,
Surgisse à l'horizon splendide et flamboyant.
Pour éclairer nos cœurs d'un nouvel Orient.
Il semble que tout soit, pour jamais, lointaines !
Non : car nous n'avons pas tué leurs capitaines,
Abattu leur or, souillé leurs étendards,
Brûlé leurs fiers palais...et levé nos poignards.
Oh ! puisse-tu venir, Liberté, seule idole,
Que nous devions aimer, formidable auréole !
Puisses-tu te lever et briller quelque jour,
Dans toute ta splendeur, vivant Soleil d'Amour !
V. DA COSTA-NOBRE.

Revue des Journaux

LES TEMPS NOUVEAUX.

Avec verdeur, J. Grave relève les petites insanités de la «nouvelle école» néo syndicaliste, néo-révolutionnaire, néo-tout et... rien. C'est en effet fort amusant de voir ces petits bourgeois parlant à tout propos et hors de propos de la lutte de classe et recommander de se méfier des intellectuels. Peut-être J. Grave le voit-il pas, qu'effectivement, à un moment, on a trop fait de succès «aux littérateurs avancés», mais si la critique est juste, elle porte encore et surtout contre les écrivaillons de la métaphysique économique. Oui, encore *un peu de verbiage.*

Tcherkesoff, dans un deuxième article sur la crise russe, montre la situation économique des paysans. Les chiffres sans nous donner un compte exact de la situation, nous la montre horrible, tout simplement. On se demande comment un peuple entier peut supporter pareille abjection.

LE LIBERTAIRE.

Louis Grandidier est pour la Justice : l'*Humanité* et la *Guerre Sociale* ayant publié du Bonzon «sans en indiquer la source», il y va de sa petite réclame pour le caneton ignoré *La Liberté d'Opinion* et de sa petite apologie tout à fait accidentelle pour son directeur. — Ce n'est pas le trio gouvernemental qui change la «France» en maison centrale, c'est l'imbécillité de tous.

Nous subissons tous *la peine de mort,* dit Yvetot. Pour être contre, il faut bouleverser la société.

Rien difficile à apprécier l'opinion d'un anonyme dyonisien, sur Emile Henry, pour «ceux qui ne l'ont pas connu mieux que personne».

A. Dumont conseille de *ne pas déserter les campagnes* pendant que le père Barbassou montre tout *le surmenage estival* du paysan.

Réné Dolié veut équilibrer *la science et la nature.* Il doit connaître des hommes qui se rapprochent le plus scientifiquement possible de la vie naturelle.

Fouquès jeune, avec les meilleures intentions du monde, veut nous amener à la nourriture frugivore. Qu'il fasse d'abord une propagande active pour faire planter des arbres fruitiers, ou ce va être là la mine.

L'école religieuse et laïque est la même sous différentes épithètes, dit Maurice Imbard.

LE LISEUR.

VIVE LE SOLEIL !

C'est vers Chaville-Vélizy que nous dirigeons nos pas dimanche 26 juillet, si le soleil le permet. Rendez-vous est donné, sur la Seine, à la station des Tuileries (rive droite) à 8 h. 3/4. Si les bateaux ne vont pas sur l'eau, on prend la route de terre et l'on grimpe sur l'impériale du Tramway Louvre-Versailles.

Et voguons ou roulons vers le pays où Sébatit Mcofribas Nasier d'heureuse mémoire. On s'arrêtera **à Mellevue par le bateau ; par le tramway à Chaville. Pour les retardataires, les confettis anarchistes indiqueront le chemin.**

VENEZ-Y... A VÉLISY.

TROIS MOTS AUX AMIS

R. D. — Non ce n'est pas trop littéraire, c'est trop flou, trop imprécis. Il faut être plus net.

E. GRAVELLE. — Je ne peux que communiquer la leurs, trop particulière pour intéresser les lecteurs.

JEGO. — Or, toutes. Pour une somme au dessus de 1 fr., plutôt en timbres. Cela nous occasionne moins de dérangements.

MARC Gme — Cholet, 1, rue Emile-Zola, Lens (Pas-de-Calais) demande ton adresse.

LOUIS JUST. — Enverra sa nouvelle adresse à Anatole, pour qu'on lui expédiera correspondance.

L'ESCLAVAGE CONJUGAL

Un grand nombre d'individus qui ont des yeux pour ne point voir, croient, de bonne foi, à l'abolition de l'esclavage dans les pays dits civilisés, surtout dans les pays républicains comme la France, la Suisse, l'Amérique. Et pourtant, nous sommes toujours et nous resterons longtemps encore, je le crains, les esclaves d'un état social qui pèse lourdement sur tout le monde : femmes, hommes, enfants, bourgeois et prolétaires, oisifs et travailleurs.

Je n'en cite qu'un cas aujourd'hui : y a-t-il quelque chose de plus précieux que l'entière possession de soi même ? L'écho renvoie aux quatre points cardinaux de notre globe le mot de «Liberté».

On use et on abuse de ce mot. Regardez donc autour de vous, regardez-vous vous-mêmes, forçats du mariage : car le mariage a, comme le bagne, ses forçats ; et ils sont nombreux.

Par le mariage, l'homme et la femme ont aliéné leurs corps ; ils ne s'appartiennent plus, ils sont la chose l'un de l'autre. Cela va bien pendant les premiers jours que la coutume fait appeler la «lune de miel». Mais cette «lune de miel» est toujours suivie de beaucoup de «lunes rousses» : les habitudes changent, les caractères diffèrent, s'aigrissent, les discussions s'animent et le désaccord s'ensuit ; les yeux fulgurants d'inimitié, de rancune, de haine, ont une fixité agressive. Alors, les époux, se sentant prisonniers l'un de l'autre, éprouvent le désir de sortir de leur prison et de reprendre leur liberté première.

Se donner l'un à l'autre, c'est bien, quand c'est le désir d'une étroite solidarité et l'amour qui l'ordonnent, parce qu'alors les deux êtres se fondent en un seul, sans que l'un fasse ressentir sa supériorité à l'autre. Où il y a fusion, il ne peut y avoir opposition de sentiments.

Se donner l'un à l'autre — non par la si douce loi d'amour, mais par ce qu'on nomme «devoir conjugal», c'est le pire des servages, c'est une monstruosité, une profanation, une ignominie !

Il n'est pas de devoir conjugal ; il ne doit exister entre l'homme et la femme que la liberté de l'amour : l'homme reste son maître et la femme conserve la libre disposition d'elle-même. Le mariage est un lien social qui ne peut prévaloir contre la liberté individuelle.

Et c'est pourquoi les anarchistes, individus raisonnables, ne veulent pas d'union ni de séparation autorisées par la loi ou par les règlements d'un rite quelconque. L'association librement consentie est la plus logique, la plus rationnelle, la meilleure de toutes : elle ne peut donner que des résultats de satisfaction et de bien-être communs.

FERNAND-PAUL.

Où l'on discute ! Où l'on se voit !

Causeries Populaires des XVIIe et XVIIIe, Rue du Chevalier-de-la-Barre, 22. — Lundi, 27 juillet, à 8 h. 1/2, *La guerre sociale,* avec le concours de tous.

Causeries Populaires des Xe et XIe, 5, cité d'Angoulême (66, rue d'Angoulême). — Mercredi 29 juillet, à 8 heures 1/2. *Sur l'évolution de la vie,* par A. Libertad.

Causeries Populaires du XIXe et XXe, 20, rue des Annelets (près l'église de Belleville). — Vendredi 24 juillet, à 8 h. 1/2, *causerie d'organisation.*

Groupe anarchiste du XVe, café des Sports, 139, rue du Théâtre. — Vendredi, 24 juillet, à 8 h. 1/2, *La révolution russe,* par R. Lodaski et R. Taupin. *Organisation d'une conférence et discussion sur l'édition d'une brochure.*

Groupe libre d'éducation du Bronze, 123, rue Vieille-du-Temple. — Jeudi 23 juillet, à 8 h. 1/2, *La valeur véritable du mouvement,* par A. Libertad.

ARGENTEUIL. — Groupe d'études sociales, 11, rue de l'Hôtel-Dieu. — Samedi 25 juillet, à 9 h., *Organisation de la conférence Lorulot.*

TOURS. — Les Iconoclastes, Restaurant Lestrade, 78, rue Bernard-Palissy. — Vendredi 24 juillet, à 9 h., *Doit-on ou ne doit-on pas aller à la caserne ?* par Jean Bon.

St-ÉTIENNE. — Causeries libres, 42, rue Mulatière. — Samedi 25 juillet, à 8 h. 1/2, *Dieu, thèse religieuse, thèse anarchiste.*

LYON. — Causerie contradictoire sur *la Désertion,* 35 bis, rue de Grenette.

- Travail en Camaraderie -

Imp. des Causeries Populaires : Armandine Mahé

La gérante : Anna MAHÉ

Catalogue des Brochures

— Petits volumes à 0 fr. 45 chaque —

Les Ruines, La Loi naturelle (VOLNEY)	2 vol.
Le Neveu de Rameau (DIDEROT)	1 vol.
Jacques le Fataliste (DIDEROT)	2 vol.
La Religieuse (DIDEROT)	1 vol.
Essais (MONTAIGNE)	1 vol.
Discours sur la Méthode (DESCARTES)	1 vol.
Traité de l'Esprit (HELVÉTIUS)	4 vol.
De la Tyrannie (ALFIERI)	1 vol.
Progrès de l'Esprit humain (CONDORCET)	2 vol.
Considérations sur les Mœurs (DUCLOS)	1 vol.
Essai sur les Préjugés (DUMARSAIS)	2 vol.
La Servitude volontaire (LA BOÉTIE)	1 vol.
Malthus et les Économistes (P. LEROUX)	2 vol.
Traité des Délits et Peines (BECCARIA)	1 vol.
Pensées (PASCAL)	1 vol.
Confessions (J. J. ROUSSEAU)	2 vol.
De l'Inégalité parmi les Hommes (J.-J. ROUSSEAU)	1 vol.
Du Contrat social (J.-J. ROUSSEAU)	1 vol.
Émile ou de l'Éducation (J.-J. ROUSSEAU)	5 vol.

— Brochures antimilitaristes —

Patrie, Guerre, Caserne (Ch. ALBERT)	» 10
Le Patriotisme, par un Bourgeois et les Déclarations d'Emile Henry	» 15
Le Militarisme (Domela NIEUWENHUIS)	» 10
L'Antipatriotisme (Gustave Hervé)	» 10
Colonisation (Jean GRAVE)	» 10
Le Mensonge patriotique (E. MERLE)	» 10
Lettres de Ploupion (Fortuné Henry)	» 10
Le Militarisme (Dr H. FISCHER)	» 15
Le nouveau Manuel du Soldat	» 05
Contre le Brigandage marocain (HERVÉ)	» 15
L'Idole Patrie (André LORULOT)	» 10
L'École antichambre de caserne et de sacristie (Emile JANVION)	» 10

— Brochures antireligieuses —

Les Crimes de Dieu (Sébastien FAURE)	» 15
Non! Dieu n'est pas (Le curé MESLIER)	» 10
L'Anarchie et l'Église (E. RECLUS)	» 10
La Peste religieuse (J. MOST)	» 05
Entretiens d'un Philosophe avec Mme la Maréchale (DIDEROT)	» 10
Dieu n'existe pas (Dikran ELMASSIAN)	» 10
Réponse aux Paroles d'une Croyante (Sébastien FAURE)	» 15
L'Incombustibilité de l'Âme (De LIPTAY)	» 20

— Brochures éducatives et sociologiques —

L'Hérédité et l'Éducation (Anna MAHÉ)	» 15
Le Machinisme (Jean GRAVE)	» 10
Travail et Surmenage (D' PIERROT)	» 15
La Responsabilité et la Solidarité dans la Lutte ouvrière (M. NETTLAU)	» 10
Documents d'Histoire (E. HENRY, etc...)	» 10
L'Organisation de la Vindicte sociale Justice (P. KROPOTKINE)	» 10
Les Lois scélérates de 1893-1894 (Fr. DE PRESSENSÉ, un Juriste et Émile POUGET)	» 25
L'Argent (PARAF-JAVAL)	» 05
Le Rôle de la Femme (D' FISCHER)	» 15
Justice (D' FISCHER)	» 10
L'Éducation de Demain (A. LAISANT)	» 10
L'Éducation libertaire (D. NIEUWENHUIS)	» 10
Enseignement bourgeois et Enseignement libertaire (J. GRAVE)	» 10
Le Syndicalisme dans l'Évolution sociale (Jean GRAVE)	» 10
Pierre Lavroff (E. S. R. I.)	» 10
Communisme et Anarchie (KROPOTKINE)	» 10
Anarchie et Communisme (CAFIERO)	» 10
L'Anarchisme, comme Vie et comme activité individuelles (E. ARMAND et MAURICIUS)	» 10
L'Anarchie (André GIRARD)	» 05
L'Anarchie (E. MALATESTA)	» 10
Aux Anarchistes qui s'ignorent (Charles ALBERT)	» 05
Arguments anarchistes (A. BEAURE)	» 10
L'A. B. C. du Libertaire (J. LERMINA)	» 10
A mon Frère le Paysan (E. RECLUS)	» 10
Un Anarchiste devant les Tribunaux (GEORGES ETIÉVANT)	» 10
Organisation, Initiative et Cohésion (Jean GRAVE)	» 10
La Panacée Révolution (Jean GRAVE)	» 10
La Question sociale (Sébastien FAURE)	» 10
Aux Jeunes Gens (P. KROPOTKINE)	» 25
La Morale anarchiste (P. KROPOTKINE)	» 10
Le Libre Examen (PARAF-JAVAL)	» 10
L'Ordre (P. KROPOTKINE)	» 10
L'Éducation de l'enfant (Lyon CLÉMENT)	» 10
L'A. B. C. du Syndicalisme (D. YVETOT)	» 10
Vers la Russie Libre (A. BULLARD)	» 10
Syndicalisme et Révolution (D' PIERROT)	» 10
En Communisme (André MOUNIER)	» 10

— Brochures sur la question sexuelle —

Population et Prudence procréatrice (Paul ROBIN)	» 10
La Préservation sexuelle (A. de LIPTAY)	» 75
Génération consciente (Frank SUTOR)	» 55
Le Problème de la Population (G. FALIÈRE)	» 15
Pain, Loisir, Amour (Paul ROBIN)	» 10
L'Amour libre (Madeleine VERNET)	» 10
L'Immoralité du Mariage (R. CHAUGHI)	» 10
Les Propos d'une Fille (F. ROBIN)	» 10
Reproduction sexuelle (E. ARMAND)	» 05
Contre la nature (Paul ROBIN)	» 10
Libre amour, Libre maternité (P. ROBIN)	» 10
La grève des ventres (F. KOLNEY)	» 10
Le Problème des sexes (André LORULOT)	» 10

— Brochures anticléricales —

Le Mensonge électoral (A. LORULOT)	» 05
L'Absurdité des soi disant Libres-Penseurs (PARAF-JAVAL)	» 10
Pages d'histoire socialiste (TCHERKESOFF)	» 25
La Grève des Électeurs (O. MIRBEAU)	» 10
Le Tréteau électoral, piècette (LÉONARD)	» 10
L'Élection du Maire, piècette (LÉONARD)	» 10
Si j'avais à parler aux Électeurs (Jean MARESTAN)	» 10
L'Absurdité de la Politique (PARAF-JAVAL)	» 05
L'État, son rôle historique (KROPOTKINE)	» 10

PAR LA CHANSON

Œuvres de Charles d'AVRAY

Les Gueux. — Bazaine. — La Chevauchée Infernale. — Les Fous. — Militarisme. — Amour et Volonté. — Les Masques Rouges. — Le Peuple est Vieux — Prostitution. — Les Favorites. — La Chanson d'un croyant. — Les Géants. — Le 1er Mai. — La Petite Fille de deux sous.

Chaque chanson 0 fr. 20

Éditions de *l'anarchie* :

AU PAYS DU BONHEUR
OU
LE RÊVE DU PAYSAN
Paroles de Louis Cocart, Musique de Léon Israël
PRIX : 0 fr. 10

LES CAMARADES
adresseront
tout ce qui concerne
l'anarchie
à A. MAHÉ & A. LIBERTAD
22, rue du Chev.-de-la-Barre
PARIS-XVIII

l'anarchie

PARAISSANT TOUS LES JEUDIS

ABONNEMENTS
FRANCE
Trois Mois ....
Six Mois ....
Un An ....
ÉTRANGER
Trois Mois ....
Six Mois ....
Un An ....

QUATRIÈME ANNÉE — N° 173 | DIX CENTIMES | JEUDI 30 JUILLET 1908

Pourquoi ?

L'océan revient à petits pas vers nous. Il n'est encore au loin qu'une grande ligne noire qui ne saurait inquiéter les gosses jouant dans le sable, creusant des canaux, élevant des monticules plus hauts qu'eux ; mais nous sommes les mamans et il nous faut voir par dessus leurs têtes, deviner le danger et l'éviter. C'est un souci d'une âpre saveur.

Quelquefois, je suis seule. Je suis la mère de tous. Il en est qui ne savent marcher dans le sable et d'autres, je crois bien, qui m'arrivent à l'épaule. Je suis la maman et la grande sœur. Je suis aussi l'amie. J'essaie vainement de grossir ma voix, car leurs doux murmures et leurs piaillements aigus la couvrent plus que le grondement méchant de l'océan qui approche.

Ils sont les plus forts, il faut donc que je raisonne avec eux et que je plie ma dialectique à leur dialectique, de tous les âges et de toutes les formes. Ils ont plutôt confiance que je ne les convaincs et leurs yeux restent souvent interrogateurs. Il est surtout le regard d'un tout petit que je n'ose affronter quand je n'ai pu me faire comprendre. Il semble me dire :

« Pourquoi donc es-tu la maman, si tu ne sais pas nous dire toutes les choses, si tu ne sais pas résoudre tous les problèmes, si tu ignores comme nous ? »

Ce reproche me poursuit longtemps. Il me fait rentrer en moi. Il me remémore toute ma faiblesse, toute mon ignorance, derrière le vernis de mon savoir et l'orgueil de ma philosophie. Je rêve, les yeux ouverts, à ces forces multiples et inconscientes qui montent vers nous, comme la mer, et contre lesquelles les barrages de nos raisonnements ne sont que fétus de paille.

Avoir raison : la bien petite chose, contre la houle qui monte et la foule qui gronde. Ne pas savoir pourquoi et comment les hommes acceptent si facilement le servage atroce des sociétés modernes et pourquoi ils se rebellent au moindre commandement. Ignorer pourquoi et comment l'homme qui se plie ici aux caprices de l'enfant, éventrera là-bas les mères qui allaitent et les poupons roses. Ne pas pouvoir approfondir cette psychologie douloureuse de l'homme qui le fait, tour à tour, être le mouton du troupeau, docile sous la houlette, et le loup de la meute qui s'en va, les crocs en avant.

Ce jour-là, il nous est venu un journal de Paris, une de ces feuilles qui se targuent de dire le dernier cri des assassinés, l'exclamation victorieuse des assassins et se vantent de vous faire revivre, en des clichés maladroits, comment le couteau fut levé, comment le cadavre fut découpé.

La première page nous montre une foule qui grouille, des visages qui grimacent, des bouches qui se tordent, des bras qui se lèvent, le poing fermé.

Qu'est-ce donc ? C'est l'arrivée de Courtois et de Renard, les assassins présumés du sieur Rémy. On va reconstituer la scène du crime. Toute cette foule attend que descendent les « criminels », tous ces visages grimacent vers ces deux hommes, toutes ces bouches qui se tordent jettent l'imprécation contre eux, tous ces bras qui se lèvent veulent écharper leur corps, tous ces poings qui se tendent veulent écraser leur figure.

« A mort ! a mort ! hurle la foule, qu'on nous les donne ! A l'eau ! A mort ! Qu'on les brûle ! donnez-nous-les ! Qu'on les pende ! Qu'on les écartèle ! Allumons un feu et qu'on les grille ! Oui ! oui ! au bûcher !

Tous les enfants nous ont entourés. Les plus grands ont jeté sur le dessin un coup d'œil distrait. Ils ont cru comprendre, voir là une de ces querelles qui, quelquefois, emmêlent leurs têtes et les fait se rouler sur le sable. Puis, ça a été le tour des minuscules qui nous ont demandé des détails. Il était là, le tout petit, et son regard se faisait si interrogateur, que je prévoyais ne pas savoir répondre, déjà inquiète et gênée de mon impuissance.

« Dis, pourquoi on veut les tuer. — Parce que ceux-là ont fait du mal, et ont tué d'autres personnes. — Mais, pourquoi ceux-là ils ont tué. — Pour voler, pour prendre de l'or, des bijoux, des affaires qu'ils n'avaient pas ! — Et pourquoi qu'on leur en donnait pas, s'ils en avait besoin. — Je ne sais pas. — C'était à tous ces hommes qu'ils voulaient prendre les affaires. — Non, c'était à d'autres qu'ils ont tués. — Et ils en ont, eux, comme ça, des affaires que tu disais tout à l'heure — Je ne crois pas. — Alors pourquoi qu'ils veulent pas en prendre aussi.... Et pourquoi ceux qui sont tués, ils gardaient tout ? »

J'essayai de coordonner mes idées, alors que l'interrogateur insatiable continuait et par sa logique enfantine, s'efforçait aussi de connaître « pourquoi ils étaient tant de monde d'un côté, alors qu'ils étaient que deux de l'autre ? » — « Pourquoi les flics, ils étaient pour mener ceux qu'ils assassins et pourquoi ils voulaient pas qu'on les tue ; etc, etc.?

Oh ! ces pourquois, auxquels nous ne pouvons jamais répondre, si tu savais, enfant, comme ils tracent des sillons laborieux en nos cerveaux. Ceux qui, au fur et à mesure qu'ils grandissent, restent comme tu es, curieux et avides de savoir, soucieux et passionnés de résoudre, connaîtront bien des souffrances et bien des peines. Que d'énigmes ils ne sauront deviner et que de fois leur corps servira de pâture au sphinx qui les aura vaincus.

Oui ! pourquoi ceux qu'on tue voulaient-ils tout garder. Oui, pourquoi ceux qui n'ont rien ne veulent-ils pas avoir aussi? Pourquoi d'un côté pléthore et de l'autre misère? Pourquoi ici le luxe et là le dénuement? Pourquoi est-ce crime de vouloir prendre à qui accapare? Pourquoi tel qui est pendu, honni, houspillé pour avoir accaparé du blé, est flatté, honoré, respecté, s'il accapare la monnaie qui empêche de circuler le froment, indirectement, mais sûrement? Pourquoi tel qui ne fait rien est un paresseux, un vagabond, un malandrin alors que tel autre qui jamais ne travaille est un homme de bien, un rentier, un monsieur? Pourquoi celui-ci porte un grand sabre alors que celui-là ne peut même pas porter un canif?

Est-ce donc, seuls, les enfants qui peuvent se poser ces questions? Les avons-nous résolus, nous, les « grandes personnes »? Ne sont-ce pas toujours les mêmes énigmes qui passionnent l'humanité?

A l'enfant qui s'inquiète du mouvement des marées, du soleil qui monte ou de la lune qui se couche, je peux donner une solution qui le contente... plus tard il comprendra, il saisira les lois de l'attraction, de la gravitation, les lois qui régissent le monde. Mais je ne peux lui parler des lois qui régissent les hommes,.. elles sont si folles, si abracadabrantes, si en dehors de toute logique !!

Pourquoi cette foule qui supporte l'assassinat de Lefol et de Géobelina, deux jeunes gens de vingt ans travailleurs et actifs, sans seulement essayer non de se venger mais même d'empêcher le retour de pareils meurtres, pourquoi cette foule s'inquiète, se passionne pour venger ce vieux saligaud en querelle avec ses laquais. Pourquoi?

Comment cette foule que vous ne pouvez soulever contre ceux qui ravissent ses enfants pour les envoyer à la caserne, au Maroc se déchaine-t-elle contre les meurtriers d'un vieil agent de change qui avait vécu, toute sa vie, de rapines et d'usures? Comment?

Pourra-t-on résoudre tels pourquois et tels comments? Pourra-t-on connaître mieux le problème de la psychologie de la foule?

Enfant aux yeux profonds, ta passion m'inquiète, je crains de voir en toi une nouvelle victime que dévorera le sphinx.

L'Océan arrive près de nous. Il nous faut fuir en hâte. Mais aucune douleur ne nous vient de lui céder la place toujours conquise, toujours reprise. Si nous sommes songeurs c'est que nous pensons à cet océan que les vagues humaines font aller d'un sens à l'autre, sans méthode et sans esprit, balançant le bonheur de l'humanité comme une nef à toujours désemparée qui ne saurait jamais arriver au port.

Les enfants que rien n'effraye cèdent pas à pas à la mer houleuse. Par-dessus les vagues, ils regardent au loin et leurs yeux brillent. Ne désespérons point. Guidons bien leurs premiers pas, c'est peut-être eux qui nous mèneront vers le but.

Anna MAHÉ.

Chiquenaudes et Croquignoles

LES PETITS RUISSEAUX...

... Inutile de vous dire la suite du proverbe que nous sert le sieur Charles Humbert, sénateur de la Meuse et un tas d'autres choses.

Grâce à son dévoûment — qui en douterait — le sieur Picquart de la Guerre vient de diminuer le prix des bouchons pour bidon de soldat. Il n'y a pas à dire, les chiffres sont là. Centime par centime, ça menace de faire une trentaine de mille francs.

En tant que patriotes de voir faire des économies au budget national, ça va faire pâmer les ouvriers tranquilles; en tant qu'antimilitaristes, de voir diminuer cet ignoble budget de la guerre ça va réjouir les ouvriers révolutionnaires... Pourvu qu'on ne douche pas ces enthousiasmes en leur apprenant que les bouchons diminués, les bouchonniers le seront aussi...

(Dans la coulisse). — Un bouchon, s'il vous plaît!

DANS LE PÉTRIN

A d'autres de dire tout le tragique de certains événements, pour moi, je ne dois que parler du comique, du grotesque semé si imprudemment par nos contemporains.

On a arrêté à Draveil, pour continuer la comédie sanglante quelques-uns des plus actifs ouvriers, parmi eux se trouve Méthivier, délégué de la fédération de l'alimentation.

Le Matin est digne de bien peu de foi, mais les paroles dites sont tellement dans la façon générale des syndicalistes corporatifs en général et dans celle du bluffeur Bousquet en particulier, que je n'hésite pas à le citer :

A l'annonce des arrestations...

Ce fut une belle indignation. M. Bousquet, au nom de la Fédération de l'alimentation déclara qu'il convenait d'agir : « Nous ne pouvons laisser passer de pareils actes sans protester. On vient d'arrêter un des NOTRES, le citoyen Méthivier. Dès demain, la Fédération sera saisie de cet incident, et avisera aux mesures à prendre. Il ne faut pas oublier qu'elle compte dans son sein deux syndicats puissants : celui des ouvriers employés aux Moulins de Corbeil, et celui des ouvriers boulangers de Corbeil. Or Corbeil n'est pas loin de Vigneux. A bon entendeur, salut !

Ne semblerait-il point lire, après un incident au Maroc ou au Tonkin, une déclaration gouvernementale. Il y a eu des morts en quantité, dont un Français :

« On vient de frapper un de nos nationaux. Nous ne le supporterons pas. Nous avons des canons tout à côté, etc.. etc. »

A présent tuez, arrêtez ailleurs. On est Français toujours, on est dans le pétrin toujours. On y restera longtemps, si l'on compte sur le bluffage et le nationalisme corporatif pour nous en retirer.

PAUVRE FALLIÈRES !

Si vous appelez ça des vacances, vous n'êtes pas difficile, vous autres... Se balader d'une gueule à l'autre, si royales soient-elles, pour échouer sur les rochers de Revel, près d'un bonhomme qui crève de peur, ah ! c'est amusant !

Tout le temps du dîner on ne peut entendre sauter le bouchon d'une bouteille de champagne sans qu'il y ait un ou deux évanouissements. Que de choses pourrait nous dire la pauvre blanchisseuse chargée du nettoyage des chausses intimes de ce bon M. Armand ! Que de fois il a dû s'oublier... aux milieux de toutes ces menaces.

Tout est bien qui finit bien, dit-on. Pourvu que notre président nous revienne saint et sot comme il est parti, c'est tout ce que le peuple français peut demander. CANDIDE.

Le Surhomme anarchiste

L'appareil légal détermine exactement les formes de l'activité humaine. Et les règles concernant le mariage, la propriété, la famille, étant établies de telle sorte que l'originalité de l'individu et ses caractères psychiques particuliers ne peuvent se manifester — et cela, en raison même de la définition de la loi — l'initiative devient un facteur de désordre dans la cité, la morne soumission est une vertu sociale essentielle, la monotonie s'empare des gueules et des âmes, et l'abjection submerge les pays civilisés comme une vague de merde.

L'homme moderne n'a pas de besoins puisque la loi qu'il s'impose ignore ses besoins ; il n'éprouve aucune félicité, puisqu'il n'a pas de besoins, donc de désirs, donc de félicités, l'intelligence est pour lui un organe inutile, puisque l'intelligence s'alimente à la recherche des félicités, d'action et de novation.

Et c'est ainsi que s'élabore suivant une force constante la bassesse des esclaves. L'existence du producteur se déroule en des formes misérables ; il sent l'abrutissement peser sur lui comme un destin obscur et fatal. Et l'indigence de sa pensée est produite par l'indigence de sa vie.

La viande des maîtres n'est pas en meilleur état. Les bourgeois, gorgés de comestibles, de délices et de tyrannie, présentent tôt le marasme intellectuel et la sénilité.

Je ne veux point examiner si les anarchistes constituent un non, une espèce nouvelle — hypothèse beaucoup plus littéraire que scientifique. Mais cependant on peut distinguer deux catégories d'individus : d'une part les îlotes, les gardes municipaux, les électeurs et les perruquiers patriotes, et d'autre part, les anarchistes, épris de logique et de rébellion. Or, ces deux classes tendent à entrer en conflit ; la philosophie anarchiste prospère, plus exacte et plus harmonieuse chaque jour. Et il résulte que les révoltés manifestent des qualités morales différentes de celles qui caractérisent les brutes banales. J'appelle les premiers des surhommes, et les seconds des hommes, simple convention de langage.

Je ne suis pas chrétien ; je ne veux point me vêtir de drap austère et d'humilité ; mon orgueil, c'est le sentiment de ma santé spirituelle, de ma truculence et de ma saveur. On a sa dignité, comme dit mainte portière, et je ne voudrais pas être assimilé par quiconque à un honnête homme. C'est pourquoi je me considère volontiers comme un dévoyé magnanime et souriant, comme une crapule surhumaine.

Nietzsche et Stirner ont édifié le surhomme individualiste, plein de félonie. Le surhomme nietzschéen exerce le culte effréné du moi, tel qu'un adolescent aussi furtif que peu congru. Il vit dans les nuées et l'ascétisme dessèche son cœur. Dans la pratique, ne pouvant s'adonner à la destruction, il porte des cravates vert purge, fait naître l'intérêt des boutiquiers par la grandiloquence et le langage apocalyptique, ricane, effare, éblouit. Bref, c'est le pire loufoque.

Un anarchiste ne s'adore pas, car son activité subit l'attrait de tous les labeurs vitaux. Je m'intéresse, je m'aime, mais Dicobus Alias, philosophe au verbe dur et clair comme une lame d'acier, Morne le Dépravé, Dolente, jouissant d'érudition, d'éclat et de subtilité ; leur nature m'intéresse, et je les aime.

Parmi tant de figures connues, beaucoup me sont chères. M'adorer ! Mais le monde m'apparaît tel qu'un tourbillon de splendeur. M'adorer ! Mais il y a le soleil, la paix du ciel, les pensives forêts, l'athlétisme, les vieux auteurs, le piot et les vierges folâtres...

D'ailleurs, la pensée individualiste repose en partie sur une équivoque. Il est certain, on peut le démontrer scientifiquement, que l'égoïsme constitue la cause initiale de tous nos actes. Dès lors, cette vérité une fois établie, prêcher l'égoïsme devient ridicule. C'est comme si l'on prouvait aux hommes qu'ils sont soumis fatalement à la pesanteur, et qu'ensuite on vint répandre feu et flamme pour les convaincre d'obéir à la pesanteur.

* * *

Il reste à fixer quel est l'« aspect » moral du surhomme anarchiste, quels éléments sont nécessaires pour que sa valeur en soi, sa puissance de vie, sa capacité de jouissances existent avec la plus grande richesse.

Le surhomme anarchiste se meut dans une joie perpétuelle. Nulle névrose n'habite sous son crâne.

L'ardeur du combat social, l'éducation qu'il exerce sur des camarades moins évolués, la perfection grandissante où il se plaît, sont une source de suprêmes félicités. Est-ce à dire qu'il ne sent pas le poids des contraintes économiques ? Si, plus que tout autre. Mais à cause de cela, précisément, il aura assez de virilité pour se libérer de bien des contingences sociales. La souffrance, pour lui, n'est qu'un malaise mièvre qui ne lèse aucunement le principe de son bonheur.

Le surhomme anarchiste se distingue également par la profondeur et la complexité de sa vie intérieure. Les bourgeois et les honnêtes ouvriers ignorent la grandeur de la création artistique ou intellectuelle, la volupté féconde de l'analyse des passions et des sensations. L'individu qui connaît entièrement sa « conscience » qui ordonne l'équilibre de ses fonctions morales, est plein de force et de génie. Et l'être dont les affinités sont conscientes peut placer en toute béatitude et en toute sûreté, ses sympathies et ses affections.

Le surhomme n'a pas d'affections légales, mais il a beaucoup d'affections. Il se libère promptement de la famille, comme on fait d'un vêtement antique et souillé. Il vénère le père à l'égal d'un pot de chambre, je veux dire que le père est un meuble familial, inesthétique et banal, qu'on a coutume de voir, dont on use s'il est besoin, mais qui, le plus souvent recèle les idées du temps et du lieu, comme le pot de chambre reçoit indifféremment tout ce qu'on y dépose. D'être issu des parties sexuelles de tel idiot ne suffit pas pour développer en soi un sentiment quelconque.

Les affections de l'anarchiste sont nombreuses. L'Amour rayonne dans sa vie intérieure comme un soleil dans les abîmes de l'espace. Mais il vibre de haine, puissamment. La haine est une forme de l'Amour, l'amour ressenti pour les méchants.

* * *

On pourrait m'opposer que ce surhomme n'existe pas, qu'il ne peut exister. À quoi je répondrai qu'en effet, dans une société de pestiférés, la santé très difficile, mais cependant, si cette santé dépend de nos vouloirs, elle est désirable, elle est possible.

OLOGUE LE CYNIQUE.

L'Esprit propagandiste

Pour quelques minutes seulement, esclaves de toutes conditions : routiers, bourgeois, aristocrates, cessez vos travaux inutiles ; parasites de toutes espèces : empereurs, rois, présidents, agioteurs et milliardaires, daignez réfléchir un tantinet ; jouisseurs de toutes catégories : androgynes, sardanapales, proxénètes du grand et du demi monde, ne serait-ce qu'avec l'idée utilitaire de prévenir dans une certaine mesure la tuberculose, la goutte ou la syphilis qui vous guettent, quittez un moment vos boudoirs surchauffés ; fonctionnaires avachis sur des fauteuils de molesquine ; rhéteurs qui jonglent avec des mots sonores pour la plus grande joie des snobinettes : faux érudits, clowns en plâtre, polichinelles en carton, académiciens, ratés, artistes, charlatans, apothicaires, somnambules, fils à papa, professeurs de rhétorique, cuisinières en grève, hobereaux et paltoquets, ouvrez vos oreilles, écarquillez vos yeux, et malgré les chuchotements, les rires étouffés, les plaisanteries moqueuses, les cris de la foule, ayez l'orgueil naturel de vouloir épouser notre haine de la crapulerie honnête, notre amour de la vie libre, gaie et féconde.

Si, naïvement ou franchement, doucement ou violemment, vous faites ce large et simple geste dont à première vue la portée peut ne pas paraître bien grande, savez-vous ce qu'il en résultera ? Non, probablement, car si vous aviez le bonheur de le savoir il y a déjà belle lurette que vous l'auriez accompli en dépit des rodomontades de vos familles, des soliloques de vos patrons, des arrêtés gouvernementaux, des ordres plus ou moins péremptoires d'un Premier Ministre.

Or donc, puisque vous l'ignorez, nous allons essayer encore une fois de plus de vous l'apprendre, nous réservant d'employer d'autres moyens si ceux-là ne sont pas efficaces.

D'abord une propagande sourde, continue, fiévreuse se propageant, s'étendant dans tous les milieux ; à l'école, à l'atelier, à la caserne ; puis une lutte adroitement menée par des individus isolé dont les forces se rassemblent ou se fractionnent suivant l'abrutissement ou la scélératesse des chiens couchants, la puissance numérique du bloc à désagréger ; enfin une révolution intérieure dans les cœurs et les cerveaux, une « mêlée sociale », un combat incessant, une bataille de la Vérité l'emportera sur l'Erreur, où la « Vie » triomphera de la « Mort ».

Voilà l'esquisse, l'interprétation.

Les timorés peuvent avoir peur, les éclectiques peuvent sourire, les religieux peuvent trembler, le champ où nous sommes, il ne saurait y avoir de la place que pour les hommes audacieux, les femmes décidées, les enfants gouailleurs prêts — non pas à monter sur le char de l'État, le bateau de la Patrie, l'autel de Dieu — mais à vivre intensément, profondément, avec toute l'ardeur, la passion, la fougue de la jeunesse inconsciente.

Hors les studieux puisant leur science dans le grand Livre de la Nature, hors les amoureux s'enlaçant au grand jour avec grâce et coquetterie, hors les humains qui frémissent, tressaillent, palpitent pour un rien, pour tout, aidant leurs camarades sans calcul et sans arrière-pensée, hors tous ces obscurs, nous méconnaissons les humanitaires, les philanthropes faisant la charité à coup de tam-tam ainsi que les docteurs spirituels courant tout au plus le risque d'amasser des billets de banque, d'empiler des pièces d'or au détriment de leurs malades et de finir leur vie « pot au feu » dans une villa modern-style, entourée de myrtes et de lauriers roses, sur la Côte d'Azur.

Les amants qui sentent et comprennent, les penseurs qui méditent et agissent, les pionniers qu'excite la furia de la populace, hésitent à s'embarrasser de ceux dont l'idéal se borne à soupeser leurs gestes, à compter leurs pas craignant toujours de s'y tromper mais les sables mouvants de la société bourgeoise, de défaillir, de choir sans espoir de se relever ou de parer les coups qu'on leur donne justement parce que leur conception étroite n'est ni un « ressort », ni un « levier ».

Évidemment, il serait fou de vouloir grouper malgré elles des personnalités n'ayant aucun besoin, aucun désir, aucune ambition : il serait puéril de vouloir faire marcher quand même des automates aux têtes vides, aux poitrines glacées, aux membres rigides ; nos efforts doivent donc se porter ailleurs.

Obliger les impulsifs à raisonner ; les pondérés à prendre une détermination, un parti ; les uns à se révolter logiquement, les autres à atténuer, à pallier les tendances exagérées, les théories outrancières, c'est là une des premières besognes.

Alors, après avoir fabriqué des « consciences » sachant se suffire à elles-mêmes, c'est-à-dire puisant dans leur propre fonds, nous n'aurons plus à chercher des « trucs » pour qu'elles se réunissent spontanément aux heures opportunes, s'attirant naturellement, elles communieront, s'harmoniseront sans le secours d'une intervention étrangère, sans artifices d'aucune sorte, sans mise en scène d'aucun genre.

D'ailleurs n'est-ce pas ce qui fait la puissance de l'idée anarchiste ?

En effet, pourquoi aurions-nous recours aux procédés autoritaires lorsqu'il s'agit d'accomplir une œuvre d'émancipation et d'affranchissement ? Ce serait non seulement maladroit de notre part mais par cela même nous donnerions du poids, voire une raison d'être à la méthode des esclavagistes laquelle cependant, par ses mauvais résultats, nous prouve d'une manière éclatante sa défectuosité.

Anarchistes, nous voulons nous reproduire, mais les nouveaux prosélytes doivent savoir ce qui les attend.

Conséquemment, c'est à eux, dans la société actuelle, d'assumer l'entière responsabilité de la tâche qu'ils entreprennent, de développer leurs forces personnelles afin de pouvoir lutter et braver l'opinion publique avec le plus de chances possible de la vaincre. C'est difficile, c'est parfois périlleux, étant donné que les risques sont proportionnels aux avantages, mais les plus grandes jouissances humaines ne s'obtiennent qu'à cette condition. *Alea jacta est* !

Robert DELON.

L'art et les anarchistes

Dans l'état social actuel, l'action de l'art sur les anarchistes sera nécessairement mauvaise.

D'excellents camarades, les camarades surhommes, par exemple, se distinguent par leur façon de juger de la valeur des individus sur un critérium tout particulier. Tel ou tel n'est intéressant que s'il a entendu la *Neuvième Symphonie* avec chœurs ou *le Prélude à l'après-midi d'un faune*, s'il montre une entière admiration pour certains de nos poètes décadents, s'il tressaille d'aise devant les barbouillages fuligineux de quelque impressionniste. L'attention des possesseurs de cette douce manie se limite à vivre en beauté : l'art seul vaut de vivre, l'art doit être le but idéal de nos efforts. Complaisamment, ils initieraient les mentalités vulgaires aux joies sublimes des hautes sphères.

Ce fatras poétique dissimule inconsciemment avec le dégoût bien compréhensible de la société actuelle un fâcheux vouloir d'en oublier les horreurs. De même que les brutes populaires trouvent l'oubli de leurs misères quotidiennes dans les spectacles du théâtre, du concert ou du cirque, dans les réjouissances collectives d'un soir, nos « artisto-manes » cherchent, par l'audition d'une pièce musicale, par la contemplation d'une œuvre quelconque à s'évader d'une ambiance désolante.

Nous sommes, de nous-mêmes, trop enclins à nous oublier, à nous contenter d'un minimum de satisfactions vitales, à laisser restreindre, étouffer notre individualité par la machine sociale.

L'art actuel est essentiellement une religion qui a son initiation, ses mystères et aussi ses pontifes. Comme toute religion, l'art offre à ceux qu'enserre la géhenne capitaliste, un infini de jouissances irréelles, et l'action qu'exerce naturellement l'anarchiste sur ceux qui l'entourent est parfois si pénible... Ne oublions alors que développer notre individualité dans le rêve, c'est la laisser s'amoindrir dans la réalité, c'est lâcher la proie pour l'ombre, c'est recommencer, sous prétexte d'art, l'erreur religieuse ; c'est afin de conquérir un bonheur fictif, négliger l'action saine et vigoureuse qui nous assurera le bonheur réel.

Je ne crois pas que la valeur de propagande de l'art puisse être soutenue sérieusement.

L'enthousiasme des masses s'arrête à la porte du théâtre : le *Grand Soir* n'empêchera pas les plus approbatifs de ses spectateurs de souscrire au prochain emprunt russe. L'incompréhension des passants, les inepties suggérées par le monument de Ferré, nous indiquent l'effet produit par ce qui, peinture ou sculpture, s'élève au-dessus de la morale bourgeoise. Quant à la musique je ne vois pas très bien son action révolutionnaire, l'*Internationale*, beuglée frénétiquement le jour de la fête nationale, dans les quartiers populeux et accompagné bien entendu des sottises coutumières, bals, pétards, etc., il sera pour le plus grand profit des mastroquets.

Distraction de bourgeois oisifs, thème pour jeunes esthètes en mal de littérature, l'art ne peut que détourner les anarchistes des besognes nécessaires.

A.-C. TIC.

LA FOULE

De bon matin, sur les trottoirs des villes,
Par les faubourgs à travers les courants,
Comme un bétail, marchant en longues files
Vers le travail, on voit les masses viles,
Se diriger sous le joug des patrons.

Et chaque soir par les mêmes chemins,
Brisés, fourbus, ces hommes en reviennent,
Avec l'espoir de turbiner demain
Comme aujourd'hui, pour un morceau de pain,
En attendant que la vieillesse vienne.

Matin et soir, allant et venant, ils s'écoulent
Comme un sage troupeau : ces gens-là, c'est la foule.

Sur un tréteau, tous les cheveux au vent,
Un charlatan, aux gestes éloquents,
Autour de lui, lance des mots magiques...
Bonheur, patrie, aux urnes, république...
Et les badauds acclament l'impudent...

Ah ! quel beau jour ! Fête nationale
Les oripeaux flottent sur les maisons,
Car aujourd'hui populo se régale,
Et les bistrots écoulent leurs poisons,
Vive la sociale...

Ils votent le matin et le soir ils se soûlent
Ces rôdards, ces poivrots : ces gens-là, c'est la foule.

Par les faubourgs, à travers les courants,
Entendez-vous ce cri : Vive la grève...
À l'horizon un nouveau jour se lève...
Dans leurs châteaux, ils tremblent, les patrons...
Les ouvriers menacent de leurs glaives.

Feu !... des blessés, des morts, le peuple fuit,
Le peuple a peur, les patrons se redressent,
L'armée est là, protégeant leur faiblesse
Les ouvriers, sans murmure et sans bruit,
Devant la force, inclinent leur bassesse.

Révoltés le matin, l'âme ardente houle
Le soir, dans leurs taudis, ils ont la chair de poule
Ces gens-là, c'est la foule !

L. BERNARD.

La Franc-Maçonnerie

V

Nous ne sommes nullement surpris lorsque des camarades maç.·., viennent nous reprocher en termes amers notre travail antimaçonnique.

« De vos escarmouches, nous disent-ils, la Franc-maçonnerie n'en a cure ; elle est assez forte pour faire face à ses adversaires ; d'ailleurs tout ce que vous publiez est désuet, ne se pratique plus. »

C'est vous, mes FF.·., qui osez nous tenir pareil langage ? Précisément parce que la Franc-maçonnerie est forte et que vous essayez de justifier sa puissance nous la signalons comme dangereuse. Entouré de documents, que les archives des loges doivent pourtant garder avec un soin jaloux, nous nous élevons contre le SECRET dont vous êtes les si ardents défenseurs. *Il pleut* souvent *dans le temple* et l'indiscrétion pénètre les arcanes des symboles.

Que vous le vouliez ou non, le contrôle qui vous dirige resserre peu à peu les mailles du filet dans lequel vous vous trouvez pris : vous êtes vaincus. *Il minuit* dans vos pensées, les ténèbres épaisses vous ont terrassés, et votre énergie révolutionnaire est réduite à un mauvais songe que la *loge* étouffe sous le poids de sa Constitution.

Nous avons entrepris la tâche de faire connaître les bizarreries sacerdotales dont elle se sert pour assurer son autorité symbolique.

Par la conquête de la femme s'assure la domination du ménage ; par l'éducation maçonnique de l'enfant, elle veut s'assurer le monopole intégral de l'intelligence des générations qui viennent ; par la *Libre-pensée* et les *syndicats* les masses populaires lui sont complètement acquises. Plus de profanes, seul le Temple rayonnera sur les ruines des traditions et des religions. Voilà les projets de votre institution.

C'est pour frapper l'esprit des simples, pour impressionner leur imagination que toutes les cérémonies dont j'ai parlé sont pratiquées. N'est-ce pas avec la foi qu'on fait les peuples se soumettant sans examen, sans hésitation, se livrant à une autorité devant laquelle ils s'inclinent, lui reconnaissant les droits les plus incontestables.

La Franc-maçonnerie n'ignore rien de tout cela. Si elle a écarté certaines formes vieillottes, elle n'en a pas moins conservé le fond tout aussi religieux qu'avant, les actes logiques, seuls, font *l'homme*, l'action maçonnique ne peut faire que des esclaves.

Nous ne pouvons donner ici, *in extenso*, le rituel maçonnique ; la place d'abord, la monotonie de ces farces, nous obligent à ne nous éterniser sur un même sujet. Par exemple, dans la cérémonie d'*Adoption*, nous avons cru inutiles les explications des attouchements symboliques, où le V.·., après avoir fait passer la main sur les yeux de l'enfant ajoute : « Puissent tes faibles yeux découvrir la voie du bien, pour te guider dans la vie : le reste est à l'avenant. »

Pourquoi avoir recours à tant de chinoiseries pour parler à l'homme ? Pourquoi ces précautions, cette ombre pour cacher le *Secret* ; ces dialogues ineptes dont se parent les *tenues* pour assurer leur sécurité et leur force.

Ainsi, M. Copin-Albancelli, qui a été longtemps maçon nous apprend que les *travaux* d'une loge s'ouvrent par un coup de maillet du V.·., placé à l'Orient. Les FF.·., qui sont sur les colonnes s'y tiennent debout. Le vénérable, s'adressant au frère premier surveillant : « Frère premier surveillant, êtes-vous maçon ? — Mes frères me connaissent comme tel, Vénérable. — Quel est le premier devoir d'un surveillant en loge ? — Vénérable, c'est de s'assurer si le temple est couvert. — (Celui-ci, au frère Couvreur.) — Veuillez vous en assurer, mon frère. »

Le frère couvreur tire bruyamment les verrous, et dit au deuxième surveillant : « Nous sommes à couvert, mon frère. » Le vénérable recommence : « Quel est le second devoir d'un surveillant en loge ? — C'est de s'assurer si les frères présents sont Maçons et membres de la Loge. — (*Le vénérable frappe un coup de maillet*) à l'ordre, mes frères.

L'Ordre varie : chaque grade a le sien. Lorsque la loge travaille au grade d'apprenti tous les FF.·., sans distinction se mettent à l'ordre de ce grade, qui consiste à se tenir debout, le bras gauche pendant, le bras droit replié sur la poitrine, le pouce d'un côté de la gorge, les quatre doigts joints de l'autre côté.

Si la loge travaille au grade de Maître, l'Ordre s'exécute toujours debout, le bras gauche pendant, le bras droit ramené sur le corps, de façon à ce que l'extrémité du pouce s'appuie sur le ventre, au-dessous de la ceinture, la main ouverte horizontalement, en équerre avec lui, la paume tournée vers la terre. »

Quand à l'Ordre de chev.·. Rose-Croix, il

est plein de componction, de recueillement, les bras croisés sur la poitrine.

Lorsque les FF∴ en Loge sont à l'*Ordre* au grade d'*Apprenti*, le Vénérable continue : « Frères premier et deuxième surveillants, assurez-vous que tous les frères présents sont Maçons et membres de l'Atelier. » Les deux surveillants passent devant les colonnes et exécutent l'ordre reçu. Lorsqu'ils ont repris leur place, le deuxième surveillant frappe un coup de maillet et dit : « Frère premier surveillant, tous les frères de la colonne du Nord sont Maçons et membres de la Loge. » Le premier surveillant frappe un coup de maillet et dit aussi : « Vénérable, les frères rangés devant l'une et l'autre colonne sont Maçons et membres de la Loge. » Le Vénérable conclut : « Il en est de même à l'Orient. »

Voyez d'ici le geste révolutionnaire (!) de ces camarades se mettant à l'ordre au commandement d'un supérieur (!) ; croisant les bras sur leur poitrine dans une attitude de niais ou d'hypocrites ; imposant à leurs mains de fatigantes contorsions ; se soumettant à une inspection muette et dégradante ; écoutant silencieusement ces dialogues ineptes et ce symbolisme étrange et immodeste, ne mot respectant et défendant le SECRET pour, prétendent-ils, faire pénétrer dans ce milieu putride les germes de révolte!

Nous croyons plutôt, que les neuf-dixièmes y pénètrent soit par vanité, soit pour y chercher leur chemin de Damas. La propagande anticapitaliste produit dans ce milieu l'effet d'un coup de sabre dans l'eau ; on ne peut pas être plus naïf que de croire à son efficacité sur la bourgeoisie et les suppôts qui dirigent cette force occulte. Le Verbe sonore et franc n'a son écho que dans une atmosphère d'énergies, la parole de lumière reste pour les cénacles de fantômes.

Nous tenons d'un de nos amis des documents dont, nous allons nous servir et qui établissent d'une manière irréfutable le degré d'abaissement moral que doit subir l'individu conscient en croyant s'être, pour être admis en pareille compagnie.

Quoique on ait fait une sélection parmi les 33 grades du Rites Ecossais, au point de vue de l'initiation, qu'on ait laïcisé cette Société par la suppression de l'invocation au Grand Architecte de l'Univers, elle n'en reste pas moins aussi mystique et aussi absurde qu'avant. Les articles 123 et 124 des *Statuts et règlements généraux* parleront pour nous :

Art. 123 — La série des Grades composant chacun des Rites admis par le Grand Orient est également divisée en classes, et chaque classe est déterminée par le plus important de ces Grades. Ceux-ci ne doivent être conférés qu'avec la pompe et les cérémonies propres à chaque Rite. Les Grades intermédiaires, seuls, peuvent être donnés par communication.

Art. 124 — Sont considérés comme ne pouvant être conférés par communication : les trois Grades Symboliques, ceux de Chev∴ Rose-Croix, de Chev∴ Kad∴, et les Grades Supérieurs.

Ces Grades Supérieurs ou Grades administratifs, portent les titres ronflants de 31ᵉ *Grand-inspecteur-inquisiteur-commandeur* ; 32ᵉ *Souverain-prince du royal secret* ; 33ᵉ *Souverain Grand Inspecteur général.*

Les Grades symboliques sont au nombre de 18, divisés en cinq classes ; le premier est l'*Apprenti*, le dernier est le chev∴ *Rose-Croix.*

Les Grades philosophiques se divisent en deux classes et leur nombre s'élève à douze ; le *Grand pontife ou Sublime écossais* est le 19ᵉ dans l'ordre hiérarchique, le dernier ou 30ᵉ est le *Chev∴ Kadosch.*

Les règles à suivre pour l'initiation au Grade d'Apprenti, sont les suivantes : le profane ne peut être reçu maçon : 1ᵉ S'il n'est âgé de 21 ans accomplis, à moins qu'il ne soit fils de Maçon, auquel cas il peut être admis à 18 ans ; 2ᵉ S'il n'est de mœurs et de réputation irréprochables ; s'il a subi des condamnations autres que celles de simple police ; 3ᵉ S'il n'a une profession libre et honorable, et s'il ne justifie de moyens suffisants d'existence ; 4ᵉ S'il n'a pas assez d'*instruction* pour comprendre et apprécier les *vérités maçonniques*; 5ᵉ S'il n'est domicilié ou résidant au moins depuis trois mois dans le département où est situé la Loge, ou dans un rayon de 100 kilomètres.

Nul ne peut être admis sans une enquête préalable sur ses mœurs, ses antécédents et sa position. Le candidat doit verser, avant sa réception et le même jour, entre les mains du trésorier de la Loge, une somme de ... Une fois reçu, il est soumis à une cotisation de ... par an, payable par trimestre et d'avance. Il prend l'obligation d'être exact aux séances obligatoires de... et de remplir les *missions* qui lui peuvent être confiées. Il doit en outre remplir le questionnaire suivant et répondre aux interrogations ci-dessous :

Je soussigné (*nom et prénom*)
profession ....
né le .... le ....
Demeurant à ....
après avoir pris connaissance de l'Instruction qui précède déclare, de ma propre volonté, me soumettre à toutes les conditions qui y sont contenues et demande mon admission dans la Loge Osiris.

Paris le ....
Signature ....

Renseignements fournis par le solliciteur

1º Quelles réflexions vous a suggérées la lecture précédente et quel but poursuivez-vous en demandant l'initiation ?

2º Où avez-vous été élevé, ou avez-vous reçu votre éducation ?

3º Dans quels endroits avez-vous vécu et combien de temps avez-vous séjourné dans chaque endroit ?

4º Avez-vous exercé d'autres professions que celle indiquée dans votre demande ? Quelles sont-elles, à quelle époque les avez-vous exercées, où et chez qui avez-vous été employé ?

5º Avez-vous subi des condamnations autres que celles de simple police et quelles sont-elles ?

6º Êtes-vous marié et votre femme approuve-t-elle votre résolution de devenir maçon ?

7º Êtes-vous père de famille ?

8º Avez-vous ou des enfants en dehors du mariage ? Si en est ainsi, remplissez-vous vos devoirs envers eux ; de quelle manière les remplissez-vous ?

9º Vous êtes-vous déjà présenté dans une autre Loge ? 10º Dans laquelle ?

11º Quels sont les jours et heures où les Commissaires chargés de l'enquête relative à votre demande d'initiation pourront se présenter chez vous ?

12º Donnez-nous trois références ? (1)

Paris le   19
Signature

(1) Instruction à présenter aux candidats. L∴ Osiris, nº 150.

NOTRE CORRESPONDANCE

La Peine de Mort

à Edgard.

Vous dites, dans le nº 169 : « Quant à comparer ceux-ci (des gens atteints de maladies transmissibles) aux meurtriers genre Vacher, Pranzini, etc..., comme le fait Marestan, c'est pousser à l'extrême amour du paradoxe »...

Ma comparaison, pour être paradoxale, ne m'en paraît pas moins justifiée en ce qui concerne les éléments de notre discussion.

En effet, si vous n'admettez pas le libre arbitre et par conséquent la responsabilité morale, tout criminel ne peut être pour vous qu'un malade. *Si tout criminel est un malade vous n'avez aucune raison de faire plus de grief aux criminels d'être criminels qu'aux malades tuberculeux d'être tuberculeux, qu'à un dégénéré quelconque de présenter une tare. Il s'ensuit que votre conduite à l'égard des uns et des autres ne pourra logiquement en aucun cas affecter un caractère de vengeance ou de châtiment* — on ne peut en vouloir à un malade d'être malade — Votre conduite logique à l'égard des uns et des autres sera : 1º De les soigner et de tâcher de les guérir si possible ; 2º De rechercher les moyens susceptibles d'éviter l'apparition de nouveaux cas ; 3º De distinguer entre les malades quels sont ceux dont la présence dans la société ne souffre aucun inconvénient grave et quels sont ceux, au contraire, dont la présence dans la société peut constituer un danger pour la sécurité publique.

Ayant donc classé vos malades en deux grandes catégories : les *inoffensifs* et les *dangereux*, il vous reste à prendre envers ces derniers les mesures nécessaires pour empêcher qu'ils ne nuisent à leurs semblables et ces mesures devront être d'autant plus rigoureuses, bien entendu, qu'ils seront plus susceptibles d'être nuisibles, *c'est-à-dire de causer autour d'eux plus de souffrances et de décès prématurés.*

Or il est évident que, dans cet ordre, les malades demi-fous et criminels ne seront pas plus nuisibles et le seront souvent moins que des syphilitiques, des tuberculeux capables de communiquer leur mal d'une façon permanente. Un demi-fou criminel peut n'avoir à son actif qu'un meurtre et quelques blessures. Qu'est-ce auprès d'un syphilitique qui, directement d'abord et indirectement ensuite, empoisonna plusieurs centaines d'existences ?

Dans ces conditions les mesures à prendre à l'égard de ces deux individus doivent être au moins identiques et s'il était urgent de se débarrasser de l'un d'eux ce serait du second encore plus que du premier. Il est bon d'insister sur ce point : *que la responsabilité morale n'étant plus prise en considération il n'y a plus lieu que d'envisager la somme de danger pour la société présentée par tous les individus anormaux sans exception et de parer à ce danger sans haine ni cruauté, mais aussi sans faiblesse.*

Vous m'objectez que les tuberculeux, syphilitiques, lépreux, etc., peuvent se rendre utiles alors que les criminels seraient incapables de services de ce genre. Ceci est inexact, au moins en bonne partie. La preuve en est dans l'existence de la main d'œuvre pénitentiaire et dans la présence parmi les transportés de nombreux ouvriers d'art. Par contre, j'estime que les services que peuvent rendre la plupart des malades criminels et autres ne sont pas en proportion du danger que fait courir à la population leur présence dans son sein.

Vous me faites encore cette objection que les contagieux peuvent prendre des précautions pour ne pas transmettre leur mal à autrui et qu'il n'est pas indispensable dès lors de les isoler ou de les retrancher de la société comme les criminels. *C'est juste, mais pour ceux qui prennent des précautions suffisantes pour ne contaminer personne et s'abstenir totalement de procréer. Or, l'immense majorité n'en prend aucune ou n'en prend que d'insuffisantes.* Beaucoup même se font un jeu de communiquer à d'autres ce dont ils ont été gratifiés. Je n'en veux d'autre preuve que l'effroyable développement de l'avarie depuis son apparition alors qu'il est de notoriété publique qu'elle se transmet. Souvenez-vous d'autre part *que l'on n'est parvenu à faire disparaître la lèpre en Europe qu'en isolant impitoyablement les lépreux du reste de l'humanité.*

Je maintiens donc ce que je disais précédemment : si vous êtes partisan de mettre à mort les êtres incurablement dangereux pour la société vous n'avez aucune raison de vous limiter aux demi-fous, genre Vacher ou Soleilland, aux aliénés, d'abord, tous plus ou moins susceptibles de devenir criminels et dont un tiers environ n'étant pas guérissable est voué à la détention perpétuelle, ensuite... à tous les malades qui, par absence de sens moral, contribuent à infecter notre espèce et à répandre autour d'eux, comme les criminels, la douleur et la mort.

Ma conclusion reste la suivante : Réprouvant toute inutile cruauté je n'admets l'exécution d'un être anti-social que lorsqu'il est impossible de se préserver autrement de ses atteintes (exécution d'un tyran par les terroristes, par exemple). Lorsque l'être dangereux est désarmé, placé dans l'incapacité de nuire, je suis

CASSIUS.

— LE —

Savoir Inutile

Quand je dis qu'il ne faut confier à notre intelligence que des actions utiles, je n'exprime pas toute ma pensée. Il ne suffit pas qu'une étude soit utile au point de vue absolu pour qu'elle soit justifiée ; il faut qu'elle soit plus utile que toute autre qu'on aurait pu lui substituer.

Considérés à ce point de vue, le latin et le grec ne nous paraissent entraîner que des effets funestes. Pendant les six ou sept ans que nous passons au lycée à traduire des auteurs que notre premier soin sera, pour la plupart d'entre nous, tout au moins, d'oublier dès que nous serons sortis, nous aurions pu augmenter considérablement nos connaissances scientifiques. Nous aurions pu surtout apprendre des langues vivantes ; et, loin de les oublier, nous nous serions continuellement perfectionnés dans leur pratique parce que nous aurions toujours eu l'occasion et la nécessité même de nous y exercer.

Or, les sciences sont la vraie base de l'enseignement tel qu'il devrait être compris.

Sans doute, Laisant a raison de ne pas être exclusif, de réclamer l'enseignement intégral : de ne pas vouloir qu'on sépare du culte du vrai le culte du beau qui est une autre forme de la vérité. Il n'en reste pas moins que la méthode scientifique forme l'esprit et que, seule, elle est capable de nous affranchir des vieux dogmes et des anciennes superstitions ataviques.

Quant aux langues vivantes, les ignorer est devenu une véritable infériorité. Les relations de peuple à peuple sont maintenant si étendues qu'il est presque impossible de s'en passer. Sans elles on ne peut ni voyager avec fruit, ni goûter les beautés des littératures étrangères, ni lutter à armes égales contre ceux qui possèdent cet outillage, ni surtout suivre le développement des sciences.

Celui qui n'a pas appris les langues étrangères dans son enfance est forcé de les apprendre à un âge plus ou moins avancé et il les sait toujours mal. Ce fut mon cas.

L'Europe marche à pas de géant vers la réunion de nos petites patries mesquines, vers la fédération ; et pour réaliser ce progrès immense qui nous acheminera aux États-Unis du Monde, il faut que les peuples se pénètrent. À cette condition seulement, ils se dépouilleront des préjugés séculaires qui les éloignent les uns des autres et qui déterminent chez chacun d'eux l'éclosion des nationalistes et des Jingoes. Comment se pénétreront-ils, s'ils ne se comprennent pas ; si le Français est incapable d'admirer la grandeur de l'esprit allemand, les beautés de l'âme allemande ; si l'Allemand est impuissant à sonder les profondeurs artistiques, scientifiques et morales de l'âme française ; si Anglais et Italiens, Italiens et Espagnols ne peuvent s'apprécier faute de pouvoir communiquer entre eux ?

La diffusion des langues étrangères est le prélude de l'union des patries ; et par cela même tout ce qui la retarde, retarde de même coup cette union féconde. En diminuant, en supprimant presque, le temps que nous pourrions leur consacrer, l'étude généralisée du grec et du latin revêt donc un caractère rétrograde.

Ce n'est pas évidemment que tout le temps qui leur est consacré soit perdu. Il n'est pas douteux qu'en déchiffrant la pensée antique, en travaillant à la rendre sous une forme moderne, en se livrant à un travail de traduction qui oblige à soigner particulièrement sa forme, l'élève n'acquière des qualités de style.

Mais cet exercice ne serait pas moins salutaire si, au lieu de traduire Sophocle, Euripide, Térence ou Lucain en français, en allemand ou en anglais, on s'exerçait en France à traduire Gœthe ou Shakespeare, en Allemagne à traduire Macaulay ou Michelet, en Angleterre à traduire Dante, Cervantès, Schiller ou Lamartine.

Le résultat éducatif de cet effort serait identique et, ce qui concerne la forme du langage en, au point de vue de l'acquis général, il serait infiniment supérieur en ce sens qu'il remplacerait la connaissance des langues mortes, par l'emmagasinement cérébral de notions vivantes.

Je ne vois donc que nuisances, tout au moins relatives dans ce qu'on est convenu, je n'ai jamais su pourquoi, d'appeler les humanités, et à toutes ces nuisances d'ordre relatif s'en ajoute une d'ordre absolu que j'ai déjà signalée plus haut en passant. Le latin et le grec ne peuvent guère être enseignés autrement qu'ils ne le sont à cette heure et la gymnastique que leur étude impose à l'esprit a, par suite, le grave inconvénient, non seulement de diminuer les loisirs qui seraient employés plus utilement ailleurs, mais encore de cristalliser notre cerveau dans une méthode, dont la routine lui rend ensuite difficile l'assimilation des langues modernes et des sciences.

Ainsi, il faut chasser le grec et le latin de nos lycées, tout en leur réservant, comme au sanscrit et à l'arabe, une place dans l'enseignement supérieur. Placer ces cerbères à la porte de toutes nos écoles spéciales pour en défendre l'entrée à quiconque n'est pas muni de ce Sésame, ouvre-toi ! c'est à la fois entraver l'évolution intellectuelle de nos sociétés, et nuire au développement des démocraties.

Nous voici donc tout à fait d'accord avec Laisant sur la question de la méthode et sur celle des programmes ; et, comme si la réforme de la méthode présente des difficultés presque insurmontables dans le cours d'une période restreinte, celle des programmes n'en présente au peu près aucune, commençons tout de suite à réformer ce qui est immédiatement réformable. Le progrès accompli dans un sens rendra plus aisé ce qui restera à accomplir dans l'autre.

Alfred NAQUET.

Sans continuer la préface de A. Naquet, parce qu'elle sort du sujet que nous avons choisi pour ce feuilleton, nous prenons dans le livre de C. A. Laisant, le passage qui suscita les réflexions que nous venons de lire.

On a souvent reproché aux personnes qui préconisent des réformes dans l'enseignement classique, et surtout dans l'enseignement classique français, de vouloir abolir la culture des langues mortes, de ces langues qui ne se pratiquent plus aujourd'hui et qui n'ont plus, pour nos contemporains, une utilité directe, on les a accusés, en particulier, de vouloir supprimer l'étude du grec et du latin.

Rien n'est plus inexact. Il serait absurde, en effet, de penser qu'un jour l'humanité viendrait à ne plus avoir connaissance de langues qui ont produit les chefs-d'œuvre de l'esprit humain que vous savez, de même qu'elle a perdu le souvenir des idiomes pratiqués par les peuplades barbares qui ont pu exister il y a vingt ou trente mille ans.

Mais autre chose est de cultiver des connaissances aussi spéciales que celles-là, ou bien de vouloir en faire la base fondamentale de l'enseignement de toute la jeunesse d'une nation.

Autant donc il serait insensé, selon moi, d'abolir tout enseignement des langues mortes, autant il le serait de prétendre les maintenir de toute force à la place qu'elles occupent aujourd'hui.

Il est indispensable à un pays de ne pas perdre la culture des choses artistiques, et cependant n'a-t-on jamais pensé à introduire, comme élément fondamental de l'éducation, l'enseignement de la musique, de la peinture ou de la sculpture, distribué à toute la jeunesse d'un peuple ?

A. LAISANT.

(*À suivre.*)

partisan de l'isolement et du traitement avec surveillance comme pour les aliénés ou les malades momentanément contagieux, tels les varioleux, ou les individus atteints de maladies chroniques et qui se refusent au respect de l'hygiène.

Maintenant il est évident que je parle de ce qui devrait être dans une société composée en majeure partie de gens raisonnables, éduqués et soucieux de débarrasser l'humanité des tares dernières, vestiges de la barbarie ancestrale.

Notre société actuelle est loin de cet idéal. Tout ce que nous pouvons faire c'est d'imiter le moins possible sous d'autres étiquettes, avec d'autres formules, ses mœurs alors que nous les condamnons, et de nous efforcer en même temps de la rapprocher du but à atteindre.

La société bourgeoise a affaire à deux sortes de criminels.

Les premiers sont des individus voleurs, apaches, faux-monnayeurs, etc. — nés le plus souvent dans de mauvaises conditions et du sort desquels elle s'est à peu près désintéressé. Je ne puis donc reconnaître comme légitime la répression qu'elle exerce sur eux. Ne leur ayant accordé que des droits dérisoires, elle ne peut équitablement exiger qu'ils accomplissent les devoirs tout à fait hors de proportion qu'elle vous prescrit envers elle-même. Quand elle sévit contre eux on ne peut dire qu'elle fasse acte de légitime défense; elle agit en vertu du droit du plus fort.

Les seconds sont des dégénérés à impulsions criminelles, genre Jeanne Weber. La reconnaissant, elle n'a pas à leur faire un sort différent de celui qu'elle réserve aux aliénés. A présent il se peut que la perspective d'une détention perpétuelle soit plus terrible encore pour les demi-fous criminels que la mort elle-même. Dans ce cas, au lieu de décider à leur place, pourquoi ne pas leur laisser le libre choix? Il serait très simple de laisser à leur portée, dans leur cellule, du chloroforme et un mouchoir.
Jean MARESTAN.

Les Remueurs de terre

La résistance des ouvriers de Draveil, si elle n'a pas vaincu l'entêtement patronal, si elle ne peut compter comme une « victoire ouvrière » dans le sens banal du mot, restera comme un exemple d'énergie et de patience tout à la fois.

Dans ce petit cadre, les événements se déroulent avec une telle rapidité que les yeux, la pensée de tous ceux qui espèrent que le feu se mettra enfin à la paille sociale si trempée de résignation, soit-elle, sont tournés vers cette campagne industrielle.

Les assassinats de Géobélina et de Lefol n'ont pas satisfaits les appétits patronaux, d'autant qu'ils n'ont pas réussi à calmer la révolte ouvrière; la saignée n'était pas assez importante.

On sait que la fureur policière et militariste se retourna contre « les intrus », « les étrangers », c'est-à-dire contre ceux qui surgissent où ils croient pouvoir être

utile, jeter leur pensée. Ainsi G. Durupt est arrêté, gardé en prévention injustifiée — au point de vue légal — puisqu'il avait un domicile fixe, une situation, et qu'il était accusé de délit d'ordre politique. Après deux mois, on va le jeter aux jurés de Versailles, qui décideront de sa vie, de sa liberté selon que le vent de leur ménage et de leurs affaires soufflera, pour provocation à la désobéissance de militaires, etc.

Heureux Clemenceau l'écrivain qui échappa à tant d'années de prison du fait qu'il n'était pas sous la tutelle douloureuse de Clemenceau le ministre !

Après bien des escarmouches, c'est lundi une bataille où se distinguèrent gendarmes et dragons. Il y a des arrestations. Une surtout, qui était préméditée depuis longtemps, mais on aurait faire, celle de Ricordeau. Trop souvent l'ardeur des révoltés repose sur la tête d'un homme. Cette fois-ci, Monsieur Premier se sera trompé. C'est trop tard : la lutte va continuer aussi acertée que jamais.

A Paris, les ouvriers terrassiers menacent d'une grève générale. Une solidarité effective se dessine. C'est de ces ouvriers frustrés, en rapport brutal avec la terre que semble venir l'indication de la révolte.

Faudrait-il tant remuer la terre pour jeter bas les rites de débauche et de privations, d'opulence et de misère et envahit tout les chacals de la politique et toutes les hyènes de la finance si profond que leur charogne ne gênent les hommes de liberté.
REDAN.

A Travers les Livres

La Séparation intégrale, *par E.-H. Clmon* (1).

Ce livre n'a aucun rapport avec les œuvres sorties de la maison Schleicher et dont nous avons donné la note bien inférieure. Et quoique l'auteur s'en défende nous nous croyons plutôt en face d'une œuvre anticléricale qu'antireligieuse.

Une seule partie, celle traitant du Dogme pourrait tout au plus être signalée comme contenant quelques arguments, mais si vieux. Les restrictions que fait l'auteur, sous prétexte d'amour de la vérité, n'empêchent pas moins l'insinuation de se glisser. Il vaut mieux lire les livres desquels il se recommande.

* * *

L'Éducation intellectuelle, morale et physique, *par Herbert Spencer* (2).

Ce livre ne sera inutile pour aucun de nous. Ce n'est pas seulement une critique de ces méthodes employées mais ce sont des indications à chaque page qui permettent de tracer soi-même un plan d'éducation.

Tout d'abord déterminer *Quel est le savoir qui a le plus de valeur*, c'est-à-dire montrer le savoir inutile, voilà par où commence l'auteur. La parure passe avant le vêtement, de même les arts d'agrément sont enseignés avant les moindres connaissances scientifiques; et alors qu'on se targue de connaître le grec on ignore les principes élémentaires de biologie.

Dans le deuxième chapitre sur l'éducation intellectuelle, Spencer examine les différents modes pédagogiques. Évidemment, il se soulève contre toutes les méthodes qui font des perroquets et non des hommes. Il veut que l'éducation soit en elle, doit être agréable, donner du plaisir. Elle passera du simple au composé, du concret à l'abstrait, de l'empirique au rationnel. Elle doit être spontanée.

Il n'est guère possible de bien faire l'une que l'autre. L'éducation morale se fait parallèlement. L'auteur s'efforce de prouver l'impossibilité où se trouve les parents pour « moraliser » leurs enfants. Sur bien des points nous nous séparons de lui, mais nous ne pouvons que dire combien une pareille méthode sérieusement appliquée formerait une génération d'individus supérieure à celle que nous subissons, et prête à venir rapidement aux idées anarchistes.

Spencer termine par une étude sur l'éducation physique. Le *nursery*, l'école sont tout à fait en dehors des connaissances scientifiques actuelles. L'emprisonnement de l'enfant dans l'école, le fait de l'enchaîner par le mal de la classe ne peuvent concourir qu'à faire des dégénérés. On ne sait pas habiller l'enfant, se préoccupant trop de mode; on ne sait pas même le nourrir, le privant tantôt sur la quantité, tantôt sur la qualité. Les parents pensent que leurs enfants se développent normalement s'ils grandissent. Il faut que le corps se développe dans tous les sens. Spencer montre combien un physique sain fait une bonne morale et coopère à donner un esprit sagace et judicieux.
LE BIBLIOGRAPHE.

A LA CASERNE

A toutes occasions, les hommes à qui veut faire porter la livrée de soldat, se révoltent. Et qui mieux est l'entraînement ceux qui ne marchent jamais tout seuls.

A la caserne le plus petit fait de révolte prend une importance fort grande, car c'est le temple de la discipline où le moindre mot devient un outrage.

A Ste-Catherine, près Toulon, la 7e compagnie du 111e régiment d'infanterie a refusé d'obéir, a refusé de marcher. Les journaux de la région n'ont pas parlé. Les faits sont banals. La compagnie devait aller au tir. On réveilla les hommes à 3 h. 1/2 pour le départ et les galonnés prirent la fantaisie de les faire partir à jeun. Les soldats s'y refusèrent et ne cédèrent pas.

Comme le mouvement ne s'est pas étendu, ces messieurs ont eu l'autre manche. Les soldats qui furent considérés comme meneurs attrapèrent quinze jours de prison dont huit de cellule pour indiscipline; un caporal quinze jours pour avoir manqué d'énergie.

Mais qui pourrait avoir la belle ?
D.-P. NERBAT.

Revue des Journaux

LES TEMPS NOUVEAUX.

Pour avoir dit sous d'autres formes, ce que fort bien G. H., que de fois nous sommes tous vu houspiller. Oui, ne faisons pas *la part de l'idée* sitôt que sa beauté gêne la médiocrité de nos gestes.

Ch. Desplanques montre les républiques, les états libéraux au secours des tyrans. M. Clemenceau commande et le peuple finance et le peuple obéit pour le Czar, le Schah ou le Sultan.

La suite d'un article de Michel Petit sur *le médecin et les collectivités* qui serait certes mieux placé dans une revue médicale... libérale.

Il s'agit de *devenir propriétaires* et les appétits et les intérêts contradictoires se dessinent. Qui fera la Maison du Peuple ?!

LE LIBERTAIRE.

Louis Dedeuville nous parle de *leur* république, il serait mieux de dire la république car je ne crois pas qu'il en soit de meilleure. Difficile à lire, cet article familier.

Ah ! oui, bon vent, beaucoup de vent pour le déplacement à Fallières. Quoique au fond, lui ou un autre, c'est du kif bourricot.

En nous parlant de *l'hydre capitaliste*, Ergo devrait savoir que pour trop prouver, on ne prouve rien. Les chiffres, en son article, sont bien fastidieux.

Silvaire médite *sur l'intelligence* et en accorde beaucoup aux anarchistes, parce qu'ouvriers. Grand bien nous fasse.

G. Durupt confond l'homme politique et l'avocat. Dans le monde actuel, la dualité est un fait fort bien toléré, ce qui ne veut point dire qu'il ne soit crapuleux et hypocrite au dernier point. Hélas ! Wilm défend les anarchistes comme l'ouvrier antimilitariste travaille dans les arsenaux. Quand donc les individus sauront-ils s'affirmer ? Ça ne sera certes pas les politiciens qui commenceront les premiers !

Une *Chronique anarchiste* de E. Philippe qui cherche à nous émanciper de l'esprit syndicaliste, c'est toujours intéressant.

La question de Madeleine Vernet à *Madeleine Pelletier* gagnerait à être faite bien plus simplement.

Il est difficile de pouvoir fixer *la mentalité campagnarde*. Jeim, Dumont et Barbasson peuvent bien avoir tous raisons.

LA VIE NATURELLE, N° 2, 15, rue Jean-Robert, Paris (Henri Zisly).

Inutile de répéter combien nous sommes contre la propagande anti-scientifique dont se targue ces feuillets. Supprimer le machinisme, revenir à la première forme de vie humaine, pourquoi ne pas retourner à l'état gélatineux, tant qu'à faire. Cela ne veut point dire qu'il ne faudrait pas, pour la santé de nos corps, vivre le plus naturellement possible.

La science ne vient point à l'encontre de la simplicité de la vie. A noter que nous pensons comme Dufour contre le tabac, l'opium etc. etc. et que comme Armand Gauthier nous croyons qu'il est consommé trop de viande et beaucoup trop d'alcool.
LE LISEUR.

Où l'on discute !
Où l'on se voit !

Causeries Populaires des XVIIe et XVIIIe. Rue du Chevalier-de-la-Barre, 22. — Lundi, 3 août, à 8 h. 1/2. *L'Histoire d'un drapeau*, par Monsieur-tout-le-Monde.

Causeries Populaires des Xe et XIe, 5, cité d'Angoulême (66, rue d'Angoulême). — Mercredi 5 août, à 8 heures 1/2, *L'Éducation morale*, par A. Libertad.

Causeries Populaires du XIXe et XXe, 30, rue des Annelets (près l'église de Belleville). — Vendredi 31 juillet, à 8 h. 1/2, *Pourquoi nous répudions le collectivisme*, par Marceau Rimbault.

Groupe libre d'éducation du Bronze, 123, rue Vieille-du-Temple. — Jeudi 28 juillet, à 8 h. 1/2, causerie par un camarade.

Groupe anarchiste du XVe, café des Trois Portes, 139, rue du Théâtre. — Vendredi, 31 juillet, à 8 h. 1/2, *La révolution russe*, par R. Lodaski et R. Taupin. *Notre local*.

MARSEILLE. — Les Précurseurs, 12, Quai du Canal, au 2e. — Samedi 1er août, à 9 h., *Faut-il aller à la caserne ?* Discussion sur les dépenses et les ressources du groupement pour ceux qui s'intéressent à ce travail.

St-ÉTIENNE. — Causeries libres, 42, rue Mulatière. — Samedi 1er août, réunion amicale. Jeudi 6 août, à 8 h. 1/2, *De la morale chrétienne, de la morale anarchiste*, controverse entre un chrétien et un anarchiste.

LE HAVRE. — Causeries Populaires, 9, rue Jean-Bart. — Jeudi 30 juillet à 8 h. 1/2, *L'art au point de vue social*. Organisation d'un concert.

— Travail en Camaraderie —

Imp. des Causeries Populaires : Armandine Mahé

La gérante : Anna MAHÉ

Groupe d'Éducation sociale d'Argenteuil

Samedi 1er Août, à 9 h. du soir
Salle Ruffin, 39, bd Héloïse

Grande CONFÉRENCE
Publique et Contradictoire

Sujet traité :

LE DROIT DE PUNIR
& LA PEINE DE MORT
par André Lorulot

ENTRÉE : 30 CENTIMES

TROIS MOTS AUX AMIS

TRUCHARD MARIUS. — Legal de Chartres demande ton adresse, lui adresser 14, rue Saint-Brice, Chartres (Eure-et-Loir).

CAMPLONG (Hérault). — Les camarades désireux de se grouper se rencontreront chez Carquet Gustave, mineur.

CHARTRES. — Les camarades pourraient entrer en relations avec L. Hamard, 14, rue Saint Brice, pour la formation d'un groupe.

HAMARD. — Le colis fait n'avait pas été expédié. Excuse-nous. — J'informe le Service des gares Maison Hachette.

CLAUDE. — Je suis fort incompétent dans les questions d'argent, surtout quand vient s'y ajouter une question femme. Sur le fameux *marie-toi, ne te marie pas*, Rabelais a fait maints chapitres. Ne te cherche pas des excuses de propagande. Fais comme tu l'entendras, sans trop ergoter. Pour moi, je crois qu'il y a autre chose à faire que de se marier, et que la dot reste où elle est.

LONGWY. — Mougeot Auguste, plâtrier, rue Grangeret, entrerait avec plaisir en rapport avec les lecteurs de cette ville.

DÉSIRÉ. — N'avons pu l'expédier par courrier les brochures. Par suite d'absence d'Y., ne pourrons en avoir que d'ici quelques jours. Nous ferons au plus vite.

A TOUS. — Le problème biologique et psychologique, prix : 3 francs.

FAISONS CIRCULER
Ne laissons pas les brochures de propagande s'entasser dans les coins et sur les étagères. Il y a des milliers de brochures notant les vigoureuses réponses d'ÉTIEVANT aux juges de Paris et de Versailles, les deux défenses réunies en un seul cahier de 0 franc 10.
VITE DEMANDEZ ET FAITES CIRCULER

UN ANARCHISTE DEVANT
❖ ❖ LES TRIBUNAUX ❖ ❖
Que vous pouvez tous produire pour 8 fr.
— le 100, 6 fr. 80 franco —

PIQURES D'AIGUILLE
Liées par 100, textes assortis.
0.20 le cent; 2 fr. le mille ; = par la poste.
0 fr. 25 et 2 fr. 20

Fixez-nous, en demandant dès maintenant la brochure d'Anna Mahé :

L'HÉRÉDITÉ
ET
L'ÉDUCACION
sur l'importance du tirage.
0 fr. 15 l'exemplaire. 7 fr. 50 le cent.

CARTES POSTALES
Piqûres d'aiguille illustrées
(la série de 10 cartes 0 fr. 60)

Le « Livre »
de *l'anarchie*
Un an, 7 fr. 50 ; Deux ans, 12 francs ;
Trois ans, 18 francs

Ce qu'on peut lire

Paroles d'un Révolté (P. KROPOTKINE)	1 25
L'Anarchie, son Idéal (P. KROPOTKINE)	1 »
La Conquête du Pain (P. KROPOTKINE)	2 75
Autour d'une Vie (P. KROPOTKINE)	2 75
La Douleur universelle (S. FAURE)	2 75
L'Amour libre (Charles ALBERT)	2 75
Œuvres de BAKOUNINE, tome I	2 75
— — tome II	2 75
L'Anarchie, son But, ses Moyens (Jean GRAVE)	2 75
La Société future (Jean GRAVE)	2 75
L'Individu et la Société (J. GRAVE)	2 75
La Société mourante et l'Anarchie (Jean GRAVE)	2 75
Psychologie du Militaire professionnel (A. HAMON)	2 75
Psychologie de l'Anarchiste - Socialiste (HAMON)	2 75
Déterminisme et Responsabilité (HAMON)	2 25
Le Socialisme et le Congrès de Londres (A. HAMON)	2 75
Socialisme et Anarchisme (A. HAMON)	3 »
L'Homme nouveau (Charles MALATO)	1 »
De la Commune à l'Anarchie (Ch. MALATO)	2 75
La Philosophie de l'Anarchie (MALATO)	2 75
Les Joyeusetés de l'Exil (Ch. MALATO)	2 75
Les Inquisiteurs d'Espagne, Monjuich, Cuba, Philippines (Tarrida de Marmol)	2 75
Le Socialisme en Danger (NIEUWENHUIS)	2 75
L'Inévitable Révolution (un Proscrit)	2 75
La Commune (Louise MICHEL)	2 75
Évolution, Révolution et l'Idéal anarchique (Élisée RECLUS)	2 75
Philosophie du Déterminisme (Jacques SAUTAREL)	2 75
L'Unique et sa Propriété (STIRNER)	2 75
L'Anarchisme (ELTZBACHER)	3 »
En Marche vers la Société nouvelle (CORNELISSEN)	2 75
Le Militarisme et la Société moderne (Guglielmo FERRERO)	2 75
Humanisme intégral (Léopold LACOUR)	2 75
Sous la Casaque (DUBOIS-DESAULLE)	2 75
La grande Famille (Jean GRAVE)	2 75
Biribi (Georges DARIEN)	2 75
Au Pays des Moines (José RIZAL)	2 75
Bas les Cœurs (Georges DARIEN)	2 75
Le Voleur (Georges DARIEN)	2 75
Blassenay-le-Vieux (Camille MARBO)	2 75
Les Barbares (Yves LEFEBVRE)	3 »
L'Individu et l'Esprit d'Autorité (Abel FAURE)	3 »
Dupécus (P. FRATOUSET)	3 »

(1) Schleicher frères, 61, rue des Saints-Pères. Prix 1 fr. 50.
(2) Schleicher frères, 61, rue des Saints-Pères. Prix 2 fr. En vente à l'anarchie.

LES CAMARADES
adresseront
tout ce qui concerne
l'anarchie
à A. MAHÉ & A. LIBERTAD
22, rue du Chev.-de-la-Barre
PARIS-XVIII-

l'anarchie

PARAISSANT TOUS LES JEUDIS

ABONNEMENTS

FRANCE

Trois Mois............. 1 1
Six Mois............ 3 »
Un An.............. 6 »

ÉTRANGER

Trois Mois............. 2 »
Six Mois............. 4 »
Un An.............. 8 »

QUATRIÈME ANNÉE — N° 174 — DIX CENTIMES — JEUDI 6 AOÛT 1908

Qui donc paiera ?!?

M. Clemenceau vient encore d'appliquer son procédé favori : Grâce aux vaillantes escouades du 7e, du 18e, du 24e, du 27e dragons, et du 1er et 2e cuirassiers bien équipées, bien armées de longs sabres affilés et de bonnes carabines il a, une fois de plus, mâté la vile populace armée de cailloux et de quelques revolvers de bazar à trois francs soixante quinze.

L'affaire a été chaude.

Le bouillant général Virvaire qui défendait la *Loi* fut blessé, tel Achille, au talon de sa botte, son seul point vulnérable

Avec la *furia francese* que l'on sait, il prit d'assaut, à la tête de ses hommes, une formidable barricade de 0m 80 de hauteur, terriblement crénelée et blindée de caisses d'épicerie en voilge.

Nos intrépides soldats, ivres de patriotisme et de peur, n'osant trop affronter les revolvers à trois francs soixante quinze, s'en prirent de préférence à de pauvres diables de curieux qui tuyaient à toutes jambes ; et les ayant rejoints, leur lardèrent bravement le ventre de la pointe de leurs sabres.

On voit que, comme celui de M. Clemenceau, le courage de nos braves soldats est grandlorsqu'il peut se manifester sans danger.

Aussi, ce fut une fête. On en prit à son aise. La tuerie s'exerça copieusement et confortablement. Des femmes, des enfants, des hommes sans armes, voilà bien les adversaires sur lesquels M. Clemenceau aime à expérimenter son courage et sa force... Et ce fut un massacre sans nom... Une douzaine de morts, des centaines de blessés... La manière forte une fois de plus triomphait... M. Clemenceau restait *le maître*. Est-ce donc qu'il est fort? Pas du tout.

Livré à lui-même et dénué des remparts de la force armée, derrière lesquels il abrite son épilepsie homicide ; il n'est pas capable de résister à la gifle de n'importe laquelle de ses victimes. C'est un vieillard malade et faible, dont la sénilité s'enrage à manier l'instrument de la force sociale, trop pesant pour ses mains débiles.

Du fond de son cabinet ministériel bien gardé, il envoie des ordres de meurtre. Il tue, il massacre, il écrase à tort et à travers pour se donner à lui-même et aux autres l'illusion d'une puissance dont il n'a que l'apparence.

Cette puissance mauvaise, il en est l'esclave et non le maître.

Fantoche sanglant, mené par le destin, il s'agite effroyablement sous la pesée des forces qui l'environnent et le commandent ; et il sème la mort et la haine, tout autour de lui, inconsciemment, sans trop savoir pourquoi.

Peut-être veut-il illustrer encore un nom déja trop fameux dans la criminalité, et éclipser la célébrité de Soleilland, de Jeanne Veber, de Courtois et autres assassins en vogue.

Oui, c'est à se demander si ce n'est pas, au fond, la même gloriole imbécile et vaine qui pousse l'apache féroce à *suriner* un pante, pour obtenir l'admiration et la crainte de ses pareils, et le ministre à poigne voulant prouver qu'avec lui il faut marcher droit.

L'homme policé, instruit, qui fût philosophe à ses heures, grisé par les apparences de la force qu'il croit posséder, se conduit, exactement, comme la brute inférieure qui, pour croire à sa supériorité, pour l'affirmer, éprouve le besoin de la manifester par la stupidité de ses agressions et la solidité de son surin, n'affirmant ainsi que sa bestiale infériorité.

Pourquoi faut-il que la brute ignare et le penseur lettré, mystérieusement actionnés tous deux par le même ressort des vils intérêts et de la sotte vanité, puissent aboutir à une conclusion identique de folle brutalité?

Pourquoi tous deux se croient-ils obligés de verser le sang, l'un pour soutenir l'honneur et l'intérêt des marlous et des grinches, l'autre pour soutenir l'honneur et l'intérêt des patrons et des capitalistes? Honneur et intérêt qui, dans les deux cas, ne sont même pas menacés.

L'apache a, cependant, sur le ministre une supériorité : il fait moins de mal et il risque.

M. Clemenceau ne risque rien. Positif avant tout, il préfère vaincre sans péril et triompher sans gloire.

Ce spadassin incorrigible a toujours eu très peur de l'épée et du pistolet des autres, c'est pourquoi il a passé toute sa jeunesse à s'exercer au tir et à l'escrime, pour pouvoir, n'ayant rien à craindre, braver tout le monde. Sa bravoure n'est faite que de la certitude de l'absence de risque.

C'est aussi pour cela que M. Clemenceau est un grand chasseur. Il aime le carnage, surtout le carnage facile, qui ne met sa peau en jeu. Mais, n'aurait-il pu se contenter du château et des chaises qu'il vient d'acquérir, pour massacrer, sans vouloir, au surplus, les canarder comme des perdreaux. Passe encore de tirer des lapins, mais vouloir des cibles humaines et prendre la classe ouvrière comme gibier, même au nom de la *Loi*. N'est-ce pas excessif?

Si ce médicastre bambocheur et paresseux, praticien de la vieille école, a toujours une prédilection pour la saignée, que ne l'appliquait il aux malades de sa clientèle qui ne vinrent jamais le trouver ? Quant à en faire l'expérience sur le corps social, dont le hasard et la puissance de Cornelius Hertz ont fait le médecin d'un moment, cela ne peut aller sans difficultés.

Depuis Thiers, il n'y eut pas d'homme en France qui fit couler autant de sang français. Faux patriote et faux philanthrope ce rhéteur vaniteux et violent n'a su qu'ensanglanter sa patrie et massacrer des hommes.

Si cela continue, que va-t-il advenir ?

M. Clemenceau espère-t-il nous tromper l'hypocrisie des prétextes? Il invoque la loi, le droit, la justice et autres balivernes auxquelles il ne croit pas.

La loi, le droit, la justice ne sont que des mensonges dont il se plait à leurrer sa lâcheté et celle des autres. Au fond, il n'y a que des intérêts en présence et des forces. Et c'est la force seule qui l'emportera.

M. Clemenceau le sait bien, mais il ne le dit pas. Il ne le dit pas, parce qu'il a peur, parce qu'il est lâche et qu'il entend vaincre, non seulement à mille contre un, mais encore, par le mensonge, par la ruse, par la terreur, par la corruption. Il entend vaincre par n'importe quels moyens. Sauf par la vérité.

Or, la vérité, la voici, et M. Clemenceau ne peut pas la dire.

Il ne peut pas dire : « J'ai besoin de m'enrichir, moi et ma famille. J'ai besoin d'accumuler beaucoup d'or dans les banques étrangères pour parer aux revers de fortune. Je veux aussi jouir du présent ; car je suis vieux et n'ai pas le temps d'attendre. Je veux avoir des châteaux, des parcs, des chasses, des autos et tout ce qui constitue le luxe de la vie moderne large et dispendieuse. Je veux aussi des femmes. De jeunes et jolies femmes, parées, élégantes... complaisantes. Or, les belles jeunes femmes sont chères pour les vieillards.

» Pour tout cela et pour bien d'autres choses, il me faut beaucoup d'argent que je ne puis avoir que par mon métier de ministre lequel m'oblige à maintenir l'exploitation du peuple, à le faire assommer quand il réclame de moins dures conditions et à le massacrer quand il proteste trop fort.

» Je sais bien qu'il a raison, le peuple ; je sais que la vie qui lui est faite ne vaut pas d'être vécue. Je sais qu'à sa place je ne la supporterais pas. Je sais que la justice, la raison, le vrai droit sont de son côté, et que s'en servir ; ou plutôt, s'il savait la conserver par devers lui, en ne l'envoyant pas se condenser, par gouttelettes individuelles, dans nos grands réservoirs militaires et financiers ou nous la captons, pour l'employer contre lui même, ainsi que je le lui ai bien fait voir, à Villeneuve-St-Georges, à Draveil, à Raon-l'Etape, à Narbonne ; et ainsi que je le lui ferai voir ailleurs à la prochaine occasion.

» Enfin, je sais que cette force nous échappera un jour, proche peut-être, et que le peuple sera victorieux. Mais, en attendant, je continuerai à maintenir son exploitation, à l'assommer s'il se plaint, à l'éventrer s'il bouge.

» Et cela, non pas parce que la loi, le droit ou la justice m'y autorisent ; mais parce que je suis payé pour cela, et que je continuerai à le faire, moi ou d'autres, tant que le peuple sera trop ignorant ou trop faible pour s'y soustraire ou s'y opposer. »

* * *

Telles sont les vérités brutales que ce misérable laquais du capital cherche à dissimuler par ses mensonges, croyant ainsi reculer l'échéance où ses maîtres devront restituer.

Mais les revendications sociales ne sont pas de celles que l'on peut vaincre indéfiniment par des coups de fusil et des arrestations. Cette tactique de soudard et d'argousin ne peut qu'envenimer les choses et les précipiter. La question n'est que reculée. Elle se posera toujours avec d'autant plus d'acuité qu'elle aura été retardée et refoulée.

Voilà les chefs de la C. G. T. arrêtés. Et, illégalement arrêtés bien qu'on en dise. Et après ?

Pense-t-on pouvoir aussi arrêter le mouvement révolutionnaire qui soulève, en ce moment, toute l'humanité exploitée du monde entier ? C'est impossible. Toute la classe ouvrière, d'un bout du monde à l'autre, vibre et palpite d'un même cœur et d'n ne même pensée. Elle est tendue vers la même volonté libératrice.

Tous les peuples se révoltent contre leurs exploiteurs et leurs assassins. Le soulèvement est immense et général. Il part des profondeurs les plus diverses et toutes les couches sociales en sont remuées.

Demain, peut-être, la conscience humaine, justement indignée, va se dresser toute entière contre les insensés qui s'imaginent que tout le patrimoine du passé, la philosophie du dix-huitième siècle, la science du dix-neuvième, le rationalisme du vingtième ne peuvent aboutir qu'à l'apothéose des voleurs et des massacreurs légaux embusqués derrière le respect de la loi.

Ce mouvement là, ne sera pas aussi facile à arrêter que Pouget et Griffuelhes. Il y faudra d'autres hommes que Touny, Mouquin, Lépine et Clemenceau.

Ce mouvement-là, ne sera pas arrêté. Il renversera tout.

Les cadavres que l'on répandra sur sa route ne feront que l'exaspérer et il faudra toujours, tôt ou tard, que ces cadavres et le sang soient payés.

Qui les paiera ?

M. Clemenceau ? Non. Pas lui. Il n'y suffit pas. Mais sa classe... celle qui le représente, qui le paye, qui l'admire, qui l'applaudit et qui le pousse. Celle qui tient les ficelles de ce pantin sinistre, jouet ridicule et abject, destiné à effrayer les uns, à rassurer les autres. Celle qui depuis un siècle pille, gaspille, rançonne, trahit, violente, emprisonne et tue au nom de la loi du plus fort.

LEVIEUX.

Chiquenaudes

ET

Croquignoles

TOUT EST BIEN !

Il est curieux de fouiner un peu partout et de cueillir les perles, dans toutes les huîtres et dans tous les canards. En voilà une de la plus belle eau d'égoïsme et qui ne manque pas d'une superbe, qu'excuse d'ailleurs l'indifférence ouvrière. Elle est prise dans la Revue Minière qui paraît ce mercredi :

La Rente est ferme disions-nous la semaine dernière. La Rente est ferme répétons-nous aujourd'hui. Les événements de la semaine n'ont eu rien entamé cette belle tenue, que disons-nous, depuis on a dépassé le cours de 96 autour mais au-dessous duquel on se tenait précédemment. Tout est pour le mieux alors !

Clemenceau a la poigne dure. Il tue à droite, à gauche, afin de rassurer ses maîtres, de leur donner confiance. La rente monte... tout est pour le mieux... la colère aussi et ne pourraient-elles déborder l'une et l'autre.

FUMISTERIE

Ceci est de la fumisterie et ce n'est pourtant pas de la fumisterie.

Clemenceau doit se féliciter d'avoir en face de lui pareils ennemis. Nul danger d'accidents - avec ceux qui pondent pareil « ordre du du jour » :

LES OUVRIERS FUMISTES

Les ouvriers fumistes industriels en grève depuis le 7 mai, réunis en nombre de 300, grande salle de la Bourse du Travail, après avoir entendu le camarade A. Marx faire le récit des faits qui se sont produits au « présence tant à Draveil, à Vigneux et à Villeneuve-Saint Georges, emportent leur plus profond mépris aux soudards galonnés qui ont ouvert le feu contre les travailleurs qui venaient assurer leurs camarades de Vigneux de leur solidarité ; félicitent leurs camarades fumistes industriels qui n'ont pas craint de croiser les bras devant les fusilleurs.

Les grévistes après avoir acclamé la grève, lèvent la séance en signe de deuil.

Les organisations ouvrières qui voudraient bien s'intéresser à la cause des ouvriers fumistes industriels sont priées d'adresser les fonds au camarade Eugène Bordas, comité de grève, Bourse du Travail.

Quel geste magnifique d'envoyer son profond mépris, mais comme le moindre pavé artificiel ferait mieux !

LEPINE-MARSEILLE

Lundi dernier, une baraque foraine de grande importance avait été ouverte sur la place de la République. C'était une arène de lutteurs. Marseille qui tenait jusqu'ici la première place pour ce genre d'exhibition en dépassé de beaucoup. C'est un nommé Lépine qui en était le barnum.

Pour jeter le gant, il avait fait placer à la porte les plus redoutables de ses phénomènes. Jamais l'on ne vit pareille carrure, pareille bestialité. Dans quelles cavernes ce barnum va-t-il les découvrir. C'est un mystère. Peut-être, comme Guillaume, favorise-t-il les croisements.

Dans ce cas quelque humain courageux ou amoureux de diversités doit consentir à couvrir quelque femelle d'anthropoïde ou d'orang-outang.

L'expérience a réussi. Peu d'amateurs se sont présentés pour relever le gant. Pourtant que le barnum ne triomphe pas trop... la science peut fabriquer des Davids tous les jours et la force des Goliaths est légendaire, leur bêtise ne l'est pas moins.

MOQUONS NOUS

Que de fois, moqueur, avons-nous croquignolé la tête des bergers conduisant leurs troupeaux vers les pâturages malsains ; sachons, aujourd'hui chiquenauder le veau, le muffle, le museau des troupeaux qui s'entêtent à rester dans la bourbe plutôt que de faire le moindre mouvement, la moindre action.

Les ouvriers, les syndiqués en laissant ceux qui les mandatent jeter vainement l'appel à la grève de vingt-quatre heures ne se sont pas aperçus qu'ils détruisaient leur propre puissance.

Guillot a si souvent crié « au loup » que nul ne le prendra au sérieux, pas même lui.

CANDIDE

Quelques Réflexions

Les pamphlétaires bourgeois, qui trouvent leur pâture dans les immondices, comme les chiens de pauvre, expriment, non sans fougue, ceci : « le nombre des criminels augmente ; la peine de mort, seule, peut suffire à empêcher leurs exploits ». Je veux bien admettre cela, je l'admets nécessairement pour établir ma démonstration.

Si le nombre des criminels augmente, c'est qu'il existe actuellement, des causes qui transforment les individus sains en criminels ; car, dans le cas contraire, le nombre des criminels resterait le même.

La peine de mort étant rétablie, il n'y aura plus de crimes, mais les satyres désireront toujours les petites filles, les cambrioleurs n'auront pas un système d'idées honnêtes, mais les maquereaux aimeront toujours la paresse.

Or les causes de la criminalité subsistant, les effets subsisteront ; et puisqu'il y a progression dans les effets, puisque les êtres antisociaux augmentent toujours, il arrivera un moment où ceux-ci seront plus nombreux que les honnêtes gens ; et les apaches ne craindront plus la peine de mort, puisqu'ils seront les plus forts ; et ils l'appliqueront aux honnêtes gens. Donc la peine de mort ne résout pas la question de la criminalité.

* *

On peut diviser tous les individus mariés en deux catégories. D'une part ceux qui, hommes ou femmes, aiment toujours leurs conjointes ou conjoints, désirent toujours la cohabitation, et d'autre part ceux qui, à un moment donné veulent rompre le mariage.

Pour les individus de la première catégorie, le mariage est inutile, car des gens qui veulent vivre ensemble n'ont pas besoin d'être obligés à cela. Dans ce cas, le mariage est inutile. Mais en raison de son inutilité, il est mauvais, puisqu'il nécessite des formalités, du travail inutile, de l'activité qui pourrait être employée plus rationnellement. Et d'autre part, au moment où ils se marient, les individus ignorant s'ils s'aimeront toujours, acceptent de rester ensemble malgré leur indifférence future possible, acceptent l'hypothèse de se prostituer l'un à l'autre.

Pour les individus de la seconde catégorie, le mariage est mauvais ; puisqu'ils désirent à un moment donné rompre le mariage, le mariage est contraire à leur volonté, à leurs inclinations amoureuses à leurs facultés amoureuses ; donc, encore dans ce cas, le mariage réalise une forme de la prostitution.

* *

Les bourgeois déclarent : « Le mariage est nécessaire, car s'il disparaissait, ce serait la ruine de la famille. » En d'autres termes les gens qui sont mariés, en ce moment, ne vivraient pas ensemble si le mariage ne les y obligeait. Les femelles honnêtes se prostituent non point pour l'argent, comme les putains, mais pour la Grandeur du Foyer, pour la Famille.

On objecte : « Oui, mais les enfants ? ». Ce n'est point un argument contre l'Amour libre, mais c'en est un très fort contre la Société dans laquelle les femmes ne peuvent pas élever leurs enfants dans des conditions normales, dans laquelle les êtres, par le simple fait de leur existence, n'ont point droit à l'existence.

* *

Vous admettez, honnêtes gens, que les chefs sont nécessaires ; mais alors vous reconnaissez votre infériorité ! vous êtes des brutes, des moutons, des gourdes immuables.

Et si les chefs ne sont point supérieurs, s'ils sont semblables à vous, ils deviennent inutiles. Car si vous ne pouvez vous conduire, ils ne le peuvent pas non plus ; si vous faites des bêtises, ils en font. Les lois qu'ils créent pour vous ne sont pas meilleures que les règles que vous pourriez établir, individuellement, pour votre conduite individuelle.

* *

Les lois sont conformes à la nature, aux besoins des hommes, ou elles ne le sont pas.

Dans le premier cas, les lois ne doivent pas être imposées, car les hommes agissent toujours conformément à leur nature, à leurs besoins. Et dans le second cas, elles sont oppressives.

* *

On peut définir la fidélité « l'état d'un individu qui conserve son amour à un autre individu ». Je prouve qu'en amour ou en amitié la fidélité ne peut jamais être un devoir.

Lorsqu'un individu m'aime — mon sexe et le sien n'importent pas — il a de l'amour pour moi. Il m'est fidèle ; je n'exige point la fidélité qu'il me témoigne.

S'il ne m'aime plus, je ne saurais exiger de lui la fidélité ; il ne peut avoir à la fois de l'amour envers moi, et s'en pas avoir. Il ne m'est plus fidèle, donc je ne compte pas sur une fidélité inexistante.

* *

Un bourgeois ami me reproche souvent de ne point vivre selon mes idées. Or si je pouvais vivre selon mes conceptions, si je pouvais faire tous les gestes qui me semblent normaux, si les hommes respectaient mon individualité, je ne serais pas anarchiste.

L'anarchisme c'est la réaction consciente de l'individu sur le milieu social. Nous pouvons lutter selon nos idées, vivre selon le plus d'idées possible, mais non vivre selon nos idées.

OLOGUÉ LE CYNIQUE.

L'Identité forcée

LE JUGE D'INSTRUCTION, au témoin. — *Mon ami, nous vous avons fait venir pour l'acquit de notre conscience, car notre conviction est faite. Cependant, comme vous avez connu Galuchard, vous auriez pu être froissé d'être tenu à l'écart. Veuillez donc examiner ce cadavre et nous dire que c'est celui de Galuchard.*

LE TÉMOIN, après un examen attentif. — *Non, ce n'est pas du tout celui de Galuchard.*

LE JUGE D'INST. — *Pardon, vous ne m'avez pas bien entendu. Je vous ai dit d'examiner ce cadavre et de nous dire que c'est celui de Galuchard.*

LE TÉM. — *Mais ce n'est pas celui de Galuchard !*

LE JUGE D'INST. — *Vous n'allez pas faire de l'obstruction systématique dans une affaire qui présente ici bien ! L'homme qui est étendu ici est Galuchard ; donc l'affaire est terminée, puisque l'unique inculpé est mort. C'est limpide. Veuillez donc signer cette attestation* (Il lui tend un papier).

LE TÉM., après avoir lu. — *Mais vous me faites certifier que c'est Galuchard ! Je ne veux pas...*

LE JUGE D'INST. — *Je vous fais certifier, parce que vous êtes la seule personne l'ayant connu.*

LE TÉM. — *Eh bien ! je vous préviens que vous vous trompez. Ce cadavre n'est pas celui de Galuchard !*

LE JUGE D'INST., avec un sourire de mépris. — *Je consens à vous donner la preuve que vous vous trompez.* (Appelant) *Monsieur Bertillon !*

M. BERTILLON, entrant. — *Monsieur le juge ?*

LE JUGE D'INST. — *Quel est le nom de ce cadavre ?*

M. BERTILLON, après avoir pris quelques mesures rapides. — *Jules-Joseph-Jean-Achille Galuchard, âgé de trente quatre ans, né à Nancy, ouvrier plombier.*

LE JUGE D'INST, au témoin. — *Voilà, monsieur, voilà ce que j'appelle établir une identité. Et notez que M. Bertillon n'est troublé par aucun souvenir personnel : il n'a jamais vu cet homme vivant. Tandis que vous...*

LE TÉM. — *Tandis que moi, je l'ai vu, et je jure que ce n'est pas Galuchard.*

LE JUGE D'INST., indigné. — *Sortez, monsieur, sortez ! L'opinion publique appréciera. D'un côté, la magistrature et l'anthropométrie se prêtent un appui mutuel et désintéressé ; de l'autre, les allégations suspectes d'un individu en relations louches avec Galuchard...*

LE TÉM. — *Ce n'est pas lui ; je ne le reconnais pas.*

LE JUGE D'INST. — *La France entière le reconnaîtra, monsieur !* (Le témoin sort)

LE JUGE D'INST., à son greffier — *Voilà qui achève d'asseoir ma conviction. Si le témoin l'avait reconnu, je crois que je me serais pris à douter !*

Paul GAVAULT.

LES PRÉCURSEURS

Théorie de la Propriété

(Ouvrage posthume de Proudhon)

Sous ce titre *Qu'est-ce que la propriété ?* ou *Lettre à M. Blanqui sur la propriété*, Proudhon reprend l'idée que nous avons vue dans ses précédents ouvrages et tend à démontrer qu'au point de vue historique le droit romain imprescriptible, inviolable de la propriété tendait à disparaître.

Il essaye de prouver que même l'économiste Blanqui marchait fatalement, et malgré lui, dans la voie égalitaire et que toutes les réformes, minimum de salaire, impôts sur le luxe, ateliers nationaux tout en étant une violation du principe de la propriété tendaient à l'égalité économique, et par là, politique et sociale de tous les citoyens. Il s'agissait seulement de hâter cette marche en avant par les sociétés d'assurance, de crédit, de commerce, etc.

Nous avons trop souvent fait la critique d'une telle conception, pour qu'il nous soit utile d'y insister, au reste ce livre de Proudhon n'a rien de spécifiquement original.

Beaucoup plus intéressant est l'ouvrage qui parut en 1866 après la mort de Proudhon, sous le titre *Théorie de la Propriété*.

L'auteur y abandonne la théorie possessioniste qu'il avait défendue toute sa vie.

Il continue cependant à nier l'idée de propriété en tant que droit :

« Le principe de l'appropriation est que tout produit du travail appartient de plein droit à celui qui l'a créé : tel qu'un rateau, un chapeau, une maison. L'homme ne crée pas la matière, il la façonne seulement. Néanmoins on peut admettre que la forme l'emporte sur le fond, et la propriété du travail implique celui de la matière. Le producteur a droit à son produit mais n'a droit qu'à cela. En aucun cas, la possession ne peut impliquer l'idée de propriété : nous pouvons prendre la terre, la cultiver, en jouir, rien de plus. »

Jusqu'ici rien de nouveau, mais soudainement Proudhon s'écrie : « La propriété essentiellement illégitime dans son origine s'explique et se légitime par sa fin, par sa fonction. Le principe de propriété malgré son caractère antijuridique, antiéconomique est un produit spontané de la société, il a donc sa raison d'être. »

Cette raison d'être Proudhon la trouve dans le Droit politique.

« La propriété, dit-il, est la condition essentielle de la décentralisation, de la fédération. Le droit de propriété est absolu, droit d'user et d'abuser. Il s'oppose à un autre absolu : le *gouvernement* qui nous met en péril constant d'usurpation et de despotisme.

» La justification de la propriété que nous avons vainement demandée à ses origines, nous la trouvons dans ses fins.

» Là où le domaine appartient à la collectivité, sénat, aristocratie, prince ou empereur, il n'y a que féodalité, hiérarchie et subordination. Pas de liberté, par conséquent ni d'autonomie. C'est pour rompre le faisceau de la *souveraineté collective*, si exorbitant, si redoutable, qu'on a érigé contre lui le domaine de la propriété, véritable insigne de la souveraineté du citoyen. »

Et alors sur ces bases, Proudhon établit une étrange apologie de la propriété absolue « ...La république qui laissera tomber l'alleu en fief, qui ramènera la propriété au communisme slave, ne subsistera pas, elle se convertira en autocratie. De même la vraie propriété n'engendrera jamais une monarchie. Si le contraire arrivait, si une agglomération de propriétaires élisait un chef, par cela même ils abdiqueraient leur quote part de souveraineté, et tôt ou tard le principe propriétaire serait altéré entre leurs mains.

» Ainsi, conclut Proudhon, toute ma critique antérieure, toutes les conclusions égalitaires que j'en ai déduites reçoivent une éclatante confirmation. Le principe de propriété est ultra légal, extrajuridique, absolument égoïste de sa nature jusqu'à l'iniquité. *Il faut qu'il soit ainsi*, il a pour contre poids la raison d'état, absolutiste, ultra-légale, illibérale jusqu'à l'oppression. *Il faut qu'elle soit ainsi.*

» Voilà comment dans les prévisions de la raison humaine, le principe d'égoïsme usurpateur par nature et improbe, devient un instrument de justice et d'ordre, à ce point que propriété et droit sont idées inséparables et presque synonymes. La propriété est l'égoïsme idéalisé, consacré, investi d'une fonction politique et juridique. *Il faut qu'il en soit ainsi* parce que jamais le droit n'est mieux observé qu'autant qu'il trouve un défenseur dans l'égoïsme et dans la coalition des égoïsmes. Jamais la liberté ne sera défendue contre le pouvoir, si elle ne dispose d'un moyen de défense, si elle n'a sa forteresse inexpugnable. »

Il m'a semblé intéressant de terminer l'étude de Proudhon en citant ce dernier livre qui ne jette pas un jour nouveau sur ce penseur, qui ne le contredit pas pour qui l'a suivi au cours de sa vie, mais qui, au contraire, accuse singulièrement les premiers balbutiements de cette doctrine si faible encore dans sa partie économique, mais si puissante dans son envol philosophique : *l'anarchie*.

Ainsi, Proudhon pris entre deux monstres dangereux, la *propriété* et *l'autorité*, flotte, hésite, assomme le premier, puis recule devant le second, pour se redemander ensuite s'il n'a pas eu tort, si l'état oppressif n'est pas plus dangereux que la propriété inique, et s'il ne serait pas plus sage de neutraliser leurs forces réciproques en les opposant l'un à l'autre.

Neutraliser la puissance nocive de l'état par l'inviolabilité de la propriété individuelle.

Neutraliser le danger propriétariste par l'empêchement de la grande propriété, par la suppression de la rente, par l'impôt sur le revenu, par la suppression de l'intérêt du capital, par le crédit enfin, permettant à tous l'accès au propriétariat.

Telles sont les conclusions de la doctrine proudhonnienne.

Nous en démontrons l'erreur, mais nous ne pouvons nous empêcher d'y découvrir les embryons de la grande pensée anarchiste.

MAURICIUS.

Les Universités Populaires

A la reprise de l'affaire Dreyfus, la bourgeoisie financière ayant besoin de l'opinion publique, fut prise tout à coup, d'un amour exagéré et désintéressé (oh combien) pour le peuple. Aidée par toute une catégorie de bourgeois voltairiens, de dirigeants anticléricaux, de savants officiels et d'hommes de bien voulant éclairer l'ouvrier, le moraliser : elle prit à tâche de lui inculquer une éducation toute spéciale.

A cette époque, on ne parlait que de la Vérité, que de la Justice.

La bourgeoisie se rendant enfin compte des injustices et des souffrances dans lesquelles étaient plongées les masses, on allait réformer, changer tout cela. Les conseils de guerre allaient disparaître, les armées permanentes se transformer en milices, les lois allaient être refondues, les codes revisés. La justice cessant d'être un vain mot, allait enfin briller pour tout le monde.

On allait vivre une ère de bonheur. Mais pour cela fallait-il faire triompher la Vérité, en l'occurrence la libération d'un bourgeois. D'ailleurs, le peuple n'était pas apte à comprendre, à jouir, de ce nouvel état de choses. Il fallait donc, l'instruire, le rendre conscient.

De là naquirent les Universités populaires. Quelques anarchistes n'ayant en vue que le « triomphe de la Raison et de la Vérité », s'habituèrent rapidement à côtoyer la bourgeoisie libérale. Ils donnèrent à fond dans la formation des U. P. Ils crurent alors, avec l'appui financier des bourgeois, sortir du peuple par le moyen d'une éducation méthodique de son ignorance et de son apathie. D'autres anarchistes favorisèrent ce mouvement, pensant y semer directement les idées anarchistes.

Hélas ! après dix années d'expérience, le désenchantement est complet. Les uns n'ont réussi qu'à se faire une trouée dans la société bourgeoise, les autres n'ont pas trouvé un terrain favorable.

Voilà déjà quelques années que l'on parle de la faillite des U. P., on peut dire aujourd'hui qu'elles sont disparues, qu'elles n'existent plus.

Les quelques groupes fonctionnant encore sous la dénomination d'U. P. ne vivent que par exception. Des souscriptions bourgeoises continuent de les alimenter. Le désir de s'instruire de quelques individus suffit à leur donner une apparence de vitalité sérieuse, alors que le gros du public est attiré par des cours de musique, de danse, et autres divertissements, et vient là surtout parce que le plaisir y est moins cher qu'ailleurs.

Afin de profiter de l'expérience du passé, sachons rechercher les causes de ces échecs.

Tout d'abord, et quoi qu'il ait été dit, l'élément bourgeois a toujours dominé dans les U. P. Il en fournissait presque tout l'apport financier et dirigeant le conseil d'administration, il en donnait l'orientation philosophique.

Les questions touchant de trop près la réalité, traitant de façon trop exacte la situation des exploités, devaient être minutieusement écartées. Venaient conférencier des savants, des professeurs, quittant pour une soirée leur laboratoire, ou leur cabinet de travail. Pas de danger que ceux-là éveillent la conscience du peuple dont ils ne connaissaient pas le langage, et traitant d'ailleurs des sujets pour la compréhension desquels sont indispensables des connaissances que le populaire ne possède pas. Ainsi l'éducation était canalisée et n'allait pas au delà des visées du conseil administratif.

Toutes les U. P. n'avaient pas les mêmes vues. Celles qui furent les plus intéressantes étaient à tendances anarchistes. L'enseignement qu'elles donnaient était complètement désintéressé, et visait surtout la culture individuelle. Elles ne purent longtemps exister. Les souscriptions bourgeoises n'y affluèrent pas et cessèrent dès que l'on aperçut leurs tendances, la bourgeoisie ne voulant aider la diffusion d'une éducation rationnelle, négatrice de la raison de son existence parasitaire. Les anarchistes se dispersèrent dans les U. P. de formes différentes.

Les plus nombreuses étaient, sans conteste, les U. P. philanthropiques. Dirigées par de riches philanthropes, elles avaient pour but avoué d'éduquer les ouvriers, d'améliorer leur sort. En réalité, elles leur insufflaient les bons sentiments, propres à conserver intacte la société actuelle. Donner au peuple quelques bribes d'éducation, développer en lui le goût de l'épargne, l'idée de prévoyance, de mutualité, lui apprendre l'esprit de discipline, l'abnégation de soi au profit d'autrui, en un mot écraser la dignité individuelle, empêcher l'idée du libre examen ; voilà la tâche néfaste de ces U. P. Bien entendu qu'à première vue cela ne se discernait pas.

Quelles objections pouvaient présenter le peuple à ces conférenciers disertes, polis, aimables, sentant l'homme du monde, qui recherchaient plutôt l'effet oratoire, théâtral, que l'argumentation précise. Il n'y avait qu'à laisser ces orateurs de salon vous débiter la science en tranches, pour laquelle les profanes ont toujours un respect confinant à la religiosité.

Et ces gens se disaient éducateurs du peuple. A quoi pouvaient bien penser les anarchistes qui avaient mis leur espoir en ces formes néo-scientifico-littéraires.

D'une autre catégorie étaient les U. P. démocratiques. Celles-là poursuivaient des fins politiques. Donner aux masses une éducation civique, afin d'en faire de bons citoyens, de bons électeurs, tel était leur rôle.

Dans le même but, la formation d'électeurs, ces pétaudières réunissaient les arrivistes politiciens, les avocaillons en quête d'une parcelle de pouvoir, les futurs candidats qui s'essayaient à pérorer et à mieux tromper les foules abêties. Elles ne pouvaient fonctionner que parallèlement, à des groupes politiques et alimentées par eux. Il n'y avait pas à faire de propagande anarchiste dans ce milieu. La seule chose intéressante était de le détruire.

Nous venons de causer de trois catégories d'U. P. bien distinctes, nous placerons dans une dernière, qui avait son importance, parce qu'elle englobait un public moins disparate, plus ouvrier, les U. P. qui tenaient d'une coopérative ou d'un syndicat, ou même des deux réunis.

Dans ces milieux, l'éducation prenait une forme plus précise. La mode était aux questions purement ouvrières. L'U. P. dépendant d'une coopérative, aisait traiter des questions ramenant tout à la coopération, alors que l'U. P. syndicale s'occupait plutôt des questions relatives au syndicat, à la législation du travail, etc. On y délaissait facilement la littérature et les arts, pour s'y occuper d'organisation ouvrière, de production et de consommation, de syndicalisme et de coopératisme, que l'on érigeait en systèmes pouvant se suffire à eux-mêmes. On bourrait les cerveaux avec des utopies de société future. Comme les autres U. P. elles vivaient par des subventions bourgeoises, quelquefois par des subventions municipales, servies indirectement par le syndicat. Elles ne purent jamais vivre par elles-même, malgré leurs beaux idéals de société future.

On peut faire quelques critiques générales aux U. P. Elles ne surent pas donner au peuple une éducation assimilable, tant que les bien des ouvriers ne revinrent pas, n'ayant rien compris, a une conférence scientifique écoutée par déférence, par politesse. Elles donnèrent des formules toutes faites ne pouvant satisfaire à toute originalité individuelle. Elles eurent des buts trop spéciaux, empêchant toute initiative et faisant les individus moutonniers. Elles mirent trop de côte les idées de libre examen, etc, etc.

Il faudrait mettre l'individu à même de diriger son éducation en toute indépendance, rendre l'individu attentif aux faits journaliers, l'habituer à en tirer les enseignements qu'ils comportent.

Il faudrait développer en lui l'observation, le sens critique qui le rendent capable de tirer les conclusions logiques des événements.

Cela développerait l'individu, mais l'amènerait inévitablement à l'anarchie. Les dirigeants des U. P. ne pouvaient concevoir pareil résultat.

Ils firent tous leurs efforts pour entraver eux-mêmes la marche du travail qu'ils avaient commencé. Les U. P. ne pouvaient être qu'anarchistes. Libérales ou socialistes, elles ne pouvaient que végéter et mourir. C'est ce qu'elles firent.

Louis GÉRAULT.

Sur la Peine de Mort

BIZEAU.

Affranchissement individuel

Si l'expérience nous a détachés de plus en plus de la recherche des solutions collectives, si elle découvre la vanité des changements de formes et de variations d'état, elle renforce la conscience individuelle, elle attribue à chacun de nous toutes les notions de justice et de morale.

De tous les mensonges, le plus flagrant est celui dont s'autorise la morale générale, applicable à tous sans distinction. Est-ce qu'il peut y avoir équivalence d'appréciation, de jugement, de responsabilité, dans une société basée sur l'inégalité des fortunes, des conditions d'instruction, d'éducation et de milieu ? Un principe fixe — avantageux seulement pour les privilégiés — s'étendra-t-il à des millions d'individus différents de races, de tempéraments, d'aptitudes, de savoir, de goûts, de mœurs et d'habitudes ? Au contraire, n'est-il pas presqu'autant de morales que d'individus et les règles de conduite pour chacun ne devraient-elles pas être le résultat de la volonté libérée, du développement de la conscience et du « moi » ?

Tous les axiomes de la sociologie reposent sur des principes incertains. Nous ne concevons plus nettement par quelle raison supérieure il est « glorieux » d'abattre vingt ou trente mille hommes sur un champ de bataille et « criminel » de tuer un parent, un voisin ou un promeneur.

Comment établir la différence entre le rebelle qui devient ministre, président ou empereur et l'anarchiste, le révolutionnaire, qu'on emprisonne, qu'on déporte ou qu'on exécute ? — Nous n'apprécions pas non plus la différence entre le négociant qui nous trompe sur la quantité, le poids, la qualité de sa marchandise et l'adroit filou qui nous dérobe le porte-monnaie ou la montre, l'audacieux cambrioleur qui dévalise une bijouterie ou dépeuple un poulailler et le miséreux qui prend un pain dans une corbeille ou une paire de souliers à l'étalage. On nous dira que dans le premier cas, c'est du commerce et du vol dans le second. Eh bien, l'indulgence que l'on accorde à l'un diminue de beaucoup — si elle ne l'efface entièrement — la culpabilité des autres.

On voit qu'il appartient à la seule conscience de débrouiller bien des cas. On peut facilement reconnaître que les grands déprédateurs esquivent les conséquences des pires méfaits et sont suivis d'une complicité presque unanime de louange, tandis que les pauvres hères sont durement frappés, que la foule applaudit à leurs peines, à leurs désastres, les jugeant de vils coquins indignes de pardon.

Concluons. Les lois et les jugements sont un leurre ; les individus doivent se libérer des préjugés traditionnels, des respects héréditaires, faire table rase de toutes les idées acceptées, se créer une conscience neuve, cultiver en eux la vérité, y rapporter leurs actes et suivre les mouvements instinctifs de solidarité envers les camarades, les faibles et les adolescents.

Chacun de nous, d'ailleurs ne ressentil pas le besoin de communiquer ses idées et ses impressions à autrui ? Quand il a créé une œuvre, n'est-il pas heureux de la montrer aux camarades, de reconnaître les bons sentiments qu'elle éveille en eux ? Il n'y a que l'avare qui peut goûter la fausse joie de garder ses idées pour lui seul ou d'accomplir des actes d'un égoïsme absolument étroit.

L'homme doit finir par ne plus se laisser guider par la louange ou le blâme de ses semblables ; au contraire, il doit trouver sa règle de conduite la plus sûre dans des convictions conformes à la raison.

Les individus qui ont la volonté franchie, la conscience élevée, peuvent seuls vivre la vie libre.   Fernand PAUL.

NOTRE CORRESPONDANCE

Les Mouvements Utiles [1]

à L.-A. Borieux.

Analysant le compte-rendu que j'ai donné dans le *Libertaire*, du livre d'Armand : *Qu'est-ce qu'un anarchiste ?*, tu commets une erreur d'interprétation.

Ainsi, j'aurais reproché à Armand « la matérialité de ses conceptions économiques ». Tu en trouves la preuve dans les lignes suivantes :

Que telle profession présente une utilité sociale, nous n'avons pas — actuellement — à nous en soucier. Pour ma part, je ne ressens aucun mépris pour les camarades constructeurs de cuirassés, ou les camarades poinçonneurs de tickets du métropolitain !

Oui, superflues ces discussions, et bien que nos conclusions diffèrent peu de celles d'Armand, je regrette que notre camarade n'en ait fait plus brève mention.

Cette citation était insuffisante. Je parlais, un peu plus haut de l'attitude des anarchistes dans la société actuelle. Je constatais ce fait évident : personne n'échappe à la domination du capital, les anarchistes y compris. Les nécessités immédiates nous contraignent à nous louer pour n'importe quelle besogne. Je puis fort bien être employé à la construction d'un navire de guerre. Cela implique-t-il mon adhésion au militarisme ?

Ah ! si la production était ordonnée selon la formule : le maximum de bien-être commun par le minimum d'effort, on aurait raison d'anathématiser les inconscients qui se livreraient à des besognes aussi manifestement inutiles que celles précitées. Nous n'en sommes pas là. Toute l'activité humaine est dirigée vers l'enrichissement d'une minorité possédante. Aussi, il importe peu que nous ayons des « mouvements » inutiles.

Nous sommes tous d'accord, camarade L.-A. Borieux, pour constater que ces mouvements sont terriblement nombreux. Tous, nous déplorons que des hommes fondent le métal des canons, perforent des cartons de contrôle, noircissent du papier timbré, etc, etc. C'est pour supprimer ces fonctions que nous désirons créer une société nouvelle.

En attendant que nous soyons les plus forts, nos « mouvements » économiques sont quelconques. Celui-ci est un rouage du mécanisme du commerce parasitaire. Celui-là fabrique des chaussures, édifie des maisons, et son œuvre sert beaucoup plus à accroître la fortune de patrons et d'actionnaires qu'à loger les sans-gîte ou chausser ceux qui vont pieds nus. Que vient-on nous parler d'œuvrer utilement ? Nous œuvrons pour gagner un salaire. Cela n'a rien à voir avec nos conceptions économiques.

* *
*

Je comprends l'impatience des camarades qui disent : « Oui, la cité future, très joli, mais c'est lointain ! Ne nous immobilisons pas devant cette vision paradisiaque. Vivons la minute présente, et négligeons les demains d'illusions ! »

Vivre la minute présente ? De quelle façon ? Que pouvons-nous créer de positif ? Le système capitaliste est si bien construit que nous devons reporter la moindre de nos réalisations après la destruction totale de ce système. A moins que nous considérions avoir atteint le but par la coopératisme, le « milieu-librisme », ce qui serait d'une belle naïveté.

Le problème économique est primordial. Mais, sa résolution dépasse le point de vue individuel auquel je reprochais à Armand d'avoir trop sacrifié. Quelle que soit la force morale d'un individu, ou d'un groupe d'individus, ils subissent les lois qui régissent la

* *
*

Non seulement dans les temps passés, mais à notre époque aussi, le savoir qui conduit au bien-être personnel cède le pas à celui qui procure des applaudissements. Dans les écoles de la Grèce, les principaux sujets d'études étaient la musique, la poésie, la rhétorique et une philosophie qui, jusqu'à l'enseignement de Socrate, n'avait pas grand chose à faire avec la vie pratique (le savoir appliqué aux arts utiles était mis à un rang inférieur. A l'heure actuelle, dans nos universités et dans nos écoles, la même antithèse existe. C'est dire une banalité que d'affirmer qu'un jeune homme, neuf fois sur dix, au cours de sa carrière, n'aura jamais occasion d'utiliser son grec ni son latin. La remarque est triviale que, dans sa boutique ou dans son bureau, pour gérer sa propriété ou pour diriger sa famille, ses enfants, il ne tire que bien peu d'aide de ce savoir qu'il a mis tant d'années à acquérir; qu'il en tire même si peu que la plus grande partie de ce savoir s'est évanoui de sa mémoire, et si, à l'occasion, il s'aventure à faire une citation latine ou une allusion à quelque mythe grec, c'est moins pour jeter quelque clarté sur le sujet traité que pour faire parade de son érudition. Si nous cherchons à découvrir le motif réel pour lequel on donne une éducation classique aux garçons, nous trouvons que c'est uniquement pour se conformer à l'opinion publique. On habille l'esprit des enfants comme leur corps suivant la mode. De même que l'Indien de l'Orénoque se peint le corps avant de quitter sa hutte, non pas en vue du bénéfice matériel, mais uniquement pour ne pas avoir honte d'être vu dans sa peinture, chez nous on force les jeunes garçons à apprendre le grec et le latin, non pour la valeur intrinsèque de ces langues, mais pour qu'il n'aient pas plus tard l'humiliation de les ignorer, mais afin qu'il possèdent l'éducation d'un homme du monde, estampille d'une certaine position sociale à laquelle on paie un tribut de respect.

Herbert SPENCER.

— LE —

Savoir Inutile

Il est utile que l'on puisse consulter les vieux manuscrits, et les élèves de l'école des Chartes rendent assurément de grands services. Partant de là, pourrait-on raisonnablement soutenir qu'il faut enseigner, dans toutes les écoles de la France ou d'une nation quelconque, cette science particulière qui consiste dans le déchiffrement des vieux manuscrits, des vieilles chartes, des vieux documents, pour lequel des aptitudes et une éducation particulière sont indispensables ?

Le latin et le grec font partie du domaine de ces connaissances utiles, intéressantes, mais qui, par leur nature même, doivent rester l'apanage d'un petit nombre, d'une élite, si l'on veut employer cette appellation. Ces dépositaires de connaissances très spéciales seront chargés, dans l'enseignement supérieur, par exemple, de continuer les traditions en formant les générations de spécialistes appelés à leur succéder. La place de l'enseignement du grec et du latin doit être surtout dans l'enseignement supérieur, et il serait monstrueux, selon moi, de prétendre continuer à l'étude de ces langues l'importance qu'elle a eue dans le passé et qui lui est encore accordée à l'heure actuelle.

On a soutenu, je le sais, que la connaissance de la langue latine est indispensable pour bien connaître la langue française. Il y a bien des années. Alphonse Karr — et celui-là ne parlait pas par jalousie, car il répétait souvent qu'il avait été un fort en thème — répondait à cet argument par cette boutade pleine de justesse : « Ce n'est pas raisonnable que si, pour faire de solides biceps à un homme, on regardait comme indispensable de l'exercer, pendant toute sa jeunesse, à porter une chaise en équilibre sur le bout de son nez ; »

Les faits sont d'ailleurs nombreux qui protestent contre cette thèse et en montrent le néant ; il serait facile de citer de nombreux écrivains, des hommes d'Etat, des orateurs qui, dans leur enfance, n'ont jamais reçu la moindre notion de grec ou de latin, et qui cependant ont excellemment écrit et parlé dans leur langue ; par contre, vous savez que ceux-là sont légion qui, après avoir été bourrés de grec et de latin, écrivent le français d'une façon regrettable.

Il est certain que la division de l'éducation de la jeunesse en trois compartiments, appelés l'enseignement primaire, l'enseignement secondaire et l'enseignement supérieur, et surtout la séparation de l'enseignement primaire et de l'enseignement secondaire, sont des choses absurdes qui dépassent l'imagination. Cette conception se retourne contre ceux qui croient en profiter.

A ce sujet, M. Brunot — inspecteur général des services administratifs au ministère de l'intérieur — s'exprime en ces termes, parlant de la bourgeoisie française sortie de la Révolution : « En donnant à ses enfants une éducation différente de celle que reçoit le gros de la nation, elle se sépare moralement de la masse nationale, elle se constitue à l'état de caste ; elle se déracine, en un mot, elle se « déclasse » Elle mérite, elle aussi, d'être étiquetée parmi les déclassés solidaires.

« Il ne suffit pas, en effet, pour rester une « classe dirigeante » de « connaître » l'idéal du peuple qu'on prétend diriger, il faut plus, il faut « partager » cet idéal ; le cerveau est impuissant, quand le cœur ne vibre pas à l'unisson. »

L'enseignement primaire fait aujourd'hui l'objet des luttes plus passionnées ; l'insignifiance de ces luttes est encore supérieure, je crois, à la passion qu'elles déchaînent. Une question, par exemple, est de savoir si la liberté de l'enseignement existera ou si elle n'existera pas. Or on ne définit pas ce que c'est que la liberté de l'enseignement.

Une autre question est de savoir si l'enseignement sera laïque ou s'il sera clérical. J'emprunte ici quelques lignes à Emile Zola.

N'est-ce pas la chose la plus ironique du monde, ce lycée laïque, ce lycée républicain, que j'entends parfois opposer au collège congréganiste, son rival et qui, au fond est-il simplement la succursale honteuse ? Ah ! notre République lait de la belle besogne, elle se confie en des mains sûres et loyales !

Dans beaucoup d'écoles primaires, il est ainsi ; l'école primaire, en effet bien que laïque d'apparence est souvent bien plus cléricale que l'école congréganiste d'à côté. L'instituteur, mal payé, terrorisé, affamé, doit avoir une âme de héros pour remplir dignement sa tâche. C'est miracle qu'on trouve encore des instituteurs.

Ainsi la liberté de l'enseignement est aujourd'hui l'objet d'une dispute homérique, mais, en voyant comment est comprise l'éducation, il faudrait plutôt l'appeler la liberté d'abrutir l'enfance et la jeunesse. Soi-disant laïques et cléricaux éducateurs, dans l'ensemble se valent. D'un côté comme de l'autre, en effet, je ne vois qu'officines de déformation des cerveaux là où je serais en droit de chercher un laboratoire psychologique ; il faudrait s'efforcer de perfectionner, de libérer cet instrument merveilleux qui s'appelle le cerveau de l'enfant ; et on le gave de formules toutes faites, apprises à force de mémoire. Nos manuels laïques de morale civique sont d'une niaiserie à faire pâlir tous les catéchismes.

Au fond, nous assistons simplement à la lutte de deux pouvoirs politiques qui cherchent tous deux à s'arracher les lambeaux de la domination morale, qui font l'une et l'autre œuvre d'asservissement et qui sont peut-être moins ennemis l'un de l'autre que les apparences ne pourraient le faire croire.

C. A. LAISANT.

masse. Les anarchistes produisent et consomment comme leurs contemporains, c'est-à-dire d'une façon déraisonnable. Vouloir, économiquement affirmer l'idée d'une conduite convenable ; croire à la possibilité, sous le régime capitaliste d'une « vie anarchiste », c'est perdre la notion des réalités, c'est s'égarer dans le domaine merveilleux du rêve.

****

Constatons, sans récriminer que notre action est seulement une action destructrice, et que la partie positive de notre doctrine appartient au futur. La lutte contre les institutions, les préjugés, peut déjà nous occuper pas mal. L'étude d'un plan de société rationnelle — indispensable pour que l'anarchisme soit plus qu'un nihilisme incomplet, et présente des chances de propagation — offre également un vaste champ à notre activité. D'autant que ce plan est revisable à tout moment, modifiable selon tel progrès imprévu, le faisant, nous n'aurons pas à redouter d'être de purs idéologues.

****

Cette peur de l'idéologie conduit parfois à de curieux états d'âme. « Faut-il donc que j'attende, se dit on, l'avènement d'une société adéquate à mon individualité. Mes muscles puissants, mon cerveau lucide veulent se dépenser joyeusement. Vive la vie ! » Et comme l'obstacle social est trop gros pour être abattu, on nie l'obstacle, on dédaigne les laborieux et dérisoires efforts des pygmées qui parlent : lutte de classes, grève générale, action révolutionnaire, organisation, car on a l'envergure d'un héros de légende. Arme de la logique anarchiste, on entre dans la carrière, et tout autour de soi disparaît. Rien n'existe d'autre, que le jeu rythmique de ses muscles, le battement tumultueux de ses artères. On vit intensivement, magnifiquement, anarchiquement... dans son « sixième » empuanti, à sa vénéneuse gargote, à l'usine, au bagne, partout !

Le haschich procure de semblables hallucinations. Et le vagabond mourant de détresse au bord d'une route, dans son délire n'imagine-t-il pas quelquefois être assis devant une table chargée de pyramides de fins gibiers, de viandes substantielles, et de mille flacons d'un bourgogne fameux !

****

Puisque nous devons compter avec ce qui existe ; puisque la connaissance de l'idée anarchiste ne confère pas un pouvoir mystérieux et immédiat ; puisque, bon gré mal gré, notre émancipation individuelle dépend de l'émancipation collective, craignons les sélections trop minutieuses : Ce que nous avons à demander à l'individu, c'est de travailler sérieusement à la destruction des formes sociales actuelles. Je considère avec sympathie l'ouvrier d'arsenal antimilitariste, et repousse toute solidarité avec le mitron patriote (qui est pourtant un de ces producteurs utiles qui te sont chers).

Lorsque nous serons maîtres des instruments de travail, nous saurons éviter le gaspillage des forces humaines.

Etudions dès à présent des mécanismes rationnels de production et de consommation. Cela pose solidement notre doctrine.

mais, ne prenons pas nos désirs pour des faits.

Maintenant, si au lendemain du *Grand Soir*, les actuels producteurs inutiles, par une accoutumance professionnelle, voulaient encombrer nos magasins de répartition avec des *120-court* ou des torpilles automobiles, nous songerions à prendre au sérieux ton paradoxe : « Détruire ces parasites, comme on détruit des punaises, sans haine, et sans colère ! »

Pour l'instant, ne nous en prenons pas aux effets, mais aux causes. Tant que le régime capitaliste subsistera, les professions qui assurent son fonctionnement resteront et ne peuvent pas ne pas exister.

André BATAILLE.

Gestes nuisibles

Sous cette rubrique je n'ai nullement la prétention de vouloir cataloguer quels sont les gestes déraisonnables. Je veux seulement arracher le masque de bien des gens qui préconisent encore l'emploi des boissons alcoolisées et du tabac, sous prétexte que ces toxiques ne peuvent avoir que des effets satisfaisants sur ceux qui en consomment.

Si paradoxal que cela puisse paraître, des « anarchistes », se réclamant constamment de la science, osent adopter de semblables théories.

« Il est inutile, disent-ils en substance, de nous priver de certaines joies, celles-ci étant plutôt rares dans l'organisation actuelle. Ce n'est pas quelques cigarettes ni quelques verres de vin ou d'alcool qui peuvent nous faire grand mal.

» D'ailleurs le plaisir qu'ils nous procurent, compense physiologiquement parlant, les faibles dégâts qu'ils pourraient occasionner dans notre économie générale et conserve de ce fait un équilibre parfait. » Pour conclure, ils disent que les savants eux mêmes sont en désaccord complet quand à la valeur nocive du tabac et de l'alcool, et que si, parmi eux, il en est qui les rejettent du domaine de l'hygiène, d'autres au contraire en conseillent l'usage modéré.

Incontestablement cette argumentation est le propre de gens faibles ou ignorants car le plus élémentaire raisonnement pourrait largement suppléer aux expériences des « Princes » de la science.

Il n'est qu'une faible partie de la population terrestre qui consomme des boissons alcoolisées et parmi les peuples encore fidèles au régime aqueux, il en est de civilisés tel que le Japon. Or, pendant la guerre de Mandchourie, les Japonais quoique de taille bien inférieure à celle des Russes, accomplirent des prouesses, firent preuve d'une énergie physique inconnue chez les troupiers slaves.

Presque tous les champions de l'athlétisme se montrent d'une sobriété exemplaire et cela aussi bien dans la course à pied et le pugilat que dans les autres sports athétiques exigeant une grande force physique.

Les explorateurs polaires en général s'abstiennent de consommer des boissons alcoolisées, ce qui leur permet de résister plus efficacement aux formidables froids des régions glacées.

L'expérience chimique a démontré d'une façon irréfutable que l'alcool agissait comme un poison sur l'organisme. Sa teneur de 50 % en carbone l'avait fait considérer pendant un certain temps, comme un aliment inappréciable. On dut bientôt déchanter, car une fois l'alcool absorbé et le carbone assimilé, on constata que ce dernier, au lieu d'être mis en réserve par l'organisme pour être dépensé selon les besoins de ce dernier, se brûlait spontanément provoquant même la combustion d'une certaine quantité de calorique déjà en réserve. Il s'en suivait une dépression nerveuse bien plus grande que la force acquise.

Un préjugé malheureusement assez répandu consiste à croire que le vin pris pendant le repas et le petit verre d'alcool pris après activent la digestion. C'est une erreur grave, car le vin ou tout autre boisson alcoolisée suscitent, après leur absorption, une affluence de sang à l'estomac (congestion) retardant considérablement le phénomène de la digestion.

Le tabac n'a pas plus de vertus que l'alcool. On peut dire qu'il loge à la même enseigne.

Nul n'ignore que le tabac contient de la nicotine, poison très violent. Il contient en outre plusieurs alcaloïdes qui viennent augmenter ses effets destructeurs. L'usage du tabac desséchant la gorge oblige les glandes salivaires à sécréter d'une façon presque continue et partant anormale.

Toute combustion lente produit de l'oxyde de carbone. Comme généralement les fumeurs aspirent la fumée, il s'ensuit une introduction d'oxyde de carbone produit par le foyer de la cigarette, dans les voies respiratoires, causant la destruction des globules rouges du sang auquel il se mélange.

Ne serait-il pas préférable de se créer des joies plus rationnelles, tenant de l'utile et de l'agréable plutôt que de se ravaler à ce degré de bestialité. D'ailleurs le plaisir que procure l'alcool et le tabac est bien contestable. Il réside plutôt dans la force de l'habitude. Le même phénomène se produit chez l'enfant qui éprouve une joie immense à sucer son pouce.

Il est un fait certain, c'est que les personnes adultes chez qui le sens du goût est à peu près formé et n'ayant jamais bu de vin, esquissent une effroyable grimace lorsqu'elles en absorbent pour la première fois. Tous les fumeurs savent par expérience que la première cigarette qu'ils fumèrent leur fut fort désagréable. On contracte ces mauvaises habitudes uniquement par esprit d'imitation.

Si nous voulons instaurer un milieu social meilleur, nous devons combattre chez nous ces habitudes néfastes qui nous empoisonnent lentement, causant un affaiblissement progressif de la race, la prédisposant à toutes sortes de maladies. Si d'un côté on éprouve quelques joies artificielles en s'adonnant à ces vices, on peut affirmer qu'elles sont bien faibles en comparaison des conséquences redoutables qu'elles engendrent : la maladie, l'abrutissement et parfois la mort de ceux que l'on affectionne.

Emile Gautier estime que le tiers de la population en France, s'employait à la fabrication des boissons alcoolisées, des accessoires qu'elles comportent ainsi que de leur vente.

Une statistique récemment parue dans les journaux évalue à la somme globale de près de huit cent millions de francs, les bénéfices prélevés par l'Etat sur les alcools et le tabac pendant l'année 1907.

Ces chiffres sont suffisamment éloquents pour nous convaincre que les hommes dépensent une quantité considérable d'énergie pour satisfaire des passions malsaines et imbéciles. Leurs efforts devraient converger vers un but d'émancipation matérielle et morale où chacun ne pourrait que gagner.

Nous ne devons pas ignorer que le communisme anarchiste ne peut être vécu que par des individus conscients, capables de réfréner leurs mauvaises passions, recherchant dans la culture des sciences et des arts, ainsi que dans la camaraderie, la satisfaction de vivre une vie vraiment belle et saine.

Jules MÉLINE.

LA RÉPRESSION

Revue des Journaux

LE LIBERTAIRE.

Le père Barbassou, à propos de la grâce des assassins de Langon par le père Fallières, fait un article bien dans sa note, montrant la ressemblance entre les crimes du Maroc et les meurtres de l'auberge sanglante.

Un article d'Yvetot, *Vers la grève générale* dont il s'est efforcé courageusement de vivre les enseignements.

Toujours des chiffres et trop de faits pour dépeindre l'hydre capitaliste. Erudition financière bien fastidieuse, ami Ergo.

Au sieur Georges Valois, qui s'inquiète si dégoûtés de la République nous voudrions retourner à la Monarchie, Louis Grandidier dit que nous ne voulons ni l'un ni l'autre.

Silvaire médite sur *la prostitutée*. Je m'acharne à ne pas comprendre, mais pas du tout.

Ce Lougre de Philippe montre les dessous du *syndicalisme*. Ne touchons pas à l'ouvriérisme, même avec une fleur.

Les promesses sont des leurres, dit Ernest Pichon, surtout faites aux travailleurs.

Le titre, la *semaine capitaliste*, et l'article sur les exactions policières de Russie ne me semblent pas en grand accord.

Alfred Loriot voit dans les récits sanglants de la *presse* une cause d'augmentation de la *criminalité*. Nous pensons que cela peut fort bien être.

Des opinions sur les médecins par eux-mêmes recueillies par Fouques jeune qui s'amuse à ce petit jeu.

Loussinotte après s'être emballé pour le principe de la fédération avec identité, s'emballe maintenant pour la *cotisation fixe*. J'ose croire qu'il demandera la fusion avec la fédération socialiste, car pourquoi une même boutique sous deux enseignes différentes.

LES TEMPS NOUVEAUX.

Une revision qui s'impose, dit Kropotkine, est celle des idées socialistes. Pour le prouver, il commence une série d'articles. Les fameuses reformes : les rachats et les monopoles, ne sont pas des reformes socialistes.

Tcherkesoff s'attache à montrer que la question agraire en Russie fut posée par les paysans eux mêmes, hors de la propagande social-démocrate et de meilleure façon.

LE LISEUR.

❦❦❦❦❦❦

LE " LIVRE "
DE
L'ANARCHIE

✦✦✦✦✦✦✦✦✦✦✦

✦ **UN AN : 7 FR. 50.** ✦

✦ **DEUX ANS : 12 FR.** ✦

✦ **TROIS ANS : 18 FR.** ✦

❦❦❦❦❦❦

Fixez-vous, en demandant dès maintenant la brochure d'Anna Mahé :

L'HÉRÉDITÉ
ET
L'ÉDUCACION

sur l'importance du tirage.

0 fr. 15 l'exemplaire, 7 fr. 50 le cent.

Où l'on discute !
Où l'on se voit !

Causeries Populaires des XVIIe et XVIIIe. Rue du Chevalier-de-la-Barre, 22. — Lundi, 10 août, à 8 h. 1/2, *Quelques enseignements à retenir*, par Albert Libertad.

Causeries Populaires des Xe et XIe, 5, cité d'Angoulême (66), rue d'Angoulême. Mercredi 12 août, à 8 heures 1/2, *Psychologie de la Vanité*, par Camille Mélinand.

Causeries Populaires du XIXe et XXe, 20, rue des Annelets (près l'église de Belleville). — Vendredi 7 août, à 8 h. 1/2, *L'Education de la révolte*, par Gaudin.

Travailleurs libertaires du XIVe, Maison commune, 111, rue du Château. — Jeudi 6 août, à 8 1/2, *L'éducation de la révolte*, par Gaudin.

Groupe libre d'éducation du Bronze, 123, rue Vieille-du-Temple. — Jeudi 6 août, à 8 h. 1/2, causerie par un camarade.

DRAVEIL-VIGNEUX. — Causeries populaires. - Samedi 8 août, à 8 h. 1/2, *Ce que nous voulons faire*, par Mauricius.

CLICHY-LEVALLOIS. — Les camarades se rencontreront le samedi 8 août, à 8 h. 1/2, salle de la Bourse, 1, rue Bonnet, à Clichy, pour former un groupement et organiser une conférence-controverse.

LE HAVRE. — Causeries Populaires, 9, rue Jean-Bart. — Samedi 8 août, à 8 h. 1/2, *Doit-on aller à la caserne en cas de mobilisation ?* par Edouard Leblanc ; jeudi 13 août, à 8 h. 1/2, *L'amour libre*, par Claude Auger.

VILLEURBANNE. — L'Aube nouvelle, salle Bonhomme, cours Lafayette prolongée. — Samedi 8 août, à 8 h. 1/2, *La peine de mort et le droit de punir*, par Pierre Dumas.

TOURS. — Les Iconoclastes, Restaurant Lestrade, 76, rue Bernard-Palissy. — Vendredi 7 août, à 9 h., *Discussion entre Sillonnistes et anarchistes.*

LYON. Groupe d'art lyrique du 3e, salle Chamarande, 25, rue Paul Bert. — *Réunion familiale de solidarité*, *Causerie* par un camarade, le Dimanche 9 août, à 8 h. 1/2.

MARSEILLE. — Les Précurseurs, 12, Quai du Canal, au 2e. — Samedi 8 août, à 8 h., et dimanche 9 août, à 6 h. 1/2, *Discussion générale.*

OULLINS. Groupe libertaire, salle Combes, rue de la Gare. — Samedi 8 août, à 8 h. 1/2, *Discussion contradictoire avec les socialistes.*

TROIS MOTS AUX AMIS

GR. RÉV. de LYON. — La somme est arrivée à bon port.

AIGLEMONT. — Expédions livres d'Armand. La collection de 20, 0,50 ; par une autre 0,95. — Oui, la brochure de Henne est vendue bien trop chère, mais nous n'y pouvons rien.

SPHANDER. — Le sujet est un peu banal et tu le traites d'ailleurs un peu en retard. Ecris autre chose, seulement si tu as une idée à formuler. Fais-le simplement, comme tu parles ou presque.

WILL. FORTIN. — Grault René désirerait avoir ton adresse.

J. PASCAL. — Le « livre » de l'anarchie, est tout simplement la collection de l'anarchie depuis sa parution. Le format en est donc le même, un peu réduit par le rognage. La reliure est vert-registre.

A. BATAILLE. — Nous faisons tout notre possible pour n'y ait pas de « quatrième » page à l'anarchie. Nous mettons sous le titre à notre correspondance les articles faits en réponse à un précédent. Il n'y a que les sots qui ne savent attacher une importance première à la critique et à la discussion et la chercher où elle se trouve.

HENRY ROUX donnera de ses nouvelles à Julien, chez Albert, 11, rue d'Aubagne, à Marseille.

LES CAMARADES veilleront, dans la région de l'Est, à ne pas avoir grande confiance en un voyageur de commerce qui pourrait se présenter. Il représente trop de maisons.

- Travail en Camaraderie -

Imp. des Causeries Populaires : Armandine Mahé

La gérante : Anna MAHÉ

LES CAMARADES
adresseront
tout ce qui concerne
l'anarchie
à A. Mahé & A. LIBERTAD
22, rue du Chev.-de-la-Barre
PARIS-XVIIIe

l'anarchie

PARAISSANT TOUS LES JEUDIS

ABONNEMENTS

FRANCE
Trois Mois......... 1 50
Six Mois........... 3 »
Un An.............. 6 »

ÉTRANGER
Trois Mois......... 2 »
Six Mois........... 4 »
Un An.............. 8 »

QUATRIÈME ANNÉE — N° 175 | DIX CENTIMES | JEUDI 13 AOUT 1908

LA VENGEANCE

D'un côté de la barricade, avec MM. Clemenceau, Lépine, Autrand, Emery et consorts, des gendarmes, des cuirassiers, des dragons armés de carabines et de sabres, des policiers munis de revolvers et de casse-tête ; de l'autre, des ouvriers, les bras ballants ou modestement croisés sur la poitrine. Tel est le spectacle qui frappait tout d'abord les yeux d'un observateur aux jours tragiques de Draveil, de Villeneuve St Georges et de Paris.

En réfléchissant, cet observateur pouvait penser que les premiers étaient sûrs de l'impunité dans le meurtre, alors que les seconds avaient tout à craindre des représailles judiciaires ; de plus, il savait les uns appuyés par des troupes prêtes à venir à leur secours au coup de téléphone alors qu'il voyait les autres gagnés par la défection.

Que concluait-il ? Sans nul doute que d'aller au combat, les mains vides contre des gens si armés, c'était faire œuvre de folie.

Et encore ? Que se jeter, l'arme au poing, sur ceux qui venaient, avec, pour toute défense, l'invective ou le chant, c'était faire œuvre de crime.

Etaussi ? Que ceux qui les engageaient à telles luttes inégales, faisaient preuve, d'un côté d'une inconscience bien douloureuse, et de l'autre d'une conscience bien criminelle.

Maintenant que cet observateur apprenne que les hommes sans arme venaient sur ce terrain pour réclamer le droit à la liberté, à l'existence pour ceux qui travaillent, qui produisent, celui de leurs compagnes et de leurs enfants, tandis que les hommes armés n'étaient que des valets chargés de défendre les intérêts, la fortune d'une poignée d'exploiteurs, lesquels, sous divers prétextes, trouvaient bon de ne jamais travailler tout en consommant beaucoup... Ne tirerait-il point de là de nouvelles réflexions, et une nouvelle conclusion ?

En dehors de tout parti-pris, de toute colère, ne pourrait-il exercer son esprit à armer les premiers des engins les plus perfectionnés afin d'arrêter le galop sanglant des chevaux-centaures les écrasant et les sabrant ?

En face des mercenaires crachant la mitraille, ne pourrait-il évoquer des hommes libres qui opposeraient aux poitrines d'acier des cuirassiers l'arme redoutable décimant les rangs, affolant les montures et tuant les hommes de fer.

Ne pourrait-il préférer la victoire pour ceux qui veulent transformer l'organisation sociale si désuète et si surannée, si meurtrière et si marâtre pour la majorité des hommes, plutôt que pour ceux qui consacrent et qui perpétuent le régime honteux de l'exploitation de l'homme par l'homme en faveur d'une minorité de fainéants et de jouisseurs.

Dites ? ne croyez-vous point qu'il penserait ainsi, d'autant plus grande serait sa douceur, d'autant plus grande serait sa sagesse ? Ne faut-il point parfois savoir sacrifier l'organisme malade pour sauver la vie de l'individu ?

Il évoquerait le moment où les producteurs voulant jouir du fruit de leur travail ne se jetteront plus dans des traquenards semblables sans avoir tout fait pour s'assurer la victoire, où les hommes voulant enfin vivre libres, se débarrasseront de l'esprit de passivité et de résignation pour prendre l'esprit de révolte dut-il même y entrer quelque peu de l'esprit de vengeance !

Ne pourrait-il penser, ne pourrait-il préférer, ne pourrait-il évoquer tout cela ?

Et bien ! vous pouvez supposer que je suis cet observateur.

Albert LIBERTAD

Qui ne se rappelle la férocité des « Versaillais » alors qu'ils furent vainqueurs de la Commune ? Ils se vengèrent atrocement de la peur qu'ils venaient d'avoir. Férocité et lâcheté, comme cela s'accorde.

Les Versaillais d'aujourd'hui ont eu peur aussi et ils se sont rangés, comme ceux de 71.

Les bourgeois qui habitent cette terre où la nature et la civilisation se rencontrent si agréablement, donnant l'air pur à proximité de la grand'ville, ces bourgeois ont craint de voir troubler leur villégiature. Et comme il y a trente ans, ils ont frappé avec une féroce lâcheté à l'heure de la répression.

Comme leurs prédécesseurs tuaient les vieillards, les femmes et les enfants alors que leurs femelles enfonçaient la pointe de leurs ombrelles dans les yeux des mourants, tels ils se sont montrés au procès de Durupt.

Durupt, que seule l'indignation a pu faire sortir d'un anarchisme plutôt trop correct, devient Durupt l'agitateur que la presse à gages ; à une toute petite affaire, à quelques mois on donne une importance décisive et considérable afin d'arriver à atténuer, à expliquer l'exagération ignoble de la condamnation.

Les douze jurés, délégués de la population bourgeoise, ont pu voir se dérouler toute la trame policière de ce procès sans changer leur « opinion ».

Une mère, une sœur ont pu ne trouver d'autres formes que les sanglots et les larmes pour déplorer la mort de l'enfant et du frère aimé tué par la balle anonyme ; les victimes douloureuses ont pu venir clamer leurs souffrances ; les bourreaux ont pu trembler eux-mêmes devant les faits commis ; à la barre la mémoire des témoins à charge a pu défaillir jusqu'à la contradiction et à l'amnésie ; tout cela a pu être sans que le jury soit touché de la faiblesse de l'accusation, sans comprendre le pourquoi de l'acte de ce jeune homme, sans voir que cet acte de révolte n'était qu'un acte de pitié indignée.

Préposés à la vengeance et à la répression, les douze bourgeois ont été terribles jusqu'à l'inconscience : ils ont frappé le prisonnier, ils ont achevé le blessé. Durupt est reconnu coupable, sans circonstances atténuantes.

On se demande ce que peuvent vouloir dire ces mots : « circonstances atténuantes » pour ces hommes honnêtes. L'assassinat de Lefol et de Géobélina ne sont-ils point des circonstances par excellence expliquant, donc atténuant, les paroles indignées de Durupt ?

La Magistrature, tant assise que debout, fut aussi, dans ce procès, à la hauteur de son rôle. Le Procureur apeura davantage les jurés par des histoires de brigands et le Président lui-même réconforta leur civisme par une allocution avant l'audience afin de les inciter à bien remplir leur mandat, c'est-à-dire à ne se laisser toucher ni par le sentiment, ni par la raison.

Tout deux ont réussi, même trop bien réussi, car il n'est pas possible que la Cour de Cassation ne comprenne tout le mal de cette exagération et ne renvoie le procès devant une autre Cour d'assises. Alors, il est certain qu'on ne trouvera pas encore douze hommes pour ratifier pareille condamnation.

Après la dure épreuve d'une prévention longue et douloureuse, Durupt reprendra ses études et son labeur. Il aura appris que la société ne tolère même pas la générosité dans l'indignation — laquelle ne doit être que « vertueuse »... et légale.

Bourgeois versaillais, craignez que votre exemple ne lui apprenne aussi à connaître le désir de vengeance.

EMATAR.

Les Deux Forces

Comme les gendarmes qu'on croyait — à tort — plus abrutis et plus criminels que leurs congénères chargés d'assurer la quiétude des parasites, *les soldats ont tiré.* Ils ont tiré comme leurs aînés de Fourmies de Châlons, de Montceau-les-Mines. Ils ont obéi à l'ordre de mort et de massacre et n'ont aucunement manifesté leur répugnance à accomplir une telle besogne.

Avec zèle, ils ont visé.

Avec l'adresse maximum dont ils pouvaient disposer, ils ont fracassé des crânes, percé des poitrines.

Les balles de leurs carabines ont atteint le but qu'ils désiraient et leurs sabres sanglants pouvaient témoigner de l'ardeur avec laquelle ils avaient tailladé la chair de ceux qui se sont trouvé à portée.

En tueurs conscients et éprouvés, ils ont obéi ; sûrs de leur force et certains d'être victorieux et récompensés en fin de compte, ils ont cru devoir choisir la quasi-certitude plutôt que l'incertitude.

On leur a donné des ordres. Ils les ont accomplis aveuglément, sans arrière pensée !

La lâcheté a vaincu la raison.

Les idées qu'ils pouvaient s'être assimilées avant leur entrée à la caserne, ont été, à ce moment précis, refoulées bien loin, aussi loin que possible, dans le maquis inextricable de leurs pauvres cerveaux.

L'homme est un loup pour l'homme !

Ils n'ont même pas eu la reconnaissance du ventre !...

Pense-t-on que cela suffise ?

Les massacres de producteurs et la leçon de choses qui nous a été donnée, sont-ils assez fréquents et assez caractéristiques pour susciter chez les individus un esprit de révolte plus pratique et mieux compris ?

Je le souhaite !

Pour ma part, ce geste fratricide ne m'a pas autrement surpris. Ne faisant aucune sélection, ni aucune différence entre les valets chargés d'assurer « l'ordre », j'étais persuadé à l'avance du résultat. Les obéissants ont obéi, voilà tout. Ils obéiront encore. La caserne étant le lieu, par excellence, où sont émasculées les individualités, où sont broyées les énergies, quoi d'extraordinaire à ce que ceux qui y vivent subissent les influences du milieu.

C'est pour cela que la plupart deviennent de *bons soldats*, bien disciplinés, prêts à n'importe quelle besogne commandée. Du reste, la solidarité des soldats avec les révoltés ne peut rarement excéder la frousse qui les empoigne lorsqu'ils se trouvent en face de ce dilemme : ou tirer, ou attraper de la boîte pour refus d'obéissance.

Le meurtre en ces sortes d'affaires étant anonyme et légal, ils choisissent ce qui leur est le plus profitable et ils tuent, ils saignent avec une maëstria que leur envieraient les gladiateurs du temps jadis.

Nous les rencontrerons ensuite, ceux-là, sans nous en douter, dans la vie civile, alors qu'ils sont rentrés à l'atelier ou à l'usine. Nous les retrouverons, la main largement ouverte le verbe haut, que souligne aussi souvent que possible les appellations de *camarade* afin de prouver qu'ils sont des gens sur qui la caserne n'a pu influer. Le sourire aux lèvres, ils sont exhubérants et radieux d'être enfin délivrés de l'odieuse contrainte.

Ils ont même une pointe d'orgueil lorsqu'ils vantent leurs *coups d'éclats* où ils l'ont toujours échappé belle et lorsqu'ils exhibent quelque pièce relatant un chiffre assez rond de punitions encourues. Si nous les questionnons :

— N'étiez-vous pas à Vigneux, lors des événements tragiques du 31 juillet ?

— Moi ! Ah ! non alors, j'aurais bien voulu y être. Ce n'est pas moi qui aurait obéi à de pareilles injonctions !

C'est un cliché que tout le monde connaît.

Il serait intéressant que les révoltés cessent de croire que l'armée est avec eux et qu'elle n'attend pour mettre la crosse en l'air qu'une occasion semblable à celle de Vigneux. Ce sont des illusions dont ils feront bien de se dépouiller ; c'est à cause d'elles qu'ils sont si confiants, et que les balles peuvent éclaircir leurs rangs si souventes fois.

Qu'ils sachent, une fois pour toutes, qu'ils ne doivent compter que sur eux-mêmes et sur leurs propres moyens. Aux fusils, il ne faut pas opposer des revolvers de pacotille, afin que, dans le grand œuvre de destruction, les morts ne soient pas toujours du même côté.

Nous ne nous laisserons plus immoler sans regimber, que les gouvernants et les crapules le sachent. Que les vaincus d'aujourd'hui apprennent à être les victorieux de demain.

Camille TIERCIN.

Les Casuistes

Notre époque est très scientifique. Les savants pullulent. Il y en a partout. Il n'y a pas jusque dans nos rangs qu'ils ne se soient glissés, pour notre honneur et pour notre bonheur.

Les uns, avec une dextérité admirable, vous démontent un cerveau, comme un horloger ferait d'une montre. Ils font passer sous nos yeux toutes les pièces de notre mécanique cérébrale, avec des explications de son fonctionnement.

D'autres, plus audacieux encore, et plus savants, sans doute, nous classent, nous, anarchistes, en catégories distinctes et absolues et assignent, à chacune, les règles et les lois qui fixent la direction et la limite de ses actes.

C'est déconcertant et sublime. La science est une bien belle chose.

L'un de ces savants nous racontait récemment, qu'il connaissait trois sortes d'anarchistes, dont il donnait, premièrement, deuxièmement, et troisièmement la définition en s'appuyant sur les idées d'autrui. Il avouait, au reste, qu'il passait sous silence, d'autres catégories, moins importantes, dont il lui paraissait superflu de s'occuper.

Voilà une façon de jouer avec nos mentalités qui n'est pas banale.

Nous autres, gens simples, dont la vision grossière ne saurait percevoir tant de choses, nous sommes effrayés de l'abondance des catégories, des signes complexes qui les caractérisent et nous voyons, avec mélancolie, l'Anarchisme devenir une science ardue, difficile, accessible seulement aux doctes personnes, dont la casuistique tarabiscotée, entraîne notre gros bon sens dans un océan de complications où il ne peut que se noyer.

Qu'allons nous devenir, nous, qui pensions qu'il n'y avait qu'une seule sorte d'anarchistes : ceux qui le sont vraiment et sincèrement.

En voilà déjà trois de découvertes ; un autre camarade, se piquant au jeu, peut en découvrir quatre encore, ce qui fera sept, et ainsi de suite. Il n'y a pas de raison pour s'arrêter, dans la logique du système et l'on aurait mieux fait de nous dire : il y a autant de sortes d'anarchistes qu'il y a d'anarchistes. Comme ça, nous aurions compris.

Avec ces façons de dépecer la mentalité anarchiste, et de nous la présenter par morceaux, vous verrez qu'on arrivera infailliblement, à des conclusions inattendues et baroques. C'est très bien d'indiquer les divergences d'idées de l'anarchie, mais il ne faudrait pas oublier systématiquement les convergences. Sans cela, on arrive tout simplement à la negation de l'anarchie sur toutes les lignes divergentes.

En basant ses raisonnements sur la force centrifuge seule, un savant de cette « catégorie » pourrait très bien nous prouver que la terre ne peut pas exister ; mais, un autre des savants, nous pourrions lui répondre que la force centripète est là, pour un coup.

Ce n'est pas la seule difficulté dans laquelle nous lancent les catégoriomanes.

Je n'insisterai pas sur la légèreté d'une classification qui s'appuie d'abord sur des déclarations faites à tort ou à raison. La classification est une opération scientifique qui devrait toujours avoir une base précise. A tort ou à raison a le tort d'être imprécis. L'étude d'un savant qui part d'un point vrai ou faux, sans le vérifier, n'est pas sérieuse. Ses conclusions seront comme ses prémisses vraies ou fausses, au petit bonheur.

C'est ce qui arrive à Marestan.

Autre petit fait : Quand on fait des catégories, aucune n'est superflue, toutes sont importantes, on le sait, souvent, celles qui ont été écartées ou omises, qui sont les plus intéressantes. Pas pour la thèse de l'auteur, bien entendu.

Nous le voyons dès l'examen de la premiè[re] catégorie qui aurait déjà subdivisée. N'a-t-elle point l'inconvénient de ne s'appuyer que sur l'idée non d'un seul anarchiste, Hervieu et de ne compter que pour lui.

Car, la pensée d'un seul homme ne peut suffire à créer le type d'une catégorie, dans laquelle on veut, arbitrairement faire entrer une foule d'autres qui n'ont dit mot. La pensée de ce camarade ne vaut que pour lui même et Marestan qui la reproduit, sans dire s'il pense et sent ainsi ou autrement, ne peut pas, logiquement, l'appliquer à d'autres.

Claire et précise, oui ; mais pas logique sur un point. la conception individualiste du camarade Hervieu. Il manque immédiatement à un principe, pour les autres, en envisageant la société comme une masse inerte et aveugle, alors qu'elle ne peut être, pour un individualiste logique et conscient, qu'un agglomérat d'individus qui se présentent à lui, avec leur physionomie et leur valeur propre, dont il doit tenir compte, même dans son intérêt.

Pour un individualiste conséquent, il ne peut pas y avoir de masse humaine, il ne peut y avoir que des individus.

A moins que la qualité d'individu qu'il s'accorde à lui même, avec tant de conviction, il ne refuse, aveuglément, à la reconnaître aux autres. C'est un singulier système que celui qui consiste à se mettre à part, sur un plan isolé, et à faire graviter, pêle-mêle, tout le reste autour de soi. Ce n'est pas là du Stirner, c'est du Nietzsche. C'est le nouvel avatar de la vieille erreur anthropocentrique, rajeunie par le maboule allemand, pour flatter la vanité et la sottise de tous les snobs bourgeois.

Mais, les autres, confondues dans la masse « aveugle et inerte » et qui, individualités non moins égoïstes, veulent aussi faire graviter autour d'elles tout ce qui existe ; comment vont-elles accueillir la prétention de l'*Individu* ? Par une prétention identique. C'est ce que l'on appelle vulgairement : vouloir faire tourner les autres en bourrique. Mais, de bon gré, personne ne veut tourner. Voilà le hic.

D'ailleurs, ce type, soi-disant stirnérien, tel qu'on veut le camper pour les besoins d'une classification arbitraire et d'une thèse préconçue, n'existe pas. On ne peut le trouver nulle part ; ni chez les anarchistes, ni chez les apaches, ni chez les bourgeois, ni ailleurs. Il est de pure imagination. C'est un être artificiel, créé artificiellement, par et pour les artifices d'une thèse. Il n'y a pas un seul individu au monde, fût-il le plus inférieur des brutes, qui ne donne à la collectivité à laquelle il se rattache, une part, plus ou moins grande de ce qu'il lui prend, soit moralement, soit intellectuellement ou matériellement. Autrement son existence ne serait pas possible. Car, la vie n'est qu'un échange perpétuel entre chaque organisme et son ambiance. L'individualiste le plus absolu, le plus exagéré, le plus confiné, doit donner de lui-même, aux autres, s'il veut vivre.

C'est la loi de nature.

Quelles que soient la capacité et la vigueur du cerveau dont il sort, le type stirnérien n'est donc pas né viable. C'est un monstre ; il ne saurait servir à rien. Enterrons-le et n'en parlons plus.

Aucun individu ne saurait être complètement rattaché, à aucune des trois catégories notées par Marestan, parce que tous, tous, participent plus ou moins à chacune d'elles, voire même à celles qu'il a jugé superflu de citer. Comme pour nous livrer le vice de sa méthode, l'auteur ajoute : « Il m'est apparu, qu'à chacune de ces tendances, *unies par certains points communs* », etc.

Mais hélas, les fameux *points communs* sont délaissés, eux, sur lesquels il eût fallu s'appesantir et baser une généralisation, au lieu de glisser et passer à côté sous voir, qu'eux seuls *les points communs*, constituaient toute la caractéristique de l'anarchiste normal.

Ici, nous touchons au défaut du système ; comme beaucoup de camarades, plus épris de singularités que de généralités, l'auteur choisit les cas les plus particuliers, les plus exceptionnels, les plus tranchés pour forger ses types de généralisation.

De là l'erreur qui ne fait que s'augmenter de toutes les conclusions qu'on en tire.

Ce n'est que des points communs à tous *les anarchistes*, qu'on peut déduire le *type normal de l'anarchiste*, et c'est justement le contraire de ce qu'a fait Marestan. Il a pris ce type normal et il nous l'a déchiqueté.

Mais ce type normal, complet, intégral résumant et conciliant toutes les particularités qualitatives qu'on s'obstine à vouloir isoler et antagoniques, il existe. J'en connais plusieurs exemplaires.

Ces anarchistes-là éprouvent le besoin de vivre leur vie et la vivent intensément. Mais cela ne les empêche pas, pour l'intensifier encore, de communier dans la vie des autres avec lesquels ils savent s'identifier. Ils ne veulent pas, dans l'humanité, une masse inerte et aveugle, mais des individus sensibles, intelligents, aimants et vibrants, avec le plus grand nombre desquels ils veulent pouvoir vibrer à l'unisson.

Ils ne se sacrifient à personne. Ils se défendent contre tout et ils attaquent ; mais ils ne sacrifient jamais personne. Ils sont puissants de pensée et de volonté et leur puissance à ceci de particulier, qu'elle ne s'attaque jamais qu'aux forts et non aux faibles. Ils ont, au contraire, pour les faibles, un amour instinctif et raisonné qui part d'un sentiment d'équilibre et d'harmonie ; ils les aident ; ils les relèvent ils en font des forts, semblables à eux et cela crée des forces.

Ils ne font pas cela pour la morale, mais pour la satisfaction d'un besoin égoïste qui les pousse, impérieusement, à jouir du plus de bien qu'ils peuvent faire, à eux comme aux autres.

Le bien leur fait du bien ; le mal leur fait du mal. même le bien et le mal des autres, et ils recherchent le bien partout, toujours et pour tous ; et ils détestent le mal partout, toujours et pour tous.

Leur principe est : toujours plus de bien, toujours moins de mal. Leur tactique : agir toujours et de suite, tant qu'on le peut, pour effectuer le bien et empêcher le mal. Ils sont révolutionnaires tous les jours, toutes les minutes et partout. Ils révolutionnent tout autour d'eux par leur exemple.

Mettant leur liberté au-dessus de tout. Ils ne sont pas, naturellement, soldats, puisque pour l'être, il faut d'abord devenir esclave, ensuite meurtrier. La légalité ne les embarrasse pas. Ils s'en moquent. Mais ils ne sont pas, forcément, toujours illégaux.

La constitution intime de ces anarchistes ne leur permet pas d'être astreint à quoi que ce soit autrement que par leur volonté. Ils tendent, surtout et avant tout, à libérer leurs actes de toute contrainte étrangère et à ne relever que d'eux-mêmes.

Ayant atteint l'autonomie morale, ils ne sauraient se passer de l'autonomie matérielle qui est la liberté. Ils ne sont ni stirnériens ni autre chose. Ils sont eux.

Ils ont lu Nietzsche et méprisent sa misère cérébrale et sa philosophie inférieure, bien au dessus de la mentalité du *pithécanthropus erectus* — comme diraient les savants — qui n'aura jamais pu engendrer l'humanité, s'il l'avait pratiquée.

Voilà une catégorie d'anarchistes à laquelle je n'ai pas songé Marestan. parce qu'au lieu de nous faire le portrait synthétique de l'Anarchiste, il ne s'est ingénié qu'à nous en présenter un tableau analytique.

LEVIEUX.

UNE DÉSERTION

... Ce matin-là, Jacques était soucieux, plus qu'à l'ordinaire.

C'est que la « décision » contenait pour un monde de sous-entendus redoutables, mystérieux, dont sa fruste mentalité s'ingéniait en vain à mesurer la portée pratique, à pénétrer le véritable sens.

Après avoir rompu les rangs, la compagnie s'ébrouait vers les chambrées, mais avec moins de hâte que d'habitude. Çà et là des groupes se formaient, discutant à voix basse : quelques gestes, de violence contenue, se devinaient : les gradés, à l'affût, soupçonneux des contradictoires pensées de leurs hommes, allaient, venaient, affairés, flairant le vent ; une sorte de malaise semblait planer dans l'air, sur toutes ces cervelles étroites, anémiées d'une longue acceptation passive des ordres du « chef »...

Jacques songeait... Des paroles vibraient à ses oreilles : « Les hommes toucheront chacun trois paquets de cartouches à balles... Le colonel compte sur l'esprit de discipline... Chacun fera son devoir... Nécessités pénibles, mais intérêt supérieur de la patrie !... Trois sommations... et feu !... »

Et la face encolérée du chef, les visages froids des officiers ; les sourds murmures de quelques hommes... oui, sur les rangs amenant on ne sait quel frémissement, dans tout son être, son pauvre être veule jusqu'alors, résigné, ployé dès l'enfance première sous les férules familiale, scolaire, patronale ; trouvant bien ce qui était, parce qu'inapte à concevoir : n'ayant jamais souhaité moins de misère parce qu'impuissant à penser !

Pourquoi revenaient l'assiéger, à cette heure, les souvenirs d'enfance ; heures heureuses où l'écolier lâché, ivre d'air, d'espace, escomptant peu la réprimande paternelle, s'attardait à regagner le foyer familial, morose, sévère, imbécile et cruel sanctuaire de l'honnêteté pauvre ?

... Se remémorait-il certains jours passés « gendarmes et voleurs », « petite guerre » ? O celui-là !.. Jacques voulait faire le « Français »... toujours ! Et dans la mêlée ! quelle bravoure. quel acharnement ! Avec quelle fureur il chargeait les petits « Prussiens » occasionnels ! Combien de sabres de bois n'avait-il pas brisés, de fureur, sur le dos de juvéniles combattants, enragés à nier leur véritable... mort !

... L'enfant avait grandi : arpète, ouvrier, soldat enfin, pour de vrai. Et cependant, les « Prussiens » d'alors il en reconnaissait aujourd'hui quelques-uns, habillés comme lui, d'uniformes bleus et rouges, soumis aux mêmes ordres, aux mêmes pirouettes. Ceux-ci, comme lui, recevraient tout à l'heure, des cartouches qui tuent : cartouches à balle, disait la « décision ».

Pourquoi ? Contre qui ? Où étaient les Prussiens ?

Quoi ! cette foule d'ouvriers rassemblée là-bas, sous ce grand hangar ? Mais non, ils parlaient français comme lui ; ils étaient, comme lui, des anciens écoliers, jouant à la petite guerre, d'enragés « Français », bien sûr ! Et sur eux, il allait falloir décharger les fusils de vrais « soldats », ceux qui tuent.. pour de bon.

Confusément, Jacques sentait sous lui comme un précipice. De ce gouffre, des voix montaient, hurlant des imprécations des cris de haine, mêlées à des sanglots d'enfants, de femmes. Un travail formidable se faisait dans son esprit désemparé car il se croyait foncièrement bon, n'ayant, jusqu'alors, fait le mal en conscience. Il ne se rappelait pas d'avoir jamais joué, enfant, à tuer, pour tuer, ses compagnons de jeu ? Est-ce que l'éducation du maître d'école, les humiliations du contremaître, les exhortations « patriotiques » tendaient à lui faire accomplir, homme, ce qu'il eût repoussé, enfant, avec toute son innocente indignation ?

... Sous l'empire de ces angoissantes réflexions, Jacques s'en fut, titubant quelque peu, vers sa chambrée. Arrivé à son lit, il s'assit. et le front entre ses mains, Il rêva !...

. . . .

La chambrée, le soir, contenait un occupant de moins : Jacques s'en était allé loin, au hasard, sur la route ; peut-être pour revoir, sans rougir de honte, des innocents jouer aux soldats !

Louis VIRIEUX.

La Franc-Maçonnerie

VI

Cette institution se plaît à faire remonter son origine à la plus haute antiquité. C'est des religions égyptiennes qu'elle aurait tiré ses symboles et ses mystères. la purification par la terre, le feu, l'eau et l'air qui servait d'épreuves imposées à l'initiation des prêtres des mystérieux cultes d'Isis, d'Osiris et d'Horus, sert encore sous formes allégoriques, aux réceptions des profanes désireux de se faire initier.

Nous ne nous attarderons pas à fouiller les anciens mystères du paganisme, mais nous dirons en passant que beaucoup de grades du rite écossais se réclament d'une source toute chrétienne comme par exemple le 11e, *Grand-écossais de la voûte sacrée de Jacques VI* ; le 16e, *Prince de Jérusalem* ; le 24e, *Prince du Tabernacle*, et bien d'autres.

Avant de parler des épreuves imposées encore aux trois premiers grades symboliques, nous donnerons un aperçu du grotesque d'inititiation aux degrés que les Ateliers du Grand Orient conféront, maintenant, par communication.

Clavel, dans son *Histoire pittoresque de la Franc-maçonnerie*, va nous renseigner en nous exposant l'initiation du 26e grade : *Prince de merci*.

« Après avoir fait faire au candidat neuf pas en serpentant, on lui attache aux épaules deux ailes qu'il fait mouvoir à l'aide d'un mécanisme. Il a les yeux bandés. On lui fait monter neuf marches, qui conduisent à une plate-forme, et on lui ordonne de s'élancer dans les airs, et de s'élever, en volant, jusqu'au premier ciel. Le candidat s'élance en agitant ses ailes, et tombe sur une couverture fortement tendue, que tiennent aux deux extrémités quelques frères vigoureux. On lui annonce alors qu'il est « dans l'espace du ciel où roulent les étoiles errantes ». On le fait passer de la même façon au deuxième ciel. Là, on lui fait approcher la main d'une bougie allumée, et on lui dit que la chaleur qu'il sent est celle des étoiles fixes. On lui fait humer une petite quantité de mousse de savon : cela signifie l'éther du deuxième ciel. Son corps a, dès ce moment, acquis la propriété de résister à l'action du feu. Enfin on le balance dans l'air, et on lui apprend qu'il est au troisième ciel. Le reste est à l'avenant. Quant à l'instruction qu'on lui donne elle consiste à opérer le Grand œuvre. »

Ne croirait-on pas entrer dans le domaine du rêve en lisant de semblables inepties et ne pourrait-on pas prédire que la suite de cette comédie théosophique peut amener le sujet, après l'avoir transporté au septième ciel, à un état de perfectibilité intégral dont le Nirvana serait le couronnement.

Mais si vingt-cinq cérémonies analogues ont été supprimées, les huit restantes n'en valent guère mieux.

L'apprentissage

Le grade d'*Apprenti*, qui fait partie des trois premiers degrés symboliques de la première classe, n'est conféré au candidat réunissant les conditions exigées par la Constitution, que lorsque le questionnaire énoncé dans le précédent article et accompagné du casier judiciaire, est parvenu au V∴ Il doit aussi avoir été proposé par un membre au moins, de la Loge à laquelle il désire adhérer. Celui qui le présente en rédige la demande qu'il dépose, à une Tenue, dans le sac aux propositions. Le V∴ donne lecture de ce bulletin sans nommer le présentateur et désigne les trois Commissaires enquêteurs qui devront faire un rapport écrit pour la Tenue suivante où l'*Orateur* développera ses conclusions après le vote secret pour l'acceptation du Profane. Un nombre égal ou supérieur au cinquième des votants, ajourne l'admission et donne lieu à une nouvelle enquête ; un nouveau scrutin défavorable ajourne encore ou refuse le candidat : le Grand Orient doit connaître le nom de tous les profanes refusé ou accepté pour l'initiation avant l'admission aux épreuves. Le *Chef du Secrétariat* prévient la Loge dans un délai de cinq jours au cas ou le postulant aurait déjà été refusé par d'autres Loges.

Pour être valable, une initiation doit être faite d'après les Règlements et Statuts de l'Ordre. Le V∴ procède à l'ouverture des travaux de la Loge, pendant que le Profane rédige son testament, répond aux questions, qui varient selon la composition des Ateliers et qui peuvent être dans le genre de celles-ci : Quels sont les devoirs de l'homme envers la Patrie ? Envers ses semblables ? Envers lui-même ?

La salle dans lequel il se trouve placé s'appelle le *Cabinet des réflexions*, il est tapissé de noir, orné d'emblèmes funèbres, on y lit les maximes suivantes : « Si une vaine curiosité t'a conduit ici, va-t-en. Si tu es capable de dissimuler, tremble : on te pénétrera. — Si tu tiens aux distinctions humaines, sors : on n'en connaît point ici. »

Quel sentiment de la « dignité humaine » ne faut-il pas avoir pour être un parfait maçon !

L'ambition, la vanité ne sont point connues dans les temples ! Heureux FF∴

Après avoir pris connaissance des réponses et du testament, le V∴ les soumet à l'appréciation des membres de la Loge qui, ne soulevant aucune objection permettent l'introduction du récipiendaire dans le temple pour y subir les épreuves orales et physiques. Il pénètre les yeux bandés.

Les épreuves orales consistent en questions philosophiques, économiques, sociales, tous les FF∴ même visiteurs ayant le droit d'interroger le candidat ; les épreuves physiques ont un caractère symbolique de purification : par la terre, le feu, l'eau et l'air. Ces épreuves ridicules n'ont-elles pas pour but de déterminer le degré d'abaissement moral qui fera de l'individu un être docile et soumis aux règlements ?

Après ces diverses pratiques, il est amené à l'autel pour y prêter le serment verbal et écrit suivant : « Je jure d'obéir à la Constitution maçonnique, aux Statuts et Règlements généraux de l'Ordre. »

Le Vénérable demande : « F∴ premier Surveillant, jugez-vous ce profane digne d'être reçu parmi nous ? — Oui ! Vénérable. — Que demandez-vous pour lui ? — La lumière. » Le V∴ frappe alors trois coups de son maillet, au troisième, le *Maître des Cérémonies* dénoue le bandeau et un F∴ qui a embouché la lampe à lycopode, souffle fortement et produit une vive lumière devant le nouveau frère.

Il prête le serment pendant que les FF∴ se tiennent debout l'épée en main. Le V∴ lui place la pointe de la sienne sur la tête en lui disant : « En vertu des pouvoirs qui m'ont été confiés, je vous crée et constitue *Apprenti maçon* et membre de cette respectable *Loge*. » Il reçoit ensuite le tablier blanc, emblème du travail ; des gants blancs, symboles de la pureté de mœurs prescrite aux maçons ; des gants de femme qu'il doit offrir à celle qu'il estime le plus ; après quoi le V∴ lui révèle les mystères particuliers à son grade, les mots de semestre, et lui donne le triple baiser fraternel.

Le compagnonnage

Le deuxième grade est celui de compagnon. Pour y être initié il faut être *apprenti* depuis cinq mois au moins et être admis par la *Loge de compagnons* dans un scrutin secret. Le postulant est amené au milieu de la Loge où on lui présente les outils employés dans l'art des constructions : *maillet, ciseau, truelle, règle, levier, équerre, et compas*. Après cette première formalité, on lui fait faire cinq fois le tour de la Loge : ce sont des voyages symboliques.

Au premier tour il tient dans la main le maillet et le ciseau ; au deuxième, la règle et le compas ; au troisième, la truelle et le levier ; au quatrième, l'équerre et la règle ; au cinquième il a les mains libres. A chaque voyage, le V∴ lui explique le sens allégorique des outils qu'il lui a remis ; au cinquième voyage, il lui dit que son éducation est terminée et qu'il doit trouver dans la science et la vertu les guides qui le dirigeront dans l'emploi des instruments de la maçonnerie.

Ils laissent aux profanes la pelle et le balai : nous nous en servons.

La maîtrise

La pantomime suivante est observée à l'initiation au grade de *Maître*. Les ateliers peuvent demander pour les membres qu'ils jugent dignes, la *dignité* maçonnique étant une de leur principale vertu, une augmentation de salaire. Eh ! oui ! nous vous voyons étonnés ! vous avez bien entendu ! une augmentation de salaire : cela veut dire dans la langue maçonnique, un tapage à votre porte-monnaie. Dans le cas où votre « modestie » vous pousserait à vouloir obtenir cette augmentation de salaire, il faut que vous en fassiez la demande par écrit à votre Atelier, qui statue toujours au scrutin secret : le SECRET étant aussi une autre vertu.

Les prix minimums établis pour les trois grades symboliques par le G.˙. O.˙. sont : 50 francs pour l'*apprenti*, 20 francs pour le *Compagnon*, 30 francs pour le *Maître* : Total : 100 francs.

Le *Compagnon* qui aspire à la dignité de *Maître* doit avoir deux mois de grade. Les membres de la Loge possédant le diplôme de ce degré s'assemblent dans le temple tendu de noir et éclairé par la faible lueur d'une lampe suspendue au plafond. Ils pénètrent en exécutant une gigue que les corps de ballet les plus chorégraphiques ne dédaigneraient pas : il faut élever le pied à hauteur du genou, le lancer en avant et le poser à terre en répétant l'exercice neuf fois, en obliquant tantôt à droite, tantôt à gauche afin d'éviter le corps de Hiram, que simule dans un cercueil un F.˙. ou un mannequin : ce qui n'a aucune importance.

Le *Compagnon* frappe à la porte de cette chambre, il est accompagné du *frère-expert*. L'accès ne lui en est permis qu'en accomplissant une marche à reculons, le dos tourné à l'autel. Le *Vénérable Maître* explique au postulant que les FF.˙. sont assemblés pour pleurer la mort de leur Maître chéri, Hiram, frappé traîtreusement par trois mauvais compagnons. On lui demande s'il est innocent de ce crime, s'il a fidèlement servi ses *Maîtres* comme *Compagnon* et s'il est bien décidé à connaître les épreuves d'initiation. Sur son affirmation on le fait se tourner vers l'autel où sont étalés une tête de mort et des ossements.

Le Maître président l'invite à regarder attentivement ces restes inanimés et lui adresse une courte allocution sur la brièveté de la vie, sur la nécessité de travailler à devenir vertueux, sur l'inutilité des richesses, la sottise de l'orgueil et l'égalité des hommes devant la mort.

Il avertit le candidat qu'il va lui faire connaître le secret de la mort de Hiram, ce qui signifie allégoriquement les malheurs de l'humanité. Celui-ci écoute le récit, debout, devant l'autel. En voici le résumé : « Hiram, architecte du temple de Salomon, avait divisé, pour cette construction, ses ouvriers en trois classes : les *apprentis*, les *Compagnons* et les *Maîtres*. Ils avaient tous des salaires différents qu'ils ne touchaient qu'en donnant le mot d'Ordre particulier à chacune de leur classe. Trois mauvais *compagnons* auxquels il avait refusé de donner le salaire et le mot de passe de l'Ordre des *Maîtres*, résolurent de le lui arracher par la violence et même de le tuer en l'occurrence. Ces trois compagnons étaient l'*ignorance*, le *mensonge* et l'*ambition*. Ils mirent leur complot à exécution au moment où Hiram entrait dans le temple par la porte d'Orient.

L'*ignorance* s'avança vers lui et lui demanda le secret de la Maîtrise. Hiram la lui refusa en lui disant : « Ce secret serait fatal entre tes mains. » Aussitôt l'*ignorance* lui porta un premier coup. Le Maître s'enfuit en appelant au secours, vers la porte du midi, où le *mensonge* le rendit inaccessible et lui jetant un voile sur la figure et en lui portant un second coup. Le *Maître* on jette un voile sur la tête du postulant.

Comme il se traînait encore pour échapper aux coups des meurtriers, vers la porte d'Occident, l'*ambition* lui asséna sur la tête un grand coup de maillet qui l'étendit inanimé sur le sol. (à ce moment le maître président fait le simulacre de frapper le récipiendaire d'un coup de maillet, et celui-ci est brusquement renversé en arrière et étendu dans un cercueil tendu de noir). Les trois assassins cherchèrent à se débarrasser du cadavre : ils le transportèrent, pour l'ensevelir provisoirement, sur une colline aux environs de Jérusalem, ils déposèrent le corps dans une fosse sur laquelle ils plantèrent une branche d'acacia, afin de reconnaître l'emplacement. Ils s'aperçurent alors que le *maître* était mort en leur léguant le secret, pour qu'ils puissent continuer son œuvre ; ils s'assurèrent d'une partie des ouvriers et persécutèrent ceux qu'ils crurent devoir soupçonner leur crime ; ils devinrent la puissance intégrale.

Mais neuf fidèles compagnons entreprirent de retrouver le corps de Hiram. Ils convinrent de changer le mot de passe de la Maîtrise et de choisir pour nouveau mot, la première parole qui serait prononcée au moment de la découverte du corps. Dans leurs recherches, ils furent frappés par cette branche d'acacia indiquant une terre fraîchement remuée ; c'est ainsi qu'en creusant l'un d'eux toucha le cadavre et s'écria : « La chair touche les os ! » Mais ce n'était nullement un cadavre, Hiram n'était qu'endormi. Il se leva avec l'aide d'un compagnon fidèle, et ce manuel rituel est leur *de son cercueil* : les draperies noires de la pièce disparaissent, la Loge s'inonde de lumière ; ils brûlent des parfums pour célébrer la résurrection de Hiram, ou *couronne de fleurs* le nouveau Maître et l'on en distribue à tous les frères. Ainsi furent démasqués les imposteurs qui voulaient avilir la vertu et qui dans la suite de cette légende périrent misérablement. »

Le récipiendaire prête ensuite le *serment* et reçoit communication des mots, signes et attouchements. L'orateur lui explique alors le sens allégorique de la cérémonie. Dans l'ordre physique, Hiram, c'est le soleil, la source de la vie, de la lumière, de la fécondité pour la nature. Les trois mauvais compagnons sont les trois mois d'hiver qui désolent la nature et semblent tuer le soleil ; les neuf bons compagnons sont les mois de printemps, d'été et d'automne.

Dans l'ordre moral, Hiram c'est la sagesse éternelle, le génie du bien. Les bons compagnons sont les vertus, les mauvais compagnons les vices.

Et voilà comment lorsque les RÉVOLUTIONNAIRES auront envahi les Loges, on ils apprendront à contempler la mort pour se rappeler que les joies courtes et que les jouissances matérielles sont *inférieures* à la vertu; lorsqu'ils connaîtront le redoutable *pas du Maître*, dont l'exécution rythmée au commandement des *vénérables*

Tous les Mêmes

«Allons tous au syndicat pour le soutenir ou le combattre. » Telles sont les conclusions formulées par Monsieur le Citoyen Libertad, au cours d'une réunion donnée ici, à St-Étienne.

Vrai, mon vieux, tu m'en as bouché un coin, car bien d'autres et moi, attendaient une autre réponse, que celle que tu lis, afin de contenter ceux qui te demandaient ton appréciation sur l'action syndicale.

Je ne sais, ni ne veux savoir, quels sont les motifs ou les causes qui t'ont obligé à être si piètre, mais il y a longtemps que ces arguments ont été jetés en pâture à la foule, à la masse : il y a très longtemps que l'abbé Cœur et Cie disent aux athées, aux matérialistes, aux mangeurs du bon dieu, « Venez vous assister tous à nos réunions, à nos luttes et à nos faits, que ce soit pour combattre ou pour soutenir, pour ridiculiser ou pour approuver nos prétentions, peu nous importe : servez-vous de base d'opérations, cela nous suffit. »

Toi, en tant que charlatan comme les autres, il est évidemment logique, quadrer que les boniments ne sont pas du même ordre d'idées que le serment des mêmes ingrédients : « Allez tous aux syndicats, aux réunions et conférences de tel ou de tel autre — scratic, celles de Libertad. »

Tu as compris que la solidarité, la mutualité, la prévoyance, etc. n'étaient pas encore prêtes à disparaître, et qu'il était de son intérêt de se sentir les ondes. Il prend les mêmes moyens pour ensever, pour hypnotiser un tas de bonnes gens prêts à croire à tout, à tous, sauf à eux-mêmes ; enfin, tu connais le métier.

Lorsque je suis arrivé, tu étais juste en train de faire un mini tableau du gîte d'un copain auquel tu avais été rendre visite. T'en es-tu payé de dîner le pauvre sur sa situation de misinotivé. Il me semble pourtant que la piole, à une esoignante prêt, ressemble assez à celles que tu engages à brûler. Est-ce que tu y as foulu le nez, à un même pense ? Tu es comme tous. Il est plus facile de conseiller aux autres, ce qu'on est incapable de faire soi-même.

Je ressens plus que tous où le bât me blesse ; je sais que mon taudis est infect; même pas économe, je n'ai fait rien comme lundi un tout, et j'allume deux heures plus tôt que les autres ; je suis que je suis entouré de voisins répugnants : au premier habite un marchand, sur mon palier un ivrogne accompli. Pourtant, je prétends que logiquement, je n'ai pas à perdre mon temps à me plaindre pour faire réparer, pour aérer mon taudis, pas plus que je n'ai à y mettre le feu.

Je pense que c'est à moi de chercher un autre milieu, même à fabriquer un centre nouveau où seraient évités tout contact et promiscuité. Si je ne suis pas assez forte, et ce n'est pas de ma force, de ma compétence, il ne me reste qu'une chose à faire : courber l'échine et faire le mort.

Les cris, les plaintes des uns ou des autres ne peuvent servir qu'à créer de la littérature, de la poésie, de l'art dont Levieux nous décrit si bien la valeur abrutissante.

CHAPOTON.

NOTRE CORRESPONDANCE

ENCORE L'ART

à Levieux.

Avec quelle ardeur, tu méprises et flétris l'art, avec quels mots cinglants tu flagelles les artistes ! Pour moi bien que je ne réclame pas à grands cris l'art pour le peuple, je suis cependant un admirateur de l'art.

Si je ne le demande pas pour le peuple c'est que je ne le crois pas capable de le comprendre, c'est que je pense, comme tu l'as dit, qu'il a des besoins plus pressants. Il lui faut d'abord l'indispensable : du pain de l'instruction.

Au reste, l'art ne lui manque pas, il s'en trouve entouré. Mais c'est son langage incompréhensible pour lui. Pour comprendre l'art il faut vivre son idéal. L'art n'est pas l'image de la vie ; l'art est la résultante d'un besoin éprouvé par l'homme d'exprimer, sa pensée, ses affections, ses sensations.

Quand tu te trouveras devant un joli paysage, un panorama merveilleux, un site pittoresque et splendide, n'éprouveras-tu pas le besoin d'exprimer tes sensations, ne chercheras-tu pas un langage capable de décrire la beauté du site, que tu viens de contempler ? C'est ce besoin qui fait l'art ; toi, tu exprimeras tes sensations en prose, le poète en vers, le musicien en musique, le peintre en un tableau.

Le peuple ne comprend pas l'art, parce qu'il n'a jamais connu la vie dans sa beauté ; ceux-là seuls qui l'ont vécue sont capables d'être artiste et de comprendre l'art.

J'entendais dernièrement un morceau de musique intitulé *les murmures de la mer* : le musicien qui a écrit ce morceau a été inspiré par la contemplation de la mer et ceux-là seuls qui ont joui de ce spectacle sont capables de comprendre la beauté de cette œuvre; de même, seuls ceux qui ont vécu l'amour sont capables de faire un chef d'œuvre, soit poème, peinture, sculpture, exprimant cette passion, et ceux-là seuls qui ont aimé sont capables de comprendre la puissance et la beauté de cette langage.

L'art est inséparable de la vie et c'est justement parce que je suis anarchiste, parce que je veux vivre mon idéal dans toute sa beauté, que je veux vivre mon idéal et non le rêver que j'arrive à comprendre son que c'est l'art.

Et toi-même, es-tu sûr de ne pas être un artiste ? Dans ton article n'as-tu pas

---

1

TRADE-UNIONISME & ANARCHISME

Il a semblé intéressant à notre ami Charin de traduire pour ses camarades l'opinion d'un ouvrier américain sur le trade-unionisme et l'anarchisme. Nous la donnons en feuilleton, parce que si nous ne l'acceptons pas entièrement, elle nous a paru de nature à intéresser tous nos lecteurs. Plus que toute autre étude, elle montre le courant révolutionnaire, anarchiste même, qui menace de détruire la bonne tenue légale des trades-unions et des syndicats.

Cher ami et frère,

Dans votre lettre, vous me demandez si je sais ce que l'anarchisme a à faire avec le trade-unionisme. Vous m'écrivez que dans votre syndicat local, de nombreux membres sont des anarchistes déclarés.

Que ces hommes sont profondément intéressés à l'extension de l'union, qu'ils sont vifs et alertes, et qu'ils possèdent un enthousiasme plus qu'ordinaire pour porter en avant la cause de l'unionisme.

Vous ne pouvez vous expliquer cela et me demandez si je puis vous fournir une explication.

Si je vous disais que le trade-unionisme et l'anarchisme s'efforcent tous les deux de résoudre le même problème, cela ne serait pas suffisant.

Vous voudriez savoir comment ils peuvent être réconciliés dans leur propagande. C'est pourquoi, pour comprendre les relations de l'un à l'autre, il est nécessaire de comprendre chacun dans ses rapports avec le problème que tous les deux essaient de résoudre.

Je ne puis vous donner, dans les limites étroites d'une lettre, qu'un simple aperçu de la philosophie de l'unionisme et de l'anarchisme.

Le but d'un syndiqué est de recevoir, du produit de son travail, sous forme de gages, autant que la force de son union lui permet d'obtenir de ceux qui l'exploite. Le syndiqué ne se contente jamais longtemps des gages qu'il reçoit ; il s'efforce toujours de diminuer les heures de travail, d'augmenter son salaire. Le syndiqué d'aujourd'hui n'est pas plus satisfait de ne travailler que 8 heures que ses grand'pères ne l'étaient lorsqu'ils travaillaient 10 heures.

En réalité, il y a plus de mécontentement de nos jours, dans les rangs des travailleurs, qu'il n'y en a eu à aucune autre époque de l'histoire de l'humanité. Ceci est très naturel, car un homme n'est jamais complètement satisfait. Un désir n'est pas plutôt satisfait qu'un autre est créé, c'est que fait que la stagnation et le recul sont impossibles. L'homme continuera de lutter pour de nouveaux idéaux, aussi longtemps que la race humaine existera. Le mécontentement est toujours un signe d'intelligence. C'est ce mécontentement intelligent qui fait que les hommes cherchent la satisfaction de leurs aspirations dans des voies différentes. L'anarchisme et le trade-unionisme sont deux des voies que suivent les mécontents intellectuels pour arriver à leurs fins.

Lorsque l'intellect d'un travailleur arrive à un certain degré de développement, il commence à se poser des questions. N'ai-je pas droit à une plus grande part du produit de mon travail que ce qu'il plaît à mon patron de me donner ? Est-ce que la différence entre lui et moi est si grande qu'il puisse recevoir tant, et moi si peu, devenir un multi-millionnaire pendant que je dois rester pour toujours un pauvre devant à se coucher à sa volonté, obéir à chacun de ses commandements, être un esclave de tout, excepté en nom ? N'aurais-je rien à dire au sujet des gages que je reçois et au sujet des conditions sous lesquelles je travaille ? Pourquoi mes compagnons et moi, sommes-nous à la merci d'une classe qui ne peut avoir de sympathie pour nous, mais qui peut tout au plus nous regarder d'une façon charitable, comme dépendants d'elle ? Pourquoi ne pas changer ces conditions ? N'y a-t-il pas d'espérance d'échapper à cet asservissement, à ces conditions humiliantes que nous avons héritées de l'ignorance et de la stupidité du passé ?

Lorsque ces pensées commencent à se grouper dans l'esprit du travailleur, il s'organise en syndicat, devient syndiqué, où il conçoit un idéal de société où l'homme puisse vivre sans exploiteurs, sans gouvernants d'aucune sorte et devient anarchiste.

Vous voyez donc que la même condition d'esprit, fait l'anarchiste et le syndiqué qui ne sont souvent qu'une et même personne. En cherchant à améliorer sa situation, il est syndiqué, en cherchant le schéma d'un état de liberté et d'égalité pour le futur, il est anarchiste.

L'histoire du trade-unionisme est une histoire de martyrologe. Le chemin du progrès est jonché des os des travailleurs morts, amants de la liberté, qui luttèrent contre la tyrannie des gouvernements et contre les classes riches qui les maintiennent. Le trade-unionisme moderne a lutté ces deux siècles pour améliorer le sort des hommes et des femmes qui travaillent. Les exploiteurs ont toujours, regardé les syndicats avec effroi et ont jamais manqué d'employer leur instrument : le gouvernement — pour les supprimer. Et le gouvernement fidèle à sa raison d'être — la protection du riche — a toujours répondu par des lois infâmes infligeant les plus sévères châtiments à ceux qui s'efforcent d'améliorer leur sort. Mais en dépit du gouvernement les unions sont toujours florissantes. Des hommes furent brûlés au fer rouge, eurent les oreilles coupées et furent torturés de mille manières inventées par les suppôts de la loi et de l'ordre, mais ils ne se rendirent jamais. Par leurs luttes héroïques, ils ont conquis la liberté relative d'association dont nous jouissons maintenant. Telle a été l'histoire de l'union même dans le passé. Le gouvernement, la mentalité des hommes et les principes et tactiques des gouvernements ne changent que très

lentement, le travail aura à continuer la bataille de la même façon, frappant avec les mêmes armes, payant de sa sueur et de son sang, chaque pouce de terrain gagné vers son émancipation.

Le trade-unioniste de mentalité moyenne ne se préoccupe que bien peu du passé. Il s'efforce surtout d'obtenir ce qu'il appelle « une bonne paye pour une journée de travail raisonnable ». Il ne sait pas exactement ce que ces deux termes signifient. Il sait ceci : c'est qu'il obtient le plus haut salaire qu'il peut et travaille le moins longtemps possible. De la question salarié, il se soucie peu, cette part est réservée à l'anarchiste.

L'anarchiste raisonnant sur des principes abstraits d'égalité, dit que, pour qu'un payement soit un bon payement il faut qu'il représente la valeur entière de l'effort dépensé. Si je fais une douzaine de chaises, un bon payement sera le prix d'une douzaine de chaises. Si je reçois moins que ce prix, quelqu'un existe, sans mon consentement, une partie du produit de mon travail, ce qui signifie que je suis volé ; si j'ai le prix d'une chaise en plus de la douzaine quelqu'un autre est volé, ce qui est également injuste. Et si je recevais le prix de 2 ou de 100 douzaines de chaises sans même en faire une, comme ceux que nous appelons patrons le font, je serais un grand voleur et un ennemi puissant de l'anarchisme et du trade-unionisme. Il ne saurait y avoir d'autre définition d'un bon payement, car il ne serait pas juste que je reçoive une chaise, en plus ou en moins, du nombre que j'ai produit.

Jay FOX.

(à suivre.)

recherché un langage exprimant tout le dégoût que tu as pour l'art et l'amour que tu as pour la vie ; n'orneras-tu pas ton logement, ne préféreras-tu pas une habitation parée de quelques cultures ?

Vouloir de l'art pour le peuple, lorsqu'il a le ventre creux et le cerveau vide c'est de la folie, mais dire que les artistes et les contemplateurs de l'art ne connaissent pas la vie me paraît aussi fou.

J'aime les arts parce que je connais la vie. Qui ne comprend pas les arts, ne connait pas la vie, ou est artiste sans le savoir.

Francis VERGAS.

—o—

Les Mouvements Utiles

a André Bataille.

Si les phrases ont une valeur se rapportant à leur place dans l'article, elles ont aussi une valeur particulière surtout quand nulle conjonction ne vient en lier le sens aux précédentes et d'autant qu'elles prennent une forme affirmative par elles-mêmes. C'est le cas des deux phrases que j'ai extraites de ta bibliographie. Les autres points dont tu parles pouvaient peut être t'amener à l'affirmation formulée en ces deux phrases mais ils n'étaient pas contradictoires et n'en atténuaient pas le sens, fort précis d'ailleurs. Je n'avais donc pas à les citer dans une critique qui ne s'attachait qu'à la conclusion et non à la façon de l'amener.

Etre employé à la construction d'un navire de guerre n'implique pas forcément une adhésion morale au militarisme, mais bien une adhésion effective au point de vue de la dépense d'énergie. Un homme qui est soldat peut dire de même. Il n'est pas militariste, moralement parlant, mais il est quand même une unité faisant la force du militarisme. Encore le soldat pourrait il donner, plus raisonnablement, cet argument que l'ouvrier d'arsenal : il peut affirmer être prêt à ne jamais exécuter d'une façon effective le labeur pour lequel il est requis, alors que l'ouvrier susdit fabrique tous les jours des armes.

Il n'est pas d'agir simplement lorsque la « production sera bien ordonnée » mais de faire les mouvements pour que la production soit bien ordonnée. Ce n'est pas une raison parce que « toute l'activité est dirigée vers l'enrichissement d'une minorité possédante qu'il importe peu que nous ayons des mouvements inutiles », tout au contraire, il faut faire des mouvements utiles pour que notre activité soit mieux dirigée.

Nous partons d'un point de vue bien différent. Tu dis : « C'est pour supprimer ces fonctions — inutiles et mauvaises — que nous désirons créer une société nouvelle. » Ce qui équivaut à dire « C'est pour supprimer les maladies que nous désirons créer un homme sain. »

Nous disons : « Il faut supprimer ces fonctions pour arriver à former une société meilleure, » c'est à dire « Guérissons nos maladies pour être des hommes sains. » Lorsque l'homme est sain, il n'est plus question de guérir ses maladies, mais seulement de prévoir qu'il ne les reprenne ;

de même si la société est bien organisée il ne saurait être question de détruire le parasitisme, le fonctionnarisme, le labeur nocif, etc., mais seulement d'éviter le retour de ces tares économiques.

« Les hommes œuvrent pour gagner un salaire. Cela n'a rien à voir avec nos conceptions économiques, » dis-tu. Les agents de M. Lépine et les gendarmes de Draveil peuvent répondre semblablement. Cela est vrai pour un cas comme pour l'autre. Aussi faut-il s'attacher à prouver aux hommes qu'il serait bon de ne pas « œuvrer » pour un salaire, lequel n'est qu'une représentative de nos besoins, mais bien plutôt pour satisfaire nos besoins eux-mêmes.

* * *

Je ne fréquente pas les camarades qui peuvent dire : « Oui, la cité future, très joli mais c'est lointain ! » mais des amis qui ne conçoivent demain qu'en marchant devant eux et qui sollicitent une meilleure minute en vivant la minute présente. Ils savent que personne n'arrive à une société future. Aussi ne peuvent-ils penser avoir atteint le but par le coopératisme ou le milieu-librisme, puisqu'ils ont la « naïveté » de ne pas avoir de but si précis.

Il faudrait s'entendre sur ce mot « destruction totale ». Ne penses-tu pas que la destruction totale est faite de destructions partielles ou bien évoques-tu quelque Vésuve déversant des laves si redoutables que le travail se fera ainsi du jour au lendemain. Ne craindrais-tu qu'il ne nous emporte aussi.

Non, « les anarchistes ne produisent, ne consomment pas comme leurs contemporains, c'est à dire de façon déraisonnable ». — je parle pour ceux qui s'efforcent de l'être, non demain mais aujourd'hui — Si parfois il leur arrive de produire déraisonnablement, c'est à leur corps défendant et en « sabotant » alors ces produits mais toujours ils s'efforcent de ne consommer qu'utilement. Une vie anarchiste est une vie de réactions constantes. Elle se vit sous tous les régimes. Je ne conçois pas celle dont tu veux parler.

* *

Que signifie cette séparation en actions destructrices et en actions positives, les unes réservées au présent, les autres au futur. Est-ce que tous les jours l'organisme humain ne fait pas le double travail de destruction et d'assimilation ; est-ce qu'ils ne sont pas inséparables l'un de l'autre? Heureux — ou malheureux — tu es, si tu peux contenter ton activité à étudier et à réviser le plan de la société future : Plus encore à trouver cela « un vaste champ ». Aux châteaux en Espagne, je préfère la moindre cabane. Le seul esprit que je veux avoir c'est de ne pas m'en contenter et d'employer mon énergie à vouloir mieux.

* *

J'aime tant la critique sérieuse que je l'avoue, j'ai été un peu dérouté lorsque je suis arrivé au passage où tu fais parler quelque type imaginaire en proie aux hallucinations du haschich... Tu veux rire.

Et quoi, des hommes tous les jours s'efforcent de vivre leurs idées, de mettre en pratique les règles — toujours revisables — d'une hygiène morale et physique ; de ne pas attendre demain pour essayer d'arracher une part de bien-être économique et intellectuelle à l'imbécillité et à la rapacité de leurs prochains ; de s'efforcer tous les jours de détruire un préjugé, de supprimer un rouage ou un organe inutile dans le grand mécanisme social ! .. et ces hommes-là sont pour toi des idéologues ! Ne serait-ce pas plutôt de ceux qui déploient leur activité à faire le plan d'une société future que tu devrais parler? et qui attendent le grand Messie Révolution pour commencer à vivre?

Non « la connaissance de l'idée anarchiste ne confère pas un pouvoir mystérieux et immédiat » mais elle donne la conscience de la force individuelle et elle montre ce que peut faire une énergie qui se connaît. Elle apprend à l'homme à s'associer aux autres hommes sans se perdre dans la collectivité et à savoir chercher son « émancipation individuelle » dont dépend l'émancipation collective... Car on ne décrète pas la conscience sociale, on la forme tous les jours. Je ne m'amuse pas à choisir, mais pourtant je ne sais qui vaut le mieux, au point de vue économique, du mitron encore patriote parce qu'on n'a su lui faire concevoir l'absurdité et le danger de l'idée de patrie ou de l'ouvrier de l'arsenal antimilitariste qui, sachant qu'il fait mal, continue à armer de carabines les dragons du 18e et du 27e.

« Nous ferons ceci, nous ferons cela » j'aime mieux dire : « Faisons ceci, faisons cela » si minime soit le ceci et le cela du présent et si important soit le ceci et le cela du futur. J'ai trop entendu de gens qui se marient, qui s'avilissent, qui s'embourgeoisent me dire : « Au jour de la Révolution, nous serons à vos côtés », alors qu'ils sont présentement nos ennemis.

Je pense que « pour poser solidement notre doctrine » il faut pouvoir vivre un minima d'idées, non sans nous montrer que l'hérédité et l'ambiance nous empêchent d'en vivre la formule d'une façon parfaite. Pour ma part, je me méfie des belles promesses et je veux essayer de vivre mes idées pour pouvoir les reviser. Les belles phrases n'ont pas assez de relief à mes yeux pour que je puisse sentir les erreurs qu'elles peuvent cacher.

Tu es bien aimable de nous parler de ce que tu feras après le Grand Soir. Crains bien que ce ne soit pas des 120-courts ou des torpilles que l'on voudra fabriquer — si l'on n'a pas pris la conscience du travail utile — mais bien des médailles commémoratives de la Révolution et des bustes des héros et des martyrs, alors que le mitron-patriote si tu y tiens — ferait toujours du pain pour ceux qui burineraient le faciès des « hommes du jour » et de ce « grand soir ».

Et je lis la dernière phrase ; « Pour l'instant ne nous en prenons pas aux effets, mais aux causes. Tant que le régime capitaliste subsistera, les professions qui assurent son fonctionnement resteront et ne peuvent pas ne pas exister. » Ainsi ne luttons pas contre les religions, le fonctionnarisme, l'argent, le militarisme, la police. Tout cela ne comporte-t-i pas des professions assurant le fonctionnement de la société et ne pouvant donc pas être supprimées. Je ne tirerai pas victoire de cette dernière phrase que tu n'as pas dû relire, d'autant que je l'ai montré point par point que tu n'avais pas su examiner avec beaucoup de soins nos conceptions « utilitaires ».

Saches aussi que ces conceptions, si utilitaires soient elles, ne sauraient nous empêcher d'être là, parfois tout au devant, lors, qu'il s'agit d'employer une méthode dont les côtes pratiques restent indéfinis mais qui laissent au courage et à la ténacité des hommes en lutte une chance quelconque de révolutionner le régime du capitalisme et de l'autoritarisme.

L. A. BORIEUX.

—o—

Quelques Réflexions

à Oloyau le Cynique.

Tes réflexions sur le mariage sont justes parce que exactes et par cela même irréfutables.

Mais — car il y a un mais — tu as négligé de traiter la question intérêt, laquelle a cependant son importance.

C'est ainsi que tout en réprouvant les formalités laïques et légales du mariage, des libertaires — voire des anarchistes même — se marient parce qu'ils y trouvent un intérêt immédiat, notamment ceux qui ont un emploi dans une administration (Postes, Chemin de fer, etc) ou encore instituteurs, etc : ceux-là repoussant toute idée de sacrifice à l'Idée, la Cause, la Propagande (nouvelle trinité socialo-mystique) se verront accorder — parce que mariés — indemnités diverses pour certains cas, permis gratuits de voyage, etc.

Des femmes, mariées légalement, ayant leurs compagnons au régiment (car il y a des libertaires sous les drapeaux, n'est-ce pas ?) ont droit à certaine indemnité.

Il y a bien encore d'autres cas spéciaux à envisager en ce sens.

Evidemment, il est regrettable d'être forcé d'en arriver là, mais on ne choisit pas toujours sa profession (manque d'aptitudes, de chance, etc) dans la société actuelle, et suis d'avis qu'il n'y a pas à les blâmer.

Je ne suis pas le premier à soutenir cette thèse, et si Armand l'a indiqué et approuvé en son livre Qu'est-ce qu'un anarchiste? bien d'autres avant lui l'ont également appuyée et mise en pratique. Il n'y a donc pas innovation.

Mais, ce me semble, on peut abandonner momentanément son idée, une parcelle de ses croyances en faveur de l'adversaire, à la condition essentielle de retirer de celui-ci un avantage immediat.

En résumé, notre conclusion se trouve être identique, puisque tu dis : (dernier N° de l'anarchie) « Nous pouvons lutter selon nos idées, vivre selon le plus d'idées possible, mais non vivre selon nos idées ».

Et alors, nous sommes d'accord.

Henri ZISLY.

Revue des Journaux

LES TEMPS NOUVEAUX.

Jean Grave montre la revanche de l'armée, c'est à dire l'armée prenant sa part aux tueries de Draveil. On n'a que les maîtres qu'on supporte, conclut-il avec raison.

L'instituteur anarchiste, voila deux termes qui s'accordent mal. On ne peut souvent être l'un et l'autre. B. G. montrant la propagande à la partie, reste un peu trop attaché à une enseigne, et c'est banal.

Noël Demeure soulève une question fort intéressante sur l'échange international de nos enfants en vue de les préparer à la connaissance des langues et des mœurs des autres pays. Ce n'est pas chose impossible avec un peu d'initiative.

Un de ces articles où le désir de faire de l'esprit, vous fait arriver à dire les plus grandes sottises, tel est les bijoux indiscrets de René Chaughi. Les idées les plus fausses et les plus puériles sur le role de la prostitution et sur celui de la parure, l'une empêchant la diminution des salaires, l'autre constituant les trois quarts de l'industrie et du commerce, etc. Tirons l'échelle. Ne décrions pas non plus les cérémonies catholiques et maçonniques, elles font marcher le commerce.

LE LIBERTAIRE.

Louis Grandidier veut nous montrer la leçon de Villeneuve, mais il prétend que c'est Clemenceau qui nous la donne. Ce n'est pas lui, ce sont les circonstances économiques, la nécessité de réagir contre et mieux que nous ne l'avons jamais fait.

Sur la force et la violence, Silvaire commence à méditer pas mal ; mais il reprend vite son train d'être à dire les propos de gens « au cœur haut placé ».

On est si mal renseigné sur les révolutions faites en son pays que je n'attache pas grande importance à la Révolution en Chine de Ly Yamen.

E. Philippe dénonce l'importance trop grande donnée aux secrétaires de syndicat. Ceux-ci doivent être de simples travailleurs qui n'ont pas à mener le groupement, mais à être un enregistreur, un comptable modèle.

Quelques mots optimistes sur la réussite de la Grève de 24 heures par L. Gr.

Fouques jeune continue à palabrer contre la médecine.

La bataille continue, dit Harmel, et doit continuer avec plus d'énergie et plus d'audace.

Sur la Semaine capitaliste et à propos de la Richesse fruit du travail, un X. nous écrase de chiffres afin de nous prouver que les capitalistes volent les producteurs.

LE LISEUR.

EDUCATION LIBRE DU XIIIe

LE VENDREDI 14 AOUT

Alcazar d'Italie, 190, av. de Choisy

Grand Meeting
de Protestation

CONTRE

Les Crimes Gouvernementaux

Y causeront :

Desplanques, Garnery, Luquet, Janvion, Lavaud, Richebraque, Rimbault, Derame.

Un Anarchiste devant les Tribunaux
de **Georges Etiévant**

les deux Déclarations en Cour d'Assises

0 fr. 10, par poste 0,15 · le 100 6 fr., franco 6,80

- Travail en Camaraderie -

Imp des Causeries Populaires : Armandine Mahé

La gérante : Anna MAHÉ

Prenons de l'air

Il est organisé en vue de commémorer la balade de Madame Marie dans les airs il y a quelques deux mille ans, une balade moins légendaire, le samedi 15 août, dans les bois de Sèvres.

On prendra le tramway Louvre-Versailles à 8 h. 1/2 du matin et on s'arrêtera sitôt passé le pont de Sèvres. Tout en embêtant les bourgeoisants, les piqûres d'aiguille montreront la route du campement anarchiste.

Comme le lendemain est le jour légal du repos, les copains pourront prendre plus d'air que d'habitude et dîner sur l'herbe après y avoir déjeuné. Qu'ils se préoccupent donc de porter les munitions nécessaires. Le pain et les boissons, « la pierre brute et les poudres » pour parler maçonniquement, se trouveront sur place, et d'ailleurs divers accessoires, tels que les fruits.

Comme on vient pour s'amuser et rire, ne pas venir aussi fragile et délicat que des porcelaines de Sèvres, afin de ne pas se serrer de plaisir à Sèvres... Ouf !!!

Le « Livre »
de l'anarchie

Un an, 7 fr. 50 ; Deux ans, 12 francs ;
Trois ans, 18 francs

Où l'on discute !
Où l'on se voit !

Causeries Populaires des XVIIe et XVIIIe, Rue du Chevalier-de-la-Barre, 22. — Lundi, 17 août, à 8 h. 1/2, Dieu n'existe pas, par Albert Libertad.

Causeries Populaires des Xe et XIe, 5, cité d'Angoulême (66, rue d'Angoulême). — Mercredi 19 août, à 8 heures 1/2, L'éducation morale, par Albert Libertad.

Causeries Populaires du XIXe et XXe, 20, rue des Annelets (près l'église de Belleville). — Vendredi 14 août, à 9 h. Organisation d'une grande réunion au profit du groupe.

Groupe de propagande du 17e, salle de la Ménagère, 8. rue des Apennins. — Doit-on ou doit-ne pas aller à la caserne en cas de guerre, causerie contradictoire.

ASNIÈRES. — L'Aube nouvelle, 128, rue de Châteaudun, près la place des Bourguignons. — Vendredi 14 août, à 8 h. 3/4, causerie par un camarade sur un sujet d'actualité.

ARGENTEUIL. — Groupe d'études sociales, 11, rue de l'Hôtel-Dieu. — Samedi 15 août à 8 h. 1/2, L'individualisme anarchiste, par André Lorulot.

CHARTRES. — Groupe d'études sociales, 21 des Changes. — Samedi 15 août à 8 h. 1/2, Causerie pour intensifier la propagande et provoquer les discussions.

TROIS MOTS AUX AMIS

LAGARDE et DESIRE donneront des nouvelles à L. V., même adresse

LOUIS HAMARD et ANTOINE CARPENTIER demandent qu'on leur adresse leur correspondance, 18, rue Porte Morard, Chartres (Eure-et-Loir).

CARDI. — Tu as raison, Des notes de ce genre sont toujours ridicules. Pourtant nommer l'individu qui a quelquefois fait œuvre de basse justice. Aussi nous tenons simplement à inciter les copains à mettre plus de discrétion dans leurs rapports avec les passants. Celui qui vient de Paris est parfois accueilli trop rapidement, s'il a quelque bagou les bons n'ont qu'à gagner de la circonspection raisonnée des camarades. La note provenait de camarades de Belfort en qui nous avons grande confiance, mais qui peuvent se tromper, ce qui nous a fait user de prudence, peut-être de trop.

LES CAMARADES
adresseront
tout ce qui concerne
l'anarchie
à A. Mahé & A. Libertad
22, rue du Chev.-de-la-Barre
PARIS-XVIII

ABONNEMENTS

FRANCE
Trois Mois.......... 8
Six Mois........... 1
Un An............. 6

ÉTRANGER
Trois Mois.......... 2
Six Mois........... 3
Un An............. 8

l'anarchie

PARAISSANT TOUS LES JEUDIS

QUATRIÈME ANNÉE — N° 176 — DIX CENTIMES — JEUDI 21 AOUT 1908

L'Idée Anarchiste

En un article qu'il donne dans *Le Matin* du 18 Août, Alexandre Bérard répond à un précédent d'Albert Willm, paru dans le même journal, où il était exposé l'idée collectiviste et « révolutionnaire » à la manière socialiste. Je n'irai point demander l'hospitalité à Bunau-Varilla pour ma prose, d'autant que rien ne m'autorise à penser trouver bon accueil, mais je crois bon de répondre ici.

Je n'ai point lu l'article de Willm ou plutôt je n'en ai qu'une vague souvenance. Aucun trait saillant ne m'a frappé ; il s'attachait à prouver le triomphe de l'idée socialiste dans les incidents de Draveil. Je n'en parlerai donc qu'à travers la critique de Bérard.

Celui-ci, au contraire, dit, que les théories de la violence sont : « vieilles comme le monde » ainsi que celles du collectivisme. Qu'elles n'ont jamais réussi parce qu'elles ont été repoussées et vaincues par le bon sens populaire. Il oublie de préciser ce qu'il appelle une défaite et ce qu'est exactement le bon sens populaire. Jamais, pas plus aux pieds du Parthenon qu'à ceux du Capitole, pas plus en 1789 qu'en 1871, les théories révolutionnaires n'ont été vaincues, dans le sens précis du mot ; elles se sont retirées ayant atteint cruellement le pouvoir, l'autorité. Ce n'est point le bon sens populaire, mais bien plutôt l'ignorance populaire qui entrave le libre développement de ces théories. Ce n'est pas l'usage de la violence qui fut la cause de leur recul mais bien plutôt le manque de résolution, d'assurance dans cette méthode.

En confondant volontairement le révolutionnarisme et le collectivisme, Bérard espère créer un quiproquo à la faveur duquel il se déroberait. Ce sont deux choses différentes. Le collectivisme est l'expression même de l'étatisme et sait n'avoir rien à attendre du révolutionnarisme. Le collectivisme peut faire un coup d'état, mais jamais une révolution. Il remplace une tyrannie par une tyrannie.

L'idée républicaine est faite de l'accouplement bâtard du révolutionnarisme et du légalisme. Les collectivistes essaient de développer en la République l'atavisme de la légalité, de la loi, du règlement partout ; les anarchistes travaillent à faire vivre en elle l'esprit de révolte qui fait affirmer l'individu contre le pouvoir, contre son immixtion dans chaque acte de la vie.

Les théories révolutionnaires ne sont pas en face des théories républicaines, puisque ces dernières ne sont faites que de révolutionnarisme mitigé, puisque la République est un rejeton abâtardi de la Révolution. L'idée collectiviste n'est pas non plus contre l'idée républicaine puisqu'elle est la part du passé enrayant la marche du progrès, puisqu'elle est la forme démocratique du fameux : « L'État, c'est moi. », puisqu'elle est le contrepoids sans lequel la République ne serait pas.

En associant l'idée collectiviste et l'idée révolutionnaire, Bérard voulait écraser les deux adversaires de l'idée républicaine, associer la droite et la gauche dans une même critique... C'est ce que nous n'acceptons pas.

Le Collectivisme ne réussira pas parce qu'il est le retour en arrière, la glorification de l'État contre l'individu, parce qu'il est la « destruction de l'initiative individuelle » au profit de l'autoritarisme central, l'annihilation de l'homme par la collectivité. Peut-être la théorie républicaine étatiste arrivera-t-à son apogée dans le collectivisme, comme la royauté a trouvé le sien sous le règne de Louis XIV, mais ce ne sera que pour marquer l'époque de son déclin, de sa chute.

Mais le révolutionnarisme, c'est-à-dire l'idée du toujours en avant, du toujours

contre l'autorité, l'anarchisme par conséquent, doit réussir, parce que la glorification de l'individu contre l'État, parce que son développement dans un agrégat social de cellules se portant l'appui mutuel de leur force et de leurs connaissances.

Lorsque Clemenceau détruit l'esprit individuel de révolte sous la compression des cellules étatistes, écrase les minorités sous le poids des majorités, il prépare l'avènement de la caserne collectiviste, il brûle ce qu'il a adoré.

Lorsque le « bon sens populaire » se refuse aux idées collectivistes, c'est par un instinct qui le prévient contre le passé, contre la tyrannie ; lorsqu'il se refuse aux idées anarchistes, c'est par une crainte de tout ce qui est l'avenir, de tout ce qui est le progrès. Associer ces deux mouvements de réaction, de droite et de gauche, c'est faire preuve d'ignorance et de déloyauté.

Lorsque Bérard s'essaie à associer l'idée de France et de République, il tombe dans un travers ridicule et diminue l'idée républicaine comme les ouvriers diminuent l'intérêt de leur cause en le limitant à leurs questions corporatives. De même, c'est plaisant de l'entendre parler de la Révolution — avec un grand R comme il se plaît à le dire — de considérer celle-ci comme complète et de vouloir tuer par elle, définitivement, l'esprit révolutionnaire, comme si tout avenir était fermé et toute perfection acquise.

Dans la République deux esprits combattent depuis longtemps :

Celui du passé, de la tyrannie, de la loi, toujours et partout ; son succès amènera le collectivisme, le triomphe de l'étatisme...

Et celui de l'avenir, de la liberté, du libre examen en tout et pour tout ; son succès amènera le triomphe de l'homme, le triomphe de l'anarchisme.

Ce dernier est un danger pour la République. Bérard Alexandre a paru l'oublier, alors qu'il sait bien qu'il est le plus dangereux, parce que la loi de l'évolution est si forte qu'il est rare qu'un peuple revienne en arrière, si ce n'est pour mieux écarter, pour mieux rejeter la tyrannie.

Albert LIBERTAD.

Chiquenaudes et Croquignoles

VOULEZ-VOUS DU CHIEN ?

C'est la bête à la mode, on en a mis partout !

Il paraît qu'en Chine, on le mange en ragoût ; en Europe, on se contente de le mettre à tous les ragoûts. Il est le chien sauveteur qui repêche les hommes par le fond de culotte pour les mettre hors de la Seine et le chien policier qui les happe à la gorge pour les faire entrer en scène judiciaire. Il est le chien aboyeur qui cultive les mollets des hommes et le chien toutou qui cultive ceux des riches puissants, il est partout.

Dans les congrès, les concours, les expositions, il est toujours l'ami fidèle de l'orateur. Pourtant après beaucoup de promesses, souvent il claque dans sa main. Ainsi les chiens sauveteurs se refusent à lorsqu'à leur couvent, ils se mettent en grève sans vouloir au moment psychologique.

— Hop, Médor, à l'eau, voilà un homme qui se noie. — Zut, par ces temps de chaleur, il peut bien boire une tasse » et Médor reste là, il craint les fluxions !

Mais le chien policier est encore, paraît-il, le rêve de Lépine. Son flair dépasserait celui de l'artilleur. Pourtant on ne le tient pas bien en main, quand viennent certaines époques, il s'enfuit, tel le chien de Jean de Nivelle ou les policiers de Lépine quand ils ne sont que cent pour dix.

Mais le chien policier est encore, paraît-il, le rêve de Lépine. Son flair dépasserait celui de l'artilleur. Pourtant on ne le tient pas bien en main. Quand viennent certaines époques, il s'enfuit, tel le chien de Jean de Nivelle ou les policiers de Lépine quand ils ne sont que cent pour dix.

LA CHAROGNE NATIONALE

C'est en grande pompe que les victimes de la Couronne ont été menées de l'hôpital maritime à la gare, pour de là filer vers quelques trous en terre alors qu'il eût été si commode de les foutre tout simplement à l'eau, où les poissons auraient vite utilisé les cadavres.

Mais justement c'était trop simple et l'on a préféré balader la gueule à Thomson que ça n'amusait guère d'ailleurs, de sa villégiature jusqu'à Toulon, afin qu'il préside le semi-enfouissement et quatre ou cinq banquets, pour faire passer le tout.

Le temps était beau, la cérémonie magnifique, tout le monde pleurait ; mais, car il y a un mais, le clergé ne voulut pas donner l'absoute... Kekcékça ! Une cérémonie dans laquelle un homme en mascarade jette de l'eau « bénite » sur les morts avec un petit balai à pot de chambre.

Pour en revenir à ces messieurs, paraîtrait qu'ils avaient eu une querelle de préséance. Qui devait céder le pas ? Plutôt que de céder, le clergé se retira, et pour punir les vivants ne fit pas les mouvements qui pouraient envoyer les morts au paradis.

Quant à moi j'avoue que ça me laisse froid, quand les morts sont morts, ils le sont pour longtemps...

CANTIDE.

Pour Clemenceau

Un jour, dans un cirque fête,
Je vis un gros éléphant
Jouer, la trompe en trompette.
Vous eussiez dit un enfant.

Je dis jouer?.. c'est possible...
Mais il n'en avait pas l'air :
Son désir étant visible
De ne pas jouer, c'est clair.

Une espèce de crapule,
— Si vous avez son cornac —
Vrai pygmée auprès d'Hercule
Lui fichait un sombre trac ;

A grands coups de chambrière
Le faisait évoluer
A droite, à gauche, en arrière,
Et valser et saluer.

Il ne s'en irritait guère.
Ces coups lui faisaient, je crois,
Ce que peut faire un cautère
Sur une jambe de bois.

Je n'en étais pas moins triste
De voir le pauvre animal,
Au milieu de cette piste,
Se donner autant de mal.

A l'instar d'une levrette,
Il faisait des bonds, des sauts :
Il montait à bicyclette,
Et passait des carreaux.

Quelquefois, sur son derrière
Se dressait ce monument
Comme pour une prière...
C'était pénible vraiment.

Tout cela, je vous demande
Un peu pourquoi c'était ?
Pour amuser sur commande
Un millier de spectateurs.

Certe ou bien si je me trompe
La noble bête aurait pu,
D'un seul revers de sa trompe,
Jeter son maître au rebut,

En faire une chose morte
Sans aucun précis contour.
Le cadavre qu'on emporte
On dit se passer, un jour...

Le peuple est pour ainsi dire
Ce pachyderme bénin :
Il se laissera conduire,
Brave géant, par un nain

Qui l'abrutit et l'épate
Avec des mots longs de ça,
Qui lui fait donner la patte,
Jusques au beau jour où sa

Singulière patience
Est au bout de son rouleau.
Alors il prend conscience
De sa force et dit : Tout beau !

Et soulevant son bonhomme
En y mettant deux doigts,
Lui brise la tête comme
Une coquille de noix.

Raoul PONCHON.

Le Communisme des Primitifs

Au cours de certaines vacances, j'ai relu deux romans de Walter Scott. Soit à cause d'un engouement qui m'est propre pour la littérature anglo-saxonne, soit à cause des études de mœurs documentées qu'elles contiennent, j'ai un faible pour certaines des œuvres du romancier écossais. Les deux ouvrages dont s'agit sont *Waverley* et *Rob Roy*, d'ailleurs bien connus. Dans l'une ou l'autre se rencontrent les intrigues obligatoires, les aventures de guerre et d'amour qui n'ont rien d'intéressantes par elles-mêmes. Ce que j'appellerais la partie historique décrit assez minutieusement les gestes et les coutumes, le mode d'existence patriarcal d'une race que son habitat montagnard, son indépendance prolongée, sa passion pour la liberté avait soustraite aux progrès et aux vices de la civilisation des basses terres, comme aussi à ses obligations civiles ou légales. Quelques figures se détachent en relief, modelées sur un patron historique — sortes de Robin Hoods ou de Cartouche, hors la-loi chroniques, vivant sur un pied de révolte continuelle, doués de vertus spéciales qu'on aurait cherchées en vain dans la « classe respectable » comme on dit en anglais.

A première vue, les « highlanders » de W. Scott attirent la sympathie de l'anarchiste. On se sent poussé vers ces hommes fiers, indomptables, vigoureux, hospitaliers. On se sent gagné par leur passion de la liberté individuelle, par leur attachement profond à leur clan, leur solidarité étendue, dans l'heur comme dans le malheur, avec les membres de leur *sept* (clan). Méprisant les tribunaux, faisant fi des institutions légales, c'est entre eux qu'ils règlent leurs querelles et aplanissent leurs différends. Illégaux-nés, c'est aux dépens des riches gentilshommes de la plaine qu'ils s'approvisionnaient de bétail, parfois de numéraire. Quel naturien ne tressaillera d'aise à l'ouïe des habitudes de tel d'entre eux qui parvenait à se procurer sur le lieu même tout ce que nécessitait habitation, vêtement, nourriture, (la tourbe pour le chauffage, le chaume pour la couverture de la maison, le bois ou la boue pour la construire, la laine des moutons et des brebis pour le vêtement, l'orge, l'avoine dans son champ, le gibier partout, etc.) sans que se ressentir le moindre besoin d'un recours à la civilisation des villes.

Une seconde lecture modifie l'opinion. Je ne parle pas de cette vie de ruse et d'astuce continuelles, qu'il n'est guère possible de reprocher, même quand elle cousine trop visiblement avec la mauvaise foi, à des réfractaires jouant à tout moment leur vie. Le fait que les montagnards ne s'en prenaient pas qu'aux bestiaux des habitants des bas pays, mais qu'ils s'y approvisionnaient de compagnes, ne rappelle en rien nos idées à ce sujet ; ce sont cependant des coutumes répandues dans les sociétés primitives. Les traditions rapportent que le plus souvent les unions n'en étaient que meilleures. N'insistons pas et fions-nous-en à la tradition. Ce qui paraît moins excusable, c'est que les objets de cette affection si vivement manifestée étaient fréquemment, pourvus de dot. Tout cela passerait encore si, considérée de près, ce régime du clan, cette existence quasi patriarcale n'apparaissaient comme une vie d'esclavage. Pour obligé que fut le chef du clan de considérer les membres comme des parents et non comme des vassaux, cela n'empêche qu'il présente bien plus l'aspect d'un tyranneau que d'un patriarche. Aucune résistance à sa puissance, son influence, sa volonté confinât-elle à l'arbitraire et son droit s'étendît-il jusqu'à l'exercice de la haute et basse « justice », bien dans tout cela qui soit compatible avec des mœurs d'hommes libres. A la fin cet attachement au clan, cette affection pour le chef se traduit par de la servilité. Ce mépris de toute civilisation aboutit à la malpropreté. Que de superstitions, entretenues par les chefs, en religion, en politique, telle cette fidélité à la dynastie des Stuarts qui avait cependant répandu à flots le sang des montagnards. Surtout rien qui ressemble à un essai en commun de production, de travail utile. Et cependant quasi indépendants du gouvernement, protégés par les circonstances locales de tout danger d'intervention trop immédiate de la part des autorités constituées, soutenus par le souvenir de la pratique de longs siècles d'indépendance, que n'eussent-ils pu tenter dans cette direction?

Ce genre de désenchantement accompagne toujours la lecture réfléchie des ouvrages ou des récits de voyage traitant des us et coutumes plus ou moins patriarcaux des peuplades demeurées encore au stade des mœurs primitives. On se demande par quelle étrangeté, comment certains enthousiastes ont pu voir là des modèles de sociétés communistes!

Lisez, par exemple, le livre si intéressant d'Elie Reclus : les Primitifs. Lequel d'entre nous voudrait vivre parmi les tribus qu'il décrit? Pour admirables que soient certains côtés de caractère individuel, des traits comme la dépendance de la famille, l'ignorance de l'hygiène, l'indifférence à l'instruction, le mépris des lumières nouvelles, l'insouciance de la recherche d'un mieux-être émancipateur — ces traits qu'aucune beauté de style n'empêchera de saillir — font que ces sociétés primitives ou semi primitives à formes patriarcale ou matriarcale ne présentent aucune ressemblance avec les sociétés communistes au sein desquelles maint anarchiste souhaiterait voir s'écouler ses jours.

Dans un ouvrage, remarquable à plus d'un titre, La Civilisation ses causes et ses remèdes, Edouard Carpentier développe une thèse curieuse. Suivant lui, l'humanité retournera au communisme primitif, mais en le pratiquant sur un plan supérieur. Cette hypothèse de retour en spirale à l'état de choses suppose primordial a ceci d'encourageant qu'elle console des revers subis au cours du trajet. Elle est séduisante, mais à la réflexion, le communisme primitif et la conception que les anarchistes peuvent entretenir du communisme sont tellement dissemblables et présentent si peu de points de contact que la thèse de Carpentier devient inutile.

La réalisation anarchique du communisme ne peut être une réédition; elle ne peut porter le caractère de l'obligation des circonstances, encore moins celles d'une ébauche impulsive. C'est une conception mûrie, une conception à laquelle sont parvenus des individus conscients après étude, comparaison, réflexion. Les anarchistes n'envisagent le communisme — sur quelque échelle qu'il s'expérimente — que possible par la rencontre des affinités et la pratique de la camaraderie. La vie en commun idéale est une solution qui assure le mieux-être d'un grand nombre sans restreindre celui d'un seul; dont une des conséquences morales est la disparition de plus en plus prononcée de la souffrance sous toutes les formes; dont le corollaire économique est l'équilibre de la production et de la consommation. Pour la réalisation de cet idéal, il est fait appel aux ressources de l'acquis scientifique, aux moyens d'ensemble du labour humain. La conception anarchique du communisme n'est matérialisable que par la puissance de la *volonté* et de l'*effort* individuels. Et ce facteur suffit à la différencier totalement du pseudo-communisme primitif basé sur les liens familiaux, la tradition, la routine, quand ce n'était pas sur la conviction que, sous maint rapport, c'était une combinaison « faute de mieux ».

E. ARMAND.

A propos du « Tour de France »

La terrible « randonnée » organisée par l'*Auto* vient de finir. Nos « ténors de la pédale », nos « vaillants routiers » ont fait preuve d'un courage et d'une endurance au dessus de tout éloge. Les discussions, les plus passionnantes, les propos les plus stupides, les discours les plus plats nous sont fidèlement rapportés par les organisateurs. La France entière discute et s'échauffe à propos de tel ou tel coureur, se fait un point d'honneur de connaître les faits et gestes de ces messieurs, leurs talents particuliers, les caractères qui les différencient, les récompenses qu'ils ont reçues ou méritées. Quelques-uns, même, sont en train de devenir célèbres.

Eh bien, il s'agirait de déciller les yeux à cette foule abrutie qui ne voit pas plus loin que le bout de son nez et de lui démontrer l'inutilité de ce courage et de

cette endurance, afin d'éviter que ce parasitisme d'un genre tout spécial n'accapare trop d'espace.

Des sommes considérables sont destinées à ceux dont le courage consiste à broyer du vent, tandis que les véritables lutteurs de la vie qui sacrifient et usent leurs cerveaux ou leurs muscles en mille façons utiles et indispensables croupissent en majeure partie dans la misère et les privations continuelles, sans être jamais « récompensés ».

J'estime qu'à bord d'un vapeur, le chauffeur ou le soutier qui se brûlent les poumons dans une atmosphère de feu et se ruent ensuite sous la manche à air, à la chasse des fluxions de poitrines, font preuve d'un courage et d'une énergie à rendre jaloux tous les « Petit-Breton ». Je crois que l'ouvrier qui passe ses jours au coin de son établi, à s'user les yeux et à se piquer les doigts pour un salaire de famine afin de pouvoir élever une famille préfère a droit à beaucoup plus d'admiration et doit susciter plus d'étonnement que nos « Tour de France ».

Cependant quelle différence entre ceux-ci et ceux-là, on les choyes, adorés, acclames partout; les autres ignorés, délaissés dans cette mare stagnante où ils croupissent et s'engluent de jour en jour jusqu'à ne plus pouvoir se relever !

Un proverbe dit : « Il faut savoir joindre l'utile à l'agréable. » Mais joindre l'inutile au désagréable et même à la souffrance, admirer ceux qui pratiquent cette règle, voilà qui dépasse toute conception raisonnable.

La volonté, le courage, le sang-froid, l'endurance, l'énergie, sont des qualités que je ne me permettrais pas de critiquer mais je suis désolé de les voir appliquer si maladroitement et sans profit pour personne.

Sans profit pour personne, ce n'est pas absolument exact, mais j'entends dire pour la majorité, car nos héroïques champions, après un repos bien mérité, vont reprendre une vie oisive et nocive, sans faire de mal à personne, ni de bien non plus, en attendant de recommencer leurs brillants exercices. En profitent aussi les constructeurs de cycles lesquels récoltent le bénéfice le plus sûr en faisant prévaloir leurs marques et en exploitant un peu plus leur bonne clientèle.

Je combats le préjugé du sport quand il dépasse les mouvements utiles à la forme harmonie du corps et j'invite ceux qui par esprit d'imitation approuvent et vénèrent les champions en général, à raisonner plus logiquement.   LAFAUGÈRE.

LES ÉGLISES

D'énormes monuments, où des gredins sinistres,
D'un dieu mort sur la croix se disant les ministres,
Dans l'imbécillité des foules à genoux
Trouveront trop longtemps de quoi beurrer leurs
        [choux.

D'énormes monuments, dont d'ineffables cuistres
Ont tenté, mais en vain, d'arracher des registres
Les feuillets maculés du sang versé partout
Quand le prêtre en ses mains tenait tous les atouts.
D'énormes monuments, éclos dans le domaine,
Hélas! illimité, de la bêtise humaine...
D'énormes monuments, qu'en raison des forfaits
Perpétrés à l'abri de leurs vastes coupoles.
Il nous faudra brûler quelque jour, comme on fait
Du lit des malheureux qu'emporte la variole.

— o —

LES CASERNES

D'horribles ateliers, que l'humaine folie
Inflige à la raison, presque toute abolie
Au souffle destructeur de l'esprit malfaisant
Qui hante le cerveau des hommes d'à présent.
D'horribles ateliers, où la mort sur la vie
Referme incessamment sa gueule inassouvie
Que, tout aux rêves d'or caressés à vingt ans.
La plupart des soldats rôlent.. quand il n'est plus
        [temps.

Là, ce n'est pas en vain que, pendant deux années,
D'ignobles malandrins et leurs âmes damnées
Les ont, sans coup férir ou de force, embauchés,
Ils en sortent vaincus, soumis, hésitants, lâches
Et, pour longtemps, plus morts que ceux-là qu'à la
        [lâche
L'envol de leur mitraille en tous lieux a fauchés!

— o —

LES PALAIS DE JUSTICE

Des comptoirs où Thémis à chaque instant prodigue,
A ceux qui sont, des lois, pris à franchir la digue,
Des jours, des mois, des ans de bagne et de prison...
Quand le soleil pour tous empourpre l'horizon.
Des comptoirs, où la force à la ruse se ligue
Contre les facultés qu'ici-bas chacun brigue
D'avoir, par tous les temps comme en toute saison.
De quoi chasser la faim du seuil de sa maison.
C'est notre chair à tous que ces lourdes murailles,
Pour le plus grand profit de monstres sans en-
        (trailles.
Broyèrent, broient encore et broieront si demain
Leurs blocs désagrégés s'écroulant en décombres
Ne débarrassent pas des flots noirs de leurs ombres
Les fleurs qui pourront lorsnaître en notre chemin...
        BIZEAU.

LA PUDEUR

L'éducation ridicule, donnée plus spécialement à la femme, imprime en elle les préjugés de pudeur et de « vertu ».

L'homme simple s'étonne de rencontrer chez la femme une résistance inexplicable à l'acte d'amour. La femme « sérieuse et honnête » feint de fuir les caresses; elle veut être conquise, vaincue, voire même prise de force; ce n'est que graduellement qu'elle consent à cesser cette résistance quoique au moment psychologique, elle lâche encore le traditionnel « Non, je ne veux pas ».

La femme veut que l'homme croie que sa volonté a été vaincue par l'amour; que si elle s'est « donnée » à lui c'est par faiblesse et non par désir.

En fait, la nature l'oblige à respecter ses lois physiologiques, malgré toutes les recommandations maternelles et tous les préjugés sociaux.

Ces préjugés, issus de la morale chrétienne, ont fait de la femme un être hypocrite. Ils sont tellement entrés en nos mœurs que les hommes même, habitués à ces ridicules comédies, y trouvent un certain charme, un stimulant et arrivent à considérer que l'amour sans les boniments sentimentaux, précédant la « conquête » de la femme, — l'amour sans réticences, sans chiqué, — serait bestial et grossier.

Tout nous incite à croire que ce sont de pareilles mœurs qui provoquent les actes de sadisme et d'aberrations sexuelles signalant notre époque de pudeur.

Auguste BOYER.

La Franc-Maçonnerie

VII

La fiction de Hiram emporte l'imagination dans un dédale de contradiction, où la devise *liberté, égalité, fraternité*, se trouve compromise par la hiérarchie des grades et des salaires inégaux; où la comparaison des mois d'hiver est dénaturée par les arguments captieux donnés comme définition scientifique : les quatre saisons étant les agents nécessaires de l'action fécondante et créatrice sur la terre.

Quant à l'ordre moral, c'est l'éternelle formule religieuse et laïque où les mots indéfinis reviennent sans cesse : « sagesse, génie du bien, vices et vertus » sont les talismans sociaux maintenant, dans les masses, l'ignorance et la résignation utiles aux oppresseurs.

Quel tableau vraiment comique doit représenter le huis clos où se déroulent tous ces déguisements, ces fariboles, ces marches compassées faisant éviter un cercueil, où tous ces *triangles* s'agitent pour maudire la soutane en s'affublant de tabliers, de cordons et de sabres de bois pour rouler jusqu'à la fantasmagorie la plus bizarre.

Que les appétits s'associent pour défendre leurs privilèges, nous n'y contredisons pas; mais que des énergies révolutionnaires s'unissent à ces appétits dans l'espoir de féconder l'avenir, en acceptant de nouveaux préjugés, cela dépasse les limites de la compréhension et de la logique.

La lumière dont s'éclaire cette institution ne peut projeter de clarté que dans une ambiance de sectaires et de tartufes chamarrant leur poitrine de rubans et ornant leurs refuges de têtes de mort.

Nous ne nous étonnerons pas sur les initiations suivantes : disons seulement quelques mots de deux ou trois plus spéciales.

Chev.'. Rose-Croix

Après l'ouverture des travaux à ce grade, les diverses phases de la passion du Christ tout le sujet de cette cérémonie. Le Président lui fait prêter serment à son grade, lui donne les mots, lui indique les signes et attouchements puis ferme les travaux du Chapitre après avoir fait circuler le sac aux propositions et le *tronc de bienfaisance.*

Chev.'. Kadosch

Le Conseil ouvre ses travaux au grade de Kadosch, l'initiation du candidat est une commémoration de la catastrophe de l'ordre des Templiers qui, après sa fondation en 1118, parcourut les diverses contrées chrétiennes de l'Europe, où il fit un grand nombre de prosélytes et une ample moisson de dons et de dotations. Devenu très puissant, il fut chassé de Palestine et son Grand-maître Guillaume de Beaujeu fut tué.

Philippe-le-Bel, qui convoitait la fortune de cet ordre fit arrêter en masse les chevaliers et livrer le plus grand nombre aux bûchers ainsi que leur Grand-maître Jacques de Molay.

En Espagne, le concile de Salamanque devant lequel les Templiers furent déférés les acquitta, mais le pape Clément V, abolit leur ordre.

Voilà le canevas du thème qui doit servir à l'initiation des candidats à ce grade. On continue en jetant l'anathème à la mémoire de Philippe-le-bel, de Clément V, et de

Noffodei que l'on désigne par l'appellation des *trois abominables* et en faisant monter au néo-chevalier sept degrés d'une échelle où sont tracés, en hébreu, sur chaque échelon, les mots suivants : candeur, douceur, vérité, perfection, patience, discrétion.

Pour terminer la série de ces étranges pratiques, nous parlerons de la dernière de ces cérémonies du *Rite écossais, ancien et accepté*, que le Grand-Collège des Rites confère au 33° avec la pompe accoutumée. Ce grade porte le titre de :

Grand Inspecteur Général

Tous les FF.'. possédant ce grade « administratif » se réunissent dans le temple en tenue de cérémonie et porteur de leurs insignes. La Loge est tendue de pourpre, les tentures sont brodés des os et des têtes de mort.

Au milieu de la salle, sur un piédestal recouvert d'un tapis de même nuance, se trouve placée une épée; au nord de ce piédestal est un squelette humain, il tient de la main gauche le drapeau blanc de l'ordre du Temple et de la main droite un poignard qu'il élève comme pour frapper.

Le Grand-Maître qui prend le titre de *très-puissant Souverain Grand-commandeur*, préside à l'Orient sous un couronnement en forme de Dais.

On introduit le récipiendaire, il est vêtu de noir, sans chaussures, sans chapeau, sans épée, sans tablier; il marche la tête inclinée, les bras croisés sur la poitrine. Il porte au cou un ruban noir dont le grand-Maître des Cérémonies tient l'extrémité de la main gauche, portant une torche allumée de la main droite. En cet état on lui fait faire *trois voyages* symboliques autour de la Loge, puis on lui ordonne de plonger ses mains dans un récipient placé sur un réchaud et contenant: du mercure, qu'on lui dit être du plomb fondu.

Après cette épreuve, il prête serment; on l'arme de l'épée et le Grand-Maître lui passe une bague à l'annulaire de la main gauche.

Voilà dans ses grandes lignes le monument de folie que conserve avec une morgue insolente cette société occulte que le nomme la FRANC-MAÇONNERIE; dont l'enchevêtrement de règles, de doctrines, de symboles, de mystères au lieu de tomber sous la risée de nos camarades, se développe et se fortifie à l'abri de leur collaboration lui permettant d'atteindre les plus hautes futaies de l'absurde qui les couvrent de l'ombrage le plus dangereux.

.*.

La franc-maçonnerie a toujours eu des rabatteurs; un de mes amis fut, il y a quelques années, pressenti par l'un d'eux et malgré le sentiment de répulsion qu'il éprouvait pour cette institution il fut amené, par les instances réitérées de ce recruteur, à penser qu'il pouvait se tromper et qu'un travail utile aurait quelque chance d'y être ébauché; aussi fit-il sous les auspices de son présentateur une demande à la Loge Osiris, No 159, qui lui valut immédiatement une réponse contenant un document que nous avons publié en partie dans le N° 173 de ce journal et aux demandes desquelles il refusa de répondre, écœuré par leur teneur.

Nous reproduisons la lettre qu'il adressa à la Loge et qui fut lue par le vénérable aux FF.'. assemblés en tenue ordinaire et attendant la présentation du postulant.

Levallois-Perret,   1906

Monsieur,

Je regrette infiniment le dérangement que a pu vous occasionner ma demande d'admission dans votre institution.

Je comprends les précautions dont vous devez vous entourer pour éloigner de votre milieu les mouchards (!) et les traîtres du genre Bidegain; mais néanmoins, je croyais que la Franc-maçonnerie depuis sa fondation officielle sur le continent en 1721, avait suivi la loi de l'évolution progressive; qu'après avoir contribué à certains mouvements révolutionnaires, elle voulait établir une force logique et non une puissance collective de privilèges. Je croyais qu'elle reconnaissait le droit à la vie à chaque unité humaine et que le terrible sélection malthusienne était inconnue dans son sein; que le rôle qu'elle disait s'être donnée par mission consistait à faire de tous les hommes dans une entente de liberté et de fraternité.

J'ai atteint un âge où mes conceptions de vieux révolté, d'anarchiste militant s'opposent à tout a priori et par conséquent ne pourraient se soumettre à des règlements dont le résultat serait d'annihiler mon libre arbitre en me confinant sous le contrôle du catéchisme de la Constitution maçonnique.

Veuillez agréer, Monsieur, avec mes regrets, l'assurance de ma entière considération.

RAMONDOU.

La lettre dut produire l'effet d'une douche glacée sur la tête des *lumières* et des FF.'. présents, car la réponse qui suit exprime le malaise contenu que cet incident désagréable produisit sur leur arrogante autorité.

GR.'. LOGE DE FR.'.   Or.'. de Paris   1906

LOGE OSIRIS
adresse de la L...
chez le V...

Monsieur Ramondou

Ayez donc l'extrême obligeance de vouloir bien retourner à Monsieur.., ou remettre à Monsieur.., l'imprimé *Instructions à présenter aux candidats* que je vous ai fait parvenir le.. dernier pour renseignements divers et cela, comme suite à votre demande d'entrer dans la Franc-Maçonnerie.

Vous auriez dû comprendre, sans qu'il soit nécesvaire d'insister, qu'après la boutade (sic) de votre seconde lettre vous n'aviez plus aucun droit de devenir une pièce (car nous ne prodiguons pas nos imprimés) que nous envoyons aux profanes qui désirent prendre rang parmi nous et qui en font la demande. C'est vous le comprenez sans peine une question de bonne foi.

Bien que je n'ai pas l'intention d'ouvrir ici une polémique, que je considère inutile pour diverses raisons, sur vos sentiments d'homme libre et de libertaire militant, vous me permettrez cependant de vous faire observer à titre amical, que dans la maçonnerie, il y a place pour toutes les grandes idées qui touchent à l'émancipation de l'individu d'où qu'elles viennent ; vous avez tort de croire que vous sommes une caste de bourgeois privilégiés comme vous vous paiez à l'écrire. Je crois, Monsieur Ramondou, qu'il ne vous appartient pas de discuter ce qu'après tout vous ignorez.

Vous n'êtes pas je suppose plus royal ste que le roi et par conséquent plus libertaire que nos amis Malato, Sébastien Faure, Jean Grave et tant d'autres qui font partie de notre grande famille qui n'ont aucun scrupule de se coutier devant ce que vous appelez notre catéchisme de la Constitution maçonnique, avec le geste que je devine.

En terminant je vous prie à nouveau de vouloir penser que vous avez un imprimé à nous faire remettre, soit à Monsieur X., soit à Monsieur Y., dans le délai le plus court qu'il vous sera possible.

Recevez, Monsieur Ramondou, l'assurance de ma considération très distinguée.

Par mandement de ma loge,
Le Secrétaire

Cette lettre se passe de commentaires, sa forme pateline dénote l'état des facultés actives qui animent les membres de cette organisation ; aussi ne nous arrêterons-nous que pour dire que notre camarade eut raison ; que son geste dénote une saine conception de la liberté et que les influences extérieures ne peuvent atteindre que les faibles ou les roublards.

La Franc-maçonnerie est cosmopolite, ses desseins, comme ceux de la compagnie de Jésus, englobent l'humanité. Mais, depuis sa fondation dans son but jusqu'à nos jours elle a rêvé une France forte, prospère, pouvant servir ses appétits, flatter ses rancunes contre ceux qui cherchent à entraver son œuvre en divulguant ses SECRETS, sa TOLÉRANCE hypocrite, sa DÉLATION meurtrière.

Résulte-t-il de la présence de quelques savants, de quelques penseurs dans cette société, à ses débuts sur le continent au XVIIIe siècle, ait pu en faire une institution philosophique cherchant à développer la science et les arts dans les masses ?

Il faut connaître son histoire pour se convaincre du contraire ; son rôle fut toujours politique ; son ambition toujours la même. D'abord aristocrate, elle lui frondeuse et voltairienne. La puissance cléricale étant une entrave à ses projets occultes et à la solidité des privilèges de ses membres, devint l'adversaire dangereux ; mais elle, n'en restait pas moins royaliste, ce qu'elle prouva avant 1789, lorsque la noblesse cléricale l'accusa de conspiration dans les événements qui allaient se dérouler, elle quitta en masse les Loges pour former le bloc royaliste conservateur contre la bourgeoisie studieuse et révolutionnaire de l'époque.

Après la tourmente de 1793, on la retrouve se composant d'éléments divers, la bourgeoisie et la noblesse se donnent la main pour commettre les palinodies les plus dégoûtantes ; suspendant les Loges qui montraient le moindre esprit d'indépendance et exécutant les frères sympathiques au carbonarisme.

Sous le règne de Louis-Philippe, à la révolution de 1848, et sous celui de Napoléon III, même attitude, mêmes palinodies ; les Loges suspectes trouvent toujours des circulaires émanant du Conseil de l'Ordre, réagissant contre les conceptions révolutionnaires. La Franc-maçonnerie devient la vassale du pouvoir impérial.

Ce n'est que vers la fin de l'empire que nous la retrouvons composée d'éléments nouveaux ; plus de noblesse blasonnée, le Pouvoir Central est entre les mains de la bourgeoisie, les arrivistes encombrent ses loges ; Elle ose poser les premiers jalons d'attaque contre son ennemi décl aré, le cléricalisme par le principe de l'instruction gratuite, laïque et obligatoire, qui fut le fameux programme électoral de Belleville, de Gambetta.

Elle précipita la chute de l'empire et prit une part active à l'avènement de la République bourgeoise dont il était maçonnique. Malgré cela, de la période comprise entre la Commune et la chute de Mac Mahon, elle lutte avec acharnement contre les mêmes monarchistes ; ces deux puissances se disputaient le Veau d'or PATRIE. La maçonnerie prend alors conscience de sa force dans l'ordre politique ; le Secret reste le gage de ses futures victoires sur l'ultra-montanisme romain ; il est sa cuirasse défensive contre toute attaque contre les lois qu'elle élabore dans le temps et qui seront ratifiées par les Chambres.

Aujourd'hui, elle est la dispensatrice des hauts postes administratifs du pouvoir civil ; la majorité au Sénat, au Palais Bourbon et les membres du gouvernement sont formés par ses adeptes : c'est la puissance nationale.

Un adversaire est terrassé, elle reste sur la défensive ; un autre surgit, elle lui ouvre la porte de ses Ateliers où, avec sa tolérance sournoise elle arrivera à conduire les aspirations « dangereuses » pour elle de son nouvel antagoniste ; comme elle connaît les masses moutonnières elle sera assurée que par cette manœuvre hardie, lui livrant les principaux propagandistes, toute résistance son autorité deviendra vaine, et dans le cas où une opposition obstinée serait un obstacle gênant, la puissance des 33e qui pullulent dans les pouvoirs civils et maçonniques, aurait tôt fait de supprimer par une action radicale les moyens pouvant retarder le but qu'elle veut atteindre.

Nos camarades devraient pourtant s'en apercevoir par les tristes événements qui se succèdent et qui sont l'œuvre de la Franc-maçonnerie ; puisqu'on retrouve partout sa puissance occulte ?

Elle est la gardienne de la société capitaliste, qui flatte son orgueil, son ambition, satisfait ses appétits, facilite ses tripotages. Malheur aux masses qui osent clamer leur droit à la vie, leurs prétentions sont vite réduites au silence par ses mercenaires qu'elle oppose aux esclaves, et aux lendemains des luttes sanglantes elle applaudit, — à part quelques rares personnalités qui

ont un intérêt à certains ménagements. — aux crimes perpétrés contre les individus et la liberté.

Un de ses desseins est d'entraver tout mouvement d'émancipation prolétarien en arrivant à caporaliser les syndicats sous la « haute protection » du MINISTÈRE DU TRAVAIL.

« Le Péril Maçonnique dans les syndicats ? » nous crie Janvion. Non seulement il existe là mais encore dans tous les milieux où des camarades crédules ont été touchés par la contagion maçonnique qui les mine sourdement, pour mettre en pratique cette pensée de Loyola ; que : « l'homme soit le bâton d'un vieillard, que l'on prend ou rejette à son gré ».

CASSIUS

FIN

LA LIBERTÉ

La liberté est le droit de faire tout ce qu'on veut, sauf de nuire à autrui.

La liberté est basée sur cette conviction que si les individus sont laissés libres, ils s'améliorent : l'expérience en montre le bien fondé. Un peuple servile ne fait aucun progrès ni dans l'ordre moral, ni dans l'ordre intellectuel. L'augmentation de la liberté populaire a toujours été suivie d'un développement proportionné d'intelligence et de prospérité matérielle. C'est la règle de l'histoire : elle ne présente aucune exception.

Un individu est libre quand il peut se développer pleinement en tous sens : toute liberté engendre celle d'un développement ; sans liberté, aucun développement ne saurait exister ; avec la liberté le développement s'effectue. Telle est la loi du progrès humain : avec la liberté les individus deviennent meilleurs, plus raisonnables, plus actifs. Ordre, coopération, industrie, production, sociabilité, solidarité — toutes choses qui ne peuvent que rendre l'individu utile et bon et une communauté grande et libre — sont des qualités inhérentes à la nature humaine ; sans obstacles, elles se développent au profit de tous et de chacun. L'histoire de la civilisation le démontre et si cela n'avait pas été vrai, jamais aucun progrès de la barbarie vers la civilisation ne se serait accompli.

Si l'humanité n'a pas progressé davantage, la faute en est au pouvoir qui l'a opprimée en vertu de ce préjugé — encore très répandu et vivace — que la nature a fait « l'homme mauvais et vicieux, que lui permettre de se développer d'après les lois de la nature serait assurer le développement d'un maximum de méchanceté et de vice ». Depuis les temps les plus reculés jusqu'à nos jours, ce faux principe a fait du pouvoir une véritable plaie en cuisant l'oppression du peuple ; il ne saurait être admis plus longtemps : nous devons le combattre

dans la société, dans la famille, partout où il se manifeste, en apprenant aux individus de tout âge et de toute condition politique ou sociale que « l'homme naît naturellement sociable », et que s'il devient vicieux et méchant, la cause en est à la mauvaise organisation de la société dans laquelle aucune liberté n'existe.

Nous en donnons les preuves.

Dès le ventre de sa mère, la liberté de l'individu est aliénée. En naissant, on lui impose un nom qui peut être une tare, un sujet de moquerie ou de haine. Selon que ceux qu l'ont procréé ont passé ou non par certaines cérémonies avant de s'aimer et de s'unir, l'enfant supporte une déchéance morale et des incapacités civiles que ne connaissent pas d'autres nouveaux-nés : les favorisés de la fortune et du protectionnisme politique. Il est immatriculé dans la société qui, de ce fait, lui impose des charges, lesquelles re-teront pour les enfants pauvres, sans contre-partie.

Le lotissement de la terre, qui est la contraire de la loi naturelle, contraint le nouveau venu dans le monde, à un travail qui est la négation absolue de sa liberté. En échange de son travail, l'esclave a un abri et la nourriture assurés ; l'homme « libre » n'est pas sûr de les posséder.

Libre ?... Quelle ironie ! Il faut payer l'air qu'on respire, l'eau des sources, le fruit qui pousse aux arbres, le gibier, l'animal que l'on saisit pour en faire sa proie, l'amour que l'instinct vous impose comme un besoin, le vêtement que la loi vous force à porter. Il faut payer enfin tout ce qui vous est indispensable.

Il n'y a de gratis, dans notre société, que la prison où l'on vous prive de lumière, les douze balles qu'on vous envoie dans la peau, ou le couteau de la guillotine qui vous partage en deux.

Et le travail qu'on exige en échange des choses de première nécessité, la société ne l'assure pas ; elle fait plus : elle en rend l'accomplissement difficile à la bonne volonté des individus. Nous voudrions bien savoir s'ils se sentent libres ceux qui rôdent autour des « bureaux de bienfaisance », de l'« Assistance par le travail », des « Cuillerées de soupe et de lait », des « asiles de nuit et de jour » des églises, des hôpitaux, et ceux qui se suicident après avoir essayé vainement de gagner leur vie comme ouvriers professionnels, commissionnaires, portefaix, ouvreurs de portières, casseurs de pierres, etc. ?...

Le nombre des vaincus de la vie est immense. Pour un qui a le courage d'attaquer violemment la société afin d'en extirper un ou plusieurs membres ou pour en ébranler les bases, au risque d'y perdre lui-même la vie, combien qui agonisent : ceux que l'on sait et ceux que l'on ne sait pas !... Car, si les misé-

2

TRADE-UNIONISME
& ANARCHISME

C'est là une très simple proposition : que quiconque, homme ou femme, peut comprendre aisément et ceci une fois compris l'union aura une signification mieux définie et plus profonde. La question de ce que sera du travail raisonnable sera vite résolue alors que nous avons réglé la question du payement. Si je travaille 36 heures pour faire 12 chaises et que je considère que six heures font une journée de travail trop longue, je puis réduire cette journée à 4 ou 5 heures sans consulter qui que ce soit. Personne ne retenant une part de mon travail, personne n'a intérêt à me faire travailler plus longtemps que je ne le désire.

En résumé, l'anarchiste veut développer une société libre, dans laquelle chaque homme pourra travailler individuellement ou coopérer avec ses voisins, dans des groupements libres, sans employeurs, patrons ou gouvernants d'aucune sorte. De cette façon seulement les Rockefellers peuvent être éliminés et le travail libéré des mains des monopolistes. Maintenant le capitaliste qui m'emploie retient au moins la moitié des chaises que je fais, il a par conséquent intérêt à me retenir à l'usine le plus longtemps possible. Plus je fais de chaises, plus il gagne et plus rapidement il s'enrichit à mes dépens. C'est ce qui explique pourquoi les exploiteurs sont si opposés à la réduction des heures de travail et à l'augmentation des salaires. C'est ce qui explique aussi pourquoi l'anarchiste est un syndiqué aussi ardent, aussi enthousiaste. Ayant toujours présent à l'esprit ce que signifient un bon payement et un travail raisonnable il est conduit à lutter pour cette réalisation, vous ne pouvez manquer d'être frappé

de la justice, de la simplicité de cette explication de la question du travail. L'anarchiste croit que le syndiqué envisagera quelque jour de cette façon la même question. Il sait que vous et moi devrons bientôt commencer à nous demander ce qui sortira du mouvement dans lequel nous sommes si profondément intéressés. Et comme il sait que nous sommes des hommes raisonnables instruits par l'expérience du passé, nous serons guidés par cette expérience dans le futur et conduits aussi sûrement qu'il l'a été à voir la simple vérité naturelle de l'anarchisme. Voyant la vérité dans toute sa magnifique beauté et dans sa sublime simplicité, nous serons inspirés pour lutter pour sa réalisation avec une ardeur et un enthousiasme que seule la vérité peut inspirer. L'anarchiste a une grande confiance dans l'homme. Cependant il n'est pas un utopiste. Bien qu'il est fort en la bonté de l'homme, il n'est pas aveugle à ses nombreuses faiblesses. Il ne veut pas ignorer l'humanité dans des conditions pour lesquelles sa nature n'est pas faite — reproche qu'on lui souvent répété des gens aimables et bien pensants, qui ne peuvent se débarrasser de la croyance inculquée en eux par de précoces et faux enseignements — que le gouvernement doit exister pour mettre un frein à l'égoïsme de l'homme. Ils oublient qu'un homme qui dispose de la force du gouvernement à son commandement a le pouvoir de favoriser son égoïsme cent fois plus. L'anarchiste ne déplore pas l'instinct égoïste. Il le reconnaît simplement et est guidé en conséquence. Il sait, par exemple, que l'égoïsme qui fait les tyrans est celui des oppresseurs, quand ils ont le pouvoir et l'autorité, fait des mêmes gens, des voisins aimables et compatissants lorsqu'ils n'ont pas en mains un tel pouvoir. L'anarchiste n'est pas assez fou de croire qu'un clan d'hommes parce qu'ils appartiennent à un parti différent ou du soutiennent des opinions politiques ou économiques différentes, sont meilleurs ou pires que tel autre clan. Il sait que tous les hommes sont pétris d'un même limon et que placés dans les conditions

semblables, ils agiraient tous dans le même sens. Il sait que l'égoïsme — la préservation du moi — est dans l'homme la force la plus puissante et qu'on ne peut l'éliminer, et que le pourrait-on, on ne le devrait faire. Une telle condition ferait des hommes, de simples machines. Il insiste pour que l'égoïsme ne soit pas perverti par l'exercice de l'autorité, qui pourrait rendre esclave l'humanité. Le moyen de nous préserver nous-mêmes contre l'égoïsme est de lui enlever tout pouvoir à part celui que chaque individu possède en lui même. Son expérience et son observation lui ont appris cela et il a la connaissance scientifique pour lui montrer qu'il ne peut en être autrement. Il peut examiner nos unions et nous faire voir que dans ces petites administrations, où les postes sont occupés par la crème des hommes « les fonctionnaires » s'ils ne sont pas étroitement surveillés, sont près d'exercer une autorité qui ne leur a jamais été donnée et à se considérer faits d'une argile supérieure à celle de la foule et du commun. Qu'y a-t-il d'étonnant alors, que l'anarchiste soit sceptique, dans sa confiance dans les hommes possédant la force gouvernementale ? Il sait qu'il est scientifiquement mauvais d'exercer une telle autorité. Il se pose cette question : est-il nécessaire d'avoir un gouvernement de l'humanité sur l'homme dans une société où chaque travailleur recevra la pleine valeur de sa douzaine de chaises ? Et à l'unisson son cœur et son esprit répondent, non. Il voit que le gouvernement est une tromperie ; qu'il ne protège pas la vie et la propriété, mais qu'au contraire, il détruit la vie et protège le vol. Des hommes riches se querellent et leurs gouvernements obligent les hommes pauvres à se livrer bataille, tuerie ou des centaines et des milliers sont massacrés, pour régler des disputes qui ne les concernent point à part l'intérêt imbécile qu'ils prennent dans leurs rois ou dans leurs présidents. Est-ce la protéger la vie ?

Les hommes riches volent le sol et forcent les pauvres à leur payer le privilège de vivre dessus, et le gouvernement soutient

les prétentions des voleurs. Est-ce cela protéger la propriété ?

L'anarchiste remarque que dans chaque grève, le gouvernement prend toujours le parti des exploiteurs. Les grévistes sont passés à tabac, emprisonnés, fusillés, arrachés à leur foyer, envoyés dans d'autres provinces et le Président déclare qu'ils sont des citoyens non désirables et, de toutes façons ils sont harcelés, punis par le gouvernement, pour avoir affirmé leurs droits à un salaire qui leur permette de vivre.

« N'est-il pas étonnant, m'écrivit un jour un ami, que la loi et l'ordre signifient toujours vilenie et bassesse ; que tous les pouvoirs du gouvernement se tournent toujours du côté des jaunes et des exploiteurs suceurs de sang ? Que la loi qui est supposée défendre le faible contre l'agression du fort, manœuvre toujours contre le faible ? ». Les gouvernements prétendent nous protéger contre les ennemis du dehors. Les anarchistes disent que nous n'avons pas d'autres ennemis au dehors que les gouvernements étrangers. Nous ne craignons aucunement une invasion des travailleurs d'Angleterre, d'Allemagne ou de France. Ce sont les gouvernements de ces pays qui commandent l'envahissement du territoire d'autres pays. Avec la dissolution des gouvernements, toute invasion cessera et la guerre avec ses terribles sacrifices de vies, de travail et de biens, sera bannie pour toujours de la surface de la terre. L'anarchiste est convaincu à la suite de son étude de l'humanité qu'à moins que les hommes ne deviennent des anges le gouvernement ne sera jamais rien autre qu'un instrument dans les mains du plus fort, pour l'oppression et l'exploitation du faible.

(à suivre.)

Jay FOX.

Vous avez envie de vous instruire, vous avez besoin de livres, adressez-vous au service de librairie de « l'anarchie » Au moins s'il y a des bénéfices de faits, ils seront récupérés immédiatement par la propagande active.

reux à qui manque le morceau de pain pour le repas du jour souffrent des douleurs physiques, combien plus dramatiques, peut-être, sont les misères des individus forts et vaillants qui sentent se perdre, dans les liens dont la société les enserre, les énergies de leur intelligence !...

Autant la liberté est belle, autant doit être grande et juste la révolte ! Pas un individu ne peut posséder celle-la, sans que celle-ci se soit emparée de lui-même. Que les hommes le comprennent bien : quand ils s'éduqueront, quand ils comprendront, quand ils connaîtront la marche du mécanisme de la société actuelle, ils pourront êtres libres, s'ils le veulent, en détruisant les sources qui alimentent le pouvoir, le mensonge, l'hypocrisie, la méchanceté et tous les vices imputables à la mauvaise volonté des uns et à l'inertie du plus grand nombre.

Fernand PAUL.

Fédération and Co [1]

Nos députés syndicalistes ayant décidé dans leur haute sapience, que le lundi 3 août serait jour de fête carillonnée (à la tienne, Etienne) un ordre du jour motivé fut rédigé dans ce sens : « Quand on nous fout des balles dans la peau, quand on arrête et emprisonne ceux qui ont contribué à nous lez-z-y faire foutre, quand on fout à la porte des locataires récalcitrants, logés à l'œil, pétardants, et entretenus aux frais de la princesse, ou en bouche un coin à ces ignobles borgeois en se mettant la ceinture pendant vingt-quatre heures. » Décidément, le peuple est devenu révolutionnaire.

Pas trop, cependant. Il y a eu beaucoup de tirage.

Une corporation, entre toutes, s'est montrée à la hauteur de sa tâche. Nous avons nommé la typographie.

Nos bons typos, il y a deux ans passés, ont fait une grève de deux mois. Ils réclamaient neuf heures de travail, alors que toutes les autres corporations se désiraient huit. Ils quémandaient 80 centimes l'heure lorsque tous les autres ouvriers quémandaient un franc. Leur grève fut partielle, réduite aux meurt-la-faim du métier, aux piégards. Les privilégiés des administrations étatistes et municipales, les linotypistes des journaux, les bien en place, les presses furent élaguées des récalcitrants. Résultat prévu : une panne et beaucoup de sacrifices individuels ayant donné lieu à une intense zizanie dans le Landerneau...

[1] Les publications anarchistes se sont préoccupées de l'attitude de M. Keufer et de la question de la « 21e section typographique » : ici, ces petites querelles de ménage ne nous intéressent guère, toutefois nous donnons un « son de cloche » qui ne pourrait se faire entendre ailleurs — sans prendre la responsabilité du fond ni de la forme — afin d'assurer la critique et le libre examen. — Toutefois cette opinion nous parait judicieuse en certains points. A. M et A. L.

typographique, désaccords dont le lundi 3 août a récolté les fruits.

Ce jour là, Keufer, délégué du Comité Central, manœuvrait à l'abri de l'article... du règlement fédéral.

Sergent, délégué du Comité Syndical, faisait feu à l'aide des bombardes de l'article... des statuts syndicaux.

Et tous deux avaient tort... ou raison. A voir.

Faut-il des règlements, ou peut-on s'en passer ? A de très rares exceptions près, les individus interrogés sur cette question opteront pour la première formule. Alors...

Alors, il faut les mettre en pratique et Keufer a raison, quoique positiviste et réactionnaire.

Ou bien on est partisan de la seconde formule et Sergent et ses compaings de la 21e section n'ont qu'à rendre leur tablier, à laisser la bride sur le cou à leurs confrères, à se démettre et à reconnaître ainsi l'inutilité de leurs sinécures intéressées.

Et ce sont justement les plus féroces partisans des règlements et de leur application qui se sont élevés en sectaires contre le logisme de leur application.

Keufer est traité de « vendu », de « traître » de « rénégat », pour avoir accompli son devoir strict de délégue du Comité Central.

Sergent, Boudet, Hagmann sont dotilés pour avoir dit, ou écrit, ou parlé en révolté pour de rire.

Quant aux mufles syndiqués qui se sont mis à l'air dernière l'ex-voto keuferiste il n'en est pas dit un mot. Tous ces gens acceptent facilement la veulerie individuelle, à condition que leurs formules restent intangibles. Je citerai tout particulièrement Boudet. 1900 en est une preuve. En ce temps là était traité de pelé, de galeux, quiconque n'acceptait pas les yeux fermés le mouvement révolutionnaire édicté par le clan. Quiconque prétendait le mouvement avorté, parce que partiel. Quiconque émettait la prétention que la mise-bas devait être générale, aussi bien pour le labeur, que pour les presses, que pour les privilégiés, que pour les journaux, que c'était à ce seul prix que le résultat visé serait obtenu.

Comme appoint à ce dire ancien, il suffit de constater les cris et hurlements de la presse bien pensante, le 3 août dernier, pour un quart à peine des quotidiens qui n'ont pu paraître. Sous une autre forme, les deux heures de grève des électriciens, c'est ce qu'on appelle taper dans le mille. Cela est se révolter en homme, non pas en gamin, quoiqu'en dise les intéressés aux abois.

Aujourd'hui, ces mêmes réformistes ont évolué. Ralliés aux idées de la C. G. T., ils édictent et fulminent des décrets à coté, que la corporation qu'ils représentent ne comprend pas comme imminents et que, par conséquent, ils n'exécutent pas. Ces gens-là sont fous de croire que leur simili-évolution a pénétré les masses. Ils sont fous comme tout détenteur de pouvoir, comme tout bon berger, comme tout d.rigeant.

On est révolutionnaire ou on ne l'est pas.

Si on l'est, on fait foin de tous règlements et statuts. on opère, on agit suivant son désir.

Si on ne l'est pas, on respecte ces mêmes règlements et statuts, ou s'en imprègne et n'agit qu'en leur vertu.

Keufer est un réac, c'est entendu. Il a depuis 25 ans la direction, le guidon de la Typographie française. De sa part, donner une embardée à droite ou à gauche aurait été le suicide voulu, prémédité, onctionné de la Corporation aveulie qu'il représente.

Le Comité Syndical est révolutionnaire.. depuis hier. Il ne représente pas les appétits des reacs qui le subventionnent depuis longtemps. Mais, comme toujours, ceux-là prétendant regenter ceux-ci.

Les syndicats du jour sont, d'après leur naissance même, des appétits mis en commun, mais discordants.

Les causes produisent leurs effets Qu'on en tente la renovation, bien. Mais qu'on n'argutie pas en bien ou en mal sur des volités mal définies, mal évaluées, par le fait même des dirigeants incohérents.

J'entends trop dire de mal de Keufer pour ne pas le soutenir, lui que j'ai mainte fois attaqué à mon grand dam, alors.

J'entends trop dire de bien de Sergent, d'Hagmann et de Boudet, ces simili-anarchos, pour ne pas apporter ma voix discordante à ces remparts du révolutionnarisme, détracteurs de toute velléité personnelle et nouveaux grands prêtres du devenir en germe.

C'est Keufer qui a été logique.

C'est Keufer qui a eu raison.

Si le référendum pouvait être une preuve, il le prouverait.

A. CARTERON.

NOTRE CORRESPONDANCE

Quelques Réflexions

à Henri Zisly.

Sur le mariage.

Je me suis efforcé de prouver, dans mes récentes « quelques réflexions » que le mariage est une forme de la prostitution. J'ai omis selon toi de considérer l'intérêt immédiat que peuvent avoir des libertaires à se marier Examinons froidement cette accusation.

La fin du mariage c'est l'amour et le coït. Et alors, quand un libertaire se marie par intérêt immédiat, il pratique l'amour et le coït par intérêt immédiat : donc il se prostitue, puisque la prostitution, par définition, est l'état d'un individu qui fait l'amour par intérêt.

La prostituée de bas étage se prostitue pour gagner quarante sous ; elle a intérêt immédiat à gagner quarante sous. Le libertaire se prostitue pour voyager sur les chemins de fer à demi tarif ; il a également intérêt immédiat à voyager à demi-tarif. Mais il faut s'occuper, lorsqu'on fait un acte, de l'intérêt final qu'on a à faire cet acte.

Voyons la fin des choses. Après avoir gagné trop souvent quarante sous la prostituée devient syphilitique et crève quelque jour à l'hôpital ; après avoir fait de nombreuses concessions, après avoir bu beaucoup d'absinthe et fumé force tabac, après avoir porté longtemps des cravates et des coiffures pompeuses, le libertaire devient collectiviste et finit honorablement.

OLOGUE LE CYNIQUE.

A Travers les Livres

De la Charrue à la Pourpre, par Paul Frayeourt (1).

Je vais vous parler d'un livre paru il y a deux ans alors que j'ai tant d'ouvrages « qui viennent de paraître » à critiquer. Que voulez-vous, on n'arrivera jamais à faire de moi un employé sérieux ; je lis le livre prit un peu trop au hasard de la main et j'en parle. Ainsi fut-il, sans doute, pour celui-ci, d'autant qu'il m'a fort intéressé.

Déjà, j'ai eu à causer d'une œuvre de Paul Frayeourt, *Dupécus*, dont le titre ne dit rien, mais écrit et pensé de fort bonne façon ; même, si je me souviens bien, le service de librairie l'avait recommandé, avec une œuvre de Camille Marbo, *Blassenay-le-Vieux* — duquel je pourrais faire la même remarque que pour *Dupécus*, — Ce sont, en effet, deux « romans » qui, par les qualités d'observation de leurs auteurs font passer utilement et agréablement le temps.

Ainsi en est-il *De la charrue à la pourpre*, quoique de lecture plus réfléchie. L'auteur nous trace la vie d'un fils de paysan, de valet de ferme devenu cardinal, prince de l'église aux milieux des mille vicissitudes de la vie, mais pourtant favorisé par une énergie et une ténacité sans pareilles et aussi par les conseils désintéressés d'un de ses premiers condisciples.

Evidemment on sent que l'auteur veut nous montrer toute la faiblesse de la doctrine catholique, son impuissance à soutenir les meilleurs contre la « tentation », la veulerie de ses « serviteurs » et des croyants en général, la misère et la bassesse des moyens employés pour la faire triompher, etc., mais cela est fait avec un tel doigté qu'il est des passages où l'on ne croit se trouver qu'en face d'une critique dure mais favorable au catholicisme, même à la prêtrise.

Les luttes de l'abbé Gardaire voyant s'écrouler point par point sa vertu, ses convictions, au fur et à mesure qu'il avance dans la hiérarchie catholique ; les désillusions de ce prêtre sincère obligé d'employer les moyens les plus détournés, les plus « criminels » pour arriver à assurer le triomphe de l'église : tout cela est passionnant dans sa simplicité.

Il n'y a pas d'intrigues, pas de drames, il y a seulement la vie d'un homme partant d'idées fausses mais généreuses en lutte avec les passions personnelles, et celles d'autrui, et dont chaque défaite morale est une victoire au point de vue social. Chacun de ses succès, est fait d'un lambeau de ses convictions et de son honnêteté ; sa sincérité et sa foi véritable s'en vont avec la pourpre. Pourtant il continuera à recouvrir de la robe rouge tout le décor mensonger de l'église et l'orgueil le fera se mentir à lui-même, cachant au cardinal toute la déception de l'abbé Gardaire, dont la philosophie est vaincue.

LE BIBLIOGRAPHE.

(1) P.-V. Stock, éditeur, 155, rue St-Honoré, Paris. 2 fr. 75. En vente à l'anarchie.

Revue des Journaux

LES TEMPS NOUVEAUX.

M. Pierrot cherche à tirer la *leçon des faits* de Draveil. Il montre tout ce que l'attitude autocratique des gouvernants et celle hypocrite de la presse peuvent influencer les individus, mais peut être point dans le sens de la résignation.

André Girard nous signale *les sept douleurs de M. Keufer* avec esprit et non sans raison.

Aristide Pratelle commence une étude sur *l'École de la vie*. Il s'attache à montrer l'importance de l'instruction « matérielle ».

LE LIBERTAIRE.

La leçon des faits qui se dégage des derniers « incidents » est certainement que nous manquons de tactique et d'expérience, dit l'article.

L'État, médite Silvaire, en est encore à l'emploi de la ciguë pour détruire ses ennemis

Louis Grandidier nous narre *le procès Durupt*.

Une poésie de Ch D'Avray sur *Procréation consciente*, très simple et bien disante, mais que l'on voit difficilement chantée Pourtant attendons la musique, ce pourrait être une surprise.

Le Sillon tel qui est ne saurait se tracer en terre anarchiste. Je te crois.

Le cas du sieur Keufer devient d'un bel enseignement pour les syndiqués.

Emile Czapek signale les énormités de certains *contrats du travail*.

Une réhabilitation de *la Marseillaise* bien tirée par les cheveux. Voilà ce qui s'appelle ergoter. A qui le tour, réhabilitons le *pater* ou l'*ave Maria*. Je vous salue, moi aussi.

LE LISEUR.

- Travail en Camaraderie -

Imp. des Causeries Populaires : Armandine Mahé

La gérante : Anna MAHÉ

Où l'on discute !

Où l'on se voit !

Causeries Populaires des XVIIe et XVIIIe, Rue du Chevalier-de-la-Barre, 22. — Lundi, 24 août, à 8 h. 1/2, *La nécrophilie et ses effets*, par Albert Libertad.

Causeries Populaires des Xe et XIe, 5, cité d'Angoulême (56, rue d'Angoulême). — Mercredi 26 août, a 8 heures 1/2. *L'action de la femme dans la propagande*, par Albert Libertad.

Causeries Populaires du XIXe et XXe, 20, rue des Amelots (près l'église de Belleville). — Vendredi 21 août, à 9 h. *La possession et la propriété*, par A. Libertad. Le groupe organise pour le 29 courant une conférence concert, ceux que ce travail inté rréteront leur concours. Ecrire à Lejeune, 97, rue de Belleville.

Groupe libre d'éducation du Bronze, 123, rue Vieille-du-Temple. — Jeudi 20 août, à 8 h. 1/2, *La psychologie de la famille*, par Camille Mélinand. Lecture et discussion.

Groupe anarchiste du XVe, café des Trois Portes, 139, rue du Théâtre. — Vendredi, 21 août, à 8 h. 1/2, réunion. Urgent.

ASNIÈRES. — *L'Aube nouvelle*, 128, rue de Châteaudun, près la place des Bourguignons. — Vendredi 21 août, à 8 h. 3/4. *Action et Solidarité*, par un camarade.

JUVISY. — *Causeries Populaires*, salle Lefèvre, place de la gare. — Samedi 22 août, à 8 h. 1/2. *L'Education populaire*, par Mauricius.

TOURS. — *Les Iconoclastes*, Restaurant Lestrade, 76, rue Bernard Palissy. — Vendredi 21 août, à 8 h. 1/2, causerie par Gerbault.

TOULON. — *Jeunesse Libre*, 14, rue Nicolas Laugier. — Samedi 22 août, à 8 h. 1/2, causerie et discussion.

St-ÉTIENNE. — *Causeries libres*, 42, rue Mulatière. — Tous les samedis, causerie-discussion.

TROIS MOTS AUX AMIS

HAVET donnera de ses nouvelles à Jean Perrin, 110, avenue de Clichy.

LOUIS JUST. — Envoies ton adresse à la colonie, pour Gillard.

CARNICERO ET MARDARA donneront leur adresse à Laurent, chez Joanny, 100, rue Cuvier à Lyon (Rhône)

CAMILLE. — Tant pis. A une autre occasion.

DENIZOT — Nous n'avons pas pu trouver *l'En dehors*. Stock épuisé. Que veux-tu en place ?

Propos de Finance

1. Libertad se baladant dans la vallée du Rhône et de la Saône a laissé dans plusieurs groupements ou chez plusieurs camarades, des lots de brochures, sans galette, afin de permettre l'extension de la propagande. Les sous devaient venir le plus tôt possible aux C. P. de la rue du Chev.-de-la-Barre, grand fournisseur. Plus un mot depuis Sans reproche, degrouillez-vous, les amis, remuez-vous, faites circuler les brochures, n'en faites pas des stocks dans vos demeures, ce sont d'inutiles nids à poussière.

Ceci n'est point dit pour les groupes, en compte avec nous par suite de leur continuelle activité, mais pour ceux qui n'ont plus donné aucun signe de vie et d'action depuis cette époque.

2. Que les copains songent toujours au prix de l'expédition, une chanson, une brochure coûtent toujours un sou d'envoi Pour deux, trois, c'est le même prix, ensuite, un sou par 100 grammes.

3. Nous enverrons la brochure d'Anna Mahé, dans quelques jours : les demandes sont notées. Il nous arrive de ne pas expédier une brochure, une publication demandées, mais nous en prenons note et les envoyons sitôt trouvées Que les camarades le comprennent et nous excu sent.

A. M. et A. L.

LES CAMARADES
adresseront
tout ce qui concerne
l'anarchie
à A. Mahé & A. Libertad
22, rue du Chev.-de-la-Barre
PARIS-XVIII

ABONNEMENTS

FRANCE
Trois Mois..........
Six Mois..........
Un An..........

ÉTRANGER
Trois Mois..........
Six Mois..........
Un An..........

l'anarchie

PARAISSANT TOUS LES JEUDIS

QUATRIÈME ANNÉE — N° 177 | DIX CENTIMES | JEUDI 27 AOUT 1908

Le Bourreau

Il arrive que les hommes, sans même savoir pourquoi, acceptant des raisons dont ils ne peuvent comprendre la raison, se jettent les uns sur les autres en des combats terribles. Ce sont des carnages affreux. Les membres sont coupés, les chairs tailladées. Il vous vient, alors que l'on évoque pareille tuerie, des nausées d'horreur et des sanglots de douleur.

Quand la lutte prend fin, quand un clan est vaincu, il arrive que, féroce, le chef adverse dise d'achever les blessés ennemis, ou bien, qu'indifférent, il s'éloigne, les laissant sur le sol. Mais plus souvent, disons-le, il vient des êtres nouveaux, hommes et femmes, qui réconfortent les mourants et relèvent les blessés, sans vouloir s'occuper de l'uniforme qui recouvre leurs membres pantelants et leurs chairs misérables.

Dans la lutte économique, les batailles les plus importantes prennent d'autres formes ; c'est souvent par la dévastation et par la misère, par le besoin et par la maladie que les forts mettent les faibles à merci. Pourtant, il arrive quelques escarmouches où le sang coule.

Lors, qu'advient-il après ces rencontres sanglantes : on n'achève pas le blessé pour voir disparaître un ennemi ; on ne le laisse pas non plus au soin du passant...; dans la lutte économique, on le torture, on envenime son mal, on développe toutes les gangrènes morales et physiques dans ses plaies.

Quand on soigne le blessé, c'est pour hâter plus vite le moment où l'on pourra à nouveau en faire une proie désirable ; on panse son corps, pour le plus vite voir au poteau des tortures devant les inquisiteurs.

Tel est là ce qui advient à notre camarade Dret. Et même, les bourreaux, dans leur hâte, ne savent point attendre que les médecins aient terminé.

Adametos nous disait, l'année dernière, la torture horrible qu'imaginèrent les juges d'Italie, envers Acciarito — condamné à perpétuité — afin de le pousser à dénoncer un complot fictif. Ils lui affirmèrent que sa compagne était grosse, lors de son arrestation ; qu'il lui était donc venu un enfant lequel était dans la misère ainsi que sa mère. Ils poussèrent la cruauté jusqu'à lui faire ouïr, dans le lointain des cris d'enfant lui disant que c'étaient ceux de son fils.

Les juges français n'ont pas voulu rester en arrière. Alors que Dret voyait, chaque heure, le mal croître en lui, les médecins s'avouer vaincus, impuissants, désespérant de lui sauver son bras, il pouvait voir aussi le réseau judiciaire l'enfermer davantage dans le treillis retors des lois.

Homme, il prenait force quand même devant l'ablation de sa chair, il pouvait envisager la vie sous des formes encore plaisantes, penser à vaincre les difficultés et les entraves que l'aide des autres hommes : la vue du policier était là pour lui dire que la méchanceté sociale, la vindicte n'était pas apaisée. Alors qu'il essayait de regarder au loin un avenir meilleur, il ne pouvait détacher sa pensée de la bête sinistre qui le guettait jour et nuit, peu satisfaite de lui avoir mangé un bras.

Cet homme mourant avait besoin de toute sa force, de tout son courage pour supporter la douleur physique de l'opération; or la présence du policier à son chevet lui criait : « Donne vite ton bras à la machine chirurgicale ; j'attends pour te prendre tout entier. Tu pourrais croire que ca compagne te serrant contre elle, te ferait oublier que tu ne peux lui rendre pareille étreinte. Tu m'appartiens. » Sans doute, son corps devait alors s'affaisser douloureusement.

Pour te veiller, lorsque le sabre ou la balle t'a frappé, Allemand ou Marocain, que poussa on ne sait quel âpre desir de conquête, tu pourras voir penchée vers toi la douce figure d'une « Dame de France ». Ouvrier français qui voulut plus de bonheur pour tes enfants, plus de justice pour tes amis, lorsque tu tomberas, blessé, nulle femme ne se penchera à ton chevet, même, les « Dames de France » tressaillir d'horreur que ton corps est disputé entre le scalpel guérisseur du médecin et le sabre tortureur du bourreau. Elles qui s'efforcent d'adoucir les derniers moments des mourants, s'essayent à évoquer la famille, elles sauront tranquillement que tu agonises sous l'œil féroce du policier et que son rictus arrête tes regards douloureux vers ceux que tu aimes.

* * *

Je l'ai dit souvent... Lorsque Clemenceau jette la troupe sur l'ouvrier en grève ; lorsque dans ces rencontres les hommes tombent, que les victimes font un chiffre imposant, je ne crois pas qu'il soit bon de rendre cet homme plus responsable que quiconque, des phases d'une lutte où il n'est qu'un gros numéro...

Mais si Clemenceau est forcé d'être un assassin de par les fonctions qu'il a acceptées, rien ne l'oblige à solliciter celle de bourreau. Aucun intérêt ne le pousse, qu'un plaisir étrangement sénile.

... Ne craint-il point, qu'aux heures de répression, alors qu'on pourrait dédaigner le Premier Ministre, Valet du Capital, on ne réussisse à oublier Clemenceau le bourreau, la Bête jamais rassasiée qui s'attardant au chevet d'un mourant pour avoir plus vite un lambeau de sa chair ?

Albert LIBERTAD.

Chiquenaudes
et
Croquignoles

LA PART DU LION

... et celle du renard, qui n'est pas moindre.

S'il est un journal sérieux, nul ne le contestera, c'est le Matin. Ses fils spéciaux, et tout spéciaux, l'ont signalé à l'attention publique. Ses correspondants sont des mieux informés et des plus autorisés.

Tout dernièrement, soucieux des révoltes qui soulevaient la gent prisonnière, il a voulu remédier au mal en cherchant les causes par une prudente enquête. Il fut obligé de s'occuper de la question des salaires. Oyez :

La moyenne des salaires, à Melun, par exemple, est de deux francs par jour. Cela ne veut pas dire que tous les hommes gagnent deux francs. Il y en a qui gagnent six sous, d'autres cinq francs. Huit dixièmes reviennent à l'Etat en diminution de ses frais d'administration et d'entretien des prisonniers. Les quatre autres dixièmes appartiennent au condamné. Prenons, par exemple, la moyenne de deux francs. Quatre dixièmes de cette somme font o fr 8o o fr. 40 sont mis de côté pour former le pécule de l'homme, qui lui sera versé à l'expiration de sa peine. Avec les 40 autres centimes, il est libre d'améliorer son ordinaire, d'entretenir son linge de corps, de payer des timbres-postes, etc...

Tout d'abord plaisons-nous à constater que soit tout seul, soit avec le concours désintéressé des typos, le correspondant arrive à trouver douze dixièmes dans un tout, ce qui est quand même un gentil phénomène... n'insistons pas.

Ce qui est plus curieux, c'est le bon truc de la moyenne. Ainsi, en France, les ouvriers terrassiers de Paris pris avec le ministre des Travaux publics, la clique des fonctionnaires et ce bon M. Fallières doivent bien se faire une moyenne de vingt francs par jour : heureuses gens !

Ainsi, en est-il en prison, il y a les messieurs à cinq francs et les ceux à six sous. Pour les derniers, les quatre dixièmes ne doivent pas faire gras... douze centimes pour améliorer son ordinaire, entretenir son linge de corps et se payer des timbres-postes... Si les copains arrivent à se retourner, je demande qu'on les délègue à l'administration financière.

AU NOM DE QUI?

Vrai, c'est tout de même ennuyeux de ne pas savoir pour qui il faut prier « Dieu » : serait-ce pour le succès des armes de Moulaï Hafid ou bien pour celles de Abd-el-Aziz? Pour qui combattent donc les petits soldats de France? Angoissante question.

Maintenant, paysan harnaché, tu dois considérer comme rebelles et passer par les armes telles tribus, telles smalas avec lesquelles on ne sait quelles circonstances t'obligera à fraterniser tout à l'heure... et cela encore et toujours au nom de la patrie.

Tu as la tête un peu en déroute. Il est donc fou, le gouvernement? Que t'importe. On te met un sabre et un fusil en main, c'est pour tuer... Tue d'abord et tue toujours, tu regarderas ensuite qui tu as assassiné... si on te le permet.

HARDUIN EST MORT.

Ce type devint célèbre par l'excès de son bourgeoisisme; sa médiocrité lui tailla une célébrité; son réactionnarisme, selon la loi qui veut que les extrêmes se touchent, en fit parfois un révolutionnaire. La réputation fit le reste. Dans des milieux anarchisants, on se délectait à ces quelques lignes bouche-trou, si banales souvent, si bassement égoïstes toujours.

Homme de finances, il devint sur le tard journaliste philosophant. Après l'avoir volé, il continuait à tromper l'opinion par ses filets puant de ce « bon sens populaire » qui est l'expression même de l'encroûtement, de la stagnation et de la routine.

Sa crevaison nous débarrasse d'une crapule au visage bon enfant, capable, à l'abri de cet air de bonhomie, de faire avaler les plus grosses des couleuvres.

LE BLUFF DE L' « HUMANITÉ ».

Si un journal est obligé de flatter toutes les opinions afin de retenir sa clientèle c'est bien l'Humanité. Voyez la tour à tour patriotique et antipatriotique, chantant l'Internationale et demandant que le drapeau français ne s'incline devant aucune nation.

Lundi, elle signalait à l'attention patriotique de ses lecteurs la mauvaise poudre B, laquelle « mettrait en danger la Défense Nationale ». Seigneur, préservez-nous de l'Allemand !

Si l'Humanité est l'organe socialiste de ceux qui se prétendent contre la guerre, contre la patrie mesquine, pour l'union de toutes les nations qu'elle parle donc contre toutes les poudres.

La meilleure poudre ne serait-elle point celle qui sauterait à la gueule des manipulateurs, mettant en miette la patrie, ses prêtres, ses oripeaux et ses églises.

LA BONNE JUSTICE

Un camarade nous communique, sans commentaires, la traduction d'un filet paru dans .let Hadesblat — Journal du Commerce — organe flamand catholique. Que puis-je faire mieux que de vous le montrer :

Suite dramatique d'une expropriation

Sur la limite de Laken-lez-Bruxelles et de Jette se trouve une petite maison avec jardin, habitée par deux vieillards de 70 ans : Certain et sa sœur.

Leur petite propriété est placée en grande partie dans la direction prise par l'avenue Smet de Naver, et doit donc être expropriée.

Ils refusèrent pourtant de déménager, prétendant que personne n'avait le droit de toucher à la propriété que leur avaient léguée leurs parents.

Et chaque fois que parurent des ouvriers pour faire les travaux de la voie gouvernementale, ils furent chassés par les vieux, armés de pelles et de fourches.

Cela leur trottait tellement dans le cerveau qu'ils devinrent dangereux pour les personnes qui passaient devant leur jardin, de sorte que la police jugea nécessaire de prendre des précautions.

Des médecins furent chargés d'une enquête et lorsque ceux-ci eurent enfin déclaré que les pauvres gens étaient entièrement fous, la police vint pour les mener vers une hospice.

Cela ne se fit pourtant pas très facilement. Ils trouvèrent la maison barricadée et durent revenir le lendemain.

On s'est enfin emparé des malheureux par surprise et on les a transportés en fiacre dans une maison d'aliénés.

Pauvres diables !

Ce « pauvres, diables », après la plaisante description du concours des policiers et des médecins pour trouver fous les deux pauvres vieux, est une trouvaille. Quand on veut se débarrasser de son chien, on dit qu'il a la rage : pour les hommes le prétexte est l'aliénation.

Les hommes sont si idiots qu'ils n'ont même plus la force de se révolter contre tant de jourberies.

Les vieux mourront sous la torture, mais l'avenue de Smet de Nayer sera droite pour le passage de Léopold.

CANDIDE.

LA PROPRIÉTÉ

L'individu pourrait être riche. Il y a de belles routes, des machines-outils merveilleuses, des moyens de transport et de communications rapides et nombreux. Les connaissances scientifiques qui permettent d'étudier et d'interpréter raisonnablement la nature, — les chefs d'œuvre de musique, de sculpture, de peinture sont multiples. Tout cela, toutes ces richesses sont le résultat des efforts de millions et de millions de travailleurs — tant manuels qu'intellectuels qui nous ont précédés.

Ce a devrait donc appartenir à tous ceux qui sont capables d'utiliser et d'augmenter ces richesses. Cela n'est pas.

Au contraire, ce sont précisément ceux qui ne font rien, ceux qui sont incapables de continuer l'œuvre des précurseurs qui détiennent ces trésors, sans, le plus souvent, en savoir jouir.

Les producteurs manuels et intellectuels eux, ne possèdent rien, vivent misérablement au jour le jour. Ils consentent à se priver du fruit de leur travail dont profitent les oisifs et leurs serviteurs : intermédiaires de toutes sortes, producteurs de choses inutiles ou nuisibles, etc.

Par quelle suite de circonstance les uns sont-ils propriétaires alors que les autres ne possèdent rien ?

Les propriétaires sont propriétaires parce qu'ils sont assez rusés pour tromper les non-propriétaires ignorants auxquels ils font croire que cela ne peut pas être autrement, que cela a toujours été ainsi.

Il est maintenant facile de prouver le contraire. Je vais faire l'historique de la propriété en me servant des documents, des recherches faites par Kropotkine, A. Thierry, Elie Reclus, etc.

Tout de suite, je déclare qu'au cours de cette petite étude, je citerai ces auteurs mot à mot. Je ne pense pas nécessaire de l'indiquer chaque fois.

C'est surtout dans l'Entraide de Kropotkine que j'ai glané.

Au début de l'Humanité, les hommes vivaient en tribus semblables à celles des mammifères les plus élevés. Pour se rendre compte, il suffit d'étudier les sauvages qui vivent actuellement. Par exemple les Fuégiens, les Hottentots.

La propriété privée était alors inconnue. Tous les membres d'une même tribu travaillaient et vivaient en commun. On ne connaissait pas l'héritage individuel. Tout ce qui avait appartenu personnellement au mort était détruit sur sa tombe. Rien n'était réservé de ce qui lui avait appartenu en commun avec sa tribu. Par exemple, les bateaux, les instruments de pêche.

Communisme absolu entre les membres de la tribu. Mais il y en a autrement avec les étrangers. Certaines tribus dont le domaine produit en abondance des objets d'utilité générale laisse les voisins s'approvisionner chez elle. L'imposant au contraire prélèvement. Pour ce qui est rare ou pratique des échanges. La valeur d'échange, la monnaie d'alors c'est des coquillages, des outils.

Plus tard ce seront des bestiaux, des femmes, des métaux, des ornements. Par la suite — bien plus tard évidemment — les métaux seront poinçonnés, frappés suivant un modèle déterminé par les dirigeants les plus rusés.

A l'époque qui nous occupe, une marchandise rare et d'urgente nécessité, c'était les femmes que bientôt les plus forts voulurent posséder à eux seuls.

La famille séparée commence : avec elle l'accumulation individuelle de la richesse et du pouvoir et de leur transmission héréditaire.

Il fallut une longue évolution avant que les clans reconnaissent l'existence distincte de la famille dans une hutte séparée. Mais même après que cela eut été reconnu, le lan fut lent à admettre l'héritage personnel des biens.

II

Après les groupements par tribus, les circonstances firent grouper les hommes en communes villageoises.

La commune villageoise reconnaissait pleinement l'accumulation des richesses dans la famille et sa transmission héréditaire.

Mais la richesse était conçue exclusivement sous forme de biens meubles comprenant les bestiaux, les outils, les armes et la maison d'habitation. Le sol appartenait à tous.

C'est sous l'influence très lente de la loi romaine et de l'église chrétienne, qui accepta bien vite les préceptes romains, que les barbares s'accoutumèrent à l'idée de propriété foncière individuelle.

Pacifiques, les barbares s'occupaient, en commun, à des travaux agricoles, défrichissaient les forêts, fouillaient le sol pour en extraire les métaux, les pierres, jetaient des ponts sur les torrents. Ils entretenaient des bandes de guerriers pour les défendre contre les invasions. Et il arriva que ces guerriers — cette police — pillèrent ceux qu'ils devaient protéger.

De même pour trancher paisiblement les conflits entre elles, les communes villageoises pratiquaient l'arbitrage — l'arbitrage cher aux Jaurès — et vous allez voir quel en fut le résultat.

L'arbitre était choisi parmi certaines familles réputées pour avoir conservé la loi ancienne dans sa pureté et versés dans la connaissance des chants, versets, etc.

Et cette tradition de la loi devint une sorte d'art, un mystère soigneusement transmis dans certaines familles de génération en génération. Il y a de vagues indices qui nous montrent qu'on en appelait à la plus ancienne branche de la peuplade pour fournir les juges dont les décisions étaient acceptées comme justes. A une époque postérieure, nous voyons une tendance marquée à choisir les arbitres parmi le clergé chrétien qui s'en tenait encore au principe fondamental du christianisme, oublié aujourd'hui, d'après lequel les représailles ne sont pas un acte de justice. Remarquez en passant que ces féroces barbares, comme on se plaît à les nommer dans les livres d'histoire, avaient un sens de la justice tout différent de celui des doux civilisés.

Les amendes — bestiaux, métaux, outils — étaient remises à celui qui trouvait la sentence, au juge obligé en retour d'entretenir des hommes armés pour la défense du territoire et pour l'exécution des sentences. Il y a là, en germe, la combinaison du pouvoir judiciaire avec le pouvoir exécutif.

Comme de nos jours, il y avait abondance de terres incultes et il ne manquait pas d'hommes prêts à les cultiver s'ils obtenaient le bétail et les instruments nécessaires.

Des villages entiers étaient détruits par les maladies, les pestes ou les incendies. Leurs habitants s'en allaient à la recherche de nouvelles demeures. Or, que faisaient les guerriers et les familles de juges ? Ce que font aujourd'hui capitaliste et gouvernants. Ils offraient des « concessions » de territoire aux pacifiques colons ; leur fournissaient bestiaux, charrues, l'assurance d'un certain nombre d'années libres de toute obligation, avant qu'ils aient commencer à s'acquitter de la dette contractée. Puis après une lutte pénible contre les mauvaises récoltes, les inondations, les épidémies, lorsque les cultivateurs commençait à rembourser leurs dettes, des obligations de servage leur étaient imposées. Des richesses s'accumulaient de cette façon et le pouvoir suit toujours la richesse. Vous voyez que rien n'est bien neuf et que les entreprises de colonies agricoles lancées à grand renfort de réclame par les financiers modernes eurent des devancières non moins malignes.

Ainsi petit à petit s'imposèrent l'autorité des seigneurs et des évêques. Ainsi se forma la féodalité.

III

Lorsqu'aux IXe et Xe siècles les invasions normandes eurent prouvé que les bandes militaires étaient impuissantes à arrêter les envahisseurs, un mouvement général commença dans toute l'Europe pour protéger les villages par des murs de pierre et des citadelles. Des milliers de centres fortifiés furent élevés grâce à l'énergie des communes villageoises. Et une fois qu'ils eurent bâti leurs murs les communes comprirent qu'ils pouvaient dorénavant résister et se libérer de leurs ennemis intérieurs les seigneurs, aussi bien que des invasions étrangères.

La cité du moyen-âge était née. Ce fut une époque de bien-être et de progrès. Le travail était la base de l'organisation, mais la production n'absorbait pas toute l'attention des économistes. Ils comprirent que le principe fondamental de chaque cité était de pourvoir à la subsistance commune et au logement des pauvres comme des riches. A part les calamités naturelles, causes de disette générale, tant que les cités libres existaient personne ne pouvait y mourir de faim. A cette époque le travail antisocial et le sabotage n'étaient pas connus.

L'ouvrage du tanneur, du tonnelier, du cordonnier doit être de bon et honnête ouvrage, écrivait-on. Et cela était !

Mais si les cités étaient indépendantes, le reste du pays était plongé dans la soumission féodale. Nos malins et nos forts continuaient leur besogne d'asservissement. Outre les trois journées par semaine pendant lesquels les paysans devaient travailler pour les seigneurs laïques ou religieux ils étaient en butte aux pillages des brigands armés. Les cités aussi furent à leur tour en butte aux brigandages des seigneurs. Malgré le courage, l'audace, la ténacité des citoyens beaucoup de cités furent vaincues. Elles finirent par signer des traités par lesquels elles sacrifiaient les paysans. Le servage fut maintenu et ce n'est que vers le XIIIe siècle que la révolution des artisans abolit le servage personnel mais déposséda les serfs de la terre.

Vers la fin du XVe siècle, de puissants états, reconstruits sur le modèle romain, commençaient déjà à se constituer. Nous arrivons enfin à Monsieur « L'état, c'est moi », à Louis XIV qui commença le pillage des biens communaux. Et le pillage suivit son cours.

Les bourgeois de la Constituante se substituèrent aux nobles pour dépouiller les communes de ce qui leur restait de terres communales. Enfin, le 24 août 1791, les réactionnaires arrivés au pouvoir confisquèrent, à leur profit, toutes les terres. A son tour Napoléon III sut saisir quelques larges propriétés pour en faire cadeau à ses créatures. Actuellement, il ne reste presque plus de biens communaux.

La bourgeoisie actuelle, les propriétaires sont donc, pour la plupart les héritiers des révolutionnaires de 1793 ; les dignes successeurs des industriels rapaces de 1840-1848.

Le sol, le sous-sol, les moyens de productions, les productions appartiennent à un petit nombre d'hommes protégés par ceux-là mêmes qu'ils spolient mais qui soldats, policiers, votards, résignés tuent impitoyablement les affamés intelligents, les courageux qui tentent de mettre bon ordre à cela et veulent prendre leur part de richesse sociale à laquelle ils ont d'autant plus droit qu'ils sont aptes à l'accroître au profit de tous.

La lutte entre cette poignée de révoltés et l'immense armée des imbéciles, des résignés derrière lesquels se cachent leurs maîtres est terrible.

Qui donc sera le vainqueur ?

Noël DEMEURE.

Marchande d'Amour

Jadis vierge de lys et de roses pétrie,
Elle offre maintenant aux baisers du passant,
Vieillard libidineux ou pâle adolescent,
Sa chair qui, jeune encore, est pour toujours flétrie.

Débitant son refrain qui jamais ne varie :
Vantant son savoir faire et ses charmes absents !
Viens chez moi, mon chéri, j'ai du chien dans les flancs
C'est la femme à vingt sous que guette l'avarie.

Son soleil, c'est la lune et son jour, c'est la nuit ;
Son chantier, le trottoir ; son compagnon, l'ennui
Son passé, la douleur ; son présent, la misère ;

Son avenir, celui des serfs du capital
Pour qui la route à suivre est un triste calvaire
Sur le sommet duquel est un lit d'hôpital.

RIZEAU.

DE L'ART

Les spectacles de la nature éveillent en nous des sentiments multiples, qui diffèrent pour chaque individu ; un même individu, à des époques différentes, peut ressentir des sentiments différents.

Au point de vue psychologique le « moi » n'existe pas. La conscience n'est qu'une superposition de consciences, d'états d'âme, de sensations et de passions ; il y a dans notre esprit mille tares inconnues, des abîmes d'animalité, des héroïsmes et des resplendissements qui forment un tourbillon obscur et perpétuel ; dans les profondeurs de l'inconscient et du subconscient une évolution constante a lieu. Ainsi, un individu n'est jamais identique à ce qu'il était. Ainsi, les impressions esthétiques sont essentiellement instables et subjectives.

Le beau est subjectif, il existe en moi ; l'Art est objectif, car je le conçois comme la traduction, l'extériorisation de mes sentiments, de mes impressions esthétiques. Or, je veux prouver qu'en raison de cela, l'Art devient inutile.

.

Je considère un individu, et je prétends que cet individu ne doit pas traduire, pour lui-même, ses sensations de beauté.

Il n'est point nécessaire que je traduise les sensations que j'ai déjà éprouvées ; je n'apprends pas ce que je connais ; je ne veux point posséder des sensations que j'ai acquises. La plus grande perfection que peut réaliser une traduction, une copie consiste en ce que cette copie soit identique à l'original. Or, rien n'est plus conforme à une chose que la chose elle-même. Donc la traduction constitue une chose inutile, donc la nature suffit entièrement à mes appétits de beauté. Les hommes qui goûtent l'Art sont semblables aux ruminants qui remâchent ce qu'ils ont déjà absorbé.

La magnificence formidable de la nature sollicite nos activités puissantes, notre rut de géants Il convient aux êtres forts de vivre une existence simple, harmonieuse et pure. Puissions-nous travailler la Vie, déesse aux larges flancs dorés, d'un phallus valeureux !

.

Je considère un individu, et je prétends qu'il ne doit pas traduire, pour un autre individu, ses sensations de beauté.

La sensation qu'il veut traduire leur est commune, ou elle ne l'est pas.

Dans le premier cas, la traduction est inutile, puisque tous deux connaissent la sensation dont il s'agit. Je n'apprends pas à un homme ce qu'il sait.

Dans second cas, la traduction est également inutile. Il n'importe pas qu'un homme sente telle ou telle sensation, il importe qu'il ait des sensations. Il n'importe pas qu'un individu assimile tel ou tel aliment, il importe qu'il se nourrisse normalement. Si un homme possède la même capacité de jouissances esthétiques que moi, ses impressions peuvent différer des miennes, sa santé morale est la même, qu'elle que soit la nature de ses sensations. *Il peut ignorer la sensation que je désire lui traduire, et que je traduis toujours imparfaitement, car il goûte dans la nature d'autres sensations.*

Je suis beau, Clitandre est beau, maison aspect diffère du mien ; je suis esthète, Clitandre est esthète, mais il diffère de moi par les acquisitions esthétiques qu'il fait. Dès qu'un organe existe, et qu'il fonctionne quelles que soient les conditions de temps et de lieu, l'équilibre s'établit. D'ailleurs il faut désirer également la diversité physique des hommes, et leur diversité morale ; l'originalité et l'individualité, pour les êtres vivants, réalisent le sommet de la Vie.

Si un individu ne possède pas un organe esthétique, si je puis dire, une puissance de compréhension de la beauté comme j'en possède, je ne puis lui traduire mon impression. Car, en raison de sa supériorité ou de son infériorité, il goûte le Beau avec plus ou moins de force que je ne fais, il a ses jouissances plus faibles ou plus fortes. Dès lors la sensation que j'éveillerai en lui sera conforme à son tempérament, mais pas à mon tempérament. Dès lors mon but n'est point atteint. Dès lors l'inutilité de ma traduction se manifeste pleinement.

.

Il fut un temps où j'aimais l'art, passionnément. J'allais au concert Colonne, et d'entendre *la neuvième symphonie* de Beethoven, je bavais sur mes manchettes, je roulais des yeux désorbités. Je me complaisais dans des attitudes hiératiques et solennelles Je lisais et relisais Leconte de Lisle. O Bhagavat, je m'anéantissais dans le gâtisme comme un fleuve à la mer. Au Louvre, devant *le couronnement de la Vierge* du Fra Angelico j'étais plein de ferveur et de gloire. O Botticelli, ô Ghirlandajo, ô vous, Salvator Rosa, Paul Potter, Rembrandt, Rubens, Albert Dürer et Gainsborough, vos images m'importunent. Je ne connais d'autre lumière que celle du soleil. Je préfère une Vénus campagnarde à *Mona Lisa*. La fraîcheur du matin parle à mon cœur un langage merveilleux. La mer dans sa démence et son tumulte, est plus superbe que toi, grandiloquent Hugo. La poitrine d'Eve Tulipe est plus éclatante que la prose de Flaubert, et plus somptueuse.

Elle me fait ricaner maintenant cette hilare et bénévole splendeur artistique, cette masturbation languide et morbide. Il me faut de substantifiques réalités ; la vie est courte, la jeunesse plus encore. Je veux des femelles superbes, du pain de bon froment, un travail sain, des fleurs partout, et le rire éclatant des enfants. Je veux voir des éphèbes nus, virils, rayonner dans la lumière, divinement. Je veux cultiver la dialectique, faire de mon verbe une musique, et de ma personne une synthèse de toutes les beautés. J'ai adoré des idoles de carton peint ; je les compisse, maintenant.

OLOGUE LE CYNIQUE.

SAUTERELLES ROUGES

La dernière fois qu'en Algérie se produisit une invasion de sauterelles, elle coûta au budget neuf millions deux cent mille francs. C'est presque le coût d'une expédition militaire, ajoute naïvement certain journaliste dont j'ignore le nom.

Cet extraordinaire ingénu, écrivant dans une feuille où les rédacteurs ne sont pas précisément des antimilitaristes, semble ne pas du tout se douter combien précieux est son aveu, comme très exacte comparaison et très juste rapprochement de ces deux calamités terrestres : l'armée et les sauterelles.

Ce sont les soldats toujours prêts à ravager l'univers qui, paraît-il, en Algérie, contribuent à repousser l'invasion de leurs sœurs en dévastation les sauterelles !

On pourrait dire que la peste ayant fait son apparition dans quelque contrée, le choléra, permanent et universel, s'évertue à la combattre ; autrement dit que le plus grand des fléaux s'évertue à combattre un autre fléau infiniment moins à craindre parce qu'infiniment moins répandu ; c'est bien là le dernier mot de la sensiblerie la plus odieuse et à la fois la plus grotesque du guerrier, du barbare moderne s'apitoyant sur le sort de quelques contrées victimes des sauterelles.

Ce bandit s'efforce d'arrêter les ravages de celle-ci, qu'il cherche à détruire par tous les moyens, alors que lui-même est le pire des fléaux !

En effet, il est de toute évidence que, de ces deux terribles bêtes, le guerrier et la sauterelle, la plus à redouter n'est certes pas celle qui dévaste les récoltes de quelques points seulement du globe, mais bien plutôt, depuis les plus anciens temps jusqu'à nos jours, le guerrier, l'immonde bête rouge, toujours ivre et toujours altérée de sang, semant partout la ruine et la désolation, dévastant le sol de notre planète mille et mille fois plus que des milliards et des milliards de criquets ne pourraient le faire.

Clément LAPEYRE.

LES PRÉCURSEURS

KARL MARX

Le fondateur de l'internationale naquit en 1814. Sa famille, d'origine juive, habitait Trèves où il fit ses premières études qu'il continua à Bonn, puis à Berlin.

D'abord professeur de philosophie à Bonn, il ne tarda pas à se passionner pour l'économie politique et quittant l'enseignement en 1840, entra comme rédacteur à *die Rheinische Zeitung*, mais les théories politiques qu'il y exprimait firent suspendre ce journal en 1843.

Karl Marx se réfugia alors à Paris et publia les *Annales franco-allemandes* (1844) puis, en 1845, avec la collaboration de Engels, *La sainte famille contre Bruno Bauer et consort*, critique acerbe de l'idéalisme allemand, auquel il voulait substituer le réalisme historique.

Expulsé de France, il se rendit à Bruxelles où il publia, en français : *Discours sur le libre échange* (1846), *La misère de la philosophie* — en réponse à *La philosophie de la misère* de Proudhon — et, en allemand, *Le manifeste du parti communiste* (1848). Dès cette époque, ses doctrines sont très arrêtées.

Rejetant les doctrines de Saint-Simon, de Fourier, de Cabet, de Proudhon, il prétendait former un socialisme scientifique basée sur l'étude du corps humain et l'anthropologie.

Poussant à l'extrême la théorie du déterminisme, il prétend connaître les lois des mouvements humains - déterminés et invariables » dans des conditions données.

Il revint à Paris en février 1848, puis, l'émeute éclatant en Allemagne, se rendit à Cologne et fonda *la nouvelle Gazette rhénane*.

Lorsqu'en automne 1848, le gouvernement prussien fit un coup d'État, Marx lança dans son journal un appel au peuple, l'engageant à refuser l'impôt et à répondre à la force par la force. Il passa aux assises, mais fut acquitté.

Expulsé en 1849, il revint à Paris, mais de nouveau poursuivi, il se réfugia à Londres. Il y écrivit de nombreux ouvrages.

C'est en 1852 qu'il fonda la fameuse *association internationale des Travailleurs* déjà ébauchée en 1847.

L'exposition de Londres ayant réuni un grand nombre d'ouvriers de tous les pays Karl Marx en profita pour les assembler à la taverne des Francs Maçons pour une « fête de la fraternisation internationale ». Ce ne fut cependant que le 28 septembre 1864 que l'Internationale fut définitivement constituée, au meeting de St Martin Hall.

Marx, bien qu'il fut l'âme de la fameuse association, ne le parut point en nom dès l'abord.

Le Conseil central comprit trois ouvriers anglais : Odger, Cremer et Whelert. Marx n'y entra que l'année suivante, il y prit une influence considérable. C'est lui qui rédigea les rapports et les statuts, mais son esprit méthodique, synthétique, épris d'organisation et de légalité devait bientôt lui amener la rivalité de l'indépendant Bakounine.

En février 71, il écrivit à Sévrallier pour engager les membres de l'Internationale de Paris « de ne point se mêler aux émeutes, et d'observer les lois jusqu'au triomphe de l'intelligence joint au poids des injustices et des persécutions de la société entière, fera pencher la balance en notre faveur » Mais l'enthousiasme provoqué par la Commune l'incita à modifier ses conseils et il écrivit *La Guerre Civile en France*, violent factum révolutionnaire.

Partagé entre les libertaires avec Bakounine et les autoritaires avec Marx, l'Internationale se divisa.

Déjà au congrès de Berne, en 1868, Bakounine avait fondé l'*Alliance de la Démocratie socialiste* ; à la Haye, en 1872, Marx ayant obtenu la majorité, fit exclure Bakounine de l'Internationale et resta le seul inspirateur de l'association.

Karl Marx fut un homme remarquable. Sa science, son érudition, (il connaissait presque toutes les langues européennes) sa connaissance approfondie de la sociologie et de l'économie politique en firent un des penseurs et des sociologues les plus intéressants du XIXe siècle. Sa doctrine, condensée dans *le Capital* (1869), son principal ouvrage que nous examinerons la prochaine fois, donna naissance à toutes les écoles socialistes modernes qui se recommandent presque toutes de son œuvre.

MAURICIUS.

Mon Individualisme

Après la critique de Levieux dans l'article *Les Casuistes* sur mon individualisme, je suis dans l'obligation de préciser, car Levieux a mal compris ou mal interprété le sens de mon article paru dans le n° 456 sous le titre *Individualisme*. — Je manque à un principe pour les autres, dit-il, en envisageant la société comme une masse inerte et aveugle, alors que pour un individualiste conscient elle ne peut être qu'un agglomérat d'individus qui se présentent à lui sous leur physionomie et leur valeur propre dont il doit tenir compte même dans son intérêt. »

Comment faut-il alors appeler cette masse d'individus qui ne se meut qu'en vertu de la loi d'inertie, c'est-à-dire qui obéit aveuglément à la routine des préjugés, des morales et des lois dont ils ne veulent même pas discuter la légitimité ou la raison d'être ? (Naturellement je retire de ce nombre les anarchistes et les anarchismes.) Ils se présentent avec leur physionomie et leur valeur propre ?... Mais oui parbleu, avec leur physionomie d'aveugles qui ne veulent pas voir et avec leur valeur d'inertie qui est proportionnelle à leurs masses et au poids de leurs préjugés dont, comme dit Levieux, on doit tenir compte. D'abord, il faut au contraire tenir compte de façon à pouvoir réagir contre cette masse « inerte et aveugle », ennemi des « individus » par l'état de choses qu'elle défend (consciemment ou inconsciemment). D'ailleurs mon individualisme n'est pas le mien seul, il est celui de tout anarchiste; il a plus de largeur que Levieux ne lui en donne. De plus il est né viable puisqu'il existe partout même chez Levieux, et qu'il semble toujours avoir été pratique. Il représente une loi naturelle : celle de l'affinité entre individus d'une même espèce. Qui se ressemble s'assemble. En effet n'avais-je pas dit dans mon article ceci :

« L'Association nécessairement libre avec des individus de son espèce ayant les mêmes besoins et les mêmes conceptions que lui est la seule qu'il convient à l'anarchiste d'utiliser ou de créer pour l'aider à vivre sa vie ; avais-je besoin d'ajouter qu'en étant aidé par les autres à vivre sa vie il les aidait aussi réciproquement à vivre la leur ? C'est la sanction de la loi d'affinité, ni plus, ni moins. Mon individualisme (qui n'est pas le mien seul) n'est ni barbare ni illogique, il est raisonnable. Il ne sacrifie pas la masse des individus à un seul et il ne consiste pas à faire graviter tout le reste pêle-mêle autour de soi. Il met chaque espèce à sa place voilà tout. Il est révolutionnaire à toutes les minutes et n'attend pas une date quelconque pour révolutionner.

À quoi bon sentimentaliser, Levieux semble désigner une catégorie d'anarchistes ne voyant pas dans l'humanité une masse « inerte et aveugle » mais des individus sensibles, intelligents, aimant et vibrant, avec le plus grand nombre desquels ils veulent pouvoir vibrer à l'unisson.

Pour moi ces individus sensibles, intelligents, etc., ne peuvent être que des anarchistes ou des anarchistes qui s'ignorent et font ainsi partie de ma individualité. Quand à l'allusion qu'il fait de s'attaquer aux faibles, il est clair que l'individu qui ferait une telle profession ne serait pas anarchiste — mais bourgeois. L'anarchiste étant une réaction et la réaction ne pouvant exister que contre les forts.

Quand j'ai dit dans mon article que les anarchistes devaient se servir de la masse, j'ai voulu faire entendre par là que dans une période insurrectionnelle (par exemple) la majorité des individus constituant une force « inerte et aveugle » fatalement destiné à évoluer selon les influences et les forces agissant sur elle (loi des révolutions par les minorités conscientes ou agissantes) il serait du droit et du devoir même des anarchistes de se servir de cette force et, plutôt que la laisser entre les mains des socialistes ou autres pêcheurs en eau trouble, de la diriger vers la réalisation de leur idéal : l'anarchie, seul état qui puisse supprimer les injustices et les misères de l'humanité présente.

Mon individualisme est celui qui préconise l'état pour l'individu — c'est-à-dire l'anarchisme. — Voilà ce que je tenais à préciser.

Jean HERVIOU.

VENEZ DISCUTER AUX
CAUSERIES POPULAIRES

DE PROFUNDIS !

J'en suis encore à me demander si je ne suis pas tombé parmi un troupeau de moutons Et moutons bêlants encore!

Depuis *l'Humanité* qui déplore le sang ouvrier répandu à Villeneuve-Saint-Georges, *La Guerre Sociale* qui aime décidément mettre la République au même niveau que Soleilland, jusqu'aux organes anarchistes, *le libertaire*, qui sanglote et mugit, voire même *l'anarchie* !.. tout le monde pleure. J'en suis tout à fait étourdi.

Les faits sont là, cependant.

Maintenant que la propagande révolutionnaire est surtout antimilitariste, on a fait des chansons, célébré le pioupiou en prose et en vers ; puis on s'est figuré qu'il recevrait des pierres ou des coups de revolver en nous appelant camarades. Il a prouvé le contraire, si les Révolutionnaires étaient venus à Villeneuve les mains dans leurs poches. Il est certain que le général Virvaire ne se fût pas distingué.

Mais voilà : les « meneurs » et la « bande d'apaches spécialement raccolée à cet effet » avaient eu le courage de se munir de gourdins et de revolvers, de résister à la force. Beau geste ! Mais... gare les suites !

Le chien démuselé mord son maître et pleure de la correction qu'il reçoit sans avoir même la pensée dans sa cervelle de brute de s'élancer et d'étrangler son bourreau pour tout de bon.

En effet, n'est-ce pas une mauvaise tactique de pleurer devant la répression féroce du gouvernement ? N'est-ce pas enlever l'ampleur du mouvement ouvrier du 30 juillet ?

Pourquoi gémir, discuter sur le fait de savoir si c'est le lapin ou le chasseur qui a commencé ?

Pourquoi s'éterniser à polémiquer sur ce sujet, fournir des preuves, des arguments plus convaincants les uns que les autres ? Pourquoi s'acharner sur le débris de la place Beauvau ?

Acceptons nos morts, que la responsabilité de cette affaire nous incombe, soit. La Révolution ne se fera pas sans accroc, mais ayons au moins le courage de nos opinions! Nous avons commencé la lutte, les bourgeois ont relevé le gant en y répondant. A nous de continuer. Les grévistes ont prouvé qu'ils savaient se défendre. Un jour ils sauront attaquer, alors ce sera le commencement de la guerre sociale. Mais ce jour-là n'arrivera que lorsqu'il n'y aura plus de bavards, mais des hommes.

RAYMOND.

La Brute et le Bourgeois

« Les anarchistes sont des bandits, des lâches; il leur importe peu de tuer des pauvres innocents pour assassiner un monarque. Puis, que réclament-ils ? Le partage, la suppression des patrons ; si ce n'est pas ridicule. Qui ferait la paye, s'il n'y avait pas de patron ? Ils passent pourtant pour être des gens intelligents, pour moi ce sont des fous qui veulent refaire le monde comme si les choses n'ont pas toujours été ainsi et ne le seront pas toujours. Ils n'ont rien de bon dans l'âme : jusqu'au drapeau de la patrie qu'ils plantent dans le fumier ! Ils méritent tous la guillotine. Ah ! si j'étais le maître, je les ferais écorcher tout vivants; »

Voilà les réflexions que j'entendais faire, l'autre jour, chez un coiffeur, par un pauvre bougre puant l'absinthe.

L'entreprendre, relever ses bêtises, j'eus envie de le faire, mais, réfléchissant, je vis que c'était inutile, et que mieux vaudrait faire disparaître pareille espèce par les moyens les plus rationnels.

O Ravachol, Emile Henry, Vaillant.... les plus grands ennemis de l'évolution de notre espèce, ne sont pas les bourgeois intellectuels, quoique de mauvaise foi, mais bien ces déments alcooliques, ces ignorants entêtés.

Auguste BOYER.

NOTRE CORRESPONDANCE

Le Communisme des Primitifs

Armand, parlant du communisme primitif des « highlanders » nous expose, sans paraître s'en douter, l'extinction de ce communisme sous la pression infailliblement esclavagiste de la civilisation. Encore qu'il nous montre les montagnards écossais jouissant toujours du droit naturel de possession des choses de la terre pour la satisfaction de leurs besoins d'alimentation, d'abri et de vêtement, ces hommes ne sont déjà plus les êtres libres qu'avait constitués l'état naturel *de la terre*. Ne les voit-on pas obligés de descendre dans les plaines accaparées par les possédants « civilisés », pour s'approvisionner de gros bétail, taureaux, cerfs, chevaux, qui recherchent la végétation plus épaisse des basses-terres.

Quant à l'approvisionnement en « compagnes » qui, selon Armand, se pratiquait dans les mêmes conditions, ceci donnerait à penser que la montagne, fertile en Écossais, se montrait parcimonieuse dans la production des Écossaises, d'où la nécessité du rapt, passée à l'état de coutume, assure notre ami, dans toutes les sociétés primitives. La biologie affirme pourtant que l'élément féminin est en majorité dans toutes les régions habitables, mais cela ne gêne nullement les historiens lorsqu'ils veulent certifier la pénurie en tout, qui, selon leur assertion, caractérise l'état naturel.

Et qu'était donc le pseudo-primitivisme de ces Écossais, grands coureurs de dots et susceptibles de servilité envers le « chef du

TRADE-UNIONISME & ANARCHISME

C'est pourquoi la forme d'organisation qui laisse à l'individu le minimum des pouvoirs et d'autorité est celle qui convient le mieux à la nature de l'homme : celle qui donnera à chacun de ses membres la plus grande somme de liberté et le mettra par conséquent à même de jouir de la plus grande somme de bonheur, car le bonheur consiste dans la liberté de faire ce qu'on aime à faire.

L'anarchisme — association libre — conclut l'anarchie, est le principe scientifique de la sociologie appliqué à la société, aux relations d'homme à homme.

N'obligez pas votre voisin à faire ce qu'il ne veut pas faire ; quelque jour certainement il sera au pouvoir — dans la majorité — et vous forcera d'exécuter ses commandements. Il vaut mieux ne pas s'occuper les uns des autres Dans les affaires d'intérêt commun, vous trouverez réunis ensemble par la magie de votre propre intérêt. Sur les points où vous trouverez en désaccord, la même force vous séparera. Ceci est la science, c'est simple. Mais la découverte de cette vérité a coûté à la famille humaine des siècles de malheur. Nos ancêtres pensaient que le monde était plat et ils construisirent un système astronomique faux Ils pensaient également que l'homme était l'œuvre d'une divinité, responsable de ses actes devant Dieu et le gouvernement qui pouvaient le punir du feu de l'enfer ou de la potence, et naturellement ils bâtirent un système de société à rebours. Nous avons rejeté les faux systèmes astronomiques, nous devons maintenant renverser le faux système de société et établir la liberté.

L'anarchiste voit dans la croissance du trade-unionisme une preuve évidente de la marche vers l'état de société simple, naturel bien que scientifique pour lequel il travaille.

L'homme fut d'abord volé et fait esclave par la propriété privée de la terre et plus tard le vol s'amplifia par la propriété privée des maisons qu'il habite, des usines où il travaille, des outils qu'il emploie. C'est ainsi que le propriétaire, le banquier et le capitaliste font vole au moyen de la rente, de l'intérêt, du profit. Il faut que les trades-unionistes arrivent à cette conclusion: que pour libérer leurs membres de l'exploitation, ils doivent reprendre la terre et les outils, en refusant de payer les rentes aux propriétaires et en ne permettant pas que les capitalistes achètent et vendent le produit de leur labeur et contrôlent leur travail.

« Comment feront-ils cela » me demandez-vous ? Je vous réponds en vous posant une question. « Comment feront-ils aujourd'hui pour réduire les heures de travail et augmenter leurs salaires ? » Ce n'est pas par l'arbitrage, ni par voie législative, mais par l'arme puissante de l'action directe. *La Grève.*

Les politiciens, les prêtres, voire même nos exploiteurs, nous disent de chercher dans le bulletin de vote, le remède que nous demandons, et les amis déguisés du travail, les socials-démocrates, nous disent la même chose. Seuls les anarchistes nous mettent en garde contre cette illusion, que le gouvernement qui est organisé pour protéger les intérêts des exploiteurs, puisse devenir par quelque pouvoir magique, un protecteur de ceux qu'il pillaient et un ami de ses victimes, les travailleurs.

Rien ne semble plus absurde et plus ridicule que ce que les patrons nous conseillent à nous leurs victimes et leurs esclaves, comme moyen de nous libérer. Cependant aussi bête que fut cela soit, nous avons réellement cru qu'avec la législation nous arriverions au but et aussi nombreux qu'aient été nos désappointements, nous ne sommes pas encore tous convaincus que les anarchistes ont raison.

Parlant de moi même je suis revenu de l'illusion il y a longtemps. Une expérience pratique a fait tomber le voile de devant mes yeux. J'ai vu de trop nombreux échecs en essayant d'obtenir de meilleures conditions par l'intermédiaire de la légalité.

Les limites bornées d'une lettre ne me permettent pas de vous en donner plus d'une ou deux. Mais si vous désirez poursuivre ce sujet plus loin vous trouverez dans les Courts (1) une longue liste de lois mortes et enterrées.

Les unions de New-York avaient passé une loi faisant de dix heures la journée légale de travail pour les boulangers. Il n'y avait certes là rien d'exagéré, alors qu'au même moment, d'autres ouvriers ne travaillaient que 4 heures par jour. Cependant la Suprême Court déclara la loi anticonstitutionnelle. Pourquoi cette Court savante ne déclare-t-elle pas la journée de quatre heures des imprimeurs à la linotype juive anticonstitutionnelle. Il y a une très bonne raison, c'est qu'elle n'est pas d'ordre juridique. Les imprimeurs firent eux-mêmes leur loi de quatre heures et ils l'appliquèrent par la force de la grève.

Les boulangers suivirent le conseil de leurs exploiteurs. Ils en appelèrent à l'État. Ils employèrent le bulletin de vote. Ils vinrent à genoux présenter leur modeste requête de la journée de dix heures. La loi était votée. La Court Suprême la raya du livre. Les boulangers travaillent onze, douze ou treize heures par jour.

Un autre exemple. La population de l'État du Colorado, dans l'exercice de son pouvoir souverain déclara à l'urne qu'une loi devant être votée, légalisant la journée de huit heures, dans les mines du Colorado.

Les législateurs ignorèrent la volonté du peuple, ils refusèrent de voter la loi. Se voyant bafoués, ainsi que la majorité de leurs concitoyens, par les politiciens, l'union des mineurs revint à ses anciennes méthodes et refusa le travail. Les mineurs frappaient pour renforcer la volonté du

(1) Dans les États-Unis, les différents États ont en effet leurs lois à eux, variant quelquefois sensiblement d'un État à l'autre.

peuple exprimée à l'urne. Que firent les « serviteurs » du peuple ? Est-ce que le gouverneur du Colorado organisa la défense du peuple, en armant chaque homme d'un fusil ? Non! Mais il mit chaque soldat de l'État au service des propriétaires des mines. Ces chiens, garde du riche, tombèrent sur les mineurs, les classèrent de l'État, les enfermèrent dans des wagons à bestiaux et commirent toutes sortes de crime contre la justice.

C'est ainsi que le gouvernement sert le peuple Il le fait fusiller à l'injonction des capitalistes. L'anarchiste dit que ceci est inévitable ; qu'en dépit de tous les racontars hypocrites au sujet du gouvernement est ce qu'il pour le peuple, le gouvernement est ce qu'il a toujours été, le serviteur obéissant du riche.

Je pense que votre propre observation doit suffire pour vous convaincre de la vérité de cette assertion, sans que de nouveaux efforts de ma part soient nécessaires. Comment se fait-il qu'en face de tous les faits de l'histoire récente, il y ait encore des travailleurs qui attendent du bulletin de vote un relèvement à leur situation misérable. c'est au-dessus de ma compréhension. Cependant je suis heureux de constater que les ouvriers les plus avancés et les plus réfléchis abandonnent le vote et se tournent vers les unions avec une espérance et une énergie nouvelles.

Les socialistes japonais ont abandonné l'action politique pour l'action directe et la grève générale. Le syndicats de France ont déclaré la grève générale l'arme la meilleure leur bataille pour la liberté. La grève générale est prêchée dans tous les pays, aujourd'hui.

L'anarchiste dit encore que ceci est inévitable parce qu'elle est inséparable du mouvement prolétarien et qu'elle doit s'étendre à mesure que les unions s'élargissent, et qu'aussi certainement que l'unionisme devient universel, la grève doit aussi devenir universelle. Nous avons vu les unions prendre de l'extension chaque année et nous avons vu aussi les grèves se multiplier, le temps et l'expérience seuls

(Voir la suite à la quatrième page).

clan ». Si l'ambiance menaçante de la civilisation nécessitait l'organisation de la défense et la nomination d'un directeur d'action, chef en tête de groupement, alors les conditions de sécurité naturelles étaient abolies par suite de perturbations d'ordre « artificiel » et il ne pouvait plus être question d'indépendance primitive.

Dans le véritable communisme primitif l'homme avait à sa disposition l'abondance des produits naturels ; constitué pour être individualiste et sociable, il subvenait *individuellement* à ses besoins matériels et recherchait *la société* de ses congénères pour les seules questions d'agrément : sports, exercices, jeux divers.

Au lieu de conserver ces heureuses conditions, l'homme a voulu modifier l'ordre naturel ; il a prétendu cultiver des plantes *étrangères* à la région où il résidait, il a pour cela déboisé, et en déboisant il a déréglé le régime des eaux et de l'atmosphère; il a creusé des mines et ramené à la surface de la terre des matières chimiques du sous sol, et il a ainsi altéré l'air respirable ; il a ravagé les montagnes, labouré des terrains en pente, et l'écoulement des terres a comblé le lit des fleuves et des rivières — Il est maintenant victime des intempéries, de l'infection, de l'inondation, des avalanches, et pour atténuer autant que possible l'effet de ces calamités, il est dans l'obligation d'organiser tout un système matériel de préservation dont il est esclave et qu'il décore lui même du titre de « Progrès ». — Les intérêts qui ont surgi de ces complications ont allumé la guerre entre les hommes, et cet état de choses a reçu la qualification de « Vie en Société ».

Sur le point de la salubrité, les forces naturelles avaient établi une hygiène parfaite et les primitifs n'avaient nul besoin d'enseignement pour aller faire leurs ablutions au plus proche cours d'eau. — Que l'on nous montre une atmosphère aussi aseptique que celle de la forêt et un animal plus soucieux de la propreté que le quadrupède ou l'oiseau libre des bois. — L'homme serait-il sous ce rapport, et ainsi que le déclarent les censeurs civilisés, le sujet inférieur dans la chaîne des êtres ?

Il eut été si simple de respecter l'état naturel de chaque région qui établissait l'abondance pour tous sur les continents fertiles où sévissent actuellement l'intérêt et l'autorité et sans rien avoir de commun avec les quelques Groenlandais, Lapons, Samoyèdes ou Pahouins, réfugiés insoumis sur les parties presqu'inhabitables du globe, continuer le réel progrès en arts récréatifs et industries inoffensives dont les ancêtres, il y a des milliers d'années avaient trouvé les principes, lequel progrès, en raison de l'inéluctable loi du mouvement qui implique la transformation, aurait été facilement poursuivi, sans souffrances et sans martyrs, au sein de la pleine nature : protectrice, hygiéniste, nourricière et inspiratrice.

E. GRAVELLE.

— o —

Les Mouvements Utiles

à L.-A. Borieux.

Il faut faire des mouvements utiles afin que notre activité soit mieux dirigée, telle est

sont nécessaires pour développer le désir d'une *grève générale*.

L'anarchiste dit : « Les conditions nous obligeront à abandonner les vieilles méthodes pour la grève générale, l'avenir du prolétariat repose dans les unions. La grève générale sera sûrement l'arme future. C'est la méthode évolutionniste. Celle qui ne force pas l'homme, l'évite, le laisse seul.

Depuis des siècles les travailleurs ont peiné pour vous, exploiteurs, avec la misère pour seule récompense. Vos prêtres et vos politiciens leur ont appris dès le berceau que tous les produits de leur travail, vous appartenaient, à part les gages misérables dont ils avaient à vous remercier. On leur a appris que la plus grande et la plus noble vertu de l'homme est le respect pour vos droits de propriété sur les fruits de leur travail et l'obéissance et la soumission aux lois faites par vos agents pour la perpétuation de ce système de corruption et de vol. Mais ces ouvriers ont enfin écouté la voix de la raison. Ils ont cessé de supplier les cieux. Ils ont tourné les yeux vers la terre et ils voient que le prétendu droit de propriété de la terre et de la richesse que vous n'avez pas « créé » n'est pas seulement mauvais, injuste. mais que c'est un vol manifeste et que vous n'êtes que des voleurs, des usurpateurs et des parasites.

Pas plus longtemps, ils ne veulent produire de la richesse pour vous pendant qu'ils sont affamés et mal vêtus ; pas plus longtemps ils ne veulent respecter vos droits injustes à la terre. De maintenant la richesse appartient à celui qui la produit et la terre à tous.

Respectueusement, votre ami et compagnon de travail.

Jay FOX.

FIN.

Ceux qui veulent connaître d'un problème nouveau, discuter sur une question d'actualité, viennent aux CAUSERIES POPULAIRES, les Lundis, 22, rue du Chevalier-de-la-Barre (en haut de la butte Montmartre) ; les Mercredis, 5, cité d'Angoulême (66, rue d'Angoulème), dans le onzième arrondissement.

la conclusion, alors que tu causes du meilleur emploi de l'énergie anarchiste. C'est aussi, je crois, l'opinion de tous les anarchistes.

Mais malgré toute notre volonté d'œuvrer utilement, penses-tu que les embarras de la vie (chômage, maladie, etc) ne nous forcent pas à être le parasite que tu méprises tant ? Ne sommes-nous pas d'ailleurs tous plus ou moins parasites dans la société : le sympathique ouvrier boulanger ne fait-il pas les trois quarts de son pain pour d'autres parasites (patrons, flics, soldats, commerçants, etc...) et n'entretient-il pas aussi les parasites que tu voudrais détruire ? Il est donc une entrave à ton action destructive, il devient lui aussi ton ennemi (l'exemple s'applique à toutes les professions).

Ceci dit, il me semble que ta conclusion « supprimer tous les parasites sans haine et sans colère » est exagérée et qu'il y a nécessité de choisir les parasites véritablement responsables, c'est-à-dire les individus profitant de l'avachissement des masses pour en faire des machines humaines prêtant à toutes besognes.

Toutefois luttons contre les maîtres mais aussi contre tous ceux qui se font directement leurs soutiens et leurs défenseurs, tels les policiers, les militaires, etc...

YZOUN.

— o —

Quelques Réflexions

à Oloyne le Cynique.

Sur le mariage.

En somme, ta conclusion est qu'ayant fait une concession on est susceptible d'être amené à en faire d'autres, pour finir par devenir collectiviste, ajoutes-m.

Cela dépend de la plus ou moins grande quantité d'énergie, de volonté, des individus.

Pourtant, cette nouvelle conclusion ne s'accorde guère avec celle déjà citée, permets moi de te la rappeler :

« Nous pouvons lutter selon nos idées, *vivre selon le plus d'idées possible, mais non vivre selon nos idées.* »

Mais alors ? Alors, selon toi, il faut sacrifier un *intérêt immédiat* à l'Idée. et ceci n'est-il point un genre de mysticisme social, ou alors accomplir tel acte légal que l'on désire et se prétendre anarchiste, ou bien encore — comme je l'ai indiqué — exécuter tel acte legal en échange d'un *intérêt immédiat*, expliquer le pourquoi de ce même acte et continuer sa propagande anarchiste. Entre ces trois solutions, je n'en vois pas d'autre à suivre. Laquelle choisira l'esprit conscient ? Cela dépendra encore de la mentalité des individus, aussi des circonstances dans lesquelles ils se trouveront.

Je ne comprends pas très bien ton second alinéa; (la fin du mariage...) ce point, du reste, n'était pas en discussion et n'est plus ou moins exact que suivant les mentalités ; car, en effet, on peut être marié sans faire du coït un besoin immédiat.

Henri ZISLY.

Revue des Journaux

LES TEMPS NOUVEAUX.

A quoi servent les progrès de l'industrie, demande Kropotkine A de bonnes et de mauvaises choses, selon la force de résistance des ouvriers.

Ch. Desplanques montre tout l'horrible de l'attitude policière envers Dret. Ceci dépasse la mesure. Il n'y a donc pas de *Croix-blanche* dans les batailles économiques.

LE LIBERTAIRE.

Ouf ! *La leçon des faits* devient presque de la pommade. Enfin. excusons: les copains sont en prison, ils ont besoin de défenseurs, mais vrai, X. abuse de l'odeur.

G. Dumoulin s'attache à montrer toutes les attaches gouvernementales du *Réveil du Nord.* Tous les mineurs devraient cesser d'assurer la vie de cet organe.

Ce sacré E. Philippe janvionnise au mieux. et non sans esprit et non sans raison. à propos des fromages révolutionnaires et syndicalistes. Il s'étonne, bien à tort, de l'imbécillité d'une réunion libertaire du XIIIe : elle était libertaire jusqu'à l'absurde, voilà tout.

Dans les prisons, on continue a voler les prisonniers, à les voler officiellement.

On se moque de M. Paix-Séailles lequel s'étonne de l'attitude révolutionnaire des ouvriers, alors qu'il y a de si bonnes lois.

A. Peyronnet dit l'évolution intéressante se faisant dans les milieux syndicalistes devenant antimilitaristes et communistes.

Eugène Peyronnet ironise *le bourgeois,* s'oubliant au moment de l'action, mais féroce dans la répression.

Fernand-Paul montre *l'autorité* s'effondrant par ses excès.

LE LISEUR.

- Travail en Camaraderie -

Imp. des Causeries Populaires: Armandine Mahé

La gérante : Anna MAHÉ

A Travers les Réunions

Certes, je parais bien abandonner mon travail et pensez-vous sans doute que je suis en villégiature, à Fresnes, à Clairvaux, ou à Corbeil. Non, par ce temps d'arbitraire, c'est trop banal, je suis reste à Paris, ne fréquentant même pas La Santé. Mais voilà, il y a trop de réunions, malgré ces temps de canicule, et je me répéterais un peu trop, si je venais chaque fois vous donner un compte-rendu. Je ne viens donc qu'une fois sur dix, pour me rappeler à votre bienveillante attention.

Comme je viens rarement, permettez que je vous offre une salade bien mélangée.

Il y a eu vendredi huit jours, une série de groupes libertaires organisait une réunion où ce fut des plus libertaires! Quel méli-mélo! quelle sauce. C'était avenue de Choisy. Nous eûmes un président convenable qui n'était pas en carton pâte : il causait, le bougre. Les orateurs commenceront un peu tard. mais quand on vit leur frimousse, le defilé ne s'arreta plus.

Les travailleurs municipaux libertaires avaient fait un discret appel à Janvion qui ne manqua pas. Plus intéressant que tous les autres, il se laissa pousser aller à brouiller les cartes à ne plus s'y reconnaître. Ses dialogues discourtois avec l'autorité presidentielle ne manquaient pas de charme. Ce furent les points saillants de la réunion.

* * *

Ce vendredi, c'était au XVIIe, salle du Libre-Échange, qu'invitait à se réunir le Comité de la Grève générale. C'est la quatre ou cinquième réunion de ce genre faites sur le même sujet *La grève expropriatrice* et plaisons-nous à noter l'évolution constante de la teneur des idées présentées.

Cette fois-ci, Luquet, le Grand-maître intérimaire de la C. G. T. se montre bien un peu cabotin, paradant comme sur les tréteaux du baraque, mais, par contro, Beausoleil se montre bon enfant. Il fait une comparaison pleine d'esprit entre les guerres et les grèves, ces deux formes des batailles humaines. Fortuné Henry bavarde trop longtemps, courant d'une idée à l'autre en même temps qu'il traverse et retraverse la scène. Il critique, non sans raison, les révoltes faites trop à la légère. Delaie veut répéter ce qui a été dit sur une note trop pâle, alors que Lefevre, au contraire. détonne une note franche, sincère, vibrante, qui détonne chez un quasi-fonctionnaire syndical, mais fait plaisir à écouter.

Avec Favier, c'est la barbe, l'intermède comique, nécessaire pour le repos, mais qui a le tort de se trop prolonger. Avec Rimbault, c'est l'intermède orageux. Il a raison en bien des points, mais il est maladroit, il ne soigne pas. il écorche la plaie et les auditeurs voient en lui, non un chirurgien, mais un reboureux. Le public, toujours médiocre en ces occasions, hue celui qui vient porter son opinion alors qu'il applaudit Luquet venant faire une exhibition nouvelle pour repêcher la situation.

Libertad, qui surgit toujours de quelque boîte aux plus mauvais moments, apparaît à la tribune. Le public reste quelques secondes à se demander s'il faut huer ou écouter. Quelques mots brefs le décident à prêter attention. Libertad s'attache à prouver la responsabilité des honnêtes, des ignorants, des résignés, dans les derniers événements et tâche de détruire toute sensiblerie ridicule pour les morts, conseillant de s'essayer surtout à mieux faire.

Un imbécile réclame un ordre du jour, le copain faisant l'office legal de président lui répond que chacun doit se faire une opinion personnelle sans attendre qu'on lui dicte une conclusion officielle.

Allons, ça va bien.

* * *

Pour le lendemain, samedi, la Fédération anarchiste invitait les militants à une réunion extrêmement importante. Le soir donc, la salle de la rue Vieille-du-Temple était pleine ; dans un coin, les copains du Bronze ne perdant pas leur temps, s'occupent de maints détails de propagande.

Vers 9 h 1/2, la séance s'ouvre ; Rimbault et Gaudin disent successivement le contraire l'un de l'autre et à 9 h 3/4, la réunion fédérative est terminée. Comme on se tourna les pouces et se regardait les blancs des yeux, un royaliste offre d'ouvrir une discussion que presque tous acceptent avec plaisir.

L'arrivée de grands premiers rôles fédéralistes fait arrêter l'averse orléaniste. Libertad, de sa voix la plus sucrée, tâche d'atténuer le choc de l'interruption.

Voilà que se repose l'éternelle question : *Comment sera la fédération ? Ses réunions seront-elles privées, seront-elles publiques ? Procédera-t-on par délégation ?* De Marmande, Deniau-Morat, Rimbault, Gaudin, posent anxieusement des questions auxquelles Libertad tâche de répondre en montrant la véritable forme d'une fédération sérieuse, logiquement à base autoritaire et imperative. Il ne prend pas parti.

Que ne met-il un bouchon, le vilain ! Tout le monde en son tréfonds, pense comme lui, mais sont-ce des choses à dire. Le voilà bien

le pelé, le galeux d'où vient tout le mal.

[— Qu'il n'essaie pas de nous intimider — Nous ne sommes pas de ses suiveurs — Qu'on le mette à la porte, le plus légalement possible, serongnieugnieu !]

Pour des raisons d'ordre électoral, la résolution des questions est renvoyée à une autre réunion où l'on ne fera appel « qu'à ceux qui sont de la même idée ». La séance levée, tout le monde reprend ses esprits et l'on discute très bien, très tranquillement...

Vous n'en saurez pas plus long.... six feuillets de copie, qu'est-ce que je vais maire passer, car je ne suis que

LE BALADEUR.